中华经典名著

全本全注全译丛书

朱惠荣　李兴和◎译注

徐霞客游记　一

中華書局

图书在版编目(CIP)数据

徐霞客游记/朱惠荣,李兴和译注. —北京:中华书局,2015.5
(2025.3 重印)
(中华经典名著全本全注全译丛书)
ISBN 978-7-101-10764-7

Ⅰ.徐… Ⅱ.①朱…②李… Ⅲ.①游记-中国-明代②历史地理-中国-明代③《徐霞客游记》-注释 Ⅳ.K928.9

中国版本图书馆 CIP 数据核字(2015)第 039548 号

书　　名	徐霞客游记(全四册)
译 注 者	朱惠荣　李兴和
丛 书 名	中华经典名著全本全注全译丛书
责任编辑	王守青
装帧设计	毛　淳
责任印制	管　斌
出版发行	中华书局 (北京市丰台区太平桥西里 38 号　100073) http://www.zhbc.com.cn E-mail:zhbc@zhbc.com.cn
印　　刷	北京盛通印刷股份有限公司
版　　次	2015 年 5 月第 1 版 2025 年 3 月第 13 次印刷
规　　格	开本/880×1230 毫米　1/32 印张 90⅛　字数 2000 千字
印　　数	79001-85000 册
国际书号	ISBN 978-7-101-10764-7
定　　价	199.00 元

目　录

一　册

二　册

三　册

四 册

前　言

我们在这里向大家介绍我国古代杰出的旅行家和地理学家徐霞客(1587—1641)，介绍文化瑰宝《徐霞客游记》。钱谦益说:“徐霞客千古奇人，《游记》千古奇书。”“霞客先生游览诸记，此世间真文字、大文字、奇文字。”“霞客记游之书，当为古今游记之最。”陈继儒说:“余尝纂《奇男子传》数卷，每恨今人去古人太远，为慨叹久之……此畸海先生乐为之友，而余欲列之《奇男子传》中者也。”何巢阿说:“死愧王紫芝，生愧徐霞客。”从明代至今，徐霞客一直是人们仰慕的奇人，《徐霞客游记》也一直是人们热爱的奇书。

一　奇人徐霞客

徐霞客奇在哪些方面呢?

他不走科举入仕之途，与当时读书人的追求不同。徐霞客从小喜欢学习，主动学习，“目空万卷”。但对八股文禁锢思想、限制学习内容的做法不感兴趣，只到县上参加过童子试，后来就不再参加科举考试，连秀才都不是。他不追求功名，不走仕宦之途，一介布衣，被后人尊为高士，他的墓前有一块清代留下来的石碑，大书“明高士霞客徐公之墓”。他家的藏书很多，“充栋盈箱，几比四库”。由于挣脱了思想的束缚，随自己的志趣博学深钻，“侈博览古今史籍，及舆地志、山海图经，以及一切冲举高蹈之迹”，学习积极性得到了最大的发挥，当然他学到的东西也比别人多得多。

他不走经营产业的道路，与江南一带的社会风气不同。明清时期，江南是我国经济最发达的地区，人们多经营产业，希望增值，发家致富。徐霞客却不然，他家有田产，但不追求钱财增值、积累，而是用来进行旅游和地理考察，因此招致乡里的非难，说他是“游手好闲”，“浪荡子”、“败家子”。其实他是把家中的田产用在了最有意义的地方，成就了他旷日持久的旅游考察。

他不困坐小书斋，与当时的学术风气不同。明代的学风不好，人们多喜欢寻章摘句，从书本到书本，做空疏的学问。徐霞客却不读死书，从自己的小书斋走向大自然，带着古人的图经、地志，在广阔的天地进行地理考察和研究。通过古今对比，探索地理环境的变迁，通过书本记录和实地对照，补充或纠正书本上的缺漏或错讹，终于成为难得的实测地理学家。

他以旅游和地理考察为职业，与其他旅行家不同。在我国古代，官员、商人、僧侣等从事旅游多属业余活动，徐霞客与他们都不同。他不为政务出行，不为经商奔走，不为求法游方，毕生从事旅游和地理考察，是我国古代难得的专业旅行家。作为自费旅游，徐霞客旅游的条件特别艰苦，安全问题、经费筹措、生活安排等各方面困难重重。有时为方便参观考察，甚至有船不坐，有马不骑。一般人旅游多为十天半月，或几个月即回，徐霞客却是成年累月在外，毕生自觉地从事旅游考察。一般人的旅游目的地是点或局部一小片，徐霞客却是沿途全程考察，甚至扫描式地来回穿梭。徐霞客旅游的境界也特别高。他从事的是“不计程、亦不计年”的汗漫游。湘江遇盗，朋友劝他“再生不如息趾”，他却回答“不欲变余去志”。他是以躯命游，他说“吾荷一锸来，何处不可埋吾骨耶”。他也是以性灵游，“寻山如访友，远游如致身”，把自己的身心与大自然融为一体，通过旅游修身养性。徐霞客被尊为游圣是当之无愧的。国家旅游局公布以《徐霞客游记》开篇日即每年的5月19日为“中国旅游日”,《人民日报》公开发表了温家宝总理《纪念徐霞客》的专文,是对徐霞客在旅游方面的最好的肯定。《游天台山日记》为《徐霞客游记》的首篇,万历四十一年三月的最末一天,即公元1613年5月19日,徐霞客从浙江宁海出西门,第一句话就是:“云散日朗,人意山光,俱有喜态。”天时、地利、人和具备,展现出祖国山河的美好画卷,也预示着祖国旅游事业发展的美好前景。

他珍惜晚年,与一般人养老的习惯不同。在古代,“五十而知天命”,50岁就算老年。一般人老了要儿孙绕膝,颐养天年,过清闲日子。徐霞客却不然,满50以后增加了紧迫感,他说:“余久拟西游,迁延二载,老病将至,必难再迟。”从崇祯九年(1636)九月到崇祯十三年(1640)六月,也就是他51岁至55岁期间进行了一生中时间最长、行程最远的一次旅游,被称为“万里遐征”。也就是这次旅游,让他在50岁以后创造了奇迹,完成了对我国南方喀斯特地貌的考察,完成了对南方六大江河的考察,攀上了地理科学的高峰。他的晚年过得很有意义,收获十分丰硕。

他坚持日必有记,与一般人只游不写不同。在旅途中排除干扰,专心致志地解析山河形势,熟记详记所见所闻,十分不容易。经过一天劳累,还得依崖而记,或在等马帮的间隙就路边作记,或晚上就着豆大的油灯作记,增加了巨大的艰辛和困难。这样持之以恒,逐日详细记录,内容多的时候一天达三千多字。逐日作记使内容鲜活、真实,大大提高了研究成果的质量,是若干年后算总账式的回忆录无法比拟的。徐霞客就是这样通过毕生的努力,终于完成了奇书《徐霞客游记》。

徐霞客的追求、志趣、学习方法、人生价值、生活意义都超乎寻常,与众不同,他确实是一位奇人。在中国古代,徐霞客可算另类,他是一位特立独行的勇士,出类拔萃的高士,闪耀着历史光辉的智者,徐霞客是时代的先驱。有人称徐霞客为“愚公”,他选择了一条艰辛、漫长的与众不同的奋斗之旅，摒弃浮躁和功利，一步步地走遍全国，一字字地写了一生，实现了自己的人生价值，为优秀的中华文化增光添彩。

二　奇书《徐霞客游记》

作为奇书，《徐霞客游记》的奇也是多方面的。

(一)宏阔的画卷

徐霞客的游踪十分广远，他的足迹遍及明代的两京十三布政司，相当于现今的19个省、市、自治区，可能还到过四川省和重庆市。《徐霞客游记》犹如一幅超长的宏阔画卷，东到普陀山，西到腾冲边陲，北到长城、盘山，南到罗浮山，从农村到市井，千山万壑，尽入画幅。其气势之磅礴，令人叹为观止。全书共63万字，《四库全书总目提要》说，“游记之夥，遂莫过于斯编”，是我国古代字数最多的游记。

(二)广泛而丰富的内容

《徐霞客游记》的内容涵盖了自然和人文两大部类，作者关注的面十分广泛，记录的内容十分丰富。自然方面，风景名胜、大山大河、岩石洞穴、气象气候、动物植物等，都是他探讨的对象。如奇花异卉，他记录的有昆明土主庙的菩提树、曹溪寺的优昙花、邓川的十里香、感通寺的龙女花、永平的木莲花。人文社会生活的诸多方面，文物、碑刻、年节、民俗等，都是他感兴趣的内容。他既概括了明代中原文化对边疆影响的程度，“穷徼薄海，万里同风”，又记录了具有地方民族特色的民风民俗，如十月祭先，鸡足山朝山，腾冲遇天旱则断屠迁街，青松毛铺地，喝三道茶，大理三月街等。《徐霞客游记》中记录三月街的精彩篇章仅三百多字，却容纳了三月街的诸多信息。时间是崇祯十二年(1639)三月十五日到十九日，共五天。赶街的地点在大理古城出西门西向一里半的城西演武场。街面的形象，“俱结棚为市，环错纷纭”，都是临时搭的棚子。三月街规模大，物多、人多。“十三省物无不至，滇中诸彝物亦无不至”，它是全国性的物资交流会，也是云南各民族土特产品的展销会。“男女杂沓，交臂不辨”，熙熙攘攘，找人都难。交易的物品多药材、毡布、铜器、木具等云南特产，还有生产、生活用品。马场的交易规模很大，“千骑交集”，三月街期间还举行赛马活动。售卖的书是江南刻印的小孩用的课本，反映了当时内地对边疆文化的影响。这样的场面，已算非常热闹，徐霞客却说，“闻数年来道路多阻，亦减大半矣”，可以想象，社会安宁、交通通畅的年代，比徐霞客看到的还要热闹。从明末一直延续到今天，三月街赶街的时间和地点没有变，街面形象和特点也没有变，只是今天规模更大、内容更丰富了，被人们赞为“千年赶一街，一街赶千年”。大家去赶赶三月街，会对徐霞客的记录有更深的体会。

(三)详尽细致的描写

在《徐霞客游记》中，同时也充满详尽细致的描写。对大理石的记录详到花纹、尺寸和位置。对蝴蝶树详记了其位置，花和叶的形态，开花的时间，并“折其枝、图其叶而后行”。记少数民族妇女的装束详载发型、发辫的多少、盘垂方式、巾帽使用等。记米价如，“自黄草坝至此，米价最贱，一升止三四文而已”。腾冲境“其处米价甚贱，每二十文宿一宵，饭两餐，又有夹包”。徐霞客环绕滇池游了一圈，他记录了当时滇池湖岸线达安江、河泊所、黄土坡、黑林铺；从夏窑至土堆，湖中有堤，从土堆至红庙一带则是港堤；海口河从中滩街到柴厂可以通航，“茶埠有舟，随流十里，往柴厂载盐渡滇池”。这些精细的记录，是踏破铁鞋也难找到的，有很高的资料价值。

(四)真实可信的记录

《徐霞客游记》的精髓是真实。徐霞客对自然方面的观察和认识，科学、准确，已经到了炉火纯青的地步。他曾两次游桂林七星岩，探察了洞内多变的走向和山上遍布的15个洞口。1953年，陈述彭、施雅风等地理学家用现代科学仪器对七星岩进行测量，绘制了七星岩洞穴平面图和山体素描图，惊讶地发现徐霞客的记录和他们的测绘结果是一致的。《徐霞客游记》信息量丰富，地理概念准确。徐霞客全面记录了他在腾冲四望的山势和水系，并按八方位交代了方位、里距、高下的三维空间坐标，1978—1980年，陈述彭将这些记录与1/10万的航测地形图进行对照，基本吻合。1981年，陈述彭又将徐霞客对高黎贡山的记载制成《高黎贡山地理剖面图解》，其植被垂直分带、地质地形剖面与今实地测绘的仍然大体符合。陈述彭院士通过自己的研究核证《徐霞客游记》所载，感慨地说："300多年前的记述，竟然是这样的确切，这样的朴实，能够经得起历史的考验，不能不叹为观止！"徐霞客对人文方面的调查和记录，也能坚持求真求实，秉笔直书，当地人不敢写的他写了，别的书不敢说的他说了，不回护，不避讳。对沐氏家族的骄横，他敢于指斥，实为不易。对普名声之乱，他在普死后四年进行记录，是最早整理记录此事的。对安邦彦之乱，他记载的低级军士的对话十分难得。对当时滇东营兵的生活，他作了具体翔实的记录："营中茅舍如蜗，上漏下湿，人畜杂处。其人犹沾沾谓余：公贵人，使不遇余辈，而前无可托宿，奈何？虽营房卑隘，犹胜彝居十倍也。余颔之。索水炊粥。峰头水甚艰，以一掬濯足而已。"

（五）庞大的结构

《徐霞客游记》体大思精，开创了"徐霞客游记体"。该书分四种情况，即正文、小字夹注、专条附记、有篇名的专文。正文是《游记》的主体。以时间为经，行程为纬，按日系事，把广阔的时间和空间编织在一起，步步展开，引人入胜。后三者范围不同，规模各异，对重要问题层层展开，进行横向解剖。小字夹注多为解释性内容，偶有说明，用小字夹在正文中间相关的位置。专条附记是正文的发展或补充，是徐霞客写的学术札记，内容多涉及地理学方面的研究心得，或有关的地方史事，文字详略不一，低两格附在有关日记之后，有很高的学术价值。有少数专文结构严谨，内容完整，并冠以篇名，是对该地区的专题研究，附在有关地区之后，如《永昌志略》、《丽江纪略》等。

（六）崇高的地位

《徐霞客游记》具有多方面的价值，二十多年前我曾提出，《徐霞客游记》是导游手册、地学百科全书、文学名著、历史实录。随着研究的深入，一些新的研究领域或新兴学科都从《徐霞客游记》中汲取营养，从而打开了人们的眼界。近年，人们逐渐发现，在民族学方面，《徐霞客游记》也是内容丰富的民族调查实录，在生态学方面，《徐霞客游记》可以作为中国古代基本环境标尺。《徐霞客游记》在中国古代文化史、学术史上占有崇高的地位，被列为中华经典的代表作之一。最近中华书局出版的“中华经典普及文库”及“中华经典藏书”，都收有我整理、精选的《徐霞客游记》，受到读者的欢迎和热爱。

三　中华传统文化养育的徐霞客

徐霞客是古代中华文化养育的文化巨匠，他的身上也充分彰显出中华传统文化的优势和魅力。以下举例说明。

（一）孝敬父母

徐霞客从小就知道孝敬父母，被称为“稚孝”。根据记载，他“朝夕温温，小物克谨，所言皆准忠孝，维桑与梓，必恭敬止”。从小温文尔雅，谨小慎微，所说皆以忠孝为准则，对父老乡亲，毕恭毕敬。对他的父亲，“才逾龆龀，豫庵遇盗，厄于别墅，跣足奔救，扶侍汤药者逾年。至于大故，哀毁骨立，里人以稚孝称”。对他的母亲，“母病，自春徂秋，视汤药床褥间，衣未尝解带。母不食，霞客亦不食，母为强食之”。他喜欢旅游，母亲也很支持他旅游，但他谨遵古人“父母在，不远游”的教诲，母亲在世时坚持“有方之游”。

（二）正直不阿

徐霞客的父亲徐有勉以蔑视权贵、正直清高著称。时人说他“益厌冠盖征逐之交”。如“梁溪秦中丞、侯给谏闻其风而悦之，造见。乃深匿丛竹中，俄而扁舟入太湖，遁矣”。“时访公，公固匿迹以疾辞，亦无所报谢”。在徐霞客身上也留下了其父正直不阿的影子。他“不屑谒豪贵，博名高”，不趋炎附势，更不和坏人来往。在贵州道上遇“途中扛担络绎，车骑相望，则临安道母忠，以钦取入京也”。徐霞客评论说：“司道无钦取之例，其牌如此，当必有说。按母，川人，本乡荐，岂果有卓异特达圣聪耶？然闻阿迷之僭据未复，而舆扛之纷纭实繁，其才与操，似俱可议也。”在云南剑川，乡绅何可及欲与他相见，但当徐霞客得知何是魏忠贤党羽时，“后乃不往”。

（三）生活俭朴

徐霞客出生在一个世代勤俭的家庭。其母王夫人回忆她初嫁到徐家的情景说，“老人视灶时，曾投龙眼茗中以献翁。翁不啖也，以为田舍家无此果，不贵难得，乃素风耳”，从此，其母珍藏着这两颗果核教育后代。其母既织布，又种豆，“课夕以继日，编入以待出”，她种的豆架高蔓旁施，绿荫蔽日，成了家中的一道风景，雅称为“碧云龛”、“长命缕”。王夫人又教育卯孙（徐霞客的儿子）“民生于勤，勤则不匮”。有关资料记载，徐霞客的家庭“其德俭”，“克勤克俭，是为家法”，“其家无长物，有素风”。家中没有多余的奢侈品，勤俭是徐家的家风。就是在这样的教育熏陶下，徐霞客养成了以苦为乐的品德，追求高尚的目标，生活简朴不奢侈浪费。翻检《徐霞客游记》，这方面给我们以深刻的印象。“弘祖出游不饮酒，不食肉。”“虽拥青茅而卧，犹幸得其所矣。”“虽食无盐，卧无草，甚乐也！”

（四）扶贫济困

徐霞客关心家乡的旱情，关心家乡人的生产、生活，为他们忧心忡忡。他《致陈继儒书》说：“敝乡暑旱为厉，自三时至三伏，无浥尘之滴。环望四境之外，无不沾足者，独一方人苗俱槁，如火城炭冶，朝夕煅烁，想独劫灰此一块土也。”在其母亲的教育下，徐霞客常做扶贫济困的事。“见义必先，恤遗孤，抚弱女；遇岁祲，每出粟以济翳桑；修葺津梁，兴复古迹。”天启四年（1624）出粟济困的事又是一例。这年“甲子岁祲，斗米百钱,孺人命仲子出粟以活饿夫,岁数十石”。

(五)诚敬祖先

徐霞客诚敬祖先,做了很多事。他“追念所先,诚敬更笃。与仲昭勒遗文,梓遗迹,复拭遗像装潢之,时致礼;先代墓碑在风雨中,皆甃而亭焉。办祭田,倡族人享祀”。他的这些工作的集中代表,就是在泰昌元年(1620)游九鲤湖后,建晴山堂。据陈仁锡《晴山堂记》,因祈梦九仙得“四月清和雨乍晴,南山当户转分明”,其母病愈,因画“晴转南山”图,并“搜草札中,磨石装帙”,成《晴山堂石刻》。他汇集其直系先世所获的题赠;又用三亩地价赎回文徵明书、李东阳所撰文;并礼请名人为其母80寿辰题咏、绘图,在西游前全部上石完成,西游已随身带了拓本。这些题赠从洪武三年(1370)到崇祯六年(1633),几乎涵盖了整个明代名家的手迹。按1936年奚忠源《晴山堂帖叙略》统计,有名家墨宝凡88人,共得诗文94件。今存76块半石刻,全部署名共91人,在徐霞客的故乡江阴徐霞客镇,为全国重点文物保护单位。徐霞客完成了一项重要的文化工程,既彰显了祖先的美德懿行,又保护了优秀的文化遗产。

(六)尊崇乡贤

徐霞客尊崇乡贤、兴复古迹的典型就是重建张侯庙。张宗琏官不大,但事迹十分感人,被收入《明史·循吏传》。他是循吏,即遵纪守法而有突出治绩的官吏。他又正直清廉,《明史》说他“务廉恕”,廉洁不贪,一盏灯油都不乱取,并以仁爱之心待人。他任常州府同知,“宗琏莅郡,不携妻子,病亟召医,室无灯烛。童子从外索取油一盂入,宗琏立却之,其清峻如此”。明代的人户分为军籍和民籍,有军籍的人户必须世代当兵,负担沉重。他受命参与清理军籍,主持清理的御史李立“多逮平民实伍,宗琏数争之,辄卧地乞杖,曰请代百姓死,免株累甚众”。“心积不平,疽发背卒。常州民白衣送丧者千余人,为建祠君山。”然而岁月沧桑,后来人们只能在瓦砾茂草间祭拜张侯。陈函辉《徐霞客墓志铭》载:“偶从君山见祭张侯宗琏于瓦砾间,因掘得杨文贞碑,即为鸠材建宇，重勒碑石。郡邑大夫咸嘉其义。”《江阴县志》亦载：“张侯庙在君山之西麓，宣德七年建，祠本府同知张宗琏。后圮废。”“天启四年邑人徐弘祖捐赀重造，乞宗伯董其昌书周文襄公所书杨少师碑刻于石，大学士周延儒为之记。”张宗琏在徐霞客心中的地位，反映了徐霞客崇敬、追求的崇高品德。

（七）情深义重

结交人格高尚的朋友，肝胆相照，患难与共，至死不渝，就是徐霞客的交友原则，他曾形容为“石交”。徐霞客与高官黄道周的患难之交是一个例子。黄道周“以文章风节高天下”，为人正直，多次忤旨，被贬谪、下狱，很多人落井下石。徐霞客却“闻石斋下诏狱，遣其长子间关往视。三月而返，具述石斋讼系状。据床浩叹，不食而卒。其为人若此。”黄道周对世态炎凉体会最深，他后来说：“缙绅倾盖白头者多矣，要于皭然物表，死生不易，割肝相示者，独有尊公。”徐霞客与普通平民静闻的友谊是另一个例子。静闻是江阴迎福寺僧，与霞客结伴远行。他是一位虔诚的佛教僧人，刺血写《法华经》要亲自送到鸡足山供奉。他也是一位勇士，湘江遇盗，冒刃、冒寒、冒火、冒水，救出了《徐霞客游记》手稿及同船人的财物。不幸在南宁崇善寺病逝。《徐霞客游记》载：“闻静闻诀音，必窆骨鸡足山，且问带骸多阻，余心怦怦。”静闻死后，徐霞客对他的友谊并未改变，承诺也没有改变。为了完成静闻的遗愿，徐霞客克服了种种困难，几乎被南宁崇善寺的和尚谋害。他匍匐在地上，用竹筷逐一拣取骸骨，忙了一整天。以后用竹筒装好带了几千里，安葬在鸡足山文笔峰下。静闻墓今存，为大理州重点文物保护单位，不但是纪念静闻矢志鸡足山的精神，也是一座标榜徐霞客精神的纪念碑。

（八）宽厚待人

徐霞客追求和谐的人际关系。他在鸡足山对陕西僧与河南僧之间的不和批评说：“惜两僧无道气，不免事事参商，非山门之福也。”在鸡足山，顾行偷了他的钱物逃走，他受到物质上和精神上沉重的打击。《滇游日记十三》载:“离乡三载,一主一仆,形影相依,一旦弃余于万里之外,何其忍也!”顾行刚走,悉檀寺的僧人就赶来告诉他,并欲派寺僧追赶,却被霞客止住。“余止之,谓:追或不能及,及亦不能强之必来,亦听其去而已矣。”在徐霞客的家乡南旸岐村,过去住的主要是徐姓,还有少数姓顾或姓王,顾姓和王姓都是徐家的家奴。仆人顾行的身份很特殊,在《徐霞客游记》中有时称“顾仆”,有时称“顾奴”,他是徐家的家奴。明代,江南一带有畜奴制度,家奴是被买来的,立有卖身契,主人可以任意关、杀、处罚。对偷走钱物逃跑的家奴,徐霞客没有追赶、报案,顾奴后来回到家,直到霞客逝世后,作为主人的徐家也未过问此事,徐霞客的宽厚待人于此可见一斑。

(九)忧国忧民

徐霞客同情弱者,关心国事,特别是到了边疆各省,充溢着忧国忧民的情怀。他亲自到过安邦彦、普名声等土司叛乱荼毒的州县,目睹各族群众痛苦的生活,喊出了一位正直学者的心声:“土司糜烂人民,乃其本性,而紊及朝廷之封疆,不可长也。诸彝种之苦于土司糜烂,真是痛心疾首。”在中越边境,他与交彝军队擦肩而过,考察过州人避难的飘岩,详细记录了抗击侵略的英雄人物的事迹。他呼吁:“中国诸土司不畏国宪,而取重外夷,渐其可长乎!”过高黎贡山,他抚今思昔,感慨万千:“其夜倚峰而栖,月色当空,此即高黎贡山之东峰。忆诸葛武侯、王威宁骥之前后开疆,方威远政之独战身死,往事如看镜,浮生独倚岩,慨然者久之!”在腾冲,他写了《近腾诸彝说略》,给当政者敲响警钟:“目今瓦酋枭悍称雄,诸彝悉听号召,倘经略失驭,其造乱者,尤有甚于昔也,为腾计者慎之。”徐霞客维护祖国边境的安宁、统一和领土完整,关心老百姓的疾苦。他多次忧国忧民的呼吁,作为居庙堂之上者提出,并不奇怪;但作为一位在野的布衣,十分难能可贵。

中国古代出现徐霞客这样的杰出人物并不奇怪。他不是天外来物,而是中华优秀传统文化养育的骄子。我国祖先的传统美德,在徐霞客身上几乎都能找到。徐霞客事业的成功,《徐霞客游记》奇书的出现,首先是因为他具有优秀的道德品质,崇高的人格魅力。徐霞客道德、文章都堪称楷模。

四 《徐霞客游记》的版本

《徐霞客游记》在霞客生前未及整理成定本。霞客病中曾将《游记》托付给季梦良整理。季梦良字会明,是徐氏家庭教师,又是徐霞客的好友。霞客逝世后,先由王忠纫手校,崇祯十五年(壬午、1642)由季梦良初次编定。虽经季氏"遍搜遗帙","因地分集",但已有残缺。崇祯十年(丁丑、1637)八月二十四日至九月二十一日霞客在南宁的日记,仅剩季梦良在乱帙中翻得的一则。崇祯十一年(戊寅、1638)十一月十二日至月底霞客游武定、元谋并穷金沙江,崇祯十二年(己卯、1639)三月三十日至四月九日初到永昌,以及九月十五日以后在鸡足山的日记,此时已缺。清兵入关,顺治二年(乙酉、1645)江阴迭遭兵燹,《滇游日记》首册被焚。以后又经季梦良再次整理。由于该书的重要价值,引起人们普遍的重视和喜爱,流传甚广。从霞客逝世到正式付梓,中间经历了135年,可考的抄本有二三十种,散佚或未见书目的当比此数多得多。早期抄本的特点是各人"多以己意"大量删削,以致"文残简错,句乱字讹",不少本子愈来愈失真。

《徐霞客游记》的版本虽多,但传世的抄本不外两大系统。

第一个系统的祖本被认为是李寄本。李寄字介立,为霞客第四子,因随母育于李氏,故名寄。康熙二十三年(甲子、1684)李寄访得曹骏甫本、史夏隆本,把其中的《游太华山记》、《游颜洞记》、《盘江考》等数篇补入《滇游日记》。《名山游记》和《徐霞客西游记》也应在李寄手中合璧。康熙四十八年(己丑、1709)、四十九年(庚寅、1710)杨名时曾进行过认真校录。杨名时字宾实,号凝斋,谥文定,为霞客同乡,曾在云南、贵州做过官,后官至礼部尚书,对《徐霞客游记》整理的影响自然很大。杨名时整理本的传抄本流传甚广，坊间杨本的形象也很复杂。收入《四库全书》者，即杨名时整理本，凡十二卷，每卷又分上、下。北京图书馆藏十册十二卷《徐霞客游记》，亦是杨名时校录本的抄本。北京大学图书馆藏有《徐霞客游记》的抄本，分十二卷，装订为八册，涂改甚多，被认为是杨名时抄本。乾隆年间，陈泓（字体静）又搜集诸家抄本详为校订，陈泓抄本也是较可信的本子，现藏上海图书馆。这一类本子都是名家校订，整理工作认真，但名家出自好心的斧削，对《游记》内容做了大量删削窜改，与原著面貌有较大出入。各种版本皆有程度不等的变换改动，《游记》的形象极不稳定。

《徐霞客游记》另一个系统的祖本是季梦良本。其前半以北京图书馆收藏的《徐霞客西游记》为代表。所收日记起自崇祯九年（丙子、1636）九月十九日，止于崇祯十一年（戊寅、1638）三月二十七日，包括徐霞客“万里遐征”中途经浙江、江西、湖南、广西等地的游记，共938页，约28万字，装订为五册，每册卷首有游程提纲，全书卷首有季梦良序。这是季梦良整理本，即徐霞客的族兄徐仲昭（名遵汤）经办，著名学者钱谦益推荐给毛晋准备出版的《徐霞客游记》。该本没有经过文人的削抹，让人们有可能认识这部伟大著作的细部和文字风格、写作特点。但这是一个残本，缺《名山游记》及《黔游日记》、《滇游日记》。它也不是原本，而是季梦良整理本的重抄本。由于抄誊的人水平不高，又未认真校对，文字上的讹误不少，甚至有很多错别字，而且也对个别片断的文字作过省并。大概这些弱点成了这个本子未能付梓的原因，长期秘不示人，因此这个系统的版本极少，过去的影响也不大。其后半以徐建极抄本为代表。徐建极是霞客之孙，生于明崇祯七年（1634），卒于清康熙三十二年（1693）。该本先后为邓之诚先生和谭其骧先生收藏，后来谭先生又交给邓先生的家属邓珂。该本起自崇祯十一年（戊寅、1638）三月二十七日，迄于崇祯十二年（己卯、1639）九月十四日，内容包括贵州、云南两省的游记。今存第六册，第八册，第九册分上、下，第十册分上、下，共六册，缺第七册即滇游首册，亦无《游太华山记》、《游颜洞记》、《盘江考》诸篇。各册卷首也有游程提纲。则徐建极本所据应是李寄重新补入此数篇以前的原始抄本。

两个系统的本子各有长短，一类结构完整，文字简略，一类文字详尽但仅存局部，两类版本的缺陷互相交错，两类版本的优点刚好互相补充。通过杨本、陈本可以认识《游记》的概貌，而季抄本、徐建极本却可以了解《游记》的细部，再用它们互校，又可以纠正许多讹误，填补多处脱漏，这样就可以既见森林，又见树木。最早认识到这种状况的是徐霞客的族孙徐镇（字筠峪）。他根据杨、陈两个抄本和徐建极抄本互相校勘补充，调整篇目，删去游程提纲，于乾隆四十一年（丙申、1776）第一次雕版付印。因此，乾隆本的文字内容除个别字句歧异外，其他与徐建极本完全一致，而比杨名时序本却详细得多。乾隆初刻本吸取了两大系统的优点，使两个系统各自发展的本子第一次汇合，出现了比较接近徐霞客原著面貌的本子，并且较多地保持了《徐霞客游记》后半部的原始面貌，《黔游日记》、《滇游日记》是可信的。

乾隆刻本《徐霞客游记》的正式出版，起到了统一版本的作用。长期以来流传甚广，影响很大，以后大量出版的《徐霞客游记》，多据乾隆本翻刻，增减变化甚微。嘉庆十一年（1806）冬，同邑人水心斋叶廷甲（字保堂）得到全部雕版，再次用杨本、陈本雠勘，用徐氏旧板改补，并增辑补编，把徐霞客的遗诗、诸友题赠等附上，于嘉庆十三年（1808）再版。咸丰二年（1852）印本，卷首加了徐霞客像，为至今所见最早的霞客画像，诸书所印霞客像多源于此。光绪七年（1881）有瘦影山房刻本。光绪三十四年（1908）有集成图书公司排印本。二十世纪二三十年代，则集中出现了《徐霞客游记》的十多种版本，如扫叶山房石印本、沈松泉标点本、莫厘樵子本、万有文库本、国学基本丛书本等。1928 年由丁文江主持，据叶本进行了初步标点，编入徐氏全部家祠丛刻《晴山堂帖》，新撰《徐霞客先生年谱》，并有附图一册计徐霞客旅行路线图三十六幅，由商务印书馆出版精装本，可谓洋洋大观。

然而，由于历史条件的限制，徐镇没有看到季梦良本，合璧的工作只做了一半，因而出现乾隆初刻本前半部和后半部体例不一，内容详略悬殊，文字风格不同的情况。1976年底我接受云南人民出版社约稿，开始《徐霞客游记》的整理和校注。感谢北京图书馆(今中国国家图书馆)的大力支持，并提供《徐霞客西游记》和乾隆初刻本的拷贝。我的整理工作，充分尊重并保持乾隆四十一年(1776)徐镇初刻本的宏观体系和框架形象；再用季梦良整理本《徐霞客西游记》补乾隆本前半部的文字缺略，增补了《浙游》、《江右游》、《楚游》、《粤西游》等部分的内容约15万字，抹平了书中前后的差异；并解决了缀合过程中的遗留问题。1985年出版的《徐霞客游记校注》解决了徐镇未完成的工作，重新出现了全书更加接近徐霞客原著面貌的本子。后来，有条件又用文渊阁《四库全书》影印本《徐霞客游记》进行通校，增补了一些有关徐霞客行迹和思想的文字，在补脱缺、正讹误、删衍文、存异文、疏通语义、规范文字等方面多所创获。1999年云南人民出版社出版了《徐霞客游记校注》(增订本)，2009年中华书局在"中华经典普及文库"中收入了我整理的《徐霞客游记》，对《徐霞客游记》的整理和研究又前进了一步。

中华经典名著全本全注全译丛书《徐霞客游记》，主要依据中华书局出版的朱惠荣整理本《徐霞客游记》。为方便读者阅读，正文内不再保留整理时插入的方括号，如欲了解用乾隆本校补的情况，可查阅上述《校注》本和整理本。个别由整理者补的字，仍用圆括号标出。注释分校记、释文和评注三类。属于版本上的问题尽量出校，前人整理时的重要版本记录也尽量保留，以便认识《徐霞客游记》的历史面貌和变化。释文内容包括疑难字词、历史背景、历史地理、人物、民族、名物、制度、宗教等方面，侧重古今对照。个别至今仍行用的方音字，仍注地方音，如"高哓(qiāo)"、"苴(zuǒ)榷"等。对原书存在的问题，则通过评注指出，或引他书加以校正。个别注释着意说明某些地理或历史结论，出于眉目清晰、方便读者阅读之目的而分为几段。随着研究的深入，并适应读者需要，在《校注》本的基础上增加了较多注释条目；今地名资料，一律按最新的行政区划反映。题解中古今地名相同的，不再括注今地名。另编绘13幅徐霞客旅游路线图，放在书中相应的位置，俾便对照。为了保持译文的统一风格，今译由李兴和先生独家承担。我们愿创造更好的条件，提供更多的方便，为广大读者阅读和研究《徐霞客游记》服务，为传播中华优秀传统文化尽心尽力，铺路搭桥。

朱惠荣

2014年9月19日于云南大学

游名山路线图
1：1500万
0 150 300公里
京师
北京
盘山
恒山
五台山
保定府
黄
河
会
通
河
泰山
曲阜
嵩山
华阴
西安府
华山
河南府
开封府
淮
河
应天府
南京
江阴
太
湖
汉
均州
太和山
水
武昌府
大
江
九华山
黄山
落迦山
杭州府
白岳山
庐山
天台山
洞庭湖
南昌府
鄱阳湖
雁宕山
湘
武夷山
衡山
水
福州府
九鲤湖
九疑山
台
湾
漳州府
广州府
罗浮山
西
江

游天台山日记[①] 浙江台州府[②]

【题解】

万历四十一年(1613)徐霞客到浙江旅游,先游洛伽山(普陀山),惜未见游记。以后循海南行,第一次游览天台山和雁宕山,同行者有僧人莲舟。《游天台山日记》就是他这次游天台山留下来的游记。

天台山在浙江天台县,为我国佛教天台宗的发源地。徐霞客于三月的最末一天自宁海县城起行,四月初一日进入天台县境,四月初九日离开天台山。他登华顶峰,观石梁飞瀑,欣赏断桥三曲瀑布及珠帘水,游寒岩、明岩、鸣玉涧,眺览琼台、双阙,登赤城,沿途到了天封、万年、国清、方广诸寺。"泉声山色,往复创变","攒峦夹翠,涉目成赏"。多姿多彩的景色使徐霞客倾倒。"几不欲卧","喜不成寐",反映出他对祖国美好山河的热爱。这篇游记清丽感人的描述,把我们带进了天台胜景。文中指出:"岭角山花盛开,顶上反不吐色,盖为高寒所勒耳。"这是徐霞客早年地理考察的重要结论,他已注意到地形、气候和植物生长的关系。

癸丑之三月晦[③] 自宁海出西门[④]。云散日朗,人意山光,俱有喜态。三十里,至梁隍山[⑤]。闻此地於菟夹道[⑥],月伤数十人，遂止宿焉。

【注释】

①游天台山日记：《游天台山日记》、《游雁宕山日记》、《游白岳山日记》、《游黄山日记》、《游武彝山日记》、《游庐山日记》、《游黄山日记后》、《游九鲤湖日记》诸篇，皆在乾隆刻本第一册上。天台山，又省称台山，在今浙江天台县北，有华顶、赤城、琼台、桃源、寒岩、明岩诸胜景，以石梁飞瀑最著名。天台山为佛教天台宗的发祥地，有隋朝创建的国清寺。

②台州府：省称台郡，治临海，即今浙江临海市。

③癸丑：明万历四十一年(1613)。晦(huì)：中历每月的末一天。癸丑为明代万历四十一年，这年的三月三十日，相当于公元1613年的5月19日。自2011年起，我国将每年的5月19日即《徐霞客游记》的开篇日定为“中国旅游日”。

④自宁海出西门：霞客自家至宁海路线，《游记》未载。陈函辉《徐霞客墓志铭》载霞客自述：“而余南渡大士落迦山，还过此中，陟华顶万八千丈之巅，东看大、小龙湫，以及石门、仙都，是在癸丑。”则在1613年游天台前，曾经绍兴府、宁波府游落迦山。落迦山又作洛伽山，因《华严经》有善财参观音于普陀洛伽之说而得名。今为普陀山东南的一个小岛，面积仅0.34平方公里，环岛一周约2公里，与普陀山合称普陀洛迦山。普陀山又称小白华、梅岭，为浙江舟山群岛中的一岛，系霞客游踪最东处。有普济寺、法雨寺、慧济寺、千步沙、潮音洞、梵音洞、南天门等胜景，最高峰白华顶海拔291米，自麓及巅有石磴七百余级。该山被传为观音菩萨道场，为我国佛教四大名山之一，又是旅游避暑胜地，近已开有从宁波到普陀的旅游客轮，可直达岛上。宁海，明为县，隶台州府，即今浙江宁海县。

⑤梁隍山：今作“梁皇”，在宁海县西南境的公路边。

⑥於菟（wū tú）：老虎的别称。

【译文】

癸丑年三月三十日　从宁海县城西门出来。云层散开，红日明亮，人的心情和山间的风光，都有喜悦的状态。三十里，来到梁隍山。听说此地道路两旁有猛虎，每月要伤害几十个人，就停下来住宿。

四月初一日　早雨。行十五里，路有歧，马首西向台山，天色渐霁。又十里，抵松门岭，山峻路滑，舍骑步行。自奉化来①，虽越岭数重，皆循山麓；至此迂回临陟，俱在山脊。而雨后新霁，泉声山色，往复创变，翠丛中山鹃映发，令人攀历忘苦。又十五里，饭于筋竹庵。山顶随处种麦。从筋竹岭南行，则向国清大路。适有国清僧云峰同饭，言此抵石梁，山险路长，行李不便，不若以轻装往，而重担向国清相待。余然之，令担夫随云峰往国清，余与莲舟上人就石梁道②。行五里，过筋竹岭③。岭旁多短松，老干屈曲，根叶苍秀，俱吾阊门盆中物也。又三十余里，抵弥陀庵。上下高岭，深山荒寂，恐藏虎，故草木俱焚去。泉轰风动，路绝旅人。庵在万山坳中④，路荒且长，适当其半，可饭可宿。

【注释】

①奉化：明为县，隶宁波府，即今浙江奉化市。

②莲舟：江阴迎福寺僧人。上人：对僧人的尊称。佛家把人分为四种，即粗人、浊人、中间人、上人。认为内有德智、外有胜行的人，为在上之人，故称上人。

③筋竹岭：应即今金岭，在宁海、天台两县界上。

④坳(ào)：山间洼下的地方。

【译文】

四月初一日　早晨下雨。前行十五里，路旁有条岔路，勒转马头往西走向天台山，天色渐渐转晴。又行十里，抵达松门岭，山势陡峻，道路湿滑，舍弃坐骑步行。自奉化县一路前来，虽然翻越了几重山岭，都是沿着山麓走；来到此地却是迂回曲折地登高跋涉，都是在山脊上走。然而雨后刚刚放晴，泉水的声音，山间的景色，反复创新变化着，翠绿的树丛中山间的杜鹃花映日绽放，让人忘却了攀登跋涉的辛苦。又行十五里，在筋竹庵吃饭。山顶到处种着麦子。从筋竹岭往南行，就是通向国清寺的大路。恰好有个国清寺的僧人云峰一同吃饭，说起从此地到石梁，山势险峻，路途漫长，带着行李不方便，不如带着轻装前往，而把沉重的担子挑到国清寺中等待。我同意了他的建议，命令挑夫跟随云峰前往国清寺，我与莲舟上人走上去石梁的路。前行五里，越过筋竹岭。岭上四旁有许多矮小的松树，苍老的树干屈曲不展，树根苍翠，松叶秀丽，都是我们阊门盆景中的景物了。又行三十多里，抵达弥陀庵。上下都是高高的山岭，深山荒凉寂静，害怕藏有老虎，所以草木都被烧掉了。泉水轰鸣，山风吹动，路上绝无行人。弥陀庵在万山丛中的山坳中，道路荒凉而且很漫长，恰好位于中途，可以在此吃饭住宿。

初二日　饭后，雨始止。遂越潦攀岭，溪石渐幽。二十里，暮抵天封寺[①]。卧念晨上峰顶，以朗霁为缘，盖连日晚霁，并无晓晴。及五更梦中，闻明星满天，喜不成寐。

【注释】

①天封寺：今仍称天封，在天台县东北境。

【译文】

初二日　饭后，雨才停下来。于是越过积水攀登山岭，溪流山石渐渐幽深起来。二十里，在暮色中到达天封寺。睡在床上惦念着明天早晨上登峰顶，以天气转晴当做有缘分，因为连日来都是晚上天气转晴，到拂晓时并不是晴天。到五更时从梦中醒来，听说满天是明亮的星星，高兴得无法入睡。

初三日　晨起，果日光烨烨①，决策向顶。上数里，至华顶庵；又三里，将近顶，为太白堂，俱无可观。闻堂左下有黄经洞，乃从小径。二里，俯见一突石，颇觉秀蔚。至则一发僧结庵于前，恐风自洞来，以石甃塞其门②，大为叹惋。复上至太白③，循路登绝顶④。荒草靡靡，山高风冽，草上结霜高寸许，而四山回映，琪花玉树，玲珑弥望。岭角山花盛开，顶上反不吐色，盖为高寒所勒耳。

【注释】

①烨烨(yè)：火焰很盛。

②甃(zhòu)：砌。

③太白：即太白堂，相传为李白读书处。

④绝顶：华顶峰，在天台县东北境，为天台山绝顶，海拔 1098 米。峰下有善兴寺，即华顶寺。

【译文】

初三日　早晨起床，果然阳光熠熠生辉，决定走向山顶。上登几里路，来到华顶庵；又行三里，即将接近山顶，是太白堂，都没有值得观看的。听说太白堂左下方有个黄经洞，于是从小径走。二里，俯身看见一块突立的岩石，觉得很是华美秀丽。走到后却有一个带发修行的僧人在岩石前边建盖了一座庵堂，担心风从洞中吹来，用石头砌墙堵塞了洞口，大为惋惜。又上来到太白堂，顺着路登上绝顶。荒草向下倒伏着，山太高，寒风凛冽，草上结的霜高达一寸多，四面群山回光映照，琼花玉树，玲珑剔透，一望无际。山岭的角落里山花盛开，山顶上反而没吐露出鲜艳的颜色，大概是被高处寒冷的气候限制了。

仍下华顶庵，过池边小桥，越三岭。溪回山合，木石森丽，一转一奇，殊慊所望[①]。二十里，过上方广，至石梁，礼佛昙花亭，不暇细观飞瀑。下至下方广，仰视石梁飞瀑，忽在天际。闻断桥、珠帘尤胜，僧言饭后行犹及往返，遂由仙筏桥向山后。越一岭，沿涧八九里，水瀑从石门泻下，旋转三曲。上层为断桥，两石斜合，水碎迸石间，汇转入潭；中层两石对峙如门，水为门束，势甚怒；下层潭口颇阔，泻处如阈[②]，水从坳中斜下。三级俱高数丈，各极神奇，但循级而下，宛转处为曲所遮，不能一望尽收。又里许，为珠帘水，水倾下处甚平阔，其势散缓，滔滔汩汩。余赤足跳草莽中，揉木缘崖，莲舟不能从。暝色四下[③]，始返。停足仙筏桥，观石梁卧虹，飞瀑喷雪，几不欲卧。

【注释】

①慊(qiè)：满足。

②阈(yù)：门槛。

③暝(míng)色：夜色。

【译文】

仍然下到华顶庵，走过水池边的小桥，越过三座岭。溪流回绕，山势闭合，林木森森，山石秀丽，转过一个地方出现一处奇景，很是满足了我的愿望。二十里，途经上方广寺，来到石梁，在昙花亭中拜了佛，来不及细看飞流的瀑布。下到下方广寺，仰面直视石梁飞瀑，忽然觉得挂在天边。听说断桥、珠帘景色更优美，僧人说饭后动身仍然来得及往返，便经由仙筏桥走向山后。越过一座岭，沿着山涧前行八九里，溪水形成瀑布从石门上倾泻下来，水流旋转，形成三个水湾。上层是断桥，两块岩石倾斜着聚合在一起，溪水在岩石间飞溅起散碎浪花，汇积后转入深潭中；中层两面的石崖对峙像门一样，溪水被石门约束，水势非常汹涌；下层水潭的出水口很宽阔，水流下泻处像门槛，水从下凹处倾斜下流。三级瀑布都有几丈高，各自极尽神奇的姿态，但是沿着一级级瀑布下走，在转弯处被水湾遮住了，不能一览无余。又走一里左右，是珠帘水，水流倾泻下来的地方十分平整宽阔，水流散开缓缓流动，水势滔滔，潺潺流淌。我赤着脚跳进草丛中，攀援着树木沿着山崖走，莲舟不能跟随。夜幕四面降临，这才返回来。在仙筏桥停下脚步，观赏石梁上方倒卧着的彩虹，飞流的瀑布喷溅着雪花，几乎不想睡觉。

初四日　天山一碧如黛。不暇晨餐，即循仙筏上昙花亭，石梁即在亭外[①]。梁阔尺余，长三丈，架两山坳间。两飞瀑从亭左来，至桥乃合流下坠，雷轰河隤，百丈不止。余从梁上行，下瞰深潭，毛骨俱悚。梁尽，即为大石所隔，不能达前山，乃还。过昙花，入上方广寺。循寺前溪，复至隔山大石上，坐观石梁。为下寺僧促饭，乃去。饭后，十五里，抵万年寺，登藏经阁。阁两重，有南北经两藏。寺前后多古杉，悉三人围，鹤巢于上，传声嘹呖[②]，亦山中一清响也。是日，余欲向桐柏宫，觅琼台、双阙，路多迷津，遂谋向国清。国清去万年四十里，中过龙王堂[③]。每下一岭，余谓已在平地，及下数重，势犹未止，始悟华顶之高，去天非远！日暮，入国清[④]，与云峰相见，如遇故知，与商探奇次第。云峰言："名胜无如两岩，虽远，可以骑行。先两岩而后步至桃源，抵桐柏，则翠壁、赤城，可一览收矣。"

【注释】

①石梁：在中方广。山腰有衔接两山的天然石梁，长约七米，中央隆起如龟背，狭处仅半尺左右。水有两源，东为金溪，西为大兴坑溪，合流后自梁底向下飞坠。梁，桥。

②嘹呖(liáo lì)：形容声音响亮而清远。

③龙王堂：今作"龙皇堂"，在天台县北境。

④国清：国清寺，在天台县城北3.5公里的天台山麓。寺周五峰环峙，双涧绕流，环境清幽。古迹甚多，有隋塔、隋梅、唐代天文学家一行墓、寒拾亭、丰干桥、明铸释迦牟尼坐像等。

【译文】

初四日　天空群山一片碧绿如同画眉的黛色。来不及吃早餐，立即沿着仙筏桥上到昙花亭，石梁就在亭子外边。石梁宽一尺多，长三丈，架在两面的山坳间。两条飞瀑从亭子左边流来，流到桥下合流后向下深坠，如雷声轰鸣，又像河堤崩塌，不止一百丈高。我从石梁上走，下瞰深潭，毛骨悚然。石梁的尽头，就被大石头隔断，不能通往前山，只好返回来。经过昙花亭，进入上方广寺。沿着寺前的溪流，又来到隔断前山的那块大石头上，坐下来观赏石梁。被下方广寺的僧人催促去吃饭，这才离开。饭后，前行十五里，来到万年寺，登上藏经阁。藏经阁有两层，藏有南宗和北宗的两库佛经。寺前寺后有很多古老的杉树，树干全都要三个人合抱，鹤群在树上筑巢，传出的鸣叫声嘹亮清远，也算是山间的一种清越的响声了。这一天，我想去桐柏宫，去找琼台、双阙，由于路途上岔路很多，就考虑去国清寺。国清寺距离万年寺四十里，中途经过龙王堂。每次走下一座岭，我以为已经走在平地上了，到下了几重岭，下走的势头还没有止住，这才领悟到华顶的高度，离天不远！傍晚，进入国清寺，与云峰和尚相见，如同遇见老朋友，与他商量探访奇景的先后次序。云峰说："名胜没有能赶得上寒岩、明岩两岩的，虽然远一些，可以骑马走。先游览两岩，然后步行到桃源，再到桐柏宫，那么连同翠壁、赤城，可以一次都游览了。"

初五日　有雨色，不顾，取寒、明两岩道，由寺向西门觅骑。骑至，雨亦至。五十里至步头，雨止，骑去。二里，入山，峰萦水映，木秀石奇，意甚乐之。一溪从东阳来①，势甚急，大若曹娥②。四顾无筏，负奴背而涉。深过于膝，移渡一涧，几一时。三里，至明岩。明岩为寒山、拾得隐身地③，两山回曲，《志》所谓八寸关也。入关，则四围峭壁如城。最后，洞深数丈，广容数百人。洞外，左有两岩，皆在半壁；右有石笋突耸，上齐石壁，相去一线，青松紫蕊，蓊苁于上④，恰与左岩相对，可称奇绝。出八寸关，复上一岩，亦左向。来时仰望如一隙，及登其上，明敞容数百人。岩中一井，曰仙人井，浅而不可竭。岩外一特石，高数丈，上岐立如两人，僧指为寒山、拾得云。入寺。饭后云阴溃散，新月在天，人在回崖顶上，对之清光溢壁。

【注释】

①一溪：即始丰溪，今名同。东阳：明为县，隶金华府，即今浙江东阳市。

②曹娥：今仍名曹娥江，源自天台山北麓，往北流经新昌、嵊县、上虞入杭州湾。

③寒山、拾得：唐代二僧。寒山曾隐居天台山寒岩，往还于天台山国清寺，和拾得友好，善作诗，有《寒山子集》二卷。拾得原是孤儿，由国清寺僧丰干收养为僧，故名拾得。亦能诗，有《丰干拾得诗》一卷。后人常以寒山、拾得并称，尊为“和合二仙”。

④蓊苁(wěng cōng)：草木茂盛。

【译文】

初五日　有要下雨的迹象，顾不上了，选择了去寒岩、明岩的道路，由国清寺去西门寻找坐骑。坐骑来了，雨也来了。五十里后到达步头，雨停了，坐骑离开了。二里，进山，山峰萦绕，水光辉映，树木秀丽，山石奇异，心情因此非常快乐。一条溪水从东阳县流来，水势十分湍急，大小与曹娥江相仿。四面回顾没有木筏，趴在奴仆背上涉水过去。水深没过膝盖，慢慢挪动渡过一条山涧，几乎一个时辰。三里，来到明岩。明岩是寒山、拾得两位高僧隐居的地方，两面的山迂回曲折，就是志书所谓的八寸关了。进入八寸关后，就见四面的峭壁像城墙。最后面有个山洞，深达几丈，宽处可以容纳几百人。洞外，左边有两个岩洞，都在峭壁的半中腰上；右边有石笋突立高耸，上边与石壁平齐，相距只有一线宽，青松吐着紫色的花蕊，郁郁葱葱地在石笋顶上，恰好与左边的岩洞相对，可称得上奇绝。出了八寸关，又登上一个岩洞，也朝向左边。来的时候抬头眺望像一条缝隙，等到登到岩洞上时，明亮宽敞，容得下几百人，岩洞中有一眼井，叫仙人井，水虽浅却不会枯竭。岩洞外面一块独立的岩石，高达几丈，上边分岔矗立着像两个人，僧人认为是寒山、拾得两人。进入寺中。晚饭后阴云散开，新月挂在天上，人站在回绕的石崖顶上，面对着夜色，清朗的月光溢满崖壁。

初六日　凌晨出寺，六七里至寒岩。石壁直上如劈，仰视空中，洞穴甚多。岩半有一洞，阔八十步，深百余步，平展明朗。循岩右行，从石隘仰登。岩坳有两石对耸，下分上连，为鹊桥，亦可与方广石梁争奇，但少飞瀑直下耳。还饭僧舍，觅筏渡一溪。循溪行山下，一带峭壁巉崖，草木盘垂其上，内多海棠、紫荆，映荫溪色，香风来处，玉兰芳草，处处不绝。已至一山嘴，石壁直竖涧底，涧深流驶，旁无余地。壁上凿孔以行，孔中仅容半趾，逼身而过，神魄为动。自寒岩十五里至步头，从小路向桃源。桃源在护国寺旁，寺已废，土人茫无知者。随云峰莽行曲路中，日已堕，竟无宿处，乃复问至坪头潭①。潭去步头仅二十里，今从小路，反迂回三十余里宿，信桃源误人也！

【注释】

①坪头潭：即今平镇，在天台县西境，始丰溪北岸。

【译文】

初六日　凌晨从寺中出发，六七里后来到寒岩。石壁笔直上耸，如同刀劈出来的一样，仰面看空中，洞穴很多。石岩半中腰有一个洞，宽八十步，深一百多步，平整明朗。沿着石岩的右边走，从石岩的狭窄处仰面上登。石岩的下凹处有两块岩石相对耸立，下面分开上边相连，这是鹊桥，也可以与方广寺的石梁争奇，只是少了笔直下泻的飞瀑而已。返回僧房中吃饭，找来木筏渡过一条溪流。沿着溪流行走在山下，这一带都是峭壁巉崖，草木缠绕悬垂在峭壁上，里面有很多海棠和紫荆，树荫映照，溪水增色，香风吹来之处，碧玉般的兰花和芳香的小草，处处不绝。不久来到一处山嘴，石壁笔直竖立在山涧底，山涧幽深，水流迅疾，两旁没有空余的地方。石壁上凿了些孔以便通行，石孔中仅能容下半个脚掌，身子贴着石壁过来，神魂都为之震动。自寒岩行十五里后来到步头，从小路走向桃源。桃源在护国寺旁，寺院已经荒废，当地人茫然不知道桃源。跟随云峰和尚在满是草丛的弯弯曲曲的山路中前行，太阳已经西下，竟然没有住宿的地方，于是再次问路，来到坪头潭。坪头潭距离步头仅有二十里路，今天从小路走，反而迂回了三十多里路才住下，桃源确实误人呀！

初七日　自坪头潭行曲路中三十余里，渡溪入山。又四五里，山口渐夹，有馆曰桃花坞。循深潭而行，潭水澄碧，飞泉自上来注，为鸣玉涧。涧随山转，人随涧行。两旁山皆石骨，攒峦夹翠，涉目成赏，大抵胜在寒、明两岩间。涧穷路绝，一瀑从山坳泻下，势甚纵横。出饭馆中，循坞东南行①，越两岭，寻所谓"琼台"、"双阙"，竟无知者。去数里，访知在山顶。与云峰循路攀援，始达其巅。下视峭削环转，一如桃源，而翠壁万丈过之。峰头中断，即为双阙②；双阙所夹而环者，即为琼台。台三面绝壁，后转即连双阙。余在对阙，日暮不及复登，然胜已一目尽矣③。遂下山，从赤城后还国清，凡三十里。

【注释】

①坞(wù)：四面高中间低的山洼。

②阙(què)：古代宫殿、祠庙、陵墓前面的建筑物。先筑高台，上修楼观，通常左右各一，中央缺而为道，故称"阙"或"双阙"。此处形容天然峰崖如一对阙楼，故得名"双阙"。

③然胜已一目尽矣："四库"本作"然胜已一日兼收"。"一目"原作"一日"。上海中华图书馆印本作"一目"，较合文意。《游黄山日记后》九月五日记有"不能一目尽也"，亦可比对。

【译文】

初七日　从坪头潭前行在弯弯曲曲的山路中有三十多里路，渡过溪水进山。又行四五里，山口渐渐变窄，有个客馆叫做桃花坞。沿着深潭前行，潭水澄碧，飞泻的泉水从山上流来注入深潭，这是鸣玉涧。山涧随着山势转，人顺着山涧行。两旁的山都是石骨嶙峋的，簇拥的山峦夹杂着葱翠的树木，目光所及的地方都值得观赏，景色的优美大致在寒岩、明岩两岩之间。山涧到了头路也断了，一条瀑布从山坳上倾泻下来，水势纵横流淌。出山口来在客馆中吃饭，沿着山坞往东南行，越过两座岭，寻找所谓的“琼台”、“双阙”，竟然没有知道的人。离开几里后，打听后才知道在山顶。与云峰沿着道路攀登，这才到达山顶。向下俯视，峭拔陡削环绕的山势，完全和桃源一样，可万丈高的翠壁要超过桃源。峰头从中断开，就形成双阙；双阙相夹环绕的地方，就是琼台。琼台三面是绝壁，后面转过去就连着双阙。我站在对面的阙上，暮色降临，来不及再登上对面的阙，然而所有的胜景已尽收眼底。于是下山，从赤城后面返回国清寺，共三十里路。

初八日　离国清，从山后五里登赤城①。赤城山顶圆壁特起，望之如城，而石色微赤。岩穴为僧舍凌杂，尽掩天趣。所谓玉京洞、金钱池、洗肠井，俱无甚奇。

【注释】

①赤城：为天台山支阜，在天台县西北3.5公里，高339米。上有石洞12个，以紫云洞和玉京洞最著名，山顶有赤城塔。

【译文】

初八日　离开国清寺，从山后走五里登上赤城。赤城山顶上有个圆形的石壁独自耸起，望过去像城墙，而岩石的颜色微微泛红。岩洞成了凌乱的僧房，把天然的情趣全部掩盖了。所谓的玉京洞、金钱池、洗肠井，都没有什么奇特的地方。

游雁宕山日记[①] 浙江温州府[②]

【题解】

《游雁宕山日记》是万历四十一年(1613)徐霞客第一次游雁宕山的游记。

雁宕山今作雁荡山,在浙江乐清市,为我国著名风景名胜区。徐霞客游天台山后,从黄岩进入雁山。四月十一日登灵峰洞,十二日游灵岩,盛赞龙鼻洞和天聪洞的奇绝,十三日观赏大龙湫飞瀑,至此,雁山三绝皆被霞客游遍。十四日,徐霞客又翻山越岭,冒着生命危险寻找雁湖,用足布"悬崖垂空"而下,"布为突石所勒,忽中断,复续悬之,竭力腾挽,得复登上岩"。显示了他不畏艰险、勇于攀登的精神。十五日告别雁山,往乐清县城。雁宕山面积宽广,景色多样。《游记》用清新简洁的笔法,全面铺叙了众多景点的布局,胜景纷陈,丰富而不杂乱,反映出徐霞客在写景方面的高超技巧。

自初九日别台山,初十日抵黄岩[③]。日已西,出南门,步行三十里[④],宿于八岙[⑤]。

【注释】

①雁宕山:省称雁山,今作雁荡山。"宕"同"荡",为积水长草的洼

地。山中有荡，据传秋雁归时多宿此，故名。雁宕山在浙江温州市辖境，蟠跨瓯江南北，平阳县以西的为南雁宕山，中雁宕山在乐清市西部，北雁宕山在乐清市东北，古称“东瓯三雁”。北雁宕山面积最大，风景最佳，有102峰、14嶂、64岩、46洞、18瀑、10谷等。主峰百岗尖，海拔1057米。共五百三十多个景点，游览面积达450平方公里，分灵峰、灵岩、大龙湫、雁湖、显胜门等景区，胜景多集中在南部，灵峰、灵岩、大龙湫为雁荡风景三绝。近年又新开发了仙桥及羊角洞景区。徐霞客所记指北雁荡山。

②温州府：治永嘉县，即今浙江温州市。

③黄岩：明为县，隶台州府，即今浙江黄岩区。

④步行三十里：原无“步行”二字，据“四库”本补。

⑤岙(ào)：浙江、福建等沿海一带对山间平地的称呼。

【译文】

从初九日离别天台山，初十日抵达黄岩县。太阳已西下，走出南门，步行三十里，住宿在八岙。

十一日　二十里，登盘山岭。望雁山诸峰，芙蓉插天，片片扑人眉宇。又二十里，饭大荆驿[①]。南涉一溪，见西峰上缀圆石，奴辈指为两头陀，余疑即老僧岩，但不甚肖。五里，过章家楼，始见老僧真面目：袈衣秃顶，宛然兀立，高可百尺[②]。侧又一小童伛偻于后，向为老僧所掩耳。自章楼二里，山半得石梁洞。洞门东向，门口一梁，自顶斜插于地，如飞虹下垂。由梁侧隙中层级而上，高敞空豁。坐顷之，下山。由右麓逾谢公岭[③]，渡一涧，循涧西行，即灵峰道也[④]。一转山腋，两壁峭立亘天，危峰乱叠，如削如攒，如骈笋，如挺芝，如笔之卓[⑤]，如幞之欹[⑥]。洞有口如卷幕者[⑦]，潭有碧如澄靛者。双鸾、五老，接翼联肩。如此里许，抵灵峰寺。循寺侧登灵峰洞。峰中空，特立寺后，侧有隙可入。由隙历磴数十级，直至窝顶，则窅然平台圆敞[⑧]，中有罗汉诸像[⑨]。坐玩至暝色，返寺。

【注释】

①大荆驿：今仍作“大荆”，在乐清市东北隅。

②百尺：“四库”本作“百丈”。

③谢公岭：在乐清市东北，通往雁荡山的路上。相传晋代著名诗人谢灵运任永嘉太守时曾到这里游览过，故名。岭上有落屐亭，亦为纪念谢灵运而建。

④灵峰：高约二百七十米，与右边的倚天峰相合如掌，称合掌峰、夫妻峰。峰前有灵峰寺，峰下有巨大的观音洞，即《游记》中所称灵峰洞。洞口有天王殿，洞内倚岩建有楼房十层，顶层为观音殿，有观音及十八罗汉像。附近还有南、北碧霄洞、苦竹洞、凤凰洞、长春洞、将军洞等，极洞府之胜。

⑤卓：直立。

⑥幞(fú)：古代男子的头巾，又称幞头。

⑦幕：高挂的帷帐。

⑧窅(yǎo)然：深远。

⑨罗汉：梵文音译“阿罗汉”的略称，为小乘佛教所理想的最高果位，指断绝嗜欲、解脱烦恼、不受生死轮回影响、受人敬仰崇拜的圣人。佛教寺院常有十八罗汉或五百罗汉的塑像。

【译文】

十一日　二十里，登上盘山岭。远望雁宕山的群峰，像芙蓉一样插进蓝天，一片片扑向人的眉宇间。又行二十里，在大荆驿吃饭。向南涉过一条溪水，望见西峰上点缀着圆圆的石头，奴仆们认为是两个行脚僧人，我怀疑就是老僧岩了，但又不怎么像。五里，路过章家楼，这才看清老僧岩的真实面貌：披着袈裟，秃顶，形象逼真地直站着，大约一百尺高。侧边又有一个小孩弯着腰跟在后面，刚才是被老和尚遮住了。从章家楼前行二里，半山腰找到了石梁洞。洞口面向东，洞口前一块像桥一样的岩石，从山顶斜斜地插在地上，如飞空的彩虹下垂。从石桥侧边的缝隙中一层层地沿石阶逐级上登，高处宽敞空阔。坐了一段时间，下山。由右边的山麓越过谢公岭，渡过一条山涧，沿着山涧往西行，就是通往灵峰的路了。刚一转到山侧，两面崖壁峭立，横亘在天际，高险的山峰杂乱重叠，有的如用刀削出的一般，有的如攒聚的花丛，有的如并立的竹笋，有的如挺拔的灵芝，有的如笔一样直立，有的如头巾一样斜披着。山洞的洞口有像卷起的帷幕的，潭水有碧绿得像澄澈的蓝靛一样的。双鸾峰、五老峰，比翼并肩。如此走了一里多，抵达灵峰寺。沿着灵峰寺侧边登上灵峰洞。灵峰中间是空心的，独立在寺后，侧边有缝隙可以进去。由缝隙中经历几十级石阶，直达窝顶，就见深远处有宽敞的圆形平台，平台中间有许多罗汉像。坐着玩赏景色直到暮色降临，返回寺中。

十二日　饭后，从灵峰右趾觅碧霄洞。返旧路，抵谢公岭下。南过响岩，五里，至净名寺路口。入觅水帘谷，乃两崖相夹，水从崖顶飘下也。出谷五里，至灵岩寺。绝壁四合，摩天劈地，曲折而入，如另辟一寰界。寺居其中，南向，背为屏霞嶂。嶂顶齐而色紫[①]，高数百丈，阔亦称之。嶂之最南，左为展旗峰，右为天柱峰。嶂之右胁介于天柱者，先为龙鼻水。龙鼻之穴从石罅直上，似灵峰洞而小。穴内石色俱黄紫，独罅口石纹一缕，青绀润泽②，颇有鳞爪之状。自顶贯入洞底，垂下一端如鼻，鼻端孔可容指，水自内滴下注石盆。此嶂右第一奇也。西南为独秀峰，小于天柱，而高锐不相下。独秀之下为卓笔峰，高半独秀，锐亦如之两峰。南坳轰然下泻者，小龙湫也。隔龙湫与独秀相对者，玉女峰也。顶有春花，宛然插髻。自此过双鸾，即极于天柱。双鸾止两峰并起，峰际有"僧拜石"，袈裟伛偻，肖矣。由嶂之左胁，介于展旗者，先为安禅谷，谷即屏霞之下岩。东南为石屏风，形如屏霞，高阔各得其半，正插屏霞尽处。屏风顶有"蟾蜍石"，与嶂侧"玉龟"相向。屏风南去，展旗侧褶中，有径直上，磴级尽处，石阈限之。俯阈而窥，下临无地，上嵌崆峒。外有二圆穴，侧有一长穴，光自穴中射入，别有一境，是为天聪洞，则嶂左第一奇也。锐峰叠嶂，左右环向，奇巧百出，真天下奇观！而小龙湫下流，经天柱、展旗，桥跨其上，山门临之。桥外含珠岩在天柱之麓，顶珠峰在展旗之上。此又灵岩之外观也③。

【注释】

①嶂(zhàng)：高险如屏障的山。

②绀(gàn)：红青色。

③灵岩：壁立千霄，状如屏风，亦称屏霞嶂。前为灵岩寺，寺前天柱、展旗两峰相对，称南天门，卧龙溪从中穿出。周围群峰环拥。

【译文】

十二日　饭后，从灵峰右侧的山脚下去寻找碧霄洞。从原路返回，抵达谢公岭下。往南经过响岩，五里，来到净明寺路口。进山去找水帘谷，是两面的山崖相夹，流水从山崖顶上漂流而下。出了水帘谷前行五里，来到灵岩寺。绝壁四面闭合，上摩天空，劈开大地，曲曲折折进去，如同另外开辟了一个广大的世界。寺庙居于其中，面向南，背后是屏霞嶂。屏霞嶂的顶部是平齐的而且颜色是紫的，高达几百丈，宽处也与高处相称。屏霞嶂的最南端，左边是展旗峰，右边是天柱峰。屏霞嶂的右侧介于天柱峰之间的地方，最先是龙鼻水。龙鼻水出水的洞穴从石缝中一直向上去，像灵峰洞但小一些。洞穴内的石头颜色全是黄紫色的，唯独裂口处有一条石纹是青红色，色彩润泽，很有些龙鳞龙爪的形状。从洞顶连贯到洞底，下垂的一端像龙的鼻子，鼻子前端的孔洞可以容下手指，水从孔洞内滴下来落入石盆中。这是屏霞嶂右边的第一奇观了。西南面是独秀峰，比天柱峰小，可高耸和尖锐的样子不相上下。独秀峰之下是卓笔锋，高度有独秀峰的一半，尖尖的样子也像这两座峰。南面山坳中轰鸣着下泻的水流，是小龙湫了。隔着小龙湫与独秀峰相对的，是玉女峰了。峰顶上开有春天的花卉，宛如插在发髻上。从此地经过双鸾峰，在天柱峰就到了尽头。双鸾峰只有两座山峰并排耸立，两峰间有块“僧拜石”，身着袈裟，弯着身躯，像极了。由屏霞嶂的左侧，介于展旗峰的地方，最先是安禅谷，安禅谷就是屏霞嶂下层的石岩。东南面是石屏风，形状类似屏霞嶂，高度与宽度各有屏霞嶂的一半，正好插在屏霞嶂的尽头处。石屏风顶上有块“蟾蜍石”，与屏霞嶂侧面的“玉龟石”相对。从石屏风往南去，展旗峰侧面的褶皱中，有条小径一直上走，石台阶的尽头处，有条石门坎阻挡着。俯身从石门坎处窥视，下临虚空，看不见地面，上面嵌着山洞。外边有两个圆圆的洞穴，侧面有一个长形的洞穴，光线从洞穴中射进去，别有一种境界，这就是天聪洞，是屏霞嶂左边的第一奇观了。尖尖的山峰，层峦叠嶂，左右两边环绕相向，奇巧百出，真是天下的奇观！而小龙湫的下游，流经天柱峰、展旗峰，石桥横跨在溪流上，灵岩寺的山门面临着石桥。石桥外的含珠岩在天柱峰的山麓，顶珠峰在展旗峰的上面。这又是灵岩外围的景观了。

十三日　出山门，循麓而右，一路崖壁参差，流霞映彩。高而展者，为板嶂岩。岩下危立而尖夹者，为小剪刀峰。更前，重岩之上，一峰亭亭插天，为观音岩。岩侧则马鞍岭横亘于前。鸟道盘折①，逾坳右转，溪流汤汤②，涧底石平如砥。沿涧深入，约去灵岩十余里，过常云峰，则大剪刀峰介立涧旁。剪刀之北，重岩陡起，是名连云峰。从此环绕回合，岩穷矣。龙湫之瀑③，轰然下捣潭中，岩势开张峭削，水无所着，腾空飘荡，顿令心目眩怖。潭上有堂④，相传为诺讵那观泉之所⑤。堂后层级直上，有亭翼然。面瀑踞坐久之，下饭庵中，雨廉纤不止⑥，然余已神飞雁湖山顶。遂冒雨至常云峰，由峰半道松洞外，攀绝磴三里，趋白云庵。人空庵圮，一道人在草莽中，见客至，望望去。再入一里，有云静庵，乃投宿焉。道人清隐⑦，卧床数十年，尚能与客谈笑。余见四山云雨凄凄，不能不为明晨忧也。

【注释】

①鸟道：《华阳国志》："鸟道四百里，以其险绝，兽犹无蹊，特上有飞鸟之道耳。"形容道路险绝。

②汤汤（shāng）：大水急流的样子。

③龙湫（qiū）：此指大龙湫，在马鞍岭西四公里，水从高约一百九

十米的连云峰上飞坠潭中，为著名大瀑布。湫，水潭。瀑布下为深潭。

④堂：四方而高的建筑。

⑤诺讵那：罗汉名，又作诺矩罗。相传诺矩那居震旦东南大海际雁荡山芙蓉峰龙湫。唐代僧人贯休《诺矩罗赞》有“雁荡经行云漠漠，龙湫宴坐雨蒙蒙”句，即指此景。

⑥廉(lián)纤：细雨。

⑦道人：修道的人，此处指和尚。

【译文】

十三日　出了山门，沿着山麓往右走，一路上山崖石壁参差不齐，流动的云霞映衬着山间的色彩。又高又平展的，是板嶂岩。板嶂岩下面高高矗立而且又尖又窄的，是小剪刀峰。再往前，重重石岩之上，一座亭亭玉立的山峰直插云霄，是观音岩。观音岩侧面则是马鞍岭横亘在前方。险峻的山道盘绕曲折，越过山坳向右转，溪流浩浩荡荡，山涧底下的岩石平整得像磨刀石。沿着山涧深入进去，大约距离灵岩十多里，经过常云峰，就见大剪刀峰矗立在山涧旁。大剪刀峰的北面，重重石岩陡然耸起，这里名叫连云峰。从这里起，山峰环绕，回旋闭合，石岩到尽头了。大龙湫的瀑布，轰鸣着下捣进深潭中，石岩的地势张开，陡峭峻削，流水没有附着的地方，腾空飘荡，顿时令人心惊目眩。深潭上面有座庙堂，相传是诺讵那罗汉观看泉水的场所。庙堂后面沿着一层层台阶上去，有座亭子高耸其上。面对着瀑布坐了很久，下来在庵中吃饭，连绵细雨下个不停，然而我的神魂已经飞到雁湖山顶。于是冒雨来到常云峰，由山峰半中腰的道松洞外，攀登悬绝的石阶三里，赶到白云庵。空无一人，寺庵已倒塌，一个道士在草莽中，见有客人来到，望了望就离开了。再深入一里，有个云静庵，于是投宿在庵中。清隐和尚已经卧病在床几十年了，还能够与客人谈笑。我望见四面群山浓云密布，风雨凄凄，不能不为明天早晨担忧了。

十四日　天忽晴朗，乃强清隐徒为导。清隐谓湖中草满，已成芜田，徒复有他行，但可送至峰顶。余意至顶，湖可坐得，于是人捉一杖，跻攀深草中[①]，一步一喘，数里，始历高巅。四望白云，迷漫一色，平铺峰下。诸峰朵朵，仅露一顶，日光映之，如冰壶瑶界，不辨海陆。然海中玉环一抹[②]，若可俯而拾也。北瞰山坳壁立，内石笋森森，参差不一。三面翠崖环绕，更胜灵岩。但谷幽境绝，惟闻水声潺潺，莫辨何地。望四面峰峦累累，下伏如丘垤[③]，惟东峰昂然独上，最东之常云，犹堪比肩。

【注释】

①跻(jī)：登。

②玉环：明代称玉环山，即乐清县东海中的玉环岛，现为浙江省玉环县。

③丘垤(dié)：小土堆。

【译文】

十四日　天忽然晴朗起来，于是强迫清隐的徒弟做向导。清隐说，雁湖中长满了草，已成了荒芜的田地，徒弟还要去其他地方，但是仍可以把我送到峰顶。我心想，到了峰顶，雁湖就可以很容易地找到了，于是每人握着一根拐杖，攀登在深草丛中，一步一喘，行几里，这才登上高高的峰顶。四面望去，白云弥漫，一片白色平铺在山峰下面。群峰一朵朵的，仅仅露出一点山顶，阳光映照在群峰顶上，如仙境瑶池的世界，分辨不出是海还是陆地。然而大海中的玉环山露出淡淡的一抹，像是可以俯身拾起来的样子。向北俯瞰，山坳中石壁峭立，里面石笋森森，参差不一。三面环绕着苍翠的石崖，更比灵岩优美。但是山谷幽深环境险绝，只听得见潺潺的水声，无法辨别是出自什么地方。远望四面，峰峦层层叠叠，在下方低伏着像小土丘，唯有东面的山峰昂首抬头地独自向上高耸，最东面的常云峰，还能够和它相比。

导者告退，指湖在西腋一峰，尚须越三尖。余从之，及越一尖，路已绝；再越一尖，而所登顶已在天半。自念《志》云[①]：“宕在山顶，龙湫之水，即自宕来。”今山势渐下，而上湫之涧，却自东高峰发脉，去此已隔二谷。遂返辙而东，望东峰之高者趋之，莲舟疲不能从。由旧路下，余与二奴东越二岭，人迹绝矣。已而山愈高，脊愈狭，两边夹立，如行刀背。又石片棱棱怒起，每过一脊，即一峭峰，皆从刀剑隙中攀援而上。如是者三，但见境不容足，安能容湖？既而高峰尽处，一石如劈，向惧石锋撩人，至是且无锋置足矣！踌躇崖上，不敢复向故道。俯瞰南面石壁下有一级，遂脱奴足布四条[②]，悬崖垂空，先下一奴，余次从之，意可得攀援之路。及下，仅容足，无余地。望岩下斗深百丈[③]，欲谋复上，而上岩亦嵌空三丈余，不能飞陟。持布上试，布为突石所勒，忽中断。复续悬之，竭力腾挽，得复登上岩。出险，还云静庵，日已渐西。主仆衣履俱敝，寻湖之兴衰矣。遂别而下，复至龙湫，则积雨之后，怒涛倾注，变幻极势，轰雷喷雪，大倍于昨。坐至暝始出，南行四里，宿能仁寺。

【注释】

①《志》：指《大明一统志》。下同。

②足布：裹脚布。

③斗：通“陡”。下同。

【译文】

领路的和尚告别，指点我，雁湖在西面侧旁的一座山峰上，还必须翻越三座尖峰。我听从了他的话，到越过一座尖峰时，路已断绝；再越过一座尖峰，可我所要上登的山顶已经在半空中了。自己考虑，《一统志》说："雁荡湖在山顶，大龙湫的水，就是从雁荡湖流来的。"现在山势逐渐下降，而且上龙湫的山涧，却是从东面的高峰发源的，距离此地已经隔着两重山谷。于是便反身往东走，望着东面的高峰赶过去，莲舟疲倦了不能跟随。经由原路下走，我与两个奴仆向东越过两座岭，人迹完全断绝了。继而山越来越高，山脊越来越窄，两边夹立着石壁，如行走在刀背上。而且一棱棱石片狂怒地竖起，每走过一条山脊，就是一座陡峭的山峰，都是从刀剑的缝隙中攀援着上登。如此攀援了三次，只见所在的地方还容不下脚，怎么能容得下一个湖呢？不久，高峰的尽头处，一块岩石如同是刀劈开的，我过去惧怕岩石的锋刃绊倒人，到此时将要没有锋刃来放脚了！在石崖上踌躇再三，不敢再从原路返回。俯瞰南面的石壁下有一个石头平台，于是脱下奴仆们的四条裹脚布，从悬崖上凌空下垂，先下去一个奴仆，我第二个跟随着他，料想可以找到攀援的路了。到下去后，仅能容得下脚，没有多余的地方。望见石岩下方陡峭壁立，深达一百丈，想要设法再上去，可上边的岩石也是嵌入空中三丈多高，不能飞登上去。拉着布条试着往上爬，布条被突出来的岩石勒住了，忽然从中间断开。又接上布条悬垂下来，竭尽全力挽着布条腾跃，得以再次登上上面的石岩。脱离险境，返回云静庵，红日已渐渐西下。主人奴仆的衣服鞋子都破了，寻找雁湖的兴致减弱了。于是告别清隐后下山，再次来到大龙湫，只见积满雨水之后，狂怒的波涛倾泻奔流，极尽变幻的气势，雷鸣般轰响，水浪喷溅出雪花，水势比昨天大一倍。坐到天色昏黑才出来，往南行四里，住宿在能仁寺。

十五日　寺后觅方竹数握，细如枝；林中新条，大可径寸，柔不中杖[①]，老柯斩伐殆尽矣！遂从岐度四十九盘，一路遵海而南，逾窑岙岭，往乐清[②]。

【注释】

①中(zhòng)：合，符合要求。

②乐清：明为县，隶温州府，即今浙江乐清市。

【译文】

十五日　在能仁寺后面找到几把方竹，细得像树枝；林中新长出来的竹子，大的直径约有一寸，很柔软，不适合做手杖，长老的竹子差不多被砍伐完了！于是从岔路越过四十九盘，一路上沿着海边往南行，越过窑岙岭，前往乐清县。

游白岳山日记[1] 徽州府休宁县[2]

【题解】

万历四十四年(1616)徐霞客出游今安徽、福建的白岳山、黄山、武彝山。《游白岳山日记》是徐霞客这次游白岳山的游记。

白岳山即今齐云山,在安徽休宁县。这年正月二十六日,徐霞客出休宁县西门,至二月初一日皆在白岳山。先游览东部的齐云岩景区,历天门、珠帘水、榔梅庵、太素宫、文昌阁、舍身崖诸胜,并眺览三姑峰、五老峰、紫霄崖。后经西天门、双溪街游览了西部的石桥岩景区,观石桥飞虹、龙涎泉,登棋盘石,游观音岩,寻龙井。在山上阻雪数日,冰、雪、霰、雾迭现,为这次旅游增添了情趣。对这些,霞客均有生动的描绘。

万历四十六年(1618)徐霞客重游白岳山,但未见游记。

丙辰岁[3],余同浔阳叔翁,于正月二十六日,至徽之休宁。出西门。其溪自祁门县来[4],经白岳,循县而南,至梅口,会郡溪入浙[5]。循溪而上,二十里,至南渡[6]。过桥,依山麓十里,至岩下已暮[7]。登山五里,借庙中灯,冒雪蹑冰[8],二里,过天门。里许,入榔梅庵。路经天门、珠帘之胜,俱不暇辨,但闻树间冰响铮铮。入庵后,大霰作,浔阳与奴子俱后。

余独卧山房，夜听水声屋溜，竟不能寐。

【注释】

①白岳山：在安徽休宁县城西15公里，今通称齐云山。周百余里，从天门而入，有36峰，72崖，洞、泉遍布，以齐云岩、石桥岩、廊岩、白岳岭最胜。《游记》所称白岳山系指今齐云山全境。

②徽州府：治歙(shè)县，即今安徽歙县。《游记》中又称徽郡。休宁县：原无此三字，据“四库”本补。休宁，明为县，隶徽州府，即今安徽休宁县。

③丙辰岁：明万历四十四年(1616)。

④祁门县：隶徽州府，即今安徽祁门县。

⑤浙：即浙溪水，即今率水，为新安江上游。此处入浙之溪明代称吉阳水，即今横江。

⑥南渡：今作“兰渡”，在休宁县稍西，横江南岸。

⑦岩下：应即今岩前，又称岩脚，在休宁县西隅，横江南岸。

⑧蹑(niè)：踩。

【译文】

丙辰年，我同浔阳叔公，在正月二十六日这天，来到徽州府的休宁县。从西门出发。这里的溪流是从祁门县流来的，流经白岳山，沿着县城往南流，流到梅口，汇合府中的溪流后流入浙溪水。沿着溪流往上走，二十里，到达南渡。过桥后，紧靠山麓前行十里，来到岩下已是傍晚。登山五里，借用寺庙中的灯笼，冒着雪花踩着冰雪行二里，路过天门。一里左右，进入榔梅庵。路上经过天门、珠帘优美的景色，都来不及仔细分辨，只听见树丛中冰凌落地发出铮铮的响声。进入榔梅庵后，冰霰大作，浔阳叔公与作为奴仆的童子都在后面。我独自一人躺在山房中，夜里听着屋檐上的滴水声，竟然不能入睡。

二十七日　起视满山冰花玉树，迷漫一色。坐楼中，适浔阳并奴至，乃登太素宫。宫北向，玄帝像乃百鸟衔泥所成，色黧黑[①]。像成于宋，殿新于嘉靖三十七年，庭中碑文，世庙御制也[②]。左右为王灵官、赵元帅殿，俱雄丽。背倚玉屏[③]，前临香炉峰。峰突起数十丈，如覆钟，未游台、宕者或奇之。出庙左，至舍身崖，转而上为紫玉屏，再西为紫霄崖[④]，俱危耸杰起。再西为三姑峰、五老峰，文昌阁据其前。五老比肩，不甚峭削，颇似笔架。

【注释】

①黧(lí)：黑里带黄的颜色。

②世庙御制：皇帝死后，特立名号于太庙，立室奉祀，因有庙号，为已死皇帝的代称。世庙即明世宗朱厚熜。御，对帝王所作所为及所用物的敬称。

③玉屏：应即齐云岩，又称云岩，在白岳岭西北。左一峰称石鼓，右一峰称石钟。其下的太素宫在今月华街，基址犹存。四周有五老峰、三姑峰、天门诸胜。

④紫霄崖：崖前有紫驼峰，酷似骆驼。崖下昔有玉虚宫，又称紫霄宫，今存明代画家唐寅撰书《紫霄宫玄帝碑铭》。

【译文】

二十七日　起床后，看见满山都是冰花玉树，迷漫着一片银白色。坐在楼中，恰好浔阳叔公和奴仆来到了，于是登上太素宫。太素宫面向北，玄帝像是用百鸟衔来泥土塑成的，脸色黧黑。塑像完成于宋代，大殿是在嘉靖三十七年(1558)新建的，庭院中的碑文，是世宗皇帝亲自下令制作的。左右两边是王灵官殿、赵元帅殿，都很雄伟壮丽。太素宫背靠玉屏风一样的山峰，前临香炉峰。香炉峰高高突起几十丈，如下覆的铜钟，没有游过天台山、雁宕山的人或者会认为它很奇异。出到寺庙的左边，来到舍身崖，转向上走是紫玉屏，再向西走是紫霄崖，全都高峻险绝地耸起。再向西是三姑峰、五老峰，文昌阁位于五老峰前。五老峰像五位老人并肩而立，不怎么陡峭，很像是笔架。

返榔梅，循夜来路，下天梯。则石崖三面为围，上覆下嵌，绝似行廊。循崖而行，泉飞落其外，为珠帘水。嵌之深处，为罗汉洞，外开内伏，深且十五里，东南通南渡。崖尽处为天门。崖石中空，人出入其间，高爽飞突，正如阊阖①。门外乔楠中峙，蟠青丛翠。门内石崖一带，珠帘飞洒，奇为第一。返宿庵中，访五井、桥岩之胜，羽士汪伯化②，约明晨同行。

【注释】

①阊阖（chāng hé）：传说中的天门。

②羽士：又称羽人，为传说中的仙人。因道士多求成仙飞升，故道士亦别称羽士。

【译文】

返回榔梅庵，顺着夜间来时的路，走下天梯。只见三面被石崖包围着，上面有石崖覆盖，下边深深下嵌，极像行走在走廊中。沿着石崖前行，泉水飞落在石崖外边，形成珠帘水。嵌在石崖深处的，是罗汉洞，洞外开阔洞内低矮，深处将近十五里，东南方可通到南渡。石崖的尽头处是天门。崖石中间是空的，人从缺口中出入，高亢明亮，飞空突立，正像传说中的天门。天门外，高大的楠木当中而立，青松蟠曲，树丛翠绿。天门内是一条带状的石崖，珠帘水飞洒而下，可称为第一奇景。返回来住宿在榔梅庵中，打听五井、桥岩胜景的情况，道士汪伯化，约好明天早晨一同前去。

二十八日　梦中闻人言大雪，促奴起视，弥山漫谷矣。余强卧。巳刻，同伯化蹑屐，二里，复抵文昌阁。览地天一色，虽阻游五井，更益奇观。

【译文】

二十八日　睡梦中听见有人说下大雪，催促奴仆起床去看，白雪弥漫在山谷间了。我勉强躺在床上。上午九、十点钟，同汪伯化踏着木头鞋上路，行二里，再次来到文昌阁。看到天地间一片白色，虽然游览五井受阻，更增添了奇异的景观。

二十九日　奴子报："云开，日色浮林端矣。"急披衣起，青天一色，半月来所未睹，然寒威殊甚。方促伯化共饭。饭已，大雪复至，飞积盈尺。偶步楼侧，则香炉峰正峙其前。楼后出一羽士曰程振华者，为余谈九井、桥岩、傅岩诸胜。

【译文】

二十九日　奴仆报告说："云层已经散开，阳光浮现在树梢上了。"急忙披上衣服起床，天空一片蓝色，是半个月以来没有见过的，然而特别寒冷。于是催着汪伯化一同去吃饭。饭后，大雪又来临，飞雪积起来超过一尺。偶尔到楼的侧边散散步，就见香炉峰正好耸峙在文昌阁前方。楼后面走出一个叫程振华的道士，跟我谈起九井、桥岩、傅岩几处胜景。

三十日　雪甚，兼雾浓，咫尺不辨。伯化携酒至舍身崖，饮睇元阁。阁在崖侧，冰柱垂垂，大者竟丈。峰峦灭影，近若香炉峰，亦不能见。

【译文】

三十日　雪更大了，兼有浓雾，咫尺之间分辨不出东西。汪伯化带着酒来到舍身崖，在睇元阁饮酒。睇元阁在舍身崖侧边，冰柱一根根垂下来，大的竟然有一丈长。峰峦消失了踪影，像香炉峰这样在近处的，也不能看见。

二月初一日　东方一缕云开，已而大朗。浔阳以足裂留庵中。余急同伯化蹑西天门而下。十里，过双溪街，山势已开。五里，山复渐合，溪环石映，倍有佳趣。三里，由溪口循小路入，越一山。二里，至石桥岩①。桥侧外岩，高亘如白岳之紫霄。岩下俱因岩为殿。山石皆紫，独有一青石龙蜿蜒于内，头垂空尺余，水下滴，曰龙涎泉，颇如雁宕龙鼻水。岩之右，一山横跨而中空，即石桥也。飞虹垂蝀②，下空恰如半月。坐其下，隔山一岫特起，拱对其上，众峰环侍，较胜齐云天门。即天台石梁，止一石架两山间；此以一山高架，而中空其半，更灵幻矣！穿桥而入，里许，为内岩。上有飞泉飘洒，中有僧斋，颇胜。

【注释】

①石桥岩：在白岳岭西，原名岐山，有石门寺、大龙宫、天泉岩诸景。大龙宫有石龙口喷泉水，天泉岩泉水四时不绝。

②蝀(dōng)：即螮(dì)蝀，为虹的别称。

【译文】

二月初一日　东方的云层散开一条缝，继而十分晴朗。浔阳叔公因为脚皲裂留在庵中。我急于同汪伯化取道西天门往下走。行十里，路过双溪街，山势已开阔起来。行五里，山势又渐渐合拢，溪流环绕，山石倒映在溪水中，倍增美好情趣。行三里，由溪口沿着小路进山，越过一座山。行二里，到达石桥岩。石桥岩侧面的外岩，高高地横亘着，像白岳山的紫霄岩。石岩下面都就着岩石建成殿堂。山石都是紫色的，唯独有一条青色的石龙蜿蜒在里面，龙头下垂，空处有一尺多，水往下滴，叫做龙涎泉，颇像雁宕山的龙鼻水。外岩的右侧，一座山横跨过去而且中间是空的，这就是石桥了。宛如彩虹一样飞空下垂，下面空的地方恰好像半个月亮。坐在石桥下，隔着山还有一座山峰突起，拱手面对着石桥的上方，群峰环绕守候着，比齐云山的天门更优美。即便是天台山的石梁，只是一块巨石架在两座山之间；此地则是一座山高架在空中，而且半座山的中间是空的，更加灵妙奇幻了！穿过桥下进去，一里左右，是内岩。石岩上有飞泉飘洒下来，其中有僧人的斋房，真是佳境。

还饭于外岩。觅导循崖左下。灌莽中两山夹涧，路棘雪迷，行甚艰。导者劝余趋傅岩，不必向观音岩。余恐不能兼棋盘、龙井之胜，不许。行二里，得涧一泓[1]，深碧无底，亦“龙井”也。又三里，崖绝涧穷，悬瀑忽自山坳挂下数丈，亦此中奇境。转而上跻，行山脊二里，则棋盘石高峙山巅，形如擎菌，大且数围。登之，积雪如玉。回望傅岩，屼嵲云际[2]。由彼抵棋盘亦近，悔不从导者。石旁有文殊庵，竹石清映。转东而南，二里，越岭二重，山半得观音岩。禅院清整，然无奇景，尤悔觌面失傅岩也[3]。仍越岭东下深坑，石涧四合，时有深潭，大为渊，小如臼，皆云“龙井”，不能别其孰为“五”，孰为“九”。凡三里，石岩中石脉隐隐，导者指其一为青龙，一为白龙，余笑颔之④。又乱崖间望见一石嵌空，有水下注，外有横石跨之，颇似天台石梁。伯化以天且晚，请速循涧觅大龙井。忽遇僧自黄山来，云：“出此即大溪，行将何观？”遂返。

【注释】

①泓（hóng）：深水。

②屼嵲（wù niè）：高耸。

③觌（dí）：相见。

④颔（hàn）之：微微点头，表示理会、赞同。

【译文】

回来在外岩吃饭。找来向导沿着石崖左边向下走。灌木丛中两座山夹着一条山涧，路上满是荆棘，大雪迷漫，行走非常艰难。向导劝我赶到傅岩去，不必前去观音岩。我担心不能兼带游览棋盘石、龙井的胜景，不同意。前行二里，见到山涧中的一潭深水，渊深澄碧看不见底，也算是“龙井”了。又行三里，山崖断绝，山涧到了头，高悬的瀑布忽然间从山坳中飞挂到下方有几丈高，也是这座山中的奇异的景观。转而向上攀登，行走在山脊上二里，就见棋盘石高高耸峙在山顶，形状好像高擎的菌子，大处将近要几个人围抱。登上棋盘石，积雪像白玉一般。回头望傅岩，高耸进云层中。由那里到棋盘石也很近，后悔没有听从向导的话。棋盘石旁有座文殊庵，竹石清丽，互相掩映。转向东再往南行，行二里，越过两重岭，半山腰上找到观音岩。禅院清静整洁，不过没有什么奇特的景致，尤其后悔已经见到傅岩却错失了。仍然翻越到岭东下到深坑中，山涧被石岩四面合围，不时有深水潭，大的如深渊，小的如研臼，都称为“龙井”，不能分辨出哪些是“五龙井”，哪些是“九龙井”。共行三里，石岩中石头的脉络隐隐约约的，向导指着其中的一处说是青龙，另一处是白龙，我笑着向他点头。又在杂乱的石崖中望见一座石崖嵌在空中，有水向下流淌，外边有横卧的岩石跨过水流，很像天台山的石梁。汪伯化因为天色已将近晚上，请求我快些沿着山涧去找大龙井。忽然遇见一个从黄山来的僧人，说：“走出此地就是大溪，还要去看什么？”于是返回来。

里余，从别径向漆树园。行巉石乱流间，返照映深木①，一往幽丽。三里，跻其巅，余以为高埒齐云②，及望之，则文昌阁犹巍然也。五老峰正对阁而起，五老之东为独耸寨，循其坳而出，曰西天门，五老之西为展旗峰，由其下而渡，曰芙蓉桥。余向出西天门，今自芙蓉桥入也。余望三姑之旁，犹殢日色③，遂先登，则落照正在五老间。归庵，已晚餐矣。相与追述所历，始知大龙井正在大溪口，足趾已及，而为僧所阻，亦数也！

【注释】

①返照映深木：“深木”，“四库”本作“深水”。

②埒(liè)：同等。

③殢(tì)：滞留。

【译文】

一里多，从别的小径走向漆树园。前行在险峻的石崖和杂乱的水流之间，夕阳的反光映照在深林中，一路往前，幽静秀丽。三里，登上漆树园的山顶，我以为这里的高度与齐云山相当，到观看地形后，原来文昌阁还巍然高高在上。五老峰正对着文昌阁耸起，五老峰的东面是独笋寨，沿着独笋寨的山坳出去，叫做西天门，五老峰的西面是展旗峰，由展旗峰下渡过溪水，叫做芙蓉桥。我从前从西天门出来，今天我从芙蓉桥进去了。我望见三姑峰的旁边，还有滞留的阳光，于是先一步上登，就见落日的余照正在五老峰上。回到榔梅庵，已经吃晚餐了。互相追述所走过的路程，才知道大龙井正在大溪口，脚步已经走到，却被僧人阻止了，也算是天意吧！

游黄山日记[1]徽州府

【题解】

《游黄山日记》是徐霞客第一次登黄山的游记。

黄山在今安徽省南部，为我国著名的风景名胜区。万历四十四年(1616)，徐霞客游白岳山后，于二月初三日到汤口。在黄山九天，浴汤池后从南往北登山，历祥符寺、慈光寺、天门，登平天矼、狮子峰，游狮子林、接引崖，直到松谷庵。由原路下山，十一日出汤口。

徐霞客游黄山时，大雪已封山三月，游兴不为所阻。“梯磴插天，足趾及腮，而磴石倾侧峆岈，兀兀欲动。”“余独前，持杖凿冰，得一孔，置前趾，再凿一孔，以移后趾。从行者俱循此法得度。”沿途他详记气象变化；应用比较方法抓住每个山川景物的特点；留心观察黄山奇松，正确阐明了植物与环境的关系；最后详析了黄山周围各水的源流。

初二日　自白岳下山，十里，循麓而西，抵南溪桥。渡大溪，循别溪，依山北行。十里，两山峭逼如门，溪为之束。越而下，平畴颇广。二十里，为猪坑。由小路登虎岭，路甚峻。十里，至岭。五里，越其麓。北望黄山诸峰，片片可掇[2]。又三里，为古楼坳。溪甚阔，水涨无梁，木片弥布一溪[3]，涉之甚难。二里，宿高桥。

【注释】

①黄山：原名黟山，唐天宝后改今名。相传黄帝与容成子、浮丘公同在此炼丹，故名黄山，亦称黄岳。位于安徽黄山市北，面积约154平方公里。黄山烟云翻飞浩瀚，如浪卷重山，絮掩深谷，因称黄海。以中部的平天矼光明顶为界，其北称后海，其南称前海。今又称以东为东海，以西为西海，光明顶周围为天海。黄山风景以奇松、怪石、云海、温泉最著名。近年加修了公路，又修通了从芜湖经过黄山边的铁路，交通颇便。

②掇（duō）：拾取。

③弥（mí）：遍。

【译文】

初二日　从白岳山下山，行十里，沿着山麓往西行，抵达南溪桥。渡过大溪，沿着别的溪流，紧靠山麓往北行。再行十里，两面的山峭拔紧束像门一样，溪流被山势约束。越过山口往下走，平旷的田野十分宽广。行二十里，是猪坑。经由小路上登虎岭，路非常陡峻。行十里，来到虎岭上。行五里，翻越到虎岭的山麓。向北方远望黄山的群峰，一片片的，似乎可以弯腰拾起来。又行三里，是古楼坳。溪流非常宽阔，溪水上涨，没有桥梁，木板遍布在整条溪流上，涉水非常艰难。行二里，住宿在高桥。

初三日　随樵者行，久之，越岭二重。下而复上，又越一重。两岭俱峻，曰双岭。共十五里，过江村[1]。二十里，抵汤口[2]，香溪、温泉诸水所由出者。折而入山，沿溪渐上，雪且没趾。五里，抵祥符寺[3]。汤泉在隔溪[4]，遂俱解衣赴汤池。池前临溪，后倚壁，三面石瓮，上环石如桥。汤深三尺，时凝寒未解，而汤气郁然⑤，水泡池底汩汩起，气本香冽⑥。黄贞父谓其不及盘山⑦，以汤口、焦村孔道⑧，浴者太杂遝也⑨。浴毕，返寺。僧挥印引登莲花庵，蹑雪循涧以上。涧水三转，下注而深泓者，曰白龙潭；再上而停涵石间者，曰丹井。井旁有石突起，曰"药臼"，曰"药铫"。宛转随溪，群峰环耸，木石掩映。如此一里，得一庵，僧印我他出，不能登其堂。堂中香炉及钟鼓架，俱天然古木根所为。遂返寺宿。

【注释】

①江村：今作"岗村"，在黄山以南，沅溪右侧。村，原作"邨"。《游记》中"邨"、"村"同用，今全作"村"。

②汤口：今名同，在黄山南缘的公路边，是进入黄山的门户。

③祥符寺：后文又称汤寺。建于宋大中祥符六年(1013)。遗址在今黄山管理处的礼堂附近。

④汤泉：即黄山温泉，又称朱砂泉。海拔630米，以含重碳酸为主，水温42℃，每小时出水量48吨，设有温泉浴室和游泳池。这里也是黄山旅游的起点，各种服务设施齐备。汤，热水。

⑤郁(yù)然：水汽旺盛的样子。

⑥冽(liè)：清。

⑦盘山：在今天津蓟县西北12公里，主峰挂月峰海拔864米。有上中下三盘，下盘以水胜，中盘以石胜，上盘以松胜。上有五峰，又称东五台。曾被誉为"京东第一名胜"。后来，霞客亦曾亲至盘山。陈仁锡跋黄道周《七言古一首赠徐霞客》诗说："霞客游甚奇，无如盘山一游。予归自宣锦，憩山海……有盘山焉，竟数日不能

去……归示霞客，霞客踵及燕山，剑及云中，无何而勇至。”霞客游盘山的时间，丁文江《徐霞客先生年谱》考证为崇祯二年(1629)。

⑧焦村：今名同，在黄山西侧。从汤口越黄山到焦村，是过去徽州到池州的要道。

⑨杂遝(tà)：众多而杂乱。

【译文】

初三日　跟随樵夫一同前行，走了很久，越过两重岭。下走后又上登，又越过一重岭。两座山岭都很险峻，叫做双岭。一共十五里，路过江村。行二十里，抵达汤口，是香溪、温泉各处的溪水经由这里流出去的地方。转变方向进山，沿着溪流渐渐上走，雪就快没过脚掌。五里，抵达祥符寺。温泉就在隔着溪流的地方，于是大家都脱下衣服跳下热水池中。水池前边面临溪流，后面紧靠石壁，三面用石块砌成，上面环绕的岩石就像桥一样。热水深三尺，凝聚的寒气还没有消解，然而热水散出的蒸汽热气腾腾，水泡从池底汩汩地冒起，热气本身就有淡淡的清香。黄贞父认为这个温泉赶不上盘山的温泉，因为汤口、焦村是交通要道，洗浴的人太多太杂乱。洗浴完毕，返回寺中。挥印和尚领路去登莲花庵，踏着积雪沿着山涧往上走。涧水转了三次弯，下流注入深深的水潭中，叫白龙潭；再上去后，停积在岩石间的水，叫丹井。井旁有突起的岩石，叫“药臼”，叫“药铫”。随着溪流弯弯转转地前行，群峰环绕耸立，树木山石互相掩映。如此走了一里，见到一座寺庵，僧人印我外出去别的地方，不能登上庵中的佛堂。佛堂中的香炉以及钟鼓架，都是天然的古树根制成的。于是返回祥符寺住宿。

初四日　兀坐听雪溜竟日①。

【注释】

①兀(wù)坐：枯坐。

【译文】

初四日　静坐了一整天，听积雪滑落的声音。

初五日　云气甚恶，余强卧至午起。挥印言慈光寺颇近，令其徒引。过汤池，仰见一崖，中悬鸟道，两旁泉泻如练。余即从此攀跻上，泉光云气，撩绕衣裾。已转而右，则茅庵上下，磬韵香烟，穿石而出，即慈光寺也①。寺旧名硃砂庵。比丘为余言②："山顶诸静室，径为雪封者两月。今早遣人送粮，山半雪没腰而返。"余兴大阻，由大路二里下山，遂引被卧。

【注释】

①慈光寺：旧名硃砂庵，万历时敕封护国慈光寺，曾极盛一时。新中国成立后建为宾馆，称慈光阁。

②比丘：系梵文音译，意为乞士，因初期在形式上以乞食为生而得名，指已受具足戒的男性，俗称和尚。

【译文】

初五日　浓云密布，天气很恶劣，我强迫自己躺到中午才起床。挥印说慈光寺很近，命令他的徒弟领路。经过热水池，抬头看见一座山崖，半中腰悬着一条险峻的小道，两旁泉水流泻像雪白的丝绢。我立即从此地向上攀登，泉水泛着白光，云气弥漫，围绕撩拨着人的前后衣襟。不久转向右边，就见上下都是茅草建盖的寺庵，钟磬声和袅袅的香烟，穿过石头传出来，这就是慈光寺了。慈光寺原名硃砂庵。和尚对我说："山顶的各个静室，道路被雪封住两个月了。今天早上派人送粮食，半山腰上积雪没过人的腰部就返回了。"我的兴致大减，经由大路走二里下山，拉过被子躺下。

初六日　天色甚朗。觅导者各携筇上山[1]，过慈光寺。从左上，石峰环夹，其中石级为积雪所平，一望如玉。疏木茸茸中，仰见群峰盘结[2]，天都独巍然上挺。数里，级愈峻，雪愈深，其阴处冻雪成冰，坚滑不容着趾。余独前，持杖凿冰，得一孔置前趾，再凿一孔，以移后趾。从行者俱循此法得度。上至平冈，则莲花、云门诸峰，争奇竞秀，若为天都拥卫者。由此而入，绝巘危崖[3]，尽皆怪松悬结。高者不盈丈，低仅数寸，平顶短鬣[4]，盘根虬干[5]，愈短愈老，愈小愈奇，不意奇山中又有此奇品也！松石交映间，冉冉僧一群从天而下[6]，俱合掌言："阻雪山中已三月，今以觅粮勉到此。公等何由得上也？"且言："我等前海诸庵，俱已下山，后海山路尚未通，惟莲花洞可行耳。"已而从天都峰侧攀而上，透峰罅而下，东转即莲花洞路也。余急于光明顶、石笋矼之胜[7]，遂循莲花峰而北。上下数次，至天门。两壁夹立，中阔摩肩，高数十丈，仰面而度，阴森悚骨。其内积雪更深，凿冰上跻，过此得平顶，即所谓前海也。由此更上一峰，至平天矼。矼之兀突独耸者，为光明顶[8]。由矼而下，即所谓后海也。盖平天矼阳为前海，阴为后海，乃极高处，四面皆峻坞，此独若平地。前海之前，天都、莲花二峰最峻，其阳属徽之歙，其阴属宁之太平[9]。

【注释】

①筇（qióng）：筇竹，竹子的一种，可以做手杖。

②群峰盘结：黄山有36大峰，即炼丹峰、天都峰、青鸾峰、钵盂峰、紫石峰、紫云峰、清潭峰、桃花峰、云门峰、浮丘峰、云际峰、圣泉

峰、砵砂峰、莲花峰、容成峰、石人峰、石柱峰、松林峰、石床峰、云外峰、丹霞峰、石门峰、棋石峰、狮子峰、仙人峰、上升峰、仙都峰、轩辕峰、望仙峰、布水峰、叠障峰、翠微峰、九龙峰、芙蓉峰、飞龙峰、采石峰。另有36小峰,不具列。

③巘(yǎn):大小成两截的山。

④鬣(liè):松针。

⑤虬(qiú):为传说中的一种龙,常用来比喻树木枝干盘曲的怪状。

⑥冉冉:慢慢地。

⑦矼(gāng):又作“杠”,即石桥。

⑧光明顶:在黄山中部,海拔1840米,顶上今有黄山气象站。

⑨宁:即宁国府,治宣城,即今安徽宣城市。太平:明为县,隶宁国府,治今安徽黄山市北境黄山区、麻川河西岸的仙源镇。

【译文】

初六日　天色非常晴朗。找来向导各人带上筇竹手杖上山,经过慈光寺。从寺左上登,石峰环绕夹立,山中的石阶被积雪填平了,一眼望去如同白玉。在白茸茸稀疏的树木丛中,仰面只见群峰围绕,天都峰巍然独立上挺。几里后,石阶愈加陡峻,积雪更加深,石阶的背阴处积雪被冻成冰,坚硬湿滑不容落脚。我独自一人走在前边,拿着手杖凿冰,凿出一个孔放下前脚,再凿一个孔,以便移动后脚。跟随走的人都按照这个方法才得以走过来。上登到平缓的山冈上,就见莲花峰、云门峰各座山峰,争奇竞秀,好像都是天都峰的守卫者。由此处进去,在险绝的山峰和石崖上,全都是些形状怪异的松树高悬盘结着。松树高的不到一丈,矮的仅有几寸,平平的树顶,短小的松叶,盘结的树根,拳曲的树干,越短的越老,越矮小的越奇异,意想不到奇山之中又有这种奇异的品种!松石交相辉映之间,一群僧人冉冉地从天而降,都合着手掌说:“我们被大雪阻在山中已经三个月,今天因为要去找粮食勉强来到这里。诸位是从哪里得以上来的呢?”并且说:“我们这些前海各庵的僧人，都已经下山，后海的山路还没有通，只有到莲花洞的路可以走。”随即从天都峰侧面攀登而上，穿过山峰间的缺口往下走，向东转就是去莲花洞的路了。我急于去看光明顶、石笋矼的胜景，就沿着莲花峰往北走。上上下下好几次，来到天门。两面石壁夹立，中间的宽处摩着人的双肩，高达几十丈，仰面看着走过来，阴森森的，令人毛骨悚然。天门内的积雪更深，凿出冰洞往上登，走过这里就到了一处平缓的山顶，这就是所谓的前海了。由此地再登上一座山峰，来到平天矼。平天矼上独自突兀高耸的地方，是光明顶。由平天矼往下走，就是所谓的后海了。原来平天矼的南面是前海，北面是后海，是最高的地方，四面都是高峻的山坞，唯独这里像一块平地。前海的前方，天都峰、莲花峰两座山峰最险峻，山峰的南面属于徽州府的歙县，山峰的北面属于宁国府的太平县。

余至平天矼，欲望光明顶而上。路已三十里，腹甚枵①，遂入矼后一庵。庵僧俱踞石向阳。主僧曰智空，见客色饥，先以粥饷。且曰：“新日太皎，恐非老晴。”因指一僧谓余曰：“公有余力，可先登光明顶而后中食，则今日犹可抵石笋矼，宿是师处矣。”余如言登顶，则天都、莲花并肩其前，翠微、三海门环绕于后，下瞰绝壁峭岫，罗列坞中，即丞相原也。顶前一石，伏而复起，势若中断，独悬坞中，上有怪松盘盖。余侧身攀踞其上，而浔阳踞大顶相对，各夸胜绝。

【注释】

①腹甚枵(xiāo)：肚子很饥饿。枵，空虚。

【译文】

我来平天矼，还想望着光明顶上登。已经走了三十里路，腹中十分饥饿，于是进入平天矼后面的一座寺庵。庵中的僧人都坐在石头上面向着太阳取暖，住持僧人叫智空，看见客人面带饥色，先拿稀粥来款待。并且说："刚出的太阳太过于娇艳，恐怕不会晴得太长久。"于是指着一个僧人对我说："徐公如果还有余力，可以先去登了光明顶后再来吃中饭，那么今天还可以抵达石笋矼，住宿在这位师傅那里了。"我按他说的登上光明顶，就见天都峰、莲花峰并肩矗立在光明顶前方，翠微峰、三海门环绕在后方，向下俯瞰，险绝的崖壁，峭拔的山峦，罗列在山坞中，那即是丞相原了。光明顶前边有一块岩石，低伏后又耸起，像是从中间断开的样子，独自高悬在山坞中，岩石上有怪异的松树盘子一样覆盖着。我侧着身子攀登上去，盘腿坐在岩石上，而浔阳叔公盘腿坐在光明大顶上同我相对着，各自夸赞这绝妙的美景。

下入庵，黄粱已熟。饭后，北向过一岭，踯躅菁莽中，入一庵，曰狮子林[①]，即智空所指宿处。主僧霞光，已待我庵前矣。遂指庵北二峰曰："公可先了此胜。"从之。俯窥其阴，则乱峰列岫，争奇并起。循之西，崖忽中断，架木连之，上有松一株，可攀引而度，所谓接引崖也[②]。度崖，穿石罅而上，乱石危缀间，构木为室，其中亦可置足，然不如踞石下窥更雄胜耳。下崖，循而东，里许，为石笋矼。矼脊斜亘，两夹悬坞中，乱峰森罗，其西一面即接引崖所窥者。矼侧一峰突起，多奇石怪松。登之，俯瞰壑中[③]，正与接引崖对瞰，峰回岫转，顿改前观。

【注释】

①狮子林：黄山北部有狮子峰，形如卧地的雄狮，狮首有丹霞峰，腰有清凉台，尾有曙光亭。狮子张口处有寺庙称狮子林，后毁，原

址在今北海宾馆处。

②接引崖：应即今始信峰。

③壑（hè）：山沟。

【译文】

下来进入庵中，黄粱米饭已经熟了。饭后，向北越过一座岭，徘徊在茂密的丛莽中，进入一座寺庵，叫做狮子林，就是智空和尚所指的住宿的地方了。住持僧人是霞光，已经在庵前等着我了。霞光于是指着寺庵北边的两座山峰说："徐公可以先去了结了这处胜景。"我听从了他的话。俯身窥视两座山峰的北面，只见山峰杂乱，山峦排列，互相争奇，一起耸起。顺着山峰往西走，山崖忽然从中间断开，架有木桥连接着两面，上方有一棵松树，可抓着过桥，这是所谓的接引崖了。越过石崖，穿过石缝往上走，乱石连缀间的空隙很危险，用木头架设代替岩石，路中间也可以落脚行走，然而不如坐在岩石上向下窥视更为雄伟壮美了。走下接引崖，沿着山崖往东走，一里左右，是石笋矼。石笋矼的山脊倾斜绵亘，夹住两面高悬的山坞中，杂乱的山峰森然罗列，它向西的一面就是从接引崖窥视到的地方。石笋矼侧面一座山峰突起，山峰上有许多奇石怪松。登上这座山峰，俯瞰壑谷中，正好与接引崖对面相看，峰峦回转，顿时改变了先前见到的景观。

下峰，则落照拥树，谓明晴可卜，踊跃归庵。霞光设茶，引登前楼。西望碧痕一缕，余疑山影。僧谓："山影夜望甚近，此当是云气。"余默然，知为雨兆也。

【译文】

走下山峰，就见落日的余晖围抱着树林，我认为明天天晴可以预知了，踊跃地回到庵中。霞光摆上茶水，领我登上前楼。眺望西面，有一缕碧绿色的痕迹，我怀疑是山峰的影子。僧人说："山的影子夜里望过去很近，这应该是云气。”我沉默了，心知这是要下雨的兆头。

初七日 四山雾合。少顷，庵之东北已开，西南腻甚[①]，若以庵为界者，即狮子峰亦在时出时没间。晨餐后，由接引崖践雪下。坞半一峰突起，上有一松裂石而出，巨干高不及二尺，而斜拖曲结，蟠翠三丈余，其根穿石上下，几与峰等，所谓“扰龙松”是也。

【注释】

①腻(nì)：凝滞。

【译文】

初七日 四面群山浓雾闭合。一会儿，寺庵东北方的浓雾已经散开，西南方的雾气还非常浓，像是以寺庵作为分界的样子，即便是狮子峰也在时出时没之间。早餐后，经由接引崖踩着积雪下走，山坞半中腰一座石峰突起，上面有一棵松树撑裂石缝长出来，巨大的树干高度不到二尺，可树冠斜拖着，拳曲盘结，蟠曲苍翠的枝干有三丈多。树根穿透到石峰的上下，长度几乎与石峰的高处相等，这是所谓的“扰龙松”了。

攀玩移时，望狮子峰已出，遂杖而西。是峰在庵西南，为案山。二里，蹑其巅，则三面拔立坞中，其下森峰列岫，自石笋、接引两坞迤逦至此[①]，环结又成一胜。登眺间，沉雾渐爽[②]，急由石笋矼北转而下，正昨日峰头所望森阴径也。群峰或上或下，或巨或纤，或直或欹，与身穿绕而过。俯窥辗顾，步步生奇，但壑深雪厚，一步一悚[③]。

【注释】

①迤逦（yǐ lǐ）：曲折连绵。逦，又作"迺"。

②爽：开朗。

③悚（sǒng）：恐惧。

【译文】

攀登上去玩赏了一段时间，望见狮子峰已经露出来，于是拄着拐杖往西走。这座山峰在寺庵的西南方，是案山。走了二里，登上峰顶，就见山峰三面挺拔地矗立在山坞中，山峰下方排列着森林样的峰峦，自石笋矼、接引崖两处山坞逶迤延伸到此地，环绕盘结又形成一处胜景。登高眺望之间，沉浮的浓雾逐渐变得开朗起来，急忙经由石笋矼北边转向下走，正是昨天在峰头上望见的阴森的小径了。群峰有的高有的低，有的大有的小，有的直立有的倾斜，身在其中穿行，绕着山峰过去。俯仰窥视，辗转回顾，步步都生出奇特的景致，但只是壑谷幽深，积雪太厚，每走一步都有一种恐怖的感觉。

行五里，左峰腋一窦透明[①]，曰"天窗"。又前，峰旁一石突起，作面壁状，则"僧坐石"也。下五里，径稍夷[②]，循涧而行。忽前涧乱石纵横，路为之塞。越石久之，一阙新崩，片片欲堕，始得路。仰视峰顶，黄痕一方，中间绿字宛然可辨，是谓"天牌"，亦谓"仙人榜"。又前，鲤鱼石；又前，白龙池。共十五里，一茅出涧边，为松谷庵旧基。再五里，循溪东西行，又过五水，则松谷庵矣。再循溪下，溪边香气袭人，则一梅亭亭正发，山寒稽雪[③]，至是始芳。抵青龙潭[④]，一泓深碧，更会两溪，比白龙潭势既雄壮，而大石磊落，奔流乱注，远近群峰环拱，亦佳境也。还餐松谷，往宿旧庵。余初至松谷，疑已平地，及是询之，须下岭二重，二十里方得平地，至太平县共三十五里云。

【注释】

①窦(dòu):孔穴。

②夷(yí):平坦。

③稽(jī):留止。

④抵青龙潭:黄山北部松谷溪中有五个龙潭,即青龙、乌龙、黄龙、白龙、油潭。五潭颜色各异,深浅不同。松谷庵就在附近。

【译文】

前行五里,左边山峰的侧旁有一个孔洞透出亮光,叫做“天窗”。又往前走,山峰旁边一块岩石突立起来,作出面壁的样子,便是“僧坐石”了。下行五里,小径稍微平坦了些,沿着山涧往前行。忽然前方的山涧中乱石纵横,道路被乱石堵塞了。翻越石头花了很长时间,一处新崩塌的缺口,一片片岩石都像是要坠落下来,这才找到路。抬头看峰顶,有一块黄色的痕迹,中间有绿色的字仿佛可以辨认,这就叫“天牌”,也称为“仙人榜”。又向前走,是鲤鱼石;再往前,是白龙池。共行十五里,一间茅屋出现在山涧边,是松谷庵的旧址。再走五里,沿着溪流东岸往西行,又涉过五条溪水,就到松谷庵了。再沿着溪流下走,溪水边香气袭人,原来是一棵亭亭玉立的梅树正在开花,山间严寒积雪,来到这里开始有花的芬芳。抵达青龙潭,一片渊深碧绿的潭水,再加上与两条溪流汇流,与白龙潭相比,水势已经很雄壮,而且有众多杂乱的大石头,水流奔流乱淌,远近的群峰环绕拱卫着,也是一处佳境了。返回来在松谷庵吃饭,回到松谷庵的旧址住宿。我最初来到松谷庵,怀疑已经到了平地,到此时问人,还必须下走两重岭,二十里后才到平地,到太平县城共有三十五里路。

初八日　拟寻石笋奥境,竟为天夺,浓雾迷漫。抵狮子林，风愈大，雾亦愈厚。余急欲趋炼丹台，遂转西南。三里，为雾所迷，偶得一庵，入焉。雨大至，遂宿此。

【译文】

初八日　打算去寻找石笋矼隐秘的地方，竟然被上天夺去了机会，浓雾迷漫。抵达狮子林，风更大，雾也更加厚。我急着想赶到炼丹台去，就转向西南方走。走了三里，被浓雾影响迷了路，偶然间见到一座寺庵，进入庵中。大雨来临，只好住宿在此地。

初九日　逾午少霁。庵僧慈明，甚夸西南一带峰岫不减石笋矼，有“秃颅朝天”[1]、“达摩面壁”诸名。余拉浔阳蹈乱流至壑中，北向即翠微诸峦，南向即丹台诸坞，大抵可与狮峰竞驾，未得比肩石笋也。雨踵至，急返庵。

【注释】

①秃颅：即和尚。无发为秃。

【译文】

初九日　过了中午稍稍转晴。庵中的僧人慈明，竭力夸奖西南方一带的峰峦不比石笋矼的差，有“秃颅朝天”、“达摩面壁”诸处名胜。我拉着浔阳叔公踩着乱流来到壑谷中，向北走就是翠微峰等峰峦，向南走就是炼丹台各个山坞，大体上可以与狮子峰并驾齐驱，不能与石笋矼并肩而立了。雨接踵而至，急忙返回庵中。

初十日　晨雨如注，午少停。策杖二里，过飞来峰，此平天矼之西北岭也。其阳坞中，峰壁森峭，正与丹台环绕[1]。二里，抵台。一峰西垂，顶颇平伏。三面壁翠合沓[2]，前一小峰起坞中，其外则翠微峰、三海门蹄股拱峙。登眺久之。东南一里，绕出平天矼下。雨复大至，急下天门。两崖隘肩，崖额飞泉，俱从人顶泼下。出天门，危崖悬叠，路缘崖半，比后海一带森峰峭壁，又转一境。“海螺石”即在崖旁，宛转酷肖，来时忽不及察，今行雨中，颇稔其异③，询之始知。已趋大悲庵，由其旁复趋一庵，宿悟空上人处。

【注释】

①丹台：即炼丹台，在黄山中部炼丹峰下。峰上有石室，室内有炼丹灶；峰前即炼丹台，颇宽平；台下有炼丹源；隔谷有晒药岩。

②合沓(tà)：重叠。

③稔(rěn)：熟悉。

【译文】

初十日　清晨，大雨如注，中午渐渐停了。拄着拐杖前行二里，经过飞来峰，这是平天矼西北方的山岭了。山峰南面的山坞中，山峰的石壁森然峭立，正好与炼丹台相接环绕。走了二里，抵达炼丹台。一座山峰向西倾斜，炼丹台顶上很平缓。三面苍翠的石壁层层叠叠，前方一座小山峰耸起在山坞中，山坞外围则是翠微峰、三海门像蹄子和大腿一样耸峙拱卫着。登高眺望了很久。往东南行一里，绕到平天矼下面。雨又猛烈来临，急忙下走到天门。两面的石崖狭窄得紧挨着双肩，石崖顶上飞流的泉水，全是从人的头顶上泼下来。走出天门，危崖高悬层叠，道路沿着石崖的半中腰走，与后海一带森然的山峰和峭拔的石壁，又转变为另一种境界。“海螺石”就在石崖旁边，形态弯弯曲曲的，极像海螺，来时太匆忙来不及仔细观察，今天行走在雨中，对它奇异的形态很眼熟，询问别人后才知道。随后赶到大悲庵，由大悲庵旁边又赶到一座寺庵，住宿在悟空上人那里。

十一日　上百步云梯。梯磴插天，足趾及腮，而磴石倾侧峆岈[①]，兀兀欲动[②]，前下时以雪掩其险，至此骨意俱悚。上云梯，即登莲花峰道。又下转，由峰侧而入，即文殊院、莲花洞道也。以雨不止，乃下山，入汤院，复浴。由汤口出，二十里抵芳村，十五里抵东潭，溪涨不能渡而止。黄山之流，如松谷、焦村，俱北出太平；即南流如汤口，亦北转太平入江；惟汤口西有流，至芳村而巨，南趋岩镇，至府西北与绩溪会[③]。

【注释】

①峆岈(hán yà)：中间空而深阔。

②兀兀(wù)：高耸特出。

③“黄山之流”数句：松谷之水源自黄山往北流，即今凄溪河。焦村之水源自黄山往西流，再折北，即今秧溪河。汤口之流亦往北，即今麻河。汤口西之流明代称新安江，今又称西溪。绩溪从绩溪县来，明代称为扬之水，即今练江。岩镇应即今岩寺，在歙县西境。

【译文】

十一日　登上百步云梯。云梯的石阶插到天上去，上登时脚趾几乎碰到腮帮子，而且石阶的石头倾斜松动，高高突起想要动的样子，先前下来时因为积雪掩盖了它的险要，到此时身心都很恐惧。登上云梯，就是上登莲花峰的路。又向下转，经由莲花峰侧边进去，就是去文殊院、莲花洞的路了。由于雨不停地下，只好下山，进入温泉院里，再次洗浴。由汤口出来，二十里后抵达芳村，十五里后抵达东潭，溪水上涨不能渡水才停下来。黄山的溪流，如松谷溪、焦村溪，都是向北流到太平县；即便是往南流的如汤口溪，也是向北转，流到太平县后流入长江；唯有汤口西边有条溪流，流到芳村变成巨大的水流，往南流向岩镇，流到徽州府西北部与绩溪汇合。

游武彝山日记[1] 福建建宁府崇安县

【题解】

《游武彝山日记》是万历四十四年(1616)徐霞客游武彝山的游记。

武彝山亦作武夷山,在福建省北部,为我国著名风景区。徐霞客游白岳山、黄山后,于二月二十一日至二十三日游武彝山。先溯九曲溪舟行,抵六曲,登陆上大隐屏、天游峰,往西游小桃源、鼓子岩、灵峰,至狮子岩复乘舟由九曲顺流下,至四曲再登陆,觅大藏、小藏诸峰及一线天、会真观、换骨岩、水帘洞、杜辖岩等,至赤石街下舟返崇安。此行以舟行为主,舟上观,陆上探,巧妙安排,水陆兼顾,尽兴游赏。徐霞客此行不但寻幽览胜,而且记录了船棺葬、张仙遗蜕、徐仙遗蜕、紫阳书院、御茶园等武彝山区的文物古迹。

二月二十一日[2]　出崇安南门[3],觅舟。西北一溪自分水关,东北一溪自温岭关,合注于县南,通郡、省而入海。顺流三十里,见溪边一峰横欹,一峰独耸。余咤而瞩目,则欹者幔亭峰,耸者大王峰也[4]。峰南一溪,东向而入大溪者[5],即武彝溪也[6]。冲祐宫傍峰临溪。余欲先抵九曲，然后顺流探历，遂舍宫不登，逆流而进。流甚驶[7]，舟子跣行溪间以挽舟[8]。第一曲，右为幔亭峰、大王峰，左为狮子峰、观音岩。而溪右之濒水者曰水光石，上题刻殆遍。二曲之右为铁板嶂、翰墨岩，左为兜鍪峰、玉女峰。而板嶂之旁，崖壁峭立，间有三孔作“品”字状。三曲右为会仙岩，左为小藏峰、大藏峰。大藏壁立千仞，崖端穴数孔，乱插木板如机杼[9]。一小舟斜架穴口木末，号曰“架壑舟”[10]。四曲右为钓鱼台、希真岩，左为鸡栖岩、晏仙岩。鸡栖岩半有洞，外隘中宏，横插木板，宛然埘塒[11]。下一潭深碧，为卧龙潭。其右大隐屏、接笋峰，左更衣台、天柱峰者，五曲也。文公书院正在大隐屏下。抵六曲，右为仙掌岩、天游峰，左为晚对峰、响声岩。回望隐屏、天游之间，危梯飞阁悬其上，不胜神往。而舟亦以溜急不得进[12]，还泊曹家石。

【注释】

①武彝山：亦作“武夷山”，为我国著名风景区。在武夷山市南15公里，为海拔600米左右的一片低山，方圆60公里，有36峰布列在武彝溪两岸。红色砂岩构成奇特的丹霞地貌。碧水丹山，交相辉映，溪水清碧，湾环九曲，两岸峰岩位移形换。乘竹筏游武彝溪，可兼山水之胜。武彝山也是我国重点自然保护区。

②二月二十一日：此次入闽路线，《江右游日记》曾说“两过广信”，于铅山县又追叙：“此余昔年假道分水关趋幔亭处。”霞客游黄山后，即经江西东部，取道广信、铅山，过分水关入福建崇安。游武

彝山的时间在万历四十四年,即1616年。

③崇安:隶建宁府,即今福建武夷山市。

④大王峰:又名天柱峰,雄踞在武彝溪口,是进入武彝山的第一峰,有木梯和岩壁踏脚石孔可攀到峰顶。

⑤大溪:明代又称崇溪,即今崇阳溪。

⑥武彝溪:明代又称九曲溪、清溪,发源于三保山,经星村入武彝山,盘折九曲,约7.5公里,到武彝宫前汇入崇溪。

⑦驶(shǐ):马快跑。

⑧舟子:船夫。跣(xiǎn):光着脚。今皆自九曲始,顺流划竹筏,但溪边还能看到过去挽舟的凿痕。

⑨机杼(zhù):织布机。

⑩架壑舟:又称"架壑船"、"船棺"、"仙船"、"仙脱"、"仙函"等,为古代当地的一种葬具,俗称船棺葬、崖墓。葬具似船,用整木凿成,存放于悬崖隙洞人迹难到的地方。1978年福建省博物馆在北山白岩距谷底51米的洞内取下船棺一具,经C^{14}测定,距今已三千四百余年。

⑪埘(shí):墙壁上挖洞做成的鸡巢。桀(jié):鸡栖的小木桩。

⑫溜(liù):急流。

【译文】

二月二十一日　走出崇安县城的南门,去找船。西北方一条溪水自分水关流来,东北方一条溪水自温岭关流来,合流后流到崇安县城南面,通过建宁府城、省城后流入大海。顺流行船三十里,看见溪流边一座山峰斜斜地横着,一座山峰独自耸立。我很诧异就注意观察,原来斜斜的山峰是幔亭峰,独自耸立的是大王峰了。山峰南面有一条溪流,向东流入大溪,就是武彝溪了。冲祐宫背靠山峰面临溪流。我想先去九曲,然后顺流逐一探访,于是放弃了冲祐宫没有登岸,逆流前进。水流非常湍急,船夫光着脚行走在溪流中拉着船前行。第一曲，右边是幔亭峰、大王峰，左边是狮子峰、观音岩。而溪流右边濒水的地方叫做水光石，石上几乎刻满了题记。二曲的右边是铁板嶂、翰墨岩，左边是兜鍪峰、玉女峰。而铁板嶂的旁边，崖壁峭立，其间有三个孔，呈“品”字形。三曲的右边是会仙岩，左边是小藏峰、大藏峰。大藏峰壁立千仞，悬崖顶端有几个孔洞，杂乱地插着一些木板像织布机一样。一条小船斜架在洞穴口木板的末端，被称为“架壑舟”。四曲右边是钓鱼台、希真岩，左边是鸡栖岩、晏仙岩。鸡栖岩半中腰有个山洞，外边狭窄中间宽敞，横插着木板，宛如一个木桩架着的鸡窝。下边一个水潭渊深碧绿，是卧龙潭。溪流右边是大隐屏、接笋峰，左边是更衣台、天柱峰，这就是五曲了。文公书院正好在大隐屏下。来到六曲，右边是仙掌岩、天游峰，左边是晚对峰、响声岩。回头望去，大隐屏、天游峰之间，高险的石梯和飞空的楼阁高悬在山峰上，不禁十分向往。而船也因为流水太急不能前进，返回来停泊在曹家石。

登陆入云窝①，排云穿石，俱从乱崖中宛转得路。窝后即接笋峰。峰骈附于大隐屏，其腰横两截痕，故曰“接笋”。循其侧石隥，跻磴数层，四山环翠，中留隙地如掌者，为茶洞。洞口由西入，口南为接笋峰，口北为仙掌岩。仙掌之东为天游，天游之南为大隐屏。诸峰上皆峭绝，而下复攒凑②，外无磴道，独西通一罅，比天台之明岩更为奇矫也。从其中攀跻登隐屏，至绝壁处，悬大木为梯，贴壁直竖云间。梯凡三接，级共八十一。级尽，有铁索横系山腰，下凿坎受足。攀索转峰而西，夹壁中有冈介其间③，若垂尾，凿磴以登，即隐屏顶也。有亭有竹，四面悬崖，凭空下眺，真仙凡敻隔④。仍悬梯下，至茶洞。仰视所登之处，崭然在云汉⑤。

【注释】

①云窝：在五曲接笋峰和六曲仙掌峰间，新建有八亭散布冈头或溪边，还有盘山石径往来诸胜。

②攒（cuán）凑：凑集。

③冈（gāng）：山脊。

④敻（xiòng）：远。

⑤崭（zhǎn）然：高峻。《游记》中有的地方作“崭崭”。

【译文】

登上陆地进入云窝，推开白云穿过岩石，都是从乱石崖中弯弯转转找到路。云窝后面就是接笋峰。接笋峰并排附着于大隐屏上，山腰上横着两条被分为两段的痕迹，所以称作“接笋峰”。沿着山峰侧面的石头隘口，登上几层石阶，四面青山环绕，中间留着一块空地像手掌的样子，是茶洞。洞口由西面进去，洞口南边是接笋峰，洞口北边是仙掌岩。仙掌岩的东面是天游峰，天游峰的南面是大隐屏。各座山峰上面都是陡峭悬绝，可下面又聚拢在一起，外边没有石阶路，唯独西面通有一条缝隙，比天台山的明岩更加奇丽雄壮了。从缝隙中攀着岩石登上大隐屏，来到绝壁处，悬架着大木头作为梯子，贴着石壁一直竖到云彩中，梯子共有三根大木头接起来，共有八十一级。梯级完后，有铁索横系在山腰上，下面凿有石坎来承受脚趾。抓住铁索转过山峰往西走，夹立的石壁中间有条山脊介于两面的石壁间，好像下垂的尾巴，凿有石阶上登，就到了大隐屏的峰顶了。峰顶有亭子有竹子，四面都是悬崖，凌空向下俯瞰，真是仙境人间相隔得太远啦。仍然悬在梯子上下来，来到茶洞。仰面看刚才上登的地方，高峻得像是在天河中。

隘口北崖即仙掌岩。岩壁屹立雄展，中有斑痕如人掌，长盈丈者数十行。循崖北上，至岭，落照侵松，山光水曲，交加入览。南转，行夹谷中。谷尽，忽透出峰头，三面壁立，有亭踞其首，即天游峰矣[①]。是峰处九曲之中，不临溪，而九曲之溪三面环之。东望为大王峰，而一曲至三曲之溪环之。南望为更衣台，南之近者，则大隐屏诸峰也，四曲至六曲之溪环之。西望为三教峰，西之近者，则天壶诸峰也，七曲至九曲之溪环之。惟北向无溪，而山从水帘诸山层叠而来，至此中悬。其前之俯而瞰者，即茶洞也。自茶洞仰眺，但见绝壁干霄，泉从侧间泻下，初不知其上有峰可憩。其不临溪而能尽九溪之胜，此峰固应第一也。立台上，望落日半规[②]，远近峰峦，青紫万状。台后为天游观。亟辞去，抵舟已入暝矣。

【注释】

①天游峰：在五曲隐屏峰后，绝顶有览台可供凭眺。分上天游和下天游，天游观在下天游。

②规：圆形。

【译文】

隘口北面的石崖就是仙掌岩。仙掌岩的石壁屹立着，雄伟舒展，石壁中间有像人的手掌的斑痕，长度超过一丈的有几十行。顺着山崖向北上登到岭上，落日的余晖渲染着青松，山光秀美，水流曲折，交错加入到优美的景致之中。向南转，前行在夹谷中。山谷尽头，忽然露出一座峰头，三面绝壁直立，有亭子盘踞在峰头，此即天游峰了。这座山峰处在九个曲的中段，没有濒临溪流，但九个曲的溪流三面环绕着它。向东面望过去是大王峰，有第一曲到第三曲的溪流环绕着它。从南面望过去是更衣台，南面近处的地方，便是大隐屏诸峰了，第四曲到第六曲的溪流环绕着它。从西面望过去是三教峰，西面近处的地方，就是天壶峰等山峰了，第七曲至第九曲的溪流环绕着它。唯有向北的方向没有溪流，而山脉从水帘洞所在的各座山层层叠叠地延伸而来，延到此地悬在中央。到这里之前我俯身下瞰的地方，就是茶洞了。自茶洞仰面眺望，只见绝壁直冲云霄，泉水从侧面的岩石间下泻，当初不知道茶洞上面有山峰可以歇息。天游峰没有濒临溪流却能尽有溪流九个曲的美景，这座山峰当然应该是第一了。站立在石台上，远望落日像半个圆，远近的峰峦，呈现出万千青紫的景象。石台后面是天游观。急忙告辞离开，来到船中已进入黄昏了。

二十二日　登涯[①]，辞仙掌而西。余所循者，乃溪之右涯，其隔溪则左涯也。第七曲右为三仰峰、天壶峰，左为城高岩。三仰之下为小桃源，崩崖堆错，外成石门。由门伛偻而入，有地一区，四山环绕，中有平畦曲涧，围以苍松翠竹，鸡声人语，俱在翠微中。出门而西，即为北廊岩，岩顶即为天壶峰。其对岸之城高岩矗然独上，四旁峭削如城。岩顶有庵，亦悬梯可登，以隔溪不及也。第八曲右为鼓楼岩、鼓子岩，左为大廪石、海蚱石。余过鼓楼岩之西，折而北行坞中，攀援上峰顶，两石兀立如鼓，鼓子岩也。岩高亘亦如城，岩下深坳一带如廊，架屋横栏其内，曰鼓子庵。仰望岩上，乱穴中多木板横插。转岩之后，壁间一洞更深敞，曰吴公洞。洞下梯已毁，不能登。望三教峰而趋，缘山越磴，深木蓊苁其上。抵峰，有亭缀其旁，可东眺鼓楼、鼓子诸胜。山头三峰，石骨挺然并矗。从石罅间蹑磴而升，傍崖得一亭。穿亭入石门，两崖夹峙，壁立参天，中通一线，上下尺余，人行其间，毛骨阴悚。盖三峰攒立，此其两峰之罅；其侧尚有两罅，无此整削。

【注释】

①涯(yá):水边。

【译文】

二十二日　登上岸边,辞别仙掌岩往西行。我所沿着走的地方,是溪流的右岸,那隔着溪流的地方就是左岸了。第七曲右边是三仰峰、天壶峰,左边是城高岩。三仰峰的下面是小桃源,崩塌的石崖交错地堆积着,外边形成石门。由石门弯腰进去,有一片地,四面群山环绕,其中有平坦的田地和弯弯曲曲的山涧,被苍松翠竹围绕着,鸡鸣声和人的说话声,都在青山环绕中。出石门往西走,就是北廊岩,北廊岩顶就是天壶峰。它对岸的城高岩独自矗立上耸,四旁是陡削的峭壁,如城墙一样。城高岩顶有寺庵,也有高悬的梯子可以上登,因为隔着溪流来不及了。第八曲右边是鼓楼岩、鼓子岩,左边是大廪石、海蚱石。我走过鼓楼岩的西麓,折向北行走在山坞中,攀援着登上峰顶,两块岩石直立着,像鼓一样,是鼓子岩了。鼓子岩高高地横亘着,也像城墙一样,鼓子岩下一条深深的带状山坳像走廊,建了房屋横着栅栏在里面,叫做鼓子庵。仰面望石岩上,杂乱的洞穴中大多有木板横插着。转到鼓子岩的后面,石壁上一个山洞更深更宽,叫吴公洞。洞下方的梯子已经毁坏,不能上登。望着三教峰赶过去,顺着山势翻越石阶,幽深的林木郁郁葱葱地布满山上。抵达三教峰,有亭子点缀在山峰旁边,可以向东眺望鼓楼岩、鼓子岩诸处胜景。山头上三座山峰,石骨嶙峋,并排挺拔矗立。从石头缝隙间踩着石阶上登,紧靠石崖有一座亭子。穿过亭子进入石门,两面的石崖夹峙,墙壁一样直立,高耸入云,中间通着一线宽的地方,上下仅一尺多宽,人行走在其中,阴森森的,毛骨悚然。原来三座山峰攒聚而立,这是其中两座山峰间的缝隙;这里的侧面还有两条缝隙,但不像这里整齐得如同刀削出来一般。

已下山,转至山后,一峰与猫儿石相对峙,盘亘亦如鼓子，为灵峰之白云洞。至峰头，从石罅中累级而上，两壁夹立，颇似黄山之天门。级穷，迤逦至岩下，因岩架屋，亦如鼓子。登楼南望，九曲上游，一洲中峙，溪自西来，分而环之，至曲复合为一。洲外两山渐开，九曲已尽。是岩在九曲尽处，重岩回叠，地甚幽爽。岩北尽处，更有一岩尤奇：上下皆绝壁，壁间横坳仅一线，须伏身蛇行，盘壁而度，乃可入。余即从壁坳行；已而坳渐低，壁渐危，则就而伛偻；愈低愈狭，则膝行蛇伏，至坳转处，上下仅悬七寸，阔止尺五。坳外壁深万仞。余匍匐以进，胸背相摩，盘旋久之，得度其险。岩果轩敞层叠，有斧凿置于中，欲开道而未就也。半晌，返前岩。更至后岩，方构新室，亦幽敞可爱。出向九曲溪，则狮子岩在焉。

【译文】

随后下山，转到山后，一座山峰与猫儿石互相对峙，盘绕绵亘也像鼓子岩一样，是灵峰的白云洞。到峰头的路，从石缝中沿石阶逐级上登，两面石壁夹立，颇像黄山的天门。石阶完后，逶迤来到石岩下，就着石岩建了房屋，也像鼓子岩一样。登到楼上向南远望，第九曲的上游，一片沙洲屹立在溪流中，溪水从西边流来，分流环绕着沙洲，流到九曲又合为一条溪流。沙洲的外面，两面的山势逐渐开阔起来，九个曲已到了尽头。这座石岩在第九曲的尽头处，重重石岩回绕重叠，地方非常幽静清爽。石岩北面的尽头处，还有一座石岩尤为奇特：上下都是绝壁，绝壁间横着一线宽的凹槽，必须趴下身子像蛇一样前行，绕着石壁过去，才能够进去。我立即从绝壁上的凹槽中前行；不久凹槽渐渐变低，绝壁越来越危险，于是就势弯下腰走；越低就越狭窄，就用膝盖像蛇一样趴伏着前行，到凹槽转弯的地方，上下仅悬空七寸，宽处只有一尺五。

凹槽外边的绝壁深达万仞。我匍匐着前进，前胸后背都擦着岩石，盘旋了很久，才得以越过这处险要的地方。石岩果然高大宽敞，层层叠叠，有斧头凿子放在其中，是想开凿道路却没有完成了。半晌，返回前边的石岩。又重新来到后面的石岩，刚建好的新房子，也很幽静宽敞，很可爱。出来走向九曲溪，就见狮子岩在溪流边。

循溪而返，隔溪观八曲之人面石、七曲之城高岩，蔚然奇丽[①]，种种神飞。复泊舟，由云窝入茶洞，穹窿窈窕[②]，再至矣，再不能去！已由云窝左转，入伏羲洞，洞颇阴森。左出大隐屏之阳，即紫阳书院[③]，谒先生庙像。顺流鼓棹，两崖苍翠纷飞，翻恨舟行之速。已过天柱峰、更衣台，泊舟四曲之南涯。自御茶园登岸[④]，欲绕出金鸡岩之上，迷荆丛棘，不得路。乃从岩后大道东行，冀有旁路可登大藏、小藏诸峰，复不得。透出溪旁，已在玉女峰下。欲从此寻一线天，徬徨无可问，而舟泊金鸡洞下，迥不相闻。乃沿溪觅路，迤逦大藏、小藏之麓。一带峭壁高骞[⑤]，砂碛崩壅，土人多植茶其上。从茗柯中行[⑥]，下瞰深溪，上仰危崖，所谓"仙学堂"、"藏仙窟"，俱不暇辨。

【注释】

①蔚然奇丽：原脱此四字，据"四库"本补。

②穹窿(qióng lóng)：长曲。窈窕(yǎo tiǎo)：深远。

③紫阳书院：紫阳为山名，在安徽歙县南，宋代朱松读书其上。其子朱熹长期在崇安读书讲学的地方，因称紫阳书屋，后人建紫阳书院，即前述文公书院。朱熹死后谥"文"，人称朱文公。

④御茶园：在武彝山四曲溪南，为元代官府督制贡茶处，大德六年

(1302)创建，明嘉靖三十六年(1557)罢废。武彝山向以产茶著称，乌龙茶亦产于此，宋蔡君谟评论此茶味超过北苑龙团。今盛产岩茶，尤以“大红袍”最名贵。

⑤高骞(qiān)：高昂着头。

⑥茗(míng)：茶的通称。柯：树枝。

【译文】

沿着溪流返回去，隔着溪流观赏第八曲的人面石、第七曲的城高岩，蔚然奇丽，种种美景让人神采飞扬。船再次停泊，经由云窝进入茶洞，穹隆幽深，我是第二次来到了，再一次不肯离开！随后由云窝向左转，进入伏羲洞，洞内十分阴森。从洞的左边出到大隐屏的南面，即是紫阳书院，拜谒了庙中的朱熹先生塑像。顺流行船，两岸苍翠的山崖飞快地纷纷掠过，反而遗憾船行走得太迅速了。不久，经过天柱峰、更衣台，船停泊在第四曲的南岸水边。从御茶园登上岸，想绕到金鸡岩的上面，成丛的荆棘使人迷惑，找不到路。于是从金鸡岩后面的大道往东行，希望旁边有路可以上登大藏峰、小藏峰各座山峰，又没有找到。穿出山崖来到溪流边，已经在玉女峰下面。想要从这里去找一线天，走来走去无人可以问路，而且船又停泊在金鸡洞下面，距离太远互相听不见。于是沿着溪流去找路，逶逶迤迤走在大藏峰、小藏峰的山麓。一条带状的峭壁高高抬起头，砂石崩塌壅塞着，当地人在上面种植了很多茶树。从茶树丛中前行，下面俯瞰着深深的溪流，上面抬头是高险的山崖，所谓的“仙学堂”、“藏仙窟”，都来不及分辨。

已至架壑舟，仰见虚舟宛然，较前溪中所见更悉。大藏之西，其路渐穷。向荆棘中扪壁而上[①]，还瞰大藏西岩，亦架一舟，但两崖对峙，不能至其地也。忽一舟自二曲逆流而至，急下山招之。其人以舟来受，亦游客初至者，约余返更衣台，同览一线天、虎啸岩诸胜。过余泊舟处，并棹顺流而下，欲上幔亭，问大王峰。抵一曲之水光石，约舟待溪口，余复登涯，少入，至止止庵。望庵后有路可上，遂趋之，得一岩，僧诵经其中，乃禅岩也。登峰之路，尚在止止庵西。仍下庵前西转，登山二里许，抵峰下，从乱箐中寻登仙石。石旁峰突起，作仰企状，鹤模石在峰壁罅间，霜翎朱顶，裂纹如绘。旁路穷，有梯悬绝壁间，蹑而上，摇摇欲堕。梯穷得一岩，则张仙遗蜕也②。岩在峰半，觅徐仙岩，皆石壁不可通；下梯寻别道，又不可得；蹑石则峭壁无阶，投莽则深密莫辨。佣夫在前，得断磴，大呼得路。余裂衣不顾，趋就之，复不能前。日已西薄，遂以手悬棘，乱坠而下，得道已在万年宫右③。趋入宫，宫甚森敞。羽士迎言："大王峰顶久不能到，惟张岩梯在。峰顶六梯及徐岩梯俱已朽坏。徐仙蜕已移入会真庙矣。"出宫右转，过会真庙。庙前大枫扶疏④，荫数亩，围数十抱。别羽士，归舟。

【注释】

①扪(mén)：执持，抚摸。

②遗蜕(tuì)：即尸体。道家称尸解为蜕质，后因以蜕为死的讳称。蜕，虫类脱下来的皮。

③万年宫：前称冲祐宫，此称万年宫，俗称武夷宫，在武彝山武彝溪口，大王峰麓，为著名的道教活动中心。近年改建为朱熹纪念馆。有宋桂两株，胸围达3.71米。

④扶疏：繁茂。

【译文】

随后来到架壑舟，仰面去看虚空中的小船很清晰，比先前在溪流中所见的更为全面。大藏峰的西面，这条路渐渐到头了。走向荆棘丛中摸着石壁往上走，回头俯瞰大藏峰西面的岩壁上，也架着一条小船，只是两面石崖对峙，不能去到那个地方了。忽然一条船从第二曲逆流而来，急忙下山招呼船过来。船上的人把船划过来让我上船，也是一个刚到的游客，约我返回更衣台，一同去游览一线天、虎啸岩各处胜景。经过我的船停泊的地方，一同划船顺流而下，想要登上幔亭峰，问道大王峰。抵达第一曲的水光石，约定船等在溪口，我再次登上岸，稍进去一点，到达止止庵。望见庵后有条路可以上登，于是急忙沿着路赶上去，找到一个岩洞，有僧人在洞中诵经，就是禅岩了。上登幔亭峰的路，还在止止庵的西面。仍然下到止止庵前边向西转，登山二里左右，抵达幔亭峰下，在杂乱的竹丛中寻找登仙石。登仙石旁一座山峰突起，作出仰面企盼的样子；鹤模石在山峰石壁的缝隙之间，霜一样雪白的羽毛，朱红色的头顶，天然的裂纹像画出来的。旁边的路到了头，绝壁上有悬挂的梯子，踩着梯子上登，摇摇欲坠。梯子爬完后到了一处石岩，就是张仙人遗体所在的地方了。石岩在山峰半中腰，寻找徐仙岩，全是石壁，不可以通行；爬下梯子来寻找别的路，又没能找到；要上登石岩却都是峭壁没有台阶，投身于丛莽中却又草丛深密无法辨别方向。雇来的挑夫走在前边，找到残断的石阶，大叫找到路了。我不顾衣服被撕裂，赶到他那里去，还是不能往前走。落日已逼近西山，于是用手悬挂着荆棘，胡乱往下坠，找到路已经身在万年宫右边。快步走入万年宫，万年宫十分森严宽敞。道士迎接我说："大王峰顶很久以前就不能上去了，只有张仙岩的梯子还在。峰顶的六级梯子以及徐仙岩的梯子都已经腐烂坏掉了。徐仙人的遗体已经移到会真庙中了。"走出万年宫后向右转，路过会真庙。寺庙前边的大枫树枝叶扶疏，树荫宽达几亩地，树围要几十个人合抱。告别了道士，回到船中。

二十三日　登陆，觅换骨岩、水帘洞诸胜。命移舟十里，候于赤石街，余乃入会真观，谒武彝君及徐仙遗蜕①。出庙，循幔亭东麓北行二里，见幔亭峰后三峰骈立，异而问之，三姑峰也。换骨岩即在其旁，望之趋。登山里许，飞流汩然下泻。俯瞰其下，亦有危壁，泉从壁半突出，疏竹掩映，殊有佳致。然业已上登，不及返顾，遂从三姑又上半里，抵换骨岩，岩即幔亭峰后崖也。岩前有庵。从岩后悬梯两层，更登一岩。岩不甚深，而环绕山巅如叠嶂。土人新以木板循岩为室，曲直高下，随岩宛转。循岩隙攀跻而上，几至幔亭之顶，以路塞而止。返至三姑峰麓，绕出其后，复从旧路下，至前所瞰突泉处。从此越岭，即水帘洞路；从此而下，即突泉壁也。余前从上瞰，未尽其妙，至是复造其下。仰望突泉又在半壁之上，旁引水为碓，有梯架之，凿壁为沟以引泉。余循梯攀壁，至突泉下。其坳仅二丈，上下俱危壁，泉从上壁堕坳中，复从坳中溢而下堕。坳之上下四旁，无处非水，而中有一石突起可坐。坐久之，下壁循竹间路，越岭三重，从山腰约行七里，乃下坞。穿石门而上，半里，即水帘洞。危崖千仞，上突下嵌，泉从岩顶堕下。岩既雄扩，泉亦高散，千条万缕，悬空倾泻，亦大观也！其岩高矗上突，故岩下构室数重，而飞泉犹落槛外。

【注释】

①武彝君：武彝山因有神人武彝君所居而得名。武彝名著于汉代，相传武彝君于八月十五日上山，置幔亭，化虹桥，大会乡人宴饮。

【译文】

二十三日　登上陆地，寻找换骨岩、水帘洞诸处胜景。命令船夫把船移到十里外,在赤石街等候,我于是进入会贞观,拜谒武彝君和徐仙人的遗体。出庙来,沿着幔亭峰的东麓向北走二里,看见幔亭峰的后面三座山峰并肩而立,很是诧异,而后向人打听,是三姑峰。换骨岩就在三姑峰旁边,望着那里赶过去。登山一里左右,飞流哗哗地往下泻。俯瞰流水的峡壁,也有高险的石壁,泉水从石壁半中腰奔流出去,有稀疏的竹丛掩映着,有种特别优美的情趣。然而业已登上来,来不及返回去看,就从三姑峰又上登半里,抵达换骨岩,换骨岩就是幔亭峰后山的石崖了。石岩前有寺庵。从石岩后面高悬的两层梯子,又登上一座石岩。石岩不怎么深远,而是如重峦叠嶂一样环绕着山顶。当地人新近用木板顺着岩壁建成房屋,曲直高低,都是随着岩壁的曲折变化而变化。沿着石岩上的缝隙攀登上去,几乎来到幔亭峰的峰顶,因道路堵塞而终止。返回到三姑峰的山麓,绕到三姑峰的后面,又从原路下走,来到先前俯瞰泉水奔流出去的地方。从这里越岭,就是去水帘洞的路;从这里往下走,就是泉水奔流出去的石壁了。我先前从上面俯瞰,没有完全看到它的美妙之处,到这时又来到它的下面。仰面望去,奔流的泉水又在一半石壁的上面了,近旁引水来推动水碓,有梯子架在石壁上,石壁上凿有水沟用来引流泉水。我沿着梯子登上石壁,来到奔流的泉水下边。这里的凹地仅有二丈宽,上下都是高险的石壁,泉水从上面的石壁落入凹地中,又从凹地中溢出来往下坠落。凹地的上下和四旁,无处不是水,而中间有一块凸起的岩石可以坐在上面。坐了很久,爬下石壁沿着竹丛间的路,越过三重岭,从山腰上大约前行七里,于是下到山坞中。穿过石门往上走,半里,就到了水帘洞。险峻的石崖有千仞高,上面前突下面深嵌,泉水从石岩顶上坠落下来。石岩既雄伟宽阔,泉水又高高地散落下来,千条万缕,悬空倾泻,也是一处壮美的景观啊!这座石岩高高矗立,上面前突,故而在石岩下面构筑了几重房屋,但飞流直下的泉水还只是坠落在栏杆外面。

先在途闻睹阁寨颇奇[①]，道流指余仍旧路，越山可至。余出石门，爱坞溪之胜，误走赤石街道。途人指从此度小桥而南，亦可往。从之，登山入一隘，两山夹之，内有岩有室，题额乃"杜辖岩"，土人讹为睹阁耳。再入，又得一岩，有曲槛悬楼，望赤石街甚近。遂从旧道，三里，渡一溪，又一里，则赤石街大溪也[②]。下舟，挂帆二十里，返崇安。

【注释】

①途：原作"塗"，据"四库"本改。《游记》多作"塗"，通"途"，即道路。今皆作"途"。

②赤石街：今仍作"赤石"，在武夷山市南境，崇阳溪西岸。

【译文】

先前在途中听说睹阁寨很奇特，道士指点我仍然从原路走，翻过山就可到达。我出了石门，喜爱山坞和溪流的美景，错误地走上去赤石街的路。路上的人指点我，从这里走过小桥后往南走，也可以到达。我听从了他的话，登上山走入一处隘口，两座山夹着隘口，里面有石岩有房屋，匾额竟然题名为"杜辖岩"，是当地人错读成"睹阁"罢了。再进去，又见到一座石岩，有曲曲折折的栏杆，有高悬的楼阁，望过去赤石街很近。于是从原路前行三里，渡过一条溪流，又行一里，就到赤石街大溪了。下到船中，挂上帆行船二十里，返回崇安县城。

游庐山日记[1] 江西九江府 山之阴为九江府 山之阳为南康府[2]

【题解】

万历四十六年(1618)徐霞客溯长江水行,在九江登陆,游今江西、安徽境内的庐山、白岳山、黄山、九华山。《游庐山日记》是他这次游庐山留下来的游记。

庐山在江西省北部,为我国著名风景名胜区。徐霞客于八月十八日到九江,次日从北麓登山,同游者有族兄雷门、白夫。二十三日从南麓的开先寺别庐山。在山上五日,游遍各主要胜景。他为历险探奇,舍大道不走,取道石门涧,攀百丈梯到天池,"上攀下蹑,磴穷则挽藤,藤绝置木梯以上";为登庐山绝顶汉阳峰,"攀茅拉棘";为考察三叠泉,"从涧中乱石行,圆者滑足,尖者刺履,如是三里"。他两游石门,绕路遍历五老峰,对很多胜景,往往从不同角度反复观赏,务求"全收其胜"。徐霞客旅游探险的精神和精细考察的方法,令人叹为观止!

戊午[3],余同兄雷门、白夫[4],以八月十八日至九江[5]。易小舟，沿江南入龙开河，二十里，泊李裁缝堰。登陆，五里，过西林寺，至东林寺[6]。寺当庐山之阴，南面庐山，北倚东林山。山不甚高，为庐之外廓。中有大溪，自东而西[7]，驿路界其间，为九江之建昌孔道[8]。寺前临溪，入门为虎溪桥，规模甚大，正殿夷毁，右为三笑堂。

【注释】

①庐山：位于江西省北部，长约二十五公里，宽约十公里，略呈椭圆形。高踞长江南岸，可东瞰鄱阳湖，为我国著名风景胜地。山上多巉崖峭壁，奇花异树，云雾变幻不定，气候凉爽宜人。尤以水胜，多飞瀑、溪涧，亦有深潭、平湖。山上建有植物园、动物园、博物馆、文化宫、疗养院等，并有环山公路联系各风景点，交通颇便。

②山之阴为九江府，山之阳为南康府：乾隆本无。此话正确反映了明代庐山的隶属关系，据叶廷甲本补。

③戊午：万历四十六年(1618)。

④雷门：名应震，霞客族兄，与霞客同岁，曾任兵马司指挥，能诗善游。

⑤九江：明为九江府，治德化，即今江西九江市。位于长江南岸，南至庐山仅36公里，有登山公路可直达山上旅游中心牯岭镇。

⑥东林寺：在庐山西北麓，东晋高僧慧远创建，为佛教净土宗发祥地。唐代高僧鉴真曾到过东林寺。现虎溪桥、三笑堂等皆能看到。西林寺：距东林寺不远，尚存一座唐代六面七层古塔。

⑦自东而西:“东”,“四库”本同。叶本、丁本作“南”。

⑧建昌:明为县,隶南康府,治今江西永修县西北的艾城。

【译文】

戊午年,我同兄长雷门、白夫,在八月十八日来到九江府。换乘小船,沿着长江向南进入龙开河,行船二十里,停泊在李裁缝堰。登上陆地,前行五里,经过西林寺,来到东林寺。东林寺位于庐山的北面,向南面对庐山,北面背靠东林山。东林山不太高,是庐山的外围。中间有一条大溪,自东往西流,驿马通行的大路隔在山与溪流之间,是九江府到建昌县的交通要道。东林寺前边面临溪流,进入山门是虎溪桥,规模非常大,正殿毁坏成了平地,右边是三笑堂。

十九日　出寺,循山麓西南行。五里,越广济桥,始舍官道,沿溪东向行。又二里,溪回山合,雾色霏霏如雨。一人立溪口,问之,由此东上为天池大道,南转登石门,为天池寺之侧径。余稔知石门之奇,路险莫能上,遂请其人为导,约二兄径至天池相待。遂南渡小溪二重,过报国寺,从碧条香蔼中攀陟五里[①],仰见浓雾中双石屼立[②],即石门也。一路由石隙而入,复有二石峰对峙。路宛转峰罅,下瞰绝涧诸峰,在铁船峰旁,俱从涧底矗耸直上,离立咫尺[③],争雄竞秀,而层烟叠翠,澄映四外。其下喷雪奔雷,腾空震荡,耳目为之狂喜。门内对峰倚壁,都结层楼危阙。徽人邹昌明、毕贯之新建精庐[④],僧容成焚修其间。从庵后小径,复出石门一重,俱从石崖上,上攀下蹑,磴穷则挽藤,藤绝置木梯以上。如是二里,至狮子岩。岩下有静室。越岭,路颇平。再上里许,得大道,即自郡城南来者。历级而登,殿已当前,以雾故犹不辨。逼之,而朱楹彩栋,则天池寺也⑤,盖毁而新建者。由右庑侧登聚仙亭⑥,亭前一崖突出,下临无地,曰文殊台。出寺,由大道左登披霞亭。亭侧岐路东上山脊,行三里。由此再东二里,为大林寺;由此北折而西,曰白鹿升仙台⑦;北折而东,曰佛手岩⑧。升仙台三面壁立,四旁多乔松,高帝御制《周颠仙庙碑》在其顶,石亭覆之,制甚古。佛手岩穹然轩峙,深可五六丈,岩端石歧横出,故称"佛手"。循岩侧庵右行,崖石两层,突出深坞,上平下仄,访仙台遗址也。台后石上书"竹林寺"三字⑨。竹林为匡庐幻境⑩,可望不可即;台前风雨中,时时闻钟梵声⑪,故以此当之。时方云雾迷漫,即坞中景亦如海上三山⑫,何论竹林?还出佛手岩,由大路东抵大林寺。寺四面峰环,前抱一溪。溪上树大三人围,非桧非杉,枝头着子累累,传为宝树,来自西域,向有二株,为风雨拔去其一矣⑬。

【注释】

①陟(zhì):登高。

②屼(wù)立:高耸秃立。

③咫(zhǐ)尺:距离很近。咫,古代称八寸为咫。

④精庐:旧时书斋、学舍、集生徒讲学的地方皆称精庐或精舍。后亦用以称僧道居住或讲道说法的地方,成为寺院的异名。

⑤天池寺:明代又改名护国寺,覆以铁瓦,受到特别尊崇,日军占领时被毁。即今庐山大天池。山上有一方池,池水终年不涸。池旁长亭即为天池寺原址,附近还有天池塔、天心台等遗迹,寺西平台即文殊台。

⑥庑(wǔ):堂下周围的廊屋。

⑦白鹿升仙台:今名御碑亭,在仙人洞西北锦绣峰上,洪武二十六年(1393)朱元璋《御制周颠仙人传》石碑今存,高约四米,覆以石亭。

⑧佛手岩:岩石参差,像人手伸出,因名。中有"一滴泉",终年滴水不断。清代为道士主持,改祀吕洞宾,因改称仙人洞。至今仍称仙人洞。

⑨竹林寺:仅有竹林小径称"仙路",石上刻"竹林寺"三字,但四周无寺,此即传说中的"竹林隐寺"。

⑩匡庐:即庐山。相传周时有匡氏兄弟七人在山上隐居,周威烈王派使者来访,匡氏兄弟早已离去,仅存所住草庐,故名匡庐,又称庐山或匡山。

⑪钟梵声:佛寺敲钟敬佛诵经的声音。

⑫海上三山:传说中的蓬莱、方丈、瀛洲三神山,在渤海中,以黄金、白银为宫阙,亦称三岛。因山形似壶,故又名三壶,即方壶、蓬壶、瀛壶。此处泛指虚幻缥缈的仙景。

⑬"溪上树大"数句:古树今存,俗称三宝树。孔雀杉二株,笔立于众树之上,高约四十米;银杏一株,枝丫伸得低而宽。旁边石上有刻记:"晋僧昙诜手植婆罗宝树。"

【译文】

十九日　走出东林寺,沿着山麓往西南行。行五里,跨过广济桥,开始放弃官府修筑的大道,沿着溪流向东行。又行二里,溪流回绕,山峦四合,浓雾如霏霏细雨。一个人站在溪口,向他问路,由此地往东上走是去天池的大道,向南转登上石门,是去天池寺侧面的小径。我熟知石门的奇特之处,道路艰险不能上去,于是请这个人为我领路,与二位兄长约好走小径到天池寺相等。于是向南渡过两条小溪,路过报国寺,从绿树香雾中攀登五里,仰面看见浓雾中两块石崖直立着,这就是石门了。一路上从石缝中进去，又有两座石峰对峙着。道路在石峰的缺口中弯弯转转地走，向下俯瞰极深处的山涧和群峰，在铁船峰附近，都是从山涧底矗立高耸，直上云天，成排并立，相隔咫尺，争雄竞秀，而层层烟波，重峦叠翠，澄碧掩映在外围的四面。石门下边雪花喷溅，奔流如雷，翻腾在空中，震荡山谷，耳目一新，心中因此而狂喜。石门内面对山峰背靠绝壁，都建筑了层层高楼和高高的双阙。徽州人邹昌明、毕贯新建的精舍，僧人容成在庵中焚香修行。从庵后的小径，又走出一重石门，都是在石崖的上面，向上攀往下踩，台阶完了就拉着藤条走，藤条没有了就放置木梯上爬。如此走了二里路，来到狮子岩。狮子岩下面有静室。翻越山岭，路很平缓。再上走一里左右，遇见大道，就是从府城往南来的路。经过石阶上登，大殿已位于前方，因为有雾没有辨认出来。逼近大殿后，只见朱红色的柱子和彩绘的栋梁，这便是天池寺了，大概是被毁后新建成的。由右边的廊庑侧边登上聚仙亭，亭子前方一座石崖前突出去，下临高空，不见地面，叫做文殊台。出寺后，由大道左侧登上披霞亭。从亭子侧边的岔路向东走上山脊，前行三里。由此地再往东走二里，是大林寺；由此地往北走再折向西，叫白鹿升仙台；往北走后折向东，叫佛手岩。白鹿升仙台三面石壁矗立，四旁有很多高大的松树，高皇帝朱元璋御制的《周颠仙庙碑》在白鹿升仙台顶上，有石亭子覆盖着石碑，形制十分古朴。佛手岩高高地穹隆耸峙着，大约五六丈深，石岩前端的岩石分岔横着伸出来，所以称为“佛手”。沿着佛手岩侧面的寺庵向右走，两层石崖从深深的山坞中突出来，上层平坦，下层狭窄，是访仙台的遗址了。访仙台遗址后面的岩石上写着“竹林寺”三个字。竹林寺是庐山中的虚幻之境，可望而不可即；访仙台前方，在风雨中时时听到有钟磬声和诵经的声音，所以用这里来充当竹林寺。此时正好云雾弥漫，即便是山坞中的景色也像海上的蓬莱、方丈、瀛洲三座神山，何必再说成是竹林寺呢？回来走到佛手岩，经由大路向东抵达大林寺。大林寺四面山峰环绕，前方围抱着一条溪流。溪流岸上的大树要三个人围抱，不是桧柏也不是杉树，枝头结着累累的子实，相传是棵宝树，来自西域，从前有两棵，被风雨拔掉其中的一棵了。

二十日　晨雾尽收。出天池，趋文殊台。四壁万仞，俯视铁船峰，正可飞舄[①]。山北诸山，伏如聚螘[②]。匡湖洋洋山麓，长江带之，远及天际。因再为石门游，三里，度昨所过险处，至则容成方持贝叶出迎[③]，喜甚，导余历览诸峰。上至神龙宫右，折而下，入神龙宫。奔涧鸣雷，松竹荫映，山峡中奥寂境也。循旧路抵天池下，从歧径东南行十里，升降于层峰幽涧；无径不竹，无阴不松，则金竹坪也。诸峰隐护，幽倍天池，旷则逊之。复南三里，登莲花峰侧，雾复大作。是峰为天池案山，在金竹坪则左翼也。峰顶丛石嶙峋，雾隙中时作窥人态，以雾不及登。

【注释】

①飞舄(xì)：指神仙来去。舄，古代一种复底鞋。

②螘："蚁"的本字。

③贝叶：即贝多树叶。形如棕榈，产于印度，云南西双版纳也有。其叶可当纸，佛教徒常用以写经，故亦称佛经为贝叶。

【译文】

二十日　早晨，雾气全部收敛起来。出了天池寺，赶到文殊台去。四面的绝壁有万仞高，俯瞰铁船峰，正可以凌空飞过去。山北面的群山，如聚集在一起的蚂蚁一样低伏着。鄱阳湖浩浩渺渺荡漾在山麓，长江像一条带子一样横在庐山前方，远到天边。于是再次去游石门，前行三里，越过昨天走过的险要处，来到时就见容成正好拿着佛经出门来迎接，高兴极了，引导我一一游览了各处的山峰。上到神龙宫右侧，折向下走，进入神龙宫。奔流的山涧声如雷鸣，松竹浓荫掩映，真是深山峡谷中隐秘寂静的地方啊！顺着原路来到天池寺下方，从岔开的小径往东南行十里，在层层山峰和幽深的山涧之间上上下下；没有哪条路上没有竹丛，无处不是浓荫的松树，这就是金竹坪了。群峰隐蔽围护着，比天池寺幽深一倍，空旷之处却略逊于天池寺。再向南三里，登上莲花峰的侧面，浓雾又四处弥漫。这座山峰是天池寺的案山，对金竹坪来说就是左翼了。峰顶上是丛生嶙峋的岩石，不时在浓雾的间隙中作出窥视人的姿态，因为有雾来不及登上去。

越岭东向二里，至仰天坪，因谋尽汉阳之胜。汉阳为庐山最高顶，此坪则为僧庐之最高者。坪之阴，水俱北流从九江；其阳[①]，水俱南下属南康[②]。余疑坪去汉阳当不远，僧言中隔桃花峰，尚有十里遥。出寺，雾渐解。从山坞西南行，循桃花峰东转，过晒谷石，越岭南下，复上则汉阳峰也。先是遇一僧，谓峰顶无可托宿，宜投慧灯僧舍，因指以路。未至峰顶二里，落照盈山，遂如僧言，东向越岭，转而西南，即汉阳峰之阳也。一径循山，重嶂幽寂，非复人世。里许，蓊然竹丛中得一龛[③]，有僧短发覆额，破衲赤足者[④]，即慧灯也，方挑水磨腐。竹内僧三四人，衣履揖客，皆慕灯远来者。复有赤脚短发僧从崖间下，问之，乃云南鸡足山僧。灯有徒，结茅于内，其僧历悬崖访之，方返耳。余即拉一僧为导，攀援半里，至其所。石壁峭削，悬梯以度，一茅如慧灯龛。僧本山下民家，亦以慕灯居此。至是而上仰汉阳，下俯绝壁，与世夐隔矣。暝色已合，归宿灯龛。灯煮腐相饷，前指路僧亦至。灯半月一腐，必自己出，必遍及其徒。徒亦自至，来僧其一也。

【注释】

①阴、阳：古人习惯称山的北面为阴，南面为阳。相反，水的南面称阴，北面称阳。

②南康：明为府，治星子，即今江西星子县。

③龛(kān)：供有佛像的小屋。

④衲(nà)：原意为缝补。但僧徒的衣服常用许多碎布补缀而成，因以“衲”为僧衣的代称。

【译文】

越过山岭向东走二里，到达仰天坪，因而打算把汉阳峰的美景看完。汉阳峰是庐山最高的山顶，这个仰天坪则是僧舍所在的最高处。仰天坪的北面，水流都是往北流，归属于九江府；仰天坪的南面，水流都是向南下流，隶属于南康府。我怀疑仰天坪距离汉阳峰应该不远，和尚说，中间隔着桃花峰，还有十里路之遥。出寺来，雾气渐渐散开。从山坞中往西南行，沿着桃花峰向东转，路过晒谷石，越岭往南下走，再上去就是汉阳峰了。这之前遇见一个和尚，说是峰顶无处可以投宿，应该到慧灯和尚的僧舍中投宿，并指示了道路。还没到峰顶二里处，落日余晖照遍群山，于是按照和尚所说的，向东越岭，转向西南，就到了汉阳峰的南面了。一条小径沿着山走，层峦叠嶂，幽深寂静，不再是人间。走了一里左右，蓊郁的竹丛中见到一座佛龛，有个短发盖到额头、僧衣破旧、光着脚的和尚，就是慧灯了，正在挑水磨豆腐。竹林里面有三四个僧人，衣服鞋子整齐地对着客人作揖，全是仰慕慧灯远道而来的和尚。又有一个赤脚短发的僧人从石崖中下来，向他问候，是云南鸡足山的僧人。慧灯有徒弟，在山里建了茅屋，这个僧人翻越悬崖去拜访他，刚好返回来。我随即拉住一个僧人作为向导，攀援了半里路，来到慧灯徒弟的住所。石壁峭拔陡削，悬挂着梯子得以翻越上去，一间茅屋像慧灯的佛龛。这位僧人本来是山下百姓，也是由于仰慕慧灯住在此地。来到这里后，向上仰面看汉阳峰，向下俯瞰绝壁，与人世远隔了。夜幕已经降临，回来住在慧灯的佛龛中。慧灯煮豆腐来款待，先前指路的和尚也来到了。慧灯半个月磨一次豆腐，必定要自己做出来，必定要遍及他的徒弟们。徒弟们也就自己来，来的和尚就是其中之一了。

二十一日　别灯，从龛后小径直跻汉阳峰①。攀茅拉棘，二里，至峰顶。南瞰鄱湖，水天浩荡。东瞻湖口②，西盼建昌，诸山历历，无不俯首失恃。惟北面之桃花峰，铮铮比肩，然昂霄逼汉，此其最矣③。下山二里，循旧路，向五老峰。汉阳、五老，俱匡庐南面之山，如两角相向，而犁头尖界于中，退于后，故两峰相望甚近。而路必仍至金竹坪，绕犁头尖后，出其左胁，北转始达五老峰，自汉阳计之，且三十里。余始至岭角，望峰顶坦夷，莫详五老面目。及至峰顶，风高水绝，寂无居者。因遍历五老峰，始知是山之阴，一冈连属；阳则山从绝顶平剖，列为五枝，凭空下坠者万仞，外无重冈叠嶂之蔽，际目甚宽④。然彼此相望，则五峰排列自掩，一览不能兼收；惟登一峰，则两旁无底。峰峰各奇不少让，真雄旷之极观也！

【注释】

①汉阳峰：为区别于附近的小汉阳峰，通称大汉阳峰。为庐山最高峰，海拔 1474 米。峰顶有石砌的汉阳台。

②湖口：明为县。隶九江府，即今江西湖口县。

③铮铮比肩，然昂霄逼汉，此其最矣：此句“四库”本作“峥峥比肩然昂霄逼汉逊此一筹”。

④际目：视野。

【译文】

二十一日　辞别慧灯，从佛龛后面的小径一直上登汉阳峰。抓着茅草拉着荆棘，前行二里，来到峰顶。向南俯瞰鄱阳湖，水天一色，浩浩荡荡。向东远眺湖口，往西遥看建昌县境内，群山历历在目，无不低下了头，失去了依靠。唯有北面的桃花峰，铮铮出众，并肩而立。然而昂首抬头逼近霄汉的，这座山峰是其中最高的了。下山二里，顺着原路走向五老峰。汉阳峰、五老峰都是庐山南面的山，像两只犄角对面相向，可犁头尖介于两座山峰中间，退在后面，所以两座山峰互相看起来很近。然而道路必须仍然来到金竹坪，绕到犁头尖后面，出到犁头尖左侧，向北转才能到达五老峰，自汉阳峰计算里程，将近三十里。我刚来到岭角时，远望峰顶很平坦，不熟悉五老峰的面貌。到来到峰顶后，山风猛烈，溪水绝迹，空寂无人居住。于是游遍了五老峰，才知道这座山的北面有一座山冈连接着，南面则是整座山从绝顶平剖开来，成为并列的五座支峰，凌空下坠万仞，外围没有层峦叠嶂的遮拦，视野非常开阔。然而彼此互相望过去，则是五座山峰并排排列自己挡住了，一眼望过去不能兼及五座山峰；唯有登上一座山峰，只见两旁没有底。一座座山峰各有奇丽之处，互相没有多少逊色之处，真是雄壮开阔的极致景观了！

仍下二里，至岭角。北行山坞中，里许，入方广寺，为五老新刹①。僧知觉甚稔三叠之胜②，言道路极艰，促余速行。北行一里，路穷，渡涧。随涧东西行，鸣流下注乱石，两山夹之，丛竹修枝，郁葱上下，时时仰见飞石，突缀其间，转入转佳。既而涧旁路亦穷，从涧中乱石行，圆者滑足，尖者刺履。如是三里，得绿水潭。一泓深碧，怒流倾泻于上，流者喷雪，停者毓黛③。又里许，为大绿水潭。水势至此将堕，大倍之，怒亦益甚。潭前峭壁乱耸，回互逼立，下瞰无底，但闻轰雷倒峡之声，心怖目眩，泉不知从何坠去也。于是涧中路亦穷，乃西向登峰。峰前石台鹊起，四瞰层壁，阴森逼侧。泉为所蔽，不得见，必至对面峭壁间，方能全收其胜。乃循山冈，从北东转。二里，出对崖，下瞰，则一级、二级、三级之泉，始依次悉见。其坞中一壁，有洞如门者二，僧辄指为竹林寺门云。顷之，北风自湖口吹上，寒生粟起，急返旧路，至绿水潭。详观之，上有洞翕然下坠[④]。僧引入其中，曰："此亦竹林寺三门之一。"然洞本石罅夹起，内横通如"十"字，南北通明，西入似无底止。出，溯溪而行，抵方广，已昏黑。

【注释】

①刹(chà)：梵语"刹多罗"的省音译，原为佛塔顶部的装饰，亦称相轮，后则通称佛寺为刹。

②三叠之胜：即今三叠泉瀑布。在庐山东谷会仙亭旁，泉下即观音洞，洞下即绿水潭，潭畔崖上刻"竹影疑踪"。

③毓：同"育"，生。黛(dài)：深青色。

④翕(xī)：敛缩。

【译文】

仍然下山二里，来到岭角。向北行走在山坞中，一里左右，进入方广寺，是五老峰新建的佛寺。僧人知觉十分熟悉三叠泉瀑布的优美之处，说道路极为艰难，催促我赶快上路。往北行一里，路断了，渡过山涧。顺着山涧的东岸往西行，哗哗有声的流水往下注入乱石中，两面的山夹着山涧，竹丛修长的枝叶，郁郁葱葱，上上下下，时时仰面看见飞空的岩石，突立点缀在山间，越进去景色越秀丽。继而山涧旁的道路也断了，从山涧中的乱石间前行，圆的石头脚会滑，尖的会刺穿鞋子。如此走了三里路，走到绿水潭。一潭清水渊深碧绿，狂怒的水流倾泻在上方，流动的水如雪花喷溅，停积的水泛着青黑色。又走一里左右，是大绿水潭。水流到这里即将下坠，水面比绿水潭大一倍，水势的汹涌也愈发厉害。潭水前的峭壁杂乱地耸立着，回绕矗立，互相逼近，向下俯瞰，没有底，只听见流水倾泻进峡谷中雷鸣般轰响的声音，心惊目眩，泉水不知从哪里下坠流去了。到这里山涧中的路也断了，只好向西上登山峰。山峰前突起一座石台，四面俯瞰是层层石壁，阴森狭窄。泉水被石崖遮住了，不能看见，必须去到对面的峭壁上，才能尽收全部美景。于是沿着山冈从北面向东转。行二里，来到对面的山崖上，向下俯瞰，则第一级、第二级、第三级的泉水，才得以依次全部看见。山坞中的一座崖壁上，有两个像门一样大的洞口，知觉和尚就指认为是竹林寺的大门。顷刻间，北风从湖口吹上山来，生出寒意，颤抖起来，急忙从原路返回，来到绿水潭。详细观察周围，上面有个洞，收敛着向下坠。知觉和尚领我进入洞中，说："这也是竹林寺的三道门之一。"然而山洞本来是石缝夹起来形成的，里面横向相通如同一个"十"字，南北两面通明透亮，西面进去似乎没有止境。出洞来，溯溪流走，抵达方广寺，天已昏黑。

二十二日　出寺，南渡溪，抵犁头尖之阳。东转下山，十里，至楞伽院侧。遥望山左胁，一瀑从空飞坠，环映青紫，夭矫滉漾[①]，亦一雄观。五里，过栖贤寺，山势至此始就平。以急于三峡涧，未之入。里许，至三峡涧。涧石夹立成峡，怒流冲激而来，为峡所束，回奔倒涌，轰振山谷。桥悬两崖石上，俯瞰深峡中，迸珠戛玉[②]。过桥，从歧路东向，越岭趋白鹿洞。路皆出五老峰之阳，山田高下，点错民居。横历坡陀[③]，仰望排嶂者三里，直入峰下，为白鹤观。又东北行三里，抵白鹿洞[④]，亦五老峰前一山坞也。环山带溪，乔松错落。出洞，由大道行，为开先道。盖庐山形势，犁头尖居中而少逊，栖贤寺实中处焉；五老左突，下即白鹿洞；右峙者，则鹤鸣峰也，开先寺当其前。于是西向循山，横过白鹿、栖贤之大道，十五里，经万松寺，陟一岭而下，山寺巍然南向者，则开先寺也⑤。从殿后登楼眺瀑，一缕垂垂，尚在五里外，半为山树所翳，倾泻之势，不及楞伽道中所见。惟双剑崭崭众峰间，有芙蓉插天之态；香炉一峰，直山头圆阜耳。从楼侧西下壑，涧流铿然泻出峡石，即瀑布下流也。瀑布至此，反隐不复见，而峡水汇为龙潭，澄映心目。坐石久之，四山暝色，返宿于殿西之鹤峰堂。

【注释】

①夭矫：屈曲而有气势的样子。

②迸珠戛(jiá)玉：形如珠溅射，声如击玉响。迸，溅射。戛，打击。

③坡陀(tuó)：不平坦。坡，一作“陂”，山旁称坡。陀，岩际称陀。

④白鹿洞：唐代江州刺史李渤曾在这里读书，并随身养一白鹿，因此得名白鹿洞。宋代设书院，与睢阳、嵩阳、岳麓并名，为当时著名的书院。朱熹知南康军，也在这里聚徒讲学。历代屡有修建。

⑤开先寺：在庐山南麓鹤鸣峰下，创建于南唐。1707 年康熙敕书“秀峰寺”，因改名。新中国建立前遭破坏。近年重建了漱玉亭、碑亭等，历代名人碑刻甚多。

【译文】

二十二日　走出方广寺，向南渡过溪流，抵达犁头尖的南面。转向东下山，走了十里，来到楞伽院侧边。遥望山的左侧，一条瀑布从空中飞坠下来，映照着青紫色的彩环，水势屈曲浩大，也是一处雄壮的景观。再走五里，路过栖贤寺，山势到这里开始趋向平缓。因为急于去三峡涧，没进入寺中。走了一里左右，到达三峡涧。三峡涧是石崖夹立形成峡谷，奔涌的水流冲激而来，被山峡约束，回旋奔流，倒卷汹涌，轰鸣声震动山谷。一座桥高悬在两面的岩石上，俯瞰深深的峡谷中，似珍珠迸溅，水声如玉佩相击。过桥来，从岔路向东走，翻越山岭赶去白鹿洞。道路都是经过五老峰的南面，山间的田地高低不一，点点民居错落山间。横向走过山坡，抬头望着成排直立的山峰前行了三里，直接进到山峰下，是白鹤观。又往东北行三里，到达白鹿洞，这里也是五老峰前的一个山坞。山前环绕的溪流像一条带子，高大的松树错落其间。出洞后，由大道走，是去开先寺的路。大体上庐山的地形，犁头尖居于中间又稍稍退进去一点，栖贤寺实际上位于正中；五老峰左边前突，山下就是白鹿洞；右边高高屹立的，就是鹤鸣峰了，开先寺位于山前。从这里向西沿着山走，是横着经过白鹿洞、栖贤寺的大道，十五里后，经过万松寺，登上一座岭后往下走，山中一座巍然面向南方的寺院，就是开先寺了。从大殿后面登上楼远眺瀑布，一条线一样垂下来，还在五里路开外，有一半被山间的树丛遮住了，倾泻的水势，赶不上在去楞伽院的路上看见的。只有双剑峰崭然耸立在群峰之间，有着芙蓉剑插入天空的姿态；那一座香炉峰，只是山头上圆圆的土阜罢了。从楼的侧边向西下到壑谷中，山涧中的流水声音清脆悦耳地从山峡岩石间流出去，这就是瀑布的下游了。到了此地，瀑布反而隐藏起来，不再看得见，而峡中的水汇积成龙潭，澄澈映照，赏心悦目。坐在石头上很长时间，四面群山暮色降临，回来住在大殿西边的鹤峰堂内。

二十三日　由寺后侧径登山。越涧盘岭，宛转山半。隔峰复见一瀑，并挂瀑布之东，即马尾泉也。五里，攀一尖峰，绝顶为文殊台。孤峰拔起，四望无倚，顶有文殊塔。对崖削立万仞，瀑布轰轰下坠，与台仅隔一涧，自巅至底，一目殆无不尽。不登此台，不悉此瀑之胜。下台，循山冈西北溯溪，即瀑布上流也。一径忽入，山回谷抱，则黄岩寺据双剑峰下。越涧再上，得黄石岩。岩石飞突，平覆如砥。岩侧茅阁方丈，幽雅出尘。阁外修竹数竿，拂群峰而上，与山花霜叶，映配峰际。鄱湖一点[1]，正当窗牖。纵步溪石间，观断崖夹壁之胜。仍饭开先，遂别去。

【注释】

①鄱湖：为鄱阳湖的省称。鄱阳湖现有面积3976平方公里，湖面海拔21米，为我国最大的淡水湖。

【译文】

二十三日　由开先寺后面侧边的小径登山。越过山涧绕过山岭，在半山腰弯弯转转地走。隔着山峰又看见一条瀑布，并排悬挂在三叠泉瀑布的东面，那就是马尾泉了。走了五里，攀登一座尖峰，绝顶上是文殊台。一座孤峰拔地而起，四面没有依托，峰顶上有文殊塔。对面的石崖陡削壁立，高达万仞，瀑布轰轰响着向下坠落，与文殊台仅隔着一条山涧，自崖顶到崖底，一眼几乎无处看不完全。不登上这个文殊台，不会全面看到这个瀑布美景。走下文殊台，沿着山冈往西北溯溪流前行，就是瀑布的上游了。沿一条小径进去，忽然山峰回绕围抱着山谷，就见黄岩寺背靠在双剑峰下。越过涧水再上登，到达黄石岩。黄石岩上的岩石飞空前突，平平地下覆着像磨刀石。石岩侧边的茅草盖顶的楼阁有一丈见方，幽雅脱出尘世。楼阁外边有几根修长的竹子，在群峰之上轻轻摇动着，与山花和凝霜的树叶，在山峰之间互相掩映媲美。鄱阳湖的一点波光，正对着窗户。放开步子在溪流和山石间，观看断崖绝壁的优美景致。仍然在开先寺吃饭，于是告别离去。

游黄山日记后

【题解】

《游黄山日记后》是万历四十六年(1618)徐霞客重游黄山的游记。

这年徐霞客游庐山和白岳山后，于九月初四日由汤口上黄山，仍从南往北经殊砂庵、石门、文殊院、平天矼、石笋矼，至狮子林，折往东南观牌楼石，登仙灯洞，过丞相原、九龙潭，初六日经苦竹滩向太平县。后来往北就近游九华山，惜未见游记。

徐霞客此行勇敢地登上了天都峰和莲花峰，详记了他历险登顶的经过。天都、莲花两峰的高低，旧时向无定论，诸书多谓天都高于莲花。徐霞客通过自己的考察，明确指出莲花峰是黄山的最高峰，与今天测量的结果完全一致。

戊午九月初三日① 出白岳榔梅庵，至桃源桥。从小桥右下，陡甚，即旧向黄山路也。七十里，宿江村。

【注释】

①戊午：万历四十六年(1618)。

【译文】

戊午年九月初三日 走出白岳山榔梅庵，来到桃源桥。从小桥右边下山，陡极了，这就是旧时走向黄山的路了。行七十里后，住宿在江村。

初四日　十五里，至汤口。五里，至汤寺，浴于汤池。扶杖望硃砂庵而登。十里，上黄泥冈。向时云里诸峰，渐渐透出，亦渐渐落吾杖底。转入石门①，越天都之胁而下，则天都、莲花二顶，俱秀出天半。路旁一岐东上，乃昔所未至者，遂前趋直上，几达天都侧。复北上，行石罅中。石峰片片夹起；路宛转石间，塞者凿之，陡者级之，断者架木通之，悬者植梯接之。下瞰峭壑阴森，枫松相间，五色纷披，灿若图绣。因念黄山当生平奇览，而有奇若此，前未一探，兹游快且愧矣！

【注释】

①石门：应指今云巢洞。清人王灼《黄山纪游》载："有巨石当路，而中空如门，累石为磴，其间可数十级，题之曰'云巢'。"

【译文】

初四日　行十五里，到达汤口。行五里，来到温泉所在的祥符寺，在热水池中沐浴。手拄拐杖望着硃砂庵上登。行十里，走上黄泥冈。原先在云雾里的群峰，渐渐露了出来，也渐渐落在我的拐杖下面。转进石门，越过天都峰的侧面往下走，就见天都峰、莲花峰的两座峰顶，都秀美地出现在半空中。路旁有一条岔路向东上走，是从前我没有来到过的地方，于是一直向前快步上登，几乎到达天都峰的侧面。又向北上登，前行在石缝中。石峰一片片地夹住道路耸起；道路弯弯转转地走在石峰间，阻塞的地方被凿开，陡峻的地方修建了石阶，断开的地方架了木桥通过去，高悬的地方放置了梯子把道路连接起来。向下俯瞰，陡峭的壑谷阴森森的，枫树和松树相间，五彩缤纷地散布着，灿烂得像图画和锦绣一样。因而想到黄山应该是我一生中游览过的奇异景观，可是还有如此奇异的景观，上一次没有来探寻过，这一次重游既痛快又惭愧呀！

时夫仆俱阻险行后，余亦停弗上；乃一路奇景，不觉引余独往。既登峰头，一庵翼然，为文殊院[①]，亦余昔年欲登未登者。左天都，右莲花，背倚玉屏风，两峰秀色，俱可手擥[②]。四顾奇峰错列，众壑纵横，真黄山绝胜处！非再至，焉知其奇若此？遇游僧澄源至，兴甚涌。时已过午，奴辈适至。立庵前，指点两峰。庵僧谓："天都虽近而无路[③]，莲花可登而路遥。只宜近盼天都，明日登莲顶。"余不从，决意游天都，挟澄源、奴子仍下峡路。至天都侧，从流石蛇行而上。攀草牵棘，石块丛起则历块，石崖侧削则援崖。每至手足无可着处，澄源必先登垂接。每念上既如此，下何以堪？终亦不顾。历险数次，遂达峰顶。惟一石顶壁起犹数十丈，澄源寻视其侧，得级，挟予以登。万峰无不下伏，独莲花与抗耳。时浓雾半作半止，每一阵至，则对面不见。眺莲花诸峰，多在雾中。独上天都，予至其前，则雾徙于后；予越其右，则雾出于左。其松犹有曲挺纵横者；柏虽大干如臂，无不平贴石上，如苔藓然。山高风巨，雾气去来无定。下盼诸峰，时出为碧峤[④]，时没为银海。再眺山下，则日光晶晶，别一区宇也。日渐暮，遂前其足，手向后据地，坐而下脱。至险绝处，澄源并肩手相接。度险，下至山坳，瞑色已合。复从峡度栈以上[⑤]，止文殊院。

【注释】

①文殊院：在天都、莲花两峰间，左有狮石，右有象石，后毁于火。今在原址建宾馆，名玉屏楼。

②擥(lǎn)：同“揽”，持，握。

③天都：天都峰，海拔1810米。峰顶有一巨石耸立，高数十丈，有石级可登。顶部略呈长方形，长约十步，宽约五步，刻有“登峰造极”四字。

④峤(jiào)：尖而高的山。

⑤栈(zhàn)：即栈道。在峭岩陡壁上，傍山凿孔、架木连阁修成的道路，又称阁道。

【译文】

这时脚夫和仆人都因为山路险阻走在后面，我也停下来没有上走；可是一路上奇异的景色，不知不觉地吸引着我独自一人前往。登上峰头后，一座寺庵像翅膀一样展开，是文殊院，也是我前年想登却没有登上去的地方。左边是天都峰，右边是莲花峰，背靠玉屏峰，两座山峰的秀丽景色，都可以用手拿过来。四面环顾，奇峰错杂排列，众多的壑谷纵横交错，真是黄山景色绝妙之处！不是再次来到，哪里能知道黄山景色的奇妙竟然如此？遇见云游僧人澄源到来，兴致十分高涨。此时已经过了中午，奴仆们恰好来到了。站立在庵前，指着两座山峰点评。庵中的僧人说：“天都峰虽然近一些，但没有路；莲花峰可以登上去，可路程遥远。只适合从近处看一看天都峰，明天去登莲花峰顶。”我不听，决意去游览天都峰，便拉着澄源、仆人仍然从峡谷中的路下来。来到天都峰侧面，从流动的砾石间像蛇一样向上爬行。抓住草丛拉着荆棘，石块成堆竖起就跨越石块，石崖侧立陡削就攀越石崖。每到手足无处可以附着的地方，澄源必定先登上去垂下手来接我。每每想到上登已经如此艰难，下山又怎么办呢？最终也顾不上了。经过几次历险，终于到达峰顶。顶上只有一块几十丈高的岩石墙壁一样耸起，澄源在岩石侧面观察寻找，找到石阶，拉着我登上去。万座山峰无不低伏在下方，唯独莲花峰能与它相抗衡罢了。此时浓雾半隐半现，每有一阵浓雾飘来，就对面都看不见。眺望莲花峰各座山峰，多半在雾中。唯独在天都峰上，我到浓雾前边，浓雾移动到我的后边；我穿越到浓雾的右边，那浓雾就出现在我的左边。峰顶上还有松树，或弯曲，或挺拔，纵横交错；柏树的树干虽然大如手臂，无不平平地贴在岩石上，如苔藓一样。山高风大，雾气来去不定。向下看群峰，有时现出苍翠的山尖，有时被银色的云海淹没。再远眺山下，只见阳光亮晶晶的，另成一个世界了。天色渐渐昏黑，于是把双脚放在前面，双手在后面撑着地，坐着往下滑落。到了极危险的地方，澄源便肩手并用地接着我。越过险境，下到山坳中，夜色已经降临。再从峡谷中越过栈道往上走，住在文殊院。

初五日　平明，从天都峰坳中北下二里，石壁岈然。其下莲花洞正与前坑石笋对峙，一坞幽然。别澄源，下山至前歧路侧，向莲花峰而趋。一路沿危壁西行，凡再降升，将下百步云梯，有路可直跻莲花峰①。既陟而磴绝，疑而复下。隔峰一僧高呼曰："此正莲花道也！"乃从石坡侧度石隙。径小而峻，峰顶皆巨石鼎峙，中空如室。从其中叠级直上，级穷洞转，屈曲奇诡，如下上楼阁中，忘其峻出天表也。一里，得茅庐，倚石罅中。方徘徊欲升，则前呼道之僧至矣。僧号凌虚，结茅于此者，遂与把臂陟顶。顶上一石，悬隔二丈，僧取梯以度。其巅廓然，四望空碧，即天都亦俯首矣。盖是峰居黄山之中，独出诸峰上，四面岩壁环耸，遇朝阳霁色，鲜映层发，令人狂叫欲舞。

【注释】

①莲花峰：为黄山最高峰，海拔1860米。莲花峰、天都峰、光明顶

为黄山三大主峰。

【译文】

初五日　天明时，从天都峰下的山坳中往北下行二里，石壁深邃。石壁下面的莲花洞正好与前面坑谷中的石笋矼对峙，整个山坞十分幽静。辞别澄源，下山来到前边的岔路侧边，向着莲花峰赶过去。一路上沿着高险的石壁往西行，共下降上升了两次，即将下到百步云梯，有条路可以直接上登莲花峰。上登之后石阶断了，心中疑惑便又往下走。一个僧人隔着山峰高声呼叫道："这正是去莲花峰的路啊！"于是从石坡的侧面穿过石缝。山路又小又险峻，峰顶上全是鼎立的巨石，巨石中间的空间像房间。从巨石中垒砌的石阶一直上登，石阶到头后又转进石洞，曲曲折折，奇特诡异，如同在楼阁中上下，忘了这里的地势高峻得超出天外了。走了一里，见到一间茅屋，紧靠在石缝中。正在犹豫着想要继续上登，就见前边呼叫着指路的僧人来到了。僧人的法号叫凌虚，就是在这里建茅屋的僧人，于是与凌虚手拉着手上登峰顶。峰顶上的一块巨石，悬空隔开有二丈高，僧人凌虚取来梯子翻越上去。莲花峰顶十分开阔，四面望过去都是碧蓝的晴空，即便是天都峰也要低头了。这座莲花峰居于黄山的中心位置，独自超出在群峰之上，四面岩壁环绕耸立，遇上晴朗的天气朝阳当空，鲜艳的阳光映照着层层山峦，焕发出无限生机，令人高声狂叫，想要跳舞。

久之，返茅庵。凌虚出粥相饷，啜一盂，乃下。至岐路侧，过大悲顶，上天门。三里，至炼丹台。循台嘴而下，观玉屏风、三海门诸峰①，悉从深坞中壁立起。其丹台一冈中垂，颇无奇峻，惟瞰翠微之背，坞中峰峦错耸，上下周映，非此不尽瞻眺之奇耳。还过平天矼，下后海，入智空庵，别焉。三里，下狮子林，趋石笋矼，至向年所登尖峰上。倚松而坐，瞰坞中峰石回攒，藻缋满眼[2]，始觉匡庐、石门[3]，或具一体，或缺一面，不若此之闳博富丽也！久之，上接引崖，下眺坞中，阴阴觉有异。复至冈上尖峰侧，践流石，援棘草，随坑而下，愈下愈深，诸峰自相掩蔽，不能一目尽也。日暮，返狮子林。

【注释】

①玉屏风：应即玉屏峰，为黄山三十六小峰之一。

②藻(zǎo)：文采。缋：同"绘"，彩画。

③石门：称石门者甚多，或指此为浙江青田县的石门山。见朱东润主编《中国历代文学作品选》(上海古籍出版社2007年出版)。

【译文】

过了很长时间，返回茅庵。凌虚拿出稀粥来款待，喝了一碗，然后下山。来到岔路侧边，经过大悲顶，登上天门。走了三里，到达炼丹台。沿着炼丹台前的尖嘴往下走，观察玉屏峰、三海门群峰，全是从深深的山坞中像墙壁一样矗立耸起。那炼丹台是一条山冈低垂在中央，完全没有奇特险峻的气势，只是俯瞰它葱翠的山背，山坞中峰峦错杂耸立，上下周围互相掩映，不来到此地不能完全眺望到这些奇异的景致了。回来路过平天矼，下到后海，进入智空和尚的庵中，和智空告别。行三里，下到狮子林，赶到石笋矼去，来到前年我上登的尖峰上。背靠松树坐下来，俯瞰山坞中石峰回绕簇拥，满眼都是色彩斑斓的彩色画卷，这才觉得庐山、石门，有的只具备了一种形态，有的欠缺某一方面，不如这里恢弘、博大、丰富、壮丽了！很久，登上接引崖，向下俯瞰山坞中，阴森森的，觉得有些异常。又来到山冈上的尖峰侧面，踏着流动的砾石，攀援着荆棘草丛，顺着坑谷往下走，越下越深，群峰自身互相掩映遮蔽，不能一眼见到全貌。天色已是傍晚，返回狮子林。

初六日　别霞光，从山坑向丞相原。下七里，至白沙岭①，霞光复至。因余欲观牌楼石，恐白沙庵无指者②，追来为导。遂同上岭，指岭右隔坡，有石丛立，下分上并，即牌楼石也。余欲逾坑溯涧，直造其下。僧谓："棘迷路绝，必不能行。若从坑直下丞相原，不必复上此岭；若欲从仙灯而往，不若即由此岭东向。"余从之，循岭脊行。岭横亘天都、莲花之北，狭甚，旁不容足，南北皆崇峰夹映。岭尽北下，仰瞻右峰罗汉石，圆头秃顶，俨然二僧也。下至坑中，逾涧以上，共四里，登仙灯洞。洞南向，正对天都之阴。僧架阁连板于外，而内犹穹然，天趣未尽刊也③。复南下三里，过丞相原④，山间一夹地耳。其庵颇整，四顾无奇，竟不入。复南向循山腰行，五里，渐下。涧中泉声沸然，从石间九级下泻，每级一下有潭渊碧，所谓九龙潭也⑤。黄山无悬流飞瀑，惟此耳。又下五里，过苦竹滩⑥，转循太平县路，向东北行⑦。

【注释】

①白沙岭：在云谷寺西北，云谷寺通往皮蓬的途中。

②白沙庵：在白沙岭畔的岔路口，附近有入胜亭。

③刊：削除。

④丞相原：在钵盂峰下，相传南宋右丞相程元凤曾在此读书，故名。明代改名云谷寺。为从东路登山要道，南面入口石刻甚多。寺址已建为宾馆。

⑤九龙潭：黄山东隅罗汉峰与香炉峰之间，有飞流九折，称九龙瀑。一折一潭，亦有九潭，称九龙潭。

⑥苦竹滩：即今苦竹溪，在汤口东北的公路边。

⑦“转循”句：太平县近年改为黄山区，在黄山以北。霞客到太平县后的游踪，《游记》缺。陈函辉《徐霞客墓志铭》载：“登九华而望五老，则戊午也。”九华山在安徽青阳县西南，当太平县西北，霞客到太平县后游九华山，由此可以得到证明，登九华山与黄山同在一年。九华山面积一百余平方公里，99峰，其中九峰最为雄伟，故名九子山，主峰十王峰海拔1342米。九华山为我国佛教四大名山之一，传为地藏菩萨道场，现存化城寺、月身宝殿等古刹。百岁宫还有无瑕禅师的肉身坐像。

【译文】

初六日　辞别霞光和尚，从山间坑谷中走向丞相原。下走七里，到达白沙岭，霞光又来到。因为我想去观看牌楼石，霞光担心白沙庵中无人指路，追上来为我领路。于是一同登上白沙岭，霞光指点，白沙岭右侧隔着一条山坡，有成丛的岩石竖立着，下边分开，上面并立，那就是牌楼石了。我想穿越坑谷溯山涧走，直接到达牌楼石下。霞光和尚说：“荆棘迷漫，道路断绝，必定不能走。如果从坑谷中一直下到丞相原，不必再次登上这座白沙岭；如果想从仙灯洞前往，不如就由白沙岭往东走。”我听从了他的话，沿着白沙岭的山脊走。白沙岭横亘在天都峰、莲花峰的北面，山脊非常狭窄，两旁无法容下脚步，南北两面都是高峰夹立映衬着。白沙岭尽头向北下走，抬头远看右侧山峰上的罗汉石，圆圆的头，秃顶，俨然像两个和尚。下到坑谷中，越过山涧往上走，共四里，登上仙灯洞。洞口面向南，正对着天都峰的北面。僧人在洞外用木板连接架设了栈道，可洞内也是高高隆起，天然的情趣没有完全被破坏。又往南下山三里，经过丞相原，是山间的一块狭小的平地而已。里面的寺庵很整齐，四面环顾没有什么奇特的，竟然没有进去。又向南沿着山腰走，行五里，渐渐下走。山涧中泉水声沸腾，从岩石中分九级下泻，每一级下面有个水潭渊深碧绿，这就是所谓的九龙潭了。黄山没有高悬飞流的瀑布，仅有这一处了。又下行五里，路过苦竹滩，转而沿着去太平县城的路，向东北行。

游九鲤湖日记[1] 福建兴化府仙游县[2]

【题解】

《游九鲤湖日记》是泰昌元年(1620)徐霞客游江郎山、九鲤湖、石竹山的游记。

徐霞客于这年五月初六日起程,同行者为族叔芳若,途经浙江、福建两省,共用了63天。五月二十三日过浙江江山县,从远到近,“移步换形”,详细欣赏了江郎山。六月初八、初九两天,游福建仙游县九鲤湖。六月十一日游福建福清县的石竹山。三处胜景各具特点,《游记》的描述亦各不相同。对江郎山的描写,重在形的变化;石竹山则写山上景物;对九鲤湖,则浓墨重彩,情景交融,详细描绘水瀑的变化。徐霞客赞美九鲤湖“微体皆具”,集中了各式瀑布的特点,《游九鲤湖日记》也成为描写瀑布的名篇。

浙、闽之游旧矣。余志在蜀之峨眉、粤之桂林,及太华、恒岳诸山;若罗浮、衡岳,次也[3];至越之五泄[4],闽之九漈,又次也。然蜀、广、关中,母老道远,未能卒游;衡湘可以假道,不必专游。计其近者,莫若由江郎三石抵九漈。遂以庚申午节后一日[5],期芳若叔父启行,正枫亭荔枝新熟时也[⑥]。

【注释】

①九鲤湖：在福建仙游县东北约十三公里。相传汉武帝时，有何氏九仙在此骑鲤升天，故名。湖在万山之巅，瀑布分九漈，一为雷轰漈，二为瀑布漈，三为珠帘漈，四为玉柱漈（《游记》作“玉箸”），五为石门漈，六为五星漈，七为飞凤漈，八为棋盘漈，九为将军漈，以前四漈景色最佳。近年建有九鲤湖水电站。

②仙游县：隶兴化府，即今福建仙游县。

③罗浮：又称东樵山，在广东博罗县境东江之滨。罗山在东，绝顶飞云顶海拔1,282米。西有浮山，传为蓬莱一山，浮海而至，与罗山并体，故称罗浮。中有石梁相连，称铁桥。该山为道教名山，相传东晋葛洪在此炼丹。南汉时曾在山中建天华宫。山体灵秀，泉瀑甚多。至今仍有冲虚观、葛洪炼丹灶、洗药池等遗迹。

④越：浙江省的简称。浙江为古越国地，因此得名。越国中心会稽，在今浙江绍兴。五泄：在今浙江诸暨市西北约三十公里。瀑布从山巅奔泻而下，凡五级，景色各异，汇为五泄溪，有五泄寺，为游览胜地。泄，瀑布。

⑤庚申：泰昌元年（1620）。午节：即端午节，在每年中历五月初五日。

⑥枫亭：明代曾设枫亭市巡检司。今名同，在仙游县东南隅。

【译文】

到浙江、福建游览早已是过去的事了。我的志向在于游览四川的峨眉山、广西的桂林，以及太华山、恒山等名山；至于出游罗浮山、衡山，在其次了；到浙江的五泄、福建的九漈，又在其次了。然而四川、广西、关中等地，因母亲年老，道路遥远，未能仓猝出游；衡山、湘江等地可以顺路去游，不必专程去游览。考虑去那些近点的地方，没有比经由江郎山的三座石峰到九漈更合适。于是在庚申年端午节后的第二天，与叔父芳若相约启程出行，正好是枫亭荔枝刚成熟的时节。

二十三日　始过江山之青湖①。山渐合，东支多危峰峭嶂，西伏不起。悬望东支尽处，其南一峰特耸，摩云插天，势欲飞动。问之，即江郎山也②。望而趋，二十里，过石门街③。渐趋渐近，忽裂而为二，转而为三；已复半岐其首，根直剖下；迫之，则又上锐下敛，若断而复连者，移步换形，与云同幻矣！夫雁宕灵峰，黄山石笋，森立峭拔，已为瑰观；然俱在深谷中，诸峰互相掩映，反失其奇。即缙云鼎湖④，穹然独起，势更伟峻；但步虚山即峙于旁，各不相降，远望若与为一。不若此峰特出众山之上，自为变幻，而各尽其奇也。

【注释】

①江山：明为县，隶衢州府，即今浙江江山市。青湖：在江山市南，今又作“清湖”。

②江郎山：一名金纯山、须郎山，在江山市南 25 公里，传有江氏兄弟三人登巅化石，故名。海拔 824 米，三石峰直插天穹，俗呼为三爿(pán)石。山半有岩，山下有泉。

③石门街：今仍称石门，在江山市南境。

④缙云：明为县，隶处州府，即今浙江缙云县。缙云县城东 8 公里的缙云山，亦称仙都山，为风景胜地，好溪两岸 10 公里范围内，胜景不绝，尤以鼎湖峰最著。鼎湖峰又名玉笋峰，东靠步虚山，

西临好溪水，高 168 米。峰顶有湖，故称鼎湖。

【译文】

二十三日　开始时经过江山县的青湖。山势逐渐合拢，东面的山脉大多是高险的山峰峭拔的山峦，西面的山低伏不起。抬头远望东面山脉的尽头处，山脉靠南的一座山峰特别高耸，上摩云天，直插霄汉，有想要飞动的气势。一打听，那就是江郎山了。望着这座山赶过去，二十里，经过石门街。逐渐赶过去逐渐接近了，忽然裂成两座山，转而又变成三座山；不久山头的一半又分为两岔，笔直向下剖开直到山脚；逼近这座山，却又是上面尖尖的下面收敛起来，好像断开却又相连的样子，每移动一步山的形状就变换，与云彩一同变幻了！雁宕山的灵峰，黄山的石笋矼，森然峭拔矗立，已经是瑰丽的景观；然而都是在深山峡谷中，群峰互相掩映，反而丧失了它们的奇特之处。即便是缙云县的鼎湖峰，独自穹然隆起，山势更加伟岸险峻；但步虚山就耸峙在旁边，各自不相上下，远望好像是与步虚山成为一体。比不上这座江郎山独立超出在群山之上，自身形成变幻，却又各自尽显自己的奇特姿态。

六月初七日　抵兴化府①。

【注释】

①兴化府：治莆田，故又称莆郡，即今福建莆田市。

【译文】

六月初七日　抵达兴化府。

初八日　出莆郡西门，西北行五里，登岭，四十里，至莒溪，降陟不啻数岭矣。莒溪即九漈下流。过莒溪公馆，二里，由石步过溪[①]。又二里，一侧径西向山坳，北复有一磴，可转上山。时山深日酷，路绝人行，迷不知所往。余意鲤湖之水，历九漈而下，上跻必有奇境，遂趋石磴道。芳叔与奴辈惮高陟，皆以为误。顷之，径渐塞[②]，彼益以为误，而余行益励。既而愈上愈高，杳无所极，烈日铄铄[③]，余亦自苦倦矣。数里，跻岭头，以为绝顶也；转而西，山之上高峰复有倍此者。循山屈曲行，三里，平畴荡荡，正似武陵误入，不复知在万峰顶上也。中道有亭，西来为仙游道，东即余所行。南过通仙桥，越小岭而下，为公馆，为钟鼓楼之蓬莱石，则雷轰漈在焉。涧出蓬莱石旁，其底石平如砺，水漫流石面，匀如铺縠。少下，而平者多洼，其间圆穴，为灶，为臼，为樽，为井，皆以丹名，九仙之遗也[④]。平流至此，忽下堕湖中，如万马初发，诚有雷霆之势，则第一漈之奇也[⑤]。九仙祠即峙其西，前临鲤湖。湖不甚浩荡，而澄碧一泓，于万山之上，围青漾翠，造物之酝灵亦异矣！祠右有石鼓、元珠、古梅洞诸胜。梅洞在祠侧，驾大石而成者，有罅成门。透而上，旧有九仙阁，祠前旧有水晶宫，今俱圮。当祠而隔湖下坠，则二漈至九漈之水也。余循湖右行，已至第三漈，急与芳叔返。曰："今夕当淡神休力，静晤九仙。劳心目以奇胜，且俟明日也。"返祠，往蓬莱石，跣足步涧中。石濑平旷[⑥]，清流轻浅，十洲三岛[⑦]，竟褰衣而涉也。晚坐祠前，新月正悬峰顶，俯挹平湖，神情俱朗，静中沨沨[⑧]，时触雷漈声。是夜祈梦祠中。

【注释】

①由石步过溪：诸本皆作"由石上步过溪"，九日记有"至莒溪之石步，出向道"，此处当衍"上"字，据改。

②径渐塞："径"原作"境"，据"四库"本改。

③铄铄：光芒闪动的样子。铄，通"烁"。"四库"本、叶本作"烈日薰铄"。

④九仙：《嘉庆重修一统志》卷427兴化府仙释载："何氏九仙，其世代莫可考。兄弟九人居仙游东北山中修道，因名其山曰九仙山。又居湖侧炼丹，丹成，各乘赤鲤仙去，名其湖曰九鲤湖。"《兴化府志》谓时在西汉元狩年间。

⑤漈(jì)：福建、江西一带方言称瀑布为漈。

⑥濑(lài)：从沙石上流过的急水。

⑦十洲：指祖洲、瀛洲、玄洲、炎洲、长洲、元洲、流洲、生洲、凤麟洲、聚窟洲。三岛：指蓬丘岛、方丈岛、昆仑岛。十洲三岛皆古代传说中神仙居住的地方。此处比喻仙境一样的遍布水中的沙洲和小岛。

⑧沨沨(fēng)：水声。

【译文】

初八日　走出莆田的西门，往西北行五里，登上山岭，走了四十里，到达莒溪，一路上下降上登不下于几座岭了。莒溪就是九漈的下游。路过莒溪公馆，行二里，由石步涉过溪流。又行二里，侧边一条小径往西通向山坳，北边还有一条石阶路，可以绕上山去。此时山间幽深，烈日酷热，路上绝无行人，迷了路，不知往哪里走。我意料九鲤湖的水，流经九漈往下流，向上攀登必定有奇景，于是走向石阶路。芳若叔与奴仆们害怕登高，都认为走错了。顷刻后，路渐堵塞，他们更加认为走错了，我却走得更加振奋。随后越上去越高，深远得没有尽头，烈日炎炎，我自己也觉得劳累疲倦了。几里后，登上岭头，以为已经是绝顶了；转向西,山的上面还有比这座山高一倍的高峰。顺着山势弯弯曲曲地走,走了三里,平旷的田野宽广平坦,正好像武陵人误入桃花源一样,不再知道身在万峰顶上了。道路中间有座亭子,西面来的是去仙游县的路,东面就是我所走的路。往南走过通仙桥,越过小山岭往下走,是公馆,有钟鼓楼的蓬莱石,而雷轰漈就在这里。山涧水从蓬莱石旁边流出来,山涧底的岩石平得如同磨刀石,涧水从岩石表面漫流下泄,均匀得像铺上了一层绉纱。下走少许,平滑的底部有许多凹坑,其中有圆圆的孔洞,被称为灶,称为研臼,称为酒樽,称为水井,都用"丹"来起名,是九仙的遗迹了。平缓的水流到了这里,忽然下坠到湖中,如万马开始出发,确实有雷霆万钧之势,这就是第一漈的奇观了。九仙祠就屹立在瀑布的西边,前方面临九鲤湖。湖水不怎么浩大,而是澄澈碧绿的一池深水,在群山之上,围绕着一片青翠荡漾的湖水,造物主酿造的灵异变幻也太奇异了!九仙祠右边有石鼓、元珠、古梅洞等胜景。古梅洞在九仙祠侧边,是大石块架空形成的,有条缝隙成为洞口。钻到上面,旧时有座九仙阁,九仙祠前边旧时有水晶宫,今天都已经毁坏了。正对着九仙祠又隔着九鲤湖往下坠落的水,就是第二漈到第九漈瀑布的水了。我沿着湖水的右边前行,不久来到第三漈,急忙与芳若叔返回来。我说:"今天晚上应当静心休养体力,静静地去见九仙。劳累身心费眼力去搜寻奇异景色的事,暂且等到明天吧。"返回九仙祠,前往蓬莱石,赤着脚在涧水中漫步。平旷的岩石上水流湍急,又清又浅的水流轻轻流淌,水中众多的沙洲和小岛,竟然卷起衣襟就能涉水过去。晚上坐在祠庙前边,初升的月亮正好悬在峰顶,俯身可以捧起平静的湖水,精神都很爽朗,寂静中传来哗哗的水声,不时听到雷轰漈的瀑布声。这一夜在祠庙中祈祷九仙托梦。

初九日　辞九仙,下穷九漈。九漈去鲤湖且数里,三漈而下,久已道绝。数月前,莆田祭酒尧俞①,令陆善开复鸟道，直通九漈，出莒溪。悔昨不由侧径溯漈而上，乃纡从大道，坐失此奇。遂束装改途，竟出九漈。瀑布为第二漈，在湖之南，正与九仙祠相对。湖穷而水由此飞堕深峡，峡石如劈，两崖壁立万仞。水初出湖，为石所扼，势不得出，怒从空坠，飞喷冲激，水石各极雄观。再下为第三漈之珠帘泉，景与瀑布同。右崖有亭，曰观澜。一石曰天然坐，亦有亭覆之。从此上下岭涧，盘折峡中。峡壁上覆下宽，珠帘之水，从正面坠下；玉箸之水，从旁霭沸溢。两泉并悬，峡壁下削，铁障四围，上与天并，玉龙双舞，下极潭际。潭水深泓澄碧，虽小于鲤湖，而峻壁环锁，瀑流交映，集奇撮胜，惟此为最！所谓第四漈也。

【注释】

①祭酒：古代飨宴时酹(lèi)酒祭神的长者，后亦以泛称年长或位尊者。祭酒亦学官名，即国子监祭酒，为国子监的主管官。

【译文】

初九日　离开九仙祠，往下走去探寻九漈。九漈距离九鲤湖将近几里地，从第三漈往下走，道路已断了很久。几个月前，莆田县人国子监祭酒尧俞，命令陆善开辟恢复了一条小道，一直通到九漈，出到莒溪。后悔昨天没有从侧边的小径溯瀑布上走，却从大道绕道走，坐失了这一路美景。于是整理行装改道走，就从九漈出去。瀑布漈是第二漈，在九鲤湖的南面，正好与九仙祠相对。湖的尽头后湖水从这里飞坠到深深的峡谷中，峡谷中的岩石像刀劈出来的，两面的石崖墙壁一样矗立着，高达万仞。湖水刚从湖中出来，被石崖阻扼，水势得不到外泄，愤怒地从空中下坠，飞流喷溅冲激，流水和山石各自极尽了雄壮的奇观。再下去是第三漈珠帘泉，景色与瀑布漈相同。右边的石崖上有座亭子，叫观澜亭。一块岩石叫天然坐，也有亭子覆盖着这块岩石。从此地上登山岭下到山涧中，曲曲折折行走在山峡中。峡谷中的石壁上面下覆下边宽敞，珠帘漈的水，从正面坠落下来；玉箸漈的水，从侧旁水雾沸腾地漫溢出来。两条瀑布并排悬挂着，峡谷的石壁下面陡削，四围是铁壁一样的石崖，上面与天一样高，两条玉龙双双起舞，下边的尽头在水潭边缘。潭水渊深澄碧，虽然比九鲤湖小，可险峻的石壁环绕锁住水潭，瀑布的流水交相辉映，聚集了奇异的景致，唯有此处算是最美！这是所谓的第四漈了。

初至涧底，芳叔急于出峡，坐待峡口①，不复入。余独缘涧石而进，踞潭边石上，仰视双瀑从空夭矫，崖石上覆如瓮口。旭日正在崖端，与颓波突浪，掩晕流辉。俯仰应接，不能舍去。循涧复下，忽两峡削起，一水斜回，涧右之路已穷。左望有木板飞架危矶断磴间②，乱流而渡，可以攀跻。遂涉涧从左，则五漈之石门矣。两崖至是，壁凑仅容一线，欲合不合，欲开不开，下涌奔泉，上碍云影。人缘陟其间，如猕猿然③，阴风吹之，凛凛欲堕。盖自四漈来，山深路绝，幽峭已极，惟闻泉声鸟语耳。

【注释】

①坐待峡口：原作“坐视峡口”，据“四库”本、陈本、丁本改。

②矶(jī)：水边突出的岩石。

③猕(mí)猿：猴的一种，亦称恒河猴，群居山林中，喧哗好闹，采食野果、野菜等。我国南方各省皆有。

【译文】

刚到山涧底时，芳若叔急于走出峡谷，坐在峡口等着，不再进来。

我独自一人沿着山涧中石头路前行，坐在水潭边的岩石上，抬头观看两条瀑布从空中纵情地飞流而下，上方的崖石下覆像瓦瓮的口。旭日正在石崖顶端，与倾泻奔突的波浪，日晕掩映，光彩流动。俯仰之间，应接不暇，舍不得离去。沿着山涧再下走，忽然两面的峡壁陡削地竖起，一股流水斜斜地回流过来，山涧右边的路已经断了。望见左边有木板飞架在危险的岩石和残断的石阶之间，从乱流中渡过去，可以向上攀登。于是涉过涧水从左边走，就到第五漈石门漈了。两面的石崖到了这里，石壁凑合在一起，仅容得下一条线，想要合拢又不合拢，想要分开又不分开，下面泉水汹涌奔流，上面遮蔽了云彩和光影。人沿着石缝间上登，如同猕猴一般，阴风吹过石缝中，人寒冷得想要坠落下去。从第四漈过来，山谷深远，道路断绝，幽深峭拔已到了极点，只听得见泉水声和鸟叫声了。

出五漈，山势渐开。涧右危嶂屏列，左则飞凤峰回翔对之，乱流绕其下，或为澄潭，或为倒峡。若六漈之五星，七漈之飞凤，八漈之棋盘石，九漈之将军岩，皆次第得名矣。然一带云蒸霞蔚，得趣故在山水中，岂必刻迹而求乎？盖水乘峡展，既得自恣，其旁崩崖颓石，斜插为岩，横架为室，层叠成楼，屈曲成洞；悬则瀑，环则流，潴则泉；皆可坐可卧，可倚可濯，荫竹木而弄云烟。数里之间，目不能移，足不能前者竟日。每下一处，见有别穴，必穿岩通隙而入，曲达旁疏，不可一境穷也！若水之或悬或渟①，或翼飞叠注，即匡庐三叠、雁宕龙湫，各以一长擅胜，未若此山微体皆具也。

【注释】

①渟(tíng)：水积聚而不流通。

【译文】

走出第五漈，山势逐渐开阔起来。山涧右边高险的石峰屏风一样排列着，左边则是飞凤峰回旋飞翔对着它，乱流环绕在石峰下，有的形成澄碧的深潭，有的倾泻进峡谷中。至于第六漈是五星漈，第七漈是飞凤漈，第八漈是棋盘石，第九漈是将军岩，都是按次序而得名的了。然而这一带云蒸霞蔼，人要获得情趣本来就在山水之中，难道必定要刻意去追寻每一个景物的形迹吗？大体上，水流乘着峡谷的延展，既得以自由恣意地流淌，流水两旁崩塌的崖石，斜插着的形成石岩，横架着的成为石室，层层叠叠的形成楼阁，弯弯曲曲的成为石洞；高悬的则是瀑布，环流的则是溪流，停积的则是泉水；随处都可以坐下可以躺下，可以斜靠着可以洗涤，竹木成荫，玩赏云烟。几里路之间，一整天都是目光不能移动，脚步不能前进。每下到一处，看见有别的洞穴，必定穿过岩石间的缝隙进去，洞穴曲折旁通，不能一次就穷尽了！至于水流，有的高悬空中有的停积不流，有的插上翅膀分为几级飞流下来，即便是庐山的三叠泉瀑布、雁宕山的大龙湫，也只是各自凭着一方面的长处取胜，未能像这座山局部和整体的景致都具备了。

出九漈，沿涧依山转，东向五里，始有耕云樵石之家，然见人至，未有不惊讶者。又五里，至莒溪之石步，出向道。

【译文】

从第九漈出来，沿着山涧靠着山转，向东行五里，这才有在云雾弥漫的石山中耕种打柴的人家，然而见到有人来，没有不惊讶的。又行五里，到达莒溪的石步，来到来时的路上。

初十日　过蒜岭驿[①]，至榆溪[②]。闻横路驿西十里，有石竹山[3]，岩石最胜，亦为九仙祈梦所。闽有“春游石竹，秋游鲤湖”语，虽未合其时，然不可失之交臂也。乘兴遂行。以横路去此尚十五里，乃宿榆溪。

【注释】

①蒜岭驿：今仍名蒜岭，在福清市西南隅，当福州至莆田的交通要道。

②榆溪：今作“渔溪”，在福建福清市南境的公路边。

③石竹山：徐镇《辨讹》称：“石所山，诸本作石竹，非。”乾隆本、“四库”本皆作“石所山”。《九鲤湖志》载：“按徐筠峪作《霞客游记辨讹》，改‘石竹’为‘石所’，不知霞客所游，正福清之石竹，非仙游之石所也。筠峪未之考耳，特正之。”宁抄本亦为“石竹山”。据此改回。下同。

【译文】

初十日　经过蒜岭驿，到达榆溪。听说横路驿西面十里处，有座石竹山，山上的岩石最优美，也是向九仙祈祷托梦的地方。福建有“春游石竹山，秋游九鲤湖”的说法，虽然不是适合游山的时节，但不可失之交臂了。乘着兴头便出发。由于横路驿距此地还有十五里，便住在榆溪。

十一日　至波黎铺，即从小路为石竹游[1]。西向山五里，越一小岭。又五里，渡溪，即石竹南麓。循麓西转，仰见峰顶丛崖，如攒如劈。西北行久之，有楼傍山西向，乃登山道也。石磴颇峻，遂短衣历级而上。磴路曲折，木石阴翳，虬枝老藤，盘结危石，欹崖之上，啼猿上下，应答不绝。忽有亭突踞危石，拔迴凌虚[2]，无与为对。亭当山之半。再折，石级巍然直上，级穷，则飞岩檐覆垂半空。再上两折，入石洞侧门,出即九仙阁,轩敞雅洁。左为僧庐,俱倚山凌空,可徙倚凭眺。阁后五六峭峰离立,高皆数十丈,每峰各去二三尺。峰罅石壁如削成,路屈曲罅中,可透漏各峰之顶。松偃藤延,纵目成胜。僧供茗芳逸,山所产也。侧径下,至垂岩,路左更有一径。余曰:“此必有异。”从之,果一石洞嵌空立。穿洞而下,即至半山亭。下山,出横路而返③。

【注释】

①石竹:在福清市西境,传为林玄光炼丹、骑虎、升天之地。无患溪蛇行山麓,中一小山酷似一鱼称仙鲤山,上有九仙阁、紫云洞等胜景。其西所建东张水库又称石竹湖。

②拔迥(jiǒng):挺拔高远。

③横路:《读史方舆纪要》作“宏路驿”,即今宏路,在福清市稍西的交通要道上。

【译文】

十一日　到达波黎铺,立即从小路去游石竹山。向西朝着石竹山走五里,越过一座小山岭。又行五里,渡过溪流,就到了石竹山的南麓。沿着山麓向西转,抬头看见峰顶上有成丛的石崖,攒聚在一起,像刀劈的。往西北前行了很久,有座楼背靠山面向西,是登山的路了。石台阶很陡峻,于是穿着短衣逐级上登。石阶路曲曲折折,树木山石荫蔽,拳曲的树枝和苍老的藤蔓盘结在危石间倾斜的石崖上,上上下下是猿猴的啼叫声,应答声不绝于耳。忽然看见有座亭子前突坐落在危石上,挺拔高远,前临虚空,没有什么和它相对。亭子位于山的半中腰。再转折上登,石阶巍然笔直向上,石阶尽头,就见飞空的石岩像屋檐一样下垂覆盖在半空中。再上登转折两次,进入石洞侧面的洞口,一出洞就是九仙阁,开朗宽敞,幽雅整洁。左边是僧房,都是背靠山凌空修建的,可四处走动凭靠着远眺。九仙阁后面有五六座峭拔的山峰分别矗立着，都是几十丈高，每座山峰各自相距二三尺。形成山峰间缝隙的石壁像用刀削成的，道路曲折地从缝隙中穿过，可穿行到每座山峰的峰顶。松树倒伏，藤枝蔓延，放眼望去都是优美的景色。僧人提供的茶水芳香飘逸，是山中出产的。从侧边的小径下山，来到像屋檐一样下垂的岩石处，道路左边还有一条小径。我说："这条路上必定有奇异的景致。"从这条小径走，果然一个石洞嵌在空中矗立着。穿过石洞往下走，就到了半山亭。下山后，走到横路驿后返回家乡。

是游也，为日六十有三，历省二，经县十九，府十一，游名山者三。

【译文】

这一次出游，一共六十三天，游历了两个省，经过十九个县、十一个府，游览了三座名山。

游嵩山日记[①]河南河南府登封县[②]

【题解】

天启三年(1623)徐霞客北游嵩山、华山、太和山。《游嵩山日记》是徐霞客在河南嵩山一带旅行的游记。

徐霞客于二月初一日离家,陆行经徐州、开封等地。十九日至郑州黄宗店,参观圣僧池,后过密县游天仙院。当日进入登封县境,二十四日离开少林寺,在嵩山历时五天。二十五日至伊阙,参观龙门石窟。

嵩山为五岳之首,历史遗存遍布。徐霞客以浓厚的兴趣参观了岳庙、嵩阳宫、崇福宫、启母石、少林寺、初祖洞等,《游嵩山日记》是徐霞客名山游记中记录文物古迹最多的篇章。我国北方缺水,徐霞客对沿途的环境状况尤为关注,对石淙、卢岩瀑布、龙潭沟等倍加称赞。他登太室绝顶后,选择了最险的路线,"目不使旁瞬,足不容求息",滑溜下山。他勇攀少室绝顶,遇"斩绝不可度"的地方,则"解衣从之"。他是一位不畏艰险的旅游探险家。

余髫年蓄五岳志[③],而玄岳出五岳上,慕尤切。久拟历襄、郧,扪太华,由剑阁连云栈[④],为峨眉先导[⑤];而母老志移,不得不先事太和,犹属有方之游。第沿江溯流,旷日持久，不若陆行舟返，为时较速。乃陆行汝、邓间[6]，路与陕、汴略相当[7]，可以兼尽嵩、华，朝宗太岳[8]。遂以癸亥仲春朔[9]，决策从嵩岳道始。凡十九日，抵河南郑州之黄宗店[10]。由店右登石坡，看圣僧池。清泉一涵[11]，渟碧山半[12]。山下深涧交叠，涸无滴水。下坡行涧底，随香炉山曲折南行。山形三尖攒立如覆鼎，众山环之，秀色娟娟媚人。涧底乱石一壑，作紫玉色。两崖石壁宛转，色较缜润[13]；想清流汪注时，喷珠泄黛，当更何如也！十里，登石佛岭。又五里，入密县界，望嵩山尚在六十里外。从岐路东南二十五里，过密县[14]，抵天仙院。院祀天仙，云黄帝之三女也。白松在祠后中庭，相传三女蜕骨其下。松大四人抱，一本三干，鼎耸霄汉，肤如凝脂，洁逾傅粉，蟠枝虬曲，绿鬣舞风，昂然玉立半空，洵奇观也[15]！周以石栏。一轩临北[16]，轩中题咏绝盛。徘徊久之，下观滴水。涧至此忽下跌，一崖上覆，水滴历其下[17]。还密，仍抵西门。三十五里，入登封界，曰耿店[18]。南向为石淙道，遂税驾焉[19]。

【注释】

①嵩山：又称嵩岳、中岳，为五岳之首。分太室山和少室山两大部分，以少林河为界，太室山如大屏风横亘在登封市北，少室山如一朵巨莲，耸峙在登封市西。古时称石洞为石室，该山有石洞，故称为“室”。嵩山被誉为“文物之乡”，东汉三阙（太室阙、少室阙、启母阙），北魏时建的嵩岳寺塔，皆为全国重点文物保护单位，历代庙宇、碑刻、古树荟萃。《游嵩山日记》、《游太华山日

记》、《游太和山日记》、《闽游日记前》、《闽游日记后》、《游天台山日记后》、《游雁宕山日记后》、《游五台山日记》、《游恒山日记》诸篇，皆在乾隆刻本第一册下。

②河南府：治洛阳，即今河南洛阳市。

③髫(tiáo)年：幼年。髫，小孩子头上下垂的短发。五岳：我国五大名山的总称。传说这些山为群神所居，历代帝王对它们进行封禅、祭祀。五岳制度始于汉武帝，但所指五岳，历代曾有变化。明代五岳为中岳嵩山，东岳泰山，南岳衡山，西岳华山，北岳恒山。

④剑阁：今四川省北部有剑门山，横亘一百余公里，有72峰绵延起伏，形若利剑，主峰大剑山在剑阁县北。峭壁中断处，两崖相峙如门，飞阁通衢，谓之剑阁，为中原入川必经的险道。连云栈：明代所建规模巨大的栈阁，在今陕西汉中市西北。《嘉庆重修一统志》卷238汉中府关隘引《县志》载："明洪武二十五年，因故址增修，约为栈阁二千二百七十五间，统名曰连云栈。"

⑤峨眉：即峨眉山，在四川峨眉山市西南。俗称"峨眉天下秀"，山峰如螓首蛾眉，故名。有大峨、中峨、小峨，一般游览范围为大峨。主峰万佛顶，海拔3099米。从山脚到山顶有山道五十余公里，从报国寺入山，沿途有伏虎寺、清音阁、万年寺、洪椿坪、仙峰寺、洗象池等胜景，最高处为金顶，可观云海、日出、"佛光"。该山传为普贤菩萨道场，为我国佛教四大名山之一。山中动植物种类丰富，至今还有群猴戏人。

⑥汝：即汝州，治今河南汝州市。邓：即邓州，隶南阳府，即今河南邓州市。

⑦陕：即陕州，隶河南府，治所在今河南三门峡市稍西的陕县老城。汴：唐置汴州，五代梁、晋、汉、周及北宋定都于此，称汴京。明代

置开封府,为河南布政司治所,但仍以“汴”为其别称。即今河南开封市。

⑧朝宗:古代诸侯朝见天子,春见称朝,夏见称宗。此处比喻对名山的尊崇,为朝谒的意思。

⑨癸亥:天启三年(1623)。

⑩郑州:隶开封府,即今河南郑州市。

⑪涵(hán):包含。此处作名词,一涵即一潭。

⑫渟碧山半:“渟”原作“停”,据“四库”本改。

⑬缜(zhěn)润:细致而润泽。

⑭密县:隶开封府禹州,即今河南新密市。

⑮洵(xún):实在,真正。

⑯轩(xuān):有窗槛的长廊或小室。

⑰滴历:同“滴沥”,水稀疏下滴。

⑱耿店:应为今登封东隅、密县至登封大道上的景店。

⑲税(tuō)驾:停宿,休息。税,通“脱”。

【译文】

我幼年就怀有游览五岳名山的志向,而对中岳嵩山的向往超出五岳之上,仰慕之情尤其迫切。很久以来就打算经过襄阳府、郧阳府,去摸一摸太华山,经由剑阁和连云栈,作为去游峨眉山的先导;然而母亲年老,志向改变了,不得不先去游览太和山,这还属于“亲老不远游”的出游。只是沿长江逆流而上,旷日持久,不如从陆路走乘船返回来,从时间上看要快一些。于是从陆路经由汝州、邓州之间走,路程与走陕州、开封府大略相等,可以兼带把嵩山、华山都游完,然后朝拜泰山。于是在癸亥年二月初一日,决策从游嵩山开始旅程。共走了十九天,抵达河南省郑州的黄宗店。由黄宗店右侧登上石坡,观看圣僧池。一塘清澈的泉水,一片碧绿深藏在半山腰。山下深深的山涧交相重叠,干涸得没有一滴水。下坡后行走在山涧底,顺着香炉山曲折地往南行。香炉山的形状是三座山尖攒聚矗立，像下覆着的大鼎，群山环绕着它，秀色可餐，讨人喜爱。山涧底乱石布满壑谷，呈现出紫玉的颜色。两面山崖的石壁弯弯转转的，色泽较为细密润泽；推想清澈的流水浩浩荡荡流淌时，水珠喷溅，绿波奔泻，应该又是什么样子啊！行十里，登上石佛岭。又行五里，进入密县境内，远望嵩山还在六十里地之外。从岔路往东南前行二十五里，经过密县县城，抵达天仙院。天仙院中祭祀天仙，据说是黄帝的三女儿。一棵白松在祠堂后面的庭院中，相传三女儿是在这棵树下坐化成仙的。松树大处要四个人合抱，一棵树根上长出三株树干，像鼎一样耸入云霄，树皮像冷凝的油脂，光洁超过擦过粉的美女，蟠曲的树枝像虬龙一样盘曲着，绿色的松叶迎风起舞，昂首抬头，亭亭玉立在半空中，真是奇观啊！周围用石栏杆围着。一座轩廊面对着北边，轩廊中题词咏叹的碑文非常多。徘徊了很久，下去观看滴水。山涧到了此地忽然向下跌落，一块石崖在上面覆盖着，水滴一滴滴下滴到石崖下。返回密县县城，仍然抵达西门。走了三十五里，进入登封县境内，叫做耿店。向南走是去石淙河的路，于是住在了耿店。

二十日　从小径南行二十五里，皆土冈乱垄。久之，得一溪。渡溪，南行冈脊中，下瞰则石淙在望矣。余入自大梁[①]，平衍广漠，古称"陆海"，地以得泉为难，泉以得石尤难。近嵩始睹蜿蜒众峰，于是北流有景、须诸溪，南流有颍水，然皆盘伏土碛中。独登封东南三十里为石淙，乃嵩山东谷之流，将下入于颍。一路陂陀屈曲，水皆行地中，至此忽逢怒石。石立崇冈山峡间，有当关扼险之势。水沁入胁下，从此水石融和，绮变万端。绕水之两崖，则为鹄立，为雁行；踞中央者，则为饮兕[②]，为卧虎。低则屿，高则台，愈高，则石之去水也愈远，乃又空其中而为窟，为洞。揆崖之隔[3]，以寻尺计[4]，竟水之过，以数丈计，水行其中，石峙于上，为态为色，为肤为骨，备极妍丽。不意黄茅白苇中，顿令人一洗尘目也[5]！

【注释】

①大梁：战国时魏国的都城，在今开封市，称大梁，后世相沿即称开封为大梁。

②兕(sì)：古代对雌性犀牛的称呼。

③揆(kuí)：估计。

④寻(xún)：古代的长度单位，八尺为寻。

⑤"竟水"句：此即嵩山八景之一的石淙会饮，在告成东门外沿石淙河前行三公里处。石淙河从北往南汇入颍河，在此汇积成潭，河边怪石嶙峋，摩崖题刻甚多，被赞为"千仞壑"、"石淙涧"、"水营山阵"、"小桂林"，为河南省重点文物保护单位。

【译文】

二十日　从小径往南行二十五里，都是土冈和杂乱的土垄。很久之后，遇到一条溪流。渡过溪流，往南行走在山冈的山脊上，向下俯瞰，就见石淙河远远在望了。我自从进入开封府，地势平坦，广阔无际，古人称为"陆海"。平地上很难见到泉水，尤其难得见到出于岩石中的泉水。接近嵩山才看到蜿蜒的群峰，到了这里向北流的水有景水、须水各条溪流，向南流的水有颍水，不过都是盘绕隐伏在土山砂石中。唯独登封县城东南三十里处有条石淙河，是嵩山东面山谷中的流水，将往下流入颍水。一路上山坡曲折，水都从地下潜流，到了此地忽然遇上奋起的石崖。石崖矗立在高冈形成的山峡间，有种一夫当关扼守险要的气势。水从石崖侧旁渗入地下，在这里水石交融，景色绮丽，变化万端。流水环绕的两岸崖石，则像天鹅一样伫立，像雁阵一样排列；盘踞在水中央的，则像饮水的犀牛，像趴着的猛虎。低的是岛屿，高的是石台，越高大的，则崖石离水面也越远，崖石中间却又是空的，成为石窟，成为石洞。估计崖石之间的间隔，可用寻和尺来计算，水位最满时淹过的地方，要用几丈来计算，河水流淌在石崖间，石崖屹立在水流上方，有姿有色，有皮肤有骨肉，妍丽到了极致。想不到在黄色的茅草和白色的芦苇丛中，顿时让人一下洗去了尘世的眼光了！

登陇①，西行十里，为告成镇②，古告成县地。测景台在其北。西北行二十五里，为岳庙③。入东华门时，日已下舂④，余心艳卢岩，即从庙东北循山行。越陂陀数重，十里，转而入山，得卢岩寺。寺外数武⑤，即有流铿然下坠石峡中。两旁峡色，氤氲成霞。溯流造寺后，峡底矗崖，环如半规，上覆下削。飞泉堕空而下，舞绡曳练⑥，霏微散满一谷，可当武彝之水帘。盖此中以得水为奇，而水复得石，石复能助水不尼水⑦，又能令水飞行⑧，则比武彝为尤胜也。徘徊其下，僧梵音以茶点饷。急返岳庙，已昏黑。

【注释】

①陇(lǒng)：通“垄”，田中高地。

②告成镇：从战国至唐初皆称阳城，武则天时将封嵩山，改阳城为告成。唐以后废，故称“古告成县地”。今又作“郜城”，属登封市。相传周代就在此建立了测景台，至今仍有周公庙，庙内有“圭”、“表”，原为土圭，唐代南宫说仿周公旧制，换为石座石表，俗称“周公测景台”。其北是元代郭守敬建的观星台，高9.64米，上为长方形，下为正方形，台面东西长13.7米，南北宽9.9米，为砖石结构。台上四周有栏墙，有南向小室，台北有两个对

称的踏道口可以上下。北壁中间砌成垂直凹槽，凹槽下方为南北向水轨，由三十六方青石连成，长31.196米，中间刻有两条平行水槽，俗称“量天尺”。这是我国现存最早的天文台，也是世界上重要的古代天文学遗迹之一，为全国重点文物保护单位。

③岳庙：即中岳庙，在今登封城东4公里的公路边。面积十余万平方米，共十一进，长达1.3里，现有明清建筑四百余间，是五岳中规模较大的一座。东华门现称中华门，原系木牌坊，现为砖瓦结构的歇山式牌坊。中华门前有汉代石刻翁仲一对，正南五百米处即为汉代太室阙。庙后倚黄盖峰，峰顶有两层八角琉璃亭。每年中历三月和十月均有庙会，进行贸易的帐篷密布庙前广场及田中，附近省县来者云集。

④下舂：日落时。

⑤武：步。

⑥绡(xiāo)：生丝织物。练(liàn)：煮熟的白绢。

⑦尼(nǐ)：阻止。

⑧“又能”句：卢岩瀑布今存，为三叠，上折常隐在云雾里，下折掩在深壑中，通常所见者为中折。瀑如白练悬空，该峰亦因此称悬练峰。

【译文】

登上土陇，往西行十里，到告成镇，是古代告成县的所在地。测景台在告成镇的北面。向西北行二十五里，到中岳庙。进入东华门时，太阳已西下，我心中想望着去卢岩寺，立即从中岳庙向东北沿着山走。越过几重山坡，走了十里，转向进山，找到卢岩寺。寺外几步远处，就有流水哗哗地下坠到石峡中。峡谷两旁的山色，水雾氤氲，形成彩霞。溯流来到寺后，峡底矗立的石崖，环绕着像个半圆，上面下覆，下边陡削。飞流的泉水坠入空中落下去，像薄纱舞动，似拉拽白色的丝绢，细小的水珠洒满整条山谷，可以抵得上武彝山的水帘洞。这一带以有水为奇，而有水又有岩石，岩石又能助推水势而不阻止流水，又能让水飞流，那么就比武彝山更为优美了。徘徊在瀑布下，僧人梵音拿来茶点款待。急忙返回中岳庙，天已昏黑。

二十一日　晨，谒岳帝。出殿，东向太室绝顶。按嵩当天地之中，祀秩为五岳首，故称嵩高。与少室并峙，下多洞窟，故又名太室。两室相望如双眉，然少室嶙峋，而太室雄厉称尊，俨若负扆①。自翠微以上，连崖横亘，列者如屏，展者如旗，故更觉岩岩。崇封始自上古，汉武以嵩呼之异，特加祀邑。宋时逼近京畿②，典礼大备。至今绝顶犹传铁梁桥、避暑寨之名。当时之盛③，固可想见矣。

【注释】

①扆(yǐ)：画斧的屏风。天子见诸侯时，背依画斧的屏风南向而立，因称负扆。

②京畿(jī)：国都及其附近的地方。

③当时之盛：原倒误为“当盛之时”，据“四库”本改。

【译文】

二十一日　早晨，拜谒中岳帝君。走出大殿，向东登上太室山绝顶。据考察，嵩山位于天地的中央，祭祀的次序是五岳之首，所以也称为嵩高山。嵩山与少室山并排对峙，山下有很多洞窟，所以又叫做太室山。太室山和少室山相望像人的两条眉毛，然而少室山石骨嶙峋，可太室山却雄伟威严，独自称雄，俨然像背靠屏风的帝王。从葱翠的山麓往上走，连绵不断的山崖横亘着，排列着的像屏风，舒展开的像旗帜，所以更觉得高峻雄伟。尊崇祭祀嵩山起始于上古时代，汉武帝因为嵩山中传出呼喊“万岁”的奇异事件，特别加设了负责祭祀的嵩高邑。宋代因为靠近京师,祭祀的典礼非常完备。至今绝顶上还留下铁梁桥、避暑寨的名字。当时的盛况,当然可以想见了。

太室东南一支,曰黄盖峰。峰下即岳庙,规制宏壮。庭中碑石矗立,皆宋、辽以来者。登岳正道,乃在万岁峰下,当太室正南。余昨趋卢岩时,先过东峰,道中见峰峦秀出,中裂如门,或指为金峰玉女沟,从此亦有路登顶,乃觅樵预期为导,今遂从此上。近秀出处,路渐折避之,险绝不能径越也。北就土山,一缕仅容攀跻,约二十里,遂越东峰,已转出裂门之上。西度狭脊,望绝顶行。是日浓云如泼墨,余不为止。至是岚气愈沉,稍开则下瞰绝壁重崖,如列绡削玉,合则如行大海中。五里,抵天门。上下皆石崖重叠,路多积雪。导者指峻绝处为大铁梁桥。折而西,又三里,绕峰南下,得登高岩。凡岩幽者多不畅,畅者又少回藏映带之致。此岩上倚层崖,下临绝壑,洞门重峦拥护,左右环倚台嶂。初入,有洞岈然,洞壁斜透;穿行数武,崖忽中断五尺,莫可着趾。导者故老樵,狷捷如猿猴①,侧身跃过对崖,取木二枝,横架为阁道。既度,则岩穹然上覆,中有乳泉、丹灶、石榻诸胜。从岩侧跻而上,更得一台,三面悬绝壑中。导者曰:"下可瞰登封,远及箕、颍②。"时浓雾四塞,都无所见。出岩,转北二里,得白鹤观址。址在山坪,去险就夷,孤松挺立有旷致。又北上三里,始跻绝顶③,有真武庙三楹。侧一井,甚莹,曰御井,宋真宗避暑所浚也④。

【注释】

①狷(juàn)捷:敏捷。

②远及箕、颍:箕指箕山,颍指颍水。皆在登封市东南。颍水今称颍河,往东南注入淮河。

③“又北上”二句:太室山有三十六峰,即太白、望都、观香、积翠、立隼、独秀、玉女、玉人、虎头、玉镜、子晋、会仙、河带、玉柱、卧龙、胜观、万岁、老翁、元龟、华盖、石幔、凤凰、桂轮、三鹤、起云、金壶、松涛、狮子、遇圣、浮丘、周道、黄盖、悬练、鸡鸣、青童、春震。绝顶峻极峰海拔1440米。

④宋真宗:北宋皇帝,名赵恒,共在位二十五年,时为997—1022年。

【译文】

太室山东南方的一条支脉,叫做黄盖峰。山峰下面就是中岳庙,规模形制宏伟壮丽。庭院中矗立着的石碑,都是宋代、辽代以来的题刻。上登嵩山的正路,是在万岁峰的下面,位于太室山的正南面。我昨天赶去卢岩寺时,首先经过东峰,途中看见峰峦秀丽出众,中间裂开像门一样,有人指着说是金峰玉女沟,从这里也有条路登上绝顶,于是找到一个樵夫预先约定为我领路,今天就从这里上山。走近峰峦秀丽出众的地方,道路逐渐转向避开这座山,是因为山势险峻道路不能径直穿越过去了。向北靠近土山走,一条线一样宽的道路仅容许向上攀登,大约二十里,才越过东峰,不久转到山峰像门一样裂开处的上方。向西越过狭窄的山脊,望着绝顶前行。这一天,浓云像泼洒开的墨汁,我没有因此止步。到此时,山间的云气愈加黑沉沉的,稍稍晴开就能向下俯瞰到险绝的崖壁和重重山崖,如同挂着一幅幅丝绢,似剖开的白玉,浓雾闭合时如同行走在大海中。行五里,抵达天门。上下都是重叠的石崖,路上积雪很多。向导指着最险峻的地方,说是大铁梁桥。折向西,又行三里,绕到山峰南面下走,来到登高岩。凡是幽深的石岩大多不通畅,通畅的地方又缺少回绕隐秘互相掩映的情趣。这座石岩上面紧靠层层山崖，下临极深的壑谷，洞口有重重山峦围绕护卫，左右两边回绕紧靠着石台和山峰。刚进去时，有个山洞十分深邃，洞壁斜着通进去；穿行了几步，石崖突然从中断开五尺，无处可以落脚。向导本来就是老练的樵夫，敏捷得像猿猴，侧着身子跳到对面的石崖上，取来两棵树干，横架着当做栈道。过来后，就见岩洞穹然隆起，覆盖在上方，洞中有乳泉、丹灶、石床等名胜。从岩洞侧面往上登，另外有一处石台，三面悬绝在壑谷中。向导说："向下可以俯瞰登封县城，远处能看到箕山、颍水。"此时浓雾四面闭塞，都没有看见。走出岩洞，转向北走二里，来到白鹤观遗址。遗址在山间的平地中，离开险峻的地方靠近平坦的地方，一棵孤独的松树挺立着，有种旷达的情趣。又向北上登三里，这才登上绝顶，有座三开间的真武庙。侧边有一口井，井水很是晶莹，叫做御井，是宋真宗避暑时挖掘的井。

饭真武庙中。问下山道，导者曰："正道从万岁峰抵麓二十里。若从西沟悬溜而下，可省其半，然路极险峻。"余色喜，谓嵩无奇，以无险耳。亟从之，遂策杖前。始犹依岩凌石，披丛条以降。既而从两石峡溜中直下，仰望夹崖逼天。先是峰顶雾滴如雨，至此渐开，景亦渐奇。然皆垂沟脱磴，无论不能行，且不能止。愈下，崖势愈壮，一峡穷，复转一峡。吾目不使旁瞬，吾足不容求息也。如是十里，始出峡，抵平地，得正道。过无极洞①，西越岭，趋草莽中，五里，得法皇寺②。寺有金莲花，为特产，他处所无。山雨忽来，遂借榻僧寮③。其东石峰夹峙，每月初生，正从峡中出，所称"嵩门待月"也。计余所下之峡，即在其上，今坐对之，只觉云气出没，安知身自此中来也。

【注释】

①无极洞：即今老君洞，有道院一所。原奉太极、皇极，因称无极洞。

②法皇寺：应作“法王寺”。创建于东汉明帝永平十四年(71)，仅比洛阳白马寺晚三年，是嵩山最古的寺院。寺后有塔数座，高者达四十余米，为方形密檐式砖塔，唐代建筑。嵩门待月亦嵩山八景之一。

③僧寮(liáo)：和尚住的小屋。

【译文】

在真武庙中吃饭。打听下山的路，向导说：“正路从万岁峰到山麓有二十里路。假如从西面的山沟悬空滑下去，可以省去一半路程，但是道路极为险峻。”我面露喜色，一直认为嵩山没有特点，是因为没有险要的地方。急忙采纳了他的建议，于是拄着拐杖往前走。开始时还紧靠石岩翻越山石，拨开丛密的枝条下降。继而从两面是石崖的峡谷中一直往下滑行，仰面望见夹立的石崖直逼天空。这之前峰顶的雾滴像细雨一样，到了此地天气逐渐晴开，景色也渐渐奇异起来。然而都是垂直的深沟没有台阶，不但不能走，而且不能停下来。越往下，石崖的气势越雄壮，一条峡谷完了，又转进一条峡谷。我的眼睛不敢往旁边看，也不容许我的脚求得歇息了。如此十里，才出了峡谷，来到平地上，找到正路。经过无极洞，向西越岭，疾行在莽莽的草丛中，行五里，来到法皇寺。法皇寺中有金莲花，是特产，其他地方没有。山雨忽然来临，于是在僧房中借床留宿。寺东有石峰夹峙，每当月亮初升时，正好从峡谷中出来，就是所谓的“嵩门待月”的景观了。估计我下来的峡谷，就在这些石峰的上面，现在坐着面对着它，只觉得上面云气出没，哪里知道自己是从这中间下来的呢！

二十二日　出山，东行五里，抵嵩阳宫废址[①]。惟三将军柏郁然如山，汉所封也；大者围七人，中者五，小者三。柏之北，有室三楹，祠二程先生[②]。柏之西，有旧殿石柱一，大半没于土，上多宋人题名，可辨者为范阳祖无择、上谷寇武仲及苏才翁数人而已[③]。柏之西南，雄碑杰然，四面刻蛟螭甚精[④]。右则为唐碑，裴迥撰文，徐浩八分书也[⑤]。又东二里，过崇福宫故址[⑥]，又名万寿宫，为宋宰相提点处。又东为启母石[⑦]，大如数间屋，侧有一平石如砥。又东八里，还饭岳庙，看宋、元碑。

【注释】

①嵩阳宫废址：在登封城北2.5公里。北魏时为嵩阳寺，隋代为嵩阳观，唐高宗曾以此为行宫。宋至道三年(997)赐名太室书院，景祐二年(1035)重修，赐额更名为嵩阳书院，为宋代四大书院之一。现为登封师范学校。三将军柏今存二株，皆不甚高，大将军柏躯干斜依，腰围约六米，二将军柏腰围近十五米，中空，散为若干枝，系西汉元封元年(前110)汉武帝游嵩山时所封，为我国现存最古最大的柏树。唐碑即指《大唐嵩阳观纪圣德感应之颂》碑，李林甫撰文。徐浩书，天宝三年(744)刻立，高八米多，现用三棵大木柱支撑着，为嵩山最大的石碑。

②二程：指北宋理学家程颐、程颢，曾在此讲过学。

③范阳：历史上曾数次以范阳为名设置郡县，治所也有变迁。唐天宝年间设范阳郡，唐代后期有范阳节度使，皆在今北京城西南。唐初置范阳县，治今河北涿州市，历为涿州治所，至明初废入涿州。上谷：战国、秦、汉有上谷郡，治今河北怀来县东南。隋、唐亦置上谷郡，治今河北易县。

④螭(chī)：传说中一种没有角的龙，色黄，古代建筑常用它的形状

作装饰。

⑤八分书：书法体的一种。李斯作小篆，程邈作隶书，王次仲割程邈字八分，取二分，割李斯字二分，取八分，别成一格，故称八分书。

⑥崇福宫：在万岁峰南麓，汉代建万岁观，宋时改名崇福宫，相传司马光曾在此写过《资治通鉴》。现为养鸡场，古碑仆卧地上，大石柱础犹存，当年著名的太乙泉水，现用水管引入围墙内饮用。

⑦启母石：今存。从轮廓看，平石系从主石上崩下来的，上平滑。两石间有碑一块，为隆庆三年(1569)监察御史蒋机立。其南稍远处有东汉延光二年(123)立启母阙，用长方形石条砌成，分东西两半，有石雕屋顶，现存篆书铭文及雕刻的画像六十余幅。

【译文】

二十二日　出山后，往东行五里，抵达嵩阳宫遗址。唯有三棵将军柏郁郁葱葱的，巍然如山，这是汉代加封的称号；大的一棵要七个人合抱，中等的要五个人合抱，小的要三个人合抱。将军柏的北边，有三间房屋，祭祀程颐、程颢二位先生。将军柏的西面，有一根旧时大殿的石柱，大半截埋在土中，上面有很多宋代人的题名，可以辨认的有范阳人祖无择、上谷人寇武仲和苏才翁几个人而已。将军柏的西南方，有块雄伟高大的石碑，四面刻有蛟龙，非常精美。右边的一块是唐代的石碑，裴迥撰写的碑文，徐浩用汉隶字体书写。又向东二里，路过崇福宫旧址，又叫万寿宫，是宋朝宰相提点办事的地方。再往东是启母石，大处如同几间房屋，侧面有一块平滑的岩石，像磨刀石。又向东八里，返回中岳庙吃饭，观看宋、元时期的碑刻。

西八里，入登封县①。西五里，从小径西北行。又五里，入会善寺②，“茶榜”在其西小轩内，元刻也。后有一石碑仆墙下，为唐贞元《戒坛记》③，汝州刺史陆长源撰文，河南陆郢书。又西为戒坛废址，石上刻镂极精工，俱断委草砾。西南行五里，出大路，又十里，至郭店[4]。折而西南，为少林道。五里，入寺，宿瑞光上人房。

【注释】

①登封县：隶河南府，即今河南登封市。旧城在今市区西南部，主要街道作“十”字，部分城墙遗迹尚存。

②会善寺：今存，大殿为元代建筑。该寺为唐代著名天文学家一行出家的地方，寺西山坡上即为一行创建的戒坛遗址，今残存刻有金刚像的石柱一根。寺东山坡上有塔三座，其中一座为六角锥体五级彩色琉璃塔。

③贞元：唐德宗年号，共二十年，时在785—804年。

④郭店：今名同，在登封市西北，登封到偃师的公路旁。

【译文】

向西行八里，进入登封县城。向西行五里，从小径往西北行。又行五里，进入会善寺，“茶榜”碑在寺中西面的小轩内，是元代的碑刻。后面有一块石碑倒伏在墙下，是唐代贞元年间的《戒坛记》，汝州刺史陆长源撰写碑文，河南人陆郢书写。再往西是戒坛的遗址，残石上的雕刻极为精致工整，全都残断不全地丢弃在草丛碎石间。往西南行五里，来到大路上，又行十里，到达郭店。折向西南走，是去少林寺的路。行五里，进入少林寺，住宿在瑞光上人的僧房中。

二十三日　云气俱尽。入正殿，礼佛毕，登南寨。南寨者，少室绝顶，高与太室等，而峰峦峭拔，负“九鼎莲花”之名。俯环其后者为九乳峰，蜿蜒东接太室，其阴则少林寺在焉[1]。寺甚整丽，庭中新旧碑森列成行，俱完善。夹墀二松[2]，高伟而整，如有尺度。少室横峙于前，仰不能见顶，游者如面墙而立，辄谓少室以远胜。余昨暮入寺，即问少室道，俱谓雪深道绝，必无往。凡登山以晴朗为佳。余登太室，云气弥漫，或以为仙灵见拒[3]，不知此山魁梧，正须止露半面。若少室工于掩映，虽微云岂宜点滓？今则霁甚，适逢其会，乌可阻也！乃从寺南渡涧登山，六七里，得二祖庵[4]。山至此忽截然土尽而石，石崖下坠成坑。坑半有泉，突石飞下，亦以"珠帘"名之。余策杖独前，愈下愈不得路，久之乃达。其岩雄拓不如卢岩，而深峭过之。岩下深潭泓碧，僵雪四积。再上，至炼丹台。三面孤悬，斜倚翠壁，有亭曰小有天，探幽之屐，从未有抵此者。过此皆从石脊仰攀直跻，两旁危崖万仞，石脊悬其间，殆无寸土，手与足代匮而后得升[5]。凡七里，始跻大峰。峰势宽衍，向之危石，又截然忽尽为土。从草棘中莽莽南上，约五里，遂凌南寨顶，屏翳之土始尽。南寨实少室北顶，自少林言之，为南寨云。盖其顶中裂，横界南北，北顶若展屏，南顶列戟峙，其前相去仅寻丈，中为深崖，直下如剖。两崖夹中，坑底特起一峰，高出诸峰上，所谓摘星台也，为少室中央[6]。绝顶与北崖离倚，彼此斩绝不可度。俯瞩其下，一丝相属。余解衣从之，登其上，则南顶之九峰森立于前，北顶之半壁横障于后，东西皆深坑，俯不见底，罡风乍至[7]，几假翰飞去[8]。

【注释】

①少林寺：在少室山北面，背倚五乳峰，少林河从寺前流过，距登封城13公里，有公路相通。该寺始建于北魏，孝昌三年(527)印度

僧人菩提达摩在此首传禅宗，少林寺成为中国佛教禅宗的祖庭，且以传授少林派拳术著称。常住院面积三万多平方米，1928 年军阀石友三放火烧寺，保存至今者主要有方丈，达摩亭，千佛殿的五百罗汉朝毗卢，白衣殿的少林拳谱、十三和尚救唐王、紧那罗御红巾等壁画，还有三百余品碑刻和金属铸器。寺西有墓塔二百二十多座，层级、大小不同，形态万千，为我国现存最大的塔林。

②墀(chí)：台阶上面的空地。

③仙灵见拒：“四库”本作“山灵见拒”。

④二祖庵：二祖即慧可，二祖庵在少林寺西南四公里的钵盂峰上。有古井四眼，俗称“卓锡泉”。南上里许即炼魔台，又称觅心台，为远眺风景的好地方。

⑤手与足代匮(kuì)：脚不够用而以手帮助。代匮，备缺乏以为代。

⑥少室：少室山，有三十六峰。南寨即今御寨山，为少室山绝顶，海拔 1405 米。

⑦罡(gāng)风：亦作“刚风”，即高空的强风。

⑧翰(hàn)：天鸡红色的羽毛。

【译文】

二十三日　云气全部散尽。进入正殿，拜完佛，攀登南寨。南寨是少室山的绝顶，高度与太室山相等，但峰峦陡峭挺拔，享有“九鼎莲花”的盛名。低伏环绕在少室山后面的是九乳峰，蜿蜒往东延伸，连接着太室山，少室山的北面就是少林寺所在的地方。寺院十分整齐华丽，庭院中新旧石碑像森林一样排列成行，都很完好。殿前夹住台阶的两棵松树，高大伟岸而且很整齐，像用尺子量过似的。少室山横着屹立在前方，抬头不能看见山顶，游览的人如同面对墙壁站立，就有人说少室山的景色从远处看更美。我昨天傍晚进入寺中，立即打听去少室山的路，都说雪太深，路断了，肯定无法前去。凡是登山，以天气晴朗为好。我登太室山时，云气弥漫，有人认为是山神拒绝游人，却不知道这座山的高大伟岸，正好只需要露出半个面孔。如果少室山长于景致的互相掩映，即使有微少的一点云彩难道会玷污它吗？今天则非常晴朗，恰逢极好的机会，没什么可以阻止我了！于是从寺南渡过山涧登山，六七里路后，到达二祖庵。山到了这里忽然间泥土完了，截然变成石头，石崖下坠成深坑。深坑的半中腰有处泉水，冲出岩石飞流下去，也是用“珠帘”来给它起名。我拄着拐杖独自前行，越下走越找不到路，很久后才到达。这个岩洞雄伟宽阔不如卢岩洞，可幽深陡峭超过卢岩洞。岩洞下面的深潭清澈碧绿，凝结的积雪四面堆积着。再上走，到达炼丹台。三面孤立悬空，斜靠着苍翠的崖壁，有座亭子叫做“小有天”，探幽访胜者的足迹，从来没有到达过此地的。过了此地都是从石头山脊上仰面笔直攀登，两旁高险的石崖有万仞高，石头山脊高悬在两面石崖之间，几乎没有一寸土，手与脚交替使用才得以往上登。共七里，才登上一座大山峰。山峰上的地势宽敞平坦，原先那些危险的石崖，忽然间又完全截然变成土。从茫茫的草丛荆棘中往南上登，约有五里路，终于登上南寨的顶上，遮蔽在岩石上的土这才没有了。南寨实际上是少室山北面的山顶，就少林寺而言，才算是南寨。原来少室山的绝顶从中间裂开，横断为南北两部分，北面的山顶像展开的屏风，南面的山顶如排列的戟一样耸峙着，两座山顶的前边相距仅有八尺到一丈，中间是深深的悬崖，笔直下陷，像刀剖开的。两面悬崖相夹的中间，深坑底下耸起一座独立的山峰，高高超出群峰之上，就是所谓的摘星台了，位于少室山的中央。绝顶与北面的悬崖若即若离，彼此断开，绝对不能飞越过去。俯身看绝顶下面，有一丝相连。我脱下衣服从那里走过去，登到绝顶上，就见南面的山顶上有九座山峰森林一样矗立在前方，北面山顶的半面石壁横挡在后方，东西两面都是深坑，低头看不见底，高空中的狂风猛然间袭来，几乎借着翅膀飞走了！

从南寨东北转，下土山，忽见虎迹大如升。草莽中行五六里，得茅庵，击石炊所携米为粥，啜三四碗，饥渴霍然去。倩庵僧为引龙潭道。下一峰，峰脊渐窄，土石间出，棘蔓翳之，悬枝以行，忽石削万丈，势不可度。转而上跻，望峰势蜿蜒处趋下，而石削复如前。往复不啻数里，乃迂过一坳，又五里而道出，则龙潭沟也。仰望前迷路处，危崖欹石，俱在万仞峭壁上。流泉喷薄其中，崖石之阴森崭巀者，俱散成霞绮。峡夹涧转，两崖静室如蜂房燕垒。凡五里，一龙潭沉涵凝碧，深不可规以丈。又经二龙潭，遂出峡，宿少林寺。

【译文】

从南寨转向东北，下到土山，忽然看见老虎的脚印大处如升。在草莽中前行五六里，见到一处茅草庵，用打火石点火，把随身带着的米煮成稀粥，喝了三四碗，饥渴的感觉豁然消失。请庵中的僧人为我指引去龙潭的路。走下一座山峰，山脊渐渐变窄，泥土和岩石交替出现，荆棘藤蔓遮蔽着山脊，悬垂在树枝上得以前行，忽然石崖陡削有万丈高，势必不可飞越。转而向上攀登，望着山势蜿蜒的地方向下赶过去，可石崖陡削又像前边一样。来来回回不下几里路，这才绕过一个山坳，又走五里后才来到道路上，就是龙潭沟了。抬头望前边迷路的地方，石崖高险，岩石倾斜，都是走在万仞高的绝壁上。流淌的山泉喷涌在山谷中，高峻阴森的崖石，全都散成了绮丽的云霞。峡谷夹着山涧转，两面石崖上的静室像蜂房燕窝一样。共五里，到一龙潭，蕴涵凝聚着渊深澄碧的潭水，深得不能用丈来测量。又经过二龙潭，终于走出峡谷，住在少林寺。

二十四日　从寺西北行，过甘露台，又过初祖庵。北四里，上五乳峰，探初祖洞。洞深二丈，阔杀之，达摩九年面壁处也①。洞门下临寺，面对少室。地无泉，故无栖者。下至初祖庵②，庵中供达摩影石。石高不及三尺，白质黑章，俨然西僧立像③。中殿六祖手植柏④，大已三人围，碑言自广东置钵中携至者。夹墀二松亚少林。少林松柏俱修伟，不似岳庙偃仆盘曲⑤，此松亦然。下至甘露台，土阜矗起，上有藏经殿。下台，历殿三重，碑碣散布⑥，目不暇接。后为千佛殿，雄丽罕匹。出饭瑞光上人舍。策骑趋登封道，过轘辕岭⑦，宿大屯。

【注释】

①达摩：菩提达摩的简称。相传为南天竺人，南朝宋末航海到广州，梁武帝迎至金陵，与谈佛理。后往北魏，住嵩山少林寺，被认为中国佛教禅宗的初祖。

②初祖庵：宋时少林寺僧徒为纪念禅宗初祖达摩修造的，今存大殿和千佛阁。古柏亦无恙，高二十多米，胸围四米余。

③俨然西僧立像："西僧"，"四库"本作"番僧"，陈本作"胡僧"。

④六祖：指慧能，唐代僧人。本姓卢，生于南海新兴(今属广东)，为中国佛教禅宗的实际创立者，被尊为禅宗第六祖。他的一派为禅宗南宗，传承很广，为禅宗正系。

⑤偃仆：仰而倒称偃，伏而覆为仆。

⑥碑碣：人工竖立的刻有文字的石头，作为纪念物，或标记、文告用。方者称碑，圆者称碣。

⑦轘辕岭：在登封西北，有轘辕关，石径崎岖，长坡数里，地势险要，为许昌到洛阳的交通要道，公路今仍从此经过。

【译文】

二十四日　从少林寺向西北行，经过甘露台，又经过初祖庵。向北四里，登上五乳峰，探访初祖洞。洞深二丈，宽处不到二丈，是达摩面壁九年的地方了。洞口下临初祖庵，面对少室山。地下没有泉水，所以没有居住的人。下到初祖庵，庵中供奉着有达摩身影的岩石。这块岩石高处不到三尺，白色质地，黑色的花纹，俨然像西域僧人站立的影像。中间一重殿六祖慧能亲手种植的柏树，已有三个人围抱那么大，碑文记载说，树苗是慧能从广东放在钵盂中带来的。夹在殿前台阶两旁的两棵松树比少林寺的小些。少林寺的松柏都很高大伟岸，不像中岳庙的前倒后伏、缠绕拳曲，这里的松树也一样。下到甘露台，一座土阜矗立着，上面有藏经殿。走下甘露台，经过三重殿宇，各种碑刻散布着，目不暇接。后面是千佛殿，雄伟壮丽，极少有能与它匹敌的。出来在瑞光上人的僧舍中吃饭。鞭赶着马奔向去登封县城的路，路过轘辕岭，住在大屯。

二十五日　西南行五十里，山冈忽断，即伊阙也[①]。伊水南来经其下，深可浮数石舟。伊阙连冈，东西横亘，水上编木桥之。渡而西，崖更危耸。一山皆劈为崖，满崖镌佛其上。大洞数十，高皆数十丈。大洞外峭崖直入山顶，顶俱刊小洞，洞俱刊佛其内。虽尺寸之肤，无不满者，望之不可数计[②]。洞左，泉自山流下，汇为方池，余泻入伊川。山高不及百丈，而清流淙淙不绝，为此地所难。伊阙摩肩接毂[③]，为楚、豫大道，西北历关陕。余由此取西岳道去。

【注释】

①伊阙：在今河南洛阳市南12公里。青山对峙，形如门阙，伊水经其间，从南往北流，故称伊阙。《明史·地理志》：洛阳“西南有阙塞山，亦曰阙口山，亦曰伊阙山，俗曰龙门山”。

②“一山皆劈为崖”数句：此即著名的龙门石窟，始凿于北魏，断续大规模营造达四百多年。现存窟龛二千一百多个，造像十万余尊，造像题记三千六百多块。主要洞窟在河西，以唐代所凿奉先寺佛像为最大。香山寺和著名诗人白居易的墓在河东。河上新建有水泥大桥相连。

③摩肩接毂（gǔ）：人肩挤摩，车毂碰接，比喻其繁盛。毂，车轮中心有窟窿可以插轴的部分。

【译文】

二十五日　往西南行五十里，山冈忽然断开，就是伊阙了。伊水从南面流来，流经伊阙下面，水深可以浮起载重几石的船。伊阙相连的山冈，呈东西向横亘着，伊水上用木板架成木桥。渡到西岸，山崖更加高耸险峻。整座山都被辟成悬崖，石崖上面刻满佛像。大的洞窟有几十个，高度都是几十丈。大洞窟外边的峭壁直接到达山顶，洞窟顶上都凿有小洞，洞内都刻有佛像。即使是一尺一寸的岩石表面上，无处不刻满佛像，望过去不可计算数目。洞窟左边，泉水从山上流下来，汇积成一个方形水池，多余的水泻入伊水中。山的高处不到一百丈，可清泉淙淙流淌，源源不断，是这个地方很难得的。伊阙人挤人，车连着车，是湖北、河南之间的大道，西北通向潼关、陕西。我由这里取道去西岳华山。

游太华山日记[①] 陕西西安府华阴县[②]

【题解】

《游太华山日记》是天启三年(1623)徐霞客游太华山在陕西境内沿途的游记。徐霞客于二月的最末一天进入潼关,到华山北麓的西岳庙,三月初三日下华山,过华阴县。初四日进入洛南县境。初七日至龙驹寨,从此取丹江水路,初十日出陕西界。

太华山即今华山,为五岳之一的西岳,以险绝著称。徐霞客经玉泉院、莎罗宫、青柯坪,历千尺幢、百尺峡、老君犁沟、苍龙岭等险道,游遍华山顶上五峰,对华山的形势和景物作了准确的描述。该篇虽名《游太华山日记》,但所记不止华山一地一景。这是徐霞客第一次逐日完整记述一个省的游程,他已不局限于旅游名山,开始了系统观察自然和描述自然。该篇记载了陕西东南部的山形地貌、水道源流、州县辖境、水陆交通、关隘险阻,兼及作物、花果等,内容丰富,文字洗练,记述准确。

二月晦　入潼关,三十五里,乃税驾西岳庙[③]。黄河从朔漠南下[④],至潼关[⑤],折而东。关正当河、山隘口,北瞰河流,南连华岳,惟此一线为东西大道,以百雉锁之[⑥]。舍此而北,必渡黄河,南必趋武关,而华岳以南,峭壁层崖,无可度者。未入关,百里外即见太华屼出云表;及入关,反为冈陇所蔽。行二十里，忽仰见芙蓉片片，已直造其下，不特三峰秀绝，而东西拥攒诸峰，俱片削层悬。惟北面时有土冈，至此尽脱山骨，竞发为极胜处。

【注释】

①太华山：即华山，远望如花擎空，因名。因其西有少华山，故称太华山。在陕西华阴市南，属秦岭东段，北临渭河平原，高出众山，壁立千仞，以险绝著称。主峰有三：东峰又名朝阳峰，南峰又名落雁峰，西峰又名莲花峰。北峰、中峰也很著名。北峰又名云台峰，即《游记》所称白云峰。中峰又名玉女峰。

②西安府：为陕西布政司治所，即今陕西西安市。明代城墙、门楼、钟楼、鼓楼等，至今保存完好，为明城保存最完整的地方，已被列为全国重点文物保护单位。

③西岳庙：在华阴市东1.5公里的岳镇东端，亦称华阴庙，建筑宏伟，庙内碑刻很多。

④朔(shuò)漠：北方沙漠之地。

⑤潼关：历史上的潼关，即《游记》中所描述的潼关，在今风陵渡对岸的黄河边，陕西潼关县的港口。因修三门峡水库，潼关县治迁至吴村。

⑥百雉(zhì)：雉为古代计算城墙的单位，以长三丈、高一丈为一雉。《左传》："都城过百雉。"此处所用百雉，即指长而高大的城墙。

【译文】

二月末　进入潼关，走了三十五里，就住宿在西岳庙。黄河从北方的大漠地带往南下流，流到潼关，折向东流。潼关正好位于黄河流出华山的隘口处，北面俯瞰黄河的流水，南面连着华山，唯有这一条狭窄的地带成为东西交通的大道，用高大的城墙锁住通道。放弃这里往北走，必定要渡过黄河；往南必定要从武关走，可华山以南，层层峭壁悬崖，无处可以穿越。没有进关时，百里之外就看见华山突兀地高出云层之上；到进了潼关后，华山反而被山冈土陇遮住了。前行二十里，忽然抬头看见一片片芙蓉花瓣样的山峰，已经直接来到华山下，不仅三座山峰绝顶秀美，而东西两面围绕攒聚的群峰，也都是一片片像刀削出来的，一层层高悬着。唯有北面不时有土质的山冈，到了此地完全露出峥峥的岩石，竞相展示最为优美的景色。

三月初一日　入谒西岳神，登万寿阁。向岳南趋十五里，入云台观。觅导于十方庵。由峪口入①，两崖壁立，一溪中出，玉泉院当其左②。循溪随峪行十里，为莎萝宫，路始峻。又十里，为青柯坪③，路少坦。五里，过寥阳桥，路遂绝。攀锁上千尺幢④，再上百尺峡。从崖左转，上老君犁沟⑤，过猢狲岭⑥。去青柯五里，有峰北悬深崖中，三面绝壁，则白云峰也。舍之南，上苍龙岭⑦，过日月岩。去犁沟又五里，始上三峰足。望东峰侧而上，谒玉女祠⑧，入迎阳洞。道士李姓者，留余宿。乃以余暑上东峰⑨，昏返洞。

【注释】

①峪（yù）：北方称呼山谷为峪。

②玉泉院：今名同，在华山北麓谷口，为登华山必经之路。

③青柯坪：在华山谷道尽头，是上山途中唯一比较平坦的地方，有东道院和通仙观可憩息食宿。

④锁：铁链。千尺幢（chuáng）：今名同，为华山咽喉。两面峭壁，当中一条狭隘的石缝，中间凿出陡峻的踏步，两边挂着铁链供游人拉牵。接近幢顶处有铁板可以启闭。

⑤老君犁沟：东为绝壁，西为深壑，自上而下，共五百七十余级。相传老子修道时，见人们开山凿道不易，便驱其乘牛一夜犁成此道，故名。

⑥猢狲岭：即猢狲愁。崖壁陡峭，传说以前从华山水帘洞出来的猿猴，每到此即返回，连它们也难于通过，故名。

⑦苍龙岭：今名同，为登华山最险的地段。系一条狭而且长的山脊，南北长达1500米，踏步狭处仅尺许，两旁为深谷，游人必须牵住铁链前进。

⑧玉女祠：在中峰玉女峰。

⑨余晷(guǐ)：即剩余的时间。晷，原意为日影。古人测日影以定时刻，故又引申为时间。

【译文】

三月初一日　进入西岳庙参拜西岳神，登上万寿阁。朝着华山向南赶了十五里路，进入云台观。在十方庵找到向导。由峪口进山，两面的山崖墙壁样矗立，一条溪水从中间流出来，玉泉院位于峪口左边。沿着溪流顺着山谷前行十里，是莎萝宫，道路开始陡峻起来。又行十里，到青柯坪，路稍平坦了一些。行五里，过了寥阳桥，路就断了。抓着铁链登上千尺幢，再登上百尺峡。从石崖左边转过去，登上老君犁沟，越过猢狲岭。距离青柯坪五里处，北面有座山峰高悬在幽深的山崖中，三面是绝壁，那就是白云峰了。我放弃了白云峰往南走，登上苍龙岭，经过日月岩。离开老君犁沟又走了五里路，这才上登到三座山峰的脚下。望着东峰的侧面往上登，拜谒了玉女祠，进入迎阳洞。有个姓李的道士，留我住下。于是利用剩余的时间登上东峰，黄昏返回迎阳洞。

初二日　从南峰北麓上峰顶，悬南崖而下，观避静处。复上，直跻峰绝顶[①]。上有小孔，道士指为仰天池。旁有黑龙潭。从西下，复上西峰。峰上石耸起，有石片覆其上如荷叶。旁有玉井甚深[②],以阁掩其上,不知何故。还饭于迎阳。上东峰,悬南崖而下,一小台峙绝壑中,是为棋盘台。既上,别道士,从旧径下,观白云峰,圣母殿在焉。下至莎萝坪,暮色逼人,急出谷,黑行三里,宿十方庵。出青柯坪,左上有柸渡庵、毛女洞[③];出莎萝坪,右上有上方峰:皆华之支峰也,路俱峭削,以日暮不及登。

【注释】

①“直跻”句:南峰为华山绝顶,海拔2160米。峰顶有老君洞,洞北有泉,冬夏不竭,称仰天池。

②玉井:玉井不在西峰上,“旁有玉井甚深”前疑有脱文。今华山顶玉女、莲花、落雁峰间的山谷中有镇岳宫,宫前即为玉井,其上筑楼。

③毛女洞:“四库”本作“毛女祠”。二者皆不误。华山有毛女洞,传为秦时宫女玉姜藏身处。后人为纪念毛女,又在路旁建了毛女祠。

【译文】

初二日　从南峰的北麓登上峰顶,从南面的山崖上悬空而下,观看了一处僻静的地方。又上来,一直登上南峰的绝顶。绝顶上有个小洞,道士指认为仰天池。旁边有个黑龙潭。从西面下走,又登上西峰。西峰上岩石耸起,有石片像荷叶一样覆盖在峰顶上。旁边有口玉井非常深,井上用一座楼阁遮住了井,不知是什么原因。返回来在迎阳洞吃饭。登上东峰,从南面的山崖上悬空而下,一座小石台屹立在绝深的壑谷中,这是棋盘台。上来后,告别了道士,从原路下山,观览了白云峰,圣母殿就在这里。下到莎萝坪,暮色逼人快走,急忙走出山谷,摸黑前行三里,住在十方庵。走出青柯坪,左边上面有柸渡庵、毛女洞;走出莎萝坪，右边上面有上方峰：都是华山的支峰，道路都峭拔陡削，因为天黑来不及上登。

初三日　行十五里，入岳庙。西五里，出华阴西门[1]，从小径西南二十里，入泓峪，即华山之西第三峪也。两崖参天而起，夹立甚隘，水奔流其间。循涧南行，倏而东折[2]，倏而西转。盖山壁片削，俱犬牙错入，行从牙罅中，宛转如江行调舱然。二十里，宿于木柸。自岳庙来，四十五里矣。

【注释】

①华阴：明为县，隶西安府华州，即今陕西华阴市，在陇海铁路线上。

②倏(shū)而：忽而。倏，极快地。

【译文】

初三日　前行十五里，进入西岳庙。向西五里，走出华阴县城西门，从小径往西南行二十里，进入泓峪，就是华山西面的第三条山谷了。山谷两侧的崖壁参天而起，夹着山谷矗立，非常狭窄，溪水奔流在山谷间。沿着山涧往南行，忽而向东折，忽而向西转。山崖石壁一片片的，极为陡削，全都犬牙交错，像在牙缝中行走，弯弯转转，像在江中行船掉转船帆一样。行二十里，住在木柸。从西岳庙出来，已有四十五里了。

初四日　行十里，山峪既穷，遂上泓岭。十里，蹑其巅。北望太华，兀立天表。东瞻一峰，嵯峨特异，土人云赛华山。始悟西南三十里有少华[1]，即此山矣。南下十里，有溪从东南注西北，是为华阳川[2]。溯川东行十里，南登秦岭，为华阴、洛南界。上下共五里。又十里为黄螺铺[3]。循溪东南下，三十里，抵杨氏城[4]。

【注释】

①少华：少华山，今名同，在华县城东南五公里，比太华山低小。有三峰，西为独秀峰，中为玉女峰，东为半截山。

②华阳川：今仍称华阳，在华阴市西南隅。

③黄螺铺：今又作“黄龙铺”，在洛南县西北隅。

④杨氏城：今作“杨诗城”，在洛南县北境，石门河东岸。

【译文】

初四日　前行十里，山谷走完后，登上泓岭。走了十里，登上泓岭的岭头。远望北面的太华山，高高矗立，耸入天际。东面看到一座山峰，山势巍峨，特别出众，当地人说是赛华山。这才猛然醒悟，西南三十里处有座少华山，就是这座山了。向南下走十里，有条溪流从东南往西北流淌，这是华阳川。溯华阳川往东行十里，向南上登秦岭，是华阴县、洛南县的分界处。上上下下共走了五里路。又行十里是黄螺铺。沿着溪流向东南下行，走了三十里，抵达杨氏城。

初五日　行二十里，出石门[1]，山始开。又七里，折而东南，入隔凡峪。西南二十里，即洛南县峪[2]；东南三里，越岭。行峪中，十里出山，则洛水自西而东，即河南所渡之上流也。渡洛复上岭，曰田家原。五里，下峪中，有水自南来入洛。溯之入，十五里，为景村[3]。山复开，始见稻畦。过此仍溯流入南峪，南行五里，至草树沟。山空日暮，借宿山家。

【注释】

①石门:今名同,在洛南县北境。

②洛南县:隶西安府商州,即今陕西洛南县。

③景村:今名同,在洛南县东南境。

【译文】

初五日　前行二十里,走出石门,山势开始开阔起来。又行七里,折向东南,进入隔凡峪。西南方二十里处,就是洛南县城所在的山谷;往东南行三里,越过山岭。行走在山谷中,十里后出山,就见洛水自西往东流,就是在河南渡过的河水的上游了。渡过洛水又上登山岭,叫做田家原。行五里,下到山谷中,有河水从南面流来汇入洛水中。溯这条河水进去,行十五里,是景村。山势又开阔起来,开始见到稻田。走过此地后仍然溯流进入南面的山谷,往南行五里,来到草树沟。山间空旷,天色已晚,借宿在山间人家。

自岳庙至木柸,俱西南行,过华阳川则东南矣。华阳而南,溪渐大,山渐开,然对面之峰峥峥也①。下秦岭,至杨氏城,两崖忽开忽合,一时互见,又不比木柸峪中,两崖壁立,有回曲无开合也。

【注释】

①峥峥(zhēng):高峻。

【译文】

自西岳庙来到木柸,都是向西南方向前行,过了华阳川就往东南方走了。华阳川以南,溪流渐渐大起来,山势渐渐变开阔,然而对面的山峰仍然山势峥嵘。走下秦岭,来到杨氏城,两面的山崖忽而分开忽而合拢,一时间交错出现,又比不上在木柸峪中,两面的石崖墙壁一样矗立,只有迂回曲折而没有山势的分合了。

初六日　越岭两重，凡二十五里，饭坞底岔。其西行道，即向洛南者。又东南十里，入商州界[1]，去洛南七十余里矣。又二十五里，上仓龙岭[2]。蜿蜒行岭上，两溪屈曲夹之。五里，下岭，两溪适合。随溪行老君峪中，十里，暮雨忽至，投宿于峪口。

【注释】

①商州：隶西安府，即今陕西商洛市商州区。

②仓龙岭：即今蟒岭。疑"仓龙"为"苍龙"。

【译文】

初六日　越过两重岭，共有二十五里地，在坞底岔吃饭。这里向西走的路，就是通向洛南县城的路。又往东南行十里，进入商州境内，距离洛南县城有七十多里路了。又行二十五里，登上苍龙岭。曲折蜿蜒地行走在山岭上，两条溪流弯弯曲曲地夹着山岭流淌。行五里，走下山岭，两条溪流恰好汇合。顺着溪流行走在老君峪中，行十里，傍晚时分，山雨忽然来临，便在老君峪口投宿。

初七日　行五里，出峪。大溪自西注于东[1]，循之行十里，龙驹寨[2]。寨东去武关九十里[3]，西向商州，即陕省间道[4]，马骡商货，不让潼关道中。溪下板船，可胜五石舟。水自商州西至此，经武关之南，历胡村，至小江口入汉者也[5]。遂趋觅舟。甫定[6]，雨大注，终日不休，舟不行。

【注释】

①大溪：此大溪明代称丹水，即今丹江。

②龙驹寨：隶商州。今名同，为陕西丹凤县治。

③武关：今名同，在陕西丹凤县东隅，有公路经过。

④间(jiàn)道：偏僻但是捷直的小路。

⑤小江口：今称江口，在湖北丹江口市丹江汇入汉水处。

⑥甫(fǔ)：方才。

【译文】

初七日　前行五里，走出老君峪。一条大溪自西往东奔流，沿着溪流前行十里，到龙驹寨。龙驹寨东面距离武关九十里，西面通向商州，是去陕西的小道，来往的骡马、客商与货物，不比潼关的大路少。溪流中的木板船，可以承载五石的重量。溪水从商州城西面流到此地，流经武关的南面，流过胡村，流到小江口后汇入汉水。于是赶过去找船。刚讲定船只，大雨如注，一整天都没停，船不走。

初八日　舟子以贩盐故，久乃行。雨后，怒溪如奔马，两山夹之，曲折萦回，轰雷入地之险，与建溪无异。已而雨复至。午抵影石滩①，雨大作，遂泊于小影石滩。

【注释】

①影石滩：即今月日滩，在丹凤县稍南。

【译文】

初八日　船夫因为贩盐的缘故，很久后才开船。雨后，狂怒的溪流像奔马，两列山夹着溪流，曲折潆洄，轰雷般流入险要之地的情形，与建溪没有什么不同。不久雨又来临。中午抵达影石滩，雨势大作，便停泊在小影石滩。

初九日　行四十里，过龙关[①]。五十里，北一溪来注，则武关之流也[②]。其地北去武关四十里，盖商州南境矣。时浮云已尽，丽日乘空，山岚重叠竞秀。怒流送舟，两岸秾桃艳李，泛光欲舞，出坐船头，不觉欲仙也。又八十里，日才下午，榜人以所带盐化迁柴竹[③]，屡止不进。夜宿于山涯之下。

【注释】

①龙关：即今竹林关，在丹凤县南境，银花河汇入丹江处。

②武关之流：即今武关河。

③榜（bàng）人：摇船的人。榜，即棹，摇船的工具。

【译文】

初九日　行船四十里，经过龙关。行五十里，北面一条溪水流来汇入大溪中，是从武关流来的溪流了。此地北面距离武关四十里，大概是商州的南部辖境了。此时浮云已经散尽，艳阳当空，云气笼罩的山峦层层叠叠，竞相比美。汹涌的江流推送着小船，两岸浓艳的桃花和李花，漂荡在波光之中，想要起舞，出来坐在船头，不知不觉快要成仙了。又行八十里，时间才是下午，划船的人用带来的盐交换木柴和竹子，多次停船不前。夜里在山下的水边停船住宿。

初十日　五十里，下莲滩。大浪扑入舟中，倾囊倒箧，无不沾濡[①]。二十里，过百姓滩，有峰突立溪右，崖为水所摧，岌岌欲堕[②]。出蜀西楼[③]，山峡少开，已入南阳淅川境[④]，为秦、豫界[⑤]。三十里，过胡村。四十里，抵石庙湾，登涯投店。东南去均州，上太和，盖一百三十里云。

【注释】

①沾濡(rú):被水沾湿。

②岌岌(jí):山高峻危险的样子。

③蜀西楼:今作“梳洗楼”,在商南县东南隅。

④南阳:明置南阳府,治南阳,即今河南南阳市。淅川:成化六年(1470)析内乡县地置淅川县,隶南阳府,治所在今河南淅川县西南境,丹江北岸的老城,今亦称淅川。

⑤秦:陕西省的简称。豫:河南省的简称。

【译文】

初十日　走了五十里,下行到莲滩。大浪扑进船中,行李竹箱倾倒下来,无不被水打湿了。走了二十里,经过百姓滩,有座山峰突立在溪流右岸,山崖被水流冲激着,岌岌可危,想要坠落的样子。出了蜀西楼,山峡稍微开阔了些,已经进入南阳府淅川县境内,这里是陕西省、河南省的交界处。走了三十里,经过胡村。走了四十里,抵达石庙湾,登上岸到旅店中投宿。东南方距离均州,登上太和山,大概还有一百三十里路。

游太和山日记[1] 湖广襄阳府均州[2]

【题解】

《游太和山日记》是天启三年（1623）徐霞客游太和山留下来的游记。

太和山即武当山，在今湖北丹江口市。徐霞客于三月十一日进入湖广境，十二日往南抵均州，十三日登山，沿途游遇真宫、紫霄宫、南岩、太和宫、五龙宫，览滴水、仙侣、凌虚诸岩，登绝顶天柱峰金顶，十五日下山，仍返至北麓草店。以后越二十四日，取汉水、长江舟行，于四月初九日抵家，结束了这次河南、陕西、湖北的长途旅行。

徐霞客不但记录了受到明代皇室尊崇的宫观建筑"规制宏整"，也揭露统治者"需索香金，不啻御夺"的行为。他对山上植被保存完好印象深刻，对珍稀树种榔梅更有详尽的记述。他把嵩山、华山、太和山地区的植被和气候进行对比，指出不同地域植被的水平差异、平原山地间植被的垂直差异及社会因素对森林保护的影响，从各方面探讨"山谷川原，候同气异"的道理。

十一日　登仙猿岭。十余里，有枯溪小桥，为郧县境[3]，乃河南、湖广界。东五里，有池一泓，曰青泉，上源不见所自来，而下流淙淙，地又属淅川。盖二县界址相错，依山溪曲折，路经其间故也。五里，越一小岭，仍为郧县境。岭下有玉皇观、龙潭寺。一溪滔滔自西南走东北，盖自郧中来者。渡溪，南上九里冈，经其脊而下，为蟠桃岭。溯溪行坞中十里，为葛九沟。又十里，登土地岭，岭南则均州境。自此连逾山岭，桃李缤纷，山花夹道，幽艳异常。山坞之中，居庐相望，沿流稻畦④，高下鳞次，不似山、陕间矣。但途中蹊径狭，行人稀，且闻虎暴，日方下舂，竟止坞中曹家店⑤。

【注释】

①太和山：即武当山，相传真武曾修炼于此，为道教名山，亦以传授武当派拳术著称。明永乐中尊为太岳，亦称玄岳。在湖北丹江口市南境，有72峰、36岩、24涧、11洞、10池、9井等自然风景。明初殿宇规模甚大，现基本保持明初形成的建筑体系，有太和、南岩、紫霄、遇真、玉虚、五龙等六宫，复真、元和二观，铜铸的金殿颇具特色。全山游程达60公里。

②湖广：为明代十三布政司之一，辖境大体包括今湖北、湖南两省地，布政司治所武昌府，即今湖北武汉市长江南岸的武昌。襄阳府：治今湖北襄阳市汉水南岸的襄城区，城墙今存。

③郧县：明统治者在残酷镇压了规模巨大的荆襄流民起义后，于成化十二年（1476）设郧阳府，辖郧县、房县、竹山、竹溪、上津、郧西、保康等七县，治郧县，即今湖北郧县。

④畦（qí）：田园中划分的小区。

⑤曹家店：今名同，在丹江口市北隅。

【译文】

十一日　登上仙猿岭。前行十多里，干枯的溪流上有座小桥，属于郧县的辖境，是河南省、湖广省的交界处。向东五里，有一池清水，叫青泉，上游看不见源自哪里，可下游淙淙流淌，此地又属于淅川县。大概是郧县和淅川县两个县的边界互相交错，顺着山势和溪流的曲折来分界，道路经过两县之间的缘故了。行五里，越过一座小岭，仍然是郧县境内。岭下有玉皇观、龙潭寺。一条溪流滔滔不绝地自西南流向东北，大概是从郧县中部流来的溪流。渡过溪流，向南登上九里冈，经过冈脊往下走，是蟠桃岭。溯溪流行走在山坞中十里，是葛九沟。又行十里，登上土地岭，土地岭南面就是均州的辖境。从这里连续翻越山岭，沿途桃李缤纷，山花夹着道路，幽雅鲜艳异常。山坞的中间，居民房屋相望，溪流沿岸的稻田，高高低低，鳞次栉比，不再像山西、陕西间的景象了。但途中所走的小路狭窄，行人稀少，而且听说有老虎暴虐，落日即将西下，就停宿在山坞中的曹家店。

十二日　行五里，上火龙岭。下岭随流出峡，行四十里，下行头冈。行十五里，抵红粉渡，汉水汪然西来，涯下苍壁悬空，清流绕面。循汉东行，抵均州①。静乐宫当州之中，踞城之半，规制宏整。停行李于南城外，定计明晨登山。

【注释】

①均州：隶襄阳府，因武当山而著名，附郭县原名武当县，治所在今湖北丹江口市西境、汉水南岸的关门岩，修建丹江口水库时迁走。

【译文】

十二日　前行五里，登上火龙岭。下岭后顺着溪流走出峡谷，行四十里，走下行头冈。行十五里，抵达红粉渡，汉水一片汪洋地自西面流来，岸边苍翠的崖壁悬在空中，清流在面前绕过。沿着汉水往东行，抵达均州城。静乐宫位于州城的中央，占据了半个城，规模形制宏大整齐。把行李停放在南城的外面，决定明天早晨登山。

十三日　骑而南趋，石道平敞。三十里，越一石梁，有溪自西东注，即太和下流入汉者。越桥为迎恩宫，西向。前有碑大书“第一山”三字，乃米襄阳笔①，书法飞动，当亦第一。又十里，过草店②，襄阳来道，亦至此合。路渐西向，过遇真宫③，越两隘下，入坞中。从此西行数里，为趋玉虚道④；南跻上岭，则走紫霄间道也。登岭。自草店至此，共十里，为回龙观⑤。望岳顶青紫插天，然相去尚五十里。满山乔木夹道，密布上下，如行绿幕中。

【注释】

①米襄阳：即米芾（fú，1051—1107），宋代著名画家和书法家。初名黻，字元章，号襄阳漫士、鹿门居士、海岳外史等。世居太原，后迁樊城，后又定居润州（今江苏镇江）。米芾的居地与襄阳城隔河相对，抬头即可欣赏汉水的烟波和重叠的山峦，这样的环境对他的创作有很大帮助，故世称“米襄阳”。米芾擅长书画，多用水墨点染，独创风格，人称“米氏云山”。他的儿子米友仁发展其画法，形成米派。今襄阳市米姓后人很多，还有米庄。米公祠在樊城西隅，珍藏有数十块米芾书法碑刻，为湖北省重点文物保护单位。

②草店：今名同，在丹江口市西境，铁路北侧。

③遇真宫：在武当山北麓，武当山大门石制玄岳坊南一公里，殿内供张三丰坐像。

④玉虚：玉虚宫，是武当山建筑群中最大的宫城之一，玉带河萦回，红墙环绕，碑亭高耸。据说明末农民起义军领袖李自成曾在此

扎营，至今仍称老营宫。襄渝铁路从旁边经过，并有老营宫站。有东神道和西神道伸向武当山，为进入武当山的门户。近年设武当山镇，为武当山风景名胜区的旅游接待中心。

⑤回龙观：应即今元和观，系由老路上山必经之地。

【译文】

十三日　骑着马向南赶去，石头路平坦宽敞。行三十里，越过一座石桥，有溪流自西向东流淌，就是从太和山向下流入汉水的溪流。过桥后是迎恩宫，面向西。前方有一块碑，大大地写着“第一山”三个字，是襄阳人米芾的手笔，书法飞舞灵动，应当也是天下第一。又行十里，路过草店，从襄阳来的道路，也在此地会合。道路渐渐向西走，路过遇真宫，越过两处隘口往下走，走入山坞中。从此地向西前行几里，是前往玉虚宫的路；向南上登山岭，则是走向紫霄宫的小道了。登上山岭。自草店来到这里，共有十里路，是回龙观。遥望太和山顶，一片青紫色插入云天，然而相距还有五十里。满山高大的林木夹着道路，密布在道路上下，如同行走在绿色的帷幕中。

从此沿山行，下而复上，共二十里，过太子坡①。又下入坞中，有石梁跨溪，是为九渡涧下流②。上为平台、十八盘，即走紫霄登太和大道；左入溪，即溯九渡涧，向琼台观及八仙罗公院诸路也。峻登十里，则紫霄宫在焉③。紫霄前临禹迹池，背倚展旗峰，层台杰殿，高敞特异。入殿瞻谒。由殿右上跻，直造展旗峰之西④。峰畔有太子洞、七星岩，俱不暇问。共五里，过南岩之南天门。舍之西，度岭，谒榔仙祠。祠与南岩对峙，前有榔树特大，无寸肤，赤干耸立，纤芽未发。旁多榔梅树⑤，亦高耸，花色深浅如桃杏，蒂垂丝作海棠状。梅与榔本山中两种，相传玄帝插梅寄榔，成此异种云。

【注释】

①太子坡:即复真观。今存,为登金顶的孔道。

②九渡涧:又称剑河。河上桥名天津桥,又称剑河桥,系三孔石桥,建于明永乐年间。

③紫霄宫:背倚展旗峰,为武当山保存较完整的宫观之一,有龙虎殿、碑亭、十方堂、紫霄殿、父母殿,两侧有东宫、西宫,崇台依山迭砌,殿宇雄,环境幽。

④造(zào):到,往。

⑤榔梅:果名。《襄阳志》:"榔梅在太和山。相传真武折梅枝寄榔树上,仰天誓曰:'吾道若成,花开果结。'后竟如其言。今树尚存。"

【译文】

从此地起沿着山麓前行,下了又上,一共二十里,经过太子坡。又下走进入山坞中,有座石桥跨在溪流上,这便是九渡涧的下游。往上走是平台、十八盘,就是去紫霄宫上登太和山的大道;从左边沿溪流进去,就是溯九渡涧通向琼台观以及八仙罗公院各地的路了。陡峻地上登十里,就见紫霄宫在前方了。紫霄宫前方面临禹迹池,背靠展旗峰,一层层平台,殿宇出众,高大宽敞,特别奇异。进入大殿中瞻仰拜祭。由大殿右边上登,直接来到展旗峰的西面。展旗峰西侧有太子洞、七星岩,都来不及过问。共行五里,经过南岩的南天门。放弃南天门往西走,越过山岭,拜谒榔仙祠。榔仙祠与南岩对峙,前边有棵榔树特别高大,没有一寸树皮,光滑的树干耸立着,没有发出一丝嫩芽。旁边有许多榔梅树,也是高高地耸立着,花色的深浅像桃花和杏花,花蒂上下垂的丝状花蕊像海棠的样子。梅树与榔树本来是山中的两种树,相传是真武帝君把梅树树枝插在榔树上,形成了这种奇特的树种。

共五里,过虎头岩。又三里,抵斜桥。突峰悬崖,屡屡而是，径多循峰隙上。五里，至一天门，过朝天宫，皆石级曲折上跻，两旁以铁柱悬索。由一天门而二天门、三天门[①]，率取径峰坳间，悬级直上。路虽陡峻，而石级既整，栏索钩连，不似华山悬空飞度也。太和宫在三天门内。日将晡[②]，竭力造金顶，所谓天柱峰也。山顶众峰，皆如覆钟峙鼎，离离攒立；天柱中悬，独出众峰之表，四旁崭绝。峰顶平处，纵横止及寻丈。金殿峙其上[③]，中奉玄帝及四将，炉案俱具，悉以金为之。督以一千户、一提点[④]，需索香金，不啻御夺。余入叩匆匆，而门已阖，遂下宿太和宫[⑤]。

【注释】

①由一天门而二天门、三天门：从下而上，此句原作“三天门而二天门、一天门”。证以有关记载及文物，冯岁平认为顺序有错乱，由下而上，应为一天门、二天门、三天门，见《对徐霞客〈游太和山路线图〉之订补》(载《徐霞客研究》第9辑，学苑出版社2002年出版)。据改。

②晡(bū)：申时，即午后三点至五点。通常指黄昏。

③金殿：武当山绝顶天柱峰海拔1612米，金殿即建在天柱峰顶，俗称金顶，为永乐十四年(1416)建。高5.54米，宽4.4米，深3.15米，共三间，包括其中神像、几案、供器，全为铜铸鎏金，仿木结构，分件铸造装配。为我国古建筑中的珍品，全国重点文物保护单位。殿下山腰绕石城一周，名紫金城，长1.5公里，开四门。

④千户：金初置，为世袭武官，元、明相沿。明代卫所兵制设有千户所，驻守要地。统兵1120人，下分为十个百户所，统隶于卫。千户为一所的长官。提点：宋、元以来所设的官名，寓有提举、检点之意。明代仅有神乐观提点，管理道士。清代废。

⑤太和宫：在武当山天柱峰腰紫金城南天门外。转展殿内存元大

德十一年(1307)铸的铜殿一座,系永乐十四年从天柱峰顶移此。

【译文】

一共五里,路过虎头岩。又行三里,抵达斜桥。突立的山峰和高悬的石崖,到处都是,小径多半是沿着山峰间的缝隙上登。行五里,到达一天门,经过朝天宫,都是沿着石阶曲折上登,两旁用铁柱悬挂着铁链。经由一天门而后二天门、三天门,大体上小径都是取道山峰间的山坳走,悬垂的石阶路一直上登。道路虽然陡峻,但石阶既平整,又有栏杆上的铁链互相连接在一起,不像在华山上是悬在空中飞度过去了。太和宫在三天门内。时光将近黄昏,竭尽全力登上金顶,就是所谓的天柱峰了。在山顶上俯瞰众多的山峰,全都像下覆的铜钟矗立的铜鼎,一排排地攒聚矗立着;天柱峰高悬在中央,独自超出群峰之外,四旁崭然险绝。峰顶平坦的地方,纵横都只有一丈见方。金殿屹立在峰顶上,殿中供奉着真武大帝及四员天将,香炉几案都很齐全,全部是用黄金制成的。朝廷派了一个千户、一个提点来监督,勒索香火钱,这无异于强行掠夺。我进入殿中匆匆叩拜了一下,殿门就已经关上,于是下来住在太和宫。

十四日　更衣上金顶。瞻叩毕,天宇澄朗,下瞰诸峰,近者鹄峙[①],远者罗列,诚天真奥区也[②]!遂从三天门之右小径下峡中。此径无级无索,乱峰离立,路穿其间,迥觉幽胜。三里余,抵蜡烛峰右,泉涓涓溢出路旁,下为蜡烛涧。循涧右行三里余,峰随山转,下见平丘中开,为上琼台观[③]。其旁榔梅数株,大皆合抱,花色浮空映山,绚烂岩际。地既幽绝,景复殊异。余求榔梅实,观中道士噤不敢答。既而曰:"此系禁物。前有人携出三四枚,道流株连破家者数人[④]。"余不信,求之益力,出数枚畀余,皆已黝烂,且订无令人知。及趋中琼台，余复求之，主观仍辞谢弗有。因念由下琼台而出，可往玉虚岩，便失南岩、紫霄，奈何得一失二；不若仍由旧径上，至路旁泉溢处，左越蜡烛峰，去南岩应较近。忽后有追呼者，则中琼台小黄冠以师命促余返[5]。观主握手曰[6]："公渴求珍植，幸得两枚，少慰公怀。但一泄于人，罪立至矣。"出而视之，形侔金橘[7]，漉以蜂液[8]，金相玉质，非凡品也。珍谢别去。复上三里余，直造蜡烛峰坳中。峰参差廉利[9]，人影中度，兀兀欲动。既度，循崖宛转，连越数重。峰头土石，往往随地异色。既而闻梵颂声，则仰见峰顶遥遥上悬，已出朝天宫右矣。仍上八里，造南岩之南天门，趋谒正殿。右转入殿后，崇崖嵌空，如悬廊复道，蜿蜒山半，下临无际，是名南岩[10]，亦名紫霄岩，为三十六岩之最，天柱峰正当其面。自岩还至殿左，历级坞中，数抱松杉，连阴挺秀。层台孤悬，高峰四眺，是名飞升台。暮返宫，贿其小徒，复得榔梅六枚。明日再索之，不可得矣。

【注释】

①鹄(hú)峙：形容周围诸峰如天鹅引颈屹立恭候。鹄，俗名天鹅。

②天真：未受人世礼俗影响的大自然的原貌。奥区：中心，腹地。

③"下见平丘"二句：明代有上琼台观、中琼台观、下琼台观，今通称上观、中观、下观。

④道流：道士。

⑤黄冠：道士所戴束发的冠为黄色，因此道士又别称黄冠。

⑥观(guàn)：道教的庙宇，即道观。大道观称道宫，比宫、观小者称道院。

⑦侔(móu):相同,齐等。

⑧漉(lù):渗。

⑨廉(lián)利:棱角锋利。

⑩南岩:上为危崖,下临深壑,为武当山中风景最美的一岩。现存元代建的天乙真庆宫,梁柱门窗全用石砌,仿木结构,故又称石殿。明建南天门亦存。

【译文】

十四日 换了衣服登上金顶。瞻仰叩拜完毕,天空澄碧晴朗,向下俯瞰群峰,近处的像天鹅一样屹立着,远处的一层层排列着,确实是大自然中一片幽深隐秘的地方啊!于是从三天门右边的小径下到峡中。这条小径没有台阶没有铁索,杂乱的山峰并立着,道路穿过山峰之间,觉得特别幽静秀美。走了三里多,来到蜡烛峰右侧,涓涓泉水从路旁溢出来,流下去成为蜡烛涧。沿着山涧右岸前行三里多,峰回路转,走下来见到一座平缓的山丘从中间断开,是上琼台观。道观旁边有几棵榔梅树,大处都是要一个人围抱,榔梅花的颜色浮在空中,映照着山谷,绚丽灿烂地开放在石崖边。地方既优雅到了极点,景色又特别不同寻常。我想要榔梅的果实,道观中的道士闭口不敢回答。随后说:"这是禁物。从前有人带出去三四颗,道士们有几个人被株连弄得家里破产的。"我不信,更加起劲地讨要,道士拿出几个交给我,都已经变黑腐烂,并且交代我不要让人知道。等赶到了中琼台时,我又索要榔梅果实,观主仍然客气地推辞说没有。于是考虑到,经由下琼台出去,可以前往玉虚岩,便错失了南岩、紫霄宫,为什么要得一失二呢;不如仍然从原来的小径上去,走到路旁泉水溢出来的地方,向左边越过蜡烛峰,去南岩应该比较近。忽然后面有人追着呼叫,原来是中琼台的小道士奉师傅的命令来催促我返回去。观主握着我的手说:"您渴求珍贵的树种,幸好我有两颗,可以稍微安慰一下您渴望的心情。但是一旦泄露给别人,罪名马上就来临了。"拿出来后仔细观看榔梅果实,形状和金橘相同,渗出蜂蜜一样的液体，金子般的外表，白玉般的质地，不是一般的品种。十分珍爱，道谢后告别离开。又上登三里多，径直来到蜡烛峰的山坳中。石峰高低不一，棱角锋利，人的影子在山峰间穿过，高高地像是要晃动。穿越过来后，沿着山崖弯弯转转地走，一连越过几重山崖。峰头上的土石，往往随着地形的不同变换颜色。继而听到诵读经文的声音，抬头就看见峰顶远远地悬在上面，已经出到朝天宫的右边了。仍然上登八里，来到南岩的南天门，赶到正殿去祭拜。从右侧转进正殿后面，高峻的崖壁嵌在空中，如高悬的走廊和栈道，蜿蜒在半山腰，下临无边的深渊，这里名叫南岩，也叫紫霄岩，是三十六岩中最美的一座山峰，天柱峰正位于它的正面。从南岩回到正殿左侧，经过石阶下到山坞中，几抱粗的松树和杉树，树荫连成片，挺拔俊秀。一层平台孤悬着，可眺望四面的高峰，这里名叫飞升台。傍晚返回太和宫，贿赂宫中的小徒弟，又得到六颗榔梅果实。第二天再去要，不可能得到了。

十五日　从南天门宫左趋雷公洞。洞在悬崖间。余欲返紫霄，由太子岩历不二庵，抵五龙。舆者谓迂曲不便①，不若由南岩下竹笆桥，可览滴水岩、仙侣岩诸胜。乃从北天门下，一径阴森，滴水、仙侣二岩，俱在路左，飞崖上突，泉滴沥于中，中可容室，皆祠真武②。至竹笆桥，始有流泉声，然不随涧行。乃依山越岭，一路多突石危岩，间错于乱箐丛翠中③，时时放榔梅花，映耀远近。

【注释】

①舆(yú)者：即轿夫。舆，肩舆，俗称轿子。

②真武：原称玄武，为我国古代神话中的北方之神，它的形象为龟或龟蛇合体。后为道教所信奉，宣称他是古净乐国王的太子，在

武当山修炼成仙。宋时因避讳，改玄为真，并尊为“镇天真武灵应祐圣帝君”，简称真武帝君。

③蒨(qiàn)：多年生蔓草，茎有刺，初秋开小黄花。根红色，可做染料，亦可供药用。

【译文】

十五日　从南天门宫殿的左侧赶到雷公洞。雷公洞在悬崖上。我想返回紫霄宫，由太子岩经过不二庵，到达五龙宫。轿夫认为迂回绕路走不方便，不如从南岩下到竹笆桥，可以游览滴水岩、仙侣岩各处胜景。于是从北天门下走，一条小径阴森森的，滴水岩、仙侣岩两座石岩都在道路左边，飞空的石崖向上突起，泉水从石岩中滴滴答答下滴，其中可容下殿宇，都供奉着真武帝君。来到竹笆桥，开始有流淌的泉水声，不过我没有顺着山涧走。于是靠着山走，翻山越岭，一路上有很多突立的岩石和高险的石崖，间杂错落在杂乱葱翠的草木丛中，不时有绽放的榔梅花，映照远近。

过白云、仙龟诸岩，共二十余里，循级直下涧底，则青羊桥也。涧即竹笆桥下流，两崖蓊葱蔽日，清流延回，桥跨其上，不知流之所去。仰视碧落[①]，宛若瓮口。度桥，直上攒天岭。五里，抵五龙宫[②]，规制与紫霄、南岩相伯仲。殿后登山里许，转入坞中，得自然庵。已还至殿右，折下坞中，二里，得凌虚岩。岩倚重峦，临绝壑，面对桃源洞诸山，嘉木尤深密，紫翠之色互映如图画，为希夷习静处[③]。前有传经台，孤瞰壑中，可与飞升作匹。还过殿左，登榔梅台，即下山至草店。

【注释】

①碧落：道家称天空为碧落。

②五龙宫：在武当山天柱峰以北。始建于唐贞观年间，称五龙祠，历代皆重建。近代已大部被毁，仅存宫门、红墙、碑亭、古井、泉池。

③希夷：即陈抟(？—989)，字图南，亳州真源人。后唐末举进士不第，隐居于武当山。太平兴国中出山，宋太宗甚看重，赐号希夷先生。

【译文】

经过白云岩、仙龟岩等处，共行二十多里，沿着石阶一直下到山涧底，便是青羊桥了。山涧中的水就是竹笆桥的下游了，两面的山崖上郁郁葱葱，遮天蔽日，清澈的溪流绵延回绕，青羊桥跨在溪流上，不知流到哪里去。仰望天空，宛如一个瓦瓮口。过桥后，直接上登攒天岭。行五里，抵达五龙宫，规模形制与紫霄宫、南岩不相上下。从大殿后面登山一里左右，转进山坞中，见到自然庵。不久返回到大殿右边，转下山坞中，行二里，来到凌虚岩。凌虚岩背靠重重山峦，前临极深的壑谷，面对桃源洞所在的群山，优美的树林特别幽深茂密，紫翠的颜色互相掩映，像图画一样，是希夷先生陈抟静心修炼的地方。前边有个传经台，独自俯瞰着壑谷中，可与飞升台相媲美。返回来经过大殿左边，登上榔梅台，随即下山来到草店。

华山四面皆石壁，故峰麓无乔枝异干；直至峰顶，则松柏多合三人围者；松悉五鬣，实大如莲，间有未堕者，采食之，鲜香殊绝。太和则四山环抱，百里内密树森罗，蔽日参天；至近山数十里内，则异杉老柏合三人抱者，连络山坞，盖国禁也。嵩、少之间，平麓上至绝顶，樵伐无遗，独三将军树巍然杰出耳。山谷川原，候同气异。余出嵩、少，始见麦畦青；至陕州，杏始花，柳色依依向人；入潼关，则驿路既平，垂杨夹道，梨李参差矣；及转入泓峪，而层冰积雪，犹满涧谷，真春风所不度也。过坞底岔，复见杏花；出龙驹寨，桃雨柳烟，所在都有。忽忆日已清明，不胜景物悴情[1]。遂自草店，越二十四日，浴佛后一日抵家[2]。以太和榔梅为老母寿[3]。

【注释】

①悴(cuì)：忧伤。

②浴佛后一日：即中历四月初九日。相传中历四月初八日为释迦牟尼生日，佛寺常于此日设会诵经，并用香水洗浴佛像，故称这一天为浴佛节。

③寿：用物献给长者祝寿。

【译文】

华山的四面都是石壁，所以山麓没有高大奇异的树木；一直上到峰顶，则有很多要三个人合围的松柏；松树全是五鬣松，松子大处如莲子，间或有还没坠落的，采下来吃，味道特别鲜嫩清香。太和山却是四面群山环抱，方圆百里之内，浓密的树林森然罗列，遮蔽天日，耸入云天；来到太和山附近几十里之内，只见要三个人合抱的奇异的杉树和苍老的柏树，连片覆盖在山坞中，大概是因为国家禁止砍伐吧。嵩山、少室山之间，从平缓的山麓上到绝顶，树木被砍伐去做烧柴，没有剩余的，唯独三棵将军树巍然竖立着，特别突出。山峦、峡谷、河川与平原，气候相同天气也会不一样。我出了嵩山、少室山，开始见到青青的麦田；来到陕州，杏花刚刚开放，翠柳随风摆动，对着人；进入潼关，就见驿道既平坦，枝条下垂的杨树夹住道路，梨树李树参差不一了；到转进泓峪时，却是一层层冰凌积着雪，积雪还遍布在山涧流经的山谷中，真是春风不度的地方呀。过了坞底岔，又见到杏花；出了龙驹寨，雨中的桃树和云烟中的垂柳，所到之处都有。忽然间想起时光已是清明时节，面对景物不由得生出忧伤的心情。于是从草店启程，经过二十四天，浴佛节后的第二天到达家中。用太和山的榔梅为老母亲祝寿。

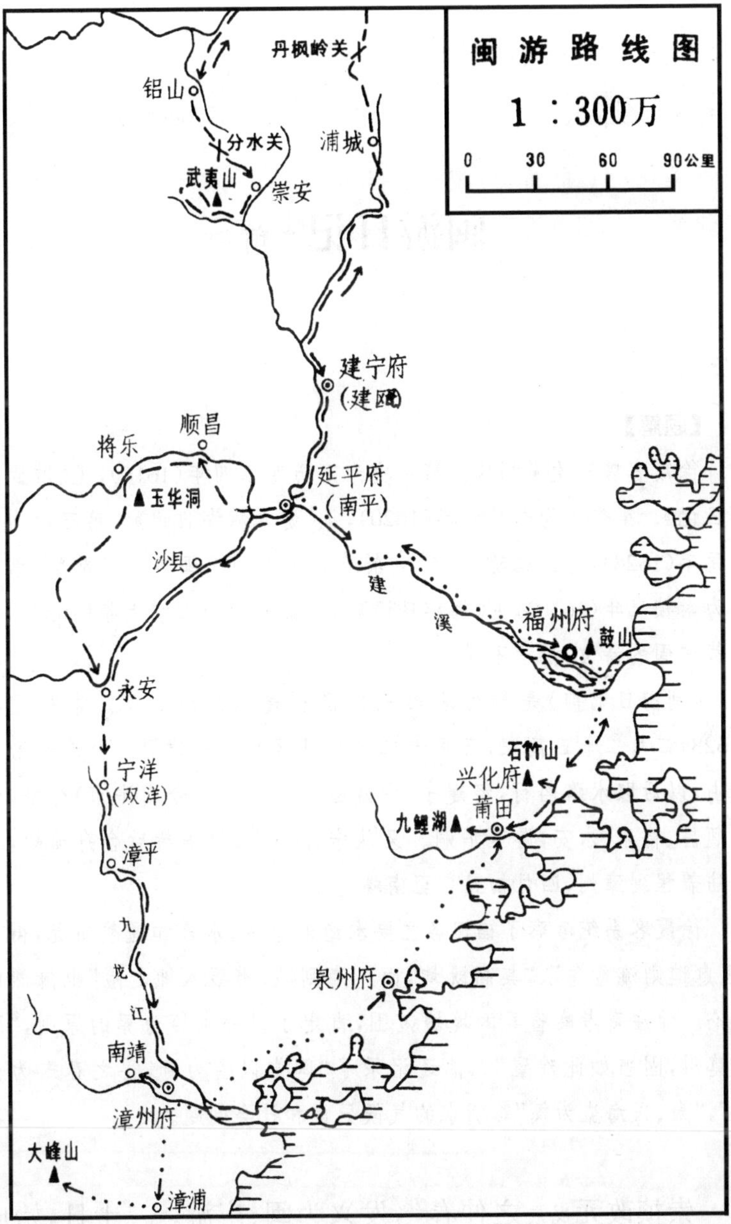

闽游路线图
1：300万
0
30
60
90公里
丹枫岭关
铅山
分水关
浦城
武夷山
崇安
建宁府
(建瓯)
顺昌
将乐
延平府
(南平)
玉华洞
沙县
建
溪
福州府
鼓山
永安
石竹山
兴化府
宁洋
(双洋)
莆田
九鲤湖
漳平
九
龙
江
泉州府
南靖
漳州府
大峰山
漳浦

闽游日记[1]前

【题解】

徐霞客曾五次游福建。第一次为万历四十四年(1616),见《游武彝山日记》。第二次为泰昌元年(1620),见《游九鲤湖日记》。第三次为崇祯元年(1628),先游福建,后到广东游罗浮山,见《闽游日记前》。第四次为崇祯三年(1630),见《闽游日记后》。第五次为崇祯六年(1633),仅见黄道周的诗文,游程不详。

《闽游日记前》是徐霞客第三次游福建的旅游日记。崇祯元年(1628)二月二十日离家,三月十二日登丹枫岭入福建界。至浦城游金斗山,以后取水路船行,经建宁(今建瓯市)至延平(今南平市)登陆,绕道顺昌、将乐、永安,游玉华洞。又从宁洋下舟,过华封后舍舟逾岭,复水陆兼程到漳州,四月初五日至南靖。

徐霞客系统考察了福建各主要水道的急缓、水量和通航情况,得出"程愈迫则流愈急"、"其高既均,而入海则减,雷轰入地之险"也愈烈的结论。他注意考察省县的境域范围,肯定了以分水岭为界的原则,"随山奠川,固当如此建置"。他还记录了"闽中以雪为奇,得之春末为尤奇","泉、兴海盗为梗"等明末的气候异常和社会问题。

崇祯改元戊辰之仲春[2],发兴为闽、广游。二十日,始成行。三月十一日，抵江山之青湖，为入闽登陆道。十五里，出石门街，与江郎为面，如故人再晤。十五里，至峡口[3]，已暮。又行十五里，宿于山坑。

【注释】

①闽(mǐn)：福建省的简称。秦设闽中郡，治冶县(今福建福州市)。该省最大的河流又称闽江。因此该省简称闽。

②改元：中国古代新的皇帝即位，都要更改年号。明代最末一个皇帝朱由检即位，改年号为崇祯，时在戊辰，即1628年。因清代雍正皇帝名胤祯，乾隆本避讳作“崇正”。仲春：中历二月。

③峡口：今名同，在浙江江山市南境。

【译文】

崇祯皇帝改年号那年戊辰年的仲春二月，萌发出去福建、广东游览的兴趣。二十日，开始动身启程。三月十一日，抵达江山县的青湖，这是进入福建弃船登上陆地走的路。行十五里，走出石门街，与江郎山见面，如同与老朋友再次会面一样。行十五里，来到峡口，已是傍晚。又行十五里，住宿在山坑。

十二日　二十里，登仙霞岭。三十五里，登丹枫岭[1]，岭南即福建界。又七里，西有路越岭而来，乃江西永丰道，去永丰尚八十里。循溪折而东，八里至梨岭麓，四里登其巅，前六里，宿于九牧[2]。

【注释】

①丹枫岭：又省称枫岭。霞客所过即今浙江、福建界上的枫岭关，现公路仍从此经过。

②九牧：今名同，在福建浦城县北隅的公路旁。

【译文】

十二日　行二十里，登上仙霞岭。行三十五里，登上丹枫岭，丹枫岭南面就是福建境内。又行七里，西边有条路越过山岭过来，是去江西省永丰县的路，距离永丰县城还有八十里路。沿着溪流折向东，八里后来到梨岭的山麓，四里后登上峰头，前行六里，住在九牧。

十三日　三十五里，过岭，饭于仙阳[①]。仙阳岭不甚高，而山鹃丽日，颇可爱。饭后得舆，三十里抵浦城[②]，日未晡也。时道路俱传泉、兴海盗为梗[③]，宜由延平上永安。余亦久蓄玉华之兴，遂觅延平舟。

【注释】

①仙阳：今名同，在浦城县北境的公路旁。

②浦城：明为县，隶建宁府，即今福建浦城县。

③泉：即泉州府，治晋江，即今泉州市。兴：即兴化府，治莆田，即今莆田市。

【译文】

十三日　行三十五里，越过山岭，在仙阳吃饭。仙阳岭不怎么高，可山中的杜鹃花和艳丽的红日，很是可爱。饭后找到车子，行三十里后抵达浦城县城，时间还没到下午三时。这时道路上都流传着泉州府、兴化府有海盗作梗，最好经由延平府溯流上到永安县。我也很久就怀有游览玉华洞的兴趣，于是找到了去延平府的船。

十四日　舟发四十里，至观前[①]。舟子省家早泊[②]，余遂过浮桥，循溪左登金斗山。石磴修整，乔松艳草，幽袭人裾。

过三亭，入玄帝宫，由殿后登岭。兀兀中悬，四山环拱，重流带之，风烟欲暝，步步惜别！

【注释】

①观前：今名同，在浦城县南境，南浦溪与临江溪的汇口处。

②省（xǐng）：探望。

【译文】

十四日　船行了四十里，来到观前。船夫回家探望早早就把船停下，我便走过浮桥，沿着溪流的左岸上登金斗山。石阶修建很整齐，高大的松树，艳丽的花草，幽香袭人衣襟。经过三座亭子，进入玄帝宫，由大殿后面登岭。这座岭高高地悬在中央，四面群山环绕拱卫着，一条条溪流像带子一样回绕着它，山风云烟，天色将晚，一步步舍不得离开！

十五日　辨色即行[①]。悬流鼓楫，一百二十里，泊水矶。风雨彻旦[②]，溪喧如雷。

【注释】

①辨色：指天微明，刚可辨色。

②彻旦：通宵达旦。

【译文】

十五日　刚能分辨天色马上动身。乘着汹涌的水势摇桨行船，一口气前行一百二十里，船停泊在水矶。风雨通宵达旦，溪流喧嚣如雷鸣一般。

十六日　六十里，至双溪口[①]，与崇安水合。又五十五里，抵建宁郡[②]。雨不止。

【注释】

①双溪口：应在今建瓯市北隅的丰乐，位于南浦溪与崇阳溪汇口处。

②建宁郡：即建宁府，有建安和瓯宁两附郭县，后府改为县，合称建瓯，即今建瓯市。明代无郡，《游记》中常称府为"郡"。

【译文】

十六日　行六十里，来到双溪口，与崇安县流来的溪流合流。又行船五十五里，抵达建宁府城。雨没停。

十七日　水涨数丈，同舟俱阁不行①。上午得三板舟，附之行②。四十里，太平驿，四十里，大横驿③，过如飞鸟。三十里，黯淡滩，水势奔涌。余昔游鲤湖过此，但见穹石崿峙，舟穿其间，初不谓险；今则白波山立，石悉没形，险倍昔时。十里，至延平④。

【注释】

①阁：通"搁"，即搁浅、停船。

②附：搭乘。

③大横驿：今仍称大横，在南平市东北隅，建溪西岸。

④延平：明置府，治南平，即今南平市。

【译文】

十七日　溪水上涨了几丈，同行的船都停船不走了。上午找到一条三板舟，搭乘三板舟前行。行四十里，到太平驿，行四十里，到大横驿，一路过来像飞鸟一样快。行三十里，经过黯淡滩，水势奔腾汹涌。我从前出游九鲤湖时曾路过此地，只见穹隆的石崖耸峙在两岸，船穿行在其中，当初不认为险要；今天却是白色的波涛像山一样立起来，岩石全被水面淹没了，比从前加倍凶险。行十里，到达延平府城。

十八日　余以轻装出西门，为玉华洞游。南渡溪，令奴携行囊由沙县上水，至永安相待。余陆行四十里，渡沙溪而西。将乐之水从西来，沙县之水从南来，至此合流①，亦如延平之合建溪也。南折入山，六十里，宿三连铺，乃瓯宁、南平、顺昌三县之界②。

【注释】

①“将乐之水”三句：霞客所经应即今沙溪口，在富屯溪与沙溪汇合处，位于今南平市西隅。

②三县之界：原误作“三里县界”，据“四库”本、叶本改。

【译文】

十八日　我带着轻装走出西门，去游览玉华洞。向南渡过溪流，命令奴仆带上行李经由沙县走水路上行，到永安县城等我。我走陆路前行四十里，渡过沙溪往西行。将乐县的溪水从西边流来，沙县的溪水从南面流来，流到此地合流，也像建溪的水在延平府合流一样了。向南转进山，行六十里，住在三连铺，是瓯宁县、南平县、顺昌县三县的交界处。

十九日　五里，越白沙岭，是为顺昌境①。又二十五里，抵县。县临水际，邵武之水从西来②，通光泽③；归化之水从南来④，俱会城之东南隅。隔水望城，如溪堤带流也。循水南行三十里，至杜源，忽雪片如掌。十五里至将乐境，乃杨龟山故里也⑤。又十五里，为高滩铺⑥。阴霾尽舒，碧空如濯，旭日耀芒，群峰积雪，有如环玉。闽中以雪为奇，得之春末为尤奇。村氓市媪⑦,俱曝日提炉⑧;而余赤足腾踔⑨,良大快也!二十五里,宿于山涧渡之村家。

【注释】

①顺昌:隶延平府,即今顺昌县,但治所在富屯溪西岸。

②邵武:明置府,治邵武,即今邵武市。

③光泽:明为县。隶邵武府,即今光泽县。邵武之水即西溪,又称紫云溪,即今富屯溪。

④归化:成化七年(1471)以清流县的明溪镇置归化县,隶汀州府,即今明溪县。此水为将溪,又称大溪,即今金溪。明时以归化县境往北流入将溪之水为将溪主源。

⑤杨龟山:即杨时(1053—1135),将乐人,字中立,别号杨龟山。杨为熙宁进士,学于程颢、程颐,官至龙图阁直学士。晚年著书讲学,人称龟山先生。著作有《杨龟山先生集》。

⑥高滩铺:即今高塘,又作高唐,在将乐县东境,金溪南岸。

⑦氓(méng):居住在郊野的老百姓。媪(ǎo):年老的妇人。

⑧曝(pù):晒。

⑨腾踔(chuō):原作"飞腾",据"四库"本改。踔,远腾貌。

【译文】

十九日　行五里,越过白沙岭,这里是顺昌县的辖境。又行二十五里,抵达顺昌县城。县城临近水边,邵武府的溪水从西面流来,上游通到光泽县;归化县的溪水从南边流来,都在县城的东南角汇流。隔着溪水眺望城墙,如溪流的堤坝一样围绕着流水。沿着溪水往南行三十里,来到杜源,忽然天降雪花,如手掌一样大。十五里后到达将乐县境内,是杨龟山先生的故乡。又行十五里,是高滩铺。阴霾完全散开,碧空如洗,旭日闪耀着光芒,积雪的群峰,有如白玉一样环绕着。福建省内以下雪作为奇特的事情,在春末下雪就更为奇特。村民和集市上的老妇人，全都在晒太阳或提着火炉取暖；而我却光着脚飞跑，真是太痛快了！行二十五里，住宿在山涧渡的村民家中。

二十日　渡山涧，溯大溪南行。两山成门曰莒峡。溪崖不受趾，循山腰行。十里，出莒峡铺，山始开。又十里，入将乐[①]。出南关，渡溪而南，东折入山，登滕岭。南三里，为玉华洞[②]。先是，过滕岭即望东南两峰耸立，翠壁嶙峋，迥与诸峰分形异色。抵其麓，一尾横曳，回护洞门。门在山坳间，不甚轩豁[③]，而森碧上交，清流出其下，不觉神骨俱冷。山半有明台庵，洞后门所经。余时未饭，复出道左登岭。石磴萦松，透石三里，青芙蓉顿开，庵当其中。饭于庵，仍下至洞前门，觅善导者。乃碎斫松节置竹篓中，导者肩负之，手提铁络，置松燃火，烬辄益之。初入，历级而下者数尺，即流所从出也。溯流屈曲，度木板者数四，倏隘倏穹，倏上倏下，石色或白或黄，石骨或悬或竖，惟"荔枝柱"、"风泪烛"、"幔天帐"、"达摩渡江"、"仙人田"、"葡萄伞"、"仙钟"、"仙鼓"最肖。沿流既穷，悬级而上，是称"九重楼"。遥望空濛[④]，忽曙色欲来，所谓"五更天"也。至此最奇，恰与张公洞由暗而明者一致[⑤]。盖洞门斜启，玄朗映彻，犹未睹天碧也。从侧岭仰瞩，得洞门一隙，直受圆明。其洞口由高而坠，弘含奇瑰，亦与张公同。第张公森悬诡丽者，俱罗于受明之处；此洞炫巧争奇，遍布幽奥，而辟户更拓。两洞同异，正在伯仲间也。拾级上达洞顶，则穹崖削天，左右若青玉赪肤[⑥]，实出张公所未备。下山即为田塍。四山环锁，水出无路，汩然中坠，盖即洞间之流，此所从入也。复登山半，过明台庵。庵僧曰：

“是山石骨棱厉，透露处层层有削玉裁云态，苦为草树所翳，故游者知洞而不知峰。”遂导余上拾鸟道，下披蒙茸，得星窟焉。三面削壁从悬，下坠数丈。窟旁有野橘三株，垂实累累。从山腰右转一二里，忽两山交脊处，棘翳四塞，中有石磴齿齿，萦回于悬崖夹石间。仰望峰顶，一笋森森独秀。遂由洞后穹崖之上，再历石门，下浴庵中，宿焉。

【注释】

①将乐：明为县，隶延平府，即今将乐县。

②玉华洞："洞"后原衍"道"字，据"四库"本删。玉华洞在将乐城东南九公里，有两条甬道，全长约七公里，由藏禾洞、雷公洞、果子洞、溪源洞、黄泥洞、白云洞等六洞组成，内有阴河三条。

③轩豁(xuān huò)：开朗。

④空濛：细雨迷茫的样子。

⑤张公洞：相传汉代张道陵在此修道，唐代张果老在此隐居，故名。在江苏宜兴市东南湖汊(fù)镇附近，有海王厅、洞中洞等胜景，为游览胜地。

⑥赪(chēng)：红色。

【译文】

二十日　渡过山涧，溯大溪往南行。两面的山形成门，叫做莒峡。溪流边的石崖不能落脚，沿着山腰前行。行十里，出到莒峡铺，山势开始开阔起来。又行十里，进入将乐县城。走出县城南关，渡过溪流往南走，向东转进山，登上滕岭。向南三里，是玉华洞。这之前，翻过滕岭就望见东南方有两座山峰耸立着，苍翠嶙峋的石壁，与群峰迥然不同，形态与色彩都分别各异。到达山麓，一条山脊像尾巴一样横拖过来，围护着洞口。洞口在山坳中，不怎么轩敞开阔，可绿色的森林交错在上面，清澈的流水出现在洞口下方，不知不觉身心都起了凉意。半山腰上有个明台庵，是去玉华洞后洞口经过的地方。我这时还没有吃饭，又出来，从道路左边登岭。石阶两旁松林萦绕，在石阶路上穿行了三里路，芙蓉般的青山顿时开阔起来，明台庵位于青山丛中。在明台庵吃饭，仍然下到前洞口，找到一个熟悉地形的向导。于是把松树节砍碎放在竹篓子中，向导用肩背着竹篓子，手提铁丝网，把松明放在上面燃烧，快烧完就添加一些。刚进去时，经过台阶往下走进去几尺，立即有水流从里面流出来了。溯水流曲曲折折地进去，四次从木板上走过去，忽而狭窄，忽而穹隆而起，忽而在上，忽而在下，岩石的颜色有时是白的有时是黄的，骨头样的岩石有悬垂的有直竖着的，唯有“荔枝柱”、“风泪烛”、“幔天帐”、“达摩渡江”、“仙人田”、“葡萄伞”、“仙钟”、“仙鼓”最像。沿着流水走到头后，经由高悬的石阶往上走，这里称为“九重楼”。遥望空中雾蒙蒙的，忽然见有天将要发亮的光线，这就是所谓的“五更天”的景色了。到了这里最为奇妙，恰好与江苏宜兴县的张公洞从黑暗中走向光明的景象是一样的。大概是洞口斜斜地敞开，远处明亮的光线映照进来，从这里还看不见碧蓝的天空。从侧面的岭下抬头细看，有个洞口露出一条缝隙。圆圆的洞口直接接受着阳光。这个洞口从高处往下坠，十分宽大，深藏着奇异瑰丽的景色，也与张公洞相同。只是张公洞森然悬绝与诡异绮丽之处，全都罗列于接受亮光之处；这个山洞炫目奇巧，争奇斗妍，遍布着幽深隐秘的景象，而且另外开有别的洞口。两个山洞的异同高下，正好在不相上下之间。沿着台阶上到洞顶，只见高大的悬崖如刀削的一般，直插云天，左右两侧如红色外皮的青玉一样，确实有超出张公洞所不具备的地方。下山就是田野。四面群山环绕闭锁，水流没有出路，哗哗地向中央下坠，大概就是洞中的流水，此处是水流进去的地方了。又登到半山腰，经过明台庵。明台庵的僧人说：“这座山的岩石棱角分明，外露之处一层层的，有白玉削成、裁剪云霞的姿态，苦于被草丛树木遮住了，所以游览的人只知道游览山洞却不知道游览山峰。”于是带领我走上小道，分开茂密的草丛下走，来到星窟。三面陡削的石壁成丛高悬着，下坠深达几丈。星窟旁边有三棵野橘树，垂挂着累累的果实。从山腰上向右转一二里路，忽然两条山脊交接的地方，荆棘密蔽四面阻塞，中间有一齿齿的石阶路，曲折回绕在悬崖和夹立的岩石间。抬头望峰顶，一座竹笋般的山峰森然独立竞秀。于是经由玉华洞后面高大的悬崖之上，再经过石门，下到明台庵中洗澡，住在庵中。

二十一日　仍至将乐南门，取永安道。

【译文】

二十一日　仍然来到将乐县城的南门，取道去永安县。

二十四日　始至永安[1]，舟奴犹未至。

【注释】

①永安：明为县，隶延平府，即今永安市。

【译文】

二十四日　终于到达永安县城，乘船的奴仆还没来到。

二十五日　坐待奴于永安旅舍。乃市顺昌酒，浮白楼下[1]。忽呼声不绝，则延平奴也。遂定明日早行计。

【注释】

①浮白：泛指饮酒。浮，罚人饮酒。白，饮完举杯告白。

【译文】

二十五日　在永安县城的旅店中坐着等奴仆。于是买来顺昌县酿制的酒，在楼下饮酒。忽然听见有不断的呼叫声，原来是从延平府来的奴仆。于是决定明天早晨启程。

二十六日　循城溯溪，东南二十里，转而南二十五里，登大泄岭，岧峣行云雾中①。如是十五里，得平阪②，曰林田③。时方下午，雨大，竟止。林田有两溪自南来，东浑赤如血，西则一川含绿，至此合流。

【注释】

①岧峣（tiáo yáo）：山高峻的样子。

②阪（bǎn）：山坡。

③林田：今名同，在永安市南隅。

【译文】

二十六日　顺着城墙溯溪流走，往东南行二十里，转向南前行二十五里，登上大泄岭，山峰高峻，前行在云雾中。如此前行了十五里，走上平缓的山坡，叫林田。此时方才下午，雨太大，竟然停下了。林田有两条溪流自南边流来，东边的溪水又浑浊又是红色的，像血一样，西边的则是一条含着绿色的清流，流到此地合流。

二十七日　溯赤溪行。久之，舍赤溪，溯澄溪。共二十里，渡坑源上下桥，登马山岭。转上转高，雾亦转重，正如昨登大泄岭时也。五里，透其巅①，为宁洋界。下五里，饭于岭头。时旭日将中，万峰若引镜照面。回望上岭，已不可睹，而下方众岫骈列，无不献形履下。盖马山绝顶，峰峦自相亏蔽，至此始廓然为南标。询之土人，宁洋未设县时，此犹属永安；今则岭北水俱北者属延平，岭南水俱南者属漳州。随山奠川，固当如此建置也。其地南去宁洋三十里，西为本郡之龙岩②，东为延平之大田云③。下山十里，始从坑行。渡溪桥而南，大溪遂东去。逾岭，复随西来小溪南行，二十里，抵宁洋东郭④。绕城北而西，则前之大溪经城南来，恰与小溪会，始胜舟⑤。

【注释】

①透：通过，穿过。

②龙岩：明为县，隶漳州府，即今龙岩市。

③大田：嘉靖十五年(1536)置县，隶延平府，即今大田县。

④宁洋：本为龙岩县东西洋巡检司，嘉靖四十五年(1566)改置县，隶漳州府，治今漳平市北境的双洋。

⑤胜舟：通航。胜，胜任，载得起。

【译文】

二十七日　溯红色的那条溪流前行。走了很久，离开红色的溪流，溯橙色的溪流前行。共二十里，渡过坑源上桥和下桥，上登马山岭。越上走越高，雾也越来越浓，正像昨天上登大泄岭时一样了。走了五里，穿过浓雾登上岭头，是宁洋县辖境。下山五里，在岭头吃饭。这时旭日将近中天，万峰在阳光下好像在用镜子照脸。回头遥望上面的岭头，已经看不见了，可下方群峰并列，无不呈现在我的脚下。在马山岭的绝顶上，峰峦自身互相遮蔽，来到此处眼界才开阔起来，马山岭是南面的最高峰。询问当地人，才知道宁洋未设县时，此地还隶属于永安县；今天则是岭北的水流以及以北的地区全属于延平府，岭南的水流以及以南的地区全属于漳州府。依据山势来确定河流的归属，政区的设置本来就应当如此。此地南面距离宁洋县城三十里，西面是漳州府的龙岩县，东面是延平府的大田县。下山十里，开始在坑谷中前行。渡过溪流上的桥往南行，大溪于是向东流去。越过山岭，又顺着西面流来的小溪往南行，二十里，抵达宁洋县城东面的外城。绕到城北向西走，就见先前渡过的大溪流经城南流来，恰好与小溪汇合，开始能通航。

二十八日　将南下，传盗警，舟不发者两日。

【译文】

二十八日　即将南下，传来有盗匪的警报，船停航两天。

四月初一日　平明，舟始前，溪从山峡中悬流南下。十余里，一峰突而西，横绝溪间，水避而西，复从东折，势如建瓴①，曰石嘴滩。乱石丛立，中开一门，仅容舟。舟从门坠，高下丈余，余势屈曲，复高下数丈，较之黯淡诸滩，大小虽殊悬，险更倍之也。众舟至此，俱鳞次以下。每下一舟，舟中人登岸，共以缆前后倒曳之，须时乃放。过此，山峡危逼，覆嶂插天，曲折破壁而下，真如劈翠穿云也。三十里，过馆头，为漳平界。一峰又东突，流复环东西折，曰溜水滩。峰连嶂合，飞涛一缕，直舟从云汉②，身挟龙湫矣。已而山势少开，二十余里，为石壁滩。其石自南而突，与流相扼，流不为却，捣击之势，险与石嘴、溜水而三也。下此，有溪自东北来合；再下，夹溪复自东北来合，溪流遂大，势亦平。又东二十里，则漳平县也③。

【注释】

①建瓴（líng）：从高处翻倒瓶里的水，形容其向下之势很容易。建，

覆。瓴，古代一种装水的瓶子。

②云汉：天河。

③漳平县：隶漳州府，即今漳平市。

【译文】

四月初一日　天亮时，船开始前行，溪流从山峡中向南奔流而下。行十多里，一座山峰向西前突，横堵在溪流中间，溪水向西流避开山峰，又向东转，水势如高屋建瓴，叫做石嘴滩。杂乱的岩石成丛耸立，中间开有一道石门，仅能容下一条船通过。船从石门中下坠，高差达一丈多，余下的河道水势曲折，又有几丈的落差，与黯淡滩等险滩比较，虽然有大小的悬殊，比这些险滩更是加倍险恶。众多的船只来到这里，都鳞次栉比地排列着按顺序下行。每下去一条船，船上的人登上岸，共同用缆绳前前后后地倒拉着船走，必须到可以通行时才放开。过了此地后，山峡高险狭窄，重重山峰高插云天，曲折地破开石壁下行，真好像劈开青山穿过云雾了。行三十里，经过馆头，是漳平县的辖境。一座山峰又向东前突，溪流又绕过东面向西转，叫做溜水滩。群峰连绵险峰闭合，一缕飞流的波涛，简直像是船行走在天河中，身在大龙湫瀑布中了。继而山势稍微开阔了些，行二十多里，来到石壁滩。这里的岩石自南面往前突，扼住水流，水流不因此退却，奔腾冲击的水势，险恶之势与石嘴滩、溜水滩一样，成为第三处险滩了。下了这处险滩，有条溪流从东北方流来汇合；再下行，夹溪又从东北方流来汇合，溪流于是变大，水势也平缓起来。又向东行船二十里，就到漳平县城了。

宁洋之溪[①]，悬溜迅急，十倍建溪。盖浦城至闽安入海[②]，八百余里，宁洋至海澄入海，止三百余里，程愈迫则流愈急。况梨岭下至延平，不及五百里，而延平上至马岭，不及四百里而峻[③]，是二岭之高伯仲也。其高既均，而入海则减，雷轰入地之险，宜咏于此。

【注释】

①宁洋之溪：明称东洋溪，即今双洋溪。建溪：明代通称闽江北源为建溪。

②闽安：即闽安镇。今仍称闽安，在福州市东隅，闽江北岸，马尾镇与亭江镇之间。

③不及四百里而峻：原脱“里”字，据“四库”本补。

【译文】

宁洋县的溪流，河道高悬，水流迅疾，是建溪的十倍。大概从浦城县流到闽安镇入海，有八百多里，从宁洋县流到海澄县入海，只有三百多里，流程越短水流就越湍急。何况从梨岭下到延平府，不到五百里，而从延平府上到马山岭，不到四百里，却很陡峻，这样，两座岭的高度不相上下了。高度既然相差不大，但入海的路程却减短了，形成水声雷鸣般轰响、水势像要入地的险滩，原因应该就在于此。

初二日　下华封舟。行数里，山势复合，重滩叠溜[①]，若建溪之太平、黯淡者，不胜数也。六十里，抵华封[②]，北溪至此皆从石脊悬泻[③]，舟楫不能过，遂舍舟逾岭。凡水惟滥觞之始[④]，不能浮槎[⑤]，若既通，而下流反阻者，止黄河之三门集津[⑥]，舟不能上下。然汉、唐挽漕[⑦]，缆迹犹存；未若华封，自古及今，竟无问津之时。拟沿流穷其险处，而居人惟知逾岭，无能为导。

【注释】

①溜(liù)：水流。

②华封：即今华安县治。

③北溪：明代亦称九龙江，即今九龙江。

④滥觞(shāng)：形容江河源流甚微，仅能漫溢一觞。滥，水漫溢。觞，古代的酒器。

⑤槎(chá)：用竹木编成的筏。

⑥三门：黄河中游著名峡谷之一，在今三门峡市与山西平陆县间。河床中有坚硬的岩岛将水道分成三股急流，北称“人门”，中称“神门”，南称“鬼门”。新中国建立后在此建成三门峡水利枢纽工程。

⑦挽漕(cáo)：利用水道转运粮食。

【译文】

初二日　下到去华封的船中。行船几里后，山势又合拢起来，险滩重重，激流迭现，像建溪的太平滩、黯淡滩的险滩，多得数不过来。六十里，抵达华封，北溪流到这里，水流便都是从石头山脊上悬空下泻，舟船不能通过，于是下船翻越山岭。凡是河流，唯有发源的起始阶段，不能浮起木筏，如果已经通航后，在下游反而受阻的，只有黄河的三门集津，舟船不能上下。然而汉代、唐代拉船漕运粮食，缆绳的遗迹还保存着；不像华封，从古至今，竟然没有通航的时候。打算沿着水流穷究河道中的险要处，但居民只知道越岭走的路，无人能为我做向导。

初三日　登岭，十里至岭巅，则溪水复自西来，下循山麓，俯瞰只一衣带水耳①。又五里，则陨然直下②，又二里，抵溪。舟行八十里，至西溪③。西南陆行三十里④，即漳郡；顺流东南二十里，为江东渡⑤，乃兴、泉东来驿道也⑥；又顺流六十里，则出海澄入海焉⑦。

【注释】

①一衣带水：水道只有一条衣带那样狭窄。

②陨(kuì):坠落。

③西溪:今仍称西溪,又称龙江,为九龙江支流,从西向东经漳州至江东渡以南入九龙江。霞客在江东渡以北二十里就已登陆取道漳州,则此处"西溪"疑为"溪口"之误。溪口在长泰县长泰溪(今称龙津溪)入龙江处,明时称溪口,曾设巡检司。

④三十里:"四库"本作"二十里"。

⑤江东渡:即今江东,在龙海市北境,九龙江东岸,有通泉州的公路经过。

⑥驿(yì)道:古代为驿马、传车通行而开辟的交通大道。

⑦海澄:嘉靖四十五年(1566)以龙溪县的靖海馆置县,隶漳州府,治所在今龙海市稍东南,现仍称海澄。新中国成立后改名龙海县,县治迁到石码。

【译文】

初三日　登上山岭,十里后来到岭头,就见北溪的水又从西边流来,在下面沿着山麓流淌,俯瞰溪水,只有一条衣带那样宽罢了。又行五里,就一直坠落而下,又行二里,抵达溪流边。乘船行八十里,到达西溪。往西南从陆地上前行三十里,就到了漳州府;顺溪流往东南行二十里,到江东渡,是从东面兴化府、泉州府过来的驿道了;又顺流前行六十里,溪流就流出海澄县进入大海。

初四日　舆行二十里,入漳之北门[①]。访叔司理[②],则署印南靖,去郡三十里。遂雨中出南门,下夜船往南靖。

【注释】

①漳:即漳州府,治龙溪,即今漳州市。

②司理:即司理参军,为宋代置于各府州掌狱讼的官。元明时各府置推官一人,掌勘问刑狱,但相沿仍称推官为司理。霞客族叔徐

日升，字华祝，天启乙丑进士，当时在漳州府为推官。

【译文】

初四日　乘车前行二十里，进入漳州府城的北门。去拜访任推官的族叔，可他到南靖县代理县令职务去了，距离府城有三十里路。于是在雨中走出南门，下到船中在夜间赶往南靖县。

初五日　晓始达南靖[①]，以溯流迂曲也。溪自南平来，至南靖六十里，势与西溪同其浩荡，经漳郡南门，亦至海澄入海。不知漳之得名，两溪谁执牛耳也[②]？

【注释】

①“晓始”句：原脱“始”字，据“四库”本补。南靖，明为县，隶漳州府，治今南靖县东隅的靖城，在西溪北岸。

②执牛耳：古时诸侯歃血为盟，割牛耳取血，盛于珠盘，由主盟者执拿，因称主盟者为执牛耳。后泛指在某一方面为主或居领导地位的为执牛耳。《闽游日记》开始说：“崇祯改元（戊辰）之仲春，发兴为闽、广游。”霞客这次游程到南靖并未结束。此后又访黄石斋于漳浦墓次，再从漳浦徒步游访郑鄤于广东，登罗浮山，携山中梅树归。

【译文】

初五日　拂晓才到达南靖县城，是因为逆流行船、河道迂回曲折的原因了。溪流自南平县流来，流到南靖县有六十里，水势与西溪一样浩浩荡荡，流经漳州府城的南门，也是流到海澄县入海。不知漳州府的得名，两条溪流是以哪一条为主呢？

闽游日记后

【题解】

《闽游日记后》是徐霞客第四次游福建的游记。

徐霞客于崇祯三年(1630)七月十七日启行,三十日过江山青湖,舍舟登陆。八月初二日入福建浦城,十九日抵漳州。这次旅游路线基本与第三次游闽的一致,只是南平至永安段从沙溪船行。这次新游览的景点有浙江、福建间的浮盖山,游白花岩、龙洞,登浮盖绝顶。在永安游桃源洞,盛赞"一线天"之奇。过华封,沿流穷九龙江石滩最险处。这些风景藏在深山,很难探历。"余闻白花岩益喜,即迂道且趋之,况其近也!""此峡中最险处,自念前以雨阻不能达,今奈何交臂失之?"徐霞客的探险精神跃然纸上。两次游闽虽路线相同,但前后详略互补,重点突出,不重复累赘。

庚午春[①],漳州司理叔促赴署。余拟是年暂止游屐,而漳南之使络绎于道,叔祖念莪翁,高年冒暑,坐促于家,遂以七月十七日启行。二十一日至武林[②]。二十四日渡钱唐[③],波平不縠[④],如履平地。二十八日至龙游[⑤],觅得青湖舟,去衢尚二十里,泊于樟树潭[⑥]。

【注释】

①庚午：明崇祯三年(1630)。

②武林：杭州的别称，因其西的武林山得名。

③钱唐：即钱塘，今钱塘江。

④波平不縠(hú)："不"，陈本作"冰"。縠，有绉纹的纱。此处作"皱解"。

⑤龙游：明为县，隶衢州府，即今龙游县。

⑥樟树潭：今名同，亦称樟潭，在衢州市稍东，衢江南岸。

【译文】

庚午年春天，担任漳州府推官的族叔催促我去他的官署。我本打算今年暂时停止外出游览，可漳州府南来的使者不绝于道，族祖徐念莪老人家，年寿已高，冒着暑热，坐在家中催促我，于是在七月十七日启程。二十一日来到杭州。二十四日渡过钱塘江，水面平静没有波浪，如同走在平地上。二十八日到达龙游县，找到去青湖的船，距离衢州府城还有二十里，船停泊在樟树潭。

三十日　过江山，抵青湖，乃舍舟登陆。循溪觅胜，得石崖于北渚。崖临回澜，澄潭漱其址，隙缀茂树，石色青碧，森森有芙蓉出水态。僧结槛依之，颇觉幽胜。余踞坐石上，有刘对予者，一见如故，因为余言："江山北二十里有左坑，岩石奇诡，探幽之屐，不可不一过。"余欣然返寓，已下午，不成行。

【译文】

三十日　经过江山县，抵达青湖，于是离开船登上岸。沿着溪流寻找景色优美的地方，在靠北的水边找到一处石崖。石崖前临回旋的波澜，澄澈渊深的水流冲刷着石崖的底部，石缝间点缀着茂盛的树木，石头的颜色青翠碧绿，高高耸立有着出水芙蓉的姿态。僧人靠着石崖建了栏杆，觉得很是幽雅秀丽。我盘腿坐在岩石上，有个叫刘对予的人，一见如故，他于是对我说："江山县北面二十里处有个左坑，岩石奇丽诡谲，探寻幽境的脚步，不能不去那里一次。"我欣然返回寓所，已经是下午，未能成行。

八月初一日　冒雨行三十里。一路望江郎片石，咫尺不可见。先拟登其下，比至路口，不果。越山坑岭，宿于宝安桥①。

【注释】

①宝安桥：今作"保安"，在浙江江山市南境。

【译文】

八月初一日　冒雨前行三十里。一路上望见江郎山的一片片岩石，咫尺之间都看不见。原来打算上登到江郎山下，等走到路口时，没能登山。越过山坑岭，住在宝安桥。

初二日　登仙霞，越小竿岭，近雾已收，惟远峰漫不可见。又十里，饭于二十八都①。其地东南有浮盖山，跨浙、闽、江西三省，衢、处、信、宁四府之境②，危峙仙霞、犁岭间③，为诸峰冠。枫岭西垂，毕岭东障，梨岭则其南案也；怪石拏云，飞霞削翠。余每南过小竿，北逾梨岭，遥瞻丰采，辄为神往。既饭，兴不能遏，遍询登山道。一牧人言："由丹枫岭而上，为大道而远；由二十八都溪桥之左越岭，经白花岩上，道小而近。"余闻白花岩益喜，即迂道且趋之，况其近也！遂越桥南行数十步，即由左小路登岭。三里下岭，折而南，渡一溪，又三里，转入南坞，即浮盖山北麓村也。分溪错岭，竹木清幽，里号“金竹”云。度木桥，由业纸者篱门入，取小级而登。初皆田畦高叠，渐渐直跻危崖。又五里，大石磊落，棋置星罗，松竹与石争隙。已入胜地，竹深石转，中峙一庵，即白花岩也。僧指其后山绝顶，峦石甚奇。庵之右冈环转而左，为里山庵。由里山越高冈两重转下，山之阳则大寺也。右有犁尖顶，左有石龙洞，前瞰犁岭，可俯而挟矣。余乃从其右，二里，憩里山庵。里山至大寺约七里，路小而峻。先跻一冈，约二里，冈势北垂。越其东，坞下水皆东流，即浦城界。又南上一里，越一冈，循其左而上，是谓狮峰。雾重路塞，舍之。逾冈西下，复转南上，二里，又越一冈，其左亦可上狮峰，右即可登龙洞顶。乃南向直下，约二里，抵大寺。石痕竹影，白花岩正得其具体，而峰峦环列，此真独胜。雨阻寺中者两日。

【注释】

①二十八都：今名同，在江山市西南隅。

②衢：衢州府，浙江最西的一个府，辖境大体为今衢州市所辖各县。处：处州府，浙江西南的一个府，辖境大体即今丽水市辖各县。信：广信府，江西最东的一个府，大体为今上饶市辖的东南半各县。宁：建宁府，福建最北的一个府，大体为今南平市辖的东北部各县。

③犁岭：文中犁、梨互用，但从对于“犁头尖石”的描述，以形得名，此字均应为“犁”。

【译文】

初二日　登上仙霞岭，越过小竿岭，近处的雾已经收敛起来，唯有远处的山峰还迷漫一片，不能看见。又行十里，在二十八都吃饭。这个地方东南方有浮盖山，跨越在浙江、福建、江西三省的衢州府、处州府、广信府、建宁府四府的境内，高高耸峙在仙霞岭、梨岭之间，成为群峰中的最高峰。枫岭在西面垂落下来，毕岭阻隔在东面，梨岭就是浮盖山南面的案山了；浮盖山上怪石纷乱如云，云霞飞舞，翠壁陡削。我每次向南越过小竿岭，往北越过梨岭，远远瞻望浮盖山的风采，总是为之神往。饭后，不能遏制上登浮盖山的兴致，四处打听登山的路。一个牧人说："从丹枫岭往上走，是大道，但路要远一些；由二十八都溪流上的桥的左边翻越山岭，经过白花岩上登，路小，但近一些。"我听说有白花岩就更加高兴，即便是绕路也要赶过去，何况是条近路呢！于是过桥后向南走了几十步，立即由左边登岭。三里后下岭，折向南，渡过一条溪流，又行三里，转入南面的山坞，就到了浮盖山北麓的村子了。溪水分流，山岭错杂，竹木清雅幽静，村子名叫金竹里。走过木桥，由造纸为业的人家的篱笆门中进去，沿着小石阶上登。起初都是高低层叠的田地，渐渐直接上登高险的山崖。又行五里，巨石众多杂乱，星罗棋布，松竹与巨石争夺空间。不久进入风景优美的地方，竹林幽深，山石回转，中间屹立着一座寺庵，这就是白花岩了。僧人指点，白花岩后山的绝顶，山峦岩石非常奇特。寺庵的右边，山冈环绕转向左边，是里山庵。由里山庵翻越两重高高的山冈后转而下走，山的南面就是大寺了。右边有梨尖顶，左边有石龙洞，前方俯瞰着梨岭，像是弯下身子用胳膊就可以围抱过来了。我于是从寺庵的右边走，走了二里，在里山庵休息。里山庵到大寺约有七里路，路小而且陡峻。我先登上一座山冈，大约二里路，山势向北下垂。翻越到山冈的东面，山坞下面的水流都是往东流，是浦城县境内了。又向南上登一里，越过一座山冈，沿着这座山冈的左侧往上走，这是所谓的狮峰。大雾重重，道路阻塞，放弃上登狮峰。越过山冈向西下走，又转向南上登，行二里，又越过一座山冈，这座山冈的左侧也可以上登狮峰，右侧就可以上登龙洞顶。于是向南一直下走，大约二里，抵达大寺。石影竹影掩映，白花岩正好获得这种各方面都具备的景观，而且峰峦环绕排列，这真是独有的美景。被雨阻在寺中长达两天。

初四日　冒雨为龙洞游。同导僧砍木通道，攀乱碛而上。雾瀚滃铦[①]，芾石笼崖[②]，狞恶如奇鬼。穿簇透峡，窈窕者，益之诡而藏其险；屼嵲者，益之险而敛其高。如是二里，树底睨峭崿[③]。攀踞其内，右有夹壁，离立仅尺，上下如一，似所谓"一线天"者，不知其即通顶所由也。乃爇火篝灯[④]，匍匐入一罅。罅夹立而高，亦如外之一线天，第外则顶开而明，此则上合而暗。初入，其合处犹通窍一二，深入则全黑矣。其下水流沙底，濡足而平。中道有片石，如舌上吐，直竖夹中，高仅三尺，两旁贴于洞壁。洞既束肩，石复当胸，无可攀践，逾之甚艰。再入，两壁愈夹，肩不能容。侧身而进，又有石片如前阻其隘口，高更倍之。余不能登，导僧援之。既登，僧复不能下，脱衣宛转久之，乃下。余犹侧伫石上，亦脱衣奋力，僧从石下掖之，遂得入。其内壁少舒可平肩，水较泓深，所称"龙池"也。仰睇其上[⑤]，高不见顶，而石龙从夹壁尽处悬崖直下。洞中石色皆赭黄，而此石独白，石理粗砺成鳞甲[⑥]，遂以"龙"神之。挑灯遍瞩而出。石隘处上逼下碍，入时自上悬身而坠，其势犹顺，出则自下侧身以透，胸与背既贴切于两壁，而膝复不能屈伸，石质刺肤，前后莫可悬接，每度一人，急之愈固，几恐其与石为一也。既出，欢若更生，而岚气忽澄，登霄在望。由明峡前行，芟莽开荆[⑦]，不半里，又得一洞。洞皆大石层叠，如重楼复阁，其中燥爽明透。

【注释】

①滃（wěng）：云气四起的样子。铦（xiān）：锋利。

②芾（fèi）：小。

③睨（nì）：斜着眼看。崿（è）：山崖。

④爇（ruò）：点燃。篝（gōu）灯：用竹笼罩着灯光。篝，竹笼。

⑤睇（dì）：眯着眼睛斜看。

⑥砺（lì）：粗糙的磨刀石。

⑦芟（shān）：割草。

【译文】

初四日　冒雨去游览龙洞。同导游的僧人砍树开通道路，攀着乱石堆往上登。雾气四起，荆棘尖利，小石块布满山崖，形象狰狞丑恶如同恶鬼。穿过石块丛集的峡谷，形态窈窕美好的岩石，增添了峡谷中的诡异感，从而掩藏了峡谷的险恶之处；高峻耸突的岩石，增加了峡谷的险要程度，却掩饰了峡谷的高险。如此走了二里，从树底下斜看着陡峭的山崖前行。攀登上去坐在岩石丛中，右边有相夹的石壁，两面相隔仅有一尺，上下一样窄，很像所谓的“一线天”的地方，不知道这就是通到山顶上所经由的地方了。于是取火点燃灯笼，匍匐着进入一条裂缝。裂缝中两面石壁高高地夹立着，也像外边的一线天，只是外边的顶上是敞开的而且有亮光，这里却是上面合拢而且很黑暗。刚进去时，顶上合拢之处还通着一两个石窍，深入进去就完全黑下来了。脚下是有水流的沙质底，沾湿了脚但很平坦。途中有一片岩石，如舌头一样向上吐出来，直竖在夹缝中，高处仅有三尺，两旁贴在洞壁上。洞壁已经紧束着双肩，这块岩石又顶住胸口，无处可以攀援踩踏，越过这块岩石非常艰难。再深入，两面的石壁更加狭窄，不能容下双肩。侧着身子前进，又有一片岩石像前边一样阻挡在隘口，高处更是前边那片岩石的一倍。

我不能登上去，导游的僧人把我拉上去。登上去后，僧人也不能下去了，脱掉外衣弯弯转转了很久，这才下去。我还仍然侧身站在岩石上，也脱下外衣奋力下去，僧人在岩石下面扶着我，终于得以进去。那里面的洞壁稍微舒展一点可以和双肩平齐，流水较大较深，就是所说的“龙池”了。眯着眼睛抬头向顶上看去，高得看不见顶，而一条石龙从狭窄洞壁尽头处的悬崖上笔直垂下来。洞中石头的颜色都是赭黄色的，可唯独这条石龙是白色的，石头的纹理像粗糙的磨刀石，形成龙的鳞甲，于是就用“龙”来神化它。挑着灯笼看遍四周后出来。岩石阻塞的地方上方紧逼下来下面石头挡着，进去的时候是从上面身子悬空坠下来，情势还比较顺利，出来时则是从岩石下面侧着身体钻出来，前胸与后背既紧贴摩擦着两面的石壁，而且膝盖也不能屈伸，石头刺着皮肤，前后悬空无处可以接手，每过去一个人，越急卡得越牢固，几乎担心身体与岩石融为一体了。出来后，高兴得像是重新获得新生了，而且山间的云气忽然间散开了，登上插入云霄的绝顶胜利在望了。由明亮的峡谷中前行，割开草丛荆棘，不到半里，又见到一个山洞。山洞全是大石块层层垒叠形成的，像重叠的楼阁，洞中干燥、清爽、明亮、通透。

徘徊久之，复上跻重崖，二里，登绝顶，为浮盖最高处。踞石而坐，西北雾顿开，下视金竹里以东，崩坑坠谷，层层如碧玉轻绡，远近万状；惟顶以南，尚郁伏未出。循西岭而下，乃知此峰为浮盖最东。由此而西，蜿蜒数峰，再伏再起，极于叠石庵，乃为西隅，再下为白花岩矣。既连越二峰，即里山趋寺之第三冈也。时余每过一峰，辄一峰开霁，西峰诸石，俱各为披露。西峰尽，又越两峰，峰俱有石层叠。又一峰南向居中，前耸二石，一斜而尖，是名“犁头尖石”。二石高数十丈，堪为江郎支庶，而下俱浮缀叠石数块，承以石盘，如坐嵌空处，俱可徙倚。此峰南下一支，石多嶙峋，所称“双笋石人”，攒列寺右者，皆其派也。峰后散为五峰，回环离立，中藏一坪可庐，亦高峰所罕得者。又西越两峰，为浮盖中顶，皆盘石累叠而成，下者为盘，上者为盖，或数石共肩一石，或一石复平列数石，上下俱成叠台双阙，“浮盖仙坛”，洵不诬称矣。其石高削无级，不便攀跻。登其巅，群峰尽出。山顶之石，四旁有苔，如发下垂，嫩绿浮烟，娟然可爱①。西望叠石、石仙诸胜，尚隔三四峰，而日已过午，遂还饭寺中。别之南下，十里即大道，已在梨岭之麓。登岭，过九牧，宿渔梁下街②。

【注释】

①娟(juān)然：秀美的样子。

②渔梁下街：今仍称渔梁，在浦城县北境九牧与仙阳间。

【译文】

徘徊了很久，又上登重重山崖，行二里，登上绝顶，是浮盖山的最高处。在石头上盘腿坐下，西北方的雾气顿时散开，向下俯视金竹里以东的地方，崩塌下陷的深坑与峡谷，一层层像碧玉轻纱，远近姿态万千；唯有绝顶以南，还隐伏着没有露出来。沿着西面的山岭往下走，才知道这座山峰在浮盖山的最东边。由此地往西去，蜿蜒着几座山峰，两次低伏下去两次隆起，在叠石庵到了尽头，是浮盖山西面的边沿地带，再下去是白花岩了。一连越过两座山峰后，就到了里山庵通往大寺的第三座山冈上了。这时候我每越过一座山峰，这座山峰就晴开了，西面山峰上众多的岩石，都各自显露出来。西面的山峰完后，又越过两座山峰，山峰上都有层层叠叠的岩石。又有一座山峰面向南方，位于正中，前方高耸着两块巨石，一块又斜又尖，这名叫“犁头尖石”。两块巨石高达几十丈，堪称为江郎山的旁支，而巨石全是浮在空中下面连缀着几块叠起来的岩石，用石盘托起来一样，如果坐在嵌空的地方，都可以走动凭靠。这座山峰往南下延的一条支脉，有很多嶙峋的岩石，是所称的“双笋石人”，攒聚排列在大寺右侧的山峰，都是这条支脉了。山峰后面散开成为五座山峰，回旋环绕，分别矗立，中间藏着一块平地，可以建房屋，也是在高峰上罕见的地方。又向西越过两座山峰，是浮盖山中部的山顶，都是巨石叠累形成的，在下面的成为盘子，在上面的成为盖子，有的几块岩石一同扛着一块岩石，有的是一块岩石上又平平地排列着几块岩石，上下都形成重叠的平台和成对的宫阙，称为“浮盖仙坛”，确实不假啊。这里的岩石高峻陡削，没有台阶，不便攀登。登上山顶，群峰全部显现出来。山顶上的岩石，四旁长有苔藓，如头发丝一样下垂着，嫩绿的颜色漂浮在轻烟中，秀美可爱。向西远望叠石、石仙等处名胜，还隔着三四座山峰，而此时已过了正午，于是返回大寺中吃饭。告别大寺后往南下山，十里后就是大路，已经在梨岭的山麓。登上山岭，经过九牧，住在渔梁下街。

初五日　下浦城舟，凡四日抵延平郡。

【译文】

初五日　下到去浦城县的船中，共花了四天到达延平府城。

初十日　复逆流上永安溪[①]，泊榕溪[②]。其地为南平、沙县之中[③]，各去六十里。先是浦城之溪水小，而永安之流暴涨，故顺逆皆迟。

【注释】

①永安溪：即沙溪，明代又称太史溪。

②榕溪：今作“涌溪”，在沙县东北境，沙溪北岸。

③南平：延平府附郭县，即今南平市。

【译文】

初十日　又逆流沿永安溪上行，停泊在榕溪。此地位于南平县、沙县的中间，各自相距六十里。这之前，浦城县的溪水小，而永安溪的溪流暴涨，所以顺流逆流船都走得慢。

十一日　舟曲随山西南行，乱石峥嵘，奔流悬迅。二十里，舟为石触，榜人以竹丝绵纸包片木掩而钉之，止涌而已。又十里，溪右一山瞰溪如伏狮，额有崖两重，阁临其上，崖下圆石高数丈，突立溪中。于是折而东，又十里，月下上一滩，泊于旧县①。

【注释】

①旧县：今作“古县”，在沙县县城东南，沙溪北岸。

【译文】

十一日　船曲折地顺着山势往西南行，乱石面目狰狞，奔流高悬迅疾。行二十里，船被礁石撞上，划船的人用竹丝、绵纸包住木片钉在漏洞上，只是止住水涌进船来罢了。又是十里，溪流右岸的一座山，俯瞰着溪流，像趴伏着的狮子，山顶上有两重石崖，有楼阁下临在山顶上，石崖下面的圆石高达几丈，突立在溪流中。于是船转向东行，又行十里，在月光下上了一处河滩，停泊在旧县。

十二日　山稍开，西北二十里，抵沙县①。城南临大溪，雉堞及肩，即溪崖也。溪中多置大舟，两旁为轮，关水以舂。西十里，南折入山间。右山石骨巉削，而左山夹处，有泉落坳隙如玉箸。又西南二十里，泊洋口[2]。其地路通尤溪[3]。东有山曰里丰，为一邑之望。昨舟过伏狮崖，即望而见之，今绕其西而南向。

【注释】

①沙县：隶延平府，即今沙县。

②洋口：今作“洋口仔”，在沙县西南隅，沙溪南岸。

③尤溪：明为县，隶延平府，即今尤溪县。

【译文】

十二日　山势稍微开阔了一些，向西北行船二十里，到达沙县县城。城墙南边面临大溪，城垛高及肩头，就建在溪流边的山崖上。溪流中停放着很多大船，两旁是水轮，挡住流水用来舂米。向西十里，往南转进山间。右岸的石山巉岩陡削，而左岸的山夹立的地方，有股泉水像白玉做的筷子一样落入山坳间的缝隙中。又向西南行船二十里，停泊在洋口。此地有路通往尤溪县。东面有座山叫里丰山，是全县著名的山。昨天船经过伏狮崖时，就远远望见了这座山，今天绕过山的西面向南行。

十三日　西南二十里，渐入山。又二十五里，至双口[1]。遂折而西北行，五里，至横双口[2]。溪右一水自北来，永安之溪自南来，至此合。其北来之溪，舟通岩前可七十里[3]。又五里入永安界，曰新凌铺。

【注释】

①双口：应即今莘口，在三明市西境，沙溪南岸。

②横双口：即今黄砂，在三明市西境，沙溪北岸。

③岩前：今名同，在三明市西北境。北来之水应为归化溪，今称渔塘溪。

【译文】

十三日　向西南航行二十里，渐渐进入山间。又行二十五里，到达双口。于是折向西北行，五里，到达横双口。溪流右边一条溪水自北面流来，从永安县来的溪流自南面流来，流到此地合流。那条北面流来的溪流，船航行到岩前大约有七十里。又行五里进入永安县境内，叫做新凌铺。

十四日　行永安境中，始闻猿声。南四十里为巩川[①]。上大滩十里，东南行，忽望见溪右峰石突兀。既而直逼其下，则突兀者转为参差，为崩削，俱盘亘壁立，为峰为岩，为屏为柱，次第而见。中一峰壁削到底，或大书其上，曰"凌霄"。于是溪左之奇，亦若起而争胜者。已舟折西北，左溪之崖较诡异，而更有出左溪上者[②]，则桃源涧也。其峰排突溪南，上逼层汉，而下瞰回溪，峰底深裂，流泉迸下，仰其上，曲槛飞栏，遥带不一，急停舟登焉。

【注释】

①巩川：今作"贡川"，在永安市北隅，沙溪西岸。

②左溪之崖较诡异，而更有出左溪上者：两处"左溪"，据上文似应为"溪左"。

【译文】

十四日　船前行在永安县境内，开始听见猿猴的啼叫声。往南四十里是巩川。驶上一处大浅滩后前行十里，往东南行，忽然望见溪流右岸山峰上的岩石突兀。继而直接逼近这座山峰下，就见突兀的岩石变得参差不齐，有的崩塌，有的陡削，全都盘踞横亘着，像墙壁一样矗立，形成山峰，形成石岩，像屏风，像柱子，依次呈现出来。其中一座山峰石壁陡削一直到底，有人在石壁上题写了两个大字，叫“凌霄”。从这里开始，溪流左岸的奇异风光，也像是要和右岸的山峰比美似的涌现出来。不久船转向西北航行，溪流左岸的山崖比较奇异，而且更有超出溪流左岸之上的景色，那就是桃源洞了。那里的山峰成排前突到溪流南岸，上面直逼云天，下面俯瞰着回绕的溪流，山峰底部深深裂开，泉水奔流而下，仰面看山峰上面，飞悬在高空的栏杆弯弯曲曲的，远远看来像衣带一样，高低不一，急忙停船去登山。

循涧而入，两崖仅裂一罅，竹影逼溪内。得桥渡涧再上，有门曰“长春圃”。亟趋之，则溪南之峰，前所仰眺者，已在其北。乃北上，路旁一石，方平如砥。时暮色满山，路纵横不可辨，乃入大士殿，得道人为导。随之北，即循崖经文昌阁，转越两亭，俱悬崖缀壁。从此折入峭夹间，其隙仅分一线，上劈山巅，远透山北，中不能容肩，凿之乃受，累级斜上，直贯其中。余所见“一线天”数处，武彝、黄山、浮盖，曾未见若此之大而逼、远而整者。既而得天一方，四峰攒列。透隙而上，一石方整，曰棋坪。中复得一台，一树当空，根盘于上。有飞桥架两崖间，上下壁削，悬空而度，峰攒石裂，岈然成洞①，曰环玉。出洞，复由棋坪侧历西坞而上，得一井，水甚甘冽。跻峰北隅，有亭甚豁，第北溪下绕，反以逼仄不能俯瞰。由此左下，又有泉一泓汇为池，以暮不及往。乃南上绝顶，一八角亭冠其上。复从西路下山，出倚云关，则石磴垂绝，罅间一下百丈。盖是山四面斗削，惟一线为暗磴，百丈为明梯，游者以梯下而一线上，始尽奇概，舍此别无可阶也。

【注释】

①岈然成洞：此即桃源洞，在今福建永安城北10公里的燕溪畔。峰顶有通天亭、风洞、象鼻岩、阆风台等。一线天长120米，甚为壮观。山脚为栟榈潭。

【译文】

沿着山涧进去，两面的石崖仅裂开一条缝隙，竹丛的影子映照在溪水中。找到桥渡过山涧后再上走，有座山门叫“长春圃”。急忙向那里赶过去，就见溪流南面的山峰，就是先前仰面眺望的那座山峰，已经在山门的北边。于是向北上登，路旁一块岩石，方方正正，平滑得像磨刀石。此时暮色充满了山野，道路纵横，不能分辨向哪里走，只好进入大士殿，找到道士作为向导。跟随道士向北走，随即沿着山崖途经文昌阁，辗转穿过了两座亭子，都是走在连接不断的悬崖峭壁上。从此地转进峭壁的夹缝间，这条夹缝仅分开一条线那样宽，上面直劈到山顶，远处通到山的北面，中间不能容下双肩，人工开凿石壁后人才能通过，一级级石阶斜斜地向上去，一直贯通整个夹缝。我所见的“一线天”有好几处，例如五彝山、黄山、浮盖山，但从未见过如此巨大而又狭窄、深远而又平整的地方。不久之后见到一片天空，四面的山峰攒聚排列。钻过缝隙上来，一块巨石方方整整，叫做棋坪。中间又有一座石台，一棵树凌空而立，树根盘绕在石台上。有座飞空的桥架在两面石崖间，上下都是陡削的石壁，悬空走过桥来，山峰攒聚，山石迸裂，形成深邃的山洞，叫做环玉洞。出洞后，又由棋坪侧边经过西面的山坞往上走，见到一口井，井水十分甘甜清冽。登上山峰的北侧，有座亭子非常开阔，只是北面的溪流在山下绕过，反而因为逼近山脚俯瞰不能看见。由亭子左边下走，又有一股泉水汇积成池塘，由于天晚来不及前往。于是向南登上绝顶，一座八角亭像帽子一样位于绝顶上。又从西边的路下山，出到倚云关，就见石阶悬空，从石缝中一直下垂一百丈。原来这座山四面陡削，可走之路只有一线天是暗梯，百丈石阶是明梯，游人从明梯下山而从一线天上山，才能游遍这奇异的景观，舍弃这条路就别无可以上登的路了。

还至大士殿，昏黑不可出。道人命徒碎木燃火，送之溪旁，孤灯穿绿坞，几若阴房磷火。道人云："由长春圃二里，有不尘馆，旁又有一百丈岩，皆有胜可游。"余颔之。返舟，促舟子夜行，不可，乃与奴辈并力刺舟[1]。幸滩无石，月渐朗，二鼓，泊废石梁下。行二十里，去永安止二里。

【注释】

①刺(cì)舟：撑船。

【译文】

回到大士殿，天已昏黑无法外出了。道士命令徒弟砍碎木头点燃火把，把我送到溪流旁，一盏孤灯穿行在绿色的山坞中，几乎像是墓地中的磷火。道士说："由长春圃前行二里，有个不尘馆，旁边又有一处百丈岩，都有胜景值得游览。"我点头同意他说的话。返回船中，催促船夫夜间行船，不同意，于是我与奴仆们合力撑船。幸好浅滩中没有礁石，月光渐渐明亮起来，二更时分，停泊在一座废弃的石桥下面。前行了二十里，离永安县城只有二里路了。

十五日　抵城西桥下，桥已毁。而大溪自西来[1]，桥下之溪自南来，依然余游玉华时也。绕城西而南，溯南来之溪以去，五十里，至长倩。溪出山右，路循山左，乃舍溪登岭。

越岭两重，西南过溪桥，五里，南过溪鸣桥。又五里，直凌西南山角，以为已穷绝顶，其上乃更复穹然。不复上，循山半而南，纡折翠微间，俯瞰山底，溪回屈曲，惟闻吼怒声，而深不见水。盖峻峦削岫，错立如交牙，水漱其根，上皆丛树，行者惟见翠葆浮空[2]，非闻水声，几以为一山也。久之，偶于树隙稍露回湍，浑赤如血。又五里与赤溪遇，又五里止于林田。

【注释】

①大溪：指燕溪，又称九龙溪。

②翠葆(bǎo)：指绿树丛。葆，盖。

【译文】

十五日　到达永安县城西面的桥下，桥已经毁坏。而大溪自西面流来，桥下的溪流自南面流来，依然是我游玉华洞时的情景。绕过城西往南行，溯南面流来的溪流一直前去，五十里，到达长倩。溪流从山的右边流出去，道路沿着山的左边走，于是离开溪流登岭。越过两重岭，向西南走过溪流上的桥，五里，向南走过溪鸣桥。又行五里，径直登上西南方的角一样的山，以为已经登上了绝顶，那上面竟然还有更为穹隆高大的山。不再上登，沿着半山腰往南走，迂回曲折在葱翠的山间，俯瞰山脚下，溪流回旋弯曲，只听得见溪流的怒吼声，却深得看不见溪水。原来是高峻陡削的峰峦，如牙齿一般交错矗立着，溪水冲击着山脚，山上全是树林，走路的人只看得见翠绿树丛浮在空中，要不是听见水声，几乎以为是一座山了。很久之后，偶然间在树缝中微微露出回旋湍急的水流，水色浑浊，红得像血一样。又行五里后与红色的溪流相遇，又行五里停在了林田。

十六日　沿山二里[①]，有峰自南直下。峰东有小溪，西为大溪，俱北会林田，而注于大煞岭西者。渡小溪，循峰南上，共五里，至下桥。逶迤南跻，又八里，得上桥。一涧飞空，悬桥而度，两旁高峰插天。度桥，路愈峻，行十里，从山峡中直跻两高峰之南，登岭巅。回视两高峰已在履下，计其崇峻，大煞、浮盖当皆出其下。南下三十五里，抵宁洋县。

【注释】

①沿山二里："四库"本作"沿山三里"。

【译文】

十六日　沿着山前行二里，有座山峰自南面笔直下垂。山峰东面有条小溪，西面是条大溪，都是往北流在林田汇流，而后流注到大煞岭西面。渡过小溪，沿着山峰往南上行，共五里，来到下桥。逶迤向南上登，又是八里，走到上桥。一条山涧从空中飞流而下，从高悬的桥上走过来，两旁的高峰上插天际。过桥后，路更陡峻了，行十里，从山峡中一直上登在两座高峰的南面，登上岭头。回头看去，两座高峰已经在我脚下，估计这座山岭的高峻程度，大煞岭、浮盖山都应当在它之下。向南下走三十五里，抵达宁洋县城。

十七日　下舟达华封。

【译文】

十七日　乘船抵达华封。

十八日　上午始抵陆。渐登山阪，溪从右去，以滩高石阻，舟不能前也。十里，过山麓，又五里，跨华封绝顶，溪从其下折而西去。遥望西数里外，滩石重叠，水势腾激，至有一滩纯石中断而不见水者，此峡中最险处。自念前以雨阻不能达，今奈何交臂失之[①]？乃北下三里，得村一坞，以为去溪不远。沿坞西行里许，欲临溪，不得路，始从蔗畦中下。蔗穷，又有蔓植者，花如豆，细荚未成。复践蔓行，土流沙削不受履[②]，方藉蔓为级，未几蔓穷，皆荆棘藤刺，丛不能入。初侧身投足，不辨高下，时时陷石坎，挂树杪[③]。既忽得一横溪，大道沿之。西三里，瞰溪咫尺，滩声震耳，谓前所望中断之险，必当其处。时大道直西去，通吴镇、罗埠。觅下溪之路，久不得，见一小路伏丛棘中，乃匍匐就之。初犹有路影，未几下皆积叶，高尺许，蛛网翳之；上则棘莽蒙密，钩发悬股，百计难脱；比脱，则悬涧注溪，危石叠嵌而下。石皆累空间，登其上，始复见溪，而石不受足，转堕深莽。余计不得前，乃即从涧水中攀石践流，遂抵溪石上。其石大如百间屋，侧立溪南，溪北复有崩崖壅水。水既南避巨石，北激崩块，冲捣莫容，跃隙而下，下即升降悬绝，倒涌逆卷，崖为之倾，舟安得通也？踞大石坐，又攀渡溪中突石而坐，望前溪西去，一泻之势，险无逾此。久之，溯大溪，践乱石，山转处溪田层缀，从之，始得路。循而西转，过所踞溪石二里许，滩声复沸如前，则又一危矶也。西二里，得小路，随山脊直瞰溪而下，始见前不可下之滩，即在其上流，而岭头所望纯石中断之滩，即在其下流。此嘴中悬两滩间，非至此，则两滩几有遁形矣。逾岭下舟。明日，抵漳州司理署。

【注释】

①交臂失之：已遇良机而又当面错过。交臂，胳膊碰胳膊，指距离很近，擦肩而过。

②土流沙削不受履："土"原作"上"，据"四库"本改。

③杪(miǎo)：树枝的细梢。

【译文】

十八日　上午才上岸。渐渐上登山坡，溪流从右边流去，因为河滩地势高有礁石阻隔，船不能前行了。行十里，走过山麓，又行五里，跨过华封岭的绝顶，溪流从华封岭下折向西流去。遥望西边几里之外，浅滩中礁石重重叠叠，水势奔腾激荡，以至于有整个浅滩是清一色的岩石溪流中断却看不见水的地方，这里是峡谷中最险要的地方。我自己想，从前由于下雨受阻不能到那里去，今天为什么要失之交臂呢？于是向北下走三里，见到一个在山坞中的村子，以为距离溪流已经不远。沿着山坞往西行一里左右，想靠近溪流，找不到路，这才从甘蔗地中下走。甘蔗地走完后，又有种植蔓生植物的田地，花像豆花，细小的豆荚还没有长成。又踩着藤蔓前行，地势陡削，沙土流动，站不住脚，正好凭借着藤蔓作为台阶，没多久藤蔓也完了，到处是荆棘刺藤，茂密得不能走进去。最初侧着身子落下脚步，不辨高低，时不时陷入石坑，树梢挂住衣服。一会儿，忽然见到一条横着的溪流，大道沿着溪流走。向西三里，俯瞰溪流近在咫尺，浅滩上水声震耳欲聋，自认为先前望见的溪流中断的险滩，必定就在此处。此时大道一直向西去，通往吴镇、罗埠。寻找下到溪流边的路，很久没有找到，看见一条小路隐伏在成丛的荆棘中，于是就匍匐着走上这条小路。最初还有路的影子，不久脚下全是堆积着的落叶，厚达一尺左右，蜘蛛网遮挡在路中间；头上是浓密的荆棘草丛，钩住头发，挂住大腿，千方百计也难以逃脱；到脱开身子后，就看见高悬的山涧中奔流的溪水，高险的山石层层叠叠深嵌在下方。岩石都是叠架在空中，登到岩石上，才又看见溪流，可在岩石上无法立足，一转身就摔到深深的荒草丛中。我估计不能再前进了,就立即从涧水中攀着石头踩着流水上登,终于到达溪流中的岩石上。这块岩石有一百间房屋的面积那么大,侧立在溪流的南边,溪流北边又有崩塌的崖石阻塞了水道。流水既向南流避开巨石,流到北边冲激着崩塌的石块,冲击的水流无处容纳,跃入缝隙中往下流,下面就是高低悬绝的地形,激流倒涌,波涛逆卷,山崖都因此而倾倒,船怎么能通过呢?盘腿坐在巨石上,又攀越到溪流中突立的岩石上坐下,望着眼前的溪流向西流去,一泻千里的气势,险要之势没有超过这里的。坐了很久,逆着大溪,踩着乱石,山势弯转处溪流边水田层层相连,从田间走去,这才找到路。沿着路向西转,经过距离我盘腿坐过的溪流中的巨石二里路的地方,险滩上的水声又像先前一样沸腾,原来这又是一处险要的石矶了。向西二里,遇到一条小路,顺着山脊笔直俯瞰溪流下方,这才看见先前下不去的险滩,就在这里的上游,而在岭头所望见的清一色的岩石溪流中断的险滩,就在这里的下游。此处山嘴高悬在两个险滩的中间,不是来到此地,那么两个险滩几乎又把它们的面貌隐藏起来了。越过山岭下到船中。明天,就能到达漳州府推事的官署了。

游天台山日记后

【题解】

崇祯五年(1632)徐霞客到浙江,偕族兄徐仲昭又两次游天台山和雁宕山。《游天台山日记后》是徐霞客第二次和第三次游天台山的游记。

徐霞客于这年三月十四日从宁海西行,踏上入天台山的大道。重游天台山,兴致仍很浓,头天晚上登华顶赏月,“归寺已更余”,第二天五鼓又登顶观日出,“衣履尽湿,还,炙衣寺中”。这次补游了过去未到的大悲寺、高明寺、石笋及螺蛳潭。二十日,游毕抵天台县城。

徐霞客游雁宕山后,第三次游天台山。四月十六日从天台县城北上,游中岩、桐柏宫,登琼台观仙人座,十七日经坪头潭,游寒岩、明岩、鹊桥、龙须洞、灵芝石等胜景,“尽天台以西之胜”。十八日往北游桃源,“冒雨拨棘而上”,于丛莽中寻层瀑,游秀溪,入万年寺,以后北经会墅、斑竹出境。至此,徐霞客搜览天台胜景殆尽。他自己回忆说:二十年前“未深穷其窟奥”,至今“高深俱无遗胜矣”。通过反复考察,梳理了天台山一带的水系,为我们保留了徐霞客地理考察的成果。

壬申三月十四日[①]　自宁海发骑,四十五里,宿岔路口[②]。其东南十五里为桑洲驿[③],乃台郡道也;西南十里松门岭,为入天台道。

【注释】

①壬申：崇祯五年(1632)。

②岔路口：今为岔路镇，在浙江宁海县南境的公路边。

③桑洲驿：今作“桑洲”。皆在浙江宁海县南境的公路边。

【译文】

壬申年三月十四日　自宁海县城骑马出发，行四十五里，住在岔路口。岔路口东南十五里处是桑洲驿，是去台州府的路了；西南十里处是松门岭，是进入天台山的路。

十五日　渡水母溪，登松门岭，过王爱山①，共三十里，饭于筋竹岭庵，其地为宁海、天台界。陟山冈三十余里，寂无人烟，昔弥陀庵亦废。下一岭，丛山杳冥中，得村家，瀹茗饮石上②。又十余里，逾岭而入天封寺。寺在华顶峰下，为天台幽绝处。却骑③，同僧无馀上华顶寺，宿净因房，月色明莹。其地去顶尚三里，余乘月独上，误登东峰之望海尖，西转，始得路至华顶。归寺已更余矣。

【注释】

①王爱山：今聚落“王爱”在白溪稍南，即因王爱山得名。

②瀹(yuè)：煮。

③却(què)骑：下马。

【译文】

十五日　渡过水母溪，登上松门岭，越过王爱山，共行三十里，在筋竹岭的寺庵中吃饭，此地是宁海县、天台县的分界处。上登山冈三十多里路，荒寂没有人烟，从前的弥陀庵也荒废了。走下一座岭，在群山杳渺之中，找到一户农家，煮茶来坐在石头上喝下。又行十多里，越过山岭后进入天封寺。天封寺在华顶峰下，是天台山最幽深的地方。下马后，同僧人无馀一起登上华顶寺，住在净因和尚的僧房中，月光明亮晶莹。此地距峰顶还有三里路，我乘着月光独自上登，错误地上登到东峰上的望海尖上，向西转，才找到路来到华顶上。回到寺中已经是一更天还多了。

十六日　五鼓，乘月上华顶，观日出。衣履尽湿，还，炙衣寺中。从寺右逾一岭，南下十里，至分水岭。岭西之水出石梁，岭东之水出天封。循溪北转，水石渐幽。又十里，过上方广寺，抵昙花亭，观石梁奇丽，若初识者。

【译文】

十六日　五更时分，乘着月色登上华顶，观看日出。衣服鞋子都湿透了，返回来，在寺中烤衣服。从华顶寺右侧越过一座岭，往南下走十里，来到分水岭。分水岭西面的水流从石梁流出去，分水岭东面的水流从天封寺流出去。沿着溪流向北转，水石渐渐幽雅起来。又行十里，路过上方广寺，抵达昙花亭，观赏石梁奇异秀丽的景色，好像是初次见到的样子。

十七日　仍出分水岭，南十里，登察岭。岭甚高，与华顶分南北界。西下至龙王堂，其地为诸道交会处。南十里，至寒风阙。又南下十里，至银地岭，有智者塔已废。左转得大悲寺，寺旁有石，为智者拜经台[①]。寺僧恒如为炊饭，乃分行囊从国清下至县，余与仲昭兄以轻装东下高明寺[②]。寺为无量讲师复建，右有幽溪，溪侧诸胜曰圆通洞、松风阁、灵响岩。

【注释】

①智者：为天台大师智𫖮(yǐ)的别号。智者本姓陈，字德安，南朝陈太建七年(575)入天台山，建草庵讲经十年，发展了法华宗，天台山遂成为该派的中心，故号天台宗，为中国佛教十宗之一。隋初被迎至扬州，授晋王菩萨戒品，立法号，晋王尊他为“智者”，人称“智者大师”。

②高明寺：始建于唐代，近年又重修。寺旁溪上一石横架，下承四石，自成一洞，即圆通洞。

【译文】

十七日　仍然从分水岭出去，向南十里，登上察岭。察岭非常高，与华顶分别成为南北两面分界的高峰。往西下到龙王堂，此地是多条道路交会的地方。向南十里，到达寒风阙。又往南下行十里，来到银地岭，有座智者塔已经废弃了。向左转走到大悲寺，大悲寺旁有块岩石，是智者大师拜佛诵经的石台。寺中的僧人恒如为我们做饭吃，于是把行李分开，其他人从国清寺下山去到天台县城，我与族兄徐仲昭带着轻装往东下到高明寺。高明寺是无量法师重建的，寺右有条幽深的溪流，溪流两侧的各处胜景叫做圆通洞、松风阁、灵响岩。

十八日　仲昭坐圆通洞，寺僧导余探石笋之奇。循溪东下，抵螺溪。溯溪北上，两崖峭石夹立，树巅飞瀑纷纷。践石蹑流，七里，山回溪坠，已至石笋峰底，仰面峰莫辨，以右崖掩之也。从崖侧逾隙而下，反出石笋之上，始见一石矗立涧中，涧水下捣其根，悬而为瀑，亦水石奇胜处也。循溪北转，两崖愈峭，下汇为潭，是为螺蛳潭，上壁立而下渊深。攀崖侧悬藤，踞石遥睇其内。潭上石壁中劈为四，歧若交衢，然潭水下薄[①]，不能窥其涯涘[②]。最内两崖之上，一石横嵌，俨若飞梁。

梁内飞瀑自上坠潭中，高与石梁等。四旁重崖回映，可望而不可即，非石梁所能齐也。闻其上有“仙人鞋”，在寒风阙之左，可逾岭而至。雨骤，不成行，还憩松风阁。

【注释】

①薄（bó）：迫近。

②涯涘（yá sì）：水的边际。

【译文】

十八日　仲昭兄坐在圆通洞中，寺里的僧人带领我去探寻石笋峰的奇景。沿着溪流往东下走，抵达螺溪。溯螺溪向北上走，两面的山崖峭石夹立，树顶上飞流的瀑布纷纷落下来。踩着岩石蹚着流水前行，走了七里，山峰回转，溪流下坠，已经来到石笋峰的底下，仰面看去山峰无法辨认，因为右侧有山崖挡住了山峰。从山崖侧面穿越缝隙往下走，反而出到石笋峰的上面，才看见一块岩石矗立在山涧中，涧水在下面冲捣着岩石的根部，悬空下去形成瀑布，也是一处水石奇异的胜景了。沿着溪流向北转，两面的山崖愈加陡峭，下面溪水汇积成深潭，这是螺蛳潭，上面石崖壁立，而下面潭水渊深。攀着悬垂下来的藤蔓登到山崖侧面，盘腿坐在岩石上远远斜视螺蛳潭里面，深潭上面的石壁从中劈为四块，分岔的地方像交叉的道路一样，然而潭水逼近下方，不能窥见深潭的边缘。最里面的两块石崖之上，横嵌着一块岩石，俨然像飞空的石桥。石桥里面飞泻的瀑布从上面坠入深潭中，高处与石桥相等。四旁重重石崖回绕掩映，可望而不可即，不是石梁飞瀑的景致能够相比的了。听说瀑布上面有处“仙人鞋”，在寒风阙的左边，翻过山岭就可以去到。暴雨忽然来临，没去成，回到松风阁中休息。

二十日　抵天台县[①]。

【注释】

①天台县：隶台州府，即今浙江天台县。

【译文】

二十日，到达天台县城。

至四月十六日自雁宕返，乃尽天台以西之胜[①]。北七里，至赤城麓，仰视丹霞层亘，浮屠标其巅[②]，兀立于重岚攒翠间。上一里，至中岩，岩中佛庐新整，不复似昔时凋敝。时急于琼台、双阙，不暇再蹑上岩，遂西越一岭，由小路七里，出落马桥。又十五里，西北至瀑布山，左登岭五里，上桐柏山。越岭而北，得平畴一围，群峰环绕，若另辟一天。桐柏宫正当其中，惟中殿仅存，夷、齐二石像尚在右室[③]，雕琢甚古，唐以前物也。黄冠久无住此者，群农见游客至，俱停耕来讯，遂挟一人为导。西三里，越二小岭，下层崖中，登琼台焉[④]。一峰突瞰重坑，三面俱危崖回绕。崖右之溪，从西北万山中直捣峰下，是为百丈崖。崖根涧水至琼台脚下，一泓深碧如黛[⑤]，是名百丈龙潭。峰前复起一峰，卓立如柱，高与四围之崖等，即琼台也。台后倚百丈崖，前即双阙对峙，层崖外绕，旁绝附丽。登台者从北峰悬坠而下，度坳脊处咫尺，复攀枝仰陟而上，俱在削石流沙间，趾无所着也。从台端再攀历南下，有石突起，窟其中为龛，如琢削而就者，曰仙人坐。琼台之奇，在中悬绝壑，积翠四绕。双阙亦其外绕中对峙之崖，非由涧底再上，不能登也。忆余二十年前，同云峰自桃源来，溯其外涧入，未深穷其窟奥。今始俯瞰于崖端，高深俱无遗胜矣。饭桐柏宫，仍下山麓，南从小径渡溪，十里，出天台、关岭之官道。复南入小径，隙行十里，路左一峰兀立若天柱，问知为青山茁。又溯南来之溪十里，宿于坪头潭之旅舍。

【注释】

①至四月十六日自雁宕返，乃尽天台以西之胜：诸本皆系此句于三月二十日下，扞格难解。其实，四月十六日为霞客第三次游天台山首日，自此句应另成段，与二十日不相涉。

②浮屠：梵语“窣堵波”的误译，意即佛塔。

③夷、齐：即伯夷、叔齐，为商末孤竹君的两个儿子，武王灭商后，他们逃到首阳山，不食周粟而死。

④琼台：形似马鞍，台上有石形似椅子，称“仙人坐”。琼台夜月为天台八景之一。

⑤黛（dài）：深青色。

【译文】

二十日　到达天台县城。

直到四月十六日从雁宕山返回，才游遍了天台山以西的景致。向北七里，来到赤城山麓，仰面看去，横亘着一层层红霞般的山崖，一座佛塔像标杆一样矗立在山顶，高高耸立在山间的重重云雾和丛聚葱翠的树丛间。上登一里，到达中岩，中岩里面的佛寺重新修整过，不再像往时那样凋敝。这时候急于去琼台、双阙，来不及再次登到上岩去，于是向西越过一座岭，沿小路行七里，出到落马桥。又行十五里，往西北来到瀑布山，由左边登岭五里，登上桐柏山。越过山岭往北走，见到一片平旷的田地，群峰环绕着，好像是另外开辟的一片天地。桐柏宫正位于这片平地中间，但只有中殿保存下来，伯夷、叔齐的两尊石像还存放在右边的屋子中，雕刻的工艺非常古朴，是唐代以前的遗物了。很久以来没有道士住在这里了，一群农夫看见有游客来到，都停止耕作前来讯问，于是拉住一个人作为向导。向西三里，越过两座小岭，下到层层山崖之中，登上琼台。一座山峰突立，俯瞰着重重深坑，三面都是高险的山崖回绕着。山崖右边的溪流，从西北方的万山丛中一直冲击到山峰下，这就是百丈崖。崖底的山涧水流到琼台脚下，一池清水深绿如黛，这名叫百丈龙潭。山峰前方又耸起一座山峰，像柱子一样高高屹立，高处与四周围的山崖相等，这就是琼台了。琼台后面背靠百丈崖，前方就是双阙对峙着，层层山崖环绕在外围，四旁绝无附着物。攀登琼台的人要从北峰悬空坠落下来，穿过咫尺宽的山脊下凹之处，再攀着树枝仰面往上攀登，都是走在陡削的岩石和流沙之间，没有落脚的地方。从琼台前端再攀爬着向南下走，有块突起的岩石，岩石上有个像佛龛的洞窟，如同雕凿而成的样子，叫做仙人坐。琼台的奇异之处，在于高悬于极深的壑谷中央，积聚的青山四面环绕。双阙也是琼台外围环绕的群山中对峙的山崖，不是从山涧底下再上走，是不能登上去的了。回忆起我二十年前，同云峰和尚从桃源过来，溯双阙外面的山涧进来，未能深入穷尽这里深藏着的隐秘之处。今天才站在山崖顶上向下俯瞰，高处和深藏着的美景都没有遗漏了。在桐柏宫吃饭，仍然下到山麓，向南从小径渡过溪流，行十里，走上去天台县、关岭的官修大道。又往南走上小径，在山峰缝隙间前行十里，道路左边一座山峰高高矗立着，像擎天柱一样，询问后知道是青山茁。又溯南面流来的溪流前行十里，住宿在坪头潭的旅店中。

十七日　由坪头潭西南八里，至江司陈氏。渡溪左行，又八里，南折入山。陟小岭二重，又六里，重溪回合中，忽石岩高峙，其南即寒岩，东即明岩也。令僮先驰，炊于明岩寺，余辈遂南向寒岩。路左俱悬崖盘列，中有一洞岈然。洞前石兔蹲伏，口耳俱备。路右即大溪萦回，中一石突出如擎盖，心颇异之。既入寺，向僧索龙须洞、灵芝石，即此也。寒岩在寺后，宏敞有余，玲珑未足。由洞右一穴上①，视鹊桥而出。由旧路一里，右入龙须洞。路为莽棘所翳，上跻里许，如历九霄。其洞圆耸明豁，洞口斜倚一石，颇似雁宕之石梁，而梁顶有泉中洒，与宝冠之芭蕉洞如出一冶。下山，仍至旧路口，东溯小溪，南转入明岩寺。寺在岩中，石崖四面环之，止东面八寸关通路一线。寺后洞窈窕非一，洞右有石笋突起，虽不及灵岩之雄伟，亦具体而微矣。饭后，由故道骑而驰三十里，返坪头潭。又北二十五里，过大溪，即西从关岭来者，是为三茅。又北五里，越小涧二重，直抵北山下，入护国寺宿焉。

【注释】

①由洞右一穴上：原脱“穴”字，据“四库”本补。

【译文】

十七日　由坪头潭往西南行八里，来到江司的陈家。渡到溪流左岸走，又行八里，向南折进山。一连上登两重小岭，又行六里，在一条条回环闭合的溪流之间，忽然有石岩高高耸峙着，石岩的南面就是寒岩，东面就是明岩。命令僮仆先朝前快走，到明岩寺做饭，我们这帮人就向南去寒岩。道路左边都是悬崖盘结排列着，悬崖中间有个山洞十分深邃。山洞前方有只蹲伏着的石兔，嘴和耳朵都很完备。道路右边就是潆洄的大溪，溪流中一块岩石突出水面，像高擎的伞盖，心里觉得很是奇异。进入寒岩寺后，向僧人打听龙须洞和灵芝石，就是这里了。寒岩在寺后，宏大宽敞有余，小巧玲珑的感觉不足。从岩洞右侧的一个洞穴上去，看完鹊桥后出来。经由原路走一里，向右走入龙须洞。道路被丛莽荆棘遮蔽着，上登一里左右，如同走在九霄云外。龙须洞洞顶圆圆地高耸上去，明亮空阔，洞口斜靠着一块岩石，很像雁宕山的石梁，而且石梁顶上有泉水洒落在洞中，与宝冠寺的芭蕉洞如出一辙。下山后，仍然来到原路的路口，往东溯小溪走，向南转入明岩寺。明岩寺在石岩中，石崖四面环绕着它，只有东面的八寸关有一条线一样宽的通道。寺后的山洞中窈窕美好的景致不止一处，洞内右侧有石笋突起来，虽然赶不上灵岩的石笋那样雄伟，也算得上是具体而微了。饭后，由原路骑马疾驰三十里，返回坪头潭。又向北前行二十五里，渡过大溪，就是西面从关岭来的路了，这里是三茅。又向北五里，越过两条小山涧，径直抵达北山下，进入护国寺住宿。

十八日　晨，急诣桃源①。桃源在护国东二里，西去桐柏仅八里。昨游桐柏时，留为还登万年之道，故先寒、明。及抵护国，知其西有秀溪，由此入万年，更可收九里坑之胜，于是又特趋桃源。初由涧口入里许，得金桥潭。由此而上，两山愈束，翠壁穹崖，层累曲折，一溪介其中。溯之，三折而溪穷，瀑布数丈，由左崖泻溪中。余昔来瀑下，路穷莫可上，仰视穹崖北峙，溪左右双鬟诸峰娟娟攒立，岚翠交流，几不能去。今忽从右崖丛莽中，寻得石径层叠，遂不及呼仲昭，冒雨拨棘而上。磴级既尽，复叠石横栈，度崖之左，已出瀑上。更溯之入，直抵北岩下，蹊磴俱绝，两瀑自岩左右分道下。遥睇岩左犹有遗磴，从之，则向有累石为桥于左瀑上者，桥已中断，不能度。睇瀑之上流，从东北夹壁中来，止容一线，可践流而入。计其胜不若右岩之瀑，乃还，从大石间向西北上跻，抵峡窟下，得重潭甚厉，四面俱直薄峡底，无可缘陟。第从潭中西望，见石峡之内复有石峡，瀑布之上更悬瀑布，皆从西北杳冥中来，至此缤纷乱坠于回崖削壁之上，岚光掩映，石色欲飞。久之，还出层瀑下。仲昭以觅路未得，方独坐观瀑，遂同返护国。

【注释】

①诣(yì):往赴。

【译文】

十八日　清晨,急忙赶到桃源去。桃源在护国寺东面二里处,西面距离桐柏宫仅有八里路。昨天游览桐柏宫时,留下桃源作为返回来去登万年寺时顺路游览的地方,所以先去了寒岩、明岩。等到了护国寺时,知道了桃源西面有条秀溪,经由秀溪进入万年寺,还可以有九里坑美景的收获,于是又特地赶到桃源去。最初从山涧口进去一里左右,便到了金桥潭。由此地往上走,两面的山越来越靠拢,苍翠的石壁,穹隆的石崖,层层叠叠,曲曲折折,一条溪流隔在其中。溯溪流前行,转了三次弯后溪流到了头,几丈高的瀑布,从左边的悬崖上倾泻到溪流中。我从前来过瀑布下,路断了,无处可以上去,仰面细看,穹隆的悬崖耸峙在北边,溪流左右两边,双鬟峰等山峰形态娟秀地攒聚矗立着,山间的云气与葱翠的山色交相流动着,几乎不能离去。今天忽然间从右侧石崖上的荒草丛中,找到层层叠叠的石阶路,便来不及招呼仲昭兄,冒雨拨开荆棘往上走。一级级的石阶走完后,又有石头堆砌成的横向栈道,穿越到山崖的左侧,已经出现在瀑布的上方。再溯溪水深入,径直抵达北岩的下面,小径石阶都断了,两条瀑布从石岩的左右两侧分流而下。远远斜着看过去,石岩左侧还有残留的石阶,从这些石阶走上去,便是左侧瀑布上方从前有用石块垒砌成桥的地方,桥已经从中间断开,不能过去。远望瀑布的上游,从东北方夹立的石壁中流来,只容得下一条线,可以踩着流水深入进去。估计那里的景色不如石岩右侧的瀑布,于是返回来,从大石块间向西北上登,抵达峡中的洞窟下,见到一个深潭水流非常湍急,四面都直接紧逼峡底,无处可以攀援上登。只能从深潭中向西眺望,只见石山峡谷的里面还有石山峡谷,瀑布的上面又悬挂着瀑布,流水都是从西北方深远幽暗的山中流来,流到此处乱纷纷地坠落在回绕陡削的悬崖峭壁上,在水雾和阳光的掩映下,石岩现出想要飞舞的景象。过了很久,返回来出到层层瀑布之下。仲昭兄因为找不到路,正独自坐着观看瀑布,便一同返回护国寺。

闻桃源溪口,亦有路登慈云、通元二寺,入万年,路较近;特以秀溪胜,故饭后仍取秀溪道。西行四里,北折入溪,溯流三里,渐转而东向,是为九里坑。坑既穷,一瀑破东崖下坠,其上乱峰森立,路无可上。由西岭攀跻,绕出其北,回瞰瀑背,石门双插,内有龙潭在焉。又东北上数里,逾岭,山坪忽开,五峰围拱,中得万年寺,去护国三十里矣。万年为天台西境,正与天封相对,石梁当其中。寺中古杉甚多。饭于寺。又西北三里,逾寺后高岭。又向西升陟岭角者十里,乃至腾空山。下牛牯岭,三里抵麓。又西逾小岭三重,共十五里,出会墅①。大道自南来,望天姥山在内,已越而过之,以为会墅乃平地耳。复西北下三里,渐成溪,循之行五里,宿班竹旅舍②。

【注释】

①会墅:即下称“会墅岭”。今名同,今新昌县南境的公路边。

②班竹:今名同,在新昌县南境的公路边,会墅岭稍北。“四库”本作“斑竹”。

【译文】

听说桃源的溪口,也有登上慈云、通元二寺的路,进入万年寺,路程较近;只是因为秀溪的景色优美,所以吃饭后仍然取道去秀溪。往西行四里,向北转走进溪流边,溯溪流前行三里,渐渐转向东走,这里是九里坑。九里坑到头后,一条瀑布破开东面的山崖坠落下来,瀑布的上面杂乱的山峰森林一样矗立着,没有路可以上去。由西岭攀登,绕到瀑布的北边，回头俯瞰瀑布的背面，两座石峰高插，形成一道石门，石门内有龙潭在里面。又往东北上登几里，越岭，山间忽然敞开一块平地，五座山峰围绕拱卫着，中间是万年寺，距离护国寺有三十里路了。万年寺是天台山的西境，正好与天封寺相对，石梁位于两者之间。寺中的古杉树很多。在寺中吃饭。又向西北走三里，越过寺后的高岭。又向西攀登岭角十里，这才来到腾空山。走下牛牯岭，三里后抵达山麓。又向西越过三重小岭，共走了十五里，来到会墅。大道从南面过来，远望天姥山在内的众多山峰，已经全都翻越而过了，以为会墅只不过是平地罢了。又往西北下行三里，渐渐形成溪流，顺着溪流前行五里，住宿在班竹的旅店中。

天台之溪，余所见者：正东为水母溪[①]；察岭东北，华顶之南，有分水岭，不甚高；西流为石梁，东流过天封，绕摘星岭而东，出松门岭，由宁海而注于海。正南为寒风阙之溪，下至国清寺，会寺东佛陇之水，由城西而入大溪者也。国清之东为螺溪，发源于仙人鞋，下坠为螺蛳潭，出与幽溪会，由城东而入大溪者也[②]；又东有楢溪诸水，余屐未经。国清之西，其大者为瀑布水，水从龙王堂西流，过桐柏为女梭溪，前经三潭，坠为瀑布，则清溪之源也；又西为琼台、双阙之水，其源当发于万年寺东南，东过罗汉岭，下深坑而汇为百丈崖之龙潭，绕琼台而出，会于清溪者也；又西为桃源之水，其上流有重瀑，东西交注，其源当出通元左右，未能穷也；又西为秀溪之水，其源出万年寺之岭，西下为龙潭瀑布，西流为九里坑，出秀溪东南而去。诸溪自清溪以西，俱东南流入大溪。又正西有关岭、王渡诸溪，余屐亦未经；从此再北有会墅岭诸流，亦正西之水，西北注于新昌[③]；再北有福溪、罗木溪，皆出天台阴，而西为新昌大溪④，亦余屐未经者矣。

【注释】

①水母溪：即白溪，从西往东流入三门湾。

②大溪：即始丰溪，东南流入台州湾。

③“从此再北”数句：此数水从南往北流，汇为澄潭江，为曹娥江中源。

④新昌大溪：即今新昌江，从南往北流，为曹娥江东源。

【译文】

天台山的溪流，我所见到的：正东是水母溪；察岭的东北方，华顶的南面，有座分水岭，不怎么高；水母溪向西流形成石梁瀑布，往东流过天封寺，绕过摘星岭后往东流，流出松门岭，流经宁海县后注入大海。正南是寒风阙的溪流，下流到国清寺，与寺东佛陇的水流汇合，流经县城西面后流入大溪。国清寺的东面是螺溪，发源于仙人鞋，下流坠入螺蛳潭，流出来后与幽溪汇合，流经县城东面后流入大溪；东面还有楢溪等水流，我的足迹没有去到过。国清寺的西面，其中大一点的水流是瀑布水，溪水经由龙王堂向西流，流过桐柏宫称为女梭溪，往前流经三个水潭，坠落下去形成瀑布，就是清溪的源头了；再往西是琼台、双阙的溪水，它的源头应当发源于万年寺东南方，往东流过罗汉岭，坠下深坑后汇积为百丈崖的龙潭，绕过琼台后流出来，与清溪汇流；再往西是桃源的溪水，它的上游有双瀑，东西两条瀑布交相流注，它的源头应当出自通元寺左右，没能前去穷究了；再往西是秀溪的溪水，它的源头出自万年寺所在的山岭，往西流下去成为龙潭瀑布，再向西流是九里坑，流到秀溪后向东南流去。各条溪流从清溪以西，都是向东南流入大溪中。正西还有关岭、王渡等溪流，我的足迹也没有经历过；从这里再往北有会墅岭各条溪流，也是正西方的水流，往西北流入新昌县境内；再往北有福溪、罗木溪，都是发源于天台山北面，而后往西流成为新昌大溪，也是我的足迹没有经历过的地方了。

游雁宕山日记后

【题解】

崇祯五年(1632)三月二十一日至四月十五日,徐霞客第二次游雁宕山,但无详记。四月二十八日至五月初八日第三次游雁宕山。《游雁宕山日记后》就是徐霞客第三次游雁宕山的游记。

这次由于时间充裕,徐霞客游遍了雁山诸胜。他考察了天聪洞,登山脊得睹鹿群,冒雨穷南阁,到了雁山北麓的显圣门景区。为了细搜详索,"梯木俱穷,则引绳揉树",无处着足,"辄垂藤下",有时冒雨,"衣履沾透"。他终于找到了僻处西隅的雁湖,搞清雁湖的水"皆与大龙湫风马牛无及",订正了《明一统志》的错误。他详析了雁宕山地区的山水大势,把雁宕山分为东外谷、东内谷、西内谷、西外谷、北谷、南阁、北阁等部分。

余与仲昭兄游天台①,为壬申三月②。至四月二十八日,达黄岩,再访雁山。觅骑出南门,循方山十里,折而西南行,三十里,逾秀岭,饭于岩前铺。五里,为乐清界,五里,上盘山岭。西南云雾中,隐隐露芙蓉一簇,雁山也。十里,郑家岭,十里,大荆驿。渡石门涧,新雨溪涨,水及马腹。五里,宿于章家楼，是为雁山之东外谷。章氏盛时，建楼以憩山游之屐，今旅肆寥落[3]，犹存其名。

【注释】

①仲昭：徐仲昭，名遵汤，为霞客远族兄，万历四十六年(1618)中应天副车。

②壬申：崇祯五年(1632)。霞客曾三游台、宕，第一次在1613年，第二、第三次皆集中在1632年。后两次游踪，《游记》有缺略。三月二十一日至四月十五日系二游雁宕山，《游记》注明，但无详记。四月十九日至二十七日行踪，《游记》缺载。丁文江《徐霞客先生年谱》考证，此时霞客在临海县小寒山访陈函辉。四月二十八日至五月初八日为三游雁荡山，即《游雁宕山日记后》所载。《游天台山日记后》则集中了霞客三月十四日至二十日第二次游天台山和四月十六日至十八日第三次游天台山的旅途实录。

③肆(sì)：店铺。

【译文】

我与仲昭兄出游天台山，是在壬申年的三月。到四月二十八日，到达黄岩县城，再次探访了雁宕山。找到马后出了县城南门，沿着方山前行十里，转向西南行，行三十里，越过秀岭，在岩前铺吃饭。行五里，进入乐清县境内，行五里，登上盘山岭。西南方的云雾之中，隐隐约约地露出一簇芙蓉花瓣似的山峰，是雁宕山了。行十里，到郑家岭，行十里，到大荆驿。渡过石门涧，刚下过雨，溪水上涨，溪水淹没到马肚子。行五里，住在章家楼，这里是雁宕山的东外谷。章氏家族兴盛时，建了楼以方便游山的人休息，如今旅店冷落，只是还保存着章家楼的名称。

二十九日　西入山，望老僧岩而趋。二里，过其麓。又二里,北渡溪,上石梁洞。仍还至溪旁,西二里,逾谢公岭。岭以内是为东内谷。岭下有溪自北来,夹溪皆重岩怪峰,突兀无寸土,雕镂百态①。渡溪,北折里许,入灵峰寺。峰峰奇峭,离立满前。寺后一峰独耸,中裂一罅,上透其顶,是名灵峰洞。蹑千级而上,石台重整,洞中罗汉像俱更新。下饭寺中。同僧自照胆潭越溪左,观风洞。洞仅半规,风蓬蓬出射数步外。遂从溪左历探崖间诸洞。还寺,雨大至,余乃赤足持伞溯溪北上。将抵真济寺,山深雾黑,茫无所睹,乃还过溪东,入碧霄洞,守愚上人精舍在焉。余觉其有异,令僮还招仲昭,亦践流而至,恨相见之晚。薄暮,返宿灵峰。

【注释】

①镂(lòu):雕刻。

【译文】

二十九日　向西进山,望着老僧岩往前赶。行二里,经过老僧岩的山麓。又行二里,向北渡过溪水,登上石梁洞。仍然返回到溪流旁,向西二里,翻越谢公岭。谢公岭以内那是东内谷。谢公岭下有溪流自北面流来,夹住溪流的都是重重叠叠的岩石和奇形怪状的石峰,形态突兀没有一寸土,像是人工雕刻出来的,千姿百态。渡过溪流,向北折进去一里左右,进入灵峰寺。一座座山峰奇异峭拔,分别矗立,布满在寺前。寺后一座山峰独自高耸,中间裂开一条裂缝,上面通到山顶,这里名叫灵峰洞。踏着上千级台阶往上走,石台阶重新修整过,洞中的罗汉像全都更新过。下来在灵峰寺中吃饭。同僧人从照胆潭跳越到溪水左岸,去观看风洞。山洞只是个半圆形,风噗噗地射出洞外几步远。于是从溪流左岸逐一去探寻山崖间的各个洞穴。返回寺中,大雨来临,我于是赤着脚打着伞溯溪流往北上走。即将到达真济寺时,山谷幽深,雨雾黑压压的，迷茫一片，什么也看不见，只好返回来过到溪流东面，进入碧霄洞，守愚上人的精舍在这里。我觉得守愚有异于常人，命令仆人回去叫仲昭兄过来，仲昭兄也踩着流水来到了，恨相见太晚。傍晚，返回灵峰寺住宿。

三十日　冒雨循流，西折二里，一溪自西北来合，其势愈大。渡溪而西，溯而西北行，三里，入净名寺。雨益甚，云雾中仰见两崖，重岩夹立，层叠而上，莫辨层次。衣履沾透，益深穷西谷，中有水帘谷、维摩石室、说法台诸胜。二里，至响岩。岩右有二洞，飞瀑罩其外，余从榛莽中履险以登。其洞一名龙王，一名三台。二洞之前，有岩突出，若露台然，可栈而通也。出洞，返眺响岩之上，一石侧耳附峰头，为"听诗叟"。又西二里，入灵岩。自灵峰西转，皆崇岩连嶂，一开而为净名，一罍直入，所称一线天也；再开而为灵岩，叠嶂回环，寺当其中。

【译文】

三十日　冒雨沿着溪流前行，向西转进去二里，一条溪流自西北方流来汇合，水势变得更大。渡过溪流往西走，溯溪水往西北行，三里，进入净名寺。雨更大了，云雾中抬头看见，两边的山崖上，重重岩石相夹而立，一层层地叠垒上去，无法分辨出层次。衣服鞋子都湿透了，却更想深入进去穷究西谷，西谷中有水帘谷、维摩石室、说法台等名胜。行二里，到达响岩。响岩右侧有两个洞，飞流的瀑布笼罩在洞口外边，我从丛生的草木中踏着险途攀登。这两个洞一个名叫龙王洞，一个名叫三台洞。两个山洞的前方，有岩石向前突出去，像晒台一样，从栈道上可以相通。出洞后，回身眺望响岩的上面，一块岩石像人一样侧着耳朵贴在峰头上，那是“听诗叟”。又向西二里，进入灵岩。从灵峰寺向西转，都是高高的石岩像帷帐一样相连，第一次裂开之处就是净名寺，一条裂缝一直深入进去，就是所谓的一线天了；再次裂开之处是灵岩，重叠山峦围绕着，灵岩寺位于群山之中。

五月朔[①]　仲昭与余同登天聪洞。洞中东望圆洞二，北望长洞一，皆透漏通明，第峭石直下，隔不可履。余乃复下至寺中，负梯破莽，率僮逾别坞，直抵圆洞之下，梯而登；不及，则斫木横嵌夹石间，践木以升；复不及，则以绳引梯悬石隙之树。梯穷济以木，木穷济以梯，梯木俱穷，则引绳揉树，遂入圆洞中，呼仲昭相望而语。复如法蹑长洞而下，已日中矣。西抵小龙湫之下，欲寻剑泉，不可得。踞石碛而坐，仰视回嶂逼天，峭峰倒插，飞流挂其中，真若九天曳帛者。西过小剪刀峰，又过铁板嶂。嶂方展如屏，高插层岩之上，下开一隙如门，惟云气出没，阻绝人迹。又过观音岩，路渐西，岩渐拓，为犁尖，复与常云并峙。常云南下，跌而复起，为戴辰峰。其跌处有坳，曰马鞍岭，内谷之东西分者，以是岭为界。从灵岩至马鞍岭凡四里，而崇峦屼嵲，应接不暇。逾岭，日色渐薄崦嵫[②]。二里，西过大龙湫溪口，又二里，西南入宿能仁寺。

【注释】

①朔(shuò)：中历每月初一。

②日色渐薄崦嵫(yān zī)：日已西下。崦嵫，山名，在今甘肃天水市西境，古人常用以指日落的地方。

【译文】

五月初一日　仲昭兄与我一同登上天聪洞。在洞中向东边望去，有两个圆圆的洞，向北望去是一个长长的洞，都是通明透亮的山洞，只是陡峭的岩石笔直下陷，隔断开来，无处可以踩踏。我只好又下到寺中来，扛着梯子分开丛莽，率领仆人翻越到另外的山坞中，直达圆形洞口的下方，架起梯子往上登；梯子够不到洞口，就砍来树枝横插在岩石的夹缝间，踩着树枝爬上去；还是到不了洞口，就用绳子把梯子拉上来，悬架在长在石缝中的树上。梯子完后用树枝接上，树枝完后用梯子接上，梯子树枝都完了，就把绳子挂在树上拉着绳子上登，终于进入圆形的山洞中，呼叫着与仲昭兄互相望着说话。再次用这样的方法登上长条形的山洞后下来，太阳已到中天了。向西走到小龙湫之下，想去找剑泉，没找到。盘腿在砂石堆上坐下，抬头仰望，回绕的山峰逼近天边，峭拔的高峰倒插下来，飞流悬挂在山崖上，真像是从九天之上拖下来的丝绸。向西走过小剪刀岭，又走过铁板嶂。铁板嶂方方正正地展开来如屏风一样，高插在层叠的岩石上面，下面开有一条像门一样的缝隙，唯有云气出没，人迹断绝。又走过观音岩，路渐渐向西转，岩壁渐渐拓展开去，是犁尖峰，又与常云峰并排对峙。常云峰向南下垂，山势跌下去后再度耸起，成为戴辰峰。那下跌之处有个山坳，叫做马鞍岭，内谷分为东内谷、西内谷，以这座马鞍岭为界。从灵岩来到马鞍岭共走了四里路，然而高大的山峦上山石裸露耸立，应接不暇。越过马鞍岭，夕阳已渐渐逼近西山。行二里，往西经过大龙湫的溪口，又行二里，向西南进入能仁寺住宿。

初二日　从寺后坞觅方竹，无佳者。上有昙花庵，颇幽寂。出寺右，观燕尾泉，即溪流自龙湫来者，分二股落石间，故名。仍北溯流二里，西入龙湫溪口。更西二里，由连云嶂入，大剪刀峰矗然立涧中，两崖石壁回合，大龙湫之水从天下坠。坐看不足亭[1]，前对龙湫，后揖剪刀，身在四山中也。出连云嶂，逾华岩岭，共二里，入罗汉寺。寺久废，卧云师近新之。卧云年八十余，其相与飞来石罗汉相似，开山巨手也。余邀师穷顶，师许同上常云，而雁湖反在其西，由石门寺为便。时已下午，以常云期之后日，遂与其徒西逾东岭，至西外谷，共四里，过石门寺废址。随溪西下一里，有溪自西来合，即凌云、宝冠诸水也，二水合而南入海。乃更溯西来之溪，宿于凌云寺。寺在含珠峰下，孤峰插天，忽裂而为二，自顶至踵，仅离咫尺，中含一圆石如珠，尤奇绝。循溪北入石夹，即梅雨潭也。飞瀑自绝壁下激，甚雄壮，不似空濛雨色而已。

【注释】

①看不足亭：据附近残碑载："按部同藩司李端和过雁山龙湫看不足亭调古风纪胜，西蜀胡继升。"此亭名"看不足亭"。

【译文】

初二日　从寺后的山坞中去找方竹，没有上好的。上面有个昙花庵，很是幽雅寂静。从寺右出来，观看燕尾泉，就是溪流从大龙湫流来，分为两股坠落在岩石间，所以取名燕尾。仍然向北溯溪流前行二里，向西进入大龙湫的溪口。再向西二里，经由连云嶂进去，大剪刀峰巍然矗立在山涧中，两面山崖的石壁回绕着，大龙湫的水从天上坠落下来。坐在看不足亭中，前方对着大龙湫，后面可向大剪刀峰作揖，身在四面群山的围抱中了。走出连云嶂，越过华岩岭，共行二里，进入罗汉寺。罗汉寺已荒废了很久，卧云禅师近来新建了寺院。卧云禅师年纪有八十多岁了，他的相貌与飞来石的罗汉相似，是开山建寺的巨匠。我邀请禅师去穷尽峰顶，禅师答应一同上登常云峰，然而雁湖反而是在罗汉寺的西面，经由石门寺前去更为方便。此时已是下午，把去登常云峰的日期约定在后天，便与卧云的徒弟向西越过东岭，来到西外谷，共行四里，路过石门寺荒废的遗址。顺着溪流往西下行一里，有条溪流自西面流来汇合，就是凌云寺、宝冠寺等地流来的溪水了，两条溪水合流后向南流入大海。于是再溯西面流来的溪流前行，住宿在凌云寺。凌云寺在含珠峰下，孤峰上插天空，忽然裂成两半，从山顶到山脚，距离仅在咫尺之间，缝隙中含着一块圆形的石头，像一颗珠子，尤为奇妙绝伦。沿着溪流向北进入石山夹缝中，就到梅雨潭了。飞流的瀑布从绝壁上冲激而下，非常雄伟壮观，不再像是雨雾弥漫的景色而已。

初三日　仍东行三里，溯溪北入石门，停担于黄氏墓堂。历级北上雁湖顶，道不甚峻。直上二里，向山渐伏，海屿来前[①]。愈上，海辄逼足下。又上四里，遂逾山脊。山自东北最高处迤逦西来，播为四支[②]，皆易石而土。四支之脊，隐隐隆起，其夹处汇而成洼者三，每洼中复有脊，南北横贯，中分为两，总计之，不止六洼矣。洼中积水成芜[③]，青青弥望[④]，所称雁湖也[⑤]。而水之分堕于南者，或自石门，或出凌云之梅雨，或为宝冠之飞瀑；其北堕者，则宕阴诸水也，皆与大龙湫风马牛无及云。既逾冈，南望大海，北瞰南閤之溪，皆远近无蔽，惟东峰尚高出云表。余欲从西北别下宝冠，重岩积莽，莫可寄足。复寻旧路下石门，西过凌云，从含珠峰外二里，依涧访宝冠寺。寺在西谷绝坞中，已久废，其最深处，石崖回合，磴道俱绝。一洞高悬崖足，斜石倚门。门分为二，轩豁透爽，飞泉中洒。内多芭蕉，颇似闽之美人蕉；外则新篁高下[⑥]，渐已成林。至洞，闻瀑声如雷，而崖石回掩，杳不可得见。乃下山涉溪，回望洞之右胁，崖卷成罅，瀑从罅中直坠，下捣于圆坳，复跃出坳成溪去。其高亚龙湫，较似壮胜，故非宕山第二流也。东出故道，宿罗汉寺。

【注释】

①屿（yǔ）：水中的小山。

②播（bō）：分散。

③芜（wú）：众草茂生的地方。

④弥（mí）望：视野所及之处。

⑤雁湖：又称平湖，在雁湖岗顶，海拔八百五十米左右。秋雁归时，多栖宿于此，故名。原有北、中、东三湖，方可十里，中湖较大。今淤塞只余一小水塘，面积600平方米，水深1.5米。

⑥箨（tuò）：竹笋上一片一片的皮。

【译文】

初三日 仍然往东行三里，溯溪流向北进入石门，把担子停放在黄氏墓地的堂屋中。沿着石阶往北逐级上登雁湖顶，道路不怎么陡峻。一直上登二里，原先走过来的山渐渐低伏下去，海中的岛屿来到眼前。越上走，大海就越是逼近脚下。又上登四里，便越过山脊。雁宕山从东北方的最高处向西逶迤延伸而来，分散为四条支脉，都是从石山变为土山。四条支脉的山脊，隐隐地隆起，支脉相夹之处汇合成为三处洼地，每处洼地中又有山脊，横贯南北，从中间分为两块洼地，总计洼地的数量，不止六块洼地了。洼地中积水形成杂草丛生的地方，视线所及之处都是一片青青的荒草，这就是所谓的雁湖了。而雁湖中的水分流向南下泄的，有的从石门流出去，有的从凌云寺的梅雨潭流出去，有的形成宝冠寺飞流的瀑布；湖水向北下泄的，就是雁宕山北面的各条溪水，都与大龙湫的水风马牛不相及。越过山冈后，向南眺望大海，往北俯瞰南阁的溪流，远近都没有遮拦，唯有东峰还高高耸出云层之外。我想从西北方另外找条路下到宝冠寺，重重岩石，荒草堆积，无处可以落脚。又找到原路下到石门寺，往西经过凌云寺，从含珠峰外前行二里，顺着山涧去寻访宝冠寺。宝冠寺在西谷绝深的山坞中，已经荒废了很久，山坞的最深处，石崖回绕闭合，石阶路全部断了。一个山洞高悬在石崖脚下，倾斜的岩石紧靠洞口。洞口分为两个，高大宽敞，通风透亮，飞空的泉水洒落在洞中。洞内有很多芭蕉，很像福建的美人蕉；洞外则是新长出的竹笋，高高低低的，逐渐已长成竹林。来到洞口时，听见瀑布声如雷鸣一般，可崖石回绕掩藏着，幽暗得不能看见。于是下山后涉过溪流，回头眺望山洞的右侧，崖石翻卷，形成裂缝，瀑布从裂缝中垂直下坠，向下冲捣在圆形的凹地中，又跃出凹地形成溪流流去。瀑布的高度低于大龙湫瀑布，似乎较为壮观优美，所以不能说成是雁宕山第二流的瀑布了。向东出到原路上，住在罗汉寺。

初四日　早，望常云峰白云濛翳，然不为阻，促卧云同上。东逾华岩二里，由连云嶂之左，道松洞之右，跻级西上，共三里，俯瞰剪刀峰已在屐底。一里，山回溪出，龙湫上流也。渡溪，过白云、云外二庐，又北入云静庵。庵庐与登山径，修整俱异昔时。卧云令其徒采笋炊饭。既饭，诸峰云气倏尽，仲昭留坐庵中，余同卧云直跻东峰。又二里，渐闻水声，则大龙湫从卷崖中泻下。水出绝顶之南、常云之北，夹坞中即其源也。溯水而上，二里，水声渐微。又二里，逾山脊。此脊北倚绝顶，南出分为两支，东支为观音岩，西支为常云峰，此其过脉处也。正脊之东为吴家坑。其峰之回列者，近为铁板嶂，再绕为灵岩，又再绕为净名，又再绕为灵峰，外为谢公岭而尽。脊之西，其坑即龙湫背。其峰之回列者，近为龙湫之对崖，再绕为芙蓉峰，又再绕为凌云，又再绕为宝冠,上为李家山而止。此雁山之南面诸峰也。而观音、常云二峰,正当其中,已伏杖履下,惟北峰若负扆然,犹屏立于后。北上二里,一脊平峙,狭如垣墙,两端昂起,北颓然直下,即为南閤溪横流界,不若南面之环互矣。余从东巅跻西顶,倏踯躅声大起,则骇鹿数十头也。其北一峰,中剖若斧劈,中则石笋参差,乱崖森立,深杳无底。鹿皆奔堕其中,想有陨堑者。诸僧至,复以石片掷之,声如裂帛,半晌始沉,鹿益啼号不止。从此再西,则石脊中断,峰亦渐下,西北眺雁湖,愈远愈下。余二十年前探雁湖,东觅高峰,为断崖所阻,悬绠而下①,即此处也。昔历其西,今东出其上,无有遗憾矣。返下云静庵,循溪至大龙湫上,下瞰湫底龙潭,圆转夹崖间,水从卷壁坠潭,跃而下喷,光怪不可迫视。遂逾溪西上,南出龙湫之对崖,历两峰而南,其岭即石门东,罗汉之西,南出为芙蓉峰,又南下为东岭者也。芙蓉峰圆亘特立,在罗汉寺西南隅。既至其下,始得路。东达于寺,日已西,仲昭亦先至矣。

【注释】

①绠(gěng):原为汲水桶上的绳索,此处泛指绳索。

【译文】

初四日　一大早,远望常云峰白云笼罩,一片迷茫,然而不能阻止我,催促卧云一同上山。向东翻越华岩二里,由连云嶂的左边,途经松洞的右侧,沿着石阶向西上登,共三里,俯瞰剪刀峰,已经在脚底下。行一里,山峰回绕,有溪水流出来,这是大龙湫的上游了。渡过溪流,经过白云庐、云外庐两座小屋,又向北进入云静庵。寺庵、小屋和登山的小径都修整过，与从前不一样了。卧云命令他的徒弟采竹笋来做饭。饭后，群峰上的云气突然散尽，仲昭兄留在静云庵中坐着，我同卧云径直上登东峰。又行二里，逐渐听见水声，是大龙湫从翻卷的山崖中下泻的溪水。溪水出自绝顶的南面、常云峰的北面，两座山峰相夹的山坞中，就是溪水的源头了。溯溪水往上走，二里，水声逐渐变小。又行二里，翻越山脊。这条山脊北边紧靠绝顶，向南伸出来分为两条支脉，东面的支脉是观音岩，西面的支脉是常云峰，此地是山脉延伸而过的地方了。主脊的东面是吴家坑。那回绕排列的山峰，近处的是铁板嶂，再向前环绕是灵岩寺，再环绕过去是净名寺，再往前环绕是灵峰寺，外围是谢公岭，山脉到了尽头。山脊的西面，那个坑谷就是大龙湫的背面。那回绕排列的山峰，近处的是大龙湫对面的山崖，再向前环绕是芙蓉峰，又再向前环绕是凌云寺，又再绕过去是宝冠寺，最后到李家山为止。这是雁宕山南面的各座山峰了。而观音岩、常云峰两座山峰，正好位于雁宕山的中心，已经低伏在我的拐杖和脚下了，唯有北峰好像帝王背靠屏风的样子，依然屏风样矗立在后面。往北上登二里，一条山脊平缓地耸峙着，狭窄得像一堵墙，两端高高昂起，北面像崩塌一样笔直下陷，就成为南阁溪横向流出去的分界处，不像南面那样交错环绕了。我从东面的山顶去上登西面的山顶，忽然间响起一片来回跑动的声音，原来是几十头受惊的鹿。这里北面的一座山峰，中间剖开，好像是用斧头劈的，中间是参差不齐的石笋，杂乱的石崖像森林一样矗立，深远得没有底。鹿群都奔落到其中，想来有的鹿跌进了深堑中。各位僧人来到后，又用石片扔下去，声音像布帛撕裂一样，半晌才沉到底，鹿群愈加嚎叫不止。从此处再往西走，就见石头山脊中断了，山峰也渐渐低下去，向西北方眺望雁湖，距离越远，位置越在下方。我二十年前去探寻雁湖，到东面去寻找高峰，被断开的崖壁阻断，悬在绳子上下来，就是这个地方了。从前游历了雁湖的西面，今天从东面出现在雁湖的上方，没有遗憾了。返回来下到静云庵，沿着溪流来到大龙湫上面，向下俯瞰大龙湫底下的龙潭，圆圆地夹在石崖中间，水流从翻卷的石壁上坠入深潭中，跃出来喷泻而下，光怪陆离，不能逼近观看。于是越到溪流西面上登，往南出到大龙湫对面的山崖上，越过两座山峰往南走，这座岭就是在石门寺东面、罗汉寺西面，向南延伸出去形成芙蓉峰，又南下延伸为东岭的山脉了。芙蓉峰圆圆地横亘着，独自耸立，在罗汉寺的西南角。来到芙蓉峰下后，才找到路。往东到达罗汉寺时，落日已西下，仲昭兄也已先到了。

初五日　别卧云出罗汉寺，循溪一里，至龙湫溪口。凡四里，逾马鞍而下。北望观音峰下，有石壘若门[①]，层列非一。仲昭已前向灵岩。余挟一僮北抵峰下，循樵路西转二里，直抵观音、常云之麓，始知二峰上虽遥峙，其下石壁连亘成城。又循崖东跻里许，出石壘之上，丛木密荫，不能下窥。崖端盘石如擎盖，上平如砥，其下四面皆空。坐其上久之，复下循石壘而入，层崖悬裂，皆可扪而通也。壘外一峰特起，薄齐片云，圆顶拱袖，高若老僧岩，俨若小儿拱立。出路隅，居多吴氏，有吴应岳者留余餐。余挟之溯溪入，即绝顶所望吴家坑溪也，在铁板、观音之间。欲上溪左黄崖层洞，崖在铁板嶂之西，洞在崖之左，若上下二层者。抵其下，不得上；出其上，洞又在悬崖间，无可下也。乃循崖东行，又得一石壘，望其上，层叠可入，计非构木悬梯不能登。从此下一小峰，曰莺嘴岩，与吴别。东过铁板嶂下，见其中石壘更大，下若有洞流而成溪者。亟溯流入，抵洞下，乱石窒塞，而崖左有路直上，凿坎悬崖间，垂藤可攀。遂奋勇上，衣碍则解衣，杖碍则弃杖，凡直上一崖，复横历一崖，如是者再，又栈木为桥者再，遂入石璺中。石对峙如门，中宽广，得累级以升。又入石门两重，仰睇其上，石壁环立，青天一围，中悬如井。壁穷，透入洞中。洞底日光透处有木梯，猱升其上②，若楼阁然。从阁左转，复得平墟③，后即铁板嶂高列，东西危崖环绕，南面石璺下伏，轩敞回合，真仙灵所宅矣！内有茅屋一楹，虚无人居。隙地上多茶树，故坎石置梯，往来其间耳。下至溪旁，有居民。遂越小剪刀峰而东，二里，入灵岩，与仲昭会。

【注释】

①璺（wèn）：本日记乾隆本皆作“壆”，从“四库”本改。指玉器陶瓷等器物破裂而未分离，引申为裂口。

②猱（náo）：猿的一种，身体便捷，善于攀援。

③墟（xū）：大丘。

【译文】

初五日　辞别卧云后出了罗汉寺，沿着溪流前行一里，来到大龙湫的溪口。共四里，越过马鞍岭往下走。远望北边的观音峰下，石壁上有裂缝像门一样，层层排列着不止一处。仲昭兄已走在前面去灵岩寺。我带着一个仆人向北走到山峰下，顺着打柴的路向西转二里，直接抵达观音峰、常云峰的山麓，这才知道两座山峰上面虽然远远对峙着，山脚下的石壁却是连在一起的，像城墙一样横亘着。又沿着石崖向东上登一里左右，出到石头裂缝的上面，树木丛生，树荫浓密，向下不能窥见。石崖顶端有块盘子状的岩石，如高擎的盖子，上面平滑得像磨刀石，岩石下边四面都是空的。在这块岩石上坐了很久，又下来沿着岩石缝隙进去，石崖上悬着一层层裂缝，都可以摸着通进去。石缝外一座石峰独自耸起，逼近云天，圆圆的顶部，拱起衣袖，高处有如老僧岩，俨然像小孩子拱手而立。出到路旁，居民多半姓吴，有个叫吴应岳的人留我吃饭。我拉着他溯溪水进去，就是在绝顶上望见的吴家坑中的溪流了，在铁板嶂、观音岩之间。想上登溪流左岸黄崖上分层的山洞，黄崖在铁板嶂的西面，山洞在黄崖的左侧，好像有上下两层的样子。抵达黄崖下面，不能上去；出到黄崖上面，山洞又在悬崖中间，无处可以下去了。于是沿着悬崖往东行，又见到一条石缝，望着石崖上面，层层叠叠的，可以进去，估计不悬架木梯是不能登上去的。从这里走下一座小山峰，叫做莺嘴岩，与吴应岳告别。向东路过铁板嶂下面，看见山中的石缝更大，下面好像有个洞，洞中的水流成溪流。急忙溯溪流进去，抵达山洞下，乱石堵塞着，可悬崖左边有路笔直上去，是在悬崖上凿出的石阶路，下垂的藤条可以攀援。于是奋勇上登，衣服碍事就脱掉衣服，拐杖碍事就丢掉拐杖，总计径直登上一座悬崖，又横向穿过一座悬崖，如此两次，又两次走过用木头架成桥的栈道，终于进入石缝中。两旁的岩石对峙像门一样，石缝中很宽广，找到叠累的石阶得以上登。又进入两重石门，仰面斜视头顶上方，石壁环绕矗立，一块圆圆的青天，悬在中央像井一样。石壁完后，钻入洞中。洞底阳光照射之处有木梯，像猴子一样爬到洞顶上面，好像楼阁一样。从像楼阁的洞中向左转，又见到平缓的大土丘，后面就是铁板嶂高高地排列着，东西两面都是高险的石崖环绕着，南面是石缝伏在下方，高大宽敞，四面闭合，真是神仙居住的好地方呀！里面有一间茅屋，空空的没有人居住。空地上有很多茶树，所以开凿了石阶放置了梯子，往来于其中。下到溪流旁边，有居民。于是越过小剪刀峰往东走，二里，进入灵岩寺，与仲昭兄相会。

初六日 挟灵岩僧为屏霞嶂之游。由龙鼻洞右攀石罅上，半里，得一洞甚奇。又上半里，崖穹路绝，有梯倚崖端，盖烧炭者所遗。缘梯出其上，三巨石横叠两崖间，内覆石成室，跨其外者为仙桥。其室空明幽敞，蔽于重岩之侧，虽无铁板嶂、石门之奇瑰攒合，而幽邃自成一天[1]。复透洞左上，攀藤历栈，遂出屏霞嶂之中层，盖龙鼻顶也。崖端亦宽垲可庐[2]，后嶂犹上倚霄汉，嶂右有岩外覆，飞泉落其前。由右复攀跻崖石，几造嶂顶，为削石所阻。其侧石隙一缕，草木缘附。可以着足，遂随之下。崖间多修藤垂蔓，各采而携之。当石削不受树，树尽不受履处，辄垂藤下。如是西越石冈者五重，降升不止数里，始下临绝涧，即小龙湫上游也。其涧发源雁顶之东南，右即铁板，左即屏霞，二嶂中坠为绝壑，重崖亏蔽，上下无径，非悬绠不能飞度也。入涧，践石随流，东行里许，大石横踞涧中，水不能越，穴石下捣，两旁峭壁皆斗立，行者路绝。乃缚木为梯升崖端，复缒入前涧下流[3]，则横石之下，穹然中空，可树十丈旗。水从石后建瓴下注，汇潭漾碧，翛然沁人[4]。左右两崖，俱有洞高峙。由此而前，即龙湫下坠处也。余两次索剑泉，寺僧辄云："在龙湫上，人力鲜达。"今仍杳然，知沦没已久。欲从此横下两峰，遂可由仙桥达石室，乃斫木缚梯，盘绝巘者数四，俯视独秀、双鸾诸峰，近在屐底。既逼仙桥，隔崖中断，日已西，疲甚，乃返觅前辙，复经屏霞侧石室返寺，携囊过净名，投宿灵峰。

【注释】

①邃(suì)：深远。

②垲(kǎi)：地势高而干燥。

③缒(zhuì)：用绳子拴住人或物从上往下送。

④翛(xiāo)然：无拘无束、自由自在的样子。

【译文】

初六日　拉着灵岩寺的僧人去游览屏霞嶂。由龙鼻洞右侧攀着石缝上登，行半里，见到一个山洞非常奇特。又上登半里，崖壁穹隆，道路断绝，有梯子斜靠在崖壁上，大概是烧炭的人遗留下来的。顺着梯子爬到崖壁上，有三块巨石横着叠夹在两面的悬崖之间，里面岩石下覆形成石室，跨在石室外面的成为仙桥。这个石室空旷明亮，幽静宽敞，隐蔽在重重岩石的侧面，虽然没有铁板嶂、石门那样的奇异瑰丽和攒聚闭合的地势，但幽静深邃自成一块天地。又钻出洞的左上方，攀着藤蔓走过栈道，便出到屏霞嶂的中层，大概是在龙鼻洞的顶上了。石崖顶端也很宽敞高爽，可以建盖房屋，后面的屏霞嶂还在上面背靠着天空，屏霞嶂右侧有块岩石向外下覆着，飞泻的泉水落在岩石前边。由岩石右边又攀登崖石，几乎到达屏霞嶂顶上，被陡削的石崖所阻。石崖侧面有一条石缝，草木沿着石缝生长。可以落脚，就顺着石缝下走。石崖上有许多修长下垂的藤蔓，各人都采了一些藤蔓带着走。在石崖陡削不能生长树木，树木完了不能承受脚步之处，就悬垂在藤条上下去。如此往西越过了五重石头山冈，上升下降不止几里路，才下临绝深的山涧，这就是小龙湫的上游了。这条山涧发源于雁宕山顶的东南，右侧是铁板嶂，左侧是屏霞嶂，铁板嶂和屏霞嶂向中间下坠形成绝深的壑谷，重重石崖遮蔽着，上下都没有路，不用绳索悬缒是不能飞度过去了。进入山涧中，踩着石头顺着水流走，往东行一里左右，巨石横着盘踞在山涧中，涧水不能穿越，从巨石下面的洞穴中冲捣进去，两旁的峭壁都是陡峭地直立着，行走的路断了。于是用树木绑成梯子爬到悬崖顶端，又缒落到巨石前边山涧的下游，就见横挡着的巨石之下，穹然隆起，中间是空的，可以竖起十丈高的旗子。水从巨石后面高屋建瓴般地向下流淌，汇积成碧波荡漾的深潭，悠然的样子沁人心脾。左右两面的山崖上，都有山洞高高地对峙着。由此地再往前，就是龙湫瀑布下坠之处了。我两次搜寻剑泉，寺里的僧人总是说："在龙湫上面，凭人力很少能到达。"今天仍然杳无音信，心知已经隐没了很久。想要从此地横着走下两座山峰，便可以经由仙桥到达石室，于是砍来树木捆绑梯子，绕着极高的山峰走，共有四座，俯视独秀峰、双鸾峰等山峰，近在脚底下。逼近仙桥后，被中断的山崖隔开，夕阳已西下，疲倦极了，只得返回来找到先前的路，再经过屏霞嶂侧面的石室返回到灵岩寺中，带着行李路过净名寺，投宿在灵峰寺。

初七日　溯寺前溪，观南碧霄冈，轩爽无他奇。又三里，西转，望真济寺在溪北坞中。是溪西由断崖破峡而来，峡南峰为“五马朝天”，峥嵘尤甚。两旁逼仄石蹊，内无居民，棘茅塞路。行里许，甚艰，不可穷历。北过真济寺，寺僻居北谷，游屐不到。寺右溯小溪三里，登马家山岭，路甚峻。登巅，望雁顶棱簇如莲花状，北瞰南阁，已在屐底。飞舄而下，四里余，得新庵，弛担于中，溯南阁溪，探宕阴诸胜[1]。南阁溪发源雁山西北之箬袅岭[2]，去此三十余里，与永嘉分界[3]。由岭而南，可通芙蓉[4]，入乐清；由岭而西，走枫林[5]，则入瓯郡道也[6]。溪南即雁山之阴，山势崇拓，竹木蓊茸，不露南面巑岏态[7]。溪北大山，自箬袅迤逦而来，皆层崖怪峰，变换阖辟[8]，与云雾争幻，至阁而止。又一山北之溪，自北阁来会，俱东下石门潭。门内平畴千亩，居人皆以石门为户牖，此阁所由名[9]，而南北则分以溪也。南阁有章恭毅宅，西入有石佛洞、散水岩、洞仙岩诸胜。北阁有白岩寺旧址，更西有王子晋仙桥为尤奇[10]。余冒雨穷南阁，先经恭毅宅，聚族甚盛。溯溪五里，过犁头庵，南即石佛洞，以路芜不能入。西十里至庄坞[11]，夹溪居民皆叶姓。散水岩在北坞中，石崖横亘，飞瀑悬流，岩左登岭有小庵。时暮雨，土人留宿庄坞，具言洞仙院之胜。

【注释】

①宕阴诸胜：在雁宕山北部，即今显胜门景区，有石佛洞、散水岩、仙人桥、仙姑洞等胜景。

②箬（ruò）：竹子的一种，叶宽大，可编竹笠，又可用来包粽子。

③永嘉：温州府附郭县，治今温州市，与今永嘉县不同点。

④芙蓉：今名同，在乐清市北境，雁荡山南麓。

⑤枫林：今名同，在永嘉县北境，岭水溪东岸。

⑥瓯（ōu）郡：浙江温州府位于瓯江南岸，故别称瓯郡。

⑦巀嵲（jié niè）：山高峻的样子。

⑧阖（hé）：关闭。辟（pì）：开启。

⑨阁（gé）：东向开的侧门。

⑩王子晋：姓姬，名晋。周灵王的太子。好吹笙，游伊、洛间，传说被浮丘生接引上嵩山，后乘白鹤到缑氏山上，数日而去。仙桥在北阁仙亭山脊，山崖中断，石桥横跨其上，形如龟背，长约一百米，宽约二十米，山北有小路可攀至桥上，相传王子晋曾乘鹤吹笙于此。

⑪庄坞：今作“庄屋”，在乐清市北境。

【译文】

初七日　溯寺前的溪流上行，观看南碧霄冈，高大宽阔，没有其他奇特的。又行三里，向西转，望见真济寺在溪流北面的山坞中。这条溪流由西面的断崖中冲破峡谷流来，峡谷南面的山峰是“五马朝天”，山势尤为峥嵘。两旁是狭窄的石头小径，里面没有居民，荆棘茅草阻塞道路。前行一里左右，非常艰难，不能走到头。向北经过真济寺，真济寺僻处于北谷中，游人的足迹到不了。从真济寺右侧溯小溪前行三里，上登马家山岭，山路非常陡峻。登上岭头，遥望雁宕山顶棱角分明，成簇的山峰像莲花的样子，向北俯瞰南阁，已在脚底下。脚步飞快地下山，四里多，见到一座新建的寺庵，把担子放在庵中，溯南阁溪上走，探寻雁宕山北面的各处胜景。南阁溪发源于雁宕山西北的箬袅岭，距此地三十多里路，与永嘉县分界。由箬袅岭往南走，可以通往芙蓉，进入乐清县；由箬袅岭往西去，从枫林走，则是进入温州府的路了。南阁溪的南面就是雁宕山的北面，山势高大宽广，竹木葱茏，没有露出南面山势嵯峨的姿态。溪流北面的大山，自箬袅岭逶迤而来，都是层层悬崖和奇形怪状的山峰，山势开合变换，与云雾争相变幻，直到南阁才停止。又有一条雁宕山北面流来的溪水，自北阁流来交汇，都是往东下流进石门的深潭中。石门内平旷的田野上千亩，居民都把石门作为门户，这就是用“阁”来起名的由来，而南阁、北阁则是根据溪流来划分的。南阁有章恭毅的宅院，向西进去有石佛洞、散水岩、洞仙岩等处名胜。北阁有白岩寺旧址，再往西还有王子晋仙桥，尤为奇特。我冒雨去穷究南阁，先经过章恭毅的宅院，聚族而居，十分兴盛。溯溪流前行五里，路过犁头庵，南边就是石佛洞，因为道路荒芜不能进去。向西十里来到庄坞，夹在溪流两岸的居民都姓叶。散水岩在北面的山坞中，石崖横亘，飞瀑悬空下流，从散水岩左边登岭，有座小庵。此时暮雨来临，当地人留我住在庄坞，都说起洞仙院的优美景色。

初八日　雨未止。西溯溪行三里，山涧愈幽。随溪转而北，又二里，隔溪小径破云磴而入。东渡溪从之，忽峰回溪转，深入谷中，则烟峦历乱。峰从庄坞之后连亘至此，又开一隙，现此瑰异。执土人问之，曰：“此小篆厝也，洞仙尚在其外大溪上流。”复出而渡溪，里许，有溪自东来入，即洞仙坞溪矣。渡大溪，溯小溪东上，其中峰峦茅舍，与前无异。

洞仙即在其内崖，倚峰北向，层篁翳之[1]。乃破莽跻石隙而入，初甚隘，最上渐宽。仍南出庄坞，东还犁头庵，终不得石佛洞道。遂出过南阁，访子晋仙桥，在北阁底尚二十里。念仲昭在新庵甚近，还晤庵中。日已晡，竟不及为北阁游，东趋大荆而归。

【注释】

①篁(huáng)：竹林。

【译文】

初八日　雨没停。向西溯溪流前行三里，山涧越来越幽深。顺着溪流转向北，又行二里，隔着溪流有条小径，沿着破开云层的石阶进去。渡到溪流东边沿着这条小径走，忽然山峰围绕溪流回转，深入到山谷中，就见云烟峰峦纷纭杂乱。山峰从庄坞的后面绵亘到这里，又分开一个缝隙，现出这样瑰丽奇异的景象。拉住当地人询问地名，说："这里是小纂厝，洞仙院还在小纂厝外面大溪的上游。"又出来渡过溪流，一里左右，有条溪水自东面流来汇流，就是洞仙院山坞中的溪流了。渡过大溪，溯小溪往东上走，山谷中的峰峦茅屋，与前边的没有什么不同。洞仙院就在山谷内的山崖上，紧靠山峰，面向北，被层层竹林遮住了。于是破开丛莽蹬着石缝进去，最初非常狭窄，最上面渐渐变宽。仍然向南出到庄坞，往东返回犁头庵，最终找不到去石佛洞的路。于是出来经过南阁，打听王子晋仙桥，在北阁底下，还有二十里路程。考虑到仲昭兄所在的新建的寺庵很近，回来到庵中与他相会。时间已是下午，最终来不及去游北阁，向东赶到大荆驿后回家。

游五台山日记[1] 山西太原府五台县[2]

【题解】

崇祯六年(1633)徐霞客北上入都,以后到山西游五台山和恒山,绕了一圈返回北京。《游五台山日记》就是这年徐霞客游五台山留下来的游记。

五台山在山西省五台县东北隅,为我国佛教名山。徐霞客于七月二十八日离开北京,途经保定,八月初四日过阜平县,初五日进入山西界。五台山的范围较大,各台间的距离也较远。徐霞客用四天时间,游遍南、西、中、北四台。他详记了山川大势,山中特殊的气候,“非神力不能运”的建筑,“天花菜”等特产。他记录了形状特殊的清凉石,终年不化的“万年冰”,由于季节性的冰冻与解冻交替作用而形成的“龙翻石”,为我们留下了宝贵的地貌学资料。

癸酉七月二十八日[3] 出都为五台游[4]。越八月初四日,抵阜平南关[5]。山自唐县来[6],至唐河始密[7],至黄葵渐开[8],势不甚穹窿矣。从阜平西南过石梁,西北诸峰复嵱嵷起[9]。循溪左北行八里,小溪自西来注,乃舍大溪,溯西溪北转,山峡渐束。又七里,饭于太子铺[10]。北行十五里,溪声忽至。回顾右崖，石壁数十仞，中坳如削瓜直下。上亦有坳，乃瀑布所从溢者，今天旱无瀑，瀑痕犹在削坳间。离涧二三尺，泉从坳间细孔泛滥出，下遂成流。再上，逾鞍子岭。岭上四眺，北坞颇开，东北、西北，高峰对峙，俱如仙掌插天，惟直北一隙少杀⑪。复有远山横其外，即龙泉关也，去此尚四十里。岭下有水从西南来，初随之北行，已而溪从东峡中去。复逾一小岭，则大溪从西北来⑫，其势甚壮，亦从东南峡中去，当即与西南之溪合流出阜平北者。余初过阜平，舍大溪而西，以为西溪即龙泉之水也，不谓西溪乃出鞍子岭坳壁，逾岭而复与大溪之上流遇，大溪则出自龙泉者。溪有石梁曰万年⑬，过之，溯流望西北高峰而趋。十里，逼峰下，为小山所掩，反不睹嶙峋之势。转北行，向所望东北高峰，瞻之愈出，趋之愈近，峭削之姿，遥遥逐人，二十里之间，劳于应接。是峰名五岩寨，又名吴王寨，有老僧庐其上。已而东北峰下，溪流溢出，与龙泉大溪会，土人构石梁于上，非龙关道所经。从桥左北行八里，时遇崩崖矗立溪上。又二里，重城当隘口，为龙泉关⑭。

【注释】

①五台山：又省称台山，位于山西五台县东北隅。五峰高耸，峰顶平坦宽阔如台，故称五台。东台称望海峰，南台称锦绣峰，西台称挂月峰，北台称叶斗峰，中台称翠岩峰。五座山峰环抱，绕周达250公里，五峰之外称台外，五峰之内为平坞，称台内。山中气候凉爽，九月积雪，四月解冻，故又称清凉山。该山传为文殊菩萨道场，与浙江普陀山、安徽九华山、四川峨眉山合为我国佛

教四大名山。五台山有规模宏大的古建筑群，现台内有寺庙39座，台外有寺庙8座，其中显通寺、菩萨顶、塔院寺、罗睺寺、殊像寺合称五台山五大禅寺，砖、石、木材、金属结构的殿堂、楼阁、宝塔、牌坊俱备，历史和艺术价值甚高。

②太原府：为明代山西布政司的治所，治阳曲，即今山西太原市。五台县：隶太原府代州，即今山西五台县。

③癸酉：崇祯六年(1633)。

④都：指明代首都京师，在今北京市。

⑤阜平：明为县，隶真定府，即今河北阜平县。

⑥唐县：隶保定府，即今河北唐县。

⑦唐河：今名同，在唐县西部纵向蜿蜒流淌。

⑧黄葵：今作“王快”，附近有王快水库，在阜平县东南隅与曲阳间。

⑨嵱嵷(yǒng sǒng)：上下众多的样子。

⑩太子铺：今名同，在阜平县稍西，沙河西面。

⑪杀：减少，收束。

⑫大溪：明代称沙河，即今大沙河。

⑬石梁：石桥。

⑭龙泉关：今名同，在阜平县西隅，有上下二关。下关在东，上关在西，相距20里。

【译文】

癸酉年七月二十八日　从都城北京去五台山游览。到八月初四日，抵达阜平县城南关。山脉从唐县延伸而来，到唐河开始密集起来，到黄葵渐渐开阔起来，山势不怎么穹隆高大了。从阜平县城向西南走过石桥，西北方的群峰又高低起伏地耸起。沿着溪流左岸往北行八里，一条小溪自西面流来注入大溪，于是离开大溪，溯西边的小溪向北转，山峡逐渐聚拢。又行七里，在太子铺吃饭。往北行十五里，忽然传来溪水声。回头看右边的山崖，石壁有几十丈高，中间下凹如同削瓜一样笔直切下来。山崖上面也有块凹地，是瀑布从那里溢出的地方，今年天旱没有瀑布，但瀑布的痕迹还留在陡削的下凹处。距离山涧二三尺高，泉水从凹地上的细孔中泛滥溢出来，流下来就汇成溪流。再上走，越过鞍子岭。在岭上四面眺望，北面的山坞相当开阔，东北、西北两个方向高峰对峙，全都像仙人的手掌一样插在天上，唯有正北方有一个缺口山势稍低一些。还有远山横亘在群峰的外围，那就是龙泉关了，距离此地还有四十里地。鞍子岭下有溪水从西南方流来，起初我顺着这条溪流向北行，不久溪水从东面的峡谷中流去。我又越过一座小岭，就见一条大溪从西北方流来，水势非常壮观，也是从东南方的峡谷中流去，应该就是与西南方流来的溪流合流后流到阜平县北部的水流。我当初经过阜平县时，离开大溪往西行，以为西面来的溪流就是龙泉关流来的溪水了，没想到西面来的溪流是出自鞍子岭山坳的石壁间，我越过岭后又与大溪的上游相遇，大溪才是出自龙泉关的溪流。溪流上游有座石桥叫做万年桥，走过桥，溯流望着西北方的高峰往前赶。行十里，逼近山峰下，被小山挡住，反而看不见嶙峋的山势。转向北前行，刚才望见的东北方高峰，越看越突出，朝着它赶过去越来越近，峭拔陡削的姿态，很像远远地在追逐着人走，二十里之间，忙于观赏。这座山峰名叫五岩寨，又叫吴王寨，有个老和尚在山上建了房屋。不久到了东北方的高峰下，溪流溢出来，与龙泉关流来的大溪汇流，当地人在溪流上建有石桥，不是去龙泉关的道路经过的地方。从桥左往北行八里，不时遇见崩塌的山崖矗立在溪流上。又行二里，两重城墙位于隘口，这是龙泉关。

初五日　进南关，出东关。北行十里，路渐上，山渐奇，泉声渐微。既而石路陡绝，两崖巍峰峭壁，合沓攒奇，山树与石竞丽错绮，不复知升陟之烦也。如是五里，崖逼处复设石关二重。又直上五里，登长城岭绝顶。回望远峰，极高者亦伏足下，两旁近峰拥护，惟南来一线有山隙，彻目百里。岭之上，巍楼雄峙，即龙泉上关也。关内古松一株，枝耸叶茂，干云俊物[1]。关之西，即为山西五台县界。下岭甚平，不及所上十之一。十三里，为旧路岭，已在平地。有溪自西南来[2]，至此随山向西北去，行亦从之。十里，五台水自西北来会[3]，合流注滹沱河。乃循西北溪数里，为天池庄[4]。北向坞中二十里，过白头庵村，去南台止二十里，四顾山谷，犹不可得其仿佛。又西北二里，路左为白云寺[5]。由其前南折，攀跻四里，折上三里，至千佛洞，乃登台间道。又折而西行，三里始至，宿[6]。

【注释】

①干云俊物："四库"本、叶本作"秀拔干云"。

②"有溪"句：此溪为清水河。

③五台水：又称台山河、虒阳河。二水汇合后仍称清水河。

④天池庄：今名同，在五台县东南境，台河右岸。

⑤白云寺：在白头庵北，今黄土嘴村附近。

⑥三里始至，宿：原脱"宿"字，据"四库"本补。

【译文】

初五日　进入龙泉关的南关，走出东关。往北行十里，道路渐渐上升，山渐渐奇异起来，泉水声渐渐变小。不久石头路陡峻悬绝，两面的山崖都是巍峨的山峰和峭拔的石壁，杂沓聚合，攒聚争奇，山间的树木与山石争奇斗妍，交错如锦绣，不再感到有攀登的烦恼了。如此五里，山崖狭窄处又设有两重石头建成的城关。又一直上行五里，登上长城所在山岭的绝顶。回头望远处的山峰，极高的山峰也低伏在脚底下，两旁近处的山峰围绕拱卫着，唯有南面我来的方向山间有一线宽的缝隙，一眼可望到百里之外。山岭的上面，巍峨的城楼雄峙着，这就是龙泉上关了。关内有一棵古松，枝干上耸，枝叶茂盛，直插云霄，是俊秀的树种。龙泉上关的西面，就是山西省五台县的辖境。下岭的路非常平缓，坡度不到上登时的十分之一。行十三里，是旧路岭，已走在平地上。有条溪流自西南方流来，流到此地顺着山向西北流去，我也顺着这条溪流前行。行十里，五台水自西北方流来汇流，合流后注入滹沱河。于是沿着西北流来的溪流前行几里，是天池庄。向北在山坞中行二十里，路过白头庵村，距离南台只有二十里路了，环顾四面的山谷，仿佛仍然看不出是五台山的样子。又向西北前行二里。道路左边是白云寺。由寺前向南转，攀登四里，转向上登三里，来到千佛洞，是上登五台山的小道。又折向西行，三里路后才到达，住下。

初六日　风怒起，滴水皆冰。风止日出，如火珠涌吐翠叶中。循山半西南行，四里，逾岭，始望南台在前。再上为灯寺①，由此路渐峻。十里，登南台绝顶，有文殊舍利塔②。北面诸台环列，惟东南、西南少有隙地。正南，古南台在其下③，远则盂县诸山屏峙④，而东与龙泉峥嵘接势。从台右道而下，途甚夷，可骑。循西岭西北行十五里，为金阁岭⑤。又循山左西北下，五里，抵清凉石⑥。寺宇幽丽，高下如图画。有石为芝形，纵横各九步，上可立四百人，面平而下锐，属于下石者无几。从西北历栈拾级而上，十二里，抵马跑泉。泉在路隅山窝间，石隙仅容半蹄，水从中溢出，窝亦平敞可寺，而马跑寺反在泉侧一里外。又平下八里，宿于狮子窠⑦。

【注释】

①灯寺：即金灯寺，在南台东北麓，与白云寺隔塔地村相对。

②文殊：为梵文“文殊师利”的略称，意即“妙吉祥”、“妙德”，为佛教菩萨之一。五台山传为文殊道场，有关文殊的传说甚多。

③“正南”二句：古今所指五台的位置，不同时期曾有变化。此古南台在“台南二里”。更古的南台，则在今中台。

④盂县：隶太原府，即今山西盂县。

⑤金阁岭：位于由太原入五台山必经的路上。岭畔今存金阁寺，距台怀镇15公里。寺内有高17米的观音铜像，各殿满布塑像近千尊。

⑥清凉石：此石又称文殊床。附近有清凉寺、清凉谷等。

⑦狮子窠(kē)：在五台山台怀镇西南10公里的山腰，即文殊寺，俗称狮子窝。现仅存琉璃塔一座，八角十三级，高35米，塔身镶嵌佛像万尊，故又称万佛塔。塔中空，可登至五层。窠，鸟兽昆虫栖息的巢穴。

【译文】

初六日　狂风怒起，滴水都变成冰。风停后太阳出来，像火珠一样从翠绿的树叶丛中喷涌而出。沿着半山腰往西南行，行四里，越岭，开始望见南台就在前方。再上去是灯寺，由此地起道路渐渐陡峻起来。行十里，登上南台的绝顶，有文殊菩萨的舍利塔。北面其他各台环绕排列着，唯有东南方、西南方有少许空隙的地方。正南方，古南台就在下面，远处则是盂县的群山屏风样耸峙着，而且东面与龙泉关山势峥嵘的山岭相接。从南台右侧的道路下走，路面很平坦，可以骑马。沿着西岭往西北行十五里，是金阁岭。又沿着山的左侧向西北下走，五里，抵达清凉石。清凉寺庙宇幽静华丽，高低错落如图画。有块岩石呈灵芝的形状，纵横各有九步，上面可以站立四百人，上面平整可下面尖尖的，和下面的石头相连的部分不多。从西北方经过栈道沿石阶逐级上登，行十二里，到达马跑泉。马跑泉在路旁的山窝中，石缝仅容得下半个马蹄，泉水从缝隙中溢出来，山窝也很平坦宽敞，可以建盖寺院，可马跑寺反而建在泉水侧边一里之外。又平缓下行八里，住宿在狮子窠。

初七日　西北行十里，度化度桥。一峰从中台下，两旁流泉淙淙，幽靓迥绝[①]。复度其右涧之桥，循山西向而上，路攲甚[②]。又十里，登西台之顶。日映诸峰，一一献态呈奇。其西面，近则闭魔岩[③]，远则雁门关[④]，历历可俯而挈也[⑤]。闭魔岩在四十里外，山皆陡崖盘亘，层累而上，为此中奇处。入叩佛龛，即从台北下，三里，为八功德水。寺北面，左为维摩阁[⑥]，阁下二石耸起，阁架于上，阁柱长短，随石参差，有竟不用柱者。其中为万佛阁，佛俱金碧旃檀[⑦]，罗列辉映，不啻万尊。前有阁二重，俱三层，其周庐环阁亦三层，中架复道[⑧]，往来空中。当此万山艰阻，非神力不能运此。从寺东北行，五里，至大道，又十里，至中台。望东台、南台，俱在五六十里外，而南台外之龙泉，反若更近，惟西台、北台，相与连属。时风清日丽，山开列如须眉。余先趋台之南，登龙翻石[⑨]。其地乱石数万，涌起峰头，下临绝坞，中悬独耸，言是文殊放光摄影处。从台北直下者四里，阴崖悬冰数百丈，曰"万年冰"。其坞中亦有结庐者。初寒无几，台间冰雪，种种而是。闻雪下于七月二十七日，正余出都时也。行四里，北上澡浴池。又北上十里，宿于北台[⑩]。北台比诸台较峻，余乘日色，周眺寺外。及入寺，日落而风大作。

【注释】

①靓(jìng)：通"静"。

②攲(qī)：倾侧不平。

③闭魔岩：又作“秘魔岩”，有秘魔寺。在今繁峙县岩头村东北，为西路进台通道。

④雁门关：在山西代县西北。

⑤挈（qiè）：提。

⑥维摩：系梵文音译的略称，意为“净名”或“无垢称”。佛经中说他是释迦牟尼同时代的人，长于辩才。

⑦旃（zhān）檀：即檀香，梵语译作旃檀。

⑧复道：高楼之间或山岩险要处架空的通道。因上下皆有道，故称复道。

⑨龙翻石：这是一种冰缘地貌，由于季节性的冰冻与解冻交替作用而形成。现称石海。据五台山气象站（海拔 2896 米）观测，年平均气温为 -4.1℃。1976 年修建山顶附近公路，普遍发现在 1 米深的地下有盛夏不化的永冻土。见林之光《中国气候之最》（商务印书馆 1980 年出版）。

⑩北台：五台之中，以北台顶最高，海拔 3061 米。

【译文】

初七日　往西北行十里，走过化度桥。一座山峰从中台垂下来，两旁流淌的泉水淙淙有声，幽静优美到了极点。又走过山峰右侧山涧中的桥，顺着山势向西上登，道路崎岖不平得厉害。又行十里，登上西台的绝顶。红日映照着群峰，一一呈献出奇异的姿态。西台的西面，近处是闭魔岩，远处是雁门关，历历在目，可以俯身就触摸到了。闭魔岩在四十里开外，山上全是陡峭的悬崖盘曲绵亘着，一层层地叠累上去，是这座山中景致奇特的地方。进寺去叩拜了佛像，随即从西台北边下走，三里，是八功德水。寺院的北面，左边是维摩阁，维摩阁下有两块岩石耸起，维摩阁架在岩石上，维摩阁的柱子长短不一，随着石头的高低而参差不齐，有的地方竟然不用柱子。寺院中间是万佛阁，佛像都是檀香木制的，金碧辉煌，层层排列，互相辉映，不下一万尊。前边有两重楼阁，都是三层高，庭院四周环绕的房屋楼阁也是三层的，房屋楼阁之间建有架空的上下层通道，人往来于空中。在这样艰难险阻的万山丛中，不是神力是不能把这些建筑材料运到这里的。从寺院往东北行，行五里，来到大道上，又行十里，到达中台。远望东台、南台，都在五六十里之外，然而南台外围的龙泉关，反而像是离得更近，只有西台、北台，与中台互相连接着。此时风清日丽，群山像胡须和眉毛一样分开排列着。我先赶到中台的南面，登上龙翻石。此地的乱石有几万块，高高涌起在峰头，下临极深的山坞，高悬在中央，独自耸立，传说是文殊菩萨放光显身的地方。从中台北面一直下走四里，山背面的山崖上悬挂着几百丈长的冰，叫做“万年冰”。中台北面的山坞中也有建房居住的人。天气刚冷下来没有几天，五台山中的冰雪，到处都是。听说是在七月二十七日下的雪，正好是我从都城出发的时候。前行四里，向北登上澡浴池。又向北上走十里，在北台住宿。北台比其他各台都陡峻，我乘着落日的余晖，在寺外眺望四周。等到进入寺中，夕阳落山而且狂风大作。

初八日　老僧石堂送余，历指诸山曰：“北台之下，东台西，中台中，南台北，有坞曰台湾[①]，此诸台环列之概也。其正东稍北，有浮青特锐者，恒山也。正西稍南，有连岚一抹者，雁门也。直南诸山，南台之外，惟龙泉为独雄。直北俯内外二边，诸山如蓓蕾，惟兹山之北护，峭削层叠，嵯峨之势，独露一班。此北台历览之概也。此去东台四十里，华岩岭在其中。若探北岳，不若竟由岭北下，可省四十里登降。”余颔之。别而东，直下者八里，平下者十二里，抵华岩岭[②]。由北坞下十里，始夷。一涧自北，一涧自西，两涧合而群峰凑，深壑中一“壶天”也。循涧东北行二十里，曰野子场[③]。南自白头庵至此，数十里内生天花菜[④]，出此则绝种矣。由此，两崖屏列鼎峙，雄峭万状，如是者十里。石崖悬绝中，层阁杰起，则悬空寺也，石壁尤奇。此为北台外护山，不从此出，几不得台山神理云。

【注释】

①台湾：即今台怀镇，在五台县城东北120公里，为游览五台山的中心，有公路可达。很多寺庙都集中在这里。每年中历六月，一年一度的五台山骡马大会也在这里举行，附近农民及各省旅客云集，进行以骡马为主的交易，同时尽情游览。

②华岩岭："四库"本作"华严岭"，为由北面进入五台山的门户。

③野子场：今作"野子厂"，在繁峙县东南境，伯强附近。

④天花菜：《清凉志》载："菌类，生于柴木，台山佳品也。"至今仍为五台山特产，称台山香蘑，简称台蘑。西南地区甚多，详《黔游日记一》戊寅四月十七日记。《滇略·产略》亦载菌类说："蒙榆山中亦产天花，而土人不识，谓之八担柴。"

【译文】

初八日　老和尚石堂送我出来，逐一指着群山说："北台的下面，东台的西面，中台位于中心，南台的北面，有个山坞叫台湾，这是各台环绕排列的大致情况了。这里的正东稍偏北，有座泛着青色特别尖锐的山，那是恒山了。正西稍偏南，有一抹云雾相连的地方，那是雁门关了。正南方的群山，南台的外面，唯有龙泉关独自称雄。正北方俯瞰内外长城两边，群山像花的蓓蕾一样，唯有这座山在北面护卫着五台山，峭拔陡削，层层叠叠，巍峨的山势，唯独在这里露出一斑。这是遍观北台的大概情况了。此地距东台有四十里，华岩岭在途中。如果要去探访北岳，不如直接经由华岩岭下走，可以省去上上下下四十里路程。"我点头同意他的建议。和石堂告别后往东走，一直下山八里，平缓下行十二里，抵达华岩岭。由北面的山坞下走十里，才平坦起来。一条山涧自北边流来，一条山涧自西面流来，两条山涧合流后群峰凑聚，形成幽深壑谷中的一处“壶天”仙境了。沿着山涧往东北行二十里，叫做野子场。自南面的白头庵到此地，几十里之内，生长着天花菜，出了此地就绝迹了。从此地起，两面的山崖像屏风样排列，似鼎足一样耸峙，雄奇峭拔，万种姿态，如此走了十里。陡绝高悬的石崖上，层层楼阁高高竖起，那就是悬空寺了，石壁尤其奇异。这是北台外围守卫的山，不从这里出去，几乎没有得到五台山神奇的山脉走向。

游恒山日记[1] 山西大同府浑源州[2]

【题解】

《游恒山日记》是崇祯六年(1633)徐霞客旅游恒山的游记。

恒山在今山西浑源县,明代列为五岳之一的北岳。徐霞客八月初八日离五台山赴恒山,初九日入浑源州境,初十日游龙山及悬空寺,十一日登恒山绝顶,返途北至浑源州。徐霞客在旅途中观察细致,描述详尽。他详析了龙泉、五台、恒山一带山势雁形排列的特点及缓峭高低、土石变化。他指出"是山土山无树,石山则有,北向俱石,故树皆在北",概括了植物与坡向、地表组成物质的关系。他记述了关隘形势及交通路线,从阁道遗迹探寻水位的变化,还重视浑源煤田的采掘情况。对悬空寺和龙山的记载十分可贵。

去北台七十里,山始豁然,曰东底山。台山北尽,即属繁峙界矣[3]。

【注释】

①恒山:在山西浑源县东南,原称玄岳、紫岳、阴岳,明代列为五岳之一,始称北岳恒山。今有朝殿、会仙府、九天宫等建筑。

②大同府:治大同,即今山西大同市。

③繁峙：明为县，隶太原府代州，即今山西繁峙。五台和繁峙县界古今有变化，依今地图，西台以北已属繁峙县。

【译文】

离开北台七十里，山势才豁然开阔起来，叫做东底山。五台山北面的尽头处，就是属于繁峙县的辖境了。

初九日　出南山。大溪从山中俱来者，别而西去。余北驰平陆中，望外界之山，高不及台山十之四，其长缭绕如垣①，东带平邢②，西接雁门③。横而径者十五里，北抵山麓，渡沙河即为沙河堡④。依山瞰流，砖甃高整⑤。由堡西北七十里，出小石口⑥，为大同西道；直北六十里，出北路口⑦，为大同东道。余从堡后登山，东北数里，至峡口，有水自北而南，即下注沙河者也。循水入峡，与流屈曲，荒谷绝人。数里，义兴寨⑧。数里，朱家坊⑨。又数里，至葫芦嘴⑩。舍涧登山，循嘴而上，地复成坞，溪流北行，为浑源界。又数里，为土岭⑪，去州尚六十里，西南去沙河，共五十里矣，遂止居民同姓家⑫。

【注释】

①垣（yuán）：矮墙。

②平邢：即今平型关，在山西繁峙、灵丘二县界上。

③雁门：即今雁门关，在山西代县西北。

④沙河堡：今作“砂河”，在繁峙县东境，滹沱河北岸。沙河，指滹沱河上游。

⑤甃（zhòu）：以砖砌物皆称甃。

⑥小石口：今名同，在应县东南。其东北有大石口。

⑦北路口：今作“北楼口”，在大石口东北。

⑧义兴寨：在砂河东北。

⑨朱家坊：在义兴寨北。

⑩葫芦嘴：在朱家坊东北。以上皆属繁峙县。

⑪土岭：今名同，在浑源县南隅。

⑫止：栖止，居住。

【译文】

初九日　走出南山。从山中一起出来的大溪，和我分手后向西流去。我向北疾驰在平地上，远望外围的山，高处不到五台山的十分之四，山脉长长的，像矮墙一样缭绕着，东面围绕着平邢关，西面连接着雁门关。横向直穿十五里，向北抵达山麓，渡过沙河就是沙河堡。沙河堡背靠山，俯瞰着河流，砖砌的围墙又高又整齐。由沙河堡向西北前行七十里，从小石口出去，是去大同府城西的路；正北方六十里，从北路口出去，是去大同府城东的路。我从沙河堡后面登山，向东北走几里，来到峡口，有水流自北往南流，就是下流进沙河的水流了。顺着水流进入峡谷，与水流一起弯弯曲曲地走，荒凉的山谷绝无人迹。几里后，到义兴寨。几里，到朱家坊。又走几里，到达葫芦嘴。离开山涧登山，沿着山嘴往上走，地势又变成山坞，溪流向北流淌，是浑源州的辖境。又行几里，是土岭，距离浑源州城还有六十里，西南方距离沙河，共有五十里路了，于是住在姓同的居民家中。

初十日　循南来之涧北去三里，有涧自西来合，共东北折而去。余溯西涧入，又一涧自北来，遂从其西登岭，道甚峻。北向直上者六七里，西转，又北跻而上者五六里，登峰两重，造其巅，是名箭筸岭。自沙河登山涉涧，盘旋山谷，所值皆土魁荒阜①；不意至此而忽跻穹窿，然岭南犹复阿蒙也[②]。一逾岭北，瞰东西峰连壁隤，翠蜚丹流[③]。其盘空环映者，皆石也，而石又皆树；石之色一也，而神理又各分妍；树之色不一也，而错综又成合锦。石得树而嵯峨倾嵌者，幕以藻绘而愈奇[④]；树得石而平铺倒蟠者，缘以突兀而尤古。如此五十里，直下至阬底[⑤]，则奔泉一壑，自南注北，遂与之俱出坞口，是名龙峪口，堡临之。村居颇盛，皆植梅杏，成林蔽麓。既出谷，复得平陆。其北又有外界山环之，长亦自东而西，东去浑源州三十里，西去应州七十里[⑥]。龙峪之临外界，高卑远近，一如东底山之视沙河峡口诸山也。于是沿山东向，望峪之东，山愈嶙嶒斗峭，问知为龙山[⑦]。龙山之名，旧著于山西，而不知与恒岳比肩；至是既西涉其阃域[⑧]，又北览其面目，从不意中得之，可当五台桑榆之收矣[⑨]。东行十里，为龙山大云寺，寺南面向山。

【注释】

①土魁（kuí）：土堆。

②阿蒙：三国时鲁肃称吕蒙为阿蒙，说："三日不见，非复吴下阿蒙矣。"此处借用，有依然故态之意。

③蜚：通"飞"。

④幕：覆盖。藻（zǎo）绘：文采。

⑤阬（gāng）：大土山。

⑥应州：隶大同府，治今山西应县。

⑦龙山：亦称封龙山，在今浑源县西南40里，顶峰称萱草坡，风景甚佳。金末，元好问、李治、张德辉曾到这里游览，时称"龙山三老"。

⑧阃（kǔn）域：内境。阃，特指郭门的门槛。

⑨桑榆(yú):皆植物。日落时,阳光尚留桑榆上,故借为西方之称。《后汉书》有“失之东隅,收之桑榆”,桑榆之收,比喻为弥补缺憾。

【译文】

初十日　沿着南边流来的山涧向北走三里,有条山涧自西面流来合流,共同向东北转后流去。我溯西边的山涧进去,又有一条山涧自北边流来,于是从这条山涧西面登岭,道路非常陡峻。向北一直上登六七里路,向西转,又向北上登五六里路,登上两重山峰,直达峰顶,这座山峰名叫箭筸岭。从沙河以来一路上登山涉水,盘旋在山谷中,所遇见的都是些土堆和荒凉的土阜;意想不到来到此地却忽然攀登穹隆的山峰,然而箭筸岭的南面仍然又恢复原貌了。一翻越到箭筸岭的北面,俯瞰东西两面,山峰连绵,石壁崩塌,山色红绿相间,飞舞流动。那盘绕映照在空中的,都是石山,而石山上又都长有树木;石山的颜色是一致的,可神态和纹理又各自分别呈现出不同的美景;树木的颜色是不一样的,而且树石错杂又形成斑斓的锦绣。巍峨倾斜深嵌的石山得到树木的映衬,用斑斓的色彩覆盖着,因而愈加奇丽;平铺、倒卷着的树木得到石山的映衬,缘着突兀的石山生长,因而尤为古拙。如此五十里,一直下到土阜脚下,就见壑谷中一条奔流的泉水,自南向北流淌,于是与溪流一同出了山坞口,这名叫龙峪口,有城堡面临溪流。村庄居民相当兴盛,都种有梅树和杏树,形成树林,遮蔽了山麓。走出山谷后,又走到平地上。这里的北边又有外界的山环绕着,长长的,也是自东往西延伸,东面距离浑源州三十里,西面距离应州七十里。龙峪口面临着的外围的山,高低远近的景象,完全如同在东底山俯视沙河峡口的群山一样了。于是沿着山向东走,远望龙峪口的东边,山势愈加嶙峋陡峭,询问后得知是龙山。龙山的名字,旧志书上著录是在山西省,却不知道它与恒山并肩而立;我走到这里已经从西面涉足了龙山的腹地,又从北面观览了龙山的概貌,在无意之中见到了它,可以当做游览五台山的意外收获了。往东行十里，到龙山大云寺，寺院面向南，对着龙山。

又东十里，有大道往西北，直抵恒山之麓，遂折而从之，去山麓尚十里。望其山两峰亘峙，车骑接轸[①]，破壁而出，乃大同入倒马、紫荆大道也[②]。循之抵山下，两崖壁立，一涧中流，透罅而入，逼仄如无所向，曲折上下，俱成窈窕，伊阙双峰，武彝九曲，俱不足以拟之也。时清流未泛，行即溯涧。不知何年两崖俱凿石坎，大四五尺，深及丈，上下排列，想水溢时插木为阁道者，今废已久，仅存二木悬架高处，犹栋梁之巨擘也[③]。三转，峡愈隘，崖愈高。西崖之半，层楼高悬，曲榭斜倚[④]，望之如蜃吐重台者[⑤]，悬空寺也[⑥]。五台北壑亦有悬空寺，拟此未能具体[⑦]。仰之神飞，鼓勇独登。入则楼阁高下，槛路屈曲。崖既矗削，为天下巨观，而寺之点缀，兼能尽胜。依岩结构，而不为岩石累者，仅此。而僧寮位置适序，凡客坐禅龛[⑧]，明窗暖榻，寻丈之间，肃然中雅。既下，又行峡中者三四转，则洞门豁然，峦壑掩映，若别有一天者。又一里，涧东有门榜三重[⑨]，高列阜上，其下石级数百层承之，则北岳恒山庙之山门也。去庙尚十里，左右皆土山层叠，岳顶杳不可见。止门侧土人家，为明日登顶计。

【注释】

①车骑接轸（zhěn）：车马络绎不绝。轸，车后的横木。

②倒马：即倒马关，今名同，在河北唐县北隅，唐河南岸。紫荆：即

紫荆关，今名同，在河北易县西部，拒马河南岸。明时，倒马、紫荆与居庸合称内三关。

③巨擘(bò)：比喻其杰出于众，如大指不同于其他指头。擘，大拇指。

④榭(xiè)：建在高土台上的敞屋。

⑤蜃(shèn)吐重台：即蜃景。由于气温在垂直方向上的剧烈变化，使空气密度的垂直分布随之显著变化，不同密度的大气层对于光线产生折射，把远处景物反映到天空或地面而形成幻景，在沿海或沙漠地带有时能看到，故称海市蜃楼，《游记》中又称“蜃云”。蜃即蛤蜊，古人误认大蜃能吐气为楼台，故称蜃气。

⑥悬空寺：始建于北魏，具有独特的建筑风格，一直保存到现在。在浑源县城南5公里，浑源县城至恒山的途中。从半山崖上用木柱支撑建起楼阁，彷佛悬在空中。高低错落的殿宇再用栈道或天桥连结，给人以迷宫仙景般的感觉。

⑦拟此未能具体：与恒山这个悬空寺相比，还不算齐备。拟，摹拟，比拟。具体，事物的各个组成部分都齐备。

⑧禅龛(chán kān)：供佛的小屋。

⑨涧：现从悬空寺到恒山，途经恒山水库，系新中国建立后拦浑河源的唐峪河修成，为恒山风景增色不少。门榜：悬挂有匾额的大门。榜，匾额。

【译文】

又往东行十里，有条大路通往西北方，直达恒山的山麓，于是转向顺着这条路走，距离恒山山麓还有十里。远望恒山两列山峰横亘对峙着，车马络绎不绝，破开石壁出来，原来是大同府进入倒马关、紫荆关的大道。沿着大道抵达山下，两面的山崖墙壁一样矗立着，一条山涧从中间流过，穿过缝隙进去，狭窄得好像没有地方可通，弯弯曲曲，上上下下，都形成幽深优美的景色，伊阙的双峰，武彝山的九曲，都不足以和这里的景色相比了。此时清澈的溪流没有泛滥，路就溯山涧上行。不知是在哪一年两面的山崖上都开凿了石坑，大四五尺，深达一丈，上下排列着，猜想是水涨时插木头修建栈道用的，今天已废弃了很久，仅保存有两根木头悬架在高处，还是栋梁一类的大木头。转了三个弯，峡谷更狭窄了，山崖也更高了。西面山崖的半山腰，一层层楼阁高悬着，曲折的台榭斜靠着山崖，望过去像海市蜃楼中层层叠叠是楼台，这是悬空寺了。五台山北面的壑谷中也有座悬空寺，与这里的悬空寺相比还不算齐备。仰面看着悬空寺，神魂飞舞，鼓足勇气独自一人上登。进寺后就见楼阁高高低低的，围着栏杆的路弯弯曲曲的。崖壁矗立陡削，就已是天下的奇观，而且有佛寺的点缀，两者都能尽显它们的优美之处。紧靠在岩石建造楼阁，却不被岩石拖累的，仅有此处。而且僧房的位置排列次序适当，凡是客房和坐禅的佛堂，窗户明亮，卧床温暖，一丈见方的屋子内，肃穆庄严，典雅大方。下来后，又走在峡谷中转了三四个弯，就见有个洞口豁然敞开，山峦壑谷掩映着，好像别有一个天地的样子。又行一里，山涧东面有三重挂有匾额的大门，高高排列在土山之上，山下有几百层石阶连接着大门，这就是北岳恒山庙的山门了。距离北岳庙还有十里，左右两边都是层层叠叠的土山，北岳的山顶还远得不能看见。停在山门侧边的当地人家中，为明天登上山顶做准备。

十一日　风翳净尽，澄碧如洗。策杖登岳，面东而上，土冈浅阜，无攀跻劳。盖山自龙泉来，凡三重。惟龙泉一重峭削在内，而关以外反土脊平旷；五台一重虽崇峻，而骨石耸拔，俱在东底山一带出峪之处；其第三重自峡口入山而北，西极龙山之顶，东至恒岳之阳，亦皆藏锋敛锷[①]，一临北面，则峰峰陡削，悉现岩岩本色。一里转北，山皆煤炭，不深凿即可得。又一里，则土石皆赤，有虬松离立道旁，亭曰望仙。又三里，则崖石渐起，松影筛阴，是名虎风口。于是石路萦回，始循崖乘峭而上。三里，有杰坊曰“朔方第一山[②]”，内则官廨厨井俱备。坊右东向拾级上，崖半为寝宫[③]，宫北为飞石窟，相传真定府恒山从此飞去[④]。再上，则北岳殿也。上负绝壁，下临官廨，殿下云级插天，庑门上下，穹碑森立[⑤]。从殿右上，有石窟倚而室之，曰会仙台。台中像群仙，环列无隙。余时欲跻危崖，登绝顶。还过岳殿东，望两崖断处，中垂草莽者千尺，为登顶间道，遂解衣攀蹑而登。二里，出危崖上，仰眺绝顶，犹杰然天半，而满山短树蒙密，槎枒枯竹[⑥]，但能钩衣刺领，攀践辄断折，用力虽勤，若堕洪涛，汩汩不能出。余益鼓勇上，久之棘尽，始登其顶[⑦]。时日色澄丽，俯瞰山北，崩崖乱坠，杂树密翳。是山土山无树，石山则有；北向俱石，故树皆在北。浑源州城一方，即在山麓，北瞰隔山一重，苍茫无际；南惟龙泉，西惟五台，青青与此作伍；近则龙山西亘，支峰东连，若比肩连袂，下扼沙漠者。既而下西峰，寻前入峡危崖，俯瞰茫茫，不敢下。忽回首东顾，有一人飘摇于上，因复上其处问之，指东南松柏间。望而趋，乃上时寝宫后危崖顶。未几，果得径，南经松柏林。先从顶上望，松柏葱青，如蒜叶草茎，至此则合抱参天，虎风口之松柏，不啻百倍之也[⑧]。从崖隙直下，恰在寝宫之右，即飞石窟也，视余前上隘，中止隔崖一片耳。下山五里，由悬空寺危崖出。又十五里，至浑源州西关外[⑨]。

【注释】

①锋:刀的刃端。锷(è):刃旁。

②朔(shuò)方:北方。

③寝宫:宫即庙,寝宫即寝庙。古代的宗庙有庙和寝两部分,前殿称庙,后殿称寝,合称寝庙。

④真定府:治真定,即今河北正定。恒山:真定府恒山在真定府属曲阳县,即今河北曲阳县西北,又称河北恒山、常山、大茂山,明以前以此为五岳之一的北岳。传说最初北岳在今恒山,尧曾建岳庙于此,每年都巡视到这里。舜时,有一年行至今曲阳西北部,因大雪封山无法前进,忽然一块大石飞落地面,知是从恒山飞来,后来就把恒山迁到今曲阳,在那里另建岳庙。因此浑源恒山上留有飞石窟。

⑤穹(qióng)碑:很高的石碑。

⑥槎枒(chá yā):枝柯歧出。

⑦始登其顶:恒山绝顶称天峰岭,海拔2017米。从北岳殿到绝顶有东西两条路,东路捷直,但小道绝险。霞客系从东路间道登顶。

⑧不啻(chì):不止。

⑨浑源州:隶大同府,即今山西浑源县。据《无锡日报》记者采访,内蒙古自治区凉城县故老相传,徐霞客曾到过凉城。见该报记者2007年8月5日乌兰察布专电《徐霞客可能到过内蒙古大草原》(亦见刘川主编《壮行霞客路》,凤凰出版社2007年出版)。《徐霞客游记·粤西游日记一》崇祯十年闰四月十八日载:“盖山中三小珍:黄鼠、柹狐、竹豚,惟竹豚未尝。”黄鼠亦称地松鼠,为内蒙古等干旱草原地区特有的动物,味极鲜美,元朝皇帝的御宴都离不开。大概徐霞客正是在凉城品尝到黄鼠。徐霞客此行可能从浑源州北上到凉城,再返回北京。

【译文】

十一日　风把云雾吹得干干净净，澄碧的天空像洗过一样。拄着拐杖上登北岳，面向东方往上走，土质的山冈是些低缓的土阜，没有攀登的劳累。大体上山脉从龙泉关延伸而来，共有三重。唯有龙泉关这一重山势峭拔陡削，位置在内，而龙泉关以外反而是土质的山脊，地势平旷；五台山这一重虽然高大险峻，而骨状的岩石耸立挺拔，都分布在东底山一带山谷的出口处；山脉的第三重，自峡口进山以北，西面的终点是龙山的山顶，东面到恒山的南面，也都是把锋芒隐藏收敛起来，一到山的北面，就见座座山峰都很陡削，全部现出高峻的本来面目。一里后转向北，山中都有煤炭，不用深挖就能采到。又行一里，就见土石都是红色的，有像龙一样盘曲的松树分别竖立在道路旁，亭子名叫望仙亭。又行三里，就见崖石渐渐耸起，松树树荫像筛子一样投下影子，这里名叫虎风口。从这里起石头路曲曲折折，开始沿着山崖踏着峭壁往上走。三里，有座高大的牌坊叫做“朔方第一山”，牌坊内就是官署，厨房水井都齐备。从牌坊右边向东沿着石阶逐级上登，山崖半中腰是寝宫，寝宫北边是飞石窟，相传河北真定府的恒山是从这里飞去的。再上走，就是北岳殿了。上面背靠绝壁，下临官署，殿下的石阶直插云天，殿门两旁庑殿的上下，高大的石碑森林一样竖立着。从北岳殿右侧上走，有个石窟紧靠大殿被建成石室，称为会仙台。会仙台中有群仙的塑像，环绕排列着没有空隙。我此时想要去攀登危崖，登上绝顶。返回来经过北岳殿的东边，望见两面山崖断开之处，中间垂下去一千尺，满是荒草丛莽，是登顶的便道，于是脱下外衣拉着踩着草丛往上登。行二里，出到危崖之上，抬头眺望绝顶，还高高地屹立在半空中，而满山都是低矮浓密的树丛，枝桠枯竹，只能钩住衣服刺痛脖子，一拉扯一踩上去就折断了，虽然勤奋地用力，好像坠入洪水波涛中，沉没在里面不能出来。我越发鼓足勇气上登，很久后荆棘完了，这才登上绝顶。此时天色澄澈明丽，俯瞰恒山的北面，崩塌的石崖杂乱地坠落在地上，纷杂的树林浓密地覆盖着。这里的山，土山上没有树，石山上却有树；向北的一面全是石山，所以树木都生长在北面。浑源州城这一方向，就在山麓，向北俯瞰隔着一重山，苍茫一片，无边无际；南面唯有龙泉关，西面唯有五台山，一派青青的山色，与恒山为伴；近处则是龙山横亘在西面，支峰往东连绵而来，好像肩并肩、衣袖相连的样子，阻挡住山下的沙漠。继而走下西峰，寻找先前进峡时的危崖，俯身下瞰，茫茫一片，不敢下走。忽然间回头向东看去，有一个人神态飘逸地站在山上，因而又上登到那个地方向他问路，他指点在东南方的松柏树林间。望着那里赶过去，是上山时寝宫后面的峰顶上。没多久，果然找到条小径，向南途经松柏林。先前我从峰顶上望去，松柏葱翠青绿，像蒜叶草茎一样细小，来到这里却是要一人围抱的参天大树，超过虎风口的松柏，不止一百倍了。从山崖的缝隙中一直下走，恰好在寝宫的右侧，也就是飞石窟了，细看与我先前上登时的狭窄险要的地方，中间只隔着一片崖石。下山五里，经由悬空寺的危崖下出来。又行十五里，来到浑源州城的西关外面。

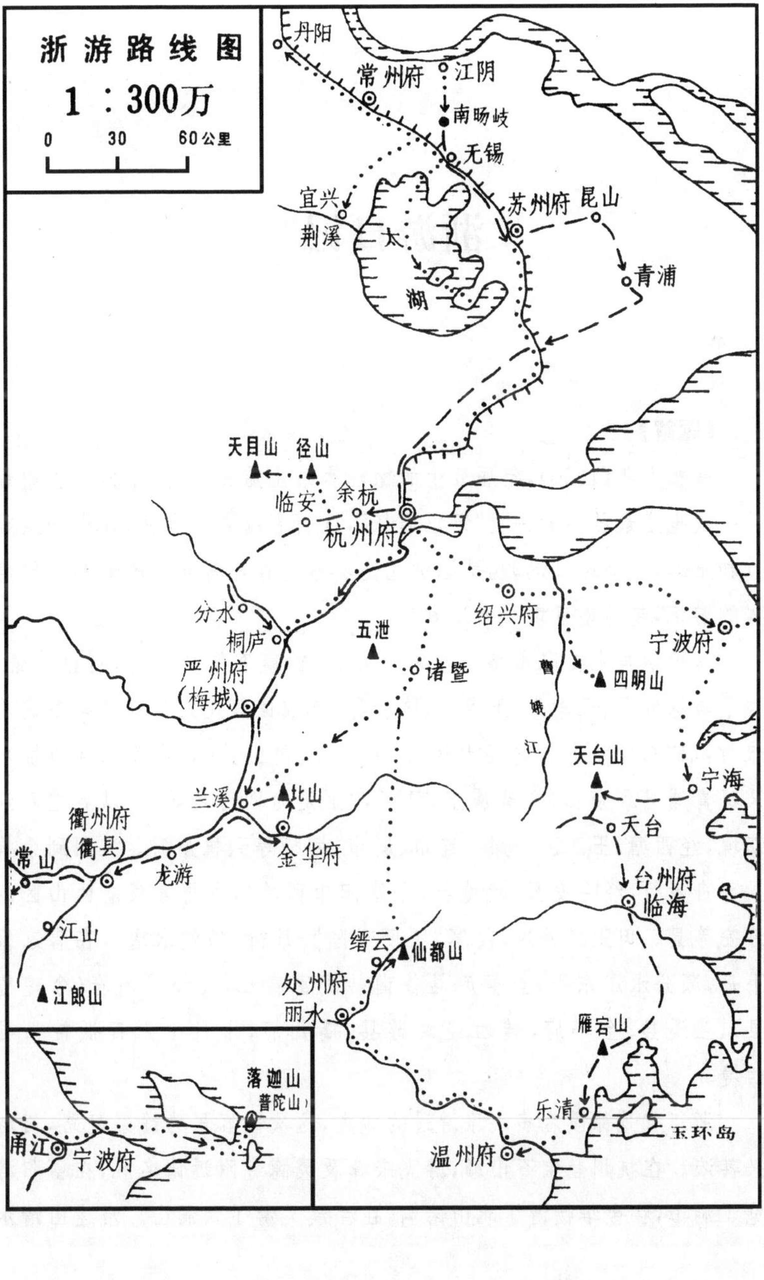
浙游路线图
1 ∶300万
0 30 60公里
丹阳
常州府
江阴
南旸岐
无锡
宜兴
荆溪
太
湖
苏州府
昆山
青浦
天目山
径山
临安
余杭
杭州府
分水
桐庐
严州府
(梅城)
五泄
诸暨
绍兴府
曹
娥
江
宁波府
四明山
天台山
宁海
天台
台州府
临海
兰溪
北山
金华府
衢州府
(衢县)
常山
龙游
江山
江郎山
缙云
仙都山
处州府
丽水
雁宕山
乐清
玉环岛
温州府
落迦山
普陀山
甬江
宁波府

浙游日记①

【题解】

崇祯九年(1636),年届五十的徐霞客踏上旅途,开始了他一生中最后一次也是最壮烈的一次"万里遐征",同行者有静闻和尚,还有仆人顾行和王二。《浙游日记》就是记录他这次旅游和地理考察的最初一段路程的游记,包括南直隶和浙江省。

这段游程主要取水路。九月十九日,徐霞客乘醉放舟,行色壮豪。为了与徐仲昭、王孝先、王忠纫、陈含晖、陈继儒等友人晤别并筹备这次旅行,取"东迂之道",途经无锡县、苏州府、昆山县(皆在今江苏省境),又经青浦县到佘山(今皆属上海市),"至是为西行之始"。以后进入浙江境,经西塘、王江泾、乌镇、连市、新市、塘栖等到杭州府。又西到余杭县弃舟步行,经临安县、新城县(今富阳市西境),本想考察浙西山区的淳安等县。但王二逃走,霞客"不便于陆",只得"仍就水道",在唐家拱下舟,顺分水江东下,至桐庐县往南转溯富春江,又经严州府(今建德县)、兰溪县、金华府,转西经龙游县、衢州府,十月十六日抵常山县西境。

浙江省是徐霞客多次旅游过的地方,这次霞客虽为途经赶路,仍游兴甚浓。在杭州登宝石山巅,游飞来峰及灵隐寺附近诸名胜,在富阳游览了洞山,在金华畅游了北山诸洞,在兰溪又游了六洞山。沿途山清水秀、风光明丽的景色，在《徐霞客游记》中多有记述。

丙子九月十九日[②] 余久拟西游，迁延二载，老病将至，必难再迟。欲候黄石斋先生一晤[③]，而石翁杳无音至；欲与仲昭兄把袂而别，而仲兄又不南来。昨晚趋晤仲昭兄于土渎庄。今日为出门计，适杜若叔至，饮至子夜，乘醉放舟。同行者为静闻师[④]。

【注释】

①《浙游日记》：《浙游日记》和《江右游日记》皆在乾隆刻本第二册上。季抄本《徐霞客西游记》第一册包括此两部分，但未分目，有提纲云："丙子九月十九日，自家起身。由锡邑、姑苏、昆山、青浦至浙江杭州。历余杭、临安、桐庐、金华、兰溪、西安、衢州、常山诸郡县，由是入江西。历玉山、广信、铅山、弋阳、安仁、金溪、建昌、新城、南丰、宜黄、乐安、永丰、吉水、吉安、永新诸郡县，丁丑正月初十日至芳子树下止。吉安访张侯后裔。"

②丙子：崇祯九年(1636)。

③黄石斋(1585—1646)：即黄道周。字幼半、幼玄，号石斋，又号若斋、又螭，福建漳浦人。天启二年进士，授翰林院编修，后进右中允。因上疏忤旨，先被斥为民，后又下狱。清兵入关，坚持反清斗争。先为南京福王政权吏部左侍郎、礼部尚书。福王政权亡，又拥福建唐王政权，为武英殿大学士，自请带义兵九千余人，至婺源与清兵战，兵败被执杀于江宁。精天文历数，学贯古今，所至学者云集，人称石斋先生。霞客对石斋十分尊崇，曾多次亲访。

④静闻：江阴迎福寺僧，曾刺血写《法华经》，愿供于鸡足山。与霞

客同游天台山的莲舟即为静闻之师。

【译文】

丙子年九月十九日　我很早就打算去西部游览，拖延了两年，老来病痛即将缠身，必定难以再次推迟。想等候黄石斋先生见一次面，可石斋翁杳无音信传来；想要与仲昭兄握手告别，可仲昭兄又不来南边。昨晚赶到土渎庄与仲昭兄会面。今天为出门做准备，恰好杜若叔来到，一同饮酒直到半夜，乘着醉意开船上路。同行的人是静闻禅师。

二十日　天未明，抵锡邑①。比晓，先令人知会王孝先，自往看王受时，已他出。即过看王忠纫，忠纫留酌至午，而孝先至，已而受时亦归。余已醉，复同孝先酌于受时处。孝先以顾东曙家书附橐中。时东曙为苍梧道②，其乃郎伯昌所寄也。饮至深夜，乃入舟。

【注释】

①锡邑(yì)：即无锡，明为县，与江阴同属常州府，即今江苏无锡市。邑，县的别称。

②苍梧道：此处和丁丑二月十二日作“苍梧道”，丁丑八月十五日作“郁林道”。此兵道以驻地命名。先驻郁林，故称郁林道；后迁苍梧，则称苍梧道。霞客亲至郁林，弄清了该道迁治更名的情况，在丁丑七月二十七日记中作了说明。

【译文】

二十日　天没亮，抵达无锡县城。到拂晓时，先派人去通报王孝先，自己前去看望王受时，他已经外出了。随即去看望王忠纫，王忠纫留我喝酒喝到中午，继而王孝先到了，不久王受时也回来了。我已经喝醉，又同王孝先在王受时那里喝酒。王孝先把顾东曙的家信放在行李中带去。这时候顾东曙在苍梧兵备道任职,这封家信是他的儿子顾伯昌寄给他的。酒喝到深夜,这才下到船中。

二十一日　入看孝先,复小酌。上午发舟,暮过虎丘①,泊于半塘。

【注释】

①虎丘:苏州市北郊的一座小山,为著名风景区,向称“吴中第一名胜”。那里原是春秋时吴国的行政中心,传说吴王阖闾生前曾在上面修建望海楼,死后亦葬于此山,剑池就是吴王的墓地和埋三千名剑殉葬的地方。山上还有纪念孙武的孙武子亭,阖闾试验干将名剑的试剑石等。山上高耸的虎丘塔,始建于959年,高54米,七级八面砖塔,为五代时期长江流域砖塔的代表作。

【译文】

二十一日　进城看望王孝先,又饮酒。上午开船,傍晚时经过虎丘,停泊在半塘。

二十二日　早为仲昭市竹椅于半塘①。午过看文文老乃郎,并买物阊门②。晚过葑门看含晖兄③。一见辄涕泪交颐④,不觉为之恻然。盖含晖遁迹吴门且十五年⑤,余与仲昭屡访之。虽播迁之余⑥,继以家荡子死,犹能风骚自遣;而兹则大异于前,以其孙之剥削无已,而继之以逆也。因复同小酌余舟,为余作与诸楚玙书⑦,诸为横州守。夜半乃别。

【注释】

①早:季抄本皆作“蚤”。下同。

②阊(chāng)门:在苏州旧城西面最北一道城门。

③葑(fēng)门:苏州旧城东面最南一道城门。

④颐(yí):下巴。

⑤遁(dùn)迹:隐居。吴门:苏州的别称。

⑥播迁:流离迁徙。

⑦诸楚玙:丁丑八月十五日记作“诸楚馀”。

【译文】

二十二日　早上为仲昭兄在半塘买竹椅。中午去看望文文老的儿子,并在阊门购买物品。晚上经过葑门去看望含晖兄。一见面他就泪流满面,不禁为他感到很悲伤。含晖兄在苏州隐居将近十五年,我与仲昭兄多次去拜访过他。虽然在迁徙流离之后,随后又倾家荡产,儿子死了,仍然能够以诗文自我排遣;然而这一次却与从前大不一样,是因为他的孙子对他盘剥无度,而且又继之以忤逆不孝。于是又同他在我的船上饮酒,他为我写了给诸楚玙的信,诸楚玙任广西横州知州。半夜才分别。

二十三日　复至阊门取染绌裱帖。上午发舟。七十里,晚至昆山①。又十余里,出内村,下青洋江,绝江而渡,泊于江东之小桥渡侧。

【注释】

①昆山:明为县,隶苏州府,即今江苏昆山市。

【译文】

二十三日　又到阊门去取染色绸缎裱糊的字帖。上午开船。行七十里,晚上到达昆山县城。又行船十多里,从内村出来,下行到青洋江,横渡到江对岸,停泊在江东岸的小桥渡侧边。

二十四日　五鼓行。二十里至绿葭浜[①]，天始明。午过青浦[②]。下午抵佘山北[③]，因与静闻登陆，取道山中之塔凹而南。先过一坏圃，则八年前中秋歌舞之地，所谓施子野之别墅也。是年，子野绣圃征歌甫就，眉公同余过访，极其妖艳。不三年，余同长卿过，复寻其胜，则人亡琴在，已有易主之感。已售兵郎王念生[④]。而今则断榭零垣，三顿而三改其观，沧桑之变如此。越塔凹，则寺已无门，惟大钟犹悬树间，而山南徐氏别墅亦已转属。因急趋眉公顽仙庐。眉公远望客至[⑤]，先趋避；询知余，复出，挽手入林，饮至深夜。余欲别，眉公欲为余作一书寄鸡足二僧，一号弘辨，一号安仁。强为少留，遂不发舟。

【注释】

①绿葭浜(bāng)：今仍称绿葭，在昆山市东南境，吴淞江北岸。浜，绝潢断港谓之浜。浜即小河沟，多用于地名。

②青浦：明为县，隶松江府，即今上海市青浦区。

③佘山：季抄本作“余山”，有误。今仍称佘山，在上海市松江区北隅。

④兵郎：即兵部侍郎，为兵部的副长官。

⑤眉公：即陈继儒，华亭人，比霞客大二十九岁。

【译文】

二十四日　五更时分出发。二十里后到达绿葭浜，天才亮。中午路过青浦县城。下午抵达佘山北面，于是与静闻登上岸，取道山中佛塔下的凹地往南行。先经过一个荒废了的园圃，这就是八年前中秋时节演出歌舞的地方，是所谓的施子野的别墅了。那一年，施子野华丽的园圃刚刚建成，征聘了一些歌舞艺人，陈眉公和我一同去拜访他，景色极其妖艳。不到三年，我同长卿去探访，再去寻找园中的胜景，却是人不在琴还在，已经有换了主人的感觉。已卖给兵部侍郎王念生。然而今天却是台榭墙垣断缺零落，我三次在此停顿园圃三次改变了面貌，沧桑的变化如此之大。越过佛塔下的凹地，就见佛寺已经没有门，只有大钟仍然悬挂在树上，而且山南徐氏的别墅也已转换了主人。于是急忙赶到陈眉公的顽仙庐。陈眉公远远望见有客人来到，事先跑开躲避；问知是我，又走出来，挽着手进入树林中，饮酒饮到深夜。我想要告别，陈眉公想为我写一封信寄给鸡足山的两位僧人，一位法号叫弘辨，一位法号叫安仁。强逼我稍作停留，因此没有开船。

二十五日　清晨，眉公已为余作二僧书，且修以仪。复留早膳，为书王忠纫乃堂寿诗二纸①，又以红香米写经大士馈余。上午始行。盖前犹东迂之道，而至是为西行之始也。三里，过仁山。又西北三里，过天马山。又西三里，过横山。又西二里，过小昆山②。又西三里入泖湖③，绝流而西，掠泖寺而过。寺在中流，重台杰阁，方浮屠五层，辉映层波，亦泽国之一胜也。西入庆安桥，十里为章练塘④。其地为长洲南境⑤，亦万家之市也。又西十里为蒋家湾，已属嘉善⑥。贪晚行，为听蟹群舟所惊，亟入丁家宅而泊⑦。在嘉善北三十六里，即尚书改亭公之故里。

【注释】

①堂：即内堂，指母亲。

②“过仁山”数句：辰山、天马山、横山、小昆山，皆在今上海市松江区西北境，按顺序从北往西南排列。仁山，即辰山。

③泖(mǎo)湖：即今泖河，又称拦路港，为黄浦江上游。

④章练塘：今名同，亦作“练塘”，在青浦区南境。

⑤长洲：明时与吴县同为苏州府附郭县，在今江苏苏州市。

⑥嘉善：明为县，隶嘉兴府，即今浙江嘉善县。

⑦丁家宅：今作“丁宅”、“丁册”，在嘉善东北隅。

【译文】

二十五日　清晨，陈眉公已经为我写好给两位僧人的信，并且准备了路费送给我。又挽留我吃早餐，为王忠纫的母亲书写了两幅祝寿的诗帖，又把用红香米抄写的经文和观音大士像赠送给我。上午才行船。前边的路程还是向东绕道的路，然而到了此时才是去西部行程的开始了。行三里，经过仁山。又向西北三里，路过天马山。又向西三里，经过横山。又向西二里，路过小昆山。又向西三里进入泖湖，向西横渡江流，与泖寺擦肩而过。泖寺在水流中央，重重高大的亭台楼阁，五层高的方形佛塔，与层层波涛互相辉映，也是水乡泽国的一处胜景。向西驶入庆安桥，十里后是章练塘。此地是长洲县的南部辖境，也是个有万户人家的集市。又向西行船十里是蒋家湾，已属于嘉善县。贪图在夜间行船，被众多听蟹的小船惊扰，急忙驶入丁家宅停泊下来。在嘉善县城以北三十六里处，就是尚书改亭公的故乡。

二十六日　过二荡，十五里为西塘[①]，亦大镇也，天始明。西十里为下圩荡，又南过二荡，西五里为唐母村，始有桑。又西南十三里为王江泾[②]，其市愈盛。直西二十余里，出澜溪之中。西南十里为前马头，又十里为师姑桥[③]。又八里，日尚未薄崦嵫，而计程去乌镇尚二十里，戒于萑苻[④]，泊于十八里桥北之吴店村浜。其地属吴江[⑤]。

【注释】

①西塘：今名同，在嘉善北境。

②王江泾(jīng):今名同,在嘉兴市秀洲区北隅,运河西岸。泾,沟渎,多用作地名。

③"出澜溪"三句:澜溪今作"烂溪塘",为苏、浙二省界河;前马头,今作"钱码头";师姑桥,今作"思古桥"。皆在嘉兴市秀洲区西北隅,澜溪岸边。霞客此段皆取澜溪水行。

④萑苻(huán fú):原为水泽名,在古郑国境,盗贼经常在泽中抢人。后因称盗贼出没的地方为萑苻。

⑤吴江:明为县,隶苏州府,即今江苏吴江市。

【译文】

二十六日　驶过两个湖泊,十五里后是西塘,也是一个大镇子,天才亮。向西十里是下圩荡,又往南经过两个湖泊,向西五里是唐母村,开始有桑树。又往西南行船十三里是王江泾,这里的集市更加兴盛。一直向西二十多里,进入澜溪中。向西南十里是前马头,又行十里是师姑桥。又行八里,太阳还未逼近西山,但估计距离乌镇还有二十里,为防备盗贼,停泊在十八里桥北边吴店村的水边。此地属于吴江县。

二十七日　平明行,二十里抵乌镇[①],入叩程尚甫。尚甫方游虎埠,两郎出晤。捐橐中资[②],酬其昔年书价,遂行。西南十八里,连市[③]。又十八里,寒山桥[④]。又十八里,新市[⑤]。又十五里,曹村[⑥],未晚而泊。

【注释】

①乌镇:今名同,在浙江桐乡市北隅。

②资:季抄本多作"赀"。钱财。下同。

③连市:今作"练市",在湖州市南浔区南隅。

④寒山桥:今作"含山",在湖州市南浔区南隅。

⑤新市：今名同，在德清县东北隅。

⑥曹村：为今召村，在德清县东境、韶村漾近旁。此段水程多在湖荡间穿行。

【译文】

二十七日　黎明出发，二十里后抵达乌镇，进镇子去叩拜程尚甫。程尚甫正好去虎丘游览，他的两个儿子出来相见。我拿出衣袋中的钱，偿还前些年欠他家的书费，便上路了。向西南行船十八里，到连市。又行十八里，到寒山桥。又行十八里，到新市。又行十五里，到曹村，天还不晚就停泊下来。

二十八日　南行二十五里，至唐栖①，风甚利。五十里，入北新关。又七里，抵棕木场②，甫过午。令僮子入杭城③，往曹木上解元家，询黄石翁行旆，犹未北至。时木上亦往南雍④，无从讯。因作书舟中，投其家，为返舟，计此后行踪修阻，无便鸿也⑤。晚过昭庆，复宿于舟⑥。

【注释】

①唐栖：今作“塘栖”，在余杭区北隅。自此即取京杭运河到杭州。

②棕木场：今作“松木场”，在杭州城西北郊。

③杭城：即杭州府城，为浙江布政司治所，即今浙江杭州市。

④南雍：明朝南京国子监亦称南雍，言其为南京的辟雍。

⑤便鸿：指鸿雁传书的故事，即传递书信的方便条件。

⑥“南行”段：江南一带水网密布，水上交通十分方便，地名命名也独具特色。《读史方舆纪要》卷24吴江县太湖条下引《邑志》载：“湖中有一十八港，皆枢纽湖心，朝夕吞吐，利害最大……又有七十二溇，俱在湖南，自西而东，联比相属，以授于太湖。溇皆源于

湖州、嘉兴境内，而经县之西南。旧皆深通，今可容舟楫者仅三四处，余浅狭不过寻丈。或曰渎，或曰浦，或曰泾，或曰洪，或曰港，或曰溪，或曰口。治田者各为坝堰，随宜开塞，以备旱潦。盖后人沿袭旧名，其故道湮塞久矣。”

【译文】

二十八日　往南行船二十五里，到达唐栖，风十分顺畅。行五十里，驶入北新关。又行七里，抵达棕木场，刚过中午。命令僮仆进杭州城，前往曹木上解元家，询问黄石斋翁的行踪，石斋翁还没从北方回来。此时曹木上也前往南京国子监去了，无从打听消息。因而在船中写了封信，投递到他家，于是返回船中，估计从此之后我的行踪遥远，道路险阻，没有便利的通信条件了。晚上去昭庆寺，又住在船中。

二十九日　复作寄仲昭兄与陈木叔全公书①。静闻往游净慈、吴山②。是日复宿于舟。

【注释】

①陈木叔(1590—1646)：即陈函辉，字木叔，自号小寒山子，浙江临海人，崇祯七年进士，曾作靖江令。与霞客过往甚密。清兵入台州府，自缢于云峰山寺。

②净慈：寺庙，在西湖南岸南屏山麓。吴山：今名同，在杭州城南隅。

【译文】

二十九日　又写了寄给仲昭兄和陈木叔的信。静闻去游览净慈寺、吴山。这天还是住在船中。

三十日　早入城，市参寄归。午下舟，省行李之重者付归。余同静闻渡湖入涌金门[1]，市铜炊、竹筒诸行具。晚从朝天门趋昭庆[2]，浴而宿焉。是日复借湛融师银十两，以益游资。

【注释】

①涌金门：在西湖东岸，今杭州市涌金路西口。

②朝天门：南宋皇宫前御道上的门，在今杭州市中山路北段。昭庆：杭州旧寺庙，今不存。原址在西湖东北岸今少年宫。

【译文】

三十日　早上进城，买了人参寄回家中。下午下到船中，查看行李中有些重的东西托人带回家中。我同静闻渡过西湖进入涌金门，购买了铜炊锅、竹筒等旅行用具。晚上从朝天门赶到昭庆寺，沐浴后住在寺里。这一天又向湛融法师借到十两银子，用来添补出游的费用。

十月初一日　晴爽殊甚，而西北风颇厉。余同静闻登宝石山巅[1]。巨石堆架者为落星石。西峰突石尤屼嵲，南望湖光江影，北眺皋亭、德清诸山[2]，东瞰杭城万灶，靡不历历。下山五里，过岳王坟[3]。十里至飞来峰[4]，饭于市，即入峰下诸洞。大约其峰自枫木岭东来，屏列灵隐之前，至此峰尽骨露；石皆嵌空玲珑，骈列三洞；洞俱透漏穿错，不作深杳之状。昔黥于杨髡之刊凿[5]，今苦于游丐之喧污；而是时独诸丐寂然，山间石爽，毫无声闻之溷，若山洗其骨，而天洗其容者。余遍历其下，复各扪其巅。洞顶灵石攒空，怪树搏影，跨坐其上，不减群玉山头也。其峰昔属灵隐[6]，今为张氏所有矣。下山涉涧，即为灵隐。有一老僧，拥衲默坐中台，仰受日精，久不一瞬。已入法轮殿，殿东新构罗汉殿，止得五百之半，其半尚待西构也。是日，独此寺丽妇两三群，接踵而至，流香转艳，与老僧之坐日忘空，同一奇遇矣。为徘徊久之。下午，由包园西登枫树岭，下至上天竺，出中、下二天竺[7]。复循下天竺后，西循后山，得"三生石"，不特骨态嶙峋，而肤色亦清润。度其处，正灵隐面屏之南麓也，自此东尽飞来，独擅灵秀矣。自下天竺五里，出毛家步渡湖[8]，日色已落西山，抵昭庆昏黑矣。

【注释】

①宝石山：在西湖北岸。山上的宝俶塔始建于五代吴越，今塔为1933年重建。

②德清：明为县，隶湖州府，即今德清县。

③岳王坟：即南宋爱国名将岳飞墓。1140年，岳飞被秦桧以"莫须有"的罪名害死，被狱卒草葬于钱塘门外的九曲丛祠。1162年始被孝宗敕葬于西湖西北岸栖霞岭下的今址。墓边有岳飞奏稿的碑刻，墓前有四个用生铁铸成的秦桧夫妇等人的跪像。

④飞来峰：飞来峰麓有三洞，即金光洞（又名青林洞、射旭洞）、龙泓洞（又名通天洞）、呼猿洞，加上山麓溪边的多处造像，保存至今有五代至元的三百多尊造像，是杭州附近规模最大的造像群。

⑤杨髡（kūn）：据呼猿洞造像题记，即元代人连琏真加。他被授为江淮诸路释教都总统永福大师，凭借元世祖忽必烈的宠信，霸占良田，掠夺民财，盗掘陵墓，杀害平民，受人美女财物不计其数。1292年在呼猿洞造像三尊，题记说："端为祝延皇帝圣寿万岁，阔阔真妃寿龄绵远，甘木罗太子、帖木厄太子寿筭千秋，文武百官常居禄位，祈保自身世寿延长，福基永固，子孙昌盛，吉祥如意

者。”髡，对和尚的鄙称。

⑥灵隐：灵隐寺，在飞来峰下，建于东晋咸和元年(326)，为禅宗五山之一。至今保留有五代吴越时两座八面九层的石塔，北宋开宝二年(969)建的两座经幢。还有一尊释迦牟尼像，高19.6米，用二十四块香樟木雕成，气势雄伟。

⑦上天竺、中、下二天竺：今名同，从南往北，依次排列在灵隐寺南，有石板路可通，茂林修竹，环境幽静。

⑧毛家步：应即今茅家埠，在灵隐以东，西湖西岸。但距今湖岸已有一段距离。

【译文】

十月初一日　天气特别晴朗明亮，但西北风相当猛烈。我同静闻登上宝石山的山顶。巨石堆架在一起的地方是落星石。西面山峰上突起的岩石尤为高峻，向南远望湖光江波，向北眺望皋亭、德清县境内的群山，向东俯瞰杭州城内的万家烟火，无不历历在目。下山五里，路过岳王坟。十里后到达飞来峰，在集市中吃饭，随即进入飞来峰下的几个山洞。大约这座山峰自枫木岭向东延伸而来，屏风样排列在灵隐寺的前方，到了此地山峰全部露出骨头样的岩石；山石都是玲珑剔透的形状，并排排列着三个石洞；石洞全都通明透亮，交错贯穿，没有作出幽深杳渺的形状。从前被杨秃驴刊刻雕凿像脸上刺了黑字，如今苦于流浪的乞丐们的喧嚣污染；可唯独这时候乞丐们静悄悄的，山间的岩石很清爽，毫无混杂的声音传来，好像山用水洗过它的骨头，天洗过它的脸的样子。我游遍了飞来峰下的各处，各自又摸上峰顶。洞顶上灵异的岩石攒聚在空中，怪树的树影击打着，跨上峰顶坐在上面，不亚于在群玉山头了。这座山峰从前属于灵隐寺，今天是一个姓张的所有了。下山涉过山涧，就是灵隐寺。有一个老和尚，裹着袈裟默默地坐在中间的平台上，仰面享受着阳光，很久不动一下眼睛。随后进入法轮殿，殿的东面新建有罗汉殿，只有五百罗汉的一半，其中的一半还要等在西面建殿了。这一天，唯独这座寺院中有两三群美丽的妇人，接踵而来，香艳流转，与老和尚坐在太阳底下忘记了时空，同样是一次奇遇了。为此徘徊了很久。下午，由包园的西边登上枫树岭，下山来到上天竺，从中、下两个天竺寺出来。又沿着下天竺的后面，往西沿着后山走，找到“三生石”，不仅石头的形态石骨嶙峋，而且石头的颜色也清丽润泽。我估计，此处正好在灵隐寺对面屏风样的山峰的南麓，从此地往东延伸，飞来峰是尽头，独占了灵异秀美的景色了。从下天竺前行五里，出到毛家步渡过西湖，太阳已落入西山，抵达昭庆寺时天已昏黑了。

初二日　上午，自棕木场五里出观音关。西十里，女儿桥①。又十里，老人铺。又五里，仓前②。又十里，宿于余杭之溪南③。访何孝廉朴庵，先一日已入杭城矣。

【注释】

①女儿桥：今名同，在余杭区南隅，余杭塘河北岸。

②仓前：今名同，在余杭区西境。

③余杭：明为县，隶杭州府，治今余杭区西境的余杭。为区别于余杭今治临平，其治所现称旧余杭。

【译文】

初二日　上午，从棕木场前行五里后走出观音关。向西十里，到女儿桥。又行十里，到老人铺。又行五里，到仓前。又行十里，住宿在余杭县城的溪流南岸。去拜访何朴庵孝廉，前一天他已进杭州府城去了。

初三日　自余杭南门桥得担夫，出西门，沿苕溪北岸行①。十里，丁桥铺。又十里，渡马桥，则余杭、临安之界也。

其北可达径山②。又二里为青山③,居市甚盛。溪山渐合,又有二尖峰屏峙。一名紫薇,一名大山。十五里,山势复开。至十锦亭,一路从亭北西去者,于潜、徽州道也④;从亭南西去者,即临安道也。从亭西南又一里,一石梁横跨溪上,曰长桥。越桥而南又一里,入临安东关⑤。出西关,土城甚低,县廨颓隘⑥。外为吕家巷,阛阓反差盛于城。又二里为皇潭⑦,其阛阓与吕家巷同。其西路分南北,北者亦于潜之道,南者新城道也。已而复循山向西南行,又八里为高坎⑧,始通排⑨。又三里,南入袅柳坞,复入山隘。五里为下圩桥⑩。由桥南溯溪西上,二里为全张,一村皆张氏之房也。走分水者,以新岭为间道,以全张为迂道。余闻新岭路隘而无托宿,遂宿于全张之白玉庵。僧意余,杭人也。闻余好游,深夜篝灯瀹茗,为余谈其游日本事甚详。

【注释】

①苕溪:浙江北部有东苕溪、西苕溪、南苕溪。此处苕溪指今南苕溪。

②径山:在今余杭区西隅。《径山事状》载:"山乃天目之东北峰,有径略通天目,故谓之径山。"海拔769米,有7峰,以凌霄峰最灵秀。产名茶。原有径山寺。

③青山:今名同,在临安市东隅,南苕溪南岸。

④于潜:明为县,隶杭州府,治今临安市中部的于潜镇。

⑤临安:明为县,隶杭州府,即今临安市。

⑥廨(xiè):官署,官吏办事的地方。

⑦皇潭:今作横潭,在临安市区西郊。

⑧高坎：今名同，在临安市南境，公路旁。

⑨排：用竹木编排的简易筏子。

⑩下圩桥：今作“夏禹桥”，在临安市南境。

【译文】

初三日　在余杭县城的南门桥雇到挑夫，走出西门，沿着苕溪的北岸走。十里，到丁桥铺。又行十里，到渡马桥，这是余杭县、临安县的分界处了。这里的北边可以到达径山。又行二里是青山，居民集市非常兴盛。溪流两旁的山渐渐合拢，又有两座尖峰屏风样对峙着。一座名叫紫薇峰，一座名叫大山。行十五里，山势又开阔起来。到达十锦亭，一条路从十锦亭北边向西去的，是通往于潜县、徽州府的路；从十锦亭南边向西去的，就是去临安县的路了。从十锦亭往西南又行一里，一座石桥横跨在溪流上，叫做长桥。过桥后向南又行一里，进入临安县城的东关。走出西关，土筑的城墙非常低矮，县衙门残破狭小。城外是吕家巷，街市反而比城中稍许繁盛一些。又行二里是皇潭，这里的街市与吕家巷相同。这里西去的路分为南北两条，北边的一条也是通往于潜县的路，南边的一条是去新城县的路了。继而又沿着山向西南行，又行八里是高坎，开始通木筏。又行三里，向南进入枭柳坞，又进入山隘口。五里是下圩桥。由桥南溯溪流向西上走，二里是全张，一个村子都是张氏的族人。去分水县的人，把从新岭走作为便道，把从全张走视为绕路走。我听说新岭道路狭窄而且没有投宿的地方，便投宿在全张的白玉庵中。僧人意余，是杭州人。听说我喜爱旅游，深夜挑灯煮茶，为我谈起他游历日本的事，非常详细。

初四日　鸡鸣作饭，昧爽西行。二里，过桥，折而南又六里，上干坞岭①。其岭甚坦夷，盖于潜之山西来过脉，东西皆崇山峻岭，独此峡中凹。过脊处止丈余，南北叠塍而下，皆成稻畦。北流至下圩桥，由青山入苕；南流至沙宕，由新城入浙[2]，不意平陀遂分两水。其山过东遂插天而起，曰五尖山。五尖之东北即新岭矣。循其西麓，又五里过唐家桥，则新城北界也。白石崖山障其南。遂循水西南行，五里为华龙桥[3]，有水自西坞来合。过桥，南越一小岭，二里至沙宕，前有一石梁跨涧，曰赵安桥，则入新城道也。由桥北西溯一涧，沿三九山北麓而入后叶坞[4]。"三九"之名，以东则从赵安桥南至朱村，北则从赵安桥西南至白粉墙，南则从白粉墙东南至朱村，三面皆九里也。由后叶坞九里至白粉墙，为三九山北来之脊。其脊亦甚坦夷，东流者由后叶出赵安桥，西流者由李王桥合朱村，此"三九"所以名山，亦以水绕无余也。白粉墙之西二里，为罗村桥[5]，有水自北来，有路亦歧而北，则新城道也。循水南行里许，为钵盂桥，有水西自龙门龛来。龛有四仙传道岭，在桥西四里，乃于潜境。由桥北即转而东，里余复折而南。其地东为三九，西为洞山，环坞一区；东西皆石峰嶙峋，黑如点漆，丹枫黄杏，翠竹青松，间错如绣；水之透壁而下者，洗石如雪，今虽久旱无溜，而黑崖白峡，处处如悬匹练，心甚异之。二里，渡李王桥，遂至洞山之东麓。急置行李于吴氏先祠。令僮觅炊店，不得。有吴姓者二人至，一为余炊，一为赠烛游洞，余以鱼公书扇答之。洞山者，自龙门龛南迤逦东来，其石棱锐纹叠。东南山半开二洞，正瞰桥下。余遂同静闻西向蹑山。

【注释】

①干坞岭：今作"甘坞岭"，在临安市南隅。

②新城：明为县，隶杭州府，治所在今富阳市西境的新登，又称城

阳，在松溪与葛溪汇口处。浙：即浙江，自古至明皆称浙江，明代又称钱塘江，为浙江省最大的河流。浙江省因该水得名，亦简称浙。

③华龙桥：今作“化龙”，在临安市南隅的公路线上。

④后叶坞：今作“后源坞”，在富阳市西北隅。

⑤罗村桥：今作“罗宅桥”，在富阳市西北隅。

【译文】

初四日　鸡叫做饭，黎明就向西上路。二里，过桥后，折向南又行六里，登上干坞岭。这座岭十分平坦，大致上于潜县从西面延伸过来的山脉，东西两面都是崇山峻岭，唯独这条峡谷在中间凹下去。山脊延伸而过之处只有一丈多宽，南北两面的田地层层叠叠地向下去，全都开垦成稻田。北面的水流流到下圩桥，流经青山后汇入苕溪；南面的水流流到沙宕，流经新城县汇入浙江，想不到平缓的山冈竟然分开两面的水流。这条山脉延伸到东面就插入天空高高耸起，叫做五尖山。五尖山的东北方就是新岭了。沿着干坞岭的西麓，又行五里走过唐家桥，就到新城县的北部境内了。白石崖山阻隔在唐家桥的南面。于是顺着水流往西南行，五里后是华龙桥，有水流自西面的山坞中流来汇合。过桥后，往南越过一座小岭，二里后来到沙宕，村前有一座石桥跨在山涧上，叫赵安桥，那是进新城县城的路了。从桥的北边溯一条山涧，沿着三九山的北麓走，而后进入后叶坞。“三九”的得名，是因为东面从赵安桥往南到朱村，北面从赵安桥向西南到白粉墙，南面则是从白粉墙往东南到朱村，三面都是九里路。由后叶坞前行九里来到白粉墙，是三九山从北面延伸来的山脊。这条山脊也很平坦，向东流的水流由后叶坞流到赵安桥，往西流的水流流经李王桥与朱村的水流合流，这是“三九”之所以用来给山起名的原因，也是因为水流环绕着它没有余地了。白粉墙的西边二里处，是罗村桥，有水流自北边流来，有条路也岔向北去，那是去新城县的路了。沿着水流往南行一里左右，是钵盂桥，有水流从西面的龙门龛流来。龙门龛有座四仙传道岭，在钵盂桥西面四里处，是于潜县的辖境。由桥北立即转向东，一里多后又折向南。此地东面是三九山，西面是洞山，环绕成一片山坞；东西两面都是嶙峋的石峰，黑色的山石如同染上了漆，红枫黄杏，翠竹青松，错杂在山间像锦绣；水流穿过石壁往下流，把石头冲洗得像雪一样白，现在虽然长期干旱没有流水，可黑色的山崖白色的峡谷，处处如同高悬的白色丝绢，心里对此感到非常奇异。行二里，渡过李王桥，于是来到洞山的东麓。急忙把行李放在吴家的祖先祠堂中。命令僮仆去找做饭的客店，没有找到。有两个姓吴的人过来，一个为我做饭，一个赠送蜡烛给我去游览岩洞，我用鱼公题词的扇子答谢他。洞山这地方，山脉自龙门龛南面向东逶迤延伸而来，山上的岩石棱角尖锐，纹理层叠。东南面的半山腰上开有两个洞口，正好俯瞰着桥下。我于是同静闻向西登山。

沿小涧而上，石皆峡蹲壑透，清流漱之，淙淙有声。涧两旁石片涌出田畦中，侧者成塍，突者成台，竹树透石而出，枝耸石上而不见其根，干压石巅而不见其窦。再上，忽一大石当涧而立，端方无倚，而纹细如波縠之旋风，最为灵异。再上，修竹中有新建睢阳庙，雪峰之龛在焉。一名灵隐庵。庵后危壁倚空，叠屏耸翠，屏之南即明洞也。如轩斯启，其外五柱穿列，正如四明之分窗，但四明石色劣下，不能若此列柱连卷也。中有一柱，上不至檐，檐下亦垂一石，下不至柱，上下相对，所不接者不盈咫。柱旁有树高撑，至檐端辄逊而外曲，翠色拂岩而上，黑石得之益章[①]。再南即为幽洞。二洞并启，中间石壁，色轻红若桃花。洞口高悬，内若桥门之覆空，得呼声辄传响不绝，盖其内空峒无底也。廿丈之内[②]，忽一转而北，一转而南。北者为干洞，拾级而上，如登梯蹑阁[③]。三十丈后，又转而南，辟一小阁，颇觉幽异。南者为水洞，一转即仙田成畦，塍界层层，水满其中，不流不涸。人从塍上曲折而入，约廿丈，忽闻水声潺潺。透一小门而入，见一小溪自南来，至此破壑下坠，宛转无底，但闻其声。循溪而南，又过一峡。仍透小门而入，须从水中行，乃短衣去袜，溯水蹑流。又三十丈，中有石，俱倒垂若莲花，下卷若象鼻者，平沙隘门，忽束忽敞。正如荆溪白鹤洞[④]，而白鹤潜伏山麓，得水为易，此洞高辟山巅，兼水尤奇耳。再入，则石洞既尽，汇水一方，水不甚深，又不知汇者何来，坠者何去也。及出洞，半日之间，已若隔世[⑤]。

【注释】

①益章：愈加显著。章，同"彰"。

②廿(niàn)：二十。

③橉(lìn)：门槛。

④荆溪：今名同，在江苏省南部，从西向东经过宜兴，流入太湖。人们亦以荆溪作宜兴的别称。

⑤洞山在今富阳市西北隅万市镇与桐庐县接壤的偏僻山区。1998年10月，浙江省徐学专家曾赴洞山考察，发现明洞和幽洞的地理地质现象，与《徐霞客游记》所载完全吻合，规模宏大的仙田和石柱、象鼻等景观保存完好。洞外的睢阳庙已毁。见陈良富《徐屐过洞山》(载《徐霞客研究》第27辑，地质出版社2013年出版)。

【译文】

沿着一条小山涧往上走，岩石都蹲在峡谷中布满壑谷，清流冲刷着岩石，发出淙淙的水声。山涧两旁石片从田畦中涌出来，侧立的成了田埂，突立的成为平台，竹子树木钻出岩石长出来，枝叶耸立在岩石上却不见树根，树干压在岩石顶上却不见岩石上有洞。再上走，忽然一块大石头立在山涧中央，端端正正没有倚靠，而纹理细腻如旋风吹皱水波纹，最为灵妙奇异。再上走，修长的竹丛中有座新建的睢阳庙，雪峰和尚的墓塔在庙中。另一个名字叫灵隐庵。庵后高险的石壁背靠着天空，像层叠的屏风，翠色高耸，屏风的南边就是明洞了。洞口如轩廊一样敞开着，洞口外边有五根石柱排列着，正如四明山分列的窗口，但是四明山的石头颜色低劣，不能像这里成列的石柱上下呈弧形相连。中间有一根石柱，上边不到洞檐，洞檐下边也垂下一块岩石，下边不到石柱顶端，上下相对，没有连接的空隙不到一尺。石柱旁边有棵树，高高撑开树冠，到达洞檐下端就退让开，向洞外弯曲，葱翠的树色拂拭着岩洞上方，黑色的石崖得到绿色的映衬愈加显眼。再往南就是幽洞。两个洞并排敞开，中间的石壁，颜色是淡红色，好像桃花。洞口高悬着，里面如同桥洞一样下覆中空，一有呼叫声就不停地传来回响，大概洞内是空荡荡的没有底。进洞二十丈之内，忽然一个洞转向北，一个洞转向南。北边的洞是旱洞，沿着石阶往上走，像踏着门槛登上楼阁。三十丈以后，又转向南，辟开一处小楼阁，觉得很是幽静奇异。南边的洞是水洞，一转进去就是畦田样的仙田，田塍一层层的，水贮满其中，不流动也不干涸。人从田埂上曲曲折折地进去，大约有二十丈，忽然听见有潺潺的水声。钻过一个小洞口进去，只见一条小溪自南边流来，流到此处破开壑谷坠落下去，弯弯转转没有底，只是听得见水声。沿着溪流往南走，又穿过一条峡谷。仍然钻过小洞口进去，必须从水中走，只好穿着短衣脱去袜子，蹚着水逆流而行。又前行三十丈，洞中有岩石，都倒垂着像莲花，下边卷起好像象鼻的样子，平坦的沙地，狭窄的洞口，忽而紧束忽而宽敞。正如荆溪的白鹤洞，但白鹤洞潜伏在山麓，有水很容易，这个洞高高敞开在山顶上，同时却有水，尤为奇异了。再深入，就见石洞完后，汇积着一塘水，水不怎么深，又不知道这水是从何处汇积而来，是坠落到哪里流出去的了。等到出洞时，半天的时间之中，已好像是隔了一世。

下山，饭于吴祠。乃溯南来之溪，二里至太平桥。桥西为高氏，桥东为吴氏，亦李王桥之吴氏之派也，亦有先祠甚宏畅。时日色甚高，因担夫家近，欲归宿，托言马岭无宿店，遂止祠中。是日行仅三十五里，而所游二洞，以无意得之，岂不幸哉！是晚风吼云屯，达旦而止。

【译文】

下山，在吴家祠堂吃饭。于是溯南面流来的溪水，二里后来到太平桥。桥西是高姓，桥东是吴姓，也是李王桥的吴姓的分支，也有祖先祠堂，十分宏伟宽敞。这时日头还很高，因为挑夫家离这里近，想要回家住宿，借口说马岭没有住宿的客店，便停在了祠堂中。这一天仅走了三十五里路，可我游览了两个山洞，在无意间得到这两个山洞，难道不算幸运吗！这天晚上风吼云集，直到天明才停止。

初五日　鸡再鸣，令僮起炊。炊熟而归宿之担夫至，长随夫王二已逃矣。饭后又转觅一夫，久之后行。南二里，上马岭，约里许达其巅。岭以北属新城，水亦出新城。岭南则属于潜，县在其西北五十里，水由应渚埠出分水县。下马岭，南二里为内楮村坞，又一里为外楮村坞，从此而南，家家以楮为业[①]。随山坞西南七里，过兑口桥，岐分南北，北达于潜可四十里，南抵应渚埠十八里。兑口之水北自于潜，马岭之水东来，合而南去，路亦随之。八里，过板桥。桥下水自西坞来，与前水合，溯水西走，路可达于潜及昌化。又南五里为保安坪[②]。又一里为玉涧桥，桥甚新整，居市亦盛，又名排石。山始大开。又东二里，止于唐家拱。其地在应渚埠北二里③，原无市肆，担夫以应埠之舟下桐庐者，必北曲而经此，遂止于溪畔。久之得桐庐舟。盖应渚埠为于潜南界，溪之南即隶分水，于潜之水北经玉涧桥，昌化之水西自麻汉埠④，俱会于应渚，而水势始大。顾玉涧桥而上，已不胜舟，麻汉埠而上，小舟直抵昌化，于潜水固不敌昌化也。时日已中，无肆觅米，欲觅之应埠，而舟不能待，遂趁之行。下舟东南行十里，为分水县⑤。县在溪之西。分水原止一水东南去，其西虽山势豁达，惟陆路八十里达于淳安⑥。余初欲从之行，为王奴遁去，不便于陆，仍就水道，反向东南行矣。去分水东南二十里为头铺。又十里为焦山，居市颇盛。已暮，不能买米，借舟人余米而炊。舟子顺流夜桨，五十里，旧县⑦，夜过半矣。

【注释】

①楮(chǔ)：原为"构树"。树高大，叶似桑，多涩毛，皮可制纸，故纸亦称楮。

②保安坪：今仍作"保安"，在桐庐县北隅。

③应渚埠：文中又省称"应渚"、"应埠"。今作"印渚"，在桐庐县北隅。

④昌化：明为县，隶杭州府。今仍名昌化，在临安市西境。麻汉埠：今作麻车埠，在临安市南隅。于潜之水称紫溪；昌化之水称柳溪，今称天目溪。

⑤分水县：隶严州府，治所在今桐庐县北境，分水江西岸的分水镇。

⑥淳安：明为县，隶严州府，治所在今淳安县治排岭稍西北。

⑦旧县：今名同，在桐庐县城稍西，分水江西岸转折处。唐贞观二十年(646)至开元二十六年(738)为桐庐县治，因名。

【译文】

初五日　鸡叫第二遍，命令僮仆起床做饭。饭熟后回家住宿的挑夫到了，长期跟随我的挑夫王二已经逃走了。饭后又辗转找到一个挑夫，很久之后才上路。向南二里，上登马岭，大约一里左右到达马岭岭头。马岭以北属于新城县，水流也流到新城县。马岭南面则属于于潜县，县城在马岭西北五十里，水流经由应渚埠流到分水县。下了马岭，往南行二里是内楮村坞，又行一里是外楮村坞，从此地往南走，家家都是以用楮树皮造纸为生。顺着山坞往西南行七里，越过兑口桥，分为南北两条岔路，北边的到达于潜县城大约四十里，南边的抵达应渚埠有十八里。兑口桥下的水来自北面的于潜县，马岭的水从东边流来，合流后往南流去，道路也顺着水流走。八里，走过板桥。桥下的水从西面的山坞中流来，与前边这条水流汇合，溯水流向西走，道路可以通到于潜县和昌化县。又向南五里是保安坪。又行一里是玉涧桥，桥很新很整齐，居民集市也很兴盛，此地又叫做排石。山势开始变得非常开阔。又向东二里，停在唐家拱。此地在应渚埠以北二里处，原本没要集市店铺，挑夫认为应渚埠有下到桐庐县的船，必定要向北绕道经过此地，于是停在了溪流旁。很久后找到了去桐庐县的船。原来应渚埠是于潜县的南境，溪流的南岸就隶属于分水县，于潜县的水流往北流经玉涧桥，昌化县的水流来自西面的麻汊埠，都在应渚埠交汇，而且水势开始变大。不过，玉涧桥以上，已经不能行船，麻汊埠以上，小船可以直接抵达昌化县城，于潜县流来的水流当然不及昌化县流来的大。此时时间已到中午，没有店铺买米，想到应渚埠去找店铺，可船不能等待，只好上船走。下到船中往东南行船十里，到分水县城。县城在溪流的西岸。分水县原本只有一条水流向东南流去，县城西面虽然山势开阔，只有陆路，八十里后到达淳安县。我最初想从这条路走，因为姓王的奴仆逃走了，不方便走陆路，依然走水路，反而向着东南方走了。离开分水县城往东南二十里是头铺。又行十里是焦山，居民集市相当兴盛。已经天晚，不能买米，向船夫借来多余的米做饭吃。船夫乘着夜色顺流操桨，前行五十里，到旧县，已经过了半夜了。

初六日　鸡再鸣，鼓舟，晓出浙江，已桐庐城下矣①。令僮子起买米。仍附其舟，十五里至滩上。米舟百艘，皆泊而待剥，余舟遂停。亟索饭，饭毕得一舟，别附而去，时已上午。又二里，过清私口。又三里，入七里泷②。东北风甚利，偶假寐，已过严矶③。四十里，乌石关。又十里，止于(严州府)东关之逆旅④。

【注释】

①桐庐：明为县，隶严州府，即今桐庐县。自印渚埠至桐庐，所行水道明代称桐溪，即今分水江。

②七里泷(lóng)：乾隆本缺载。泷，季抄本作“笼”，据《中华人民共和国地名词典·浙江省》改。泷，湍急的河流称泷。七里泷在今桐庐县和建德市境，从严矶(即严子陵钓台)到乌石关(即今梅城乌石滩)。是富春江风景最优美的一段。两岸群山夹峙，江面狭窄，滩多水急，舟楫需候风始溯行。东风一起，千帆竞发，长滩瞬间即过，仿佛仅有七里；无风则靠人工拉纤，仿佛七十里之遥，故有“有风七里，无风七十里”之说。俗称“七里泷”，又称七里滩、七里濑。1968年建富春江水电站，变成了平静的长湖，称富春江水库。

③严矶：即严子陵钓台。相传东汉名士严光(字子陵)隐居耕钓于此。在今桐庐县南隅的富春山上。山腰有两座磐石隔江屹立，称东、西钓台，建有石坊、石亭等。

④止于东关之逆旅：季抄本如此，有脱漏，应为严州府东关。明代严

州府治建德，在今建德市东境的梅城，即新安江与兰江汇口处。

【译文】

初六日　鸡叫第二遍，开船，拂晓时来到浙江上，已经在桐庐县城下了。命令僮仆起床去买米。仍然搭载这条船，十五里后到滩上。运米的船只上百艘，都停泊着等待转运，我坐的船便停泊下来。急忙找饭吃，饭吃完后找到一条船，搭上别的船离去，此时已是上午。又行二里，经过清私口。又行三里，进入七里泷。东北风非常利于行船，我偶尔打了一下瞌睡，已经过了严矶。四十里，到乌石关。又行十里，停在严州府城东关的旅店中。

初七日　雾漫不辨咫尺，舟人饭而后行，上午复霁。七十里，至香头已暮。香头，山北之大村落也，张、叶诸姓，簪缨颇盛[1]。月明风利，二十里，泊于兰溪[2]。

【注释】

①簪(zān)：古人用来别住发髻或把冠连在头发上的长针。缨(yīng)：古人帽子上系在颔下的带子。二者都是古时达官贵人的冠饰，旧因以为做官者的代称。

②兰溪：明为县，隶金华府，即今兰溪市。

【译文】

初七日　大雾弥漫，咫尺之间分辨不出东西，船夫吃饭后开船，上午又晴开。行七十里，到达香头时已是傍晚。香头，是山北面的一个大村落，有张、叶等姓的居民，做官的人很多。月明风顺，又行二十里，停泊在兰溪县城。

初八日　早登浮桥，桥内外诸舡鳞次[1]，以勤王师自衢将至，封桥聚舟，不听上下也。遂以行囊令顾仆守之南门旅肆中，余与静闻俱为金华三洞游[②]。盖金华之山，横峙东西，郡城在其阳，浦江在其北[③]，西垂尽处则为兰溪，东则义乌也[④]。婺水东南从永康经郡之南门[⑤]，而西北抵兰溪与衢江合[⑥]。余初欲陆行，见溪中有舟溯流而东，遂附之。水流沙岸中，四山俱远，丹枫疏密，斗锦裁霞，映叠尤异。然北山突兀天表，若负扆然，而背之东南行。问："三洞何在？"则曰："在北。"问："郡城何在？"则曰："在南。"始悟三洞不必至郡，若陆行半日，便可从中道而入，而时已从舟，无及矣。四十五里至小溪，已暮，月色如洗。又十五里登陆，投宿下马头之旅肆，以深夜闭门不纳。遇一王姓者，号敬川，高桥埠人。将乘月归，见客无投宿处，因引至金华西门外，同宿于逆旅。

【注释】

①舡(chuán)：船。

②金华三洞：金华北面有北山，亦称金华山，海拔1310米。上有东玉壶、西玉壶两大水源，从山顶分流下注。北山为金华附近著名风景区，以双龙洞、冰壶洞、朝真洞最著，向称"金华三洞"。还有讲堂洞(白衣洞)、智者寺、鹿田寺等胜迹。今已辟有公路可达。

③浦江：明为县，隶金华府，即今浦江县。

④义乌：明为县，隶金华府，即今义乌市。

⑤婺(wù)水：明代又称南溪、永康溪。今永康至金华段称武义水，金华至兰溪段称金华江。永康：明为县，隶金华府，即今永康市。

⑥衢江：明代又称信安江，即今衢江。

【译文】

初八日　早上登上浮桥，浮桥内外众多的船只鳞次栉比，是因为救援朝廷的军队从衢州府即将来到，封锁了浮桥，船只聚集在一起，不许上下通行。于是命令顾仆在南门的旅店中看守行李,我与静闻一起去游览金华山的三洞。金华府的金华山,东西横向耸峙着,金华府城在山的南面,浦江县城在山的北面,向西下垂的尽头处就是兰溪县城,东面便是义乌县了。婺水从东南方的永康县流经府城的南门,而后往西北流到兰溪县与衢江合流。我起初想走陆路,看见溪流中有船逆流往东去,便搭乘了这艘船。溪水流淌在沙质的堤岸中间,四面的山都远远的,红色的枫叶疏密有致,与锦绣比美,又像用彩霞裁剪的,层层叠叠掩映着,尤其奇异。然而北山高耸在天外,好像天子背靠的屏风一样,而船背对着山往东南行。问船夫:“三洞在哪里?”船夫只是回答:“在北边。”又问:“府城在何处?”他却回答:“在南面。”这才明白去三洞不必到府城,如果从陆路走半天,便可以从半路上进山,可是此时已经在船上,来不及了。四十五里后到小溪,已经天晚,月光如水洗过一样。又行十五里后登上岸,到下马头的旅店中投宿,因为是深夜旅店闭门不接纳。遇上一个姓王的人,他的别号叫敬川,是高桥埠人。即将乘着月色回家,看见客人没有投宿的地方,因而带领我们来到金华府城的西门外,一同住在旅店中。

初九日　早起,天色如洗,与王敬川同入兰溪西门,即过县前①。县前如水,盖县君初物故也②。为歙人项人龙,辛未进士。五日之内,与父与子三人俱死于痢。又东上苏坊岭,岭颇平,阛阓夹之。东下为四牌坊,自苏坊至此,街肆颇盛,南去即郡治矣。与王敬川同入歙人面肆③,面甚佳,因一人兼两人馔。

【注释】

①与王敬川同入兰溪西门,即过县前:此应即上一日的“西门外”宿

处，但不是兰溪县西门。乾隆本、"四库"本上一日记："抵金华西门外"，此即金华西门。因出此门往西北即可到达兰溪县城，故俗称兰溪门或兰溪西门。金华，明置为府，附郭县亦称金华，此"县"即指金华县。

②物故：亡故，死亡。物，即殁，音"没"。

③歙：即歙(shè)县，徽州府附郭县，今安徽歙县。

【译文】

初九日　早晨起床，天色像水洗过一样，与王敬川一同进入兰溪西门，随即经过金华县衙门前。县衙门前人流如水流，原来是县官刚去世的缘故。县官是歙县人项人龙，是辛未年(1631)的进士。五天之内，与他的父亲、儿子三人都死于痢疾。又往东登上苏坊岭，苏坊岭相当平缓，街市夹住道路两边。往东下走是四牌坊，自苏坊岭来到此地，街市店铺很繁盛，往南去就是府城了。与王敬川一同进入歙县人开的面馆，面做得很好，因而一个人吃了两个人的分量。

仍出西门，即循城西北行，王犹依依，久之乃别。遂有冈陇高下，十里至罗店①。问三洞何在，则曰西；见尖峰前倚，则在东。因执土人详询之，曰："北山之半为鹿田寺。其东下之脉，南峙为芙蓉峰，即尖峰也，为郡龙之所由；萃其西下之脉，南结为三洞，三洞之西即兰溪界矣。"时欲由三洞返兰溪，恐东有余胜，遂望芙蓉而趋。自罗店东北五里，得智者寺。寺在芙蓉峰之西，乃北山南麓之首刹也，今已凋落。而殿中犹有一碑，乃宋陆务观为智者大师重建兹寺所撰②，而字即其手书。碑阴又镌务观与智者手牍数篇。碑楷牍行，俱有风致，恨无拓工，不能得一通为快。寺东又有芙蓉庵，有路可登芙蓉峰。余以峰虽尖圆，高不及北山之半，遂舍之。仍由智者寺西北登岭，升陟峰坞，五里得清景庵[③]。庵僧道修留饭，复引余由北坞登杨家山。山为北山南下之第二层，再下则芙蓉为第三层矣。绕其西，从两山夹中北透而上，东为杨家山，有居民数十家；西为白望山，为仙人望白鹿处。约共七里，则北山上倚于后，杨家山排列于前，中开平坞，巨石铺突，有因累级为台者，种竹列舍，为朱开府之山庄也。朱名大典。其东北石累累愈多，大者如狮象，小者如鹿豕，俱蹲伏平莽中，是为石浪，即初平叱石成羊处[④]，岂今复化为石耶？石上即为鹿田寺，寺以玉女驱鹿耕田得名。殿前有石形似者，名驯鹿石。此寺其来已久，后为诸宦所蚕食，而郡公张朝瑞海州人[⑤]，创殿存羊，屠赤水有《游纪》刻其间。余至已下午，问斗鸡岩在其东，即同静闻二里东过山桥。山桥东下一里，两峰横夹，涧出其中，峰石皆片片排空赴涧，形若鸡冠怒起，溪流奔跃其下，亦一胜矣。由岩东下数里，为赤松宫，乃郡城东门所入之道，盖芙蓉峰之东坑也。

【注释】

①罗店：今名同，又作“罗甸”，在金华市区北隅，金华至兰溪的公路旁。

②陆务观（1125—1210）：即陆游，字务观，自号放翁，越州山阴人（今浙江绍兴）。担任过川陕安抚使王炎的幕府，一生坚持抗金。是南宋著名的爱国诗人。

③清景庵：乾隆本、“四库”本作“清隐庵”。

④“即初平”句：相传有兰溪人黄初平，十五岁时上山放羊，遇道士引至金华山石室中，四十余年不回家。其兄初起上山找到他，

问:“羊在哪里?”初平回答:“近在山东。”看时只见白石累累。初平叱喊:“羊起!”石皆变成羊群。因此,凡形如羊的石头俗称“叱石”。《粤西游日记四》戊寅年三月十一日亦有关于叱石的描述。

⑤海州:隶淮安府,治所在今江苏连云港市西南的海州区。

【译文】

仍旧走出西门,立即沿着城墙往西北行,王敬川依旧依依不舍的,很久后才分别。于是有高高低低的山冈土陇,十里后来到罗店。打听三洞在哪里,只是说在西面;看见一座尖峰斜靠在前方,却是在东面。于是拉住一个当地人详细询问情况,他说:“北山的半山腰上是鹿田寺。北山向东下延的山脉,耸峙在南面成为芙蓉峰,就是那座尖峰了,是府中的龙脉经由的地方;北山往西下延的山脉聚在一起,在南面盘结为三洞,三洞的西面就是兰溪县的辖境了。”此时想经由三洞返回兰溪县,又担心东面有其他胜景,便望着芙蓉峰赶过去。从罗店往东北行五里,见到智者寺。寺院在芙蓉峰的西面,是北山南麓的一座最重要的佛寺,如今已经衰败冷落。可大殿中还有一块石碑,是宋代陆游为智者大师重建这座寺院撰写的碑记,而且碑上的字就是陆游亲笔手书。石碑的背面还刻有几篇陆游亲手写给智者大师的书信。碑文是楷书,书信是行书,都很有风骨和韵味,遗憾没有拓碑的工匠,不能得到一幅碑帖以为快事。智者寺东边又有一座芙蓉庵,有路可以上登芙蓉峰。我认为芙蓉峰虽然又尖又圆,但高处还不到北山的半山腰,便放弃了它。仍然由智者寺向西北登岭,爬升在山峰和山坞间,五里后到清景庵。庵中的僧人道修留我吃饭,还带领我经由北面的山坞登上杨家山。杨家山是北山往南下延的第二层山峰,再往下延伸就是芙蓉峰,是第三层了。绕到杨家山的西面,从两座山的夹缝中向北穿越上去,东面是杨家山,有几十家居民;西面是白望山,是仙人望白鹿的地方。大约共行七里,就见北山高高在上斜靠在后面,杨家山排列在前方,中间敞开平旷的山坞,突立的巨石铺满山坞中,有人就着巨石垒砌台阶开辟为平台,种有竹子和成排的房屋,这是朱开府的山庄了。朱开府名叫朱大典。山庄的东北边累累的巨石更多，大的如狮子、大象，小的像鹿或像猪，都蹲伏在平旷的草莽中，这是石浪，就是魏晋时黄初平叱石成羊的地方，莫非今天羊群又变成了石头吗？石浪的上面就是鹿田寺，寺院是因为玉女驱赶马鹿在这里耕田而得到的名字。大殿前边有块形态像马鹿的岩石，名叫驯鹿石。这座寺院由来已久，后来被众宦官所蚕食，而后知府张朝瑞是海州人创建了殿宇，把石羊群保存了下来，屠赤水有一篇《游记》镌刻在大殿中。我到的时候已经是下午，问知斗鸡岩在寺东，立即同静闻向东二里走过山桥。从山桥往东下行一里，两座山峰横夹着，山涧从两山之中流出去，山峰上的岩石全是一片片的，排在空中向山涧奔赴而来，形态好像发怒竖起的鸡冠，溪流奔跃在这些岩石下方，也是一处胜景了。由斗鸡岩往东下走几里，是赤松宫，是进入府城东门的道路，大概是在芙蓉峰东面的坑谷中了。

斗鸡岩上有樵者赵姓居之，指北山之巅有棋盘石，石后有西玉壶水从石下注，旱时取以为雩祝①，极著灵验。时日已下舂，与静闻亟从蓁莽中攀援而上②。上久之，忽闻呼声，盖赵樵见余误而西，复指东从积莽中行。约直蹑者二里，始至石畔。石前有平台，后耸叠块，中列室一楹，塑仙像于中，即此山之主。像后石室下有水一盆，盖即雩祝之水也。然其上尚有涧，泠泠从山顶而下。时日已欲堕，因溯流再跻，则石峡如门，水从中出，门上更得平壑，则所称西玉壶矣。闻其东尚有东玉壶，皆山头出水之壑。西玉壶之水，南下者由棋盘石而潜溢于三洞，北下者从里水源而出兰溪之北；东玉壶之水，南下者由赤松宫而出金华，东下者出义乌，北下者出浦江，盖亦一郡分流之脊云。玉壶昔又名盘泉，分耸于上者，今又称为三望尖，文之者为金星峰，总之所谓北山也。甫至峰头，适当落日沉渊，其下恰有水光一片承之，滉漾不定，想即衢江西来一曲，正当其处也。夕阳已坠，皓魄继辉③，万籁尽收，一碧如洗，真是濯骨玉壶，觉我两人形影俱异，回念下界碌碌，谁复知此清光！即有登楼舒啸，酾酒临江④，其视余辈独蹑万山之巅，径穷路绝，迥然尘界之表，不啻霄壤矣。虽山精怪兽群而狎我，亦不足为惧，而况寂然不动，与太虚同游也耶⑤！

【注释】

①雩(yú)祝：古代为求雨而举行的祭祀。

②蓁(zhēn)：通“榛”，荆棘。攀：季抄本多作“扳”，据乾隆本改。下同。

③皓魄(hào pò)：明月。魄，月始生或将灭时的微光。

④酾(shī)酒：斟酒。

⑤太虚：太空，高天。

【译文】

斗鸡岩上有个姓赵的樵夫居住在这里，指点我，北山的山顶有处棋盘石，棋盘石后面有西玉壶水从岩石上向下流淌，天旱时取水来祭祀求雨，极为显著灵验。这时太阳已西下，与静闻急忙从荆棘丛莽中攀登而上。上登了很久，忽然听见呼叫声，原来是姓赵的樵夫见我错误地向西走去，又来指引我向东从堆积的草丛中走。大约一直上登了二里路，才来到棋盘石旁边。棋盘石前边有个平台，后面高耸着层叠的石块，中间有一间屋子，屋中塑有神仙像，就是这座山的山神。塑像后面的石室下有一盆水，大概就是祭祀求雨用的水了。然而石室上面还有条山涧，水质清澈地从山顶哗哗流淌下来。此时夕阳已要落入西山，因而溯流再往上登，就见石峡像门一样，水从石门中流出来，石门上边又有平缓的壑谷，原来这就是所说的西玉壶了。听说它的东面还有个东玉壶，都是山头上出水的壑谷。西玉壶的水，往南下流的经由棋盘石潜入地中后在三洞溢出来，向北下流的从里水源流出去，流到兰溪县的北部；东玉壶的水，往南下流的经由赤松宫后流到金华县，向东下流的流到义乌县，向北下流的流到浦江县，原来此处也是全府水流分流的山脊了。玉壶从前又叫盘泉，分别耸立在上面的山峰，今天又称为三望尖，文雅的称呼是金星峰，总起来就是所谓的北山了。刚到达峰头，适逢落日沉入深渊，山下恰好有一片水光承接着余晖，波光荡漾不定，猜想那就是衢江从西面流来的一个水湾，正好位于夕阳西照之处了。夕阳已西坠，明月继续照耀，万籁俱静，一片碧空如洗，真是洗涤身心的玉壶，觉得我们两人形体和身影全都不同了，回想下面忙忙碌碌的人世间，谁又知道有如此清朗的月光！即便有人登上高楼放声吟咏，临江举杯，他们比起我们这班人，独自登上万山之顶，道路断绝，迥然超越于尘世之外，不亚于是天壤之别了！即便是山中的精灵怪兽成群来捉弄我，也不足以畏惧，何况它们都静悄悄的没有动静，我正好可以与太空一同遨游了啊！

徘徊久之，仍下二里，至盘石。又从莽棘中下二里，至斗鸡岩。赵樵闻声，启户而出，亦以为居山以来所未有也。复西上一里至山桥，又西二里至鹿田寺。僧瑞峰、从闻以余辈久不至，方分路遥呼，声震山谷。入寺，浴而就卧。

【译文】

徘徊了很长时间，仍然下行二里，来到棋盘石。又从荒草荆棘中下走二里，到达斗鸡岩。姓赵的樵夫听见声音，开门出来，也认为是住在山中以来没有遇见过的事了。再向西上登一里来到山桥，又向西二里到达鹿田寺。僧人瑞峰、从闻因为我们这些人很久不见回来，正分头在路上远远地呼叫，喊声震动山谷。进入寺中，洗浴后就躺下了。

初十日　鸡鸣起饭，天色已曙。瑞峰为余束炬数枚，与从闻分肩以从，从朱庄后西行一里①，北而登岭。岭甚峻，约一里，有石耸突峰头。由石畔循北山而东，可达玉壶；由石畔逾峰而北，即朝真洞矣。洞门在高峰之上，西向穹然，下临深壑，壑中居舍环聚，恍疑避秦，不知从何而入。询之，即双龙洞外居人也。

【注释】

①从朱庄后西行一里：季抄本作“从朱庄后西行一一里”。因转页衍“一”字。“朱庄”，乾隆本、“四库”本作“朱墅”。

【译文】

初十日　鸡叫起床吃饭，天色已露出曙光。瑞峰替我捆了几束火把，与从闻分别用肩扛着跟随着我们，从朱开府的山庄后面往西行一里，向北登岭。山岭非常陡峻，约有一里路，有岩石耸立突起在峰头。由岩石侧边沿着北山往东走，可以到达玉壶；由岩石侧边翻越山峰往北走，就到朝真洞了。洞口在高高的山峰之上，面向西，穹然隆起，下临深深的壑谷，壑谷中居民的房屋环绕聚在一起，恍惚间怀疑是逃避秦朝统治的桃花源中人了，不知从哪里进去。询问僧人，原来是双龙洞外的居民了。

盖北山自玉壶西来，中支至此而尽，后复生一支，西走兰溪。后支之层分而南者，一环而为龙洞坞，再环而为讲堂坞，三环而为玲珑岩坞，而金华之界，于是乎尽。玲珑岩之西，又环而为钮坑，则兰溪之东界矣；再环而为白坑，三环而为水源洞，而崇崖巨壑，亦于是乎尽。后支层绕中支，中支西尽，颓然下坠：一坠而朝真辟焉，其洞高峙而底燥；再坠而冰壶洼焉，其洞深奥而水中悬；三坠而双龙窍焉，其洞变幻而水平流。所谓三洞也，洞门俱西向，层累而下，各去里许，而山势崭绝，俯瞰仰视，各不相见，而洞中之水，实层注焉。中支既尽，南下之脉复再起而为白望山，东与杨家山骈列于北山之前，而为鹿田门户者也。

【译文】

大体上北山自玉壶往西延伸而来，中间的一条支脉到了此地就完了，后面又生成一条支脉，向西延伸到兰溪县。后面的支脉分层往南延伸的，第一层环绕成为双龙洞所在的山坞，第二层环绕成为讲堂所在的山坞，第三层环绕成为玲珑岩所在的山坞，而金华府的辖境，也到这里为止。玲珑岩的西面，又环绕成为钮坑，那是兰溪县的东部边界了；第二层环绕成为白坑，第三层环绕成为水源洞，然而高大的山崖巨大的壑谷，也在这里到了尽头。后面的支脉一层层环绕着中间的支脉，中间的支脉在西面到头后，像倒塌一样向下深坠：第一次下坠之处形成了朝真洞，这个洞高高屹立着，因而洞底是干燥的；再度下坠之处形成了冰壶洞所在的洼地，这个洞幽深隐秘，然而洞中有水流高悬；第三次下坠之处形成了双龙洞，这个洞变幻多端，可水流平缓流淌。这就是所谓的三洞了，洞口都是面向西，层层叠累而下，各个洞相距一里左右，而且山势特别高峻，不管是俯瞰还是仰视，各自互相都看不见，而洞中的水，实际上是一层层向下流淌的。中间的支脉到头后，往南下延的山脉又再度耸起成为白望山，与东面的杨家山并列在北山的前方，从而成为鹿田寺的门户了。

朝真洞门轩豁，内洞稍洼而下。秉炬深入，左有一穴如夹室，宛转从之，夹穷而有水滴沥，然隙底仍燥，不知水从何去也。出夹室，直穷洞底，则巨石高下，仰眺愈穹，俯瞰愈深。从石隙攀跻下坠，复得巨夹，忽有光一缕自天而下。盖洞顶高盘千丈①，石隙一规，下逗天光，宛如半月，幽暗中得之，不啻明珠宝炬矣。既出内洞，其左复有两洞，下洞所入无几，上洞宛转亦如夹室，右有悬窍，下窥无底，想即内洞之深坠处也。

【注释】

①盖洞顶高盘千丈："千丈"，乾隆本、"四库"本作"千尺"。

【译文】

朝真洞洞口轩敞开阔，洞内渐渐向下洼下去。举着火把深入进去，左边有一个洞穴如夹室，弯弯转转从这个洞穴进去，夹缝完后有水滴落下来，然而夹缝底下仍然是干燥的，不知水从哪里流出去了。出了夹室，直达洞底，就见巨石高高低低的，抬头眺望愈加穹隆，向下俯瞰越加深远。从石缝间攀登下去，又见到一条巨大的夹缝，忽然有一缕亮光从天上照下来。原来洞顶高高盘踞在千丈高的地方，一个圆圈样的石缝，向下引入天上的亮光，宛如半个月亮，在幽暗中遇见这片亮光，无异于是明珠和宝贵的火炬了。走出内洞后，洞的左边又有两个洞，下洞进去没有多远，上洞弯弯转转的也像是夹室，右侧有高悬的石窍，向下窥视没有底，推想就是内洞中向下深坠之处了。

出洞，仍从突石峰头南下，里许，折而西北，又里许，得冰壶洞，盖朝真下坠之次重矣。洞门仰如张吻，先投杖垂炬而下，滚滚不见其底；乃攀隙倚空入其咽喉，忽闻水声轰轰。

愈秉炬从之，则洞之中央，一瀑从空下坠，冰花玉屑，从黑暗处耀成洁采。水坠石中，复不知从何流去。复秉炬四穷，其深陷逾于朝真，而屈曲不及也。

【译文】

出洞后，仍旧从岩石突立的峰头向南下走，一里左右，折向西北，又是一里左右，来到冰壶洞，冰壶洞大致上位于朝真洞一直下坠的第二重山间了。洞口向上如同张开的嘴，先把拐杖扔下去垂下火把往下走，拐杖滚滚而下，看不见洞底；于是攀着石缝背靠空中进入咽喉样的洞口，忽然听见水声轰轰作响。更加高举火把朝着水声走去，便到了洞的中央，一条瀑布从空中坠落下来，冰花玉屑飞溅，在黑暗处闪耀出洁白的光彩。水坠入岩石中，还是不知道从哪里流出去。又举着火把游遍了四周，洞的深处超过了朝真洞，但曲折之势赶不上了。

出洞，直下里许，得双龙洞。洞辟两门，瑞峰曰："此洞初止一门。其南向者，乃万历间水倾崖石而成者。"一南向，一西向，俱为外洞。轩旷宏爽，如广厦高穹，阊阖四启，非复曲房夹室之观。而石筋夭矫，石乳下垂，作种种奇形异状，此"双龙"之名所由起。中有两碑最古，一立者，镌"双龙洞"三字，一仆者，镌"冰壶洞"三字，俱用燥笔作飞白之形[1]，而不著姓名，必非近代物也。流水自洞后穿内门西出，经外洞而去。俯视其所出处，低覆仅余尺五，正如洞庭左衽之墟[2]，须帖地而入，第彼下以土，此下以水为异耳。瑞峰为余借浴盆于潘姥家[3]，姥居洞口。姥饷以茶果。乃解衣置盆中，赤身伏水推盆而进隘。隘五六丈，辄穹然高广，一石板平庋洞中，离地数尺，大数十丈，薄仅数寸。其左则石乳下垂，色润形幻，若琼柱宝幢，横列洞中。其下分门剖隙，宛转玲珑。溯水再进，水窦愈伏，无可容入矣。窦侧石畔一窍如注，孔大仅容指，水从中出，以口承之，甘冷殊异，约内洞之深广更甚于外洞也。要之，朝真以一隙天光为奇，冰壶以万斛珠玑为异，而双龙则外有二门，中悬重幄，水陆兼奇，幽明凑异者矣。

【注释】

①飞白：中国一种特殊风格的书法。相传为东汉蔡邕所作，笔画枯槁而中空，汉魏宫阙多用此体。

②洞庭左衽：指太湖中的洞庭东山。墟：通“虚”，洞孔也。《淮南子·泛论训》：“若循虚而出入，则亦无能履也。”高诱注：“虚，孔窍也。”

③姥（mǔ）：老妇人。

【译文】

出洞来，一直下走一里左右，到了双龙洞。双龙洞开有两个洞口，瑞峰说：“这个洞当初只有一个洞口。那向南的洞口，是万历年间（1573—1619）流水冲倒崖石形成的。”一个面向南，一个面向西，都是外洞。轩敞空旷，高大明朗，像间大房子一样高高隆起，四面开有天门，不再是隐秘的房间和夹层石室的景观了。而且石脉气势屈曲，石钟乳下垂，作出种种奇形怪状来，这是“双龙”洞名的缘起。洞中有两块石碑最古老，一块竖立着的，刻有“双龙洞”三个字，一块倒卧着的，刻有“冰壶洞”三个字，都是用干燥的笔锋写成的飞白的字体，可是没有著明姓名，必定不是近代的东西了。流水从洞的后边穿过内洞口向西流出去，流经外洞而去。俯视水流出去的地方，低低下覆着，仅剩余一尺五寸的空隙，正如太湖中洞庭东山上的缝隙，身子必须贴在地面上进去，只是那里的下面是土，这里的下面是水，有所不同罢了。瑞峰替我从姓潘的姥姥家中借来浴盆，潘姥姥住在洞口外。潘姥姥用茶水、果子招待我。于是我脱下衣服放在浴盆中，赤着身子伏在水中推着木盆得以进入隘口，隘口进去五六丈，就穹然隆起，又高又宽，一块石板平架在洞中，离地几尺，大几十丈，薄薄的仅有几寸。石板左边就有石钟乳下垂，色泽润洁，形态奇幻，好像琼玉的柱子和珍宝装饰的经幢，横着排列在洞中。石钟乳下方剖分成门一样的缝隙，宛转曲折，玲珑可爱。溯水流再前进，水洞愈加低矮，无处可以容身再深入了。水洞侧旁的岩石上有一个石窍，水流如注，孔洞大处仅容得下手指，水从孔洞中流出来，用嘴接水喝，觉得异常甘甜清凉，大约内洞的深广更超过外洞了。概括地说，朝真洞以有一条缝隙露进天光为奇异，冰壶洞以瀑布溅起万千斗珍珠为奇异，可双龙洞则是外边有两个洞口，洞中悬垂着重重帷幕，水陆都很奇特，暗处明处的奇异景色凑聚在一起了。

出洞，日色已中，潘姥为炊黄粱以待。感其意而餐之，报之以杭伞一把。乃别二僧，西逾一岭。岭西复成一坞，由坞北入，仍转而东，去双龙约五里矣。又上山半里而得讲堂洞焉。其洞亦有二门，一西北向，一西南向，轩爽高洁，亢出双龙洞之上，幽无双龙洞之黯，真可居可憩之地。昔为刘孝标挥麈处①，今则塑白衣大士于中。盖即北山后支南下第一岭，其阳回环三洞，而阴又辟成此洞也。岭下坞中，居民以烧石为业，其涧涸而无底流，居人俱登山汲水于讲堂之上。渡涧，复西逾第二岭，则北山后支南下之第二层也。下岭，其坞甚逼，然涧中有流淙淙北来。又渡而西，再循岭北上，磴辟流涌，则北山后支南下之第三层也。外隘而中转，是名玲珑岩，去讲堂又约六里矣。坞中居室鳞次，自成洞壑，晋人桃源不是过。转而西，逾其岭，则兰溪界也。下岭为钮坑，亦有居人数十家。又逾一岭曰思山祠，则北山后支南下之第四层也，去玲珑岩西又约六里矣。时日已将坠，问洞源寺路，或曰十里，或曰五里。亟下岭，循涧南趋五里，暮至白坑。居人颇多，亦俱烧石。又西逾石塔岭，则北山后支南下之第五层也。洞源寺即在岭后高峰之北，从此岭穿径而上仅里许，而其正路在山前下洞之旁。盖此地亦有三洞，下为水源洞，一名涌雪。上为上洞，一名白云。中为紫云洞，而其地总以"水源"名，故一寺而或名水源，或名上洞。而寺与水源洞异地，由岭上径道抵寺，故前曰五里；由水源洞下岭复上，故前曰十数里。时昏黑不辨山路，无可询问，竟循大路下山。已见一径西岐而下，强静闻从之。久而不得寺，只见石窑满前，径路纷错。正徬徨间，望见一灯隐隐，亟投之，则水舂也。其人曰："此地即水源，由此坞北过洪桥，循右岭而上，可三里即上洞寺矣。"以深夜难行，欲止宿其中。其人曰："月色如昼，至此山径亦无他岐，不妨行也。"始悟上洞寺在北山第五层之阴。乃溯溪西北至洪桥，自白坑来约四里矣。渡桥北，蹑岭而上里余，转而东又里余，始得寺，强投宿焉。始闻僧有言灵洞者，因忆赵相国有"六洞灵山"诸刻，岂即是耶？竟未悉而卧。

【注释】

①麈(zhǔ)：季抄本误为"麈"，不从。麈，兽名，亦称驼鹿，即今所称四不象。古时用麈尾为拂尘，故称拂尘为麈。晋人清谈常挥麈尾为谈助，故"挥麈"即闲居谈论。

【译文】

出洞来，天色已到正午，潘姥姥做好了黄色的小米饭等着了。感动于她的好意便吃了小米饭，用一把杭州伞回报她。于是辞别了二位僧人，向西越过一座岭。山岭西面又形成一个山坞，经由山坞往北进去，仍然转向东走，距离双龙洞大约五里路了。又上山半里后找到讲堂洞。这个洞也有两个洞口，一个朝向西北，一个面向西南，轩敞明朗，高大洁净，高处超出双龙洞之上，幽暗但没有双龙洞那样黑暗，这真是一处可以居住可以歇息的地方。从前是刘孝标挥舞拂尘清谈的场所，如今则塑有白衣观音大士的像在洞中。原来这里就是北山后面的支脉往南下延的第一座岭，山岭的南面回绕着三个洞，而山岭的北面又辟开形成这个洞。岭下的山坞中，居民以烧石灰作为职业，山坞中的山涧干涸了而且涧底没有流水，居民都登山到讲堂洞的上面去汲水。渡过山涧，再向西翻越第二座岭，就是北山后面的支脉往南下延的第二层山脉了。下岭后，这里的山坞非常狭窄，然而山涧中有水流从北边淙淙地流来。又渡过山涧往西行，再沿着山岭向北上登，石阶宽大，流水奔涌，这就是北山后面的支脉往南下延的第三层山脉了。外面狭窄可山中曲曲折折的，这里名叫玲珑岩，距离讲堂洞又约有六里路了。山坞中居民的房屋鳞次栉比，自成一个洞天，晋代人的桃花源不过如此。转向西，越过这座岭，就是兰溪县的境内了。下岭后是钮坑，也有几十家居民。又越过一座岭，叫做思山祠岭，这是北山后面的支脉往南下延的第四层山脉了，距离玲珑岩的西边又大约有六里路了。此时太阳已将下落，打听去洞源寺的路，有人说十里，有人说五里。急忙走下山岭，沿着山涧往南赶了五里路，傍晚时来到白坑。居民很多，也都是烧石灰的。又向西越过石塔岭，这是北山后面的支脉往南下延的第五层山脉了。洞源寺就在石塔岭后面的高峰的北面，从这座岭穿过小径上走仅有一里左右，可去那里的正路在山前下洞的旁边。原来此地也有三个洞，下边的是水源洞，又叫涌雪洞。上面的是上洞，又叫白云洞。中间的是紫云洞，可这个地方总的用“水源”来起名，所以同一座寺有时叫水源寺，有时名叫上洞寺。寺院与水源洞在不同的地方，由岭上的便道到达寺中近些，所以前边有人说是五里路；由水源洞下岭再上走要远些，所以前边有人说是十几里。这时天色昏黑辨不清山路，无处可以问路，竟然沿着大路下山。不久看见一条小径向西岔下去，强逼着静闻从这条路走。很久后见不到寺院，只见前方满是石灰窑，小径岔路纷纷交错。正在彷徨之间，望见隐隐地有一处灯光，急忙投奔到那里，原来是一间水碓房。水碓房中的人说：“此地就是水源，由这个山坞向北走过洪桥，沿着右边的山岭往上走，大约三里就是上洞寺了。”由于深夜难以前行，想停宿在水碓房中。那人说：“月光明如白昼，到了此地，山间的小径也没有别的岔路，不妨前行。”这才明白上洞寺在北山第五层山脉的北面。于是溯溪流往西北来到洪桥，从白坑过来大约四里路了。渡到洪桥北边，往上登岭一里多，转向东又是一里多，才见到上洞寺，强行投宿到寺中。这才听见有僧人说到灵洞这个地方，因而回忆起赵相国有“六洞灵山”等碑刻，难道就是这里吗？竟然没全弄明白就躺下了。

十一日　平明起，僧已出。余过前殿，读黄贞父碑，始知所称“六洞”者[①]，以金华之“三洞”与此中之“三洞”，总而得六也。出殿，则赵相国之祠正当其前，有崇楼杰阁，集、记中所称灵洞山房者是也。余艳之久矣[②]，今竟以不意得之，山果灵于作合耶！乃不待晨餐，与静闻从寺后蹑磴北上，先寻白云洞。洞在寺北二里。

【注释】

①六洞：六洞山，在兰溪市东南，为金华北山余脉。多石灰岩溶洞，以有涌雪、白云、紫云、呵呵、无底、漏斗六洞得名，又名灵洞山、

上洞山。近年又发现更大的玉露洞。

②艳(yàn):艳羡。

【译文】

十一日　天明起床,僧人已外出。我走过前殿,读了黄贞父的碑文,才知道所称的“六洞”,是把金华山的“三洞”与此地的“三洞”,总起来得到六个洞了。走出大殿,就见赵相国的祠堂正位于大殿前方,建有高大的楼阁,文集、杂记中所称的灵洞山房的地方就是这里了。我艳羡这里很久了,今天竟然在意外之中见到它,青山作美符合人意果然很灵验啊！于是不等吃早餐,与静闻从寺后踏着石阶向北上登,先去寻找白云洞。白云洞在上洞寺北边二里处。

一里至岭头,逾岭而北,岭凹忽盘旋下洼如盂磬。披莽从之,一洞岈然,下坠深黑,意即所云白云而疑其隘。忽有樵者过顶上,仰而问之,曰:“白云尚在北。此洞窗也。”乃复上,北行。两山夹中,又回环而成一洼,大且百丈,深数十丈,螺旋而下,而中竟无水;倘置水其中,即仙游鲤湖矣。然即无水,余所见山顶四环而无隙泻者,仅此也。又下,从岐左西转山夹,则白云洞在焉。洞门北向,门顶一石横裂成梁,架于其前,从洞仰视,宛然鹊桥之横空也。入洞,转而左,渐下渐黑,有门穹然,内若甚深,外有石屏遥峙。从黑暗中以杖探地而入数十步,洞愈宽广,第无灯炬,四顾无所见,乃返步而出。出至穹门之内,初入黑甚者,至此光定,已历历可睹。乃复转屏出洞,逾岭而还。饭而出寺,仍旧路西下,二里至洪桥。未渡,复从桥左人居后半里上紫云洞。洞门西向,洞既高亢,上下平整。中有垂柱四五枚,分门列户,界为内外两重。琼窗翠幄，处处皆是，亦敞亦奥，肤色俱胜。洞之北隅复通一奥，宛转深入，以无炬而返。下渡洪桥，循涧而东，山石半削，髡为危壁。其下石窑柴积，纵横塞路，即夜来无问津处也。渡石梁，水源洞即在其侧。洞门南向，正跨涧上。洞口垂石缤纷，中有一柱，自下属上，若擎之而起；其上嵌空纷纶，复辟一窦，幻作海蜃状。洞内上下分二层。下层即水涧所从出，涧水已涸，出洞数步，即有水溢于涧中，盖为水碓引出洞侧也。上层由洞门蹑蹬而上，渐入渐下，既下而空广愈觉无极，闻水声甚远，以无炬不及穷。

【译文】

一里后来到岭头，翻过岭往北走，岭上的凹地忽然盘旋着向下洼，像钵盂或磬。分开草丛从那里走去，一个山洞十分深邃，向下深陷，黑黑的，心想就是所说的白云洞了，可又怀疑洞口太狭窄。忽然有个打柴的人路过山顶上，仰面向他询问，他说："白云洞还在北边。这是白云洞中的天窗。"于是又上来，向北走。两座山相夹的中间，又回绕成一个洼地，大处将近一百丈，深几十丈，螺旋形往下陷，而且中间竟然没有水；倘若把水放在其中，就成为仙游县的九鲤湖了。然而即便没有水，我所见过的山顶四面环绕却没有缝隙泄水的洼地，也仅此一处了。又下走，从岔路左边向西转到两山相夹处，就见白云洞在这里了。洞口面向北，洞口的顶上一块岩石横着裂开形成石桥，架在洞口前方，从洞内仰视，宛如鹊桥横在空中。进洞后，转向左边走，逐渐下走渐渐黑下来，有个石门穹然隆起，里面好像非常深，外边有石屏风远远对峙着。在黑暗中用拐杖试探着地面走进去几十步，洞更加宽广，只是没有灯烛火把，四面环顾什么也看不见，只好往回走出来。出到穹隆的石门之内，刚进来时黑极了的地方，到此时光线稳定下来，已经可以一一看清楚了。于是又转过石屏风出洞来，越过山岭后回来。饭后出寺来，仍然从原路向西下走，二里后到洪桥。没过桥，又从桥左边人家的后面走半里登上紫云洞。洞口向西，洞既高大，上下又很平整。洞中有四五根下垂的石柱，像门户一样分别排列着，把山洞隔为内外两层。琼玉般的窗户，翡翠样的帷帐，洞内处处都是，也有宽敞的地方，也有隐秘深邃的地方，岩石的颜色都很优美。洞内的北角落又通有一个深邃隐秘的洞穴，弯弯转转深入进去，因为没有火把便返回来了。下山走过洪桥，沿着山涧往东行，山石被削去一半，被削得光秃秃的，变成了危崖。山下石灰窑旁堆积着柴火，纵横交错阻塞了道路，这就是昨夜来时无处问路的地方了。走过石桥，水源洞就在桥的侧边。洞口面向南，正好跨在山涧上。洞口垂着缤纷的石柱，其中有一根石柱，从下边连接到顶上，好像是把它举起来的样子；洞顶上丝线般的岩石纷杂地嵌在空中，还张开一个小洞，幻化为海市蜃楼的形状。洞内上下分为两层，下层就是山涧水流出去的地方，山涧中的水已经干涸，出洞来几步外，就有水在山涧中溢出来，大概是水被引出到洞侧边的水碓去了的缘故。上层由洞口踏着石阶往上走，渐渐深入渐渐向下去，下去后愈加觉得空旷宽广没有边际，听见有水声隔得非常远，由于没有火把来不及穷尽。

出坐洞口擎柱内，观石态古幻。念两日之间，于金华得四洞，于兰溪又得四洞，昔以六洞凑灵，余且以八洞尽胜，安得不就此一为殿最！双龙第一，水源第二，讲堂第三，紫霞第四，朝真第五，冰壶第六，白云第七，洞窗第八，此由金华八洞而等第之。若夫新城之墟，聿有洞山，两洞齐启，左明右暗，明览云霞，暗分水陆，其中仙田每每，塍叠波平，琼户重重，隘分窦转，以斯洞之有余，补洞窗之不足，法彼入此，当在双龙、水源之间，非他洞之所得侔也。品第久之，始与静闻别洞源而去。过夜来问津之舂，循西岭出坞，西南行十五里，而达于兰溪之南关。

【译文】

出来坐在洞口高擎的石柱内，观赏洞中岩石古朴变幻的姿态。想起我在两天之间，在金华找到四个洞，在兰溪又找到四个洞，从前有人把六个洞凑合起来称为灵异，我现在还是认为八个洞全部都很优美，怎能不就此评价一下它们的先后次序呢！双龙洞第一，水源洞第二，讲堂洞第三，紫霞洞第四，朝真洞第五，冰壶洞第六，白云洞第七，洞窗第八，这是就金华府八个洞划分的等级次序。至于新城县的土丘，有座洞山，两个山洞并排敞开着，左边的明亮，右边的黑暗，明洞可以观赏云霞，暗洞又分为水洞和旱洞，洞中仙田一片片的，田埂层叠，水波平静，琼玉般的窗户一重重，隘口分列，孔洞弯转，用这个洞的有余之处，来补洞窗的不足，用同一标准把那个洞放在这里看，应当在双龙洞、水源洞之间，不是其他的山洞所能相比的了。品评了很长时间，这才与静闻告别洞源离去。路过昨夜来时问路的水碓房，沿着西面的山岭走出山坞，往西南行十五里，而后到达兰溪县城的南关。

入旅肆，顾仆犹未饭，亟饭而觅舟。时因援师之北，方籍舟以待，而师久不至。忽有一舟自北来，亟附之，乃布舟也。其意犹未行，而籍舟者复至，乃刺舟。五里，泊于横山头。

【译文】

进入旅店，顾仆还没有吃饭，急忙吃饭后去找船。此时因为救援朝廷的军队要北上，正征调船只等待着，可军队很长时间没有来到。忽然有一条船自北面来，急忙搭上了这条船，是条运布匹的船。船夫的意思还不想走，但征调船只的人又来到了，这才把船撑走。行五里，停泊在横山头。

十二日　平明发舟。二十里，溪之南为青草坑。其地属汤溪[①]。时日已中，水涸舟重，咫尺不前。又十五里，至裘家堰，舟人觅剥舟同泊焉[②]。是夜微雨，东风颇厉。

【注释】

①汤溪：明为县，隶金华府，治今金华市区西郊、原金华县西境的汤溪镇。

②剥舟：卸货的船。

【译文】

十二日　天亮时开船。行二十里，溪流的南岸是青草坑。此地属于汤溪县。此时太阳已到中天，溪水干涸，船只太重，咫尺之间很难前进。又行十五里，来到裘家堰，船夫找来一艘转运的驳船一同停泊在这里。这天夜里下起小雨，东风相当猛烈。

十三日　天明，云气复开。舟人起布一舱付剥舟，风已转利。二十里至胡镇[①]，又二十里至龙游，日才下午。候换剥舟，遂泊。

【注释】

①胡镇：明代又称胡头镇，设巡检司，隶龙游县。今仍名湖镇，在龙游县东隅，衢江南岸。

【译文】

十三日　天明，云气又散开。船夫吊起一舱布匹交给转运的驳船，风已转向，利于行船。二十里后到胡镇，又行二十里到龙游县城，时间才是下午。等候转运的驳船，便停泊下来。

十四日　天明，诸附舟者，以舟行迟滞，俱索舟价登陆去，舟轻且宽，虽迟不以为恨也。早雾既收，远山四辟，但风稍转逆，不能驱帆上碛耳。四十五里，安仁①。为龙游、西安界②。又十里，泊于杨村。去衢州尚二十五里。是日共行五十五里，追及先行舟同泊，始知迟者不独此舟也。江清月皎，水天一空，觉此时万虑俱净，一身与村树人烟俱熔，彻成水晶一块，直是肤里无间，渣滓不留，满前皆飞跃也。

【注释】

①安仁：今名同，在衢州市衢江区，原衢县东境，衢江南岸。

②西安：为衢州府附郭县，治今衢州城。

【译文】

十四日　天明，搭船的许多人，因为船走得太慢，全都要回船钱登上岸离开了，船变得又轻又宽敞，虽然船走得迟缓一些也不觉得遗憾了。晨雾散尽后，远山四面展开，只是风向稍稍逆转，不能扬帆驶上浅滩罢了。行四十五里，到安仁。是龙游县、西安县的分界处。又行十里，停泊在杨村。距离衢州府城还有二十五里。这一天一共行船五十五里，追上了先出发的船一同停泊在一起，这才知道走得迟缓的不单单是这条船。江水清澈，明月皎洁，水天一片空阔，觉得此时万念皆空，整个身体与村庄、树丛、村民、炊烟融为一体，彻底变成一块水晶，直至肌肤里面没有空余，不留一点渣滓，满眼之前都在飞跃了。

十五日　昧爽[①]，连上二滩。援师既撤，货舟涌下，而沙港涩隘，上下捱挤，前苦舟少，兹苦舟多，行路之难如此！十里，过樟树潭[②]，至鸡鸣山。轻帆溯流，十五里至衢州[③]，将及午矣。过浮桥，又南三里，遂西入常山溪口[④]。风正帆悬，又二里，过花椒山，两岸橘绿枫丹，令人应接不暇。又十里，转而北行。又五里，为黄埠街[⑤]。橘奴千树[⑥]，筐篚满家，市橘之舟鳞次河下。余甫登买橘，舟贪风利，复挂帆而西。五里，日没。乘月十里，泊于沟溪滩之上[⑦]。其西即为常山界。

【注释】

①昧爽（mèi shuǎng）：明暗相杂，天将亮未亮的时候，即黎明。昧，昏暗。爽，明朗。

②樟树潭：因江中多深潭，江岸多樟树得名。今作“樟潭”，为衢州市衢江区驻地。在原衢县东境，衢江南岸。

③衢州：明置衢州府，治西安，即今衢州市。

④常山溪：明代又称西溪，今称常山港。港，与江河湖泊相通的小河。

⑤黄埠街：今作“航埠”，在柯城区，原衢县西境，常山港南岸。

⑥橘奴：种植用以售卖果实的橘树，别称橘奴。

⑦沟溪滩：今名沟溪，在柯城区，原衢县西隅。

【译文】

十五日　黎明，一连上了两个浅滩。救援朝廷的军队撤走之后，货船蜂拥而下，而且沙质的港口狭窄行船不畅，上下拥挤，之前苦于船少，现在苦于船多，行路的艰难竟然如此！行十里，路过漳树潭，到达鸡鸣山。轻舟扬帆溯流而行，十五里后来到衢州府城，将要到中午了。过了浮桥，又向南三里，于是向西进入常山溪口。风向很正，船帆高挂，又行二里，经过花椒山，两岸绿油油的橘树和红彤彤的枫树，让人应接不暇。又行十里，转向北行。又行五里，到黄埠街。橘树千棵，一筐筐地堆满各家各户，买橘子的船鳞次栉比地沿河而下。我刚登上岸去买来橘子，船夫贪图顺风，又挂上帆向西航行。行五里，太阳落山。乘着月色又行十里，停泊在沟溪滩的上边。停船之处的西面就是常山县的辖境。

十六日　旭日鲜朗，东风愈急。晨起，过焦堰，山回溪转，已在常山境上。盖西安多橘，常山多山；西安草木明艳，常山则山树黯然矣。溯流四十五里，过午抵常山①，风帆之力也。登岸觅夫于东门。径城里许，出西门。十里，辛家铺，山径萧条，无一民舍。又五里，得荒舍数家，日已西沉，恐前无宿处，遂止其间。地名十五里②。

【注释】

①常山：明为县，隶衢州府，即今常山县。

②十五里：今名同，在常山县西境，浙江至江西的公路旁。

【译文】

十六日　旭日鲜艳明亮，东风刮得更急。清晨起床，经过焦堰，山回水转，已经航行在常山县境内了。大体说来，西安县橘子多，常山县山多；西安县草木明丽鲜艳，常山县则是山石草木黯然失色了。逆流行船四十五里，中午过后抵达常山县城，全靠扬帆顺风的力量了。登上岸在东门找到了挑夫。穿城而过，一里左右，走出西门。行十里，到辛家铺,山间的小径十分萧条,没有一所民居。又行五里,见到几家荒凉的茅屋,夕阳已经西沉,担心前方没有住宿的地方,便停在了茅屋中。地名叫十五里。

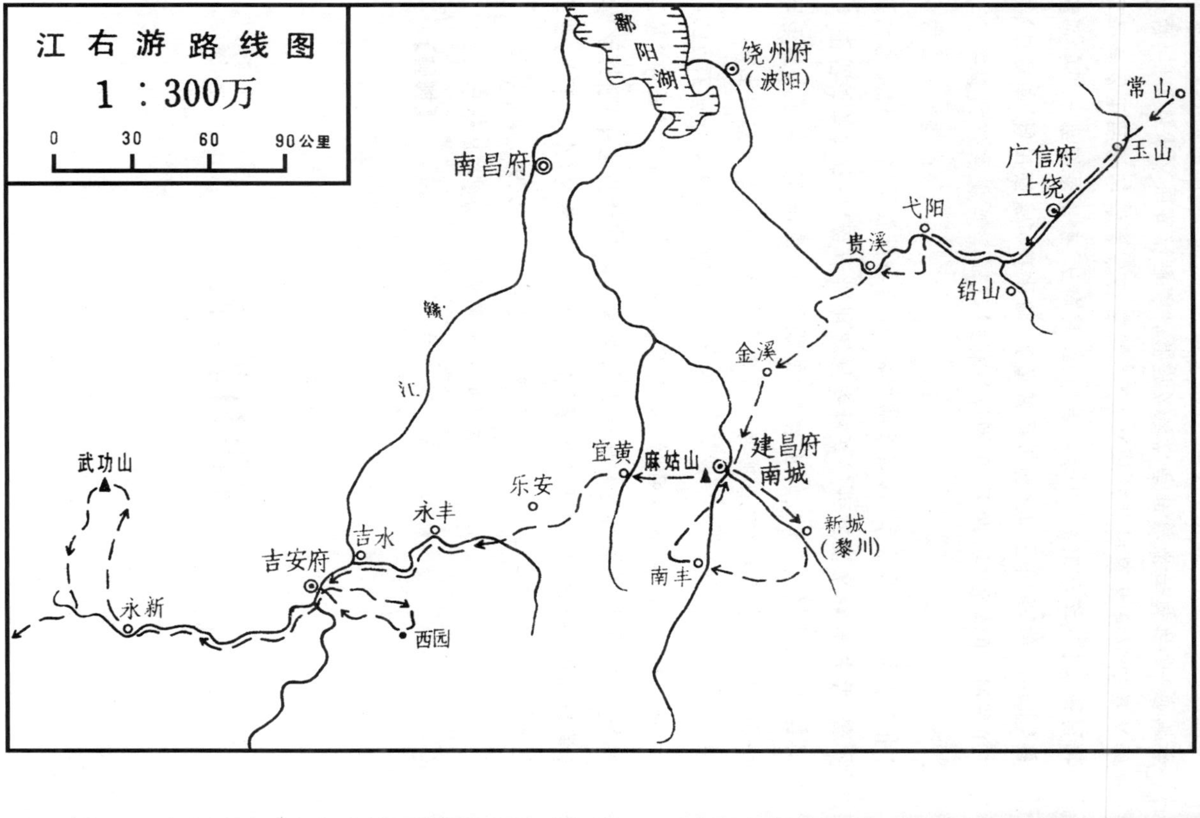
江右游路线图
1：300万
0
30
60
90公里
鄱
阳
湖
饶州府
（波阳）
常山
玉山
广信府
上饶
南昌府
弋阳
贵溪
铅山
赣
江
金溪
建昌府
南城
宜黄
麻姑山
乐安
永丰
吉水
吉安府
武功山
永新
西园
新城
（黎川）
南丰

江右游日记①

【题解】

《江右游日记》是徐霞客旅游江西省的游记。

崇祯九年(1636)十月十七日,徐霞客进入江西玉山县。往西经广信府(今上饶市)及铅山、弋阳、贵溪、金溪等县,到建昌府(今南城县)后,在新城(今黎川县)、南丰县境转了一圈。又从建昌府出发,往西经宜黄、乐安、永丰、吉水等县到吉安府,再西经永新县,于崇祯十年(1637)正月初十日进入湖南。

当年徐霞客在江西所经的多数府县都通舟楫,为了寻胜探幽,他却往往弃舟步行。途中曾"骤发脓疮,行动俱妨",有时又足痛。在赣江上,遇棍徒洗劫舟船,险些把他的行李抢走。但江西人热情好客,每见霞客徘徊路口,即主动招待歇宿,建昌的夏调御,在吉安为官的徐复生,都给了他热情帮助。

徐霞客沿途游览了叫岩、龟峰、龙虎山、上清街、麻姑山、仙岩、石蛩、青原寺、梅田洞等风景名胜,又勇攀会仙峰、军峰山、武功山绝顶,遍游武功山一带的香炉峰、石城洞、石门寺诸名胜。《江右游日记》把他对江西省名山胜景的热爱带给了读者,令人神往。徐霞客慕江西省人物之盛,沿途访名人旧居及遗踪,"凭吊久之",专程访张宗琏后裔,觅寓并赞赏著名的白鹭书院。

丙子十月十七日[2]　鸡鸣起饭，再鸣而行。五里，蒋莲铺，月色皎甚。转而南行，山势复簇，始有村居。又五里，白石湾，晓日甫升。又五里，白石铺[3]。仍转西行，又七里，草萍公馆[4]，为常山、玉山两县界，昔有驿，今已革矣。又西三里，即南龙北度之脊也。其脉南自江山县二十七都之小箪岭，西转江西永丰东界[5]，迤逦至此。南北俱圆峙一峰，而度处伏而不高，亦束而不阔。脊西即有一涧南流，下流已入鄱阳矣。涧西累石为门，南北俱属于山[6]，是为东西分界。又十里为古城铺[7]，转而南行，渐出山矣。又五里，为金鸡洞岭。仍转而西，又五里，山塘铺，山遂大豁。又十里，东津桥，石梁高跨溪上。其水自北南流，其山高耸若负扆，然在玉山县北三十里外[8]。盖自草萍北度，即西峙此山，一名大岭，一名三清山。山之阴即为饶之德兴[9]，东北即为徽之婺源[10]，东即为衢之开化、常山，盖浙、直、豫章三面之水[11]，俱于此分焉。余昔从竭埠出裘里，乃取道其东南谷中者也。渡桥西五里，由玉山东门入[12]，里许，出西门。城中荒落殊甚，而西城外市肆聚焉，以下水之埠在也[13]。东津桥之水，绕城南而西，至此胜舟。时已下午，水涸无长舟可附，得小舟至府，遂倩之行。二十里而暮，舟人乘月鼓棹夜行。三十里，过沙溪[14]。又五十里，泊于广信之南门[15]，甫三鼓也。沙溪市肆甚盛，小舟次河下者百余艇[16]，夹岸水舂之声不绝，然闻其地多盗，月中见有揭而涉溪者，不能无戒心。广信西二十里有石桥濒溪，下流又有九股松，一本九分，参霄竞秀，俱不及登。

【注释】

①江右：长江在芜湖、南京间作西南、东北流向，故自此以下的长江南岸地区称江东。我国古代习惯从北往南看，则东在左，西在右，故江东又称江左。江西省在江之右，故称江右。明代江西布政司治所在南昌府，即今南昌市。

②丙子十月十七日：崇祯九年(1636)十月十七日。原仅"十七日"三字，为统一体例，便于阅读，年月系整理者所加。

③白石铺：今仍称白石，在浙江常山县西南隅。

④草萍：乾隆本作"草坪"。

⑤永丰：明为县，隶广信府，即今广丰县。广丰县治今仍称永丰。

⑥南北俱属于山：沪本疑"山"字上夺"玉"字。

⑦古城铺：今仍称古城，在玉山县东北隅。

⑧"其水"三句：此水即今金沙溪。此山即今王京峰，海拔1817米。

⑨德兴：明为县，隶饶州府，即今德兴市。

⑩婺(wù)源：明为县，隶徽州府，即今江西婺源县。

⑪开化：明为县，隶衢州府，即今浙江开化县。直：指南直隶。豫章：原为郡名，汉初分九江郡置，治南昌，即今南昌市，辖境大体相当于今江西省。后亦以"豫章"作江西省的别称。

⑫玉山：明为县，隶广信府，即今玉山县。

⑬埠(bù)：码头。

⑭沙溪：今名同，在上饶市信州区北部，信江北岸。

⑮广信：明置广信府，治上饶，即今上饶市。

⑯次：停留。

【译文】

丙子年十月十七日　鸡叫起床吃饭，鸡叫第二遍上路。五里，到蒋莲铺，月光非常皎洁。转向南行，山势又簇拥而来，开始有村庄民居。又行五里，到白石湾，旭日刚刚升起。又行五里，到白石铺。仍然转向西行，又行七里，到草萍公馆，是常山、玉山两县的交界处，从前有驿站，如今已经撤销了。又向西三里，就是南方的山脉主脉往北延伸的山脊了。这条山脉起自南面江山县二十七都的小箪岭，向西转到江西省永丰县的东境，逶迤延伸来到此地。南北都耸峙着一座圆圆的山峰，但山脊延伸而过之处地势低伏却不高，也是收缩在一起却不宽。山脊西面就有一条山涧往南流，下游一定是流入鄱阳湖中了。山涧西边用石块垒砌成一道门，南北两面都属于玉山县了，这里是东西的分界处。又行十里是古城铺，转向南行，渐渐走出山了。又行五里，是金鸡洞岭。仍然转向西，又行五里，到山塘铺，山势于是十分开阔。又行十里，到东津桥，一座石桥高高跨在溪流上。桥下的水自北往南流，北面的山高高耸立，像帝王背靠的屏风，然而这座山远在玉山县城北面三十里之外。山脉大概是从草萍往北延伸，随即在西面耸峙成为这座山，一个名字叫大岭，另一个名字叫三清山。山的北面就是饶州府的德兴县，东北方就是徽州府的婺源县，东面就是衢州府的开化县、常山县，大体上浙江省、南直隶、江西省三面的水流，都是在这座山分流的。我从前从堨埠到裘里，便是取道这座山东南方的山谷中走的了。过到桥西走五里，由玉山县城的东门进城，一里左右，走出西门。城中特别荒凉冷落，而西城外集市店铺却聚集在那里，是因为去往下游的码头在这里。东津桥下的水，绕到城南后向西流去，溪流到了这里能够承受船只。这时已是下午，河水干涸，没有长途的船可以搭乘，找到一条到府城的小船，便请了这条船前行。二十里后天黑下来，船夫乘着月光击桨夜行。三十里，经过沙溪。又行五十里，停泊在广信府城的南门，刚刚才到三更天。沙溪的集市店铺非常兴盛，停泊在河中的小船有一百多艘，两岸水碓发出的声响不绝于耳，然而听说这个地方盗贼很多，月光下看见有卷起衣裤涉过溪流的人，不能没有戒心。广信府城西面二十里处有座石桥濒临溪流，下游又有一棵九股松，一棵树干分出九条枝干，高入云霄，竞相比美，都来不及登临了。

十八日　早起，仍觅其舟至铅山之河口。余初拟由广信北游灵山，且闻其地北山寺丛林甚盛，欲往一观。因骤发脓疮，行动俱妨，以其为河口舟，遂倩之行，两过广信俱不及停也。郡城横带溪北，雉堞不甚雄峻，而城外居市遥控，亦山城之大聚落也。城东有灵溪[①]，则灵山之水所泄；城西有永丰溪[②]，则永丰之流所注。西南下三十里，有峰圆亘，色赭崖盘，名曰仙来山。初过其下，犹卧未起，及过二十里潭，至马鞍山之下，回望见之，已不及登矣。自仙来至雷打石，二十里之内，石山界溪左右，俱如覆釜伏牛，或断或续，不特形绝崆峒，并无波皱文，至纤土寸茎，亦不能受。至山断沙回处，霜痕枫色，映村庐而出，石隙若经一番点缀者。又二十里，过旁罗，南望鹅峰，峭削天际，此昔余假道分水关而趋幔亭之处[③]，转盼已二十年矣[④]。人寿几何，江山如昨，能不令人有秉烛之思耶！又二十里抵铅山河口[⑤]，日已下舂，因流平风逆也。河口有水自东南分水关发源，经铅山县[⑥]，至此入大溪，市肆甚众，在大溪之左，盖两溪合而始胜重舟也。

【注释】

①灵溪：今饶北河。其汇入信江处，今仍有村称灵溪。

②永丰溪：今丰溪河。

③分水关：今名同，在铅山县南隅，江西、福建两省界上，上饶到福建的公路从此经过。

④转盼已二十年矣：季抄本作“三十年”。霞客于万历丙辰(1616)游崇安幔亭峰，至此时刚二十年，“三十年”应为“二十年”之误。

⑤铅山河口：明时为汭口镇，现为铅山县治，称河口镇。

⑥铅山县:隶广信府,治今铅山县南的永平。自分水关发源之水明时称桐木水,即今铅山河。

【译文】

十八日　早晨起床,仍然找到昨天那条船去铅山县的河口。我最初打算从广信府城向北走去游览灵山,而且听说此地的北山寺庙宇非常兴盛,想去看一看。因为脓疮突然发作,走路活动都受到妨碍,因为这是去河口的船,就请了这条船上路,两次经过广信府城都来不及停船了。府城像横向的带子一样位于溪流北岸,城墙不怎么雄伟高峻,可城外的居民集市远远地控制着要道,也算是山城中的一处大聚落了。城东有条灵溪,那是灵山上的水外泄的河道;城西有条永丰溪,那是永丰县流来的水流过的地方。往西南下行三十里,有座圆圆的山峰横亘着,山色赭红,山崖盘距,名叫仙来山。当初经过山下时,我还躺着没有起床,等过了二十里潭,来到马鞍山的下面,回头望见这座山,已经来不及去登了。自仙来山到雷打石,二十里之内,石山分立在溪流左右两岸,全都像下覆的大锅和趴伏着的水牛,时断时续,不仅山形极为高峻,并且没有水波样起伏的皱纹,以至于细小的泥土和一寸长的草茎,也都不能承受。到了石山断开沙岸回绕的地方,霜的痕迹和枫叶的红色,掩映着村屋呈现出来,石山上的缝隙好像是经过一番点缀的样子。又行二十里,经过旁罗,向南眺望鹅峰,峭拔陡削耸入天际,这就是从前我借道分水关赶往幔亭之处,转眼已经二十年了。人生的寿命有几多年,江山还像昨天一样,能不让人有秉烛夜读的想法吗!又行二十里后抵达铅山县的河口,太阳已经西下,是因为水流平缓逆风行船的缘故。河口有水流从东南方的分水关发源,流经铅山县城,流到此地汇入大溪,集市店铺非常众多,在大溪的左岸,原来是两条溪流合流后才能承载重一点的船只。

十九日　晨餐后,觅贵溪舡。甚隘,待附舟者,久而后行。是早密云四布，时有零雨。三十里[①]，西至叫岩。濒溪石崖盘突，下插深潭，澄碧如靛，上开横窦，回亘峰腰，穿穴内彻，如行廊阁道，窗棂户牖都辨。崖上悬书“渔翁隐次”四大字，崖右即有石磴吸波。急呼舟子停舟而上。列石纵横，穿一隙而绕其后，见一径成蹊，遂溯源入壑。其后众峰环亘，积翠交加，心知已误，更欲穷源。壑转峰回，居人多截坞为池种鱼。绕麓一山家，庐云巢翠，恍有幽趣。亟投而问之，则其地已属兴安[②]。其前对之山圆亘而起者，曰团鸡石岭，是为铅山之西界。团鸡之西即叫岩寺也。叫岩前临大溪，渔隐崖突于左，又一崖对突于右。右崖之前，一圆峰兀立溪中，正如扬子之金、焦[③]，浔阳之小孤[④]，而此更圆整，所称印山也。寺后岩石中虚，两旁回突，庋以一轩，即为叫岩。岩为寺蔽，景之佳旷，在渔隐不在此也[⑤]。叫岩西十里为弋阳界，又有山方峙溪右，若列屏而整，上有梵宇，不知其名，以棹急不及登，盖亦奇境也。又三十里，日已下舂，西南渐霁，遥望一峰孤插天际，询之知为龟岩，在弋阳南十五里。余心艳之，而舟已觅贵溪者，不能中止。又十里至弋阳东关[⑥]，遂以行李托静闻随舟去，余与顾仆留东关外逆旅，为明日龟岩之行。夜半风吼雨作。

【注释】

①三十里：乾隆本、“四库”本作“二十里”。

②兴安：嘉靖三十九年(1560)以弋阳县的横峰寨置为县，隶广信府，即今横峰县。

③扬子：季抄本作“杨子”，有误。长江在今江苏仪征、扬州一带，古

称扬子江,因扬子津及扬子县而得名。金山和焦山,原皆在长江中,明时隶镇江府。清末,金山已与南岸相连。今名同,皆为游览胜地。

④浔阳:即浔阳江。长江在今九江市北一段古称浔阳江,因浔阳县而得名。小孤山在长江中,明时隶九江府彭泽县。今名同,楼阁建筑仍存。

⑤在渔隐不在此也:"渔隐",季抄本作"渔阳",据乾隆本、"四库"本改。

⑥弋(yì)阳:明为县,隶广信府,即今弋阳县。

【译文】

十九日　早餐后,找到去贵溪县的船。船舱非常狭小,等待其他搭船的人,很久后才开船。这天早上浓云四面密布,不时有零星小雨。三十里,往西来到叫岩。濒临溪流的石崖盘曲突兀,下面插进深潭中,潭水澄碧如靛蓝一样,上面开有横向的洞穴,回绕横贯山峰的半中腰,从洞穴内穿行过去,如同行走在走廊阁道中,窗棂和门窗都能分辨出来。石崖上悬空写着"渔翁隐次"四个大字,石崖右侧就有石阶吸吮着水波。急忙叫船夫停船后上山。岩石纵横排列,穿过一条缝隙后绕到石崖后面,看见一条小径,于是逆着源头进入壑谷。石崖后面群峰环绕绵亘,草木交积,心知已走错了路,却更想去穷究源头。峰回谷转,居民大多横截山坞建成池塘养鱼。绕着山麓有一户山村人家,房屋建在云雾中,在翠绿丛中筑巢,仿佛有种幽雅的情趣。急忙跑过去问路,原来此地已属兴安县。房屋前边对着的呈圆形横亘着而且高高耸起的山,叫做团鸡石岭,那是铅山县的西境。团鸡石岭的西面就是叫岩寺了。叫岩前方面临大溪,渔隐崖突立在左侧,还有一座石崖对面突立在右侧。右侧石崖的前方,一座圆形的山峰兀立在溪流中央,正如扬子江中的金山、焦山以及浔阳江中的小孤山,而且这座山峰更圆更整齐,这就是所称的印山了。寺后的岩石中间是空的,两旁回绕突立,架起一座轩廊,这就是叫岩。叫岩被叫岩寺挡住了，优美空旷的景色，在渔隐崖不在这里了。叫岩西面十里处是弋阳县的辖境，又有一座山正好耸峙在溪流的右岸，好像排列着的屏风而且很整齐，山上有佛寺，不知寺院的名称，因为急于行船来不及上登，大概也是一处神奇的地方。又行三十里，夕阳已西下，西南方渐渐晴开，遥望一座孤峰上插在天际，询问后知道那是龟岩，在弋阳县城南面十五里处。我心中对龟岩十分羡慕，可是已经找到去贵溪县的船，不能中止。又行船十里到达弋阳县城的东关，于是把行李交付静闻随同船离开，我与顾仆留在东关外的旅店中，为的是明天去龟岩。半夜狂风怒吼，下起雨来。

二十日　早起，雨不止。平明持盖行[①]，入弋阳东门。其城南临溪上，溪至此稍逊而南，濒城乃复浚支流为濠，下流复与溪合。雨中过县前，又西至西南门，遇一龟岩人舒姓者欲归，遂随之出城。过壕梁[②]，三里，渡大溪。溪南有塔，乃弋阳之水口也。自是俱从山冈行，陀石高下，俱成块而无纹，纤土不受也。时雨愈甚，淋漓雨中，望龟峰杳不可睹。忽睹路口一峰，具体而小，疑即夜来插天诱余者，询之知为羊角峤，其去龟峰尚五里也。比至，遥望一峰中剖如门。已而，门之南忽岐出片石如圭，即天柱峰也。及抵其处，路忽南去。转而东入，先过一堰，堰南汇水一池，即放生池也。池水浸两崖足[③]。循崖左凿石成栈，即展旗峰也。上危壁而下澄潭，潭尽，竹树扶疏，掩映一壑，两崖飞瀑交注，如玉龙乱舞，皆雨师山灵合而竞幻者也。既入，忽见南崖最高处，一窍通明，若耳之附颅，疑为白云所凝，最近而知其为石隙。及抵方丈，则庭中人立而起者不一，为云气氤氲，隐现不定。

时雨势弥甚，衣履沾透，贯心上人急解衣代更，爇火就炙，心知众峰之奇，不能拨云驱雾矣。是日竟日夜雨，为作《五缘诗》。晚卧于振衣台下之静室中。

【注释】

①盖：江东称白茅苫为盖，系草编的覆盖物，披于身以蔽雨。

②壕（háo）梁：护城河上的桥。壕，护城河。

③池水浸两崖足：原作"池水两浸崖足"，据后文改。

【译文】

二十日　早晨起床，雨下个不停。天明时打着伞上路，进入弋阳县城的东门。弋阳城南边面临溪流，溪流到了这里稍微向南退去，濒临城墙的地方又疏挖了一条支流作为护城濠，下游又与溪流汇合。在雨中经过县衙前边，又向西来到西南门，遇见一个姓舒的龟岩人想要回家去，便跟随他出了城。走过护城濠上的桥，三里，渡过大溪。大溪南岸有座塔，这是弋阳江的河口了。从这里起都是在山冈之间行走，倾斜的石山高低不一，都是成块的岩石却没有石纹，没有丝毫泥土。此时雨更大了，在湿淋淋的雨中，眺望龟峰，杳然不可看见。忽然间看见路口有一座山峰，具有龟山的形态却小一些，怀疑就是昨天夜里来的时候高插天际引诱我的山峰了，询问姓舒的后知道那是羊角峤，此地距离龟峰还有五里路呢。等走到时，远远望去，一座山峰从中间剖开，像门一样。继而，石门的南边忽然岔出一片像玉圭一样的岩石来，这就是天柱峰了。等到了这片岩石处，道路忽然转向南去。我转向东进去，先经过一个水坝，水坝南边积了一池水，这就是放生池了。池水浸泡着两面的山崖脚。沿着山崖左边在石壁上凿出的栈道进去，就是展旗峰了。上面是高险的石壁，下面是澄碧的深潭，深潭的尽头，竹树扶疏，掩映着整个壑谷，两面山崖上飞流的瀑布交相奔泻，如玉龙乱舞，这都是雨师山神互相配合从而竞相变幻的景象了。进入壑谷后，忽然看见南面山崖的最高处，一个石窍透着亮光，好像耳朵附着在头颅上的样子，怀疑是白云凝聚成的，走到最接近的地方才知道那是一条石缝。等到了龟岩寺中的方丈时，就见庭院中有人站着，不止一个人，因为云气氤氲，人影出没不定。此时雨势更大，衣服鞋子都湿透了，贯心上人急忙脱下衣服给我换上，点燃火炉烤衣服，心知群峰的奇异之处，却不能拨开乌云驱散浓雾一看究竟了。这一天一整天直到夜里都在下雨，为此我作了一首《五缘诗》。晚上睡在振衣台下面的静室中。

二十一日　早起，寒甚，雨气渐收，众峰俱出，惟寺东南绝顶尚有云气。与贯心晨餐毕，即出方丈中庭①，指点诸胜。

【注释】

①方丈：《维摩诘经》说，维摩诘的居处，室方一丈，能广容大众。后因称佛教寺院里长老或住持居住的地方为方丈。中庭：厅堂的正中。

【译文】

二十一日　早晨起床，冷极了，雨和云气渐渐有所收敛，群峰都显露出来，唯有寺院东南方的绝顶上还有云气。与贯心吃完早餐后，立即出到方丈的庭院中，指点各处的胜景。

盖正南而独高者为寨顶，顶又有石如鹦嘴，又名鹦嘴峰，今又名为老人峰。上特出一圆顶，从下望之，如老僧南向，袈裟宛然，名为“老人”者以此。上振衣台平视，则其峰渐分为二；由双剑下窥，则顶若一叶缀起。其北下之脊，一起而为罗汉，再起而为鹦哥，三起而为净瓶，为北下最高脊，四起而为观音，亦峭。此为中支，北与展旗为对者也，楠木殿因之。从南顶而西，最峭削者为龟峰、双剑峰①。龟峰三石攒起，兀立峰头，与双剑并列，而高顶有叠石，如龟三叠，为一山之主名。峰下裂隙分南北者为一线天，东西者为摩尼洞，其后即为四声谷。从其侧一呼，则声传宛转凡四，盖以峰东水帘谷石崖回环其上故也。峰东最高者即寨顶，西之最近者为含龟峰，其下即寨顶、含龟分脊处，而龟峰、双剑峭插于上，为含龟所掩，故其隙或显或合；合则并成一障，时亦陡露空明，昨遂疑为白云耳。双剑亦与龟峰并立，龟峰三剖其下而上合，双剑两岐其顶而本连。其南有大书"壁立万仞"者，指寨顶而言也。款已剥落，云是朱晦庵。此二峰为西南过脊之中，东北与香盒峰为对者也，而旧寺之向因之。从西而北，联屏障于左者，一为含龟峰，其下即为振衣台，平石中悬屏下，乃道登摩尼、一线天者也。二为明星峰，北接双鳌，南联含龟，在正西峰为最高，其上有窍若星。三为双鳌峰，峰北下插澄潭，即入谷所经放生池南崖也。此三峰环峙于谷西，而寨顶之脉西北尽于此。从南顶而东，最回环者为城垛峰、围屏峰，此为东南层绕之后，西北与双鳌峰为对者也。从东而北，列嶙峋于右者，覆者为轿顶峰，尖者为象牙峰，踞者为狮子峰。此联翩于谷东，而寨顶之脉东北转于此，又从北而骈立为案焉。平而突者为香盒峰也。幻而起者灵芝峰也，即方丈静室所向。斜而张者展旗峰也，东昂西下，南北壁立，南插澄潭，即入谷之凿栈于下者。此三峰排拱于谷北，而寨顶之脉西南尽于此②。此俱谷之内者也。

【注释】

①龟峰：在弋阳县南十余里，有三十二峰，皆如笋笏林立，峭不可攀。中峰有巨石如龟形，故名龟峰。今仍为著名游览胜地。

②而寨顶之脉西南尽于此："西南"，陈本、"四库"本作"东北"，乾隆本作"西北"，丁本从"东北"。

【译文】

正南方独自高耸的山峰是寨顶，顶上又有块岩石像鹦鹉嘴，又叫鹦嘴峰，如今又称为老人峰。上面单独冒出来一个圆顶，从下面望去，像一个面朝南的老和尚，袈裟宛如真的，取名为"老人"的原因就在于此。登上振衣台水平看过去，就见这座山峰逐渐分为两座；从双剑峰向下窥视，就见那圆顶像一片叶子连缀而起。寨顶向北下延的山脊，第一次耸起成为罗汉峰，再度耸起成为鹦哥峰，第三次耸起成为净瓶峰，是向北下延的山脊最高的地方，第四次耸起成为观音峰，也很峭拔。这是中间的支脉，是与北面的展旗峰对峙的山脊了，楠木殿就建在这条山脊上。从南面的寨顶往西去，最峭拔陡削的山峰是龟峰、双剑峰。龟峰上三块岩石攒聚在一起耸起，兀立在峰头，与双剑峰并列，而高高的峰顶上有重叠的巨石，像三只乌龟叠在一起，成为整座山的主要的名字。龟峰下呈南北向分开的裂缝是一线天，东西向的裂缝是摩尼洞，摩尼洞后面就是四声谷。从四声谷侧边呼叫一声，声音就会辗转回响四次，大概是龟峰东面水帘谷的石崖回绕在四声谷的上面的缘故吧。龟峰东面的最高处就是寨顶，西面最近的山峰是含龟峰，含龟峰下就是寨顶、含龟峰分开的山脊所在处，然而龟峰、双剑峰峭拔地高插在上面，被含龟峰遮挡住，所以龟峰上的那条裂缝有时显露出来有时合在一起；合在一起就合并成一座山峰，不时也会突然露出天空中的亮光，昨天竟然怀疑是白云了。双剑峰也与龟峰并立，龟峰的下部剖分为三部分而上面是合在一起的，双剑峰是峰顶分为两部分下部是相连的。双剑峰南面写有"壁立万仞"的大字，是指寨顶而言的。落款已经剥落，据说是朱晦庵题写的。

这两座山峰位于往西南延伸而过的山脊的中段，是与东北的香盒峰对峙的山脊了，而原来的寺院从前就建在这条山脊上。从西面向北延伸，在左边像屏障一样连接不断的，一座是含龟峰，含龟峰下就是振衣台，是高悬在屏风样的石壁中间的石头平台，下面是上登摩尼洞、一线天的道路经过的地方。第二座是明星峰，北面接着双鳌峰，南面连着含龟峰，在正西面的山峰中是最高的，山峰上有个石窍很像星星。第三座是双鳌峰，双鳌峰的北面下插在澄碧的深潭中，就是我进入山谷时经过的放生池南面的山崖了。这三座山峰环绕耸峙在四声谷的西面，而寨顶向西北延伸的山脉在这里到了尽头。从南面的寨顶往东去，最为回旋环绕的山峰是城垛峰、围屏峰。这是往东南一层层环绕之后，与西北方的双鳌峰对峙的山峰了。从东面往北延伸，在右边山势嶙峋排列着的，下覆的是轿顶峰，尖耸的是象牙峰，蹲伏着的是狮子峰。这些山峰连绵起伏于四声谷的东面，而寨顶的山脉从东北面转到这里，又从北面并排矗立，成为案山。平缓突起的是香盒峰了。形态变换耸起的是灵芝峰了，就是方丈静室面对着的山峰。斜向张开的是展旗峰，东边高高昂起西边下垂，南北两面峭壁直立，南面插入澄碧的深潭中，就是我进入山谷时在下面开凿的栈道崖壁了。这三座山峰成排拱卫在四声谷的北面，而寨顶往西南延伸的山脉在这里到了尽头。这都是四声谷内层的山峰了。

若谷之外，展旗之北为天柱峰，即昨遥望开岐如圭者，旁又为狗儿峰[①]。狮子之南为卓笔峰。围屏峰之南，深壑中有棋盘石。寨顶之南又有朝帽峰。峰独高，孤立寨顶后，余从弋阳东舟中遥见者即此，近为诸峰所掩。又寨顶、朝帽间，则为接引峰。寨顶之西有画笔峰，盖寨顶北下者，既为罗汉诸峰，其南回西绕，列成屏嶂，反出龟峰之后者，此是也。岩上有泉，是名水帘洞。此俱谷之外者也。

【注释】

①狗儿峰：乾隆本、“四库”本作“犬子峰”。

【译文】

至于四声谷之外，展旗峰的北边是天柱峰，就是昨天远远看见的像玉圭一样分岔的山峰，旁边又是狗儿峰。狮子峰的南边是卓笔锋。围屏峰的南边，幽深的壑谷中有块棋盘石。寨顶的南面又有朝帽峰。这座山峰独自高耸，孤立在寨顶后面，我从弋阳县城东的船中远远看见的就是这座山峰，在近处被群峰挡住了。又在寨顶、朝帽峰之间，则是接引峰。寨顶的西面有画笔峰，大概是寨顶向北下延的山脉，就形成罗汉峰等山峰，山脉向南迂回再向西环绕，排列成屏风样的山峰，反而出现在龟峰后面的山峰，就是这座画笔峰了。山崖上有泉水，这里名叫水帘洞。这些都是四声谷外围的山峰了。

其谷四面峰攒，独成洞窟。惟西向一峡，两崖壁立，水从中出，路亦从之。其南从龟峰之下，西从狮子峰之侧①，北从香盒、天柱之间，皆逾峰跻隙而后得度，真霄壤间一灵胜矣。其中观音峰一枝，自寨顶北坠，分为二谷：西则方丈静室所托，最后为振衣台、摩尼洞之路；东则榛莽深翳。

【注释】

①西从狮子峰之侧：“西”，乾隆本、“四库”本作“东”。

【译文】

这个山谷四面群峰攒聚，独自形成洞窟。唯有西面有一条峡谷，两面悬崖峭壁矗立，水从峡谷中流出去，路也从峡谷中走。道路从南面的龟峰下面，向西从狮子峰的侧面，向北从香盒峰、天柱峰之间，都是穿越山峰间的缝隙上登然后才得以进去，真是天地间一处灵秀优美的景致啊！群山中观音峰那一条支脉，自寨顶往北下垂，分为两个山谷：西面的山谷就是方丈静室依托之处，最后面是去振衣台、摩尼洞的路；东面的山谷却被丛生的草木深深地覆盖着。

余曳杖披棘而入，直抵围屏峰、城垛峰之下，仰视"饿虎赶羊"诸石，何酷肖也。使芟夷深莽，叠级置梯，必有灵关再辟，奥胜莫殚者①。惜石乱棘深，无能再入。出，循狮子峰之北，逾岭南转，所谓轿顶、象牙诸峰，从其外西向视之，又俱夹叠而起。中悬一峰，恍若卓笔，有咄咄书空之状②，名之曰卓笔峰，不虚也，不经此不见也。峰之下俱石冈高亘。其东又有石峰一枝，自寨顶环而北，西与轿顶、象牙诸峰，又环成一谷。余从石冈直南披其底，复以石乱棘深而出。因西逾象牙、狮子之间，其脊㪘削，几无容足，回瞰内谷，真别有天地矣。此东外谷之第一层也。

【注释】

①莫殚(dān)：不尽。殚，竭尽。

②咄咄书空：晋代殷浩被桓温奏免废为庶人，虽口无怨言，惟成天用手在空中书写"咄咄怪事"四字。

【译文】

我拖着拐杖分开荆棘深入进去，直达围屏峰、城垛峰之下，仰视"饿虎赶羊"等岩石，是何等地酷似啊！假使铲掉深深的丛莽，垒砌石阶，放上梯子，必定有灵关一样的地方再次得到开辟，深藏的优美景色定会层出不穷。可惜石块杂乱荆棘茂密，无法再深入。出来，沿着狮子峰的北面，越过山岭向南转，所谓的轿顶峰、象牙峰等山峰，从山谷外面向西远看它们，又都相夹重叠地耸起。中间高悬着一座山峰，仿佛好像直立的笔，有着愤然在天空中书写的样子，把它起名叫卓笔锋，不是虚名，不经过此地是看不见的了。卓笔锋下都是石头山冈高高横亘着。它的东面又有一列石峰，自寨顶向北环绕，在西面与轿顶峰、象牙峰等山峰，又环绕成一个山谷。我从石头山冈间一直往南穿越到石峰的底下，再次因为石块杂乱荆棘茂密便出来了。于是向西穿过象牙峰、狮子峰之间，这里的山脊倾斜陡削，几乎无法立脚，回头俯瞰里面的山谷，真是别有天地了。这是东外谷的第一层。

复循外岭东行，南转二里，直披寨顶之后，是为棋盘石。一大石穹立谷中，上平如砥，镌其四旁，可踞可憩。想其地昔有考槃，今成关莽，未必神仙之遗也。其西南为朝帽峰，西北为寨顶，盖即围屏峰之后也。其外峰一枝，自朝帽峰下复环而北，又成一谷，但其山俱参差环立，不复如内二枝俱石骨削成者矣。此东外谷之第二层也。

【译文】

又沿着外围的山岭往东行，转向南二里，直接穿越到寨顶的后面，这是棋盘石。一块大石头穹然矗立在山谷中，上面平滑得如磨刀石，岩石四旁被雕凿过，可以坐着休息。想来这个地方从前有人隐居，今天成了封闭荒凉的丛莽，未必是神仙的遗迹了。这里的西南是朝帽峰，西北是寨顶，大概就在围屏峰的后面了。这里外围的一列山峰，从朝帽峰的下面再向北环绕，又形成一个山谷，但这些山都参差不齐地环绕矗立着，不再像里面的两列山那样全是被削成骨头样的岩石了。这是东外谷的第二层。

寨顶、朝帽之间，峰脊度处，一石南向而立，高数十丈，孤悬峰头，俨若翁仲[①]，或称为接引峰，或称为石人峰。从棋盘石望之不觉神飞，疑从此可跻绝顶，遂披棘直穷岭下，则悬崖削石，无可攀跻也。仍从旧路至狮峰，过香盒峰，登灵芝峰，望天柱、狗儿二峰，直立北谷中。盖展旗与其北一峰又环成一谷，此北外谷也。

【注释】

①翁仲：传说有阮翁仲身达一丈三尺，秦始皇命他出征匈奴，死后铸铜像立于咸阳宫司马门外。后即称铜像、石像为翁仲。

【译文】

寨顶、朝帽峰之间，山峰的山脊过渡之处，一块岩石面向南矗立着，高达几十丈，孤悬在峰头，俨然像一尊石像，有人称之为接引峰，有人称之为石人峰。从棋盘石眺望它，不禁神魂飞舞，怀疑从这里可以上登绝顶，于是分开荆棘直接到达岭下，却是高峻陡削的悬崖，无处可以攀登。仍旧从原路来到狮子峰，经过香盒峰，登上灵芝峰，远望天柱峰、狗儿峰两座山峰，笔直耸在在北面的山谷中。原来展旗峰与它北面的一座山峰又环绕形成一个山谷，这就是北外谷了。

既而从展旗之西南，直东上其巅。东南眺朝帽峰之东，又分立一石，亦如接引，而接引则隐不可见；南眺叠龟、双剑，俱若一壁回环，无复寸隙也。下峰，从夹栈西出，循潭外南行[①]，出双鳌、明星、含龟之后，东视三峰，其背俱垂土可上。舍而更南，东入即水帘之径，逾叠龟、双剑，即下振衣谷中之道也。更舍而南，见有道东上，知为寨顶无疑矣。贾勇而登，二里，西视叠龟、双剑已在足下，始知已出水帘上。下视谷中，三面回环如玦，惟北面正对龟峰、双剑，其西有隙可通，然掩映不见所从。此南外谷之第一层也。

【注释】

①循潭外南行："潭"，乾隆本、"四库"本作"放生池"。

【译文】

随后从展旗峰的西南面，一直向东登上峰顶。向东南眺望朝帽峰的东面，又分立着一块岩石，也像接引峰一样，而接引峰却被挡住了看不见；向南眺望叠龟峰、双剑峰，都像是一堵石壁回绕着，不再有一寸缝隙。下了展旗峰，从夹壁上的栈道向西出来，沿着水潭外侧往南行，出到双鳌峰、明星峰、含龟峰的后面，向东看这三座山峰，山背面都是下垂的土坡可以上登。放弃这里再向南走，向东进去就是去水帘洞的小径，越过叠龟峰、双剑峰，就是下到振衣谷中的路了。再次放弃又往南走，看见有条路向东上行，知道是去寨顶的路无疑了。鼓足勇气上登，二里，向西看去，叠龟峰、双剑峰已经在脚下，这才知道已经到了水帘洞的上面。下瞰山谷中，三面回绕如玉玦，唯有北面正对着龟峰、双剑峰，山谷西面有个缺口可以通行，然而山峰掩映看不见是通到哪里去。这是南外谷的第一层。

循崖端再上，已而舍左从右，则见东南冈上，乱石涌起，有若双芝骈立，盘大茎小，下复并蒂，中有穿孔，其上飞舞成形，应接不暇。又上一里，既登一顶，复舍右从左，穿石隙而上，转而东南行，其顶更穹然也。其北复另起一顶，两顶夹而成峡，东南始于过脊，西北溢于水帘，山遂剖为两界，而过脊之度其东南者，一石如梁，横两顶之间，梁尽而轰崖削起，决无登理。踞脊上回瞰南谷，崩陨直下，不见其底，但见东西对崖，悬岚倒翠，不知从何而入。此南外谷之第二层也。

【译文】

沿着石崖前端再上走，不久舍弃左边从右边上登，就看见东南方的山冈上，乱石涌起，有的像一对灵芝并排矗立，菌盘大茎干小，下面又像并蒂莲一样连在一起，中间穿有一个孔；山冈上乱石飞舞，形成不同形态，应接不暇。又上登一里，登上一座峰顶后，又舍弃右边从左边走，穿过石缝往上走，转向东南行，这座峰顶更加穹隆而起。这座峰顶的北边又耸起另外一座峰顶，两座峰顶夹成峡谷，这条峡谷始于东南方山脊延伸而过之处，水流从西北方的水帘洞溢出去，山于是被剖为两半，而延伸而过的山脊在这里东南方的地方，一块岩石像桥一样，横跨在两座峰顶之间，石桥完后崩塌的悬崖陡削地耸起，绝无上登的可能。盘腿坐在山脊上回头俯瞰南面的山谷，笔直向下崩塌，看不见它的底，只见东西两面石崖对峙，山间云雾高悬，绿树倒垂，不知从哪里进入山谷中。这是南外谷的第二层。

久之，觅路欲返，忽见峡北之顶，有石如凿级自峡中直上者，因详视峡南石上，亦复有级如之，始知其路不从脊而从峡也。盖其寨为昔人盘踞之处，故梯险凿空，今路为草没，而石迹未泐。遂循级北下峡中，复自峡攀级北上，一里，复东登再高处，极其东南，则恍与接引比肩，朝帽觌面矣。惟朝帽东离立之石，自隐不见，而朝帽则四面孤悬，必无可登。而接引之界于其中者，已立悬脊之上，两旁俱轰石错块，不特下不能上，即上亦不能下。其北下之谷即棋盘，其南下之谷即朝帽南来之脉所环而成者，亦不知其从何而入。

此南外谷之第三层也。

【译文】

很久之后，想找路返回去，忽然看见峡谷北面的峰顶上，好像有开凿好的石阶从峡谷中一直向上去，因而详细观察峡谷南面的石壁上，也还是有像这样的石阶，这才知道登顶的路不是从山脊上走而是从峡谷中走。原来这个山寨是从前有人盘踞的地方，所以在险峻的山崖上凌空开凿了石阶，如今道路被荒草堙没，但石阶的痕迹没有完全被磨灭。于是沿着石阶往北下到峡谷中，又从峡谷中沿着石阶向北上登，一里，又向东登上更高处，走到山峰东南的尽头处，便仿佛与接引峰并肩而立，与朝帽峰面对面了。只是朝帽峰东面的那块分立的岩石，被自身遮住了看不见，而朝帽峰则是四面孤悬，必定无处可以上登。而且接引峰隔在两座山峰的中间，已经矗立在高悬的山脊之上，两旁都是崩塌错落的石块，不仅从下面不能上去，即便是在上面也不能下来。接引峰北边下面的山谷就是棋盘石，南边下面的山谷就是朝帽峰南面延伸过来的山脉环绕形成的山谷，也是不知道从哪里进入山谷。这是南外谷的第三层了。

独西无外谷。乃绝顶之北，东分为围屏、城垛，西分为鹦口；然其异，下仰则穹然见奇，上瞰反窅绝难尽也。时日色已暮，从绝顶四里下山。东向入至双剑、叠龟之下，见有路可入水帘洞，第昏黑莫辨，亟逾岭入方丈焉。

【译文】

唯独西面外围没有山谷。绝顶的北面，东边分为围屏峰、城垛峰，西边分为鹦口峰；然而它们的奇异之处是，从下面仰望则穹然隆起现出奇异的景象，在上面俯瞰反而极为深远难以看到全貌。此时天色已晚，从绝顶上下行四里下了山。向东进去来到双剑峰、叠龟峰的下面，看见有条路可以进入水帘洞，只是天色昏黑无法辨清道路，急忙越过山岭进入方丈。

二十二日　晨起，为贯心书《五缘诗》及《龟峰》五言二首、《赠别》七言一首。晨餐后，复逾振衣台，上至叠龟峰之下，再穿一线而东，复北过四声谷。盖四声谷之壁，有一隙东南向，内皆大石叠架，若累级悬梯，便成楼阁，可通西北。而出其西北为摩尼洞，正下临方丈，平挹观音、净瓶、狮子诸峰。遂下岭，西南循外谷入水帘洞。其处三面环崖，回亘自天，而北与龟、剑二峰为对，泉从崖东飘坠，飞珠卷雪，为此中绝胜。盖龟峰峦嶂之奇，雁宕所无，但诎水观耳。此谷独飞珠卷雪，在深谷尤异。但其洞虽与泉对，而洼伏崖末为恨。顾其危崖四合，已可名洞，不必以一窟标举也。时朔风舞泉，游漾乘空，声影俱异。霁色忽开，日采丽崖光水，徘徊不能去。久之，再饭于寺，别贯心行。

【译文】

二十二日　早晨起床，为贯心书写了《五缘诗》、《龟峰》两首五言诗以及一首《赠别》七言诗。早餐后，又越过振衣台，上到叠龟峰的下面，再次穿过一线天往东走，又向北经过四声谷。原来四声谷四面的石壁，有一条缝隙通向东南方，夹缝里面都是叠架着的巨石，如果砌起石阶架起梯子，便成了楼阁，可以通到西北方。而后出到四声谷的西北方，是摩尼洞，正好下临方丈，水平对着观音峰、净瓶峰、狮子峰等山峰作揖。于是走下岭来，往西南沿着外谷进入水帘洞。此处三面石崖环绕，从天上回绕绵亘而下，而北面与龟峰、双剑峰两座山峰对峙，泉水从石崖东边飘落下来，玉珠飞溅，雪花翻卷，是这座山中景色最优美的地方。大致说来，龟峰的峰峦叠嶂的奇异景色，是雁宕山所没有的，但只是缺少有水的景观罢了。这个山谷中唯独玉珠飞溅雪花翻卷，在深山峡谷中尤为奇异。只是山洞虽然与泉水相对，可却低洼下伏在悬崖脚下，很为遗憾。环顾山谷，危崖四面闭合，已经可以称为洞，不必用一个洞窟作为标志来宣扬了。此时北风舞动着泉水，水流凌空荡漾，水声和光影都很奇异。天色忽然晴开，太阳光在山崖上形成绚丽的彩虹，山光水色，让人徘徊不能离开。很久之后，再次在寺中吃饭，辞别贯心上路。

仍从崖栈西出，十里，排前。五里，过状元桥北之分路亭，其南路乃由桥而至黄源窑者，从其西行十五里至留口①，暮涉其溪。溪西即为贵溪界，其溪自黄源来，至此入大溪，而市肆俱在溪西，乃投宿焉。自排前至留口，回望龟峰，只见朝帽峰俨若一羊角插天，此西向之望也，与弋阳东面之望不殊纤毫，第此处转见一石人亭亭在旁更为异耳。

【注释】

①留口：今作“流口”，在弋阳县西隅，信江东南岸。

【译文】

仍然从崖壁上的栈道向西出来，行十里，到排前。行五里，经过状元桥北边的分路亭，分路亭南边的路是从状元桥去到黄源窑的路，从分路亭往西行十五里到留口，天黑时涉过村前的溪流。溪流西岸就是贵溪县的地界，这条溪流从黄源窑流来，流到此地汇入大溪，而集市店铺全在溪流西岸，于是投宿在这里。自排前到留口，回头眺望龟峰，只见朝帽峰俨然像一只羊角插在天上，这是在西面望见的景象了，与在弋阳县城东面望见的不差丝毫，只是在此处反而看见一个石人亭亭玉立在朝帽峰旁更为奇异罢了。

二十三日　晨起，渡大溪之北，复西向行。八里，将至贵溪城，忽见溪南一桥门架空，以为城门与卷梁皆无此高跨之理。执途人而问之，知为仙人桥，乃石架两山间，非砖砌所成也。大异之，即欲渡，无梁。亟趋二里，入贵溪东关[①]，二里至玉井头，觅静闻于逆旅，犹未晨餐也。亟索饭，同出西南门，渡溪而南即建昌道矣。为定车一辆，期明晨早发，即东向欲赴仙桥，逆旅主人舒龙山曰："此中南山之胜非一。由正南门而过中坊渡一里[②]，即为象山，又名挂榜山，乃陆象山之遗迹也[③]，仰止亭在焉。其西南二里为五面峰，上有佛宇，峰下有一线天，亦此中之最胜也。其南一里为西华山，则环亘而上，俱仙庐之所托矣。其北二里为小隐岩，即旧名打虎岩者也。出小隐二里为仙桥，乃悬空架壑而成者。此溪南诸胜之概也。然五面峰之西，即有溪自南而北入大溪，此中无渡舟，必仍北渡而再渡中坊。"予时已勃勃，兴不可转，遂令龙山归，而问道于路隅。于是南经张真人墓。碑乃元时敕赵松雪撰而书者，刓山为壁，环碑于中。又一里，越一小桥，由旁岐东向溪，溪流直逼五面峰下。盖此溪发源于江湖山，自花桥而下即通舟楫[④]，六十里，西北至罗塘，又二十里至此，入溪为通闽间道[⑤]，其所北转皆纸炭之类也。适有两舟舣溪畔[⑥]，而无舟人；旋有一人至，呼之渡，辄为刺舟。过溪而东一里，由峰西北入其隘中，始知其山皆石崖盘峙，中剖而开，并夹而起，远近不一，离立同形。随路抵穹岩之下，拾级而上，得一台，缀两崖如掌。其南下之级，直垂涧底；其西上之级，直绕山巅。余意南下者为一线天，西上者为五面峰也。先跻峰，攀磴里许而至绝顶，则南瞰西华，东瞰夹壁，西瞰南溪，北瞰城邑，皆在指顾。然山雨忽来，僧人留点，踉跄下山。复从前磴南下一线天，则两崖并夹而上，直南即从峰顶下剖者，是为直峡。路至夹中忽转而东，穿坠石之隙，复得横峡。俱上下壁立，曲直线分，抵东而复出一坞，若非复人世矣。由坞而南，望两崖穹岩盘窦，往往而是，最南抵西华，以已从五面峰瞰视，遂不复登。

【注释】

①贵溪：明为县，隶广信府，即今贵溪市。

②中坊渡：在贵溪城南郊，信江南岸，今作“中航渡”。

③陆象山(1139—1193)：即陆九渊，字子静，金谿人。宋代著名理学家，曾知荆门军，后回乡讲学，听者云集。自号象山翁，人称象山先生。

④花桥：今名同，在贵溪市南境，西溪河源。舟楫：船只。

⑤“入溪”句：此溪明时称须溪，即今西溪河。

⑦舣(yǐ)：停船在岸边。

【译文】

二十三日　早晨起床，渡到大溪的北岸，又向西行。八里，即将到达贵溪县城，忽然看见溪流南岸一座桥的桥洞高架在空中，我认为城门和桥拱都没有像这样高跨在空中的道理。拉住路上的人询问，才知道是仙人桥，是岩石架在两山之间，不是用砖砌成的。我对此觉得非常奇异，想立即渡过溪流，没有桥梁。急忙往前赶二里，进入贵溪县城的东关，二里后来到玉井头，在旅店中找到静闻，他还没有吃早餐。急忙找饭来吃了，一同出了西南门，渡过溪流往南走就是去建昌府的路了。因此预定了一辆车，约定明天清晨早早出发，随即向东想要赶到仙人桥去，旅店主人舒龙山说："这一带南山中的胜景不止一处。由正南门经过中坊渡前行一里，就是象山，又叫挂榜山，是陆象山的遗迹，仰止亭就在山上。象山西南二里处是五面峰，山上有佛寺，山峰下面有一线天，也是这一带景色最优美的地方。五面峰南面一里处是西华山，山势回环绵亘而上，都是修仙的那些人的房屋依托之处了。西华山北面二里处是小隐岩，就是从前名叫打虎岩的地方。出了小隐岩二里处是仙人桥，是悬空架在壑谷上形成的。这是溪流南岸各处胜景的大概情况了。然而五面峰的西面，马上就有溪水自南往北流入大溪，那里没有渡船，必须仍然渡到北岸而后再从中坊渡南渡。"我此时已经兴致勃勃，不可转变，便命令舒龙山回去，而我就在路旁问路。从这里向南经过张真人墓。墓碑是元代皇帝下令赵松雪撰文并书写的，山石被剖为石壁，把墓碑围绕在中间。又行一里，越过一座小桥，由桥旁的岔路往东走向溪边，溪流一直逼到五面峰下。原来这条溪流发源于江湖山，从花桥以下就可以通航，六十里，往西北流到罗塘，又是二十里后流到此地，沿溪流航行是通往福建的便道，船中向北转运的都是些纸张木炭之类的货物。恰好有两艘船停泊在溪流岸边，但没有船夫；随即有一个人来到，叫他摆渡，他便把船撑过来。渡过溪流后往东行一里，由五面峰西北面进入山隘中，这才知道这座山都是石崖盘绕耸峙，中间剖开，并排夹立而起，间隔远近不一，分别矗立，形态相同。顺着路走到穹隆的石岩下面，顺着石阶逐级上登，见到一个石台，连缀着两面的石崖如手掌。石台南面下走的石阶，一直下垂到山涧底；石台西面上走的石阶，一直绕到山顶上。我心想，往南下去是一线天，向西上登就是五面峰了。先上登五面峰，沿石阶攀登一里左右来到绝顶，于是向南俯瞰西华山，向东俯瞰夹立的石壁，向西俯瞰南面的溪流，向北俯瞰县城的城池，都在指点环顾之间。然而山雨忽然来临，僧人留我吃了点心，踉踉跄跄地下山来。又从前边走过的石阶向南下到一线天，就见两面的石崖并排相夹上耸，一直往南就是从峰顶向下剖开的地方，这是一条笔直的峡谷。道路来到夹缝中忽然转向东，穿过坠落岩石的缝隙，又见到一条横着的峡谷。上下都是墙壁一样直立着，曲直都只分开一条线，抵达东面后又出现一个山坞，好像不再是人世间了。由山坞中往南走，远望两面的山崖上，穹隆的岩石和曲折的洞穴，到处都是，山坞最南边直达西华山，由于已经从五面峰上俯瞰过，便不再登山。

仍转出一线天，北逾一岭，二里，转而东，入小隐岩。岩亦一山东西环转，南连北豁，皆上穹下逊，裂成平窍，可庐而憩。岩后有宋人洪驹父书云："宣和某年由徐岩而上[①]，二里，复得射虎岩。"余忆徐岩之名，前由弋阳舟中已知其为余家物，而至此忽忘不及觉，壁间书若为提撕者[②]，亟出岩询之，无一能知其处。已而再闻有称峨嵋，在小隐东南三里者，余意其为徐岩之更名也，亟从之。遂由罗塘之大道，过一岭，始北转入山，竹树深蒨[③]，岩石高穹，但为释人架屋叠墙[④]，无复本来面目，且知其非徐岩也。甫欲下，雨复大至，时已过午，遂饭岩中。既饭，雨止。问仙桥之道，适有一知者曰："此有间道。循山而东，穿坞北去，四里可至。"从之。路甚荒僻，或隐或现，或岐而东西无定，几成迷津。久之逾一山，忽见砻然高驾者[⑤]，甚近也。及下谷而趋，复茫不可得，盖望之虽近，而隔崖分坞，转盼易向，倖不易遇矣[⑥]。既而直抵其下，盖一石高跨峰凹，上环如卷，中辟成门，两端石盘下柱，梁面平整如台，正如砌造而成。梁之东，可循崖而登其上；梁之西，有一石相去三丈余，轰踞其旁，若人之坐守者然。余先至桥下，仰视其顶，高穹圆整不啻数十丈；及登步其上，修广平直，驾虹役鹊之巧，恐不追此也[⑦]。从其西二里，将抵象山，问所云徐岩，终不可得。后遇一老翁曰："余舍后南入即是。旧名徐岩，今为朝真宫，乃鬼谷修道处[⑧]，今荒没矣。非明晨不可觅，今已暮，姑过而问象山可也。"余以明晨将发，遂强静闻南望一山峡而入。始犹有路，渐入渐灭，两崖甚深。不顾莽刺，直穷其底，则石夹尽处，隘不容足。时渐昏黑，踯躅荆刺中，出谷已不辨路矣，盖此乃象山东之第三坞也。望其西又有一坞，入之不得路；时闻人声高呼，既久，知路在西，乃得入。则谷左高崖盘亘，一入即有深岩，外垂飞瀑。二僧俱新至托宿，问之，亦不知其为徐岩与否，当即所称朝真宫矣。此乃象山东之第二层也。从暗中出，复西而南寻象山，其地虽暗而路可循，两崖前突，中坞不深而峻，当其中有坊峙焉。其内有堂两重，祠位在前而室圮，后则未圮而中空。穿而入，闻崖间人语声，亟蹑级寻之，有户依岩窦间，一人持火出，乃守祠杨姓者，引余从崖右登仰止亭。亭高悬崖际，嵌空环映，仰高峰而俯幽壑，令人徙倚忘返[⑨]。杨姓者以昏黑既久，街鼓已动，恐舟渡无人，暗中扶余二里，送至中坊渡头。为余言，其父年已八十有八，尚健啖而善饭，盖孝而有礼者云。呼隔溪渡舟，渡入南关，里余，抵舒肆而宿。

【注释】

①宣和：北宋徽宗年号，时在1119—1125年，共七年。

②提撕：原为拉的意思，引申为提醒。

③蒨(qiàn):草盛的样子。

④释人:佛教为释迦牟尼所创立,故佛教又称为释教。僧尼称为释人、释子,意即释迦的弟子。

⑤碧:通“拱”。下同。

⑥倅(cuì):通“猝”,突然。

⑦迨(dài):及,到。

⑧鬼谷:即鬼谷子,相传为战国时楚人,隐于鬼谷,因以自号。长于养性持身之术和纵横捭阖的政治手段。

⑨徙(xǐ)倚:流连不去。

【译文】

仍然转出一线天,向北越过一座岭,二里,转向东,进入小隐岩。小隐岩也是一座呈东西向环绕围转的山,南面相连,北面开阔,都是上面穹隆下面退缩进去的山崖,裂成平坦的石窍,可以建屋歇息。小隐岩后面有宋代人洪驹父书写的碑文,说:“宣和某一年由徐岩往上走,二里,又找到射虎岩。”我回忆起徐岩的名字,先前经过弋阳县时在船上我已经知道那是我们徐家的东西,可到了此地忽然忘记了,没有及时觉察到,石壁上的字好像为了提醒我一样,急忙走出小隐岩来询问,没有一个人知道这个地方。随即又听见有称为峨嵋岩的,在小隐岩东南三里处,我猜测那是徐岩的另一个名称,急忙赶去那里。于是沿着去罗塘的大道,越过一座岭,才向北转进山中,竹树深密,岩石高高隆起,只是被僧人们建起屋子砌上围墙,不再是本来面目,况且我已知道这里不是徐岩了。刚想下山,雨又猛烈来临,时间已过了中午,便在峨嵋岩中吃饭。饭后,雨停了。打听去仙桥的路,恰好有一个认识路的人说:“这里有条便道。沿着山往东走,穿过山坞向北去,四里路可以走到。”听从他的话。这条路十分荒凉偏僻,时隐时现,或者岔向东西两边飘忽不定,几乎成了迷津。很久后越过一座山,忽然看见高高架着的石桥,非常近了。等走下山谷赶过去时,又茫然不能看见了,大概是因为远望它虽然很近，却被山崖和山坞分隔开，转眼间改变了方向，突然间不容易看见了。继而直接到达仙桥的下面，原来是一块岩石高跨在山峰的下凹处，上面是环形的如桥拱，中间辟成门洞，两头的岩石向下弯曲形成柱子，桥面平整得如平台，正像人工垒砌建造而成的。石桥的东边，可以沿着石崖上登到桥上；石桥的西边，有一块岩石相距三丈多，突兀地蹲坐在石桥旁边，好像是人坐在那里守桥的样子。我先来到桥下，仰视头顶上的桥，高高隆起，又圆又齐整，高处不下几十丈；到登上桥上散步，又长又宽，又平又直，驾着彩虹驱使喜鹊架起的七夕日的鹊桥，恐怕也赶不上这里了。从仙桥向西二里，即将抵达象山，询问所说的徐岩，始终不能找到。后来遇见一位老翁，他说："从我房子后面向南进去就是。旧时名叫徐岩，今天是朝真宫，是鬼谷子修道的地方，如今荒废湮没了。不等到明天早上是不可能找到的，今天已经天晚，可以姑且先去探寻象山。"我因为明天早晨就要出发，便强逼着静闻望着南面的一条山峡进去。开始时还有路，逐渐进去路逐渐消失了，两面的山崖非常幽深。不顾荒草刺丛，直接走到底，就见石崖相夹的尽头处，狭窄得放不下脚。此时天色渐渐昏黑下来，徘徊在荆棘刺丛中，走出山谷时已经分辨不出道路来了，大概这里就是象山东面的第三个山坞了。望见这里的西面又有一个山坞，要进山坞去却找不到路；这时候听见有人高声呼叫，很久之后，才知道路在西边，于是得以进入山坞。就见山谷左边高悬的山崖盘绕绵亘着，一进去就有一个幽深的岩洞，外边垂挂着飞泻的瀑布。两个僧人都是新到这里寄宿的，向他们打听，也不知道这里是不是徐岩，应当就是所说的朝真宫了。此地是象山东面的第二层了。从黑暗中出来，又向西走而后向南去寻找象山，这地方虽然黑暗但有路可以顺着走，两面的石崖前突，中间的山坞不深但很陡峻，在山坞中有座牌坊耸立在那里。牌坊里面有两重祠堂，祠堂中的灵位在前边但房子已经倒塌，后面的房子则没有倒塌但屋中是空的。穿过祠堂进去，听见山崖上有人说话的声音，急忙踏着石阶去寻找，有道门依傍在岩洞中，一个人拿着火把出门来，是一个姓杨的守祠堂的人，带领我从石崖右边登上仰止亭。仰止亭高悬在山崖边，嵌在高空，四面映照，仰面看见高峰，俯首看见幽深的壑谷，令人流连忘返。姓杨的这个人因为天色已昏黑了很久，街市上的更鼓已经敲过，担心渡船中没有人，在黑暗中搀扶着我走了二里路，把我送到中坊渡渡口边。对我说起，他父亲的年纪已经有八十八岁，还很能吃饭，大概是个孝顺又有礼数的人。隔着溪流呼叫对岸的渡船，渡过溪流，进入南关，一里多，抵达舒龙山的旅店住下。

是游也，从壁间而得徐岩之名，从昏黑而遍三谷之迹，溪南诸胜一览无余，而仙桥、一线二奇，又可以冠生平者，不独为此中之最也。

【译文】

这次出游，从崖壁上见到徐岩的名字，在昏黑中足迹走遍了三个山谷，溪流南面的各处胜景一览无余，而仙桥、一线天这两处奇观，又可以说是我一生中游历过的景色最优美的地方，不仅仅是这一带最美的景致了。

二十四日　晨餐后，仍渡西南门大溪候车夫，久之发，已上午矣。南十里，新田铺①。其处山势渐开，正在西华山之南，回望诸岩突兀，俱并成一山，只有高下，无复剖裂之痕矣。又十里，饭于联桂铺。又二十里，过马鞍山为横石铺，于是复入山谷。又四里，逾一岭，下宿于申命地。其地南对应天山，为张真人上清宫入山始境，其曰“申命”者，正对“应天”而言也。

【注释】

①新田铺：今仍名新田，在贵溪市区稍南，西溪河西岸。

【译文】

二十四日　早餐后，仍然渡过西南门的大溪等候车夫，很久后才出发，已经是上午了。向南十里，到新田铺。此处山势渐渐开阔起来，正好在西华山的南面，回头望去，众多的石岩突兀而起，全都合并成一座山，只有高低的山势，不再有剖裂开的痕迹了。又行十里，在联桂铺吃饭。又行二十里，过了马鞍山就是横石铺，从这里起又走进山谷中。又行四里，越过一座岭，下山住宿在申命地。这地方南面对着应天山，是进山去张真人上清宫起始的地方，它之所以叫做“申命”的原因，正是针对“应天”而言的了。

是夜，逆旅主人乌姓为余言：“此南去上清二十五里，而西去仙岩只二十里，若既至上清而去仙岩，亦二十里。不若即由此向仙岩而后上清也。”余善之，遂定计，明日分静闻同车一辆待我于上清，余以轻囊同顾仆西从间道向仙岩。主人复言：“仙岩之西十五里有马祖岩。在安仁界。其岩甚胜，但先趋仙岩亦复稍迂，不若竟赴马祖，转而东，由仙岩、龙虎以尽上清为最便。”余益善之。

【译文】

这天夜里，姓乌的旅店主人对我说：“此地南面距离上清宫有二十五里，但西面距离仙岩只有二十里，如果到了上清宫后再去仙岩，也是二十里路。不如就从此地去到仙岩后再去上清宫。”我认为他的建议很好，便定下了计划，明天分静闻同载行李的车到上清宫等我，我同顾仆轻装从便道向西去仙岩。店主人又说：“仙岩的西面十五里处有个马祖岩。在安仁县境内。马祖岩景色非常优美，只是先赶到仙岩去也同样有些绕路，不如径直赶到马祖岩去，然后转向东走，经由仙岩、龙虎岩，把上清宫作为终点，这样最为方便。”我更加赞同他的这个建议。

二十五日　平明，饭而发。雨丝丝下，不为止。遂别静闻，彼驱而南，余趋而西。四里，至章源。四里，过一小岭，至桃源。又过一小岭，二里至石底。过水二重，俱有桥，三里，至连塘①。过一小岭，二里，过一桥。又二里，铁垆坂。又三里，过香炉峰。其峰回亘三叠，南面直剖而下，中有一凹，结佛庐于上。时雨大作，竟不及登。香炉峰西即为安仁东界②，于是又涉饶州境矣③。三里，简堂源。过一里，雨狂甚，衣内外淋漓。三里，过新岩脚，而不知岩之在上也。从其东峡穿而北入，见其西崖下俱有横亘之岩，飞瀑交洒于上，心知已误，因避雨岩间，剖橘柚为午餐。已而令顾仆先探其北，不见影响。复还探其南，见南崖有户掩竹间，以为是无误矣，亟出而趋其上。岩虽高敞，盘亘山半，然石粗窍直，无宛转玲珑之致。时已知其为新岩，非旧岩也，且岩僧虽具餐，观其意惟恐客不去，余遂亟出，趋下山。又踯躅雨中，西一里，转而北入山峡。峡口巨石磊落，高下盘峙，深树古藤，笼罩其上，甚有雅致。由峡而入，其崖东西并峙，北连南豁，豁处即峡口，而连处其底也。马祖岩在左崖之半，即新岩背。其横裂一窍亦大约如新岩，而僧分两房，其狗窦猪栏，牛宫马栈，填塞更满。余由峡底登岩南上，时雨未已，由岩下行，玉溜交舞于外，玉帘环映于前，仰视重岩叠窦之上，栏栅连空，以为妙极。及登之，则秽臭不可向迩④，皆其畜埘之所，而容身之地，面墙环堵，黑暗如狱矣。时余衣甚湿，日且就昏，其南房方聚众作法，拒客不纳，北房亦尤而效之，求一卧不可得。彷徨既久，寒冽殊甚，强索卧石龛之间。令僮以所赍米具就炊[5]，始辞无薪，既以细米易，而成粥竟不见粒米也。

【注释】

①连塘：今作“莲塘”，在贵溪市西隅。

②安仁：明为县，隶饶州府，治今余江县北的锦江镇。

③饶州：明置饶州府，治鄱阳，即今鄱阳县。

④向迩(ěr)：接近。

⑤僮(tóng)：童仆。赍(jī)：旅行人携带衣食等物。

【译文】

二十五日　天明时，吃饭后出发。雨一丝丝地下着，不会停。于是与静闻告别，他赶着车往南走，我向西赶去。四里，到章源。四里，越过一座小岭，到桃源。又越过一座小岭，二里后到达石底。渡过两条水流，都有桥，三里，到连塘。越过一座小岭，二里，走过一座桥。又行二里，到铁垆坂。又行三里，路过香炉峰。这座山峰分三层回绕横亘着，南面一直向下剖开，中间有一块凹地，在上面建有佛寺。此时雨大作，竟然来不及上登。香炉峰西面就是安仁县的东境，来到这里又跋涉在饶州府境内了。三里，到简堂源。过了一里后，雨势疯狂极了，内外衣都湿淋淋的。三里，经过新岩脚下，却不知新岩就在上面了。从新岩东边的峡谷向北穿进去，看见峡谷西面的山崖下都有横亘的岩石，飞流的瀑布交相洒落在岩石上，心知已经走错路了，于是在岩石中躲雨，剖开橘子和柚子作为午餐。随后命令顾仆先去峡谷的北边探路，不见他的动静。又回来去峡谷南边探路，看见南面的山崖上有户人家掩映在竹丛中，以为这是马祖岩不会错了，急忙出来赶到那上面。岩洞虽然高大宽敞，圆盘状横亘在半山腰，然而石质粗糙山洞太直，没有曲折玲珑的情趣。这时候我已经知道这里是新岩，不是旧岩，而且岩洞中的僧人虽然准备好了中餐，观察他的意思，唯恐客人不离开，我便急忙出来，赶下山去。又徘徊在雨中，向西一里，转向北进入山峡。峡口巨石杂乱堆叠着，高高低低，盘结耸峙着，深树古藤，笼罩在巨石上，很有幽雅的情趣。由峡谷中进去，峡谷中的山崖东西并排对峙，北面相连南边敞开，敞开处就是峡口，而山崖连接处就是峡底了。马祖岩在左边山崖的半中腰，就在新岩的背面。崖壁上横裂一个洞，也大约像新岩一样，僧人分为两房，洞中狗窝猪窝，牛圈马圈，更加填塞得满满的。我由峡底向南上登岩洞之时，当时雨还没停，经由石岩下走，白玉般的滴水交相舞动在外面，白玉般的水帘环绕映照在眼前，抬头去看重重叠叠的岩洞的上面，栅栏在高空相连，以为奇妙极了。到登上岩洞后，却是污秽恶臭不可接近，都是那些畜生栖息的场所，而且人能容身的地方，四面用墙围着，黑暗得如同地狱了。此时我的衣服湿透了，时间将近黄昏，那南房的和尚正聚集了很多人在做法事，拒绝接纳客人，北房的和尚也效法他们，请求给一个睡觉的地方都不可能。徘徊了很久，寒冷极了，强行要了一个石龛躺在里面。命令僮仆用随身带着的米和炊具去找火做饭，和尚先是推辞没有柴火，不久又用碎米换了我们的米，随后煮成的粥竟然不见一粒米。

二十六日　平明起，再以米炊，彼仍以细米易，姑餐而即行。仍从北连处下，令顾仆先出峡门之口，余独转上西崖。其岩亦横裂如马祖，而无其深，然亦无其填塞诸秽趣也。从岩畔直趋而南，路断处辄为开凿，既竭岩端，崖壁峻立，不可下瞰，忽有洞透峡而出。既越洞西，遂分两道，一道循崖而北，一道循崖而南，两崖并夹，遂成一线。线中东崖之下，复裂为岩，亦横如马祖，而清净幽渺，忽有霄壤之异。

岩外之崖，与对崖俱下坠百仞，上插千尺，俱不合如咫，而中亦横裂，邃若重楼。惟极北则豁然，以为可通外境，而豁处天光既辟，地险弥悬，削崖穹壁，莫可下上，洵自然之幽阻，非所称别有天地者耶？复还至洞门分道处，仰其上层，飞石平出，可以上登而又高无可攀。从其南道转峰侧而上，则飞阁高悬，莫可攀跻，另辟一境矣。时顾仆候余峡下已久，乃穿透腹之洞，仍东出崖端，欲觅道下峡口，不可得；循旧沿崖抵北连处下，则顾仆见余久不出，复疾呼而至矣。遂与同出峡口，东南四里，过南吉岭。遥望东面乱山横翠，骈耸其北者，为排衙石，最高；攲突其南者，为仙岩，最秀；而近瞰岭下，一石尖插平畴，四面削起者，为碣石，最峭。下岭，即见大溪自东而来，直逼岭脚。其溪发源泸溪[1]，由上清而下。乃从溪北溯溪，东南四里，至碣石下。则其石仰望穹然，虽渐展而阔，然削立愈甚，有孤柱撑天之状。其下有碣石村，是为安仁东南界；渡溪南为沥水，山溪上居民数十家，于是复属贵溪矣。又东五里，直抵排衙石之西，是为渔塘[2]。渔塘居民以造粗纸为业，其地东临大溪。循溪西南行一里，为蔡坊渡[3]，遂止宿焉。

【注释】

①泸溪：明为县，隶建昌府，治今资溪县。此大溪明代亦称泸溪，下游称白塔河，今仍称白塔河。

②渔塘：今名同，又称“毕家”。

③蔡坊渡：今仍作“蔡坊”。皆在贵溪市西隅，白塔河西岸。

【译文】

二十六日　天明起床，再次拿米去煮饭，他仍然用碎米换了我们的米，姑且吃了饭后马上动身。仍然从北面相连的地方下走，命令顾仆先走出门一样的峡口，我独自转到西面的山崖上。这里的岩洞也像马祖岩一样横向裂开，但没有马祖岩深，然而也没有那里填塞在其中的各种污秽物了。从岩洞旁边一直向南赶过去，路断的地方崖壁便被凿开，到了石岩的前端后，崖壁高峻地矗立着，不可下瞰，忽然有个洞穿透峡谷出去。穿越到山洞西面后，便分为两条路，一条路沿着山崖往北走，一条路沿着山崖向南走，两面的山崖并排相夹，便形成了一条线。线一样的夹缝中，东面的悬崖之下，又裂成岩洞，也是横向裂开如马祖岩，然而清净幽深，忽然间有天壤之别了。岩洞外面的悬崖，与对面的悬崖都下陷百丈深，上插千尺高，都没有合拢好像只是咫尺之间，而且中间也是横向裂开，像重重高楼一样深邃。唯有极北边则是敞开的，我以为可以通到外面去，然而那敞开处虽然露进天光来，地势却更加高悬险要，陡削的悬崖，穹隆的石壁，无处可以上下，确实是大自然中一处幽闭险阻的地方，难道不是所说的别有天地的那种地方吗？又回到洞口道路分岔的地方，仰望山洞的上层，飞空的岩石平平地突出来，可以上登但又高得无处可以攀登。从那条向南的路转到山峰侧面往上登，就见飞空的阁楼高悬，无处可以攀登，另外辟有一块天地了。这时候顾仆在峡谷下面已经等我很久了，于是穿过穿透山腹的山洞，仍然向东出到山崖前端，想找路下到峡口，找不到；顺着原路沿着山崖到达北面山崖相连的地方再下走，原来顾仆见我很久没有出去，又迅速呼喊着找来了。于是与他一同走出峡口，往东南行四里，经过南吉岭。遥望东面，青山杂乱地排列着，并排耸立在南吉岭北面的，是排衙石，最高；斜着突立在南吉岭南面的，是仙岩，最秀丽；而俯瞰近处的岭下，一块岩石尖尖地插在平旷的田野中，四面陡削地耸起，是碣石，最为峭拔。下岭后，立即看见一条大溪从东面流来，一直逼到南吉岭脚下。这条大溪发源于泸溪县，流经上清街往下流。于是从溪流北岸溯溪流，向东南走四里，来到碣石下。就见这块岩石，仰望它高大穹隆，虽然渐渐向上拓展变宽，但更加陡削直立，有一种孤柱撑天的样子。碣石下面有个碣石村，这里是安仁县的东南境；渡到溪流南岸是沥水，溪边的山上有几十家居民，这里又属于贵溪县了。又往东行五里，直接抵达排衙石的西面，这里是渔塘。渔塘的居民以造粗纸为业，这个地方东边面临大溪。沿着溪流往西南行一里，是蔡坊渡，于是停下住在这里。

二十七日　蔡坊渡溪东一里，龙虎观①。观后一里，水帘洞。南出山五里，兰车渡。三里，南镇宫。北行东转一里，渡溪即上清街②，其街甚长。东一里，真人府。南渡溪五里，越一岭，曰胡墅。西南七里，曰石冈山，金谿县东界也，是入抚州境。又三里曰淳塘，又五里曰孔坊③，俱江姓，宿。

【注释】

①龙虎观：龙虎山在贵溪市西南部，以丹霞地貌著称。峰奇水秀，洞谷幽邃，绚丽多采，景致极佳。龙虎山也是著名的道教名山。西晋永嘉年间，道教创始人张道陵的第四代孙张盛，自汉中移居此。今尚可寻觅龙虎观、七重天、仙女散花、栈道等遗迹及摩崖石刻。

②上清街：今为镇，在贵溪市西南隅，鹰厦铁路线西，白塔河东岸。有上清宫和天师府。上清宫为历代张天师进行宗教活动的场所，也是祀奉道教教祖太上老君的地方，有福地门、九曲巷、下马亭、午朝门、钟楼、玉门殿、东隐院等建筑。天师府为历代张天师住地，占地五万多平方米，有房舍五百余间，分头门、二门、三门、前厅、正厅等，层层叠叠，以甬道贯道，龙柱金壁，雕梁画栋，院内

古木参天。

③孔坊：今名同，在金溪县东隅。

【译文】

二十七日　从蔡坊渡渡过溪流向东走一里，到龙虎观。从龙虎观后面走一里，到水帘洞。向南出山五里，到兰车渡。三里，到南镇宫。往北行后向东转一里，渡过溪流就是上清街，这条街道非常长。向东一里，到真人府。往南渡过溪流前行五里，越过一座岭，叫做胡墅岭。向西南七里，叫做石冈山，是金谿县的东境了，到这里已进入抚州府境内。又行三里叫做淳塘，又走五里叫做孔坊，居民都姓江，住下。

二十八日　由孔坊三里，郑陀岭。七里，连洋铺。十里，葛坊①。十里，青田铺②。有石梁水，出邓埠。十里，茅田，即往抚州道。下一岭为五里桥③，水始西向许湾，桥南有庵，旁有阁，为迎送之所。东南入金谿城④。城径二里，由东出西，其北门为抚州道⑤。城外东北为黄尖岭，即出金处，《志》所称金窟山。在城东五里。其西为茵陈岭，有冈西走，即五里北分水之冈矣。金窟山之东南，环绕城南者，曰朱干山。即翠云山，翠云寺在焉。今名朱干。自金窟、茵陈，北东南三面环城，所云“锦绣谷”也。惟西南少缺，小水沿朱干西去，而下许湾始胜舟云。朱干之南有山高耸，亦自东北绕而南，为刘阳寨、牟潹岭，其东为泸溪，西为金谿之大塘山，疑即《志》所称梅峰也。又南为七宝山。

【注释】

①葛坊：今名同，在金溪县东北境。

②青田铺:应即今石良溪。其水为白塔河支流,明代称石梁水。汇入白塔河处即邓埠,今作邓家埠,为余江县治。

③五里桥:今名同,在金溪县治稍北的公路旁。

④金谿:明为县,隶抚州府,即今金溪县。

⑤抚州:明置抚州府,治临川。即今抚州市临川区。

【译文】

二十八日　由孔坊前行三里,到郑陀岭。七里,到连洋铺。十里,到葛坊。十里,到青田铺。有条石梁水,流到邓埠。十里,到茅田,就是前往抚州府的道路经过的地方。下了一座岭是五里桥,溪水开始向西流向许湾,桥南有座寺庵,旁边有座楼阁,是迎来送往的场所。向东南进入金谿县城。城中直径有二里,由城东走出城西,县城的北门是通往抚州府城的路。城外东北是黄尖岭,就是出产黄金的地方,是《一统志》所称的金窟山。在城东五里处。黄尖岭的西面是茵陈岭,有山冈向西延伸,就是五里桥北面分水的山冈了。金窟山的东南方,环绕在城南的山,叫朱干山。即翠云山,翠云寺在山上。如今名叫朱干山。金窟山、茵陈岭从北、东、南三面环绕着县城,就是所说的"锦绣谷"了。唯有西南方稍微缺开一些,一条小溪沿着朱干山向西流去,而后下流到许湾才能够承载船只。朱干山的南面有座高耸的山,也是自东北绕向南,是刘阳寨、牟泺岭,牟泺岭的东面是泸溪,西面是金谿县的大塘山,我怀疑就是《一统志》所称的梅峰了。再往南是七宝山。

二十九日　发自大塘。对大塘者,东为牟泺顶大山也。南十里为南岳铺,又西南十里为贾源①,又五里为清江源。沿江西南,五里为后车铺②,饭。又南十里为界山岭。一名韩婆寨。下岭二里,为泸溪分道。又二里为大坪头,水始南流。又四里为横坂铺。五里,七星桥。又五里,潭树桥③。十里,梧桐隘。揭阳无渡，到建昌东门宿④。

（十一月初一日缺）

【注释】

①贾源：今名同，在金溪县南境。

②后车铺：今称“后车何家”，在金溪县南隅，芦河南岸。

③潭树桥：今作“潭市桥”，又称“徐家”，在南城县北境的公路线上。

④建昌：明置建昌府，治南城，即今南城县。

【译文】

二十九日　从大塘山出发。面对着大塘山的，东面是牟浒顶的大山了。向南走十里是南岳铺，又往西南十里是贾源，又行五里是清江源。沿着江流向西南前行五里是后车铺，吃饭。又向南十里是界山岭。另一个名字叫韩婆寨。下岭后走二里，是去泸溪县分道的地方。又行二里是大坪头，水流开始往南流。又行四里是横坂铺。五里，到七星桥。又行五里，到潭树桥。十里，到梧桐隘。揭阳没有渡口，到建昌府城的东门投宿。

（十一月初一日的日记缺）

十一月初二日　出建昌南门，西行二十里至麻姑山足①。上山二里，半山亭，有卧瀑。又一里半，喷雪亭，双瀑。麻姑以水胜，而诎于峰峦②。半山亭之上，有水横骞，如卧龙蜿蜒。上至喷雪，则悬瀑落峰间，一若疋练下垂，一若玉箸分泻。分泻者，交萦石隙，珠络纵横，亦不止于两，但远眺则成两瀑耳。既坠，仍合为一，复如卧龙斜骞出峡去。但上之悬坠止二百尺，不能与雁宕、匡庐争胜。又一里，连泄五级，上有二潭甚深，旧亭新盖，可名“五泄”。五泄各不相见，各自争奇，其中两潭甚深，螺转环连，雪英四出；此可一目而尽，为少逊耳。又半里，龙门峡，上有桥。两崖夹立，泉捣中壑，不敢下视；架桥俯瞰于上，又变容与为雄壮观。龙门而上，溪平山绕，自成洞天，不复知身在高山上也。又半里，麻姑坛、仙都观。左有大夫松，已死；右有通海井。西上岭十里，逾篾竹岭，为丹霞洞。又上一里，为王仙岭，最高。西下二里，张坊。西左坳中为华严庵，宿。

【注释】

①西行二十里至麻姑山足："二十里"原作"二里"，脱"十"字，据"四库"本补。麻姑山足：今称"麻岭脚下"。麻姑山在今南城县西8公里。有仙羊、五老、万寿、秦人、葛仙、逍遥等峰，有瀑有池，以水取胜。山顶有古坛，相传麻姑得道于此，还有仙都观、会仙亭等胜迹，为道教名山。麻姑是中国古代神话中的女仙，传为建昌人，手指像鸟爪，能掷米成珠，自言曾见东海三次变为桑田，蓬莱之水也浅于旧时，或许又将变为平地。三月三日西王母寿辰，她在绛珠河畔以灵芝酿酒，为西王母祝寿，称"麻姑献寿"。

②诎（qū）：短缩。

【译文】

十一月初二日　出了建昌府城的南门，往西行二十里到达麻姑山的山脚。上山二里，到半山亭，有条横卧着的瀑布。又行一里半，到喷雪亭，有两条瀑布。麻姑山以水取胜，但缺少峰峦。半山亭的上面，有水流横挂在山间，如卧龙一样蜿蜿蜒蜒。上到喷雪亭，就见悬垂的瀑布坠落在山峰间，一条好像洁白的丝绢一样下垂着，一条像白玉筷子一样分别下泻。分别下泻的，交相潆洄在石缝间，像串珠一样缠绕，纵横交错，也不止两条瀑布，只是从远处眺望就变成两条瀑布罢了。瀑布坠落后，仍然合为一条水流，又像卧龙一样斜挂着流出峡谷去。不过上面悬空下坠之处只有二百尺，不能与雁宕山、庐山的瀑布比美。又上登一里，瀑布一连下泄了五级，上面有两个水潭非常深，旧亭子新翻修过，可以起名叫“五泄亭”。五级瀑布各自不相见，各自争奇，山中的两个水潭非常深，螺旋一样连环相接，雪花四溅；这些都可以一眼就全部看见，算是稍显不足了。又行半里，是龙门峡，峡上有桥。两面的山崖夹立，泉水冲捣在中间的壑谷中，不敢向下俯视；架桥在桥上俯瞰，悠闲自得的水势又变为雄伟壮观的景象了。龙门以上，溪流平缓，山峦环绕，自成一个洞天，不再知道身在高山之上了。又行半里，到麻姑坛、仙都观。左边有棵大夫松，已经枯死；右边有口通海井。向西上岭十里，越过篾竹岭，是丹霞洞。又上登一里，是王仙岭，最高。往西下行二里，到张坊。西面左边的山坳中是华严庵，住下。

初三日　王仙岭东下一岭为丹霞洞。又逾篾竹岭西坳中，南上越两山，东南共五里为飞炉峰，有小石炉方尺，自军峰山南飞至。其地南为军峰，北接麻姑，东瞰盱江，西极芙蓉，盖在五老峰之西，阳华峰之西北矣。（已下缺）

【译文】

初三日　从王仙岭向东走下一座岭是丹霞洞。又穿越在篾竹岭西面的山坳中，往南上登越过两座山，往东南共行五里是飞炉峰，有个一尺见方的小石炉，传说是从军峰山南面飞来的。这个地方南面是军峰山，北边接着麻姑山，东面俯瞰盱江，西面极远处是芙蓉山，大概在五老峰的西面、阳华峰的西北方了。（以下有缺失）

初四日　出建昌东门，过太平桥南行，循溪五六里，折而西一里，出从姑之南，上天柱峰，见山顶两石并起如双髻者。北向登其岩，曰飞鳌峰。岩前曰长春阁。阁之东有堂曰“鳌峰深处”，为罗先生讲学之所。其后飞突而出，倒书曰“印空”。下有方池，名曰玉冷泉。从东上天际亭，亭后凿石悬梯而上，有洞。洞口隘如斗，蛇伏乃入，其中高穹而宽。此天柱之南隅也。出洞，仍下石级，沿崖从西登。天柱、鳌峰之间，有台一掌，上眺层崖，下临绝壁，竹拂石门，树悬崖隙，为云岩台。从其上西穿峰峡，架木崖间，曰双玉楼。再西，一石欲坠未坠，两峡并起，上下离立，若中剖而分者，曰一线天。此鳌峰之北隅也。一线既尽，峡转而北，有平石二片，一方一圆，横庋峡内，曰踟跌石。此二峰者，从天柱之西，鳌峰之北，又起二峰，高杀于鳌峰、天柱，而附丽成奇者也。其东一峰，即南与鳌峰夹成一线，又与西峰夹庋踟跌者。西峰之西，又有片石横架成台，其东西俱可踟跌云。从踟跌石东践一动石[①]，梯东峰而上，其顶南架梁于一线，遂出鳌峰之巅，东凿级以跻，遂凌天柱之表。于是北瞰郡城，琉璃映日；西瞻麻峤，翡翠插天。时天霁，明爽殊甚。从此北下天柱之北，穹崖下临，片石夹立，上有古梅一株，曰“屏风石”。天柱北裂一隙，上有悬台可跻而坐，曰“滴水崖”。内有石窦，直上三丈，正与南隅悬崖之洞相对。此天柱之北隅也。从此东下，又得穹崖一层，曰读书台，今为竹影庵。从其南攀石而登，曰梅花岩，石隙东向，可卧可憩。此天柱东隅之下层也。飞鳌之西有斗姆阁，其侧有蟾窟石[②]，下嵌为窝，上突为台，亦可趺可啸。此飞鳌西隅之下层也。（已下有缺）

【注释】

①从跏趺石东践一动石："东"，乾隆本、"四库"本作"北"。

②蟾窟石：乾隆本、"四库"本作"蟾蜍"。

【译文】

初四日　走出建昌府城东门，过了太平桥往南行，沿着溪流前行五六里，折向西一里，出到从姑的南面，上登天柱峰，看见山顶两块岩石并排耸起像一对发髻的样子。向北登上这两块岩石，叫做飞鳌峰。岩石前边叫做长春阁。长春阁的东边有间厅堂叫做"鳌峰深处"，是罗先生讲学的场所。厅堂后面的岩石飞突而出，倒写着"印空"二字。下面有一个方形水池，名叫玉冷泉。从玉冷泉东边上到天际亭，亭子后面凿有高悬的石阶往上去，有个山洞。洞口狭窄得像个斗，如蛇一样趴伏着才进去，洞中高大穹隆又宽敞。这是天柱峰的南隅了。出洞后，仍然走下石阶，沿着山崖从西面攀登。天柱峰和飞鳌峰之间，有一个手掌样的平台，向上眺望层层悬崖，下临绝壁，翠竹拂拭着石门，树丛悬垂在石崖缝隙中，是云岩台。从云岩台上面向西穿过山峰间的峡谷，崖壁上架了一座木楼，叫做双玉楼。再往西去，一块岩石将要坠落又没有坠落，两面的峡壁并排耸起，上下分开矗立，好像是从中剖分开的样子，叫做一线天。这是飞鳌峰的北隅了。一线天到头后，峡谷转向北去，有两片平滑的岩石，一方一圆，横架在峡谷内，叫做跏趺石。这两座山峰，从天柱峰的西面，飞鳌峰的北面，又耸起这两座山峰，高处低于飞鳌峰、天柱峰，但依附在飞鳌峰、天柱峰旁形成奇异的景观了。其中东面的一座山峰，就在南面与飞鳌峰夹成一线天，又与西面的山峰相夹横架成跏趺石。西面这座山峰的西面，又有一片岩石横架成平台，平台的东西两头都可以盘腿打坐。从跏趺石东边踩着一块会摇动的石头，向东面的山峰上登，峰顶的南面在一线天上面架了一座桥梁，于是便到了飞鳌峰的峰顶，东面凿有石阶可以上登，终于登上天柱峰的峰顶。在这里向北俯瞰府城，琉璃瓦映照在阳光下；向西远望麻姑山，翡翠一样的山峰插在天上。此时天色转晴,特别明朗。从这里往北下到天柱峰的北面,穹隆的悬崖下临深谷,一片岩石在对面矗立着,上面有一棵古老的梅树,叫做“屏风石”。天柱峰北面裂开一条缝隙,上面有高悬的石台可以爬上去坐下来,叫做“滴水崖”。裂缝内有个石洞,一直向上有三丈深,正好与南隅悬崖上的山洞相对。这是天柱峰的北隅了。从此地往东下走,又见到一层穹隆的悬崖,叫做读书台,如今是竹影庵。从读书台南边攀着石头登上去,叫做梅花岩,石缝面向东,可以躺下来休息。这是天柱峰东隅的下层了。飞鳌峰的西面有个斗姆阁,斗姆阁侧边有块蟾窟石,下面陷下去形成窝坑,上面突起成为石台,也可以盘腿打坐可以放声长啸。这是飞鳌峰西隅的下层了。(以下有缺失)

是日,建昌遇夏调御、丘士章。

【译文】

这一天,在建昌府城遇见夏调御、丘士章。

初五日 晨餐后,别丘、夏。二里,仍出大路南。十里,登一岭,曰杨源岭。下岭,东则大溪自南而北,渡溪二里,曰东界山铺,去府已二十里。于是循溪东行,五里,曰大洋,三里,曰界下。众舟鳞次溪中,以上流有石箭滩,重舟不能上下,俱泊此以待交兑者也。其北多益府王墓[①]。再上二里,即石箭滩,乱石填塞,溪流甚急。其西为凌霄峰,亭亭独上,有佛宇焉。自杨源来,山势回合,而凌霄独高,过此山渐开,亦渐伏矣。又三里,溪南一山逊于凌霄,而尖峭过之,曰八仙过腿。上有石耸起,颇异众山,以无渡不及登。又七里为硝石铺,去府已四十里矣。市肆甚长,南、东两溪至此合流,南来者为新城之溪，东北者为杉关之水。东溪舟抵五福尚四十里，至杉关尚陆行三十里②，则江、闽分界③。南溪则六十里而舟抵新城。新城之陆路，自硝石东渡东溪桥而南，为铁仙岩④。其处山俱纯石，如钟堆釜覆，北半俱斩峭为崖，屏立平畴间。由崖隙而上，两崖之间潴水成溪，崖插溪底。凿栈以入，又一水自东注，亦纯石插底，隘不容足。架梁南渡，又转一桥，西渡大溪，遂蹑山峡而上，则飞岩高穹东向而出，髡徒法宣依岩结阁，种竹于外，亦幽亦敞。时日已欲坠，拟假榻于中，而髡奴逐客甚急⑤，形于声色。遂出，仍渡峡桥，见有石级西上，遂蹑之登。盘旋山顶，两度过脊，皆深坑断峡，回亘纵横，或水或涸，想霖雨时靡非深浸也。时日已落崦嵫，下山二里，仍西，宿硝石东溪桥之南。

【注释】

①益府王墓：成化二十三年（1487）建益王府于今南城县。王墓在今南城县外源村北。

②杉关：今名同，在黎川县东北隅，江西、福建两省界上。

③江、闽分界：本作“闽、楚分界”，据乾隆本、“四库”本改。

④铁仙岩：此处原作“铸仙岩”。初六日记为“铁仙”，据改。

⑤髡（kūn）：剃去头发。髡徒、髡奴，皆系对和尚的鄙称。

【译文】

初五日　早餐后，辞别了丘士章、夏调御二人。二里，仍然出到大路上往南走。十里，上登一座岭，叫杨源岭。下岭后，东面就有一条大溪自南往北流，渡过溪流前行二里，叫做东界山铺，离开府城已有二十里路。从这里起沿着溪流的东岸走，五里，叫大洋，三里，叫界下。众多的船只鳞次栉比地停泊在溪流中，是因为上游有个石箭滩，重船不能上下，船都停泊在这里以便等待互相交换货物。溪流的北面有许多益王府的陵墓。再上走二里，就到了石箭滩，乱石充塞在河滩中，溪流非常湍急。石箭滩西面是凌霄峰，亭亭玉立，独立于上方，有佛寺在山上。自杨源岭以来，山势回绕闭合，可唯独凌霄峰高高耸立，过了此地山势渐渐开阔起来，也渐渐低伏下去了。又行三里，溪流南面有一座山，低于凌霄峰，但尖耸峭拔超过凌霄峰，叫做八仙过腿。山上有岩石耸起，与群山很不一样，因为没有渡船来不及去攀登。又行七里是硝石铺，离府城已有四十里路了。集市店铺非常长，南面、东面的两条溪流到了此地合流，南面流来的是新城县流来的溪流，东北方的那条是从杉关流来的溪水。从东面的溪流中乘船到五福还有四十里，到杉关走陆路还有三十里，那是江西省、福建省的分界处。从南面的溪流中则是乘船走六十里就到新城县。去新城县的陆路，从硝石铺向东渡过东溪桥往南走，是铁仙岩。此处的山都是清一色的岩石，像铜钟堆在那里，像下覆的大锅，北半边都是齐崭崭峭拔的悬崖，屏风样矗立在平旷的田野中。由悬崖上的缝隙中往上走，两面的石崖之间积水成为溪流，崖壁插在溪流底下。开凿有栈道得以进去，又有一条溪水从东面流来，也是清一色的岩石插在水底，狭窄放不下脚。架桥渡过溪流南边，又转过一座桥，向西渡过大溪，便踏着山峡往上爬，就见高大穹隆的岩石向东飞突而出，和尚法宣背靠岩石建了楼阁，在外围种了竹子，也很幽雅也很宽敞。此时夕阳已快要落山，打算在楼阁中借宿，可臭和尚非常急切地驱赶客人，形于言色。只好出来，仍然渡过峡中的那座桥，看见有石阶向西上走，便踏着石阶上登。盘旋在山顶，两次越过延伸而过的山脊，都是深坑和断开的峡谷，回绕绵亘，纵横交错，有的积水，有的干涸，猜想霖雨时节无处不被深水淹没了。此时太阳已落入西山，下山二里，仍然向西走，在硝石铺东溪桥的南边投宿。

初六日　早起，闻有言觉海寺之胜者。平明，南趋二里，则南溪之左也。寺亦古，其前即铁仙以西之第二重也。盖硝石之南[1]，其山皆块石堆簇，南则交互盘错，斩若截堵，峰峰皆然，以铁仙为中；而西则两突而尽于南溪之左；即觉海寺前。东则两突而至于止止岩之东，再东则山转而南矣。入觉海，见山在其前，即出而循崖以登崖之西，下瞰南溪涓涓北流，时有小舟自新城来。既南行，崖尽，有峡东下，盖南北两崖对峙其来峡，其度脊处反在西濒溪之上。余见其峡深沉，遂蹑山级，东向直登其巅。其巅有东西两台[2]。自西而东，路尽莫前。下瞰乱壑纵横，峡形屈曲枝分，汇水成潭，分曹叠泻，疑即所云金龟湖也。而二峰东下无路，但见东峡有水有径，疑即铁仙。仍从旧路下，至溪东两崖对峡处，即从崖下东入峡中。渐下渐湿，遂东北三里至小港口。水自韩公桥来，渡之入山。东北三里，大石岩。五里，韩公桥。三里，双同槽。南二里，紫云岩。西一里，渡溪为夫子岩。返出紫云，一里至响石岩，又登岭一里至竺岫[3]。

【注释】

①盖硝石之南："之南"，乾隆本、"四库"本作"以东"。

②"其巅"句：季抄本初六日记至此止，注"已下缺"。

③竺岫：今作"竺油"，在南城县东境。

【译文】

初六日　早晨起床，听到有人谈论觉海寺的优美景致。黎明，向南赶了二里路，原来是在南溪的左岸。寺也很古老，寺前就是铁仙岩以西的第二重山了。硝石铺的南面，那里的山上都是成簇堆积的石块，南面的山峰则是交互盘绕错杂，齐崭崭的像整齐的墙壁，座座山峰都这样，以铁仙岩为中心；而西面则是两次突起后在南溪的左岸到了尽头；就在觉海寺前方。东面则是两次突起后延伸到止止岩的东面，再往东山脉便转向南延去了。进入觉海寺，看见山就在寺前，立即出来沿着山崖登上山崖的西面，下瞰南溪涓涓地向北流，此时有条小船从新城县驶来。随后往南行，山崖尽头，有条峡谷往东下延，大概是南北两面的山崖对峙在东面来的这条峡谷的两边，山脊延伸而过的地方反而在西面濒临溪流之上。我看见这条峡谷深深地向下陷，就踏着山间的石阶，向东一直登上山顶。山顶上有东西两个平台。自西往东走，路完了无法前走。向下俯瞰，壑谷杂乱纵横，峡谷的形态曲曲折折，像树枝一样分杈，积水成为深潭，潭水分为几条一层层下泻，怀疑这就是所说的金龟湖了。可两座山峰往东下走没有路，只见东面的峡谷中有水有小径，怀疑那就是铁仙岩。仍然从原路下走，来到溪流东边两面山崖对峙形成峡谷之处，立即从山崖下向东进入峡谷中。逐渐下走逐渐潮湿起来，便往东北行三里到达小港口。溪水从韩公桥流来，渡过溪流进山。向东北三里，到大石岩。五里，到韩公桥。三里，到双同槽。向南二里，到紫云岩。往西行一里，渡过溪流是夫子岩。返回到紫云岩，一里后来到响石岩，又登岭一里到达竺岫。

初七日　竺岫渡桥，东南三里，舒坑岭。又三里，缅湾。又六里，陈坊。陈坊有溪自北南流，盖自泸溪而下东溪者也。越桥而东上一岭，又下而复上，曰铁湾岭。共三里，下岭为钱家湾。又随东溪二里至黄源桥①。渡溪而南一里，过黄湾岭。南六里，长行岭。下岭为连家湾，是为新城西北界。连家湾出冈为周家隘，即新城入郡官道。又西十里，百顺铺②。又三里上分水岭。先是自百顺西至周家隘，有小水西流，余以为入南溪者；及登分水，而后知犹北入东溪者也。

又五里，过沙路岭。又五里过一桥，其水自高学坡来③，五六里越桥而南，即与南大溪遇。又二里，东为观音崖，西为仙居院④，两崖束溪如门，门以内澄潭甚深。又三里，入新城北门⑤，出西门。石门不甚壮，而阛阓颇盛。出门渡石梁，则日峰山当梁瞰溪。越桥即南随溪行。已折西南，登白石岭。十里，过文江桥，始复与大溪遇，溪流至此已不胜舟矣。于是多随溪，西南过竹山，山亦峭特自异，上有竹仙院。又十里，周舍。周舍之南，路折而东，有潭偃水，颇觉汪洋，即文江之上流也。十五里，宿于石瓶冈，去城二十五里，去福山十五里⑥。

（八日缺）

【注释】

①黄源桥：今仍作“黄源”，在黎川县西北隅的公路边。

②又西十里，百顺铺：依地望，疑“西”为“东”字之误。百顺铺，今仍称百顺，在黎川县北境。

③高学坡：“学”疑为“觉”字之误。“高觉坡”即“高脚坡”。

④仙居院：乾隆本、“四库”本作“山居院”。

⑤新城：明为县，隶建昌府，治今黎川县。新城之水称黎水，即今黎滩河。

⑥福山：在今黎川县南四十里，延袤数十里，有箫曲、会仙、云门诸峰相映。会仙峰海拔1355米，箫曲峰今亦称莲花峰，海拔1494米。原名覆船山，唐天宝年间改名南城山，唐懿宗赐名福船山，宋真宗时去船字称福山。

【译文】

初七日　从竺岫过桥，向东南三里，到舒坑岭。又行三里，到缅湾。

又行六里，到陈坊。陈坊有条溪流自北往南流，大概是源自泸溪县下流进东溪的溪流了。过桥后向东上登一座岭，又下走后再上登，叫做铁湾岭。共行三里，下岭后是钱家湾。又顺着东溪前行二里来到黄源桥。渡过东溪往南行一里，越过黄湾岭。向南六里，翻越长行岭。下岭后是连家湾，这里是新城县的西北境。从连家湾走出山冈是周家隘，就是新城县进建昌府城的官修大道。又西行十里，到百顺铺。又行三里登上分水岭。这之前从百顺铺以西直到周家隘，有条小溪向西流，我以为是流入南溪的水流；等到登上分水岭，然后才知道仍然是向北流入东溪的水流了。又行五里，越过沙路岭。又行五里走过一座桥，桥下的水自高学坡流来，五六里后越过一座桥往南走，随即与南面的大溪相遇。又行二里，东面是观音崖，西面是仙居院，两面的山崖紧束着溪流，如同门一样，门以内澄澈的潭水非常深。又行三里，进入新城县城的北门，从西门出来。石头城门不怎么雄壮，可街市相当繁盛。出城门后跨过石桥，就见日峰山挡住石桥俯瞰着溪流。过桥后立即往南顺着溪流前行。不久折向西南，上登白石岭。十里，走过文江桥，这才再次与大溪相遇，溪流到了此地已经不能承载船只了。从这里起多半顺着溪流走，往西南经过竹山，这座山也很峭拔独特自有特点，山上有竹仙院。又行十里，到周舍。周舍的南面，道路折向东去，有个水潭积着水，觉得水势相当浩大，这就是文江的上游了。十五里，住宿在石瓶冈，距离县城二十五里，距离福山十五里。

（初八日缺失）

初九日　写十二诗付崑石上人，已上午矣。即从草塘左循崖南下[①]，路甚微削，伏深草中，或隐或现。直下三里，则溪自箫曲之后直从东南，与外层巨山夹而成者。盖此山即闽界，其东北度而为箫曲，西北度而为应感峰、会仙峰，两腋溪流夹而西去，犹属新城也。箫曲南溪之上，有居民数家，艺山种姜芋茶竹为业，地名坂铺[②]。由此渡溪，东南上岭一里，则平转山腰。又南二里，复直上山顶。又二里，南下而东上，至应感岩[③]。其岩西向，巨壑矗峭[④]，环成一窝，置室于中，自下望之，真凭虚缀壁也。石崖之顶尚高一里，崖僧留饭后，即从崖侧蹑磴而登，以为诸峰莫高于此；既登而后知会仙之更高于众也。应感二峰连起，东属于大山，其属处过脊甚峭。北流之水出于坂铺，南流之水即从会仙峰北向而去，自应感、会仙西流之水止此。余盖从应感南下三里，过此一水复南上，则会仙北属大山之脊也。脊东之水西出会仙之南，其南又有大山，东北而属于应感后之大山，夹此水西去，其中坞落为九坊，乃新城之五十一都地[⑤]。对会仙之山名迷阳洞，南即为邵武之建宁[⑥]，其大山东南为泰宁[⑦]，其西南为建昌之广昌[⑧]，则会仙南之大山，乃南龙北来东转之处也。自过脊至会仙，望之甚近，而连逾四峰皆峭刻。其下乱壑纵横，汇水成潭，疑所云金龟湖即此水也[⑨]。四下四上，又四里而登会仙绝顶，则东界大山俱出其下，无论箫曲、应感矣。自会仙西至南丰百里，东南抵建宁县亦百里。其界有侧家斜在迷阳洞南[⑩]，为大山寥绝处。

【注释】

①草塘：乾隆本、“四库”本作“草堂”。

②坂铺：乾隆本、“四库”本作“板铺”。

③应感岩：原作“应城岩”，据乾隆本、“四库”本改。本日记季抄本忽作“应感峰”，忽作“感应峰”，今据乾隆本统一为“应感峰”。

④巨壑矗峭：“矗”，季抄本多作“轰”，据乾隆本改，下同。

⑤乃新城之五十一都地:“地”,原作“也”,据乾隆本、“四库”本改。

⑥建宁:明为县,隶福建邵武府,即今福建建宁县。

⑦泰宁:原作“太宁”,从《明史·地理志》及乾隆本改。泰宁,明为县,隶福建邵武府,即今福建泰宁县。

⑧广昌:明为县,隶建昌府,即今广昌县。

⑨“疑所云”句:季抄本初九日记至此止,原注“已下缺”。

⑩其界有侧家斜在迷阳洞南:陈本作“其侧有数家斜界迷阳洞南”。丁本作“其界有数家斜在迷阳洞南”。

【译文】

初九日　写了十二首诗交给崑石上人,已经是上午了。立即从草塘左边顺着山崖往南下走,路非常小,很陡峻,潜伏在深草丛中,时隐时现。一直下行三里,就见溪流从箫曲峰的后面一直向东南方流来,这是箫曲峰与外层的大山相夹形成的。大概这座山就在福建省境内,山脉往东北延伸形成箫曲峰,往西北延伸形成应感峰、会仙峰,两侧的溪流夹着山脉向西流去,仍然还是属于新城县了。箫曲峰南面的溪流岸上,有几家居民,垦山种植姜、芋、茶、竹为业,地名叫坂铺。由此地渡过溪流,往东南上岭一里,就平缓地转到山腰上。又向南二里,再一直登上山顶。又行二里,向南下走后往东上登,到达应感岩。这座应感岩面向西,巨大的壑谷四周矗立着峭拔的岩石,环绕成一个山窝,山窝中建有房屋,从下面望去,真是凭临虚空点缀在崖壁上了。石崖的顶还在高处一里外,石崖上的僧人留我吃过饭后,立即从石崖侧面踏着石阶上登,以为群峰没有高过这座山峰的;登上峰顶后才知道会仙峰更高过群峰了。应感峰的两座山峰接连耸起,东面连接着大山,那连接处过渡的山脊非常陡峭。往北流的水出于坂铺,向南流的水就从会仙峰向北流去,从应感峰、会仙峰向西流的水到这条山脊为止。我大约从应感峰往南下走三里,渡过这一条溪水后再向南上走,便到了会仙峰北面连接着大山的山脊了。山脊东面的水向西流到会仙峰的南面,溪水的南面又有大山，往东北延伸连接着应感峰后面的大山，夹住这条溪水向西流去，两山间山坞中的聚落是九坊，是新城县的五十一都的属地。面对着会仙峰的山名叫迷阳洞，南面就是邵武府的建宁县，那里的大山东南方是泰宁县，大山西南方是建昌府的广昌县，那么会仙峰南面的大山，是南方的山脉主脉从北方延伸而来向东转之处了。从山脊过渡之处到会仙峰，望过去很近，可一连越过的四座山峰都极为峭拔。山峰下壑谷杂乱纵横，积水形成深潭，怀疑所说的金龟湖就是这个深水潭了。四次下走四次上登，又是四里后登上会仙峰的绝顶，就见东面一列大山都出现在它的下面，更不必说箫曲峰、应感峰了。自会仙峰往西到南丰县有一百里，东南方抵达建宁县也是一百里。两省的分界处有几家人斜向住在迷阳洞的南边，是大山中荒寂僻远之处。

初十日　由会仙峰西下，十里过溪，即应感西南来溪也。又五里为官公坳。又五里，下埔。应感溪自东而西，会仙南溪自南而北，俱会于下埔而北去。自下埔而上，悬崖瀑布，随处而是，亦俱会于下埔。路由下埔南而西，逾一岭，五里为黄舍。又西南逾二岭，五里至章村①，山始大开，始有聚落阛阓。有水自南而北，源自建宁县邱家岭，去章村南十五里，又五十五里始抵建宁云。西五里至容田，又西三里过长江岭。又三里，乌石。有卷石桥。又二里，上坪。随溪西南四里，有大溪自西南向东北，复溯之。西三里，过木桥，溯北来小溪，渡小石桥，北上岭。三里，为茶坞坳。又西三里，为何木岭。越岭，西南二里，宿梅源。

【注释】

①章村：今作“樟村”，在黎川县南境。

【译文】

初十日　由会仙峰向西下行，十里后渡过一条溪流，就是应感峰西南面流来的溪流了。又行五里是官公坳。又是五里，到下埔。应感峰流来的溪水自东往西流，会仙峰南面流来的溪水自南往北流，都在下埔汇合后往北流去。从下埔以上，悬崖上的瀑布，随处都是，也都是在下埔汇流。道路从下埔南面往西行，越过一座岭，五里后是黄舍。又向西南翻越两座山岭，五里到章村，山势开始十分开阔，开始有聚落街市。有水流自南往北流，源自建宁县的邱家岭，距离章村南面十五里，再走五十五里才能到达建宁县城。向西五里来到容田，又向西三里越过长江岭。又行三里，到乌石。有座卷石桥。又行二里，到上坪。顺着溪流往西南行四里，有条大溪自西南流向东北，又溯这条大溪走。向西三里，走过一座木桥，溯北边流来的小溪走，渡过小石桥，向北上岭。三里，是茶坞坳。又往西行三里，是何木岭。越过何木岭，向西南二里，住在梅源。

十一日　东方乍白，自梅源溯小流西上一岭。路应度谷梅源至黄婆三十里，黄婆至县三十里。而西，因歇店主人言，竟从北直上岭。三里，逾岭北，天渐明，问之途人，始知其误。乃从岭侧径道转而南，越岭两重，共四里得一村坞，询之，曰："此岭即南丰界也。岭北水下新城，岭南下永丰①，但随小水南行一里，可得大道。"从之，至漈上坞始与梅源大道合。其处平畴一环，四山绕壑，以为下土矣。已而流忽下坠，捣级而下，最下遂成一瀑，乃知五泄、麻姑之名，以幸而独著也。是名漈山灶，去梅源始五里，余迂作十里行矣。水上人家为"漈上"，水下人家为"漈下"。又五里，夏家桥。又五里，尼始坳②，途中有两小水自北来合。又五里，乾昌桥，已胜筏。又五里，沧浪桥。又五里，黄婆桥。有一溪自北来，桥架北溪上，水自桥南出，与潨上之水合，共下南山去；而陆路由北岭入山，迂回岭上。北行五里，曰藏石岭。又三里，又过一小溪，亦自北而南。越而西，二里，为思久铺。铺有小桥，桥下细流始西向行，路复随之。五里，西至来陂桥。又一溪颇大，自北来会，同过桥下；而潨上大溪亦自南来会，遂同注而北。又一里，溪之东有狮山，西有象山，狮山石独突兀，而象山半为斧斤所凿。二山紧束水口，架石梁其中，曰石家桥，溪自桥下俱北去，路自桥上西向府。渡桥一里，又有小溪自南而北，亦有石梁跨其上。又三里，上艾家岭。又十里至南丰③，入城东门。三里，出西门，则盱江自西南抵西门，绕南门而北转，经东门而北下，想与潨上之水会于城北之下流也。西门外濒溪岸，则石突溪崖，凿道其间，架佛阁于上，濒江带城，甚可眺望，以行急不及登。又西五里，一溪自北来，渡其桥；军峰溪自西来④，即溯之行。有数家在溪上，曰三江口，想即二溪与盱江合，故名也。

【注释】

①永丰：永丰即今永丰县，明时隶吉安府，与新城、南丰悬隔甚远。疑“永丰”为“南丰”之误。

②尼始坳：疑为“尼姑坳”。

③南丰：明为县，隶建昌府，即今南丰县。

④军峰溪：原作“又一溪”，据乾隆本、“四库”本改。

【译文】

十一日　东方刚发白，从梅源溯一条小水流向西登上一座岭。道路应该穿过山谷梅源到黄婆三十里，黄婆到南丰县城三十里。往西走，因为听了客店主人的话，竟然从北面一直上登山岭。三里，翻越到岭北，天色渐明，向路上的行人问路，才知道路走错了。于是从岭侧的小路转向南，越过两重岭，共行四里后见到一个在山坞中的村庄，向村里人问路，回答说："这座岭就在南丰县境内了。岭北的水下流到新城县，岭南的水下流到南丰县，只要顺着小溪水往南行一里，可以走上大路。"按照他说的走，来到漈上坞才与从梅源来的大路会合。此处是一片环形的平旷田野，四面群山环绕成壑谷，我以为是地势低下的地方了。继而水流忽然下坠，逐级冲捣而下，最下面便形成一条瀑布，这才知道五泄、麻姑的名字，是因为幸运才独自著名的了。这里名叫漈山灶，距离梅源才有五里路，我却绕路作为十里路来走了。水流上面的人家称为"漈上"，水流下面的人家称为"漈下"。又行五里，到夏家桥。又行五里，到尼姑坳，途中有两条小水流自北边流来合流。又行五里，到乾昌桥，溪流已能承载木筏。又行五里，到沧浪桥。又行五里，到黄婆桥。有一条溪水自北面流来，桥架在北边的溪流上，溪水从桥下往南流出来，与漈上流来的溪水合流，共同下流到南山中去；而陆路从北面的山岭进山，曲折迂回在岭上。往北行五里，叫做藏石岭。又行三里，又涉过一条小溪，也是自北往南流。越过小溪往西走，二里，是思久铺。思久铺有座小桥，桥下细细的水流开始向西流淌，道路又顺着这条小溪走。五里，向西来到来陂桥。又有一条溪流相当大，自北边流来汇合，一同流过桥下；而漈上流来的大溪也自南面流来汇合，随后一同往北流注。又行一里，溪流的东面有狮山，西面有象山，狮山是座独立突兀的石山，可象山被刀斧凿子凿去了一半。两座山紧夹着水口，架有石桥在两座山中间，叫做石家桥，溪流从桥下一起向北流去，道路从桥上向西通到府城。过桥后一里，又有一条小溪自南往北流，也有一座石桥跨在溪流上。又行三里，登上艾家岭。又行十里到达南丰县城，进入县城的东门。三里，走出西门，就见盱江从西南方流到西门外，绕到南门后向北转，流经东门后向北下流，推想与滦上流来的溪水在城北的下游汇合了。西门外濒临溪流的岸边，就见石崖突立在溪畔，石崖上开凿了道路，上面建有佛阁，濒临江流，围绕着城池，可以在上面放眼眺望，由于急着走路来不及上登。又向西五里，一条溪水自北边流来，渡过溪流上的桥；军峰溪从西面流来，马上溯军峰溪前行。有几家人在溪岸上，叫做三江口，猜想就是这两条溪流与盱江合流，所以叫这个名字。

十二日　东方甫白，从三江西渡溪，循左路行，路渐微。六七里，日出，入山口，居舍一二家，去路颇遥。先是，有言三江再进十里，有山口可宿者。余既讶其近，又疑其居者之寡。连逾二岭，三里，遇来人询之，曰："错矣！正道在南，从三江渡溪已误也。"指余南循小路转。盖其岭西北为吴坑，东南为东坑，去三江已十里矣。乃从南转下一坑，得居民复指上岭，共五里，至后阿。从其西北小路直上二里，则一小庙当路岐。从庙西北平循山半阴崖而行，又二里而至一山过脊处，南北俱有路，而西向登岭一路独仄，遂蹑之行。既登一峰，即转入山峡。其峡有溪在下，自西而东，东口破壁而下；绾口一峰，西南半壁，直倾至底，石骨如削铁；路在其对崖。循峡阴西入，自过脊登岭至此，共三里①。一石飞突南崖，瞰溪撑日，日光溪影，俱为浮动。溪中大石矗立，其西两崖逼竖如门，水从崖中坠壁而下，潆回大石而出，盖军峰东溪源也。崖下新架一桥。渡而北，又登岭半里，山回水聚，得岐路入一庵，名龙塘庵。有道人曰："西有龙潭，路棘不可入。"得茗，食点数枚。出庵，从左渡小溪，遂复直上岭。二里②，复循山北阴崖而行，屡有飞涧从山巅坠下，路横越涧上流者五、六次，下复成溪。又三里[3]，得横木栈崖。又二里，直转军峰之北，仰望峰顶犹刺天也，有石涧自峰顶悬凹而下，盖北溪之源矣。

【注释】

①共三里：乾隆本、"四库"本作"共二千七百步"。

②二里：乾隆本、"四库"本作"六百步"。

③又三里：乾隆本、"四库"本作"又九百步"。

【译文】

十二日　东方刚发白，从三江口向西渡过溪流，沿着左边的路走，路渐渐变小。六七里后，太阳出来了，进入一个山口，有一两家居民的房屋，离开道路相当远。这之前，有人说从三江口再进去十里，有个山口是可以住宿的地方。我既诧异这里路程太近，又怀疑这里的居民太少。一连越过两座岭，走了三里路，遇见对面过来的人，向他问路，他说："走错了！正路在南边，从三江口渡过溪流就已经错了。"指点我转向南沿着小路走。大概这座岭的西北是吴坑，东南是东坑，距离三江口已经有十里路了。于是从南面转下一个坑谷，遇到居民，又指点我上岭，共五里，来到后阿。从后阿西北的小路一直上走二里，就见一座小庙位于岔路口。从小庙往西北平缓地沿着山崖北面的半山腰前行，又行二里后来到一座山的山脊延伸而过之处，南北两面都有路，而向西登岭的一条路特别狭窄，于是踏上这条路前行。登上一座山峰后，立即转入山峡中。这条山峡有溪水在下面，自西往东流，到东面的峡口冲破石壁往下流；扼住峡口的一座山峰，西南面半座石壁，笔直斜插到底，骨状的岩石像用铁剑削出来的一样；道路在这座山峰对面的山崖上。沿着峡谷的北面向西进去，从山脊延伸而过之处登岭来到此地，共有三里路。一块岩石在南面的山崖上飞突出来，俯瞰着溪流，上撑天日，阳光和波影，都为之浮动。溪流中大石块矗立着，石块的西边，两面的山崖相互接近像门一样竖立着，溪水从山崖中的石壁上坠落下来，潆洄在大石块四旁后流出去，这大概是军峰山东溪的源头了。山崖下新架了一座桥。渡过溪流后往北走，又登岭半里，山回水聚，找到一条岔路进入一座寺庵，名叫龙塘庵。有个道人说："西面有个龙潭，路上荆棘丛生，不可能进去。"得到了茶水，吃了几个点心。出庵后，从左边渡过小溪，于是又一直上登山岭。二里，又沿着山北面背阴的山崖前行，屡次有飞泻的山涧从山顶上坠落下来，道路横向越过山涧的上游有五六次，下面又形成溪流。又行三里，走到山崖上木头横架的栈道上。又行二里，直接转到军峰山的北面，仰望峰顶，还直刺青天，有条石头山涧自峰顶高悬的凹地中流下来，大概是北溪的源头了。

渡溪二百步，复上一岭，始与北来大路合，遂高南向峰顶，而上无重峰之隔矣。自东北路口西上一里，至北岭度脊处，有空屋三间，中有绳床土灶而无人居，其西下为宜黄之道，东即所从来大道也。自此南上，凿蹬叠级，次第间出，蹈空而上，道甚修广，则进贤金父母所助而成者[①]。金名廷璧。自此愈上愈高，风气寒厉，与会仙异矣。自分道处至绝顶，悉直上无曲坠，共四千三百步，抵军峰巅[②]。登顶下望，五六尖峰自西南片片成队而来，乃闽中来脉也。至绝顶之南，圆亘为着棋峰，亭亭峭削，非他峰所及。盖自南丰来，从车盘岭南面上，不及北道之辟；然经着棋峰栈石转崖，度西峡中，蹑蹬攀隙，路甚奇险。余从北道望见之，恨不亲历。北起为绝顶，则石屋中浮丘、王、郭三仙像共列焉[③]。其北度之脉，则空室处。其北又起一峰，直走而为王仙峰，东下而为麻姑，东北下而为云盖，以结建昌者也。自着棋峰夹中望，下有洞穹然，攀箐挂石而下，日尚下午，至洞已渐落虞渊④，亟仍攀蹑而上，观落日焉。

【注释】

①进贤：明为县，隶南昌府，即今进贤县。

②军峰：今名同，在南丰、宜黄两县界上，海拔1761米。

③浮丘、王、郭三仙：浮丘指仙人浮丘公，王仙指仙人王子乔，郭仙或即葛洪。《元丰九域志》卷6“洪州”载：“华林山，昔浮丘公隐居之南峰，一名浮丘。”

④虞(yú)渊：神话传说中日落的地方。日落虞渊，指天色黄昏。

【译文】

渡过溪流走二百步，又登上一座岭，才与北边来的大路会合，于是向南朝着高高的峰顶上登，而上面不再有重重峰峦的阻隔了。从东北方的路口向西上登一里，来到北面山岭山脊延伸过来之处，有三间空房子，屋中有绳床和土灶但没有人住，这里向西下走是去宜黄县的路，东面就是我顺着走来的大道了。从此地往南上走，开凿有一级级的石阶路，依次间隔着出现，从半空中往上走，石阶路很长很宽，是进贤县姓金的父母官资助建成的。姓金的名叫金廷璧。从此处越上去越高，风冷得厉害，与会仙峰不一样了。从道路分岔的地方到绝顶，全是笔直上登没有曲折下走的地方，共有四千三百步，直达军峰山绝顶。登上山顶往下望，五六座尖峰从西南方一片片地排成队延伸而来，是从福建省境内延伸过来的山脉了。延伸到军峰山绝顶的南面，形成圆圆地横亘着的着棋峰，亭亭玉立，峭拔陡削，不是其他山峰能比得上的。原来由南丰县前来，从车盘岭南面上登，不如山北的道路开阔；然而途经着棋峰石崖上的栈道转进来，穿越在西面的峡谷中，踏着石阶攀越石缝，一路上非常奇异危险。我从山北的路上望见这种情况，遗憾没能亲自走过来。山脉在北面耸起形成绝顶，就见石室中浮丘、王、郭三位仙人的塑像一同排列着。那向北延伸的山脉，就是空房子所在之处。那里的北面又耸起一座山峰，一直向北延伸成为王仙峰，往东下延成为麻姑山，向东北下延成为云盖山，得以盘结成建昌府所在的地方了。从着棋峰的夹谷中望去，山下有个山洞高高隆起，攀着竹丛挂在岩石上下去，时间还是下午，到山洞时太阳已渐渐落入西山，急忙仍然向上攀登，观看落日。

十三日　(缺)白赤丸如轮，平升玉盘之上，遥望日下，白气平铺天末，上有翠尖数点，则会仙诸峰也。仍从顶北下，十里，至空屋歧路处[①]，遂不从东而从西下，里许而得混元观，则军峰之北下观也。其地已属抚之宜黄。闻山南车盘来道亦有下观云。循水北下，两山排闼，水泻其中，无甚悬突飞洄之态。又下五里，始至涧底，此军峰直北之水也。既下山，境始开。又山一层横列于外，则鱼牙山也。又有一水自西南来，此军峰西壑之水，至此与北涧会。循水东北又五里，过袈裟石。绾两涧之口，水出其间，百家之聚在其外，曰墟上。又有一水亦自西南来会，则鱼牙山之水也，与大溪合而北，西转下宜黄，为宜黄之源云。自墟上东北岐，路溯一小溪，十里至东源。东向上岭，三里而登其上，曰板岭。其水西流入宜，东南流入丰，东北流亦入宜，盖军峰北下之脊也。越岭而东，一里，复得坪焉。山溪潆洄，数家倚之，曰章岭。竟坞一里，水东出峡间，下坠深坑，有路随之，想走南丰道也。其水东南去，必出南丰，则章岭一隙其为南丰属明矣。水口坠坑处，北有一径亦渐下北坑，则走下村道矣。亦渐有溪北自下村出七里坑，达枫林而下宜黄，则下村以北又俱宜黄之属。是水口北行一径，即板岭东度之脊也，但其脊甚平而狭，过时不觉耳。下脊，北五里，至下村。又北二里，水入山夹中，两山逼束甚隘，而长水倾底，路潆山半，山有凹凸，路亦随之，名曰十八排，即七里坑也。已而下坑渡涧，复得平坞，始有人居，已明月在中流矣。又北二里，水复破峡而出。又一里，出峡，是为枫林内村。又一里，山开水转，而西度小桥，是为枫林，一名陈坊。乃宿。

【注释】

①至空屋歧路处："空屋"，乾隆本、"四库"本作"岭脊"。

【译文】

十三日 (缺)红白色的圆球像车轮一样，平缓升起在玉盘一样的云海之上，遥望旭日之下，白色的云气平铺到天边，云层上有几点葱翠的山尖，那就是会仙峰等山峰了。仍旧从军峰山绝顶往北下山，行十里，来到空房子道路分岔的地方，便不是从东面而是从西面下走，一里左右来到混元观，是军峰山北面的下观了。此地已属于抚州府的宜黄县。听说军峰山南面车盘岭来的路上也有个下观。顺着水流向北下走，两面的山像门扉一样排列，水从两山之中下泻，没有多少高悬奔突飞流潆洄的姿态。又下走五里，这才来到山涧底下，这是军峰山正北方的水流了。下山后，地势开始开阔起来。又有一层山横列在外围，那是鱼牙山了。又有一条水流自西南方流来，这是军峰山西面壑谷中的水流，流到此地与北面流来的山涧汇合。沿着水流往东北又行五里，经过架裟石。架裟石扼住两条山涧的出口，水流从岩石中间流出去，有个百户人家的聚落在架裟石外面，叫做墟上。又有一条水流也是从西南方流来汇合，那是鱼牙山流来的水流了，与大溪合流后往北流，向西转后下流到宜黄县，是宜黄水的源头。从墟上东北方的岔路，溯一条小溪走，十里到东源。向东上岭，三里后登到岭上，叫做板岭。板岭的水西面的流入宜黄县，东南的流入南丰县，东北的也是流入宜黄县，板岭大概是军峰山向北下延的山脊了。越过板岭往东行，一里，又见到一块平地。山涧溪流潆洄，几家人紧靠着山脚，叫做章岭。走完山坞有一里路，溪水向东从峡谷中流出去，下坠到深坑中，有条路顺着溪流走，料想是通向南丰县的路了。那条溪水往东南流去，必定是流到南丰县，那么章岭这一条缝隙为南丰县的属地是很明显的了。溪水坠入深坑的水口处，北边有一条小径也是渐渐下到北面的深坑中，那是走向下村的路了。也渐渐有溪流自北面的下村流出七里坑，流到枫林后下流到宜黄县，那么下村以北又都是宜黄县的属地了。这里从水口往北行的一条小径，就是板岭往东延伸的山脊了，只不过这条山脊非常平缓而且很窄，走过时没有觉察到罢了。下了山脊，往北五里，到达下村。又往北行二里，溪水流入山峡中，两面的山紧逼过来，非常狭窄，而长长的水流倾泻在峡底，道路盘旋在半山腰上，山有凹进去凸出来之处，道路也顺着山势走，名叫十八排，也就是七里坑了。不久下到坑谷中渡过山涧，又见到一个平坦的山坞，开始有人居住，已经是明月映照在溪流中了。又向北二里，溪水又冲破山峡流出来。又行一里，走出峡谷，这里名叫枫林内村。又行一里，山势开阔，溪水弯弯转转，而后向西走过小桥，这里是枫林，又叫陈坊。于是住下。

十四日　平明饭，行，即从小桥循小溪北上。盖枫林大溪西下宜黄，而小溪则北自南源分水而来者也[①]。溯北上五里，入南湾坳，上分水岭，南为宜黄，北为南城，西南境逾岭为南源。五里至八角庄，为洪氏山庄。有水东下，舍之。北上黄沙岭，二里逾岭，下巾儿溁，水亦东下，又舍之。北溯一小水，三里，上栏寨门，平行岭上，为李家岭。又一里，始下，下一里，则磁龟在焉[②]。磁龟者，罗圭峰玘之所居也[③]，在南城西南九十里，据李文正《东阳记》，北阻芙蓉，西厄连珠峰，南望军峰，东则灵峰迤逦。有石在溪桥之下，而不甚肖；其溪亦不甚大；自西而东，夹溪而宅，甚富，皆罗氏也。问有花园坑，景亦没，无可观。遂东北逾岭而下，溪自东南下坑中，路不能从也。东下三里，山峡少开。又循一水，有桥跨之，曰云阳桥，水亦东南下，又舍之。东逾一岭，又二里，曰乘龙坳，水亦南下。复东上二里，曰鹅腰岭。平行岭上又二里，而下一里，曰钽源④，其水始东行。始至磁龟，以为平地，至此历级而降，共十里而至歪排，皆循东下，始知磁龟犹在众山之心，众山之顶也。歪排以上多坠峡奔崖之流⑤，但为居民造粗纸，濯水如滓，失飞练悬珠之胜。然钽源小水已如此，不知磁龟以东诸东南注壑者，其必有垂虹界瀑之奇，恨路不能从何。出歪排，其南山坞始开，水亦南去。又东逾黄土岭，共三里，则下岐东行平畴中。五里，一溪自西北东去，有桥架其上，曰游真观前桥。又东五里，则盱江自东南而北。是时日才下午，不得舟，宿于溪西之路东，其溪之东即新丰大市也⑥。

【注释】

①南源：今名同，在宜黄县东隅。

②磁龟：今作“磁圭”，在南城县西南隅。

③玘(qǐ)：玉名。季抄本作“圮”，不从。罗玘，南城人，成化末乡试第一，举进士，授编修，后迁南京太常、南京吏部右侍郎，人称圭峰先生。

④钽源：“源”，乾隆本、“四库”本作“原”。

⑤歪排：季抄本“排”、“徘”互用。以下两处“徘”，据乾隆本统一作“排”。

⑥新丰：今名同，在南城县南境。盱江东岸。

【译文】

十四日　天明吃饭，上路，立即从小桥沿着小溪往北上走。大概枫林的大溪向西下流到宜黄县，而小溪则是从北面的南源分流而来的。溯小溪北上五里，进入南湾坳，登上分水岭，岭南是宜黄县，岭北是南城县，西南方越过一座岭是南源。五里后来到八角庄，是洪家的山庄。有水流往东下流，放弃水流。往北上登黄沙岭，二里后越过山岭，下到巾儿漈，水流也是往东下流，又放弃了这条水流。向北溯一条小溪走，三里，登上栏寨门，平缓行走在岭上，这是李家岭。又行一里，开始下走，下行一里，就见磁龟在那里了。磁龟这地方，是罗玘（圭峰先生）的居住地，在南城县城西南九十里，据李文正的《东阳记》，北面被芙蓉山阻隔，西面被连珠峰扼住，南面远望军峰山，东面则是逶迤的灵峰。有块岩石在溪流上的桥下，然而不怎么像龟；这条溪流也不怎么大，自西往东流，夹住溪流建有宅院，非常富裕，都是罗姓人家。打听到有个花园坑，景物已经堙没，没有值得观看的。于是往东北越过山岭下走，溪流从东南方下流到坑谷中，道路不能顺着溪流走了。向东下行三里，山峡稍微开阔了一些。又沿着一条溪水走，有桥跨在溪流上，叫云阳桥，溪水也是向东南下流，又放弃这条溪流。向东翻越一座岭，又行二里，叫乘龙坳，水流也是向南下流。再往东上登二里，叫鹅腰岭。平缓前行在岭上又是二里，而后下走一里叫钮源，这里的水开始向东流。最初到磁龟时，以为走到平地上了，一直到此地逐级下降，共走十里后到歪排，都是沿着山往东下行，这时才知道磁龟还处在群山的中心，在群山的顶上。歪排以上有很多在峡谷和山崖间奔流下泻的水流，只是被居民用水来造粗纸，污浊的水如同渣滓，失去了白绢飞空珠帘悬垂的优美景象了。然而钮源的小溪水已经如此，不知磁龟以东众多向东南流注在壑谷中的水流，其中必定有彩虹下垂瀑布隔断的奇景，遗憾道路不能从那里走。出了歪排，歪排南面的山坞才开阔起来，水流也向南流去。又往东翻越黄土岭，共三里，便从岔路下山向东行走在平旷的田野中。五里，一条溪水自西北向东流去，有座桥架在溪流上，叫做游真观前桥。又向东五里，就见盱江自东南往北流。此时时间才到下午，找不到船，住宿在溪流西岸的路东，这条溪流的东岸就是新丰这个大集市了。

十五日　路东不得舟，遂仍从陆。右江左山，于是纯北行矣。六里，为大安桥。又三十里，则从姑在望，入郡南门矣。

【译文】

十五日　在路东找不到船，便仍然从陆路走。右边是江左山，从这里起都是向北走了。六里，是大安桥。又行三十里，就见从姑山在眼前了，进入建昌府城的南门。

十六日　过东门大桥，即从桥端南下。随沙岸，丛竹夹道，乔松拂云，江流雉堞右映，深树密箐左护，是曰中洲。有道观，今改为佛宇。前二石将军古甚，刘文恭铉为之记，因程南云盱人①，与刘同在翰苑故也。是日再醉于夏调御处②。

【注释】

①盱（xū）：建昌府因有盱江流贯，故亦称该府为"盱"，盱江亦因流经建昌府，又称建昌江。

②是日再醉于夏调御处："再"，季抄本作"在"，不从。

【译文】

十六日　走过东门的大桥，立即从桥头往南下走。顺着沙岸走，竹丛夹住道路，高大的松树轻拂着白云，江流城墙掩映在右边，幽深浓密的竹树围护在左边，这里叫中洲。有个道观，如今改成了佛寺。寺前的两尊石将军非常古老，刘铉（表字文恭）为石将军作了碑记，这是因为程南云是建昌府人，与刘铉同在翰林院供职的缘故。这一天再次在夏调御那里喝醉了。

十七日　静闻随二担从麻源大路先往宜黄，余作钱、陈、刘诸书。是晚榻于调御斋中。

【译文】

十七日　静闻随同两个挑夫从麻源的大路先一步前往宜黄县，我写了给钱、陈、刘等人的信。这天晚上住在夏调御的书斋中。

十八日　别调御诸君。十五里，午至麻姑坛。又西二里，坞穷。循南山上，又二里转出五老西南，是为五老坳。于是循北山上，又二里为筬竹岭，越岭二里为丹霞洞，又西上一里为王仙岭，越岭又西一里为张村，皆前所历之道也。于是又西平行山半，四里，逾朱君岭，复沿山半行。深竹密树，弥山绘谷，红叶朱英，缀映沉绿中，曰鞋山。五里，石坪。山环一谷，随水峡而入，中甚圆整[1]，万山之上，得此一龛，亦隐居之所，惜为行道踏破云帏耳。居民数十家，以造纸为业。自石坪复登岭，岭峻而长，共五里始达岭头，即芙蓉东过之脊也。脊二重，俱狭若堵墙，东西连属。脊南为南城属[②]，下有龙潭古刹，在深坑中，道小不及下。脊北为临川属[③]。度脊而西即芙蓉山[④]，自南而北高亘于众山之上。其山之东则临川、南城之界，西则宜黄属矣。循山之东北又上里许，山开一箐东北向，是为芙蓉庵，昔祠三仙，其今僧西庵葺为佛宇，遂宿其中。

【注释】

①中甚圆整："圆"，季抄本皆作"员"。

②南城：建昌府附郭县，即今南城县。

③临川：抚州府附郭县，即今抚州市临川区。

④芙蓉山：今名同，在南城、宜黄两县界上，海拔1175米。

【译文】

十八日　辞别了夏调御等各位先生。十五里，中午到达麻姑坛。又往西行二里，山坞完了。顺着南山上登，又行二里转到五老峰的西南面，这里是五老坳。从这里顺着北山上登，又行二里是篾竹岭，越过篾竹岭前行二里是丹霞洞，又往西上登一里是王仙岭，越过王仙岭又向西一里是张村，都是些从前我走过的路了。从这里又向西平缓前行在半山腰，四里，越过朱君岭，又沿着半山腰前行。深竹密树，布满山间，山谷像彩绘一般，红色的树叶，朱红的山花，点缀掩映在深绿丛中，这叫鞋山。五里，到石坪。群山环绕着一个山谷，顺着峡谷中的水流进去，山谷中圆圆的，非常平整，在万山之上，能见到这样一块地方，也是一处隐居的场所，可惜这云雾像帷幔一样遮蔽的地方被来往通行的道路踏破了。有几十家居民，以造纸为业。从石坪又登岭，山岭陡峻而且路很长，共行五里才到达岭头，这就是芙蓉山往东延伸而过的山脊了。山脊有两重，都狭窄得像一堵墙，东西相连。山脊南面是南城县的属地，下面有座龙潭古刹，在深坑中，路太小，来不及下去。山脊北面是临川县的属地。越过山脊往西去就是芙蓉山，芙蓉山自南往北高高地绵亘在群山之上。这座山的东面就是临川县、南城县的交界处，西面则是宜黄县的属地了。沿着这座山的东北面又上登一里左右，山间敞开一个钳形的山弯，面向东北方，这里是芙蓉庵，从前供奉三位神仙，如今僧人西庵把它修葺为佛寺，于是便住宿在芙蓉庵中。

十九日　从庵侧左登，皆小径，直跻一里，出峰上。又平行峰顶，北最高处为三仙石。登其上，东眺黄仙峰，已不能比肩；南眺军峰，直欲竞峻；芙蓉之南，有陈峰山在十里内，高杀于芙蓉，而削峭形似，盖芙蓉之来脉也。凭眺久之，从峰北小径西下里许，与石坪西来之大道合[①]。又下五里，忽路分南北。始欲从南，既念大路在北，宜从北行，遂转而北，始有高篁丛木。又西下一里，始有壑居塍垅，名曰烂泥田。复逾岭西下一里，更循岭而登二里，直蹑峰头，名曰揭烛尖。又名避暑营。从尖西南下二里，是为南坑。有涧自东南来，四山环绕，中开一壑，水口紧束，湾环北去。有潘、吴二姓绾水口而居[②]，独一高门背水朝尖，雄擅一坞之胜。随水出其后，数转而出，一里，有水自北而来，二水合而南，路随之。一里，转而西，共八里，西逼高峰，有水自南来会，合而北去，有桥跨之，曰港口桥[③]。循左麓而北，又转西行，北渡溪，共五里，得大坞，曰上坪。过上坪石梁，水注而北，路西折登山，迤逦而上，五里至杉木岭。逾岭下二里，山坞紧逼，有故家宅，其中曰君山[④]，皆黄氏也。饭而出隘，五岭上矮岭[⑤]。逾岭共五里，出杨坊[⑥]，南行为杭阴，乃宜邑钜聚。西行七里，宿车上。

【注释】

①与石坪西来之大道合："石坪"，原作"西坪"，据乾隆本、"四库"本改。

②绾(wǎn)：控扼。

③港口桥：今仍称"港口"。在宜黄县东。

④君山：今名同，在宜黄县东。

⑤五岭上矮岭："五岭"，疑为"五里"之误。

⑥杨坊：今名同，在宜黄县东。

【译文】

十九日　从芙蓉庵左侧上登，都是小径，一直上登一里，来到峰顶上。又平缓前行在峰顶上，北面的最高处是三仙石。登到三仙石上，往东眺望黄仙峰，已经不能并肩而立；向南眺望军峰山，直接想要与这座山比险峻；芙蓉山的南面，有座陈峰山在十里之内，高处低于芙蓉山，但陡削峭拔之势相似，大概是从芙蓉山延伸过来的山脉了。凭眺了很久，从山峰北边的小径向西下走一路左右，与从石坪向西过来的大道会合。又下行五里，道路忽然分为南北两条。最初我想从南边走，随后考虑大路在北边，应该从北边走，于是转向北，开始有高竹丛林。又向西下走一里，壑谷中开始有居民和田地，名叫烂泥田。又越岭往西下行一里，再沿着山岭上登二里，直接登上峰头，名叫揭烛尖。又称为避暑营。从揭烛尖往西南下走二里，这里是南坑。有条山涧自东南方流来，四面群山环绕，中间开有一条壑谷，水口处山势紧束，水湾向北环绕而去。有潘、吴两姓人家扼住水口居住，只有一座高高的大门背靠水流朝向揭烛尖，雄视整个山坞的美景。顺着水流出到村后，转了几个弯出来，一里，有水流从北边流来，两条水流汇合后往南流，道路顺着水流走。一里，转向西，共行八里，向西逼近一座高峰，有水流从南边流来交汇，合流后往北流去，有桥跨过水流，叫做港口桥。沿着左边的山麓往北走，又转向西行，向北渡过溪流，共五里，见到一个大山坞，名叫上坪。走过上坪的石桥，水向北流淌，道路折向西登山，逶迤而上，五里后到达杉木岭。越过杉木岭下走二里，山坞四面紧逼，有世家大族的宅院，村子中心的叫君山，都是黄姓人家。吃饭后走出山隘，五里后登上矮岭。越过矮岭后共行五里，来到杨坊，往南行是杭阴，是宜黄县的一个大聚落。向西行七里，住宿在车上。

二十日　鸡再鸣，自车上载月西行，即与大溪遇。想即墟上之溪，自南而北者，发源军峰，经杭阴至此①。已而溪直南下，路西入山。又五里，登岭。又三里，逶迤至岭隘，有屋跨其间，曰黄岭。下岭二里，大溪复自南来。渡溪，天始明，山始大开。随溪西北行五里，有塔立溪口小山上，塔之西北即宜黄城也②。又有一大溪西南自东壁巡司来③，直抵城东，有长木桥之；水遂北与东溪合，有大石桥架其上，曰贯虹；再北，则一小溪循城西北而东入大溪，亦有桥跨其上，曰丰乐。

【注释】

①杭阴：乾隆本作"坑阴"，据季抄本上一日记改。杭阴，今作"棠阴"，在宜黄县东境的公路旁。

②宜黄：明为县，隶抚州府，即今宜黄县。

③东壁巡司：今作"东陂"，在宜黄县南境。此大溪明代称宜黄水，今名同。

【译文】

二十日　鸡叫第二遍，从车上顶着月光往西行，随即与一条大溪相遇。我推想就是墟上的溪流，自南往北流的，发源于军峰山，流经杭阴后到达此地。不久溪水一直往南下流，道路向西进山。又行五里，登岭。又行三里，逶逶迤迤来到岭上的隘口，有间屋子跨在隘口中间，叫做黄岭。下岭后二里，大溪又从南边流来。渡过溪流，天才发亮，山势开始十分开阔。顺着溪流往西北行五里，有座塔矗立在溪口的小山上，塔的西北方就是宜黄县城了。又有一条大溪自西南方的东壁巡检司流来，一直流到县城东边，有座长木桥跨过溪流；溪水于是流向北边与东溪合流，有座大石桥架在东溪上，叫做贯虹桥；再往北，则有一条小溪沿着城墙的西北面向东流入大溪，也有一座桥跨在溪流上，叫做丰乐桥。

是日抵宜黄东门贯虹桥之旅肆，觅得静闻，始出，亟呼饭饭。静闻与之北，过丰乐桥，上狮子岩。岩回盘两层，兀立三溪会合之北冲，大溪由此北下抚州者也。已而西经城北，至新城北门。北一里，过黄备桥。又西北一里，北入山，得仙岩。岩高峙若列锦层，上穹下逼①，其西垂忽透壁为门，穿石而入，则众山内闷，若另一世界。而是岩甚薄，不特南面壁立，而北面穹覆更奇，其穿透之隙，正如虔之通天岩②，亦景之最奇者也。三里，仍入城之北门。盖是城东濒溪为旧城，而西城新辟，一城附其外，缭绕诸峰，因之高下。经城三里，出南门。循东壁南来之溪西南行，五里，过四应山之东麓。又十五里，有小峰兀立溪上作狰狞之状，其内有谭襄敏墓焉③。又二里，过玉泉山下，山屏立路右若负扆，仰瞻峭拔，有小庐架崖半。欲从之，时膝以早行，忽肿痛不能升。又随大溪南行三里，有小溪自西来注，即石蛩之下流也④，始舍大溪溯小溪，折而西入三里而得石蛩寺。寺新创，颇宏整。寺北有矗崖立溪上，半自山顶平剖而下，其南突兀之峰犹多，与之对峙为门，而石蛩之岭正中悬其间，而寺倚其东麓。仰望之，只见峰顶立石轰然，不知其中空也。是晚宿寺中，以足痛不及登蛩。

【注释】

①岩高峙若列锦层，上穹下逼："锦层"，乾隆本、"四库"本作"锦屏"。"下逼"，乾隆本、"四库"本作"下通"。

②正如虔之通天岩："虔"原作"度"，乾隆本作"處"，据"四库"本改。今江西赣州市为古虔州。通天岩在赣州市西北10公里，包括通天岩、忘归岩、同心岩、翠微岩，以大型石龛造像群著称，林木参天，风景秀丽，为著名风景游览地。

③谭襄敏：即谭纶（1520—1577），字子理，宜黄人，官台州知府、海道副使、右佥都御史巡抚福建，与戚继光大破倭寇，共事齐名，人称"谭戚"。后历抚陕西、四川，总督两广、蓟辽、保定，官至兵部尚书，谥襄敏。

④石蛩：乾隆本、"四库"本作"石碧"。"蛩"、"碧"皆通"拱"。石碧在西南地区称"天生桥"。

【译文】

这天到达宜黄县城东门外贯虹桥边的旅店，找到静闻，他正好出来，急忙叫住他吃饭。静闻与我往北走，走过丰乐桥，登上狮子岩。狮子岩回绕成两层，兀立在三条溪流汇合处北边的冲要处，大溪流经此地往北下流到抚州府。随后向西经过城墙的北面，来到新城的北门。向北一里，走过黄备桥。又往西北行一里，向北进山，找到仙岩。仙岩高高耸峙着，如锦绣制成的屏风排列着，上面穹隆下面狭窄，仙岩的西垂崖壁忽然贯通成为石门，穿过石门进去，就见里面群山闭塞，好像是另一个世界。而这座石岩非常薄，不仅南面像墙壁一样矗立，而且北面穹隆下覆更为奇特，那条穿透崖壁的缝隙，正像赣州府的通天岩，也是自然景观中最奇异的地方了。三里，仍然进入县城的北门。大概这座城东面濒临溪流的是旧城，而西城是新开辟的，一座新城依附在旧城外面，缭绕在群峰之上，顺着山势高低起伏。经过城中走三里，出了南门。沿着南面东壁巡检司流来的溪流往西南行，五里，经过四应山的东麓。又行十五里，有座小山峰兀立在溪流上，作出狰狞的样子，山中有谭襄敏的墓地。又行二里，经过玉泉山的山下，玉泉山屏风样矗立在道路右边，好像帝王背靠的屏风，抬头远望，山势峭拔，有一间小屋高架在山崖半中腰。想要从那里走，此时我的膝盖因为一大早就走路，忽然肿痛得不能上登。又顺着大溪往南行三里，有条小溪自西面流来汇入大溪，就是石蛩的下游了，开始离开大溪溯小溪走，折向西深入三里后到了石蛩寺。寺院是新开创的，相当宏大整齐。寺院北边有座山崖矗立在溪流岸上，从山顶平直地往下剖为两半，它的南面突兀的山峰还有很多，与这座山崖对峙形成门，而石蛩寺所在的山岭正好高悬在门的中间，而寺院紧靠在山岭的东麓。仰面望这座山崖，只见峰顶上矗立着崩裂的岩石，不知岩石中间是空心的了。这天晚上住在寺中，由于脚痛来不及上登石蛩。

二十一日　晨餐后，亟登蛩。是峰东西横跨，若飞梁天半，较贵溪之仙桥，高与大俱倍之[①]，而从此西眺，只得其端。从寺北转入峡中，是为万人缘。谭襄敏初得此寺，欲废为墓，感奇梦而止。今谭墓在玉泉山东北，宅墓诸坊一时俱倒，后嗣亦不振。寺始为僧赎而兴复焉。僧以其地胜，放以为万人巨冢，甃石甚壮。地在寺北，左则崖，右则寺也。由万人缘南向而登，仰见竹影浮飏，一峰中穿高迴。透石入，南瞰乱峰兀突，溪声山色，另作光响，非复人世。于是出桥南，还眺飞梁之上，石痕横叠，有缀庐嵌室，无路可登。徘徊久之，一山鹤冲飞而去，响传疏竹间，令人不能去。盖是桥之南，其内石原裂两层，自下而上，不离不合，隙俱尺许。由隙攀跻而上，可达其上层，而隙夹逼仄，转身不能伸曲，手足无可攀蹑，且以足痛未痊，怅怅还寺。问道寺僧，僧云：“从桥内裂隙而登蹑甚难。必去衣脱履，止可及其上层，而从上垂绠，始可引入中层。”僧言如此，余实不能从也，乃于石砦饭而行。五里，由小路抵玉泉山下，遂历级直登。其山甚峻，屏立溪之西北，上半俱穹崖削壁，僧守原叠级凿崖，架庐峰侧一悬峰上②。三面凭空，后复离大山石崖者丈许，下隔深崖峡。时庐新构，三面俱半壁，而寂不见人。余方赏其虚圆无碍，凭半壁而看后崖。久之，一人运土至，询之，曰：“僧以后壁未全，将甃而塞之也。”问僧何在，曰：“业从山下跻级登矣！”因坐候其至，为之画曰③：“汝虑北风吹神像，何不以木为龛坐，护置室中，而空其后壁，正可透引山色。造物之悬设此峰，与尔之缩架此屋，皆此意也。必甃而塞之，失此初心矣。”僧颔之，引余观所谓玉泉者。有停泓一穴④，在庐侧石灶之畔，云三仙卓锡而出者，而不知仙之不杖锡也⑤。下玉泉，三里，出襄敏墓前。又随溪一里，由小路从山北行，盖绕出玉泉山之东北也。最北又有马头山，突兀独甚，在路左。过白沙岭，望西峰尖亘特甚，折而东之，是为北华山。山顶佛宇被灾，有僧募饭至，索而食之。下山二里，入南门，北登凤凰山。其山兀立城之东北，城即因之，北面峭削，不烦雉堞也。下山，出北水关，抵逆旅已昏黑矣。

【注释】

①较贵溪之仙桥，高与大俱倍之：原缺“仙”字，空一格，据十月二十三日贵溪日记补“仙”字。

②一悬峰上：乾隆本、“四库”本作“一峰悬上”，属下句。

③画：通“划”，谋划。

④有停泓一穴：“有”，原作“在”，不从。

⑤仙：古代道家所想象的超出人世、长生不死的人。

【译文】

二十一日　早餐后，急忙去登石蛩。这座山峰横跨东西，好像半空中飞架的桥梁，与贵溪县的仙桥相比较，高处与大处都有仙桥的一倍，但从此处向西眺望，只看得见石蛩的一头。从寺北转进峡谷中，这里是万人缘。谭襄敏最初买到这座寺院，想废寺改为墓地，有感于一个奇怪的梦才住手。如今谭襄敏的墓地在玉泉山的东北面，宅院墓碑和众多的牌坊一段时间后都倒塌了，后代也不兴盛。寺院这才被僧人赎买回来重新修复了。僧人认为这里地势极佳，所以把这里辟为巨大的万人冢，用石块砌成，非常壮观。墓地在寺院北边，左边是山崖，右边就是寺院了。由万人缘向南上登，抬头看见竹影浮空摇曳，整座山峰中间是穿通的，又高又远。穿过石桥进去，向南俯瞰，杂乱的山峰突兀，溪流的水声和山间的景色，另外作出一番风光和声响，不再是人世间。于是出到石桥的南边，回头眺望飞空的石桥之上，石纹横向层叠，有小屋点缀镶嵌着，没有路可以上登。徘徊了很久，山间一只白鹤冲向天空飞去了，响声传遍在稀疏的竹林间，让人不能离去。原来这座石桥的南边，那里面的岩石原来是裂成两层的，从下到上，没有离开也没有合拢，缝隙都是一尺左右。由缝隙中向上攀登，可以到达岩石的上层，然而缝隙相夹，非常狭窄，不能转身伸手缩脚，手脚无处可以攀援踩踏，况且由于脚痛没有痊愈，所以闷闷不乐地返回寺中。向寺中的僧人打听上去的路，僧人说：“从桥内的裂缝中攀登上去非常难。必定要脱去衣服鞋子，只可以到达岩石的上层，而后从上层垂下绳子，才可以拉着绳子进入中层。”僧人的话这样说，我实在是不能按照他的话做了，于是在石蛩寺吃了饭就走了。五里，经由小路抵达玉泉山下，便沿着石阶一直上登。这座山非常陡峻，屏风样矗立在溪流的西北方，上半部分都是穹隆的山崖和陡削的石壁，僧人守原在崖壁上开凿出一级级石阶，在山峰侧面一座高悬的山峰上建了一间小屋。三面凭临高空，后面又距离大山的石崖有一丈左右，下面隔着崖壁夹成的深峡。这时小屋刚刚在建，三面都只有半堵墙壁，而且静悄悄的不见人影。我正好欣赏这种空虚圆融没有障碍的景色，靠着半面墙壁观看屋后的石崖。很久之后，有一个人运土上来，向他询问，他说："僧人因为后面的墙壁还未全部砌成，将要砌墙堵住后面了。"问那僧人在哪里，他说："已经从山下沿着石阶登上来了！"因而我坐着等候僧人来到，为他谋划说："你担忧北风吹到神像，为什么不用木头制成佛龛，把佛像放置在木屋中保护起来，而把小屋后面的墙壁空出来，正好可以透射引入山间的景色。造物主设立了这座高悬的山峰，与你控扼峰头建起这间小屋，都是这个意思。必定要砌墙堵住后面，失去了这样一种本来的意愿了。"僧人点头同意我的话，带领我去观看所谓的玉泉。有一潭停积的深水，在小屋侧边的石灶旁，说是三位仙人用锡杖杵地涌出来的泉水，却不知道仙人是不用锡杖的。下了玉泉山，前行三里，出到谭襄敏墓前。又顺着溪流走一里，由小路从玉泉山北面行，大概已绕到玉泉山的东北面了。最北边又有座马头山，独自耸立，特别突兀，在道路左边。越过白沙岭，望见西面的山峰特别尖耸地横亘着，折向东延伸而去，这是北华山。山顶上的佛寺遭受了火灾，有僧人募化了饭食回来，我要了些饭吃下。下山后二里，进入县城南门，向北登上凤凰山。这座山兀立在县城的东北方，城墙就是就着山势修建的，北面峭拔陡削，不需要再修筑城墙了。下山后，走出北水关，抵达旅店已经昏黑了。

二十二日　由北城外历凤凰山北麓，经北门，二里，过黄备桥。桥架曹溪之上。西北行十里，溯溪至元口。又五里至官庄前[①]，西南渡溪，又十里至陈坊[②]。北渡小木桥，为曹山寺道。遂令顾仆同担夫西至乐安之流坑，余与静闻携被襆，渡桥沿小溪入。五里，为狮子口。由回龙洞而入山隘，即曹山也。其内环峰凹辟，平畴一围，地圆整如砥，山环绕如城，水流其间。自回龙口而南下陈坊，又东下宜黄，交锁曲折，亦此中一洞天，为丹霞、麻姑之类也。初以何王二氏名何王山，后加“草”、加“点”，名荷玉山。唐本寂禅师礼曹溪回，始易名曹山。宋赐额宝积寺，毁于嘉靖丙戌③，基田俱属缙绅。兹有名僧曰观心，将兴复焉。观心，宜黄人，向驻锡丰城④，通儒释之渊微，兼诗文之玄著。余一至，即有针芥之合⑤，设供篝灯，谈至丙夜⑥，犹不肯就寝，曰：“恨相见之晚也。”先是，余午至，留饭后即谓余曰：“知君志在烟霞，此中尚有异境，曹山旧迹，不足观也。”

【注释】

①官庄前：今作“官仓前”。

②陈坊：今名同。皆在宜黄县西隅。

③嘉靖丙戌：嘉靖五年(1526)。

④丰城：明为县，隶南昌府，即今丰城市。

⑤针芥之合：磁石能引针，琥珀能拾芥，因用“针芥之合”比喻性情契合。

⑥丙夜：古代计时，一夜五更，又称五夜，即一更、二更、三更、四更、五更，亦称甲夜、乙夜、丙夜、丁夜、戊夜。丙夜即三更，亦即通常说的半夜。

【译文】

二十二日　由北城外面经过凤凰山的北麓，经过北门，二里，走过黄备桥。桥架在曹溪之上。往西北行十里，溯溪流来到元口。又行五里到达官庄前，往西南渡过溪流，又行十里到达陈坊。向北越过小木桥，是去曹山寺的路。于是命令顾仆同挑夫向西走先到乐安县的流坑，我与静闻携带着被子铺盖，过了桥沿着小溪进去。五里，到狮子口。由回龙洞进入山隘中，就是曹山寺了。隘口内山峰环绕，地势下凹开阔，一块平旷的原野，地形圆圆的，平整得像磨刀石，环绕的群山像城墙，溪水流淌在其中。自回龙洞口往南下流到陈坊，又向东下流到宜黄县，交错闭锁，曲曲折折，也是这一带的一处洞天，是丹霞山、麻姑山同类的地方了。最初用何、王二人的姓氏起名叫何王山，后来加上一个"草"字头和一个"点"，名叫荷玉山。唐代本寂禅师从曹溪寺礼佛回来，才改名为曹山。宋代御赐宝积寺的匾额，在明嘉靖丙戌年被毁，寺基和田产都转属于官宦人家。现在有位名僧叫做观心，打算复兴寺院。观心，是宜黄县人，以前住在丰城县，精通儒家和佛家的精深义理，兼通诗词文章著述的奥妙。我一来到，马上与他情投意合，他摆设了夜点，挑灯畅谈至三更天，还不肯上床就寝，说："遗憾我们相见太晚了。"这之前，我中午到达时，他留我们吃饭后随即对我说："我知道您的志向在于云烟霞霭，这一带还有奇异的地方，曹山是旧时的遗迹，不值得观览。"

二十三日　早闻雨声。饭而别观心，出曹山，而雨丝丝下。三里至陈坊木桥，仍西从大道。溯溪二里，过鹏风桥。溪南自山来，路西折逾小岭。又三里，复西渡溪之上流，曰接龙桥。盖溪自曹山后岭北山峡而来，南下而转至鹏风桥者，此流尚细，而宜黄、崇仁之界[①]，因逾接龙桥而西，即为崇之东南境。从此入山共三里，逾大霍岭，直逼龙骨山下。又二里，逾骨岭，水犹东注。又三里，下幞头岭，水始西流。又四里至纯乡，则一溪自南而北矣。渡溪桥是为纯乡村，有居民颇众。随水西二里，北下为崇仁道。南循小水一里，西登干冈岭，岭颇峻，逾岭而下，纯西南行矣。十里，至廖庄桥，有溪自南而北，其大与纯乡之溪并，东北流，当与纯溪同下崇仁者也。又西五里，过练树桥，桥跨巴溪之上②。又西过坳上，盖南来之脉北过相山者也。其东水下练树桥为小巴溪，西水下双溪桥为大巴溪，俱合于罕浒，北即峙为相山，高峙朱碧街之北。再西即为芙蓉山。芙蓉尖峭而相山屏列，俱崇仁西南之巨擘也。自练树桥又五里而至朱碧街。其地在崇仁南百余里，南五十里为大华山，西南三十里为乐安县③。

【注释】

①崇仁：明为县，隶抚州府，即今崇仁县。

②巴溪：即今宝塘水。

③乐安县：隶抚州府，即今乐安县。

【译文】

二十三日　早晨听见下雨声。饭后辞别了观心，走出曹山，而细雨一丝丝地下着。三里后来到陈坊木桥，仍然从大道向西走。溯溪流二里，走过鹏风桥。溪流从南面的山间流来，道路折向西越过一座小岭。又行三里，再向西渡过溪流的上游，叫做接龙桥。大概这条溪流是从曹山后岭北面的山峡中流来，往南下流后转到鹏风桥的水流，此地溪流还很细小，但却是宜黄县、崇仁县的分界，于是越过接龙桥往西走，立即就是崇仁县的东南境了。从此地进山共行三里，越过大霍岭，直接逼近龙骨山下。又行二里，越过龙骨岭，水仍然是往东流淌。又行三里，走下幞头岭，水开始向西流。又是四里后来到纯乡，只见一条溪水自南往北流淌。渡过溪流上的桥便是纯乡村，有居民，人数相当多。顺着溪水往西行二里，向北下走是去崇仁县的路。往南顺着小溪水前行一里，向西上登干冈岭，山岭相当陡峻，越过干冈岭下走，就都是往西南方向前行了。十里，到廖庄桥，有溪水自南往北流，溪流的大小与纯乡的溪流相同，往东北方向流，应当与纯乡的溪流同样是下流到崇仁县的水流了。又向西五里，过了练树桥，桥横跨在巴溪之上。又往西经过坳上，大概是南面延伸来的山脉向北经过相山形成的地方。山坳东面的水下流到练树桥称为小巴溪，西面的水下流到双溪桥称为大巴溪，都在罕浒合流，北面就耸峙为相山，高高屹立在朱碧街的北边。再往西就是芙蓉山。芙蓉山尖耸峭拔而相山像屏风样排列着，都是崇仁县西南境的高大山脉。自练树桥又走五里后到达朱碧街。此地在崇仁县城南面一百多里处，南面五十里处是大华山，西南方三十里处是乐安县城。

二十四日　昧爽，从朱碧西南行，月正中天[①]。二里为双溪桥。二小溪，一自东北，一自西北，俱会于桥北，透桥东南去。路从西南，又一里为玄坛庙桥。其水自西而东，乃芙蓉西南之流，当亦东会双溪而下罕浒入巴溪者也。过溪南一里，越雷公岭，有溪自南而西北去。下岭即东南溯溪，一里为雷公场，又南三里为深坑。又东南二里为石脑，上有桥曰崑阳桥。又南三里曰双湛桥，又二里曰赵桥，又五里曰横冈，又五里越一岭，曰赵公岭。自石脑来十五里，其岭坦而长，盖东自华盖山度脊，而西经乐安，而北转进贤，为江西省城之脉者也。岭北水绕雷公而西北下崇仁，岭南水由大陂而下永丰、吉水者也。下岭，山隘渐辟，其内坞曰白麻插，水虽西流乐安、永丰，而地犹属崇仁；其外冈曰崇仁仙观，则乐安之界也。由白麻插循左山东南行，三里至大坪墅，转而东向入山。又二里，东至一天门，有涧西注石桥下，从此遂蹑级上登。一里至旧一天门，有二小溪，一自东南，一自东北，合于石屋之上。从此俱峻坂悬级。又七里至二天门，遂两度过脊之坂，俱狭若堵墙。于是东北绕三峰之阴，共七里而登华盖之顶②，谒三仙焉。盖华盖三峰并列，而中峰稍逊，西为着棋，东为华盖。路由西峰而登，其阳甚削，故取道于阴。华盖之上，诸道房如蜂窝驾空，簇绕仙殿，旁无余地，无可眺舒。饭于道士陈云所房，亟登着棋，四眺形胜。其北正与相山对，而西南则中华山欲与颉颃③，东与南俱有崇嶂，而道士不能名，然皆不能与华盖抗也。其山在崇仁南百二十里，东去宜黄亦百二十里，西去乐安止三十里，西南一百里至永丰，东南至宁都则二百余里焉④。余自建昌，宜取道磁龟，则直西而至；自宜黄，宜取道石碧从云封寺，亦直西而至；今由朱碧，则迂而北，环而西，转而东向入山，然取道虽迂五十里，而得北游曹山洞石，亦不为恨也。下山十五里，至三天门，渡石桥而南，遂西南向落日趋。五里过崇仙观。又三里越韬岭，是为乐安界。又西南三里，渡一溪桥。又四里，溪西转出大陂，溪中乱石平铺，千横万叠，水碎飞活转，如冰花玉屑。时日已暮，遂宿大陂⑤。

【注释】

①中天：正当天空之中，天顶。

②华盖：即华盖山。形如宝盖，又称宝盖山。今称大王山，海拔1137米。

③颉颃（xié háng）：不相上下。

④宁都：明为县，隶赣州府，即今宁都县。

⑤大陂：今作“带陂”，在乐安县南境，增田稍东。

【译文】

二十四日　黎明，从朱碧街往西南行，明月正好位于中天。二里后是双溪桥。两条小溪，一条来自东北方，一条来自西北方，都在桥的北边交汇，穿过桥下往东南流去。道路从西南方走，又行一里是玄坛庙桥。桥下的水自西往东流，是芙蓉山西南面的水流，应当也是向东流在双溪桥下汇流后下流到罕浒流入巴溪的水流了。越过溪流往南一里，翻越雷公岭，有条溪水自南往西北流去。下岭后立即溯溪流往东南走，一里后是雷公场，又向南三里是深坑。又往东南行二里是石脑，溪流上面有座桥叫崑阳桥。又向南三里叫做双湛桥，又行二里叫赵桥，又行五里叫横冈，又行五里翻越一座岭，叫做赵公岭。从石脑过来有十五里路，这里的山岭平坦而且很长，大概是起自东面的华盖山延伸而过的山脊，而后往西延经乐安县，然后转入进贤县，形成江西省城山脉的山脊了。岭北的水绕过雷公岭后往西北下流到崇仁县，岭南的水流经大陂后下流到永丰、吉水两县。下岭后，山隘逐渐开阔起来，山隘内的山坞叫做白麻插，水流虽然往西流到乐安县、永丰县，可地方仍然属于崇仁县；山坞外面的山冈叫做崇仁仙观，那是乐安县的地界了。由白麻插沿着左边的山往东南行，三里来到大坪墅，转向东进山。又行二里，往东来到一天门，有条山涧向西奔流在石桥下，从这里便踏着石阶上登。一里后到达旧时的一天门，有两条小溪，一条来自东南方，一条来自东北方，在石屋的上面合流。从此处起都是陡峻的山坡高悬的石阶。又上登七里到达二天门，于是两次越过山脊延伸而过形成的山坡，全都狭窄得好像一堵墙。从这里往东北绕到三座山峰的北面，共行七里后登上华盖山的山顶，在山顶拜谒了三仙。原来华盖山的三座山峰并排排列，而中间那座山峰稍低一些，西面的是着棋峰，东面的是华盖峰。道路由西面的山峰上登，山峰南面非常陡削，所以取道走山峰北面。华盖山顶之上，众多道士居住的小屋像蜂窝一样架在空中，簇拥围绕着三仙殿，四旁没有空余的地方，无处可以放眼眺望。在道士陈云所的房中吃了饭，便急忙登上着棋峰，四面眺望地形与山川胜迹。着棋峰北面正好与相山相对，而西南方则是想要与中华山相抗衡，东面与南面都有屏障样的高大山峰，可道士不能说出它们的名字，不过都不能与华盖山相抗衡了。这座山在崇仁县城南面一百二十里处，东面距离宜黄县城也有一百二十里，西面距离乐安县城只有三十里，西南方一百里路到永丰县城，东南方到宁都县城则有二百多里路了。我从建昌府来，应该取道磁龟，那么一直向西就可以来到；从宜黄县城来，应该取道石鸮从云封寺走，也是一直向西就可以来到；如今我经由朱碧街走，那就绕路走到北面，再绕到西面，转向东进山，然而我所走的路虽然绕了五十里，却得以游览了北面曹山的山洞和石峰，也不算遗憾了。下山走十五里，来到三天门，越过石桥往南走，随后向西南方朝着落日快步疾走。五里后路过崇仙观。又走三里越过韬岭，这里是乐安县的地界。又往西南行三里，越过一座溪流上的桥。又行四里，溪流向西转流到大陂，溪流中平铺着乱石，成千上万的乱石横七竖八堆叠着，水花碎末飞溅，活泼宛转，如冰花玉屑。此时已是傍晚，便住宿在大陂。

二十五日　是日为冬至，早寒殊甚，日出始行。西南五里为药腊。又五里为曾田[①]，其处村居甚盛，而曾氏为最，家庙祀宗圣公[②]。从此转而南，渡溪入山，乃中华山之西北麓支山也。中华在华盖西南三十里，从药腊来循其阴西行，至是乃越而转其西北。又三里为馒头山，见溪边横石临流，因与静闻箕踞其上，不知溪流之即穿其下也。及起而行，回顾溪流正透石而出，始知其为架壑之石也。余之从乐安道，初览其《志》，知其城西四十里有天生石梁[③]，其侧有石转运，故欣然欲往；至是路已南，不及西向，以为与石桥无缘；而不意复得此石，虽溪小石低，已见"天生"一斑。且其东北亦有石悬竖道旁，上如卓锥，下细若茎，恐亦石桥转运之类矣。又南一里为黄汉④。又南逾一小岭，一里是为简上，为中华之西南谷矣。从此婉转山坑，渐次而登，五里，上荷树岭，上有瞻云亭。盖岭之东北为中华，岭之西南为雪华，此其过脉之脊云。逾岭南下二里，至坑底，有小溪，一自东北，一自西北，会而南。三里，出源里桥。又三里则大溪自东而西，渡长木桥至溪南，是为流坑⑤。其处阛阓纵横，是为万家之市，而董氏为巨姓，有五桂坊焉。大溪之水东五十里自郎岭而来，又东过大树岭，为宁都界，合太华、中华东南之水至此，西八里至乌江，又合黄漠之水南下永丰焉。是日午至流坑，水涸无舟，又西八里，宿于乌江溪南之茶园。

【注释】

①曾田：今作"增田"，在乐安县南境的公路边。

②宗圣公：即孔子的弟子曾参。元文宗封曾子为郕国宗圣公，明嘉靖时罢封爵，只称宗圣。

③知其城西四十里有天生石梁：乾隆本、"四库"本作"闻城西十里有天生桥"。

④黄汉：据本日及二十六日记，疑为"黄漠"。

⑤流坑：今名同，在乐安县西南境，恩江南岸。

【译文】

二十五日　这一天是冬至，早晨异常寒冷，日出后才上路。向西南五里是药腊。又行五里是曾田，此处村庄居民非常兴盛，而姓曾的最多，曾氏家庙中祭祀宗圣公曾参。从此地转向南走，渡过溪水进山，是中华山西北麓分支的山。中华山在华盖山西南三十里处，从药腊过来沿着中华山的北面往西行，来到这里才越过山转到中华山的西北麓。又行三里是馒头山，看见溪流边有块横卧的岩石前临溪流，因而与静闻伸长腿坐在岩石上，不知道溪流就是从岩石下穿流过去的。到站起来要走时，回头看见溪流正好穿过岩石流出来，才知道那是一块横架在沟壑上的岩石。我之所以从去乐安县的这条路走，是起初我阅览乐安县的《县志》，知道县城西面四十里处有座天生的石桥，石桥侧边有个石转运，所以欣然想要前去观看；来到这里路已经在南边，来不及向西去，以为我与石桥无缘了；可意想不到又能见到这块岩石，虽然溪流细小岩石低矮，已能见出"天生桥"的一斑。而且石桥的东北方也有块岩石悬空竖立在路旁，上面像高高竖立的锥子，下面细得好像草茎，恐怕也是石桥旁的石转运一类的东西了。又向南一里是黄汉。又往南越过一座小岭，一里，这里是简上，是中华山西南面的山谷了。从此地起弯弯转转前行在山间的坑谷中，逐渐往上攀登，五里，登上荷树岭，上面有座瞻云亭。大概荷树岭的东北方是中华山，荷树岭的西南方是雪华山，此地是两山间山脉延伸而过的山脊。越过荷树岭往南下行二里，到达坑谷底部，有两条小溪，一条来自东北方，一条来自西北方，汇流后往南流去。三里，出到源里桥。又行三里，就见大溪自东往西流，渡过长长的木桥来到大溪南岸，这里是流坑。此处街市纵横，这是个有万户居民的集市，而董姓为大姓，有座五桂坊在集市中。大溪的溪水从东面五十里外的郎岭流来，又从东面流过大树岭，那是宁都县境内，汇合太华山、中华山东南麓的水后流到此地，向西八里后流到乌江，又汇合黄漠的水后往南下流到永丰县。这天中午到达流坑，溪水干涸没有船，又向西走八里，住宿在乌江溪南面的茶园。

二十六日　因候舟停逆旅。急索饭，即渡溪桥北上会仙峰。其峰在大溪之北，黄漠溪之西，盖两溪交会，而是山独峙其下流，与雪华山东西夹黄漠溪入大溪之口者也。峰高耸突兀倍于雪华，而阳多石骨嶙峋，于此中独为峻拔。其西南则豁然，溪流放注永丰之境也。由溪北从东小径西上，五里而至会仙峰。按《志》止有仙女峰，在乐安南六十里，而今土人讹为会仙云；然其为三仙之迹则无异矣。是峰孤悬，四眺无所不见。老僧董怀莪为余言："北四十里为乐安，西南六十里为永丰，直西为新淦[①]，直东为宁都。其东北最远者为太华山，其次为中华，又次为雪华，三华俱在东北。而乐安之北有西华，兀立石雾之间，为江省过脉，尖拔特甚，盖从太华西北渡赵公岭而特起者也。"由会仙而上，更西北一里，其石巉岏，上多鹃花红艳，但不甚高，亦冬时一异也。由会仙南面石磴而下，至山半甫有石泉一泓，由其山峭拔无水泉，故山下之溪亦多涸辙耳。下山五里，至溪旁，其南即为牛田、水南[②]，其北为乌江，其东为茶园，余所停屐处也。午返，舟犹不行，遂止宿焉。

【注释】

①新淦(gàn)：明为县，隶临江府，即今新干县。

②牛田：今名同，在恩江北岸。水南：今名同，在恩江南岸，与牛田遥对。牛田、水南皆在今乐安县西南隅。

【译文】

二十六日　因为等船停留在旅店中。急忙找饭来吃了，立即渡过溪流上的桥向北上登会仙峰。这座山峰在大溪的北面，黄漠溪的西面，两条溪流交汇，而这座山独自屹立在溪流的下游，与雪华山在东西两面夹峙在黄漠溪流入大溪的水口处。会仙峰高耸突兀，超过雪华山一倍，而山峰南面有很多石骨嶙峋的岩石，在这一带独自显得险峻挺拔。山峰的西南面却十分开阔，溪流奔放地流入永丰县的境内了。由溪流北面从东边的小径往西上登，五里后来到会仙峰。根据《一统志》，只有一座仙女峰，在乐安县南面六十里，可是如今当地人误称为会仙峰；然而山上有三仙的遗迹却是一样的了。这座山峰孤立高悬，四面眺望无所不见。老和尚董怀莪对我说："北面四十里是乐安县，西南六十里是永丰县，正西是新淦县，正东是宁都县。这里东北方最远处是太华山，其次是中华山，再其次是雪华山，三座华山都在东北方。而乐安县的北面有座西华山，兀立在云雾之间，是江西省主脉经过的地方，特别尖耸挺拔，大概是从太华山往西北延伸到赵公岭后独自耸起的山峰了。"由会仙峰往上走，再向西北走一里，山上的岩石尖锐峭拔，上面有很多红艳的杜鹃花，但不是很高，这也是冬季的一个奇异景观了。由会仙峰南面的石磴往下走，来到半山腰岩石间才有一池泉水，由于这座山峻峭挺拔没有泉水，所以山下的溪流也多半是干涸见底的。下山五里，来到溪流旁，溪流南面就是牛田、水南，溪流北面是乌江，溪流东面是茶园，就是我停留住宿的地方了。中午返回旅店，船还不出发，便停下住在旅店中。

余自常山来，所经县治无不通舟，惟金谿、乐安，通舟之流，俱在四、五十里外。

【译文】

我从常山县来，所经过的县城没有不通船的，唯有金谿县、乐安县，通船的溪流，都在四五十里之外。

二十七日　舟发乌江，三十里，丰陂宿。

【译文】

二十七日　船从乌江出发，三十里，在丰陂住宿。

二十八日　十里，将军。二十里，永丰宿①。

【注释】

①永丰：明为县，隶吉安府，即今永丰县。

【译文】

二十八日　行船十里，到将军。二十里，在永丰县城住宿。

二十九日　自永丰西南五里放舟，又三十五里北郊①。吉水界。二十五里，亦名乌江②。又十里，下黄宿。

【注释】

①北郊：即今八江，在永丰县西隅、恩江南岸。

②乌江：今名同，在吉水县东境，恩江北岸。

【译文】

二十九日　自永丰县城西南五里处开船，又行三十五里到北郊。吉水县境内。又行二十五里，地名也叫乌江。又行十里，在下黄住宿。

三十日　早行。二十里，凤凰桥。溪右崖上有凤眼石，溪左为熊右御史概所居。又五里抵官材石，溪左一山崖石嶙峋，曰仙女排驾。遂绕吉水东门①，转南门、西门、北门，而与赣水合。盖三面绕吉水者为恩江，由永丰来。赣水止径北门。

【注释】

①吉水：明为县，隶吉安府，即今吉水县。

【译文】

三十日　清早出发。二十里，到凤凰桥。溪流右岸的山崖上有块凤眼石，溪流左岸是御史右丞熊概居住过的地方。又行五里抵达官材石，溪流左岸一座山崖上怪石嶙峋，叫做仙女排驾。随后绕到吉水县城的东门，转过南门、西门、北门，而后与赣江合流。原来三面围绕着吉水县城的是恩江，从永丰县流来。赣江只流经北门。

十二月初一日　先晚雨丝丝下，中夜愈甚，遂无意留吉水。入城问张侯后裔①。有张君重、伯起父子居南门内，隔晚托顾仆言，与张同宗，欲一晤，因冒雨造其家云。盖张乃世科而无登第者，故后附于侯族，而实非同派。君重之曾祖名峻，嘉靖间云亦别驾吾常，有遗墨在家云，曾附祀张侯之庙，为二张祠。此一时附托之言。按张侯无在郡之祠，其在吾邑者，嘉靖时被毁已久，何从而二之？更为余言：侯之后人居西团②，在城南五六十里，亦文昌乡也；族虽众，无读书者，即子衿亦无一人③。余因慨然！时雨滂沱，以舟人待已久，遂冒雨下舟，盖此中已三月无雨矣。时舟已移北门赣江上，由北门入至南门之张氏，仍出北门。下舟已上午，遂西南溯赣江行。十里，挟天马山之西。十里，过小洲头，东有大、小洲二重，西则长冈逶迤，有塔与小洲夹江相对。至是雨止日出。又十里，转挟螺子山之东，而泊于梅林渡，去吉郡尚十里。既暮，零雨复至。螺子，吉郡水口之第一山也。

【注释】

①张侯：即张宗琏，吉水人，永乐进士，曾参加修《永乐大典》，授刑部主事、左中允、大理寺丞。录囚广东，多所平反。清军福建，民以不扰。后奏事忤旨，谪为常州同知。性淡泊，上任不带妻子，病危请医生来，室内尚无灯烛。天启四年（1624），霞客曾奉母命重修张宗琏庙于江阴城北的君山。

②西团：今名同，在吉水县南隅。十二月十三日记作“西园”，因形近而误，据此处改。

③衿（jīn）：衣领。《诗经·郑风》有“青青子衿”。子衿即学子穿的青领的衣服，因此又以“子衿”或“青衿”称读书人。明清科举时代亦专指秀才。

【译文】

十二月初一日　前一天晚上细雨一丝丝地下着，半夜下得更大了，我便无意在吉水县停留。进城去探访张侯的后裔。有叫张君重、张伯起的父子居住在南门内，昨天晚上托付顾仆对我说，他们与张侯是同一宗族，想与我见一面，因而冒雨到他家拜访。原来张君重家是世代参加科举考试却没有考中的人，所以后来就附会说是张侯的族人，可实际上并非是同一支系。张君重的曾祖父名叫张峻，说是嘉靖年间（1522—1566）也曾经在我家乡常州府担任过通判，有遗著在家中等等，曾经在张侯的庙中附带祭祀，成为二张祠。这都是一时间攀附假托的话。据考察，张侯在吉安府没有祠堂，张侯在我们江阴县的祠堂，嘉靖时已被毁了很久，从何而来的二张祠？又对我说：张侯的后人居住在西团，在县城南面五六十里处，也是一处人文昌盛之乡；家族中人口虽然众多，没有读书的人，即便是秀才也没有一个。我因而十分感慨！此时大雨滂沱，由于船夫已经等候了很久，便冒雨下到船中，原来是这一带已经三个月没有下雨啦。此时船已经转移到北门外的赣江上，我由北门进城来到南门的张家，现在仍然从北门出城。下到船中已经是上午，于是向西南溯赣江前行。十里，傍着天马山的西麓前行。十里，经过小洲头，东面有大、小两层沙洲，西面则是长长的山冈逶迤而去，有座塔与小洲隔着江相对。来到这里雨停了太阳出来。又行十里，转向傍着螺子山的东麓前行，而后停泊在梅林的渡口，距离吉安府城还有十里。傍晚以后，零星小雨又下起来。螺子山，是吉安府水口的第一座山。

吉水东大而高者，曰东山，即仁山也。太平山在其内，又近而附城，曰龙华寺。寺甚古，今方修葺，有邹南皋先生祠①。佛殿前东一碑，为韩熙载撰②，徐铉八行书③。盖即太平西下之垅，南北回环，琐成一坞，而寺在中央。吉水西为天马山，在恩、赣二江夹脊中④。北为玉笥山，即峡山之界⑤，赣江下流所经也。南为巽峰，尖峭特立，乃南皋先生堆加而峻者，为本县之文笔峰。建昌人言军峰为吉水文笔，因此峰而误也，大小迥绝矣。

【注释】

①邹南皋：即邹元标，吉水人。九岁即通五经，万历进士。张居正代首辅期间，因抗疏切谏，遭廷杖，谪戍极边。张居正死，召为吏科给事中。后归家乡讲学三十年。天启初还朝，拜左都御史。后连疏请归，寻被削夺。崇祯初，赠太子太保，谥忠介。

②韩熙载（902—970）：字叔言，潍州北海人，五代南唐重臣，官至兵部尚书、中书侍郎。以文章著称，《宋史·南唐世家》说："熙载善为文，江东士人、道释载金帛以求铭志碑记者不绝。"

③徐铉（917—992）：字鼎臣，扬州广陵人，官至南唐吏部尚书。十岁即能属文，与韩熙载齐名，江东谓之"韩徐"，著有《方舆记》、

《岁时广记》等。

④在恩、赣二江夹脊中:“恩”原作“息”,据十一月三十日记改。恩江即乌江,今仍称乌江。

⑤峡山:依地望应为峡江。明置峡江县,属临江府,即今峡江县。

【译文】

吉水县城东面又大又高的山,叫东山,就是仁山了。太平山在东山以内,又往近处靠近县城的地方,叫龙华寺。龙华寺非常古老,如今正在修葺,有座邹南皋先生的祠堂。佛殿前方东面有一块碑,是韩熙载撰文,徐铉用汉隶行书字体书写的。大概就是太平山往西下延的土陇,在南北两面回绕,闭锁成一个山坞,而龙华寺就在山坞中央。吉水县城西面是天马山,在恩江、赣江两条江相夹的山脊中段。北面是玉笥山,是与峡江县分界处的山,赣江下游流经的地方。南面是巽峰,尖耸峭拔,独自耸立,是邹南皋先生堆加后才变得高峻的,是本县的文笔峰。建昌人说军峰是吉水县的文笔峰,这是因为这座山峰而形成的错误,两座山峰的大小差异极大。

初二日　黎明甫挂帆,忽有顺水舟叱咤而至,掀篷逼舟,痛殴舟人而缚之,盖此间棍徒托言解官银,而以拿舟吓诈舟人也。势如狼虎,舟中三十人,视舟子如搏羊,竟欲以余囊过其舟,以余舟下省。然彼所移入舟者,俱铺盖铃串之物,而竟不见银扛,即果解银,亦无中道之理。余谕其此间去吉郡甚近,何不同至郡,以舟畀汝。其人闻言,咆哮愈甚,竟欲顺流挟舟去。余乘其近涯,一跃登岸,亟觅地方王姓者,梅林保长也。呼而追之,始得放舟。余行李初已被移,见余登陆,乃仍畀还;而舟子所有,悉为抄洗,一舟荡然矣。又十里,饭毕,抵吉安郡①。已过白鹭洲之西,而舟人欲泊南关;余久闻白鹭书院之胜[2],仍返舟东泊其下,觅寓于书院中净土庵。是日雨丝丝不止,余入游城中,颇寥寂。出南门,见有大街濒江,直西属神冈山,十里阛阓,不减金阊也[3]。

【注释】

①吉安:明置吉安府,治庐陵,即今吉安市。

②白鹭书院:南宋时,知吉州江万里于白鹭洲建书院,因名白鹭书院,为宋代著名书院之一。文天祥曾在此读过书。至今仍为吉安市胜景,有风月楼高耸,雕梁画栋。站在书院顶端,可尽览赣江景色。

③金阊:苏州城西阊门外旧有金阊亭,故苏州亦别称金阊。

【译文】

初二日　黎明刚刚挂上帆,忽然间有条顺水船大呼小叫地来到,掀起我们的船篷威逼着要船,痛打船夫后把他捆绑起来,大概是此地的恶棍借口要解送官府银两,从而用征用船只来吓唬欺诈船夫。他们势如虎狼,我们船中的三十个人,坐视船夫如同虎狼群中搏击的羊羔,竟然想把我的行李搬到他们的船上,用我坐的船下行到省城。然而他们搬到我们船上的东西,都是些铺盖铃串一类的物品,却竟然不见挑银两的担子,即便真是解送银两,也没有中途上船的道理。我告知这帮人,此地距离吉安府城非常近,为何不一同去到府城,再把船交给他们。那些人听见这些话,咆哮得更加厉害,竟然想要顺流挟持船只离开。我乘船靠近岸边的时机,一跳登上岸,急忙找到地方上一个姓王的人,是梅林的保长。呼叫着追上他们,才得以把船只放开。我的行李最初已被搬走,见我登到陆地上,只好仍然交还给我;可船夫所有的东西,全被抄掠洗劫一空,一条船上都荡然无存了。又行十里,吃完饭,抵达吉安府城。已经过到白鹭洲的西面,但船夫想停泊在南关;我早就听说过白鹭书院的胜迹,仍然让船返回到东边,停泊在白鹭洲下面,在书院中的净土庵找到寓所。这一天细雨一丝丝地下个不停，我进入城中游览，十分冷清寂静。走出南门，看见有条大街濒临赣江，一直往西连到神冈山，十里长的繁华街市，不亚于苏州了。

初三日　中夜雨滂沱。晨餐后，即由南关外西向神冈。时雨细路泞，举步不前，半日且行且止，市物未得其半，因还至其寓。是日书院中为郡侯季考，余出时诸士毕集，及返而各已散矣①。郡侯即家复生，是日季考不亲至，诸生颇失望。

【注释】

①及返而各已散矣："及"，原作"板"，从沪本改。

【译文】

初三日　半夜大雨滂沱。早餐后，马上由南关外向西去神冈山。这时候下着细雨，道路泥泞，举步不前，半天的时间走走停停，要买的东西还没买到一半，于是便返回到寓所。这天书院中是由知府主持的季考日，我外出时众多的儒生全都聚集在书院中，到我返回来时已经各自散去了。知府就是我本家的徐复生，这天的季考没有亲自到场，众儒生很是失望。

初四日　雨。入游城中，出止白鹭洲。

【译文】

初四日　下雨。进入城中游览，出城后停留在白鹭洲。

初五日　入城拜朱贞明、马继芳。下午，取药煮酒，由西门出，街市甚盛。已由南门大街欲上神冈，复行不及也。

【译文】

初五日　进城拜访朱贞明、马继芳。下午，去取酒曲来煮酒，由西门出城，街市非常繁荣。随后经由南门的大街想上登神冈山，又来不及走到了。

初六日　卧雪鹭洲。

【译文】

初六日　因下雪躺卧在白鹭洲。

初七日　卧雪鹭洲。下午霁，入城。由东门出，至大觉庵，已在梅林对江，不及返螺子。

【译文】

初七日　下雪，躺卧在白鹭洲。下午天气转晴，进城。由东门出城，来到大觉庵，已经在梅林对面的江边，来不及返回螺子山。

初八日　由鹭洲后渡梅林，五里。又东北十里，大洲。乃东十里入山，登洲岭，乃南山北度之脊，因西通大洲，故云。从岭直上五里，天狱山。下，直南十里，宿南山下坑中季道人家。

【译文】

初八日　由白鹭洲后面渡船到梅林，五里。又往东北十里，到大洲。于是向东十里进山，上登洲岭，洲岭是南山往北延伸的山脊，因为西面通往大洲，所以叫这个名字。从岭上一直上登五里，到天狱山。下山，一直向南十里，住宿在南山下坑谷中姓季的道人家中。

初九日　东十里，出山口曰五十都。东南十里，过施坊[①]。大家甚盛。入山五里，直抵嵩华山西麓，曰虎浮[②]，拜萧氏。其外包山一重，即与施坊为界者也，东北从嵩华过脉，今凿而烧灰，西面有洞云庵向施坊焉。

【注释】

①施坊：今作“施家边”。

②虎浮：今作“古富”。皆在赣江以东吉水县南境。

【译文】

初九日　向东十里，走出山口叫做五十都。往东南行十里，路过施坊。大家族，非常兴盛。进山五里，径直抵达嵩华山的西麓，叫做虎浮，拜访了萧家人。虎浮外围有一重山包围着，那就是与施坊分界的山了，是从东北方的嵩华山延伸过来的山脉，如今被开凿来烧石灰，西面有个洞云庵，面向施坊。

初十日　登嵩华山，上下俱十里。

【译文】

初十日　上登嵩华山，上下都是十里路。

十一日　游洞云。由北脊来时，由南峡口大路入，往返俱六里。

【译文】

十一日　游览洞云庵。由北面的山脊过来时，是由南面峡口的大路进来的，往返都是六里路。

十二日　晨餐于萧处，上午始行。循嵩华而南五里，镜坊澎。东为嵩华南走之支，北转而高峙者名香炉峰，其支盖于查埠止十里也。又南五里登分水岭，逾岭东下五里为带源[①]，大魁王艮所发处也[②]。由带源随水东行五里，出水口之峡，南入山。三里为燕山，其处山低岭小，居民萧氏，俱筑山为塘以蓄水，水边盛放。复逾小岭而南，三里，过罗源桥，复与带溪水遇，盖其水出峡东行，循山南转至此。度桥而南，山始大开，又五里宿于水北[③]。

【注释】

①带源：今名同，在吉水县南境，古富以东。

②大魁（kuí）：科举制度中称殿试一甲第一名为大魁。大魁亦即状元。王艮（？—1402）：字敬止，吉水人，建文时任修撰，参与修《太祖实录》等。燕王兵进迫南京，艮与妻子诀别，饮鸩死。

③水北：在今吉水县南境，泷江北岸，与水南相对，皆为聚落。

【译文】

十二日　在萧家吃早餐，上午才上路。沿着嵩华山往南行五里，到镜坊澎。东面是嵩华山往南延伸的支脉，向北转后高高耸峙的山名叫香炉峰，这条支脉大概延伸到查埠只有十里长。又向南五里登上分水岭，越过分水岭向东下走五里是带源，这是状元王艮发迹之处了。由带源顺着水流往东行五里，出了水口所在的峡谷，向南进山。三里后是燕山，这里山低岭小，居民姓萧，都依山修建成水塘用来蓄水，水盛满池塘从边上放出水来。又越过一座小岭往南走，三里，走过罗源桥，再次与带源流来的溪水相遇，大概是这条溪水流出峡谷后往东流淌，沿着山的南麓转到此地。过桥后往南走，山势开始变得十分开阔，又行五里后住宿在水北。

十三日　由水北度桥，直南五里，渡泸溪桥，是为夏朗，即刘大魁名俨发迹处也。又南五里，为西团张氏，是日在其家。下午，淮河自罗坡来。

【译文】

十三日　由水北过桥，一直向南五里，渡过泸溪桥，这里是夏朗，就是刘状元名叫刘俨发迹的地方了。又向南五里，是西团的张家，这一天住在他们家。下午，张淮河从罗坡回来。

十四日　雨雪。淮河同乃郎携酒来。是晚二巫归。

【译文】

十四日　雨雪交加。张淮河同他的儿子带着酒过来。这天晚上张二巫归来。

十五日　霁，风寒甚。晚往西山。

【译文】

十五日　天气转晴，风冷极了。晚上前往西山。

十六日　张氏公祠宴。

【译文】

十六日　到张氏家族的公共祠堂去赴宴。

十七日　五教祠宴。

【译文】

十七日　到五教祠赴宴。

十八日　饭于其远处。上午起身，由夏朗之西、西华山之东小径北迂，五里西转，循西华之北西行，十里，富源。其西有三狮锁水口。又西二里为泷头，彭大魁教发迹处也，溪至此折而南入山。又五里为潇泷，溪束两山间，如冲崖破峡，两岸石骨壁立，有突出溪中者，为“瑞石飞霞”，峡中有八景焉。由泷溪三里，出百里贤关，谓杨救贫云“百里有贤人出也”。又西北二里为第二关，亦有崖石危亘溪左。又西北三里，出罗潭，为第三关。过是山始开，其溪北去，是为查埠。又西北五里后与溪遇，渡而北，宿于罗家埠①。

【注释】

①罗家埠：今名同，又称富滩，在吉水县南隅，泷江北岸。

【译文】

十八日　在张其远家吃饭。上午起身上路，由夏朗的西面、西华山东面的小径向北绕路走，五里后向西转，沿着西华山的北麓往西行，十里，到富源。富源西边有三尊石狮子锁住水口。又向西二里是泷头，是状元彭教发迹的地方，溪水流到此地折向南流入山中。又行五里是潇泷，溪流被约束在两山之间，如同冲开山崖破开峡谷一般，两岸骨状的石崖墙壁一样矗立着，有突出在溪流中的岩石，称为“瑞石飞霞”，山峡中有八景。顺着泷溪前行三里，走出百里贤关，传说是因为杨救贫说过“百里之内有贤人出现”的话而得名。又往西北行二里是第二关，也有高险的崖石横亘在溪流左边。又向西北三里，出了罗潭，是第三关。过了这里山势才开阔起来，泷溪向北流去，这里是查埠。又向西北五里后与溪流相遇，渡过溪流往北走，住宿在罗家埠。

十九日　昧爽行。十里，复循西岩山之南而行，三里为值夏[1]。西八里，逾孟堂坳，则赣江南来，为泷洋入处[2]。又二里，张家渡[3]，乃趁小舟顺流北下。十里，有市在江左，曰永和[4]，其北涯有道，可径往青原。乃令张氏送者一人，名其远，张侯之近支。随舟竟往白鹭；而余同张二巫及静闻，登北涯随山东北行。五里，入两山之间。又一里，有溪转峡而出。渡溪南转，石山当户，清涧抱壑，青原寺西向而峙[5]。主僧本寂留饭于其寮，亦甚幽静。盖寺为七祖旧刹[6]，而后沦于书院，本寂以立禅恢复，尽迁诸书院于山外，而中构杰阁，犹未毕工也。寺后为七祖塔，前有黄荆树甚古，乃七祖誓而为记者。初入山，不过东西两山之夹耳；至北坞转入而南，亦但觉水石清异，涧壑萦回；及登塔院，下瞰寺基，更觉中洋开整，四山凑合。其坞内外两重，内坞宽而密，外坞曲而长，外以移书院，内以供佛宇，若天造地设者。余以为从来已久，而本寂一晤，辄言其兴复之由，始自丙寅、丁卯之间[7]。盖是寺久为书院，而邹南皋、郭青螺二老欲两存之，迎本寂主其事。本寂力言，禅刹与书院必不两立，持说甚坚，始得迁书院于外，而寺田之复遂如破竹矣。寺前有溪，由寺东南深壑中来，至寺前汇于翠屏之下。翠屏为水所蚀，山骨嶙峋，层叠耸出，老树悬缀其上，下映清流，景色万状。寺左循流而上，山夹甚峻，而坞曲甚长，曲折而入十里，抵黄鲇岭。坞中之田，皆寺僧所耕而有者。入口为寺之龙虎两砂，回锁隘甚，但知有寺，不复知寺后复有此坞也。余自翠屏下循流攀涧，宛转其间，进进不已，觉水舂菜圃，种种不复人间。久之，日渐西，乃登山逾岭，仍由五笑亭入寺。别立禅即本寂出山，渡溪桥，循外重案山之南五里，越而西，遂西北行十里，渡赣江，已暮烟横渚，不辨江城灯火矣。又三里，同二张宿于白鹭洲。

【注释】

①值夏：今名同，在吉安市青原区西部，泷江南岸。

②洋：水多且盛。南方一些省称江为洋。

③张家渡：今名同，在青原区西部，泷江汇入赣江处。

④永和：今名同，在吉安县东隅，赣江西岸。

⑤青原寺：在青原山上。山在吉安市东南15公里，青原区即以此山命名，处赣江东岸，林木葱郁，多山溪和瀑布，有虎跑泉、卓锡泉、雷泉等，为著名游览胜地。青原寺在青原山上，为禅宗七祖道场，元末毁，明初重建。有祖关、净居寺（又称大庙）、七祖塔、飞来塔、待日桥、钓鱼台、五笑亭等。

⑥七祖：河津神会禅师于天宝四载（745）入京，著《显宗记》，订禅宗的南北两宗，被推为禅宗七祖。

⑦丙寅、丁卯之间：即天启六年至天启七年，1626—1627年。

【译文】

十九日　黎明动身。十里，又沿着西岩山的南麓前行，三里到值夏。向西八里，越过孟堂坳，就见赣江从南面流来，是泷溪浩浩荡荡汇入赣江的地方。又行二里，到张家渡，于是乘小船顺流往北下行。十里，有个集市在赣江左岸，叫做永和，永和北面的江边有条路，可以径直通往青原。于是叫张家送行的一个人，名叫张其远，是张侯的近亲支系。随船直接前往白鹭洲；而我同张二巫以及静闻，登上北岸顺着山往东北行。五里，进入两山之间。又行一里，有溪流从峡谷中转出来。渡过溪流向南转，石山正对着大门，清澈的山涧环抱在壑谷中，青原寺面向西屹立着。主持僧人本寂留我们在他的僧房中吃饭，也很幽雅清静。原来这座寺院是七祖旧时的庙宇，而后沦为书院，本寂立志恢复禅宗，把各书院全部迁到山外，而后在寺中建起了高大的楼阁，还没有完工呢。寺后是七祖塔，塔前有棵黄荆树十分古老，是七祖起誓后标记在上面的树。最初进山时，不过是东西两面的山相夹的山谷罢了；来到北面的山坞向南转进来时，也不过是觉得流水山石清丽奇异，山涧壑谷潆绕回环；到登上塔院时，下瞰寺基，更觉得中间十分开阔平整，四面群山聚合。这里的山坞分为内外两重，里面的山坞宽敞而隐蔽，外面的山坞曲折而绵长，外面的山坞用来搬迁书院，里面的山坞用来供奉佛寺，好像是天设地造的一般。我以为这样的格局由来已久，但与本寂一见面，他就说起他复兴寺院的经历，开始于丙寅年、丁卯年之间。原来是这座寺院长期以来作为书院，而邹南皋、郭青螺二老想把两者都保存下来，恭迎本寂前来主持这件事。本寂极力主张，禅寺与书院必定不能两者同时存在，坚持他的主张非常坚决，这才得以把书院迁到外面，进而寺院所属田地的恢复便势如破竹了。寺前有条溪流，由寺院东南方的幽深的壑谷中流来，流到寺前汇积在翠屏崖下。翠屏崖被溪水侵蚀，山石石骨嶙峋，层层叠叠地突耸出来，老树悬垂点缀在石崖上，下面倒映着清澈的溪流，现出万种形状的景色。从寺院左边顺着溪流往上走，山峦夹峙，非常陡峻，而山坞弯弯曲曲非常长，曲曲折折地进去十里，抵达黄鲇岭。山坞中的田地，都是青原寺中的僧人耕种和所有的。山坞入口处是寺院的龙砂和虎砂，回绕闭锁得非常狭窄，只知道有寺院，不再知道寺院后面还有这个山坞了。我自翠屏崖下沿着溪流攀登山涧，弯弯转转地走在山涧中，不停地前进，觉得水碓菜圃，种种景色不再是人间。很久之后，太阳渐渐西下，这才登山越岭，仍然经由五笑亭进入寺中。辞别立禅就是本寂出山，渡过溪流上的桥，沿着外围一重案山的南麓前行五里，穿越到西面，便往西北行十里，渡过赣江，已是黄昏，烟云横在沙洲上，分辨不清江流和城中的灯火了。又行三里，同张二巫、张其远住宿在白鹭洲。

二十日　同张二巫、静闻过城西北二里，入白燕山。山本小垅，乃天华之余支，寺僧建竖，适有白燕来翔，故以为名。还由西门入，至北门，过黄御史园，门扃不入。黄名宪卿，魏珰事废。又北入田中丞园。田名仰。园外旧坊巍然，即文襄周公之所居也①，鲁灵光尚复见此，令人有山斗之想②。日暮寒烟，凭吊久之，乃出昌富门，入白鹭宿。

【注释】

①周公：即周忱，吉水人，永乐进士，任工部右侍郎，巡抚江南，在任二十二年，他的很多建议皆著为令，官至工部尚书。死后谥文襄。

②山斗：即泰山北斗，古人常用比喻所尊崇仰慕的人。

【译文】

二十日　同张二巫、静闻穿过城中往西北行二里，进入白燕山。这座山本来是一座小土垅，是天华山的分支余脉，寺里的僧人在建盖寺院时，恰好有白燕飞来翱翔，所以用白燕来起名。返回来经由西门进城，来到北门，经过黄御史的园子，大门关着不能进去。姓黄的名叫黄宪卿，因宦官魏忠贤的事被撤职。再往北走进入田中丞的园子。姓田的名叫田仰。园子外面旧时的牌坊巍然竖立，这就是文襄公周忱的故居了，像鲁国灵光殿一样的遗迹还能又在此地见到，让人有想望泰山北斗一样的敬仰之情。

天色已晚，寒烟四起，凭吊了很久，这才出了昌富门，进入白鹭洲住下。

二十一日　张氏子有书办于郡上[1]，房者曰启文，沽酒邀酌。遂与二巫、静闻由西城外南过铁佛桥，八里，南登神冈山顶。其山在吉安城南十五里，安福、永新之江所由入大江处。山之南旧有刘府君庙，刘名竺，陈、梁时以曲江侯为吉安郡守，保良疾奸，绰有神政，没而为神，故尊其庙曰神冈，宋封为利惠王。下临安、永小江。遂由庙左转神冈东麓，北随赣江十五里，至吉安南城之螺川驿。又三里，暮，入白鹭。

【注释】

①书办：各级官府管案牍文书者的通称。

【译文】

二十一日　张家有个儿子在府衙中任书办，主管文案的人叫启文，买酒来邀请我们去饮酒。于是与张二巫、静闻由西城外往南走过铁佛桥，八里，向南登上神冈山山顶。这座山在吉安府城南面十五里处，位于安福县、永新县流来的江水汇入大江之处。山的南面旧时有座刘府君庙，姓刘的名叫刘竺，陈朝、梁朝时以曲江侯的身份担任吉安郡太守，保护良民，嫉恨奸邪，为政宽缓，有神奇的政绩，死后成为神，所以尊称他的神庙所在的山冈叫神冈山，宋代被追封为利惠王。下临安福县、永新县流来的小江。随后由神庙左边转到神冈山的东麓，向北顺着赣江前行十五里，来到吉安府南城外的螺川驿。又行三里，傍晚，进入白鹭洲。

白鹭洲首自南关之西，尾径东关，横亘江中，首伏而尾高。书院创于高处，前铸大铁犀以压水，连建三坊，一曰名臣，二曰忠节，三曰理学。坊内两旁排列号馆，为诸生肄业之所。九县与郡学共十所，每所楼六楹。其内由桥门而进，正堂曰正学堂；中楼曰明德堂；后阁三层，下列诸贤神位，中曰“天开紫气”，上曰“云章阁”。楼回环而阁杰耸，较之白鹿，迥然大观也。是院创于宋，至世庙时郡守汪□受始扩而大之。熹庙时为魏珰所毁[1]，惟楼阁未尽撤。至崇祯初，郡守林一□仍鼎复旧观焉。

【注释】

①熹庙：即明熹宗朱由校，在位时间共七年，时为1620—1627年。魏珰(dāng)：即明代宦官魏忠贤(1568—1627)。珰，原是汉代宦官充武职者帽子上用黄金做的饰物，后来即以珰为宦官的代称。

【译文】

白鹭洲的头起自府城南关的西面，尾部一直到达东关，横亘在江中，头部低伏而尾部地势高。书院创立在高处，前边铸有铁质的大犀牛用来镇水，一连建有三座牌坊，第一座名叫名臣坊，第二座名叫忠节坊，第三座名叫理学坊。牌坊里面两旁排列着编号的书馆，是儒生们学习的场所。九个县的县学与府学共有十所，每所有座六开间的楼房。那以内，由桥上的门进去，正堂叫正学堂；中间的楼叫明德堂；后面的楼阁有三层，下面排列着诸位圣贤的牌位，中层叫“天开紫气”，上层叫“云章阁”。楼阁回护环绕，高高耸立，与白鹿书院相比较，迥然不同，非常壮观。这座书院创办于宋代，到本朝世宗时知府汪□受才扩大了书院。熹宗时被宦官魏忠贤毁掉，只有楼阁没有被全部拆除。到崇祯初年，知府林一□仍旧大力恢复了原有的面貌。

二十三日　在复生署中自宴。

【译文】

二十三日　在徐复生的官署中独自宴饮。

二十四日　复生婿吴基美设宴。基美即余甥。

【译文】

二十四日　徐复生的女婿吴基美设宴招待我们。吴基美就是我的外甥。

二十五日　张侯后裔以二像入署。上午，别复生，以舆送入永新舟，即往觅静闻，已往大觉寺。及至，已暮，遂泊螺川驿前。

【译文】

二十五日　张侯的后裔把两张画像送入府衙中。上午，告别了徐复生，他派轿子把我送到去永新县的船上，马上去找静闻，静闻已经前往大觉寺。等他来到时，已是傍晚，只好停泊在螺川驿前边。

二十六日　舟人市菜，晨餐始行。十里，至神冈山下，乃西入小江。风色颇顺，又西二十五里，三江口。一江自西北来者，为安福江①；一江自西南来者，为永新江②。舟溯永新江西南行，至是始有滩。又十五里，泊于横江渡③。是日行五十里。

【注释】

①安福江：明代亦称“泸水”，即今泸水。

②永新江：明代亦称禾水，即今禾水。

③横江渡：今名横江，在吉安县南境，禾水东岸。

【译文】

二十六日　船夫去买菜，早餐后才开船。十里，到达神冈山下，于是向西进入小江中。风势很顺利，又往西行船二十五里，到三江口。一条江水自西北方流来的，是安福江；一条江水自西南方流来的，是永新江。船溯永新江往西南行，到这里开始有浅滩。又行十五里，停泊在横江渡。这一天共走了五十里。

二十七日　昧爽发舟。二十里，廖仙岩。有石崖瞰江，南面已为泰和界[1]，其北俱庐陵境也[2]。自是舟时转北向行，盖山溪虽自西来，而屈曲南北也。十里，永阳[3]，庐陵大市也，在江之北；然江之南岸，犹十里而始属泰和，以舟曲而北耳。又十五里，北过狼湖，乃山坞村居，非湖也。居民尹姓，有舡百艘，俱捕鱼湖襄间为业。又十五里，泊于止阳渡[4]，有村在江之北岸。是日行六十里，两日共行百里，永新之中也。先是复生以山溪多曲，欲以二骑、二担夫送至茶陵界；余自入署，见天辄酿雪，意欲从舟，复生乃索舟，并以二夫为操舟助。至是朔风劲甚，二夫纤荷屡从水中，余甚悯其寒，辄犒以酒资。下午，浓云渐开，日色亦朗，风之力也。

【注释】

①泰和：多处原作“太和”，据《明史·地理志》及乾隆本、“四库”本改。下同。泰和，明为县，隶吉安府，即今泰和县。

②庐陵：为吉安府附郭县，在今吉安市。

③永阳：今名同，在吉安县南隅，禾水南岸。

④止阳渡：今作“指阳”，在吉安县西南境，禾水南岸。

【译文】

二十七日　黎明开船。二十里，到廖仙岩。有石崖俯瞰着江流，南面已经是泰和县的地界，江流北面全是庐陵县的辖地了。从这里起船不时地转向北行，大概是山溪虽然是从西面流来，却呈南北向弯曲的原因了。十里，到永阳，是庐陵县的一个大集市，在江的北岸；然而江的南岸，还有十里路才属于泰和县，是因为船向北绕行的缘故了。又行十五里，向北经过狼湖，是个山坞中的村落，不是湖泊。居民姓尹，有上百艘船只，都靠在湖襄间捕鱼为业。又行十五里，停泊在止阳渡，有个村庄在江流的北岸。这一天行船六十里，两天共走了一百里，到去永新县的中途了。这之前，徐复生因为山溪河曲太多，打算派两匹马、两个挑夫把我送到茶陵州境内；我自从进入府衙中，看见天空一直在酝酿着风雪，心里想要乘船走，徐复生才调来船只，并派两个夫役帮助驾驶船只。到了这时北风非常强劲，那两个夫役多次背着纤绳行走在水中，我十分同情他们寒冷的样子，总是拿出一些酒钱犒劳他们。下午，浓云逐渐散开，天色也很晴朗，这是风的力量。

二十八日　昧爽，纤而行，寒甚。二十里，敖城[1]，始转而南。挂篷五里，上黄坝滩。复北折，遂入两山峡间。五里，枕头石。转而西，仍挂帆行，三里，上黄牛滩，十八滩从此始矣。滩之上为纷丝潭，潭水深碧，两崖突束如门，至此始有夹峙之崖，激湍之石。又七里，上二滩，为周原[2]，山中洋壑少开，村落倚之，皆以货薪为业者也。又五里为画角滩，十八滩中之最长者。又五里为坪上，则庐陵、永新之界也。两县分界在坪上之东，舟泊于坪上之西。

【注释】

①敖城：今名同，在吉安县西南境，禾水北岸。

②周原：今作“洲源”，在吉安县西隅，禾水稍北。

【译文】

二十八日　黎明，用纤绳拉着船出发，寒冷极了。二十里，到敖城，开始转向南。挂上风帆航行五里，上了黄坝滩。再次折向北，便进入两山间的峡谷中。五里，到枕头石。转向西，仍然挂帆航行，三里，上了黄牛滩，十八滩从这里开始了。黄牛滩的上面是纷丝潭，潭水深绿，两面的山崖前突紧束，像门一样，到了此地开始有夹峙的山崖，湍急江流中的礁石。又行七里，上了两处浅滩，是周原，山中大一点的壑谷稍微开阔一些，村落紧靠在壑谷中，都是以出卖柴火为业的人家。又行五里是画角滩，是十八滩中最长的一个河滩。又行五里是坪上，这是庐陵县、永新县的交界处了。两县的分界处在坪上的东边，船停泊在坪上的西面。

二十九日　昧爽行。二十里，桥面，上旧有桥跨溪南北，今已圮，惟乱石堆截溪流。又五里为还古。望溪南大山横亘，下有二小峰拔地兀立，心觉其奇。问之，舟人曰：“高山名义山，土人所谓上天梁也，虽大而无奇；小峰曰梅田洞，洞即在山之麓。”余夙慕梅田之胜，亟索饭登涯，令舟子随舟候于永新①。余同静闻由还古南行五里，至梅田山下②，则峰皆丛石耸叠，无纤土蒙翳其间，真亭亭出水莲也。山麓有龙姓者居之。东向者三洞，北向者一洞，惟东北一角山石完好，而东南洞尽处与西北诸面，俱为烧灰者铁削火淬，玲珑之质，十去其七矣。

【注释】

①令舟子随舟候于永新:“舟子”,乾隆本、“四库”本作“奴”,“四库”本作“仆”。

②梅田:今名同,在永新县治稍东。

【译文】

二十九日　黎明时开船。二十里,到桥面,水上旧时有桥跨在溪流的南北两面,今天已经坍塌,只有一些乱石堆横堵在溪流中。又行五里是还古。望见溪流南岸有大山横亘着,下面有两座小山峰拔地而起地兀立着,心里觉得非常奇异。询问是什么地方,船夫说:“高山名叫义山,就是当地人所谓的上天梁了,虽然高大却没有奇特之处;小山峰叫梅田洞,山洞就在山麓。”我素来仰慕梅田洞的美景,急忙要饭来吃了登上岸,命令船夫连同船只在永新县城等候。我同静闻由还古往南行五里,来到梅田洞山下,只见山峰上都是成丛的岩石高耸层叠,没有一丝泥土覆盖在山间,真像是亭亭玉立出水的莲花了。山麓有姓龙的人家居住在这里。面向东的有三个洞,面向北的有一个洞,唯有东北一个角落山石完好,然而东南方山洞的尽头处与西北各面,都被烧石灰的用铁凿削去用火淬裂,玲珑秀丽的石质,十分失去其中的七分了。

东向第一洞在穹崖下,洞左一突石障其侧。由洞门入,穹然而高,十数丈后,洞顶忽盘空而起,四围俱削壁下垂,如悬帛万丈,牵绡回幄,从天而下者。其上复嘘窦嵌空,结蜃成阁,中有一窍直透山顶,天光直落洞底,日影斜射上层,仰而望之,若有仙灵游戏其上者,恨无十丈梯,凌空置身其间也。由此北入,左右俱有旋螺之室,透瓣之门,伏兽垂幢,不可枚举。而正洞垂门五重,第三重有柱中擎,剖门为二:正门在左,直透洞光;旁门在右,暗中由别窦入,至第四门之内而合。再入至第五门，约已半里，而洞门穹直，光犹遥射。至此路忽转左，再入一门，黑暗一无所睹，但觉空洞之声，比明处更宏远耳。欲出索炬再入，既还步，所睹比入时更显，垂乳列柱，种种满前，应接不暇，不自觉其足之不前也。洞之南不十步，又得一洞，亦直北而入，最后亦转而左，即昏黑不可辨，较之第一洞，正具体而微，然洞中瑰异宏丽之状，十不及一二也。既出，见洞之右壁，一隙岈然若门。侧身而入，其门高五六尺，而阔仅尺五，上下二旁，方正如从绳挈矩，而槛桔之形，宛然斫削而成者。其内石色亦与外洞殊异，圆窦如月，侧隙如圭，玲珑曲折，止可蛇游猿倒而入。有风蓬蓬然从圆窦出，而忽昏黑一无所见，乃蛇退而返。出洞而南不十步，再得第三洞，则穹然两门，一东向，一南向，名合掌洞。中亦穹然明朗。初直北入，既而转右。转处有石柱洁白如削玉，上垂而为宝盖，绡围珠络，形甚瑰异。从此东折渐昏黑，两旁壁亦渐狭，而其上甚高，亦以无火故，不能烛其上层，而下则狭者复渐低，不能容身而出。自是而南，凌空蜚云之石，俱受大斧烈焰之剥肤矣。

【译文】

面向东的第一个洞在穹隆的崖壁之下，洞左一块突立的岩石挡在山洞侧面。由洞口进去，穹隆而高大，十几丈后，洞顶忽然间向空中盘绕而起，四周都是陡削的石壁向下悬垂，如万丈长的丝绢，拖拽着的薄纱，回绕着的帷幔，从天而降的样子。石壁上面又有吐着云气的孔洞嵌在高空，结成海市蜃楼般的楼阁，其中有一个石窍直通到山顶，天上的亮光直接落入洞底，日光斜斜地照射着上层，抬头望那里，好像有仙人神灵在那上面游戏一样，遗憾没有十丈长的梯子，凌空置身于其中了。由此处往北深入，左右都有螺旋状的石室，花瓣样穿透的石门，趴伏着的猛兽和下垂的旗帜，不胜枚举。而正洞内下垂着五重石门，第三重有石柱高举在中间，把石门剖为两半：正门在左边，洞中的亮光直接照射进来；旁门在右边，在黑暗中由别的石洞进去，来到第四重石门之内后与正洞会合。再进到第五重石门，大约已经进来半里路，可洞内平直，石门穹隆而起，光线还从遥远的地方射进来。到了此地道路忽然转向左边，再进入一道石门，黑暗得一无所见，只是觉得空洞洞的声音，比在明亮的地方更为宏大遥远罢了。想出来找来火把再进来，往回走后，能看见的东西比进来时更明显，下垂的石钟乳和排列着的石柱，种种姿态布满眼前，应接不暇，不自觉地双脚不会前移了。洞的南面不到十步的地方，又找到一个洞，也是笔直向北进去，最后面也是转向左边，马上昏黑得不能分辨东西，把它与第一个洞相比较，正是具体而微，然而洞中瑰丽奇异宏伟壮丽的形状，十分中不到一二分了。出来后，看见山洞的右边石壁上，有一条深邃的缝隙像门一样。侧身进去，这个石门高五六尺，可宽处只有一尺五，上下两旁，方方正正的，如同用墨线曲尺测量过凿成的，而且石门槛的形状，宛如斧劈刀削而成的样子。石缝内石头的颜色与外洞完全不同，圆圆的孔洞如月亮，侧边的缝隙如玉圭，玲珑曲折，只能像蛇一样游动或如猿猴一样倒退着进去。有风噗噗噗地从圆形的孔洞中吹出来，然而忽然间昏黑得一无所见，只好像蛇一样倒退着返回来。出洞后往南走了不到十步，又找到第三个洞，只见有穹然隆起的两个洞口，一个面向东，一个面向南，名叫合掌洞。洞中也是穹隆明朗。起初一直往北进去，随后转向右边。转弯处有根石柱洁白得像白玉削成的，上部垂下来成为一个宝盖，有如缀满串珠瓔珞的薄纱样的细石条围着，形态极为瑰丽奇异。从此处向东折进去渐渐昏黑下来，两旁的石壁也渐渐狭窄起来，可山洞的上方非常高，也是由于没有火把的缘故，不能照亮山洞的上层，而且下面的狭窄处又渐渐低矮下去，不能容身，便出来了。从这个洞往南走，凌空飞云的石山，表层全都遭受到大斧头和烈焰的砍凿和烧灼了。

仍从山下转而北，见其耸峭之胜，而四顾俱无径路。仍过东北龙氏居，折而西，遇一人引入后洞。是洞在山之北，甫入洞，亦有一洞窍上透山顶，其内直南入，亦高穹明敞。当洞之中，一石柱斜骞于内，作曲折之状，曰石树。其下有石棋盘。上有数圆子如未收者。俗谓“棋残子未收”。后更有平突如牛心、如马肺者，有下昂首而上、上垂乳而下者，欲接而又不接者。其内西转，云可通前洞而出，以黑暗无灯，且无导者，姑出洞外。

【译文】

仍然从山下转向北走，看见这里高耸峭拔的优美景色，但四面环顾都没有路。仍然经过东北方龙姓人家的居住地，折向西，遇见一个人带领我进入后洞。这个洞在山的北面，刚进洞时，也有一个洞穴上通到山顶，洞内一直向南进去，也很高大穹隆明朗宽敞。位于洞的中央，一根石柱斜斜地向洞内高举，作出曲折的形状，称为石树。石树下面有个石棋盘，上面有几颗圆圆的棋子像是没有收起来的样子。俗话说的“棋局残子未收”。后面更有平平地前突如牛心、如马肺的岩石，有的从下面向上抬起头、上面的石钟乳往下垂下来，想要接起来却又不相连接的。洞内向西转，据说可以通到前洞出去，由于黑暗没有灯火，并且没有领路的人，暂且出到洞外。

时连游四洞，日已下春，既不及觅炬再入，而洞外石片嶙峋，又觉空中浮动，益无暇俯幽扶闷矣。遂与静闻由石瓣中攀崖蹈隙而上。下瞰诸悬石，若削若缀，静闻心动不能从，而山下居人亦群呼无路不可登；余犹宛转峰头，与静闻各踞一石，出所携胡饼啖之，度已日暮，不及觅炊所也。既而下山，则山之西北隅，其焚削之惨，与东南无异矣。乃西过一涧，五里，入西山。循水口而入，又二里登将军坳，又二里下至西岭角，遂从大道西南行。五里，则大溪自南而来，绕永新城东北而去，有浮桥横架其上，过桥即永新之东关矣①。时余舟自还古转而北去，乃折而南，迂曲甚多，且溯流逆上，尚不能至，乃入游城中，抵暮乃出，舟已泊浮桥下矣。

【注释】

①永新：明为县，隶吉安府，即今永新县。

【译文】

当时一连游览了四个洞，夕阳已经西下，既来不及找来火把再次进洞，然而洞外嶙峋的石片，又觉得似乎是在空中浮动，愈加没有多余时间俯身去搜寻幽深隐秘的洞中了。于是与静闻由花瓣样的石片丛中攀着崖石踏着缝隙往上爬。往下俯瞰众多高悬的石片，像刀削出来的，如连缀上去的，静闻心跳不能跟随我，而且山下的居民也成群地呼叫着说没有路，不能攀登；我还是弯弯转转地走在峰头上，与静闻各人坐在一块岩石上，拿出随身带着的烧饼吃下，估计已经天晚，来不及去找做饭的地方了。继而下山，就见山的西北角，被焚烧砍凿的惨状，与东南一面没有不同的了。于是向西涉过一条山涧，五里，进入西山。沿着水口进去，又行二里登上将军坳，又走二里下到西面山岭的角落，便从大道往西南行。五里，就见大溪自南面流来，绕过永新县城的东北面后流去，有座浮桥横架在溪流上，过桥后就是永新县城的东关了。此时我乘坐的船从还古转向北去，随后才折向南，迂回曲折的路程太多，并且是溯溪流逆水而上，还未能到达县城，只好进到城中游览，到天黑才出城，船已经停泊在浮桥下了。

永新东二十里高山曰义山，横亘而南，为泰和、龙泉界。西四十里高山曰禾山，为茶陵州界。南岭最高者曰岭背，名七姬岭[①]，去城五十里，乃通永宁、龙泉道也[②]。永新之溪西自麻田来，至城下，绕城之南，转绕其东而北去。麻田去城二十里，一水自路江东向来，一水自永宁北向来[③]，合于麻田。

【注释】

①七姬岭：《明史·地理志》及乾隆本、"四库"本作"七溪岭"。今亦称七溪岭。

②永宁：明为县，隶吉安府，治今井冈山市所辖原宁冈县东北境的新城。龙泉：明为县，隶吉安府，治今遂川县。

③一水自永宁北向来："永宁"，季抄本作"水宁"，乾隆本、"四库"本作"永新"，皆有误。

【译文】

永新县城东面二十里处的高山叫做义山，往南横亘，成为泰和县、龙泉县的分界。西面四十里处的高山叫做禾山，是与茶陵州的分界处。南面的山岭最高处叫做岭背，名叫七姬岭，距离县城五十里，是通往永宁县、龙泉县的路。永新县的溪流自西面的麻田流来，流到城下，绕过县城的南面，转而绕过县城的东面后向北流去。麻田距离县城二十里，一条溪水从路江向东流来，一条溪水自永宁县向北流来，在麻田合流。

三十日　永新令闵及申以遏籴闭浮桥[①]，且以封印[②]，谩许开关而竟不至[3]。上午,舟人代为觅轿不得,遂无志永宁,而谋径趋路江。乃以二夫、一舟人分担行李。入东门,出南门,溯溪而西。七里,有小溪南自七姬岭来入。又西三里,大溪自西南破壁而出,路自西北沿山而入。又三里,西上草墅岭。三里,越岭而下为枫树,复与大溪遇。路由枫树西北越合口岭,八里至黄杨。溯溪而西,山径始大开,又七里,李田[4]。去路江尚二十里。日才下午,以除夕恐居停不便,即早觅托宿处,而旅店俱不能容。予方傍徨路口,有儒服者过而问曰:"君且南都人耶?余亦将南往留都[5],岂可使贤者露处于我土地!"揖其族人,主□其家。余问其姓,曰:"刘。"且曰:"吾兄亦在南都,故吾欲往。"盖指肩吾刘礼部也,名元震。始知刘为永新人,而兹其里闬云[6]。余以行李前往,遂同赴其族刘怀素家。其居甚宽整,乃村居之隐者,而非旅肆也。问肩吾所居,相去尚五里,遂不及与前所遇者晤。是日止行三十五里,因市酒肉犒所从三夫,而主人以村醪饮余[7],竟忘逆旅之苦。但彻夜不闻一炮爆竹声,山乡之寥寂,真另一天地也。晚看落日,北望高山甚近,问之,即禾山也。

【注释】

①遏籴(dí):阻止受灾的邻县来买粮食。籴,买进粮食。

②封印:停止办公事。田汝成《西湖游览志》:"除夕官府封印,不复签押,至新正三日始开。"

③谩(mán):欺骗。

④李田:今作"澧田",在永新县西境。

⑤留都:明初洪武、建文时建都南京,即今江苏南京市。自成祖北

迁后，皇帝常驻北京，则南京又称留都。

⑥里闬(hàn)：乡里。闬，巷门。

⑦村醪(láo)：农村制的汁滓混合的酒酿或浊酒。

【译文】

三十日　永新县的闵县令闵及申因为要阻止受灾的邻县来买粮食关闭了浮桥，并且因为过年停止办公，哄骗百姓准许开关，可竟然不来。上午，船夫替我去找轿子没有找到，便没有心思再去永宁县，而是打算径直赶到路江去。于是用两个挑夫、一个船夫分别挑着行李，进入东门，走出南门，溯溪流往西走。七里，有条小溪自南面的七姬岭流来汇入溪中。又向西三里，一条大溪自西南方冲破峡谷流出来，道路从西北方沿着山进去。又行三里，向西上登草墅岭。三里，越过草墅岭往下走是枫树，又与大溪相遇。道路由枫树往西北翻越合口岭，八里后到达黄场。溯溪流往西行，山间的小径开始变得十分宽阔，又行七里，到李田。距离路江还有二十里。日头才到下午，因为是除夕担心住宿不方便，马上早早地寻找投宿的地方，可旅店都不接纳。我正在路口徘徊，有个穿着儒生服装的人路过并问我说："先生您是南京人吗？我也是即将向南前往留都南京，怎么能让贤士露宿在我们的土地上！"向他的族人作揖致礼，让我住在他家。我询问他的姓氏，回答说："姓刘。"并说："我兄长也在南京，所以我想去一趟。"原来他指的是礼部的刘肩吾，名叫刘元震。这才知道刘肩吾是永新县人，而这里就是他的家乡了。我让行李走在前面，便一同前往他的族人刘怀素家。刘怀素的居所非常宽敞整洁。是隐居的人住的村屋，而不是旅店。打听刘肩吾的居所，相距还有五里路，这样就来不及与前边遇见的那个人见面。这一天只走了三十五里路，于是买酒肉来犒劳跟随我的三个夫役，而主人拿出村中自酿的浊酒给我喝，竟然忘记了客居旅途中的辛苦。只是整夜没听见一声爆竹的响声，山乡中的寂寥，真是另外一片天地了。傍晚观看落日时，望见北面的高山离得很近，一打听，那就是禾山了。

丁丑正月初一日[1] 晓起，晴丽殊甚。问其地，西去路江二十里，北由禾山趋武功百二十里，遂令静闻同三夫先以行李往路江，余同顾仆挈被直北入山。其山不甚高，而土色甚赤。升陟五里，越一小溪又五里，为山上刘家。北抵厚堂寺，越一小岭，始见平畴，水田漠漠。乃随流东北行五里，西北转，溯溪入山。此溪乃禾山东北之水，其流甚大。余自永城西行，未见有大水南向入溪者，当由山上刘家之东入永城下流者也。北过青堂岭西下，复得平畴一坞，是为十二都。西溯溪入龙门坑[2]，溪水从两山峡中破石崖下捣，连泄三四潭。最下一潭深碧如黛，其上两崖石皆飞突相向。入其内，复得平畴，是为禾山寺。寺南对禾山之五老峰，而寺所倚者，乃禾山北支复起之山也，有双童石高峙寺后山上[3]。盖禾山乃寺西主山，而五老其南起之峰，最为耸拔。余撮其大概云："双童后倚，五老前揖。"二山即禾山、五老。夹凹中有罗汉洞，闻不甚深，寺僧乐庵以积香出供，且留为罗汉、五老之游。余急于武功，恐明日穷日力不能至，请留为归途探历，遂别乐庵，北登十里坳。其岭升陟共十里而遥，登岭时，西望寺后山巅，双童骈立，峰若侧耳耦语然。越岭北下，山复成坞，水由东峡破山去，坞中居室鳞比，是名铁径[4]。复从其北越一岭而下，五里，再得平畴，是名严堂，其水南从岭西下铁径者也。由严堂北五里，上鸡公坳，又名双顶。其岭甚高，岭南之水南自铁径东去，岭北之水则自陈山从北溪出南乡，鸡公之北即为安福界[5]。下岭五里至陈山[6]，日已暮，得李翁及泉留宿焉。翁方七十，真深山高隐也。

【注释】

①丁丑：崇祯十年(1637)。

②龙门坑：今作“龙门”，在永新县西北境。

③有双童石高峙寺后山上：“双童”，原误作“双重”。下文有“双童后倚”句可证，据改。

④铁径：今作“铁镜”，在永新县西北隅。

⑤安福：明为县，隶吉安府，即今安福县。

⑥陈山：今名同，在安福县西南隅。

【译文】

丁丑年正月初一日　拂晓起床，天空非常晴朗明丽。打听这个地方的情况，西面距离路江有二十里，北面经由禾山前往武功山有一百二十里，于是命令静闻连同三个脚夫先把行李送往路江，我同顾仆带着被子一直向北进山。这里的山不怎么高，可泥土的颜色非常红。爬升了五里，越过一条小溪后又行五里，是山上刘家。往北抵达厚堂寺，越过一座小岭，开始见到平旷的田野，水田密布。于是顺着溪流往东北行五里，转向西北，溯溪流进山。这条溪流是禾山东北面的水流，水流非常大。我从永新县城往西走，没见到有大的溪流向南流入永新县的大溪中，这条溪流应当是由山上刘家的东面流入永新县城大溪的下游。往北越过青堂岭向西下走，又见到一个田野平旷的山坞，这里是十二都。向西溯溪流进入龙门坑，溪水从两山的峡谷中冲破石崖向下奔泻，一连泄下三四个深潭。最下面的一个水潭渊深碧绿如黛，水潭上方两面的崖石都是飞空前突相向。进入龙门坑内，又有平旷的田野，这里是禾山寺。禾山寺南边面对着禾山的五老峰，而寺院所背靠的山，是禾山北延的支脉再度耸起的山了，有块双童石高高耸峙在寺后的山上。大体上禾山是寺院西面的主山，而五老峰是寺院南面耸起的山峰，最为高耸峭拔。我摘取寺院地形的大概情况，认为：“双童石紧靠在后面，五老峰拱立在前方。”两座山即禾山、五老峰。相夹的凹地中有个罗汉洞，听说不是很深，寺里的僧人乐庵从厨房拿出食物供给我们，并且挽留我去游览罗汉洞、五老峰。我急着去武功山，担心明天尽力走一整天都不能到达，请求留作归途中的探寻游历之处，便辞别了乐庵，往北上登十里坳。这座岭远远地攀登了共十里路，登岭时，向西望见寺后的山顶上，双童石并排矗立，两座石峰如侧着耳朵相对私语的样子。越过山岭往北下走，山中又形成山坞，水由东面的峡谷中破开山流去，山坞中居民房屋鳞次栉比，这里名叫铁径。又从铁径北面越过一座岭往下走，五里，再次遇到平旷的田野，这里名叫严堂，这里的水向南从山岭西面下流到铁径。由严堂向北五里，登上鸡公坳，又叫双顶。这座岭非常高，岭南的水往南从铁径向东流去，岭北的水则是从陈山由北溪下流到南乡，鸡公坳的北面就是安福县的辖境。下岭后五里来到陈山，天色已是傍晚，遇到李及泉老翁留宿在村中。李翁刚好七十岁，真正是深山中的高人隐士。

初二日　晨餐后，北向行。其南来之水，从东向破山去，又有北来之水，至此同入而东，路遂溯流北上。盖陈山东西俱崇山夹峙，而南北开洋成坞，四面之山俱搏空溃壑，上则亏蔽天日，下则奔坠峭削，非复人世所有矣。五里，宛转至岭上。转而东，复循山北度岭脊，名庙山坳，又名常冲岭。其西有峰名乔家山，石势嵯峨，顶有若屏列、若人立者，诸山之中，此其翘楚云[1]。北下三里，有石崖兀突溪左，上有纯石横竖，作劈翅回翔之状，水从峰根坠空而下者数十丈。但路从右行，崖畔丛茅蒙茸，不能下窥，徒闻捣空振谷之响而已。下此始见山峡中田塍环壑，又二里始得居民三四家，是曰卢子泷。一溪自西南山峡中来，与南来常冲之溪合而北去，泷北一冈横障溪前，若为当关。溪转而西，环冈而北，遂西北去。路始舍涧，北过一冈。又五里，下至平畴，山始大开成南北两界，是曰台上塘前，而卢子泷之溪，复自西转而东，遂成大溪，东由洋溪与平田之溪合。乃渡溪北行，三里至妙山，复入山峡，三里至泥坡岭麓，得一夫肩行李。五里，北越岭而下，又得平畴一壑，是曰十八都。又三里，有大溪亦自西而东，乃源从钱山洞北至此者，平田桥跨之。度平田桥北上相公岭，从此迢遥直上，俱望翠微，循云崖。五里，有路从东来合，又直上十里，盘陟岭头，日炙如釜，渴不得水。久之，闻路下淙淙声，觅莽间一窦出泉，掬饮之。山坳得居落，为十九都门家坊。坊西一峰甚峻，即相公岭所望而欲登者，正东北与香炉峰对峙，为武功南案。日犹下午，恐前路崎岖，姑留余力而止宿焉。主人王姓，其母年九十矣。

【注释】

①翘(qiáo)楚：最好的。

【译文】

初二日　早餐后，向北行。陈山南面流来的水，从东面破开山流去，又有北面流来的水，流到此地汇入后一同往东流去，道路便溯水流往北上行。原来陈山的东西两面全是高山夹峙着，但南北两面十分开阔形成山坞，四面的山都是上面搏击高空，下面崩塌为壑谷，上面遮蔽天日，下面则是崩塌下陷，峭拔陡削，不再是人世间所有的景象了。五里，曲曲折折来到岭上。转向东，又沿着山脉往北延伸的岭脊走，名叫庙山坳，又叫常冲岭。岭脊西面有座山峰名叫乔家山，石山姿态嵯峨，山顶上有像屏风排列、像人站立的岩石，群山之中，这座山是这里最美的。往北下走三里，有座石崖突兀地矗立在溪流左岸，上面有清一色横七竖八的岩石，作出展翅翱翔的形状，水流从山峰底部坠入空中下泻的高度有几十丈。只是道路从右岸走，山崖侧畔丛生的茅草蒙蒙茸茸的，不能向下窥视，只能听见水流从空中冲捣而下震撼山谷的响声而已。走下此地才看见山峡中田地环绕着壑谷，又行二里后才见到三四家居民，这里叫卢子泷。一条溪流自西南方的山峡中流来，与南面常冲岭流来的溪水合流后往北流去，卢子泷北面一座山冈横挡在溪流前方，像是为村庄把守关口的样子。溪流转向西，环绕着山冈往北流，随后向西北流去。道路开始离开山涧，向北越过一座山冈。又行五里，下到平旷的田野中，山势开始十分开阔，形成南北两列山，这里名叫台上塘前，而卢子泷流来的溪流，又自西转向东流，于是成为一条大溪，向东经由洋溪与平田的溪流合流。于是渡过溪流往北行，三里到达妙山，再次走入山峡，三里来到泥坡岭的山麓，雇到一个脚夫挑行李。五里，向北越岭后下走，又见到一个满是平旷田野的壑谷，这里名叫十八都。又行三里，有条大溪也是自西向东流，是从钱山洞北面发源流到此地的溪流，平田桥横跨在溪流上。走过平田桥向北上登相公岭，从此地起远远地一直上登，望见的都是一片葱翠，沿着入云的山崖走。五里，有条路从东边过来会合，又一直上登十里，盘旋攀登在岭头，太阳烤得如同在热锅中，口渴找不到水。很久之后，听见道路下方有淙淙的水声，在丛莽中找到流出泉水的小洞，用双手捧水喝下。在山坳中见到个村落，是十九都的门家坊。门家坊西面的一座山峰非常险峻，就是在相公岭上望见想要去攀登的山峰，东北方正正地与香炉峰对峙，是武功山南面的案山。此时还是下午，担心前面道路崎岖，姑且保留剩余的力气便停下来住宿在这里。房主人姓王，他的母亲年纪有九十岁了。

初三日　晨餐后行，云气渐合，而四山无翳。三里，转而西，复循山向北，始东见大溪自香炉峰麓来，是为湘吉湾。又下岭一里，得三四家。又登岭一里，连过二脊，是为何家坊。有路从西坞下者，乃钱山之道①，水遂西下而东，则香炉烽之大溪也；有路从北坳上者，乃九龙之道；而正道则溯大溪东从夹中行。二里，渡溪循南崖行，又一里，茅庵一龛在溪北，是为三仙行宫。从此渐陟崇冈，三里，直造香炉峰。其崖坳时有细流悬挂，北下大溪去。仰见峰头云影渐朗，亟上跻，忽零雨飘扬。二里至集云岩，零雨沾衣，乃入集云观少憩焉。观为葛仙翁栖真之所[2]，道流以新岁方群嬉正殿上，殿止一楹，建犹未完也。其址高倚香炉，北向武功，前则大溪由东坞来，西向经湘吉湾而去，亦一玄都也[3]。时雨少止，得一道流欲送至山顶，遂西至九龙，乃冒雨行半里，渡老水桥，复循武功南麓行，遂上牛心岭。五里，过棋盘石，有庵在岭上。雨渐大，道流还所畀送资，弃行囊去。盖棋盘有路直北而上，五里，经石柱风洞，又五里，径达山顶，此集云登山大道也；由小径循深壑而东，乃观音崖之道。余欲兼收之，竟从山顶小径趋九龙，而道流欲仍下集云，从何家坊大路，故不合而去。余遂从小径冒雨东行。从此山支悉从山顶隤壑而下，凸者为冈，凹者为峡，路循其腰，遇冈则跻而上，遇峡则俯而下。由棋盘经第二峡，有石高十余丈竖峰侧，殊觉娉婷。其内峡中突崖丛树，望之甚异，而曲霏草塞[4]，无可着足。又循路东过三峡，其冈下由涧底横度而南，直接香炉之东。于是涧中之水遂分东西行，西即由集云而出平田，东即由观音崖而下江口[5]，皆安福东北之溪也。于是又过两峡。北望峡内俱树木蒙茸，石崖突兀，时见崖上白幌如拖瀑布，怪无飞动之势，细玩之，俱僵冻成冰也。然后知其地高寒，已异下方，余躞蹀雨中不觉耳。共五里，抵观音崖，盖第三冈过脊处正其中也。观音崖者，一名白法庵，为白云法师所建，而其徒隐之扩而大之。盖在武功之东南隅，其地幽僻深窈，初为山牛野兽之窝，名牛善堂；白云鼎建禅庐，有白鹦之异，故名白法佛殿。前有广池一方，亦高山所难觏者[⑥]。其前有尖峰为案，曰箕山，乃香炉之东又起一尖也。其地有庵而无崖，崖即前山峡中亘石，无定名也。庵前后竹树甚盛，其前有大路直下江口，其后即登山顶之东路也。时余衣履沾透，亟换之，已不作行计。饭后雨忽止，遂别隐之，由庵东跻其后。直上二里，忽见西南云气浓勃奔驰而来，香炉、箕山倏忽被掩，益厉顾仆竭蹶上跻。又一里，已达庵后绝顶，而浓雾弥漫，下瞰白云及过脊诸冈峡，纤毫石可影响[⑦]，幸霾而不雨。又二里，抵山顶茅庵中，有道者二人，止行囊于中。三石卷殿即在其上，咫尺不辨。道者引入叩礼，遂返宿茅庵。是夜风声屡吼，以为已转西北，可幸晴，及明而弥漫如故。

【注释】

①钱山：今名同，在安福县西隅。

②葛仙翁：即葛玄（164—244），葛洪的从祖父，丹阳句容（今江苏句容）人，三国时吴的方士。

③玄都：神仙所居的地方。

④曲霏草塞："四库"本、丁本作"石滑草塞"。

⑤江口：今名同，在安福县西境。

⑥亦高山所难觏（gòu）者：原脱"觏"字，据"四库"本补。觏，遇见。

⑦纤毫石可影响："石"，疑为"无"。

【译文】

初三日　早餐后上路，云气渐渐合拢，可四面的山没有被遮蔽。三里，转向西，又沿着山向北走，开始看见东面有条大溪自香炉峰的山麓流来，这里是湘吉湾。又下岭一里，见到三四户人家。又登岭一里，接连越过两条山脊，这里是何家坊。有条路从西面的山坞中下走的，是去钱山的路，水流于是自西往东下流，那便是香炉峰流来的大溪了；有条路从北面的山坳上走的，是去九龙的路；而到武功山的正路则是溯大溪向东从夹谷中前行。二里，渡过溪流沿着南面的山崖走，又行一里，有一间茅草建盖的寺庵在溪流北岸，那是三仙行宫。从此地起逐渐上登高冈，三里，直接到达香炉峰下。香炉峰的崖壁上和山坳间不时有细小的水流悬挂着，向北下流到大溪中去。仰面望见峰头的云影逐渐变晴朗，急忙上登，忽然零星小雨飘飘扬扬下起来。二里后到达集云岩，零星细雨打湿了衣服，便进入集云观稍作休息。集云观是葛仙翁修真养性的场所，道士们因为过新年正成群地在正殿上嬉戏，大殿只有一开间，营建还没有完工。集云观的基址高高地背靠着香炉峰，北边面向武功山，前方则是一条大溪从东面的山坞中流来，向西流经湘吉湾后流去，也是一处神仙居住的好地方了。此时雨暂时停了一会，遇到一个道士想要送我们到山顶，就向西来到九龙，于是冒雨前行半里，跨过老水桥，再沿着武功山的南麓前行，随后上登牛心岭。五里，经过棋盘石，有座寺庵在岭上。雨渐渐大起来，那道士退还了我给他的送行的费用，丢下行李离开了。原因是从棋盘石有条路直接向北上登五里，途经石柱风洞，再走五里，径直抵达山顶，这是从集云观登山的大路；由小径沿着幽深的壑谷往东走，是去观音崖的路。我想把两地兼收进去，竟然从山顶的小径赶到九龙，但道士想仍然下到集云观，从何家坊的大路走，所以意见不合便离开了。我于是从小径冒雨往东行。从此地起山的支脉全都是从山顶向壑谷中坠落而下，凸起的地方成为山冈，下凹的地方形成峡谷，道路沿着山腰走，遇到山冈就往上攀登，遇见峡谷便俯身往下走。

由棋盘石途经的第二条峡谷中,有块岩石高十多丈,竖立在山峰侧旁,觉得姿态很是优美。这块岩石以内的峡谷中,石崖突兀树木丛生,望过去非常奇异,但峡谷曲折,大雨霏霏,草木塞路,无处可以落脚。又沿着道路向东经过第三个峡谷,从这里的山冈下经由山涧底部往南横穿过去,径直接近了香炉峰的东麓。在这里山涧中的水便分为东西两面流淌,向西流的就是经由集云观后流到平田的溪流,往东流的就是经由观音崖后下流到江口的溪流,都是安福县东北境的溪流了。从这里又经过两条峡谷。向北望去,峡谷内全是葱茏的树木,石崖突兀,不时可见到石崖上下拖着如白色帷幔的瀑布,奇怪瀑布没有飞动的气势,仔细玩赏观察,原来全都冻成僵硬的冰了。这样才知道这里地势高寒,已经不同于下方,我在雨中碎步前行没有察觉到罢了。共行五里,抵达观音崖,原来是第三座山冈的山脊延伸过来之处,正好位于山脊的中段。观音崖这地方,又叫白法庵,是白云法师创建的,而后他的徒弟隐之扩大了寺庵的规模。大概是在武功山的东南角,这个地方幽静偏僻,深邃杳渺,最初是山牛野兽的窝,名叫牛善堂;白云法师鼎力创建禅寺,有白色鹦鹉出现的奇异景象,所以起名叫白法佛殿。殿前有一个宽大的水池,也是高山中难以遇见的地方。白法庵前方有座尖峰成为案山,叫做箕山,是香炉峰的东面再度耸起的一座尖峰。此地有庵没有崖,崖就是前面山峡中绵亘着石崖,没有固定的名称。寺庵前后竹丛树木非常茂盛,庵前有条大路直接下到江口,庵后就是上登武功山山顶的东路了。这时我的衣服鞋子湿透了,急忙换了衣鞋,已经不再打算继续走。饭后雨忽然停了,便告别了隐之,由寺庵东边登上寺庵的后面。一直上走二里,忽然看见西南方有浓郁的云气奔驰而来,香炉峰、箕山倏忽之间被笼罩起来,我于是更加鼓励顾仆竭力跌跌绊绊地上登。又行一里,已抵达寺庵后山的绝顶,然而浓雾弥漫,下瞰白云法师所建的庙宇以及山脊延过的众多山冈峡谷,看不见丝毫影子,幸好只有雾霾却没有下雨。又行二里,抵达山顶的茅草庵中,有两个道士,把行装停放在庵中。三石卷殿就在茅草庵的上边，咫尺之间都分辨不出来。道士带领我进殿叩拜行礼，于是返回茅草庵中住宿。这一夜多次听到风声怒吼，以为风向已转为西北风，可以期望天气转晴，到天明时却是浓雾弥漫与昨天一样。

武功山东西横若屏列①。正南为香炉峰，香炉西即门家坊尖峰，东即箕峰。三峰俱峭削，而香炉高悬独耸，并列武功南，若棂门然②。其顶有路四达：由正南者，自风洞石柱，下至棋盘、集云，经相公岭出平田、十八都为大道，余所从入山者也；由东南者，自观音崖下至江口，达安福；由东北者，二里出雷打石，又一里即为萍乡界，下至山口达萍乡③；由西北者，自九龙抵攸县；由西南者，自九龙下钱山，抵茶陵州，为四境云。

【注释】

①武功山：今名同，蜿蜒在安福、莲花与萍乡界上。前为香炉峰，后为九龙山，连接泸潇山（又作“罗霄山”）。中间三峰并列，最高峰为白鹤峰，海拔1918米。东隅有观音崖，西垂有九龙寺。

②棂（líng）门：即棂星门。通常在学官孔庙及一些道观前的大门皆称棂星门。

③萍乡：明为县，隶袁州府，即今萍乡市。

【译文】

武功山像排列着的屏风一样东西向横亘着。正南方是香炉峰，香炉峰的西面就是门家坊所在的尖峰，东面就是称为箕山的尖峰。三座山峰全都峭拔陡削，可唯独香炉峰高悬耸立，并列在武功山的南面，好像棂星门的样子。山顶有路通往四方：由正南方走的，从风洞石柱，下到棋盘石、集云观，途经相公岭出到平田、十八都，是大道，这就是我顺着进山的路了；由东南方走的，从观音崖下到江口，通到安福县；由东北方走的，二里后出到雷打石，再走一里就是萍乡县的边界，下到山口通到萍乡县城；由西北方走的，从九龙到攸县；由西南方走的，从九龙下到钱山，抵达茶陵州。这是武功山的四境了。

初四日　闻夙霾未开，僵卧久之。晨餐后方起，雾影倏开倏合。因从正道下，欲觅风洞石柱。直下者三里，渐见两旁山俱茅脊，无崖岫之奇，远见香炉峰顶亦时出时没，而半山犹浓雾如故。意风洞石柱尚在二三里下，恐一时难觅，且疑道流装点之言，即觅得亦无奇，遂乘未雨仍返山顶，再饭茅庵，先往九龙[1]。乃从山脊西行，初犹渺漫，已而渐开。三里稍下，度一脊，忽雾影中望见中峰之北矗崖崭柱，上刺层霄，下插九地，所谓千丈崖。百崖丛峙回环，高下不一，凹凸掩映。隤北而下，如门如阙，如幢如楼，直坠壑底，皆密树蒙茸，平铺其下。然雾犹时时笼罩，及身至其侧，雾复倏开，若先之笼，故为掩袖之避，而后之开，又巧为献笑之迎者。盖武功屏列，东、西、中共起三峰，而中峰最高，纯石，南面犹突兀而已，北则极悬崖回崿之奇。使不由此而由正道，即由此而雾不收，不几谓武功无奇胜哉！共三里，过中岭之西，连度二脊，其狭仅尺五。至是南北俱石崖，而北尤崭削无底，环突多奇，脊上双崖重剖如门，下隤至重壑。由此通道而下，可尽北崖诸胜，而惜乎山高路绝，无能至者。又西复下而上，是为西峰。其山与东峰无异，不若中峰之石骨棱嶒矣。又五里，过野猪洼。西峰尽处，得石崖突出，下容四五人，曰二仙洞。闻其上尚有金鸡洞，未之入也。于是山分两支，路行其中。又西稍下四里，至九龙寺。寺当武功之西垂，崇山至此忽开坞成围，中有平壑，水带西出峡桥，坠崖而下，乃神庙时宁州禅师所开[②]，与白云之开观音崖，东西并建者。然观音崖开爽下临，九龙幽奥中敞，形势固不若九龙之端密也。若以地势论，九龙虽稍下于顶，其高反在观音崖之上多矣。寺中僧分东西两寮，昔年南昌王特进山至此，今其规模尚整。西寮僧留宿，余见雾已渐开，强别之。出寺，西越溪口桥，溪从南下。复西越一岭，又过一小溪，二溪合而南坠谷中。溪坠于东，路坠于西，俱垂南直下。五里为紫竹林，僧寮倚危湍修竹间，幽爽兼得，亦精蓝之妙境也[③]。从山上望此，犹在重雾中；渐下渐开，而破壁飞流，有倒峡悬湍之势[④]。又十里而至卢台，或从溪右，或从溪左，循度不一，靡不在轰雷倒雪中。但涧崖危耸，竹树翳密，悬坠不能下窥，及至渡涧，又复平流处矣。出峡至卢台，始有平畴一壑，乱流交涌畦间，行履沾濡。思先日过相公岭，求滴水不得；此处地高于彼，而石山潆绕，遂成沃泽。盖武功之东垂，其山乃一脊排支分派；武功之西垂，其山乃众峰耸石攒崖，土石之势既殊，故燥润之分亦异也。夹溪四五家，俱环堵离立，欲投托宿，各以新岁宴客辞。方徘徊路旁，有人一群从东村过西家，正所宴客也。中一少年见余无宿处，亲从各家为觅所栖，乃引至东村宴过者，唐姓家。得留止焉。是日行三十里。

【注释】

①遂乘未雨仍返山顶，再饭茅庵，先往九龙：原脱“乘未雨”、“先往九龙”数字，据“四库”本补。

②神庙：即明神宗朱翊钧，共在位四十八年，时为1572—1620年。

③精蓝：又作“净蓝”，即伽蓝，为梵语“僧伽蓝摩”的省音译，意为“众园”或“僧院”。为佛教寺院的通称。

④有倒峡悬湍之势：原作“有倒峡悬崖湍之势”，衍“崖”字，据“四库”本、丁本删。

【译文】

初四日　听说早晨的雾霾还没有散开，僵直地在床上躺了很久。早餐后才起床，雾气倏地散开倏地合在一起。我因此从正路下山，想要去找风洞石柱。一直下走三里，渐渐见到两旁的山都是些长满茅草的山脊，没有悬崖峰峦的奇异景色，远远望见香炉峰的峰顶也是时而出现时而隐没，可山的半中腰浓雾依然如故。料想风洞石柱还在二三里路的下方，担心一时难以找到，并且怀疑道士说的是些装神弄鬼的话，即便找到后也没有奇特之处，便乘着没有下雨仍然返回山顶，再次在茅草庵吃了饭，先去九龙。于是从山脊上往西行，起初还大雾弥漫，不久渐渐散开。三里逐渐下走，越过一条山脊，忽然间在雾影中望见中峰的北面有矗立的石崖和高峻的石柱，向上刺入层层云霄，下面插入九层地府中，那就是所谓的千丈崖了。上百座石崖丛集耸峙，曲折环绕，高低不一，凹凸错杂，相互掩映。向北坠落而下，如大门，如宫阙，如幛子，如楼阁，一直下坠到壑谷底，都是浓密葱茏的树木，平铺在壑谷下方。然而雾气还时不时地笼罩着，等到人走到石崖侧边时，雾气又忽然间散开，好像先前雾气的笼罩，是女人故意用袖子遮脸回避生人，而后来雾气散开，又好像是巧妙地呈现出笑脸迎接客人的样子。武功山像屏风一样排列着，东面、西面和中间共耸起三座山峰，而中峰最高，是清一色的石山，南面还只是山势突兀而已，北面则是极尽了悬崖回绕的奇观。假使没有从这条路来而是从正路走，即便由此地走而雾气没有散开，不是几乎要认为武功山没有奇异优美的景色了吗！共行三里，经过中间一座山岭的西面，一连越过两条山脊，山脊狭窄得仅有一尺五。到了这里南北两面都是石崖，而北面尤为高峻陡削，没有底，环绕突兀，奇景很多，山脊上两面的石崖像门一样一重重剖开，下坠到深壑中。经由这个通道往下走，可以把北面石崖的各处胜景看完，但可惜山高路断，没有能去到的人。又往西再次下走后上登，这里是西峰。这座山与东峰没有差异，不像中峰那样是骨状的岩石棱角分明高峻突兀了。又行五里，路过野猪洼。西峰的尽头处，见到一处突出来的石崖，下面能容下四五个人，叫做二仙洞。听说石崖上面还有个金鸡洞，没进这个洞了。在这里山脉分为两条支脉，道路从两山中间前行。又向西逐渐下行四里，到达九龙寺。九龙寺在武功山的西垂，高山到了这里忽然开阔起来围成山坞，中间有平坦的壑谷，水流像带子一样向西从峡谷中的桥下流出去，从山崖上坠落下去。寺院是神宗时宁州禅师创建的，与白云法师创建的观音崖，一同在东西两面开建。然而观音崖地势开阔明亮居高临下，九龙寺幽深隐秘中间宽敞，地形当然不如九龙寺那样端正隐秘了。如果以地势来论，九龙寺虽然稍低于山顶，它的高度反而在观音崖的上面很多了。寺中的僧人分为东西两个僧房，从前南昌王特意进山来到这里，如今寺院的规模还很整齐。西面僧房中的僧人留我住宿，我见雾气已逐渐散开，坚决辞别了他们。出寺来，往西越过溪口的桥，溪水从桥下往南下流。又向西越过一座岭，再涉过一条小溪，两条溪水合流后往南坠入山谷中。溪流在东边下坠，道路在西边下坠，都是垂直往南下去。五里后是紫竹林，僧房依傍在危崖下湍急的溪流和修长的竹丛间，幽静和明亮兼有，也算是佛寺中一处绝妙的地方了。从山上远望此处，还在重重迷雾之中；逐渐下走雾气逐渐散开，而冲破石壁飞泻的流水，有着从峡谷中的悬崖上倾泻的湍急气势。又行十里后来到卢台，有时从溪流右岸走，有时从溪流左岸走，沿着溪流不止一次渡过溪流，无处不是在雷鸣般轰响似雪花喷溅中前行。只是山涧中的山崖高耸，竹丛树木浓密地遮蔽着，不能向下窥见高悬深坠的溪流，等到渡过山涧时，又再次是水流平缓的地方了。走出峡谷来到卢台，才有一个满是平旷田野的壑谷，杂乱的水流交相涌流在田地间，行走时鞋子都湿透了。回想起前一天经过相公岭时，要找一滴水都找不到；此处的地势高于那里，而且石山环绕，潆洄的流水竟然形成了沃野泽国。原来是武功山的东垂，那里的山是一条山脊分出成排的支脉；武功山的西垂，那里的山是众多的山峰石崖高耸攒聚，土山和石山的地势既然不同，所以干燥湿润的差别也就不同了。夹住溪流又四五家人，都有围墙围绕着分别居住，想去投宿，各家都用新年宴请客人推辞了。正徘徊在路旁，有一群人从东村到村西的人家去，正是被宴请的客人了。其中有一个少年见我没有住宿的地方，亲自到各家各户去为我寻找栖身的场所，于是把我领到东村一户已经宴请过客人的人家，姓唐的人家。得以留宿在这里。这一天走了三十里路。

初五日　晨餐后，雾犹翳山顶。乃东南越一岭，五里下至平畴，是为大陂。居民数家，自成一壑。一小溪自东北来，乃何家坊之流也，卢台之溪自北来，又有沙盘头之溪自西北来，同会而出陈钱口。两山如门，路亦随之。出口即十八都、平田，东向大洋也[1]。大陂之水自北而出陈钱，上陂之水自西而至车江，二水合而东经钱山下平田者也。路由车江循西溪，五里至上陂，复入山。已渡溪南，复上门楼岭，五里越岭，复与溪会。过平坞又二里，有一峰当溪之中，其南北各有一溪，潆峰前而合，是为月溪上流。路从峰之南溪而入，其南有石兰冲，颇突兀。又三里登祝高岭，岭北之水下安福，岭南之水下永新。又平行岭上二里，下岭东南行二里，过石洞北，乃西南登一小山，山石色润而形巉。由石隙下瞰，一窟四环，有门当隙中，内有精蓝，后有深洞，洞名石城。洞外石崖四亘，崖有隙东向，庵即倚之。庵北向，洞在其左，门东北向，而门为僧闭无可入。从石上俯而呼，久之乃得入，因命僧炊饭，而余入洞，欲出为石门寺之行也。循级而下，颇似阳羡张公洞门②，而大过之。洞中高穹与张公并，而深广倍之。其中一冈横间，内外分两重，外重有巨石分列门口如台。当台之中，两石笋耸立而起。其左右列者，北崖有石柱矗立，大倍于笋，而色甚古穆，从石底高擎，上属洞顶。旁有隙，可环柱转。柱根涌起处，有石环捧，若植之盘中者。其旁有支洞。曲而北再进，又有一大柱，下若莲花，围叠成柱；上如宝幢，擎盖属顶；旁亦有隙可循转。柱之左另环一窍，支洞益穹。及出，饭后见洞甚奇，索炬不能，复与顾仆再入细搜之。出已暮矣，遂宿庵中。

【注释】

①东向大洋也："东"，本作"西"，据陈本、乾隆本、"四库"本改。

②阳羡：古县名，秦置，治今江苏宜兴市南。六朝时移治今宜兴。此用"阳羡"代称明代宜兴。

【译文】

初五日　早餐后，雾气还遮蔽着山顶。于是向东南越过一座岭，五里后下到平旷的田野中，这里是大陂。有几家居民，自然形成一个壑谷。一条小溪自东北方流来，是从何家坊流来的溪流了，卢台的溪水自北边流来，还有沙盘头的溪水自西北方流来，一同汇流后流出陈钱口。两面的山像门一样，道路也是顺着溪流走。走出陈钱口就是十八都、平田，东边面对着非常开阔的平地了。大陂的溪水自北而南流出陈钱口，上陂的溪水自西而来流到车江，两条溪水合流后往东流经钱山下流到平田。道路由车江沿着西面的溪流走，五里到达上陂，再次进山。不久渡到溪流南岸，再上登门楼岭，五里后越过山岭，再次与溪流会合。穿过平坦的山坞又走二里，有一座山峰挡在溪流中间，山峰的南北各有一条溪流，潆洄到山峰前面合流，这是月溪的上游。道路顺着山峰南面的溪流进去，溪流南岸有处石兰冲，石崖很是突兀。又行三里登上祝高岭，岭北的水下流到安福县，岭南的水下流到永新县。又平缓前行在岭上二里，下岭后往东南行二里，路过石洞的北边，于是向西南上登一座小山，山上的石头色泽温润但形态险峻。由石缝中向下俯瞰，有个四面环绕的洞窟，有道大门位于石缝中，门内有寺庵，后面有个深洞，洞的名字叫石城洞。洞外四面是石崖横亘着，石崖上有条面向东的缝隙，寺庵就背靠着石崖。寺庵面向北，洞在寺庵的左边，大门面向东北方，但大门被僧人关闭着无法进去。从石崖上俯身呼叫，很久后才得以进去，于是叫僧人做饭，而我进洞去，想要出洞后去石门寺。沿着台阶往下走，十分类似宜兴张公洞的洞口，然而大处超过张公洞。洞中高大穹隆的样子与张公洞一样，但深处宽处是张公洞的一倍。洞中一条石脊横隔在中间，被分为内外两重，外面一重有巨石分别排列在洞口如平台。在平台的中央，两根石笋耸立而起。石笋左右排列的，北边的石崖上有石柱矗立着，大处超过石笋的一倍，而且色泽十分古朴肃穆，从石洞底部高高举起，上边连着洞顶。旁边有缝隙，可以环绕着石柱绕着走。石柱根部涌起的地方，有环形的岩石捧着石柱，好像是栽种在盘子中的样子。石柱旁边有个支洞。弯弯曲曲地向北再进去，又有一根大石柱，下部好像莲花，层层叠叠围绕堆叠成石柱；上部如缀满珍宝的经幢，高举的顶盖连接着洞顶；四旁也有缝隙可以顺着绕着走。石柱的左边另外环绕着一个石窍，支洞中更加穹隆。到出洞时，饭后看见山洞非常奇异，未能找到火把，又与顾仆再次进入洞中仔细搜寻奇异的景色。出来时已是傍晚了，便住宿在庵中。

石城洞初名石廊；南陂刘元卿开建精蓝于洞口石窟中，改名书林；今又名石城，以洞外石崖四亘若城垣也。

【译文】

石城洞最初名叫石廊洞；南陂人刘元卿在洞口的石窟中创建了佛寺后，改名叫书林洞；今天又叫石城洞，是因为洞外石崖四面绵亘好像城墙一样。

初六日　晨起，雾仍密翳。晨餐毕，别僧宝林出，而雨忽至；仍返庵中，坐久之，雨止乃行。由洞门南越一岭，五里，其处西为西云山，东为佛子岭之西垂，望见东面一山中剖若门，意路且南向，无由一近观。又二里至树林，忽渡桥，路转而东。又一里，正取道断山间，乃即东向洋溪大道也①。盖自祝高岭而南，山分东西二界，中开大洋②，直南抵汤渡。其自断山之东，山又分南北二界，中开大洋，东抵洋溪。而武功南面与石门山之北，彼此相对，中又横架祝高至儿坡一层，遂分南北二大洋。北洋西自上陂合陈钱口之水，由钱山、平田会于洋溪；南洋西自断山至路口，水始东下，合石门东麓卢子垅之水，由塘前而会于洋溪。二溪合流曰洋岔，始胜舟而入安福。初望断山甚逼削，及入之，平平无奇，是名错了坳，其南即路口西下之水所出。由坳入即东南行，三里为午口。南上岭，山峡片石森立，色黑质秀如英石③。又二里，一小峰尖圆特立，土人号为天子地。乃东逾一岭，共五里，为铜坑。浓雾复霾，坑之上，即路口南来初起之脊也。由此南向黑雾中五里，忽闻溪声如沸，已循危崖峭壁上行，始觉转入山峡中也。雾中下瞰，峭石屏立溪上，沉黑逼仄，然不能详也。已而竹影当前，犬声出户，遂得石门寺，乃入而炊。问石门之奇，尚在山顶五里而遥，时雾霾甚，四顾一无所见，念未即开霁，余欲餐后即行。见签板在案，因诀之大士。得七签[④]，其由云："赦恩天下遍行周，敕旨源源出罪尤。好向此中求善果，莫将心境别谋求。"余曰："大士知我且留我，晴必矣。"遂留寺中。已而雨大作，见一行冲泥而入寺者，衣履淋漓，盖即路口之刘，以是日赴馆于此，此庵乃其所护持开创者。初见余，甚落落[⑤]，既而同向火，语次大合。师名刘仲珏，号二玉；弟名刘古心，字若孩。迨暮，二玉以榻让余，余乃拉若孩同榻焉。若孩年甫冠，且婚未半月，辄入山从师，亦可嘉也。

【注释】

①洋溪：今名同，在安福县西南境。

②洋：广的意思，即平洋大坝子。湖南、江西一带称山间展开的宽阔平地为洋。

③色黑质秀如英石："秀"，原作"峭"，据乾隆本改。英石，广东英德市特产的石头，上有峰峦岩洞，以皱瘦透秀皆备为最好，石色有微青、灰黑、浅绿、纯白数种。远销各地，供装点假山用。

④签(qiān)：旧时寺庙中所备以供向神佛卜问吉凶的竹片。竹上编列号数，按号以诗语回答卜者。

⑤落落：孤独而不遇合。

【译文】

初六日　早晨起床后，雾气仍然浓密地笼罩着。早餐完毕，辞别僧人宝林出来，可雨忽然来临；仍然返回庵中，坐等了很久，雨停了才上路。由洞口往南越过一座岭，五里，此处西面是西云山，东面是佛子岭的西垂，望见东面的一座山从中间像门一样剖开，心想道路将要向南走去，无从走近观览一下。又行二里来到树林，忽然过了一座桥，道路转向东去。又行一里，正好是取道断开的两座山之间，这就是向东通往洋溪的大道了。原来自祝高岭往南，山分为东西两列，中间是非常开阔的大平地，一直向南抵达汤渡。从那座断开的山的东面，山又分为南北两列，中间是非常开阔的大平地，东面直到洋溪。而武功山的南面与石门山的北面，彼此相对，中间又横架着祝高岭至儿坡的一层山脉，于是便被分隔成南北两块宽阔的大平地。北边那块大平地的水流自西面的上陂流来，汇合陈钱口的水，经由钱山、平田在洋溪汇流；南面那块大平地，从西面断开的山直到路口，水流才向东下流，汇合石门山东麓卢子垅的水流，经由塘前后在洋溪汇流。两条溪流合流后称为洋岔溪，才能承载船只，而后流入安福县。最初远望那断开的山，非常狭窄陡削，到进入断开的山中时，平平常常，没有奇特之处，这里名叫错了坳，错了坳的南边就是路口往西下流的溪水流出去的地方。由错了坳进去马上往东南行，三里后是午口。向南上岭，山峡中片状的岩石森林样矗立着，颜色是黑的，质地秀丽像英石。又行二里，一座又尖又圆的小山峰独自矗立着，当地人称为天子地。于是向东翻越一座岭，共有五里，是铜坑。浓雾又四处弥漫，铜坑的上面，就是从路口往南过来最初耸起的山脊了。由此地向南在浓黑的雾中前行五里，忽然听见溪中的水声像沸腾了一般，已经是在沿着悬崖峭壁上行走，这才察觉转进了山峡中了。从雾气中下瞰，峭拔的石壁屏风样矗立在溪流上方，深沉漆黑，十分狭窄，然而不能详细看清楚。随后，竹丛的影子面对着眼前，狗叫声从大门中传出来，便找到了石门寺，于是进入寺中做饭。打听到石门的奇景，还在山顶五里开外的远处，此时雾霾很大，四面环顾一无所见，考虑雾气未必马上就散开转晴，我打算吃饭后就动身。看见签板放在案桌上，因而祈求观音大士来决断。求到第七签，签上说："赦恩天下遍行周，敕旨源源出罪尤。好向此中求善果，莫将心境别谋求。"我说："观音大士了解我并且挽留我，天气必定转晴了。"于是便留在寺中。不久风雨大作，看见一行人从泥地里冲入寺院中，衣服鞋子雨水淋漓，原来就是路口的刘家人，在这一天赶到这里的书馆来，这座寺庵便是他们家保护支持开创的。刚见到我时，十分冷落，随后一同烤火，渐次谈得十分投机。老师名叫刘仲珏，别号二玉；弟子名叫刘古心，表字若孩。到天黑时，刘二玉把床让给我，我便拉着刘若孩同床睡下。刘若孩年龄刚到二十岁，并且新婚不到半个月，就进山从师学习，也值得赞美。

初七日　平明，闻言天色大霁者，余犹疑诸人故以此嘲余，及起果然。亟索饭，恐雾湿未晞①，候日高乃行。僧青香携火具，而刘二玉挈壶以行。迨下山，日色已过下午矣。予欲行，二玉曰："从此南逾岭，下白沙五里，又十五里而至梁上，始有就宿处。日色如此，万万不能及。"必欲拉余至其家。余从之，遂由旧路下，未及铜坑即北向去，共十里而抵其家，正在路口庙背过脊之中②。入门已昏黑，呼酒痛饮，更余乃就寝。其父号舞雩，其兄弟四人。

【注释】

①晞（xī）：干。

②路口：今名同，在莲花县东北隅，石门山北麓。

【译文】

初七日　天明时，听到有人说天气十分晴朗，我还怀疑是众人故意用这话来嘲弄我，到起床后果然如此。急忙要饭来吃了，担心雾气潮湿道路没干，等到太阳升得老高后才上路。僧人青香带上取火的用具，而刘二玉提着一把壶一同前行。到下了山，天色已经过了下午了。我想继续走，刘二玉说："从此地往南越岭，下到白沙有五里路，再走十五里后到梁上，才有投宿的地方。天色如此晚了，万万不可能赶到那里。"一定要拉我到他家去。我顺从了他，于是由原路下走，还没到铜坑就转向北去，共走十里后到达他家，正好在路口那座庙宇背后山脊经过之处的中间。进门时天已昏黑，叫家人拿酒来痛饮，一更天后才上床睡下。他的父亲别号叫舞雩，他们家兄弟四人。

初八日　二玉父子割牲设醴，必欲再留一日，俟其弟叔璿归，时往钱山岳家。以骑送余。余苦求别，迨午乃行。西南向石门北麓行，即向所入天子地处也。五里，有小流自铜坑北麓西北注山峡间，忽有乱石蜿蜒。得一石横卧涧上，流淙淙透其下，匪直跨流之石，抑其石玲珑若云片偃卧，但流微梁伏，若园亭中物，巧而不钜耳。过此，石错立山头，俱黝然其色，岈然其形，其地在天子地之旁，与向入山所经片峙之石连峰共脉也。又五里，逾冈而得大涧，即铜坑下流，是为南村。有一峰兀立涧北，是为洞仙岩。逾涧南循西麓行，其西为竺高南下之大洋，南村之南即为永新界。又五里遂与大路合。又五里，一大涧东自劳芳坳来[①]，坳在禾山绝顶西，北与石门南来之峰连列者。渡之而南，即为梁上。复南五里，连逾东来二涧，过青塘墅。又二里暮，宿于西塘之王姓家。

【注释】

①劳芳坳：元月初九日记作“牢芳”。依其地望，应即今良坊，在莲花县东北隅。

【译文】

初八日　刘二玉父子宰杀牲口摆下酒宴，必定要我再留一天，等候他的弟弟刘叔璿回来，此时刘叔璿前往钱山的岳父家。用马送我。我苦苦请求辞别，到中午才动身。往西南方朝着石门山的北麓前行，就是前两天我进入天子地经过的地方了。五里，有条小溪流自铜坑的北麓往西北流入山峡中，忽然有些蜿蜒的乱石。有一块岩石横卧在山涧上，流水淙淙地穿流在岩石下面，不是直接横跨在溪流上的石头，而是石质玲珑好像一片云一样躺卧着，只是水流细微桥梁低伏，好像园林亭榭中的景物，小巧却不太巨大罢了。过了此地，石块交错竖立在山头，都是黝黑的石色，形态深邃，这个地方在天子地的旁边，与前两天进山时经过的片状岩石耸峙的山峰是连在一起的一条山脉了。又行五里，越过山冈后遇到一条大山涧，这就是铜坑溪流的下游了，这里是南村。有一座山峰兀立在山涧北岸，那是洞仙岩。涉过山涧往南沿着山的西麓走，山的西面是从竺高南下的宽广的大平地，南村的南面就是永新县的边界。又行五里便与大路会合。又行五里，一条大山涧自东面的劳芳坳流来，劳芳坳在禾山绝顶的西面，是北面与石门山向南延伸过来的山峰相连并列的地方。渡过山涧往南走，就是梁上。再向南五里，接连越过东面流来的两条山涧，路过青塘墅。又走二里天黑了，住宿在西塘的王姓人家。

初九日　晨餐后，南行。西逾一北来之涧，即前东来之涧转而南者。共六七里，至汤家渡，始与大溪遇。此溪发源于祝高南，合南下所经诸涧，盘旋西山麓，至此东转始胜舟。渡溪南行，又五里为桥上。其处有元阳观、元阳洞，洞外列三门，内可深入，以不知竟去。前溪复自北而南。仍渡溪东，乃东向逾山，四里为太和，又四里逾一岭，已转行高石坳之南矣。小岭西为东阁坪，东为坑头冲，由坑南下二里，则大溪西自中坊东来。路随之东入山峡，又二里为龙山①，数家倚溪上。循溪东去，崖石飞突，如蹲狮奋虎，高瞰溪上。路出其下，滩石涌激上危崖，而飞沫殊为壮观。三里，山峡渐开，溪路出峡，南北廓然。又二里，溪转而南，有大路逾冈而东者，由李田入邑之路也；随溪南下者，路江道也。于是北望豁然无碍，见禾山高穹其北，与李田之望禾山无异也。始知牢芳岭之东，又分一支起为禾山；从牢芳排列南至高石坳者，禾山西环之支，非即一山也。禾山西南有溪南下，至此与龙山大溪合而南去，路亦随之。五里至龙田②，溪转东行，溪上居肆较多他处。渡溪，循溪南岸东向行。三里，溪环东北，路折东南，又三里，溪自北来复与路遇，是为路江③。先是与静闻约，居停于贺东溪家，至路江问之，则前一里外所过者是；乃复抵贺，则初一日静闻先至路江，遂止于刘心川处；于是复转路江。此里余之间，凡三往返而与静闻遇。

【注释】

①龙山：今作“龙山口”，在莲花县东南隅，禾水上游北岸。

②龙田：今仍作“龙田”，在永新县西隅，禾水上游东岸。

③路江：依地望应在今永新县西境、禾水上游南岸两水汇合处的湖田。

【译文】

初九日　早餐后，往南行。向西涉过一条北边流来的山涧，就是先前东面流来的山涧转向南流的山涧。共六七里，到达汤家渡，开始与大溪相遇。这条大溪发源于祝高岭南面，汇合南下流经地的众多山涧，环绕过西山的山麓，流到此地向东转后才能承载船只。渡过溪流往南行，又走五里是桥上。此处有元阳观、元阳洞，洞外排列着三个洞口，洞内可以深入，因为不知道竟然离开了。前边的那条溪流又自北往南流去。仍然渡到溪流东岸，便向东翻山，四里是太和，又行四里越过一座岭，已经转向行走在高石坳的南面了。小山岭的西面是东阁坪，东面是坑头冲，由坑头冲往南下走二里，就见一条大溪自西面的中坊向东流来。道路顺着大溪向东进入山峡中，又行二里是龙山，几家人依傍在溪流上。沿着溪流往东进去，崖石飞突，如蹲坐着的狮子和奋起的猛虎，高高地在溪流上方俯瞰着。道路经过石崖的下方，河滩上乱石交错，汹涌的激流冲激到高险的石崖上，而飞溅的水沫极为壮观。三里，山峡逐渐开阔起来，溪流和道路都出了峡谷，南北两面非常开阔。又行二里，溪流转向南流去，有条大路翻越山冈往东走的，是经由李田进入县城的路；顺着溪流南下的，是去路江的路。在这里向北望去，豁然开阔起来，没有障碍，只见禾山高高地在开阔地的北边耸起，与在李田远望禾山没有差异了。这才知道劳芳岭的东面，又分出一条支脉耸起成为禾山；从劳芳岭向南排列延伸到高石坳的山，是禾山西面环绕的支脉，不是同一座山。禾山西南方有条溪流往南下流，流到此地与龙山的大溪合流后向南流去，道路也顺着大溪走。五里后来到龙田，溪流折向东流去，溪流岸上的居民店铺较多于其他地方。渡过溪流，沿着溪流的南岸向东行。三里，溪流绕向东北方，道路折向东南方，又行三里，溪流从北边流来再次与道路相遇，这里是路江。这之前我与静闻约好，停下来住在贺东溪家，来到路江打听贺东溪家，原来前边一里之外我经过的地方就是了；于是又返回到贺家，原来初一日静闻先一步到达路江，就住在刘心川那里；于是又转回到路江。在这一里多路之间，共往返了三次才与静闻相遇。

初十日　昧爽，由路江以二舆夫、二担夫西行。循西来小水，初觉山径凹豁，南有高峰曰石泥坳，永宁之界山也；北有高峰曰龙凤山，即昨所过龙山溪南之峰也，今又出其阳矣。共十里为文竺[①]，居廛颇盛[②]，一水自南来，一水自西下，合于村南而东下路江者也。路又溯西溪而上，三里入岩壁口，南北两山甚隘，水出其间若门。二里渐扩，又五里为桥头[③]，无桥而有市[④]，永新之公馆在焉。分两道：一路直西向茶陵，一路渡溪西南向芳子树下。于是从西南道，溪流渐微，七里，过塘石，渐上陂陀。三里，登一冈，是为界头岭[⑤]，湖广、江西分界处也。盖崇山南自崖子垅[⑥]，东峙为午家山。东行者分永宁、永新之南北界，北转者至月岭下伏为唐舍[⑦]，为茶陵、永新界。下冈，水即西流，闻黄雩仙在其南，遂命舆人迂道由皮唐南入皮南，去界头五里矣。于是入山，又五里，南越一溪，即黄雩下流也。遂南登仙宫岭，五里，逾岭而下。望南山高插天际者，亦谓之界山，即所称石牛峰[⑧]，乃永宁、茶陵界也，北与仙宫夹而成坞。坞中一峰自西而来，至此卓立，下有庙宇，即黄雩也。至庙，见庙南有涧奔涌，而不见上流。往察之，则卓峰之下，一窍甚庳[⑨]，乱波由窍中流出，遂成滔滔之势。所称黄雩者，谓雩祝之所润济一方甚溥也。索饭于道士，复由旧路登仙宫岭。五里，逾岭北下，又北十里，与唐舍、界头之道合。下岭是为光前，又有溪自西而东者，发源崖子垅，在黄雩西北重山中。渡溪又北行三里，过崇冈。地名。又二里，复得一溪亦东向去，是名芝水，有石梁跨其上。渡梁即为芳子树下，始见大溪自东南注西北，而小舟鳞次其下矣。自界岭之西，岭下一小溪为第一重，黄雩之溪为第二重，崖子垅溪为第三重，芝水桥之溪为第四重。惟黄雩之水最大，俱从东转西，合于小关洲之下，西至芳子树下而胜舟，至高陇而更大云。“芳子[10]”，树名，昔有之，今无矣。

【注释】

①文竺：今作“文竹”，在永新县西隅。

②廛（chán）：古代城市居民住的房地。

③桥头：今名同，在莲花县南隅。

④市：农村集市，集中做买卖的场所。

⑤界头岭：应即今界化陇，在江西、湖南界上，公路从此经过。

⑥崖子垅：“垅”，原作“龙”，据乾隆本、“四库”本改。下同。

⑦唐舍：乾隆本、“四库”本作“塘石”。

⑧亦谓之界山，即所称石牛峰：此句乾隆本、“四库”本作“即午家山”。

⑨庳（bì）：低矮。

⑩芳（lè）子：《资治通鉴》唐宣宗大中十二年（858）载，王式为安南都护经略使，“至交阯，树芳木为栅，自是芳竹故可以支数十年”。热带此树甚多，作为木栅，可以经久不腐。江西境则罕见，故虽树已不存，稀有的树名仍被留传下来，转为地名。

【译文】

初十日　黎明，由路江雇了两个轿夫、两个挑夫往西行。顺着西面流来的小溪走，起初觉得山间小径凹陷开阔，南面有座高峰叫做石泥坳，是永宁县分界的山；北面有座高峰叫做龙凤山，就是昨天见过的龙山溪流南岸的山峰了，今天又来到山的南面。共行十里是文竺，居民房屋相当兴盛，一条溪水自南面流来，一条溪水自西边流下来，在村南合流后往东下流到路江。道路又溯西边流来的溪流往上走，三里后进入岩壁口，南北两座山之间非常狭窄，溪水从两山之间流出去像从门中流过一样。二里后山势逐渐扩展开来，又走五里是桥头，没有桥却有个集市，永新县的公馆在这里。分出两条路：一条路一直往西通向茶陵州，一条路渡过溪流往西南通向芳子树下。于是从西南方那条路走，溪流渐渐变小，七里，经过塘石，逐渐上登山坡。三里，登上一座山冈，这里是界头岭，是湖广、江西两省的分界处。大体上高山起自南面的崖子垅，在东面耸峙为午家山。往东延伸的山脉分别成为永宁县、永新县南北两面的边界，向北转的山脉延伸到月岭下伏形成唐舍，是茶陵州、永新县的分界处。走下山冈，水流马上向西流，听说黄雩仙庙在这里的南面，便命令轿夫绕道经由皮塘向南进入皮南，距离界头岭已经五里路了。从这里进山，又行五里，向南越过一条溪流，就是黄雩仙庙的下游了。于是向南上登仙宫岭，五里，越过仙宫岭往下走。望见南面的群山中有座高插天际的山峰，也被称之为界山，就是所说的石牛峰，是永宁县、茶陵州的分界处了，在北面与仙宫岭相夹形成山坞。山坞中一座山峰自西面延伸而来，延到此地高高屹立，山下有庙宇，那就是黄雩仙庙了。到了仙庙，看见庙南有条奔涌的山涧，却不见山涧的上游。前去察看山涧的上游，原来高高屹立的山峰之下，有一个非常低矮的石窍，乱流从石窍中流出来，便形成了滔滔的水势。所称的黄雩仙，据说天旱时向他祭祀求雨，能润泽一方土地，范围非常宽广。向道士要饭来吃了，再经由原路上登仙宫岭。五里，越过仙宫岭往北下走，又向北十里，与唐舍、界头来的道路会合。下岭后，这里是光前，又有一条溪流自西往东流的，发源于崖子垅，在黄雩仙庙西北方的重山之中。渡过溪流又往北行三里，经过崇冈。是地名。又行二里，又见到一条溪水也是向东流去，这条溪水名叫芝水，有座石桥跨在溪流上。过了桥就是芳子树下，开始看见大溪自东南往西北奔流，而小船鳞次栉比地停泊在河岸下方了。从界头岭的西面起,岭下的一条小溪是第一重,黄雩仙庙的溪流是第二重,崖子垅的溪流是第三重,芝水桥下的溪水是第四重。唯有黄雩仙庙的溪水水势最大,都是从东转向西流,在小关洲的下面合流,向西流到艻子树下后才能承载船只,流到高陇后水势更大了。"艻子",是树名,从前有这种树,今天没有了。

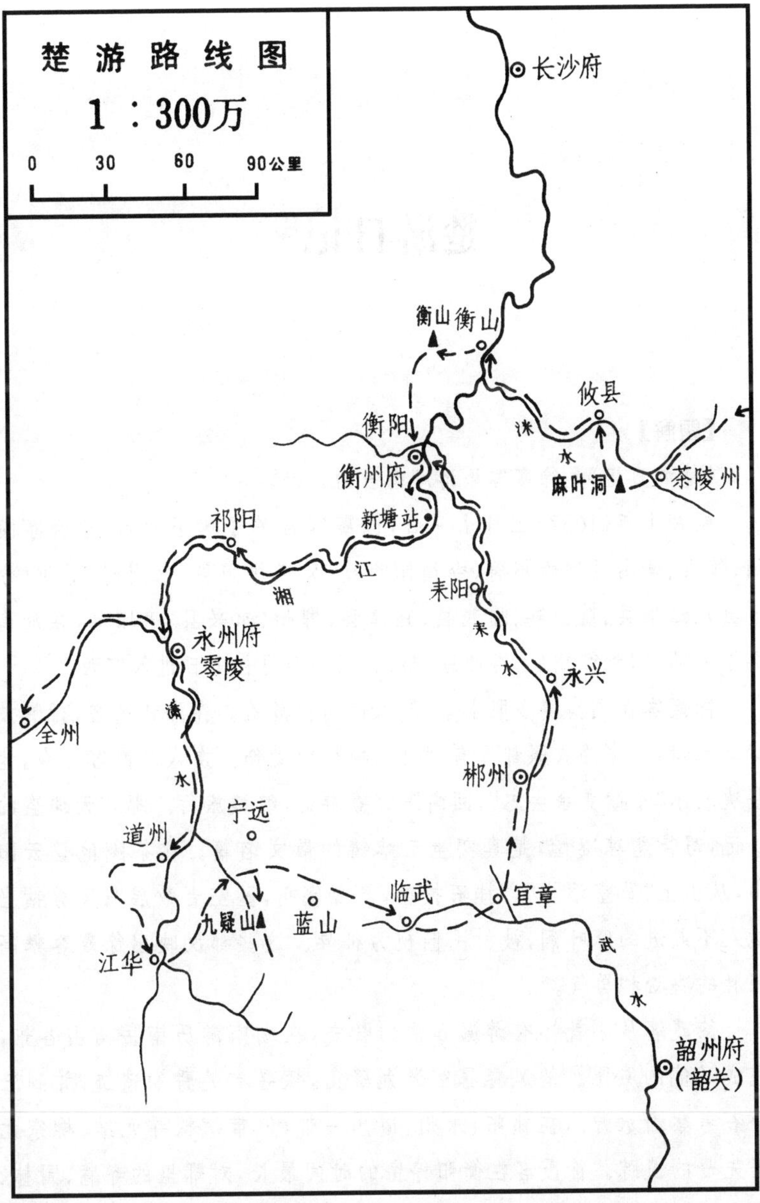
楚游路线图
1：300万
0
30
60
90公里
长沙府
衡山
衡山
攸县
渌
水
茶陵州
麻叶洞
衡阳
衡州府
新塘站
祁阳
湘
江
耒阳
耒
水
永兴
永州府
零陵
全州
潇
水
郴州
宁远
道州
临武
宜章
蓝山
九疑山
江华
武
水
韶州府
（韶关）

楚游日记①

【题解】

《楚游日记》是徐霞客旅游湖南省的游记。

崇祯十年(1637)正月十一日,徐霞客自芳子树下西行,途经茶陵州、攸县、衡山县到衡州府(今衡阳市)。又经祁阳县、永州府、道州(今道县)、江华县、蓝山县、临武县、宜章县、郴州、永兴县、耒阳县,在湘南游了一圈,回到衡州府,再西溯湘江。于闰四月初七日进入广西。

徐霞客在湖南境多取水路,但水行同样危险。在湘江遇盗,行囊被焚劫无遗,连穿的衣服都没有,静闻、顾行都受伤。友人劝霞客返乡,他坚决表示"不欲变余去志",回衡阳重筹游资,继续旅行。那几天遇盗的日记,写得悲凉凄婉,是真实生活熔铸的散文名篇。在茶陵他登云阳山,从山上"坠壑滚崖","挂石投崖,悬藤倒柯,坠空者数层";又勇钻当地人不敢进的麻叶洞,被村民们视为神异。这些都反映出徐霞客攀高探胜的决心和勇气。

徐霞客从小就怀有游遍五岳的壮志,在湖南游历南岳衡山各景,完成了他的夙愿。他风餐露宿游九疑山,探寻有关舜的遗迹,并到三分石考察潇水源。在祁阳、永州、道州一带,他带病探寻元结、柳宗元等先贤的遗踪。徐霞客在衡阳停留的时间最长,对那里的寺庵、园林、街市记载特详。明末阶级矛盾突出,湖南也不例外,霞客在旅游途中多有记载。

丁丑正月十一日[2] 是日立春，天色开霁。亟饭，托静闻随行李从舟顺流至衡州，期十七日会于衡之草桥塔下，命顾仆以轻装从陆探茶陵、攸县之山。及出门，雨霏霏下。渡溪南涯，随流西行。已而溪折西北，逾一冈，共三里，复与溪遇，是为高陇[3]。于是仍逾溪北，再越两冈，共五里，至盘龙庵。有小溪北自龙头山来，越溪西去，是为巫江，乃茶陵大道；随山顺流转南去，是为小江口，乃云嵝山道。二道分于盘龙庵前。小江口即蟠龙、巫江二溪北自龙头至此，南入黄雩大溪者。云嵝山者，在茶陵东五十里沙江之上，其山深峭。神庙初，孤舟大师开山建刹，遂成丛林。今孤舟物故，两年前虎从寺侧攫一僧去，于是僧徒星散，豺虎昼行，山田尽芜，佛宇空寂，人无入者。每从人问津，俱戒莫入。且雨雾沉霾，莫为引导。余不为阻，从盘龙小路，南沿小溪二里，复与大溪遇。南渡小溪入山，雨沉沉益甚。从山夹小路西南二里，有大溪自北来，直逼山下，盘曲山峡，两旁石崖，水啮成矶。沿之二里，是为沙江，即云嵝溪入大溪处[4]。途遇一人持伞将远出，见余问道，辄曰："此路非多人不可入，余当返家为君前驱。"余感其意，因随至其家。其人为余觅三人，各持械赍火，冒雨入山。初随溪口东入一里，望一小溪自西峡透隙出，石崖层亘，外束如门。导者曰："此虎窟也。从来烧采之夫俱不敢入。"时雨势渐盛，遂溯大溪入，宛转二里，溪底石峙如平台，中剖一道，水由石间下，甚为丽观。于是上山，转山嘴而下，得平畴一壑，名为和尚园。四面重峰环合。平畴尽，约一里，复逾一小山，循前溪上流宛转峡中，又一里而云嵝寺在焉。山深雾黑，寂无一人，殿上金仙云冷，厨中丹灶烟空。徘徊久之，雨愈催行，遂同导者出。出溪口，导者望见一舟，亟呼而附焉。顺流飞桨，舟行甚疾。余衣履沾湿，气寒砭肌，惟炙衣之不暇，无暇问两旁崖石也。山溪纡曲，下午登舟，约四十里而暮，舟人夜行三十里，泊于东江口。

【注释】

①《楚游日记》：在乾隆刻本第二册下。在季抄本《徐霞客西游记》第二册，原题"楚"，有提纲云："丁丑正月十一自芳子树下往茶陵州、攸县。过衡山县至衡州，下永州船，遇盗。复返衡州，借资由常宁县、祁阳县，历永州至道州，抵江华县。复由临武县、郴州过耒阳县，复至衡州。再自衡州入永，仍过祁阳，闰四月初七入粤。遇盗始末。"楚，湖广布政司辖境为楚国故地，简称楚。

②丁丑：崇祯十年(1637)。

③高陇：今名同，又称高陇市，在茶陵县东北隅。

④即云嵝溪入大溪处：原作"即云嵝之西入太水处也"，据乾隆本、"四库"本改。

【译文】

丁丑年正月十一日　这一天是立春日，天气开始转晴。急忙吃了饭，拜托静闻跟随行李乘船顺流去到衡州府，约定十七日这天在衡州府的草桥塔下会面，命令顾仆带上轻装随同我从陆路去探寻茶陵州、攸县的山。到出门时，细雨霏霏地下起来。渡到溪流的南岸，顺着溪流往西行。不久溪流折向西北方，越过一座山冈，共三里，又与溪流相遇，这里是高陇。在这里仍然渡到溪流北岸，再次翻越两座山冈，共五里，到了盘龙庵。有条小溪自北面的龙头山流来，越过小溪向西去，那里是巫江，是去茶陵州城的大路；沿着山顺流转向南去，那里是小江口，是去云嵝山的路。两条路在盘龙庵前分道。小江口就是蟠龙、巫江两条溪流自北面的龙头山流到此地后，往南汇入黄雩仙庙流来的那条大溪的地方。云嵝山，在茶陵州城东面五十里沙江的上面，山势幽深峭拔。神宗初年，孤舟大师开山创建了寺院，于是成为了僧众聚集的佛寺。如今孤舟已经去世，两年前老虎从寺院侧边叼走了一个僧人，于是僧徒们四散逃开，豺狼虎豹白昼横行，山中的田地全部荒芜了，佛寺中空寂无人，没有进山的人。每次向人问路，都劝告我不要进山。况且雨雾黑沉沉地笼罩着，无人为我领路。我不畏险阻，从盘龙庵前的小路，往南沿着小溪走二里，再次与大溪相遇。向南渡过小溪进山，雨雾黑沉沉的，更加厉害了。从两山相夹间的小路往西南行二里，有条大溪自北边流来，一直逼到山下，盘绕曲折在山峡中，两旁的石崖，被水啃咬成石矶。沿着大溪走二里，这里是沙江，就是云嵝山的溪水流入大溪的地方。途中遇到一个人打着伞将要远出，看见我问路，便说："这条路不是有很多人不能进去，我应当回家去为您在前领路。"我感谢他的好意，因而跟随他到了他家。那人为我找来三个人，每个人都拿着兵器带上火把，冒雨进山。起初顺着溪口往东深入一里路，望见一条小溪自西面山峡中穿过缝隙流出来，石崖一层层横亘着，外面紧束像门一样。领路的人说："这是虎穴。烧炭打柴的人从来都不敢进去。"这时雨势渐渐变大，于是溯大溪进去，弯弯转转地走二里，溪流底部的岩石像平台一样耸峙着，中间剖开一条通道，溪水从岩石中间下流，很是优美壮观。从这里上山，转过山嘴往下走，见到一个满是平旷田野的壑谷，名叫和尚园。四面重重山峰环绕闭合。到平旷田野的尽头处，大约一里路，又越过一座小山，沿着前边那条溪流的上游曲折地行走在峡谷中，又行一里后云嵝寺在眼前了。山间幽深雨雾浓黑，寂静得没有一个人，大殿上佛像冷坐在云雾中，厨房中的灶台火灭烟空。徘徊了很久，雨更大了，催人上路，便同领路的人出来。出到溪口，领路的人望见一条船，急忙叫住这条船搭乘。顺流飞桨，船行走得非常迅速。我的衣服鞋子都湿透了，寒气直刺肌肤，唯有烤衣服还来不及，无暇顾及两旁的崖石了。山间的溪流迂回曲折，下午上船，大约四十里后天黑下来，船夫夜间行船三十里，停泊在东江口。

十二日　晓寒甚。舟人由江口挽舟入酃水[①]，遂循茶陵城过东城[②]，泊于南关。入关，抵州前，将出大西门，寻紫云、云阳之胜。闻灵岩在南关外十五里，乃饮于市，复出南门，渡酃水。时微雨飘扬，朔风寒甚。东南行，陂陀高下五里，得平畴，是曰欧江。有溪自东南来[③]，遂溯之行，雾中望见其东山石突兀，心觉其异。又五里，抵山嘴溪上，是曰沙陂，以溪中有陂也。溪源在东四十里百丈潭。陂之上，其山最高者，曰会仙寨，其内穹崖裂洞，曰学堂岩。再东，山峡盘亘，中曰石梁岩，即在沙陂之上，余不知也。又东一里，乃北入峡中。一里，得碧泉岩、对狮岩，俱南向。又东逾岭而下，转而北，则灵岩在焉。以东向，曾守名才汉。又名为月到岩云。

【注释】

①酃(líng)水：因其流经茶陵，又称茶陵江。明代亦称洣水，今仍称洣水。

②茶陵：明置茶陵州，隶长沙府，即今茶陵县。

③有溪自东南来：此溪亦称“欧江”，又作“沤江”。《嘉庆重修一统志》

长沙府山川："沤江，在茶陵州东南，源出百丈山。西北入洣。"

【译文】

十二日　拂晓寒冷极了。船夫从江口把船拖入酃水，于是沿着茶陵州城经过东城，停泊在南关。进入南关，抵达州衙前，即将走出大西门，去寻找紫云山、云阳山的胜景。听说灵岩在南关外十五里处，便在集市中喝了些酒，又走出南门，渡过酃水。此时细雨飘扬，北风十分寒冷。往东南行，在山坡间高高低低地前行五里，见到平旷的田野，这里是欧江。有条溪水自东南方流来，于是溯这条溪流走，雾气中看见溪流东边山石突兀，心里觉得景色很奇异。又行五里，到达山嘴前的溪流岸上，这里叫沙陂，是因为溪流中有条斜坡了。溪流的源头在东面四十里处的百丈潭。沙陂之上，这里的山最高的，叫会仙寨，山中穹隆的石崖裂成岩洞，叫学堂岩。再往东去，山峡盘曲绵亘，中段叫石梁岩，就在沙陂的上面，我不知道了。又往东行一里，便向北进入山峡中。一里，找到碧泉岩、对狮岩，都是面向南。又往东越过山岭往下走，转向北，就见灵岩在这里了。因为岩洞面向东，曾知州名叫曾才汉。又把它称为月到岩。

自会仙岩而东，其山皆不甚高，俱石崖盘亘，堆环成壑，或三面回环如玦者，或两对叠如门者，或高峙成岩，或中空如洞者，每每而是。但石质粗而色赤，无透漏润泽之观，而石梁横跨，而下穹然，此中八景，当为第一。

【译文】

自会仙岩以东，那里的山都不怎么高，全是盘曲绵亘的石崖，堆叠环绕成壑谷，有的三面环绕如玉玦一样，有的两两对峙重叠如大门一样，有的高高耸峙形成石崖，有的中间是空心的如同山洞一样，到处都是。但是石质粗糙而且颜色赤红，没有通明透亮润泽光滑的景观，然而横跨的石梁岩，石梁下面穹然隆起，这座山中的八景，这应当是第一。

灵岩者，其洞东向，前有亘崖，南北回环，其深数十丈，高数丈余，中有金仙，外列门户而不至于顶，洞形固不为洞揜也，为唐陈光问读书处。陈居严塘①，在洞北二十里。其后裔犹有读书岩中者。

【注释】

①严塘：今名同，在茶陵东境。

【译文】

灵岩，岩洞面向东，前方有横亘的山崖，呈南北向回绕，洞内深达几十丈，高几丈多，洞中有佛像，洞外排列着门窗却没有抵达洞顶，岩洞的形状自然没有被洞遮蔽了，这是唐代陈光问读书的地方。陈光问的居所在严塘，在岩洞北边二十里处。他的后裔还有在岩洞中读书的人。

观音现像，伏狮峰之东，回崖上有石迹成像，赭黄其色。

【译文】

观音现像，在伏狮峰的东边，回绕的石崖上有石头痕迹形成的观音像，图像的颜色是赭黄色。

对狮岩者，一名小灵岩，在灵岩南岭之外。南对狮峰，上下两层，上层大而高穹，下层小而双峙。

【译文】

对狮岩，又叫小灵岩，在灵岩南面的山岭之外。南边面对着伏狮峰，分上下两层，上层大而且高高隆起，下层小并且两个洞对峙着。

碧泉岩者，在对狮之西，亦南向，洞深三丈，高一丈余。内有泉一缕，自洞壁半崖滴下，下有石盘承之，清洌异常，亦小洞间一名泉也。

【译文】

碧泉岩，在对狮岩的西面，也是面向南，洞深三丈，高一丈多。洞内有一缕泉水，从洞壁半中腰的崖石上滴下来，下面有石盘接水，泉水清洌异常，也是小山洞中的一处有名的泉水了。

伏虎岩，在清泉之后。

【译文】

伏虎岩，在清泉的后面。

石梁岩，在沙陂会仙寨东谷。其谷乱崖分亘，攒列成坞，两转而东西横亘，下开一窦，中穹若梁，由梁下北望，别有天地。透梁而入，梁上复开崖一层，由东陂而上，直造梁中而止，登之如践层楼矣。

【译文】

石梁岩，在沙陂会仙寨东面的山谷中。这条山谷，纷乱的石崖分在两面绵亘，攒聚排列成山坞，转了两个弯后呈东西向横亘着，下面裂开一个小洞，洞中穹隆像桥梁一样，由石梁下向北望去，别有一块天地。钻过石梁下进去，石梁上又裂开一层石崖，由东面的山坡往上走，直达石梁的中间便停下了，登上石梁如同上登层层高楼了。

会仙寨，下临沙溪，上亘圆顶，如叠磨然，独出众山，罗洪山罗名其纶，琼司理[1]。结净蓝于下，即六空上人所栖也。其师号涵虔。

【注释】

①琼：即琼州府，治今海口市琼山区，辖境包有今海南岛。

【译文】

会仙寨，下临沙溪，上面横亘着圆圆的山顶，如叠放着的磨盘一样，独自高出群山，罗洪山罗洪山名叫罗其纶，琼州府的司理。在山下建起了庙宇，就是六空上人栖身的场所了。他的师父法号叫涵虔。

学堂岩，在会仙之北，高崖间迸开一窦，云仙人授学之处。

【译文】

学堂岩，在会仙寨的北面，高峻的山崖间迸裂开一个洞，传说是仙人传授学问的地方。

此灵岩八景也。余至灵岩，风雨不收。先过碧泉、对狮二岩，而后入灵岩，晓霞留饭，已下午矣。适有一僧至，询为前山净侣六空也。时晓霞方理诸俗务，结苐、喂猪[1]。饭罢，即托六空为导。回途至狮峰而睹观音现像，抵沙陂而入游石梁，入其庵，而乘暮登会仙，探学堂，八景惟伏虎未至。是日雨仍空漾，而竟不妨游，六空之力也。晚即宿其方丈。

【注释】

①结苐：疑为“结茅”，即编草。

【译文】

这是灵岩的八景。我到灵岩时，风雨一直不停。先经过碧泉岩、对狮岩，然后进入灵岩，陈晓霞留我吃了饭，已经是下午了。恰好有一个僧人到来，询问后知道是前山的僧人六空。这时候陈晓霞正在处理各种世俗事务，编草绳、喂猪。吃完饭，立即拜托六空做向导。回程中来到伏狮峰后看到了观音现像，抵达沙陂后进洞游览了石梁，进入六空的寺庵中，而后乘着暮色登上会仙寨，探访了学堂岩，八景中只有伏虎岩没去到。这一天细雨仍然弥漫在空中，然而竟然没有妨碍我游览，全凭六空的帮助了。晚上就住宿在六空的方丈中。

十三日　晨餐后寒甚，阴翳如故。别六空，仍旧路西北行。三里至欧江，北入山，为茶陵向来道；南沿沙陂江西去，又一道也。过欧江，溪胜小舟，西北过二小岭，仍渡茶陵南关外，沿城溯江，经大西门，寻紫云、云阳诸胜。西行三里，过桥开陇，始见大江自东北来。于是越黄土坳，又三里，过新桥，雾中始露云阳半面。又三里，抵紫云山麓，是为沙江铺，大江至此直逼山下。由沙江铺西行，为攸县、安仁大道①。南登山，是为紫云仙。上一里，至山半为真武殿，上有观音庵，俱东北瞰来水。观音庵松岩，老僧也。予询云阳道，松岩曰：“云阳山者，在紫云西十里。其顶为老君岩；云阳仙在其东峰之胁，去顶三里；赤松坛又在云阳仙之麓，去云阳仙三里。盖紫云为云阳尽处，而赤松为云阳正东之麓。由紫云之下，北顺江岸西行三里，为洪山庙，乃登顶之北道；由紫云之下，南循山麓西行四里，为赤松坛，乃登顶之东道：去顶各十里而近。二道之中有罗汉洞，在紫云之西，即由观音庵侧小径横过一里，可达其庵。由庵登顶，亦有间道可达，不必下紫云也。”余从之。遂由真武殿侧，西北度两小坳，一涧从西北来，则紫云与青莲庵即罗汉仙。后山夹而成者。水北入大江，紫云为所界断。渡涧即青莲庵，东向而出，地幽而庵净。僧号六涧，亦依依近人，坚留余饭。余亟于登岭，遂从庵后西向登山。其时浓雾犹翳山半，余不顾，攀跻直上三里，逾峰脊二重，足之所上，雾亦旋开。又上二里，则峰脊冰块满枝，寒气所结，大者如拳，小者如蛋，依枝而成，遇风而坠，俱堆积满地。其时本峰雾气全消，山之南东二面，历历可睹，而北西二面，犹半为霾掩。酃江自东南，黄雩江自西北，盘曲甚远。始知云阳之峰，俱自西南走东北，排叠数重：紫云，其北面第一重也；青莲庵之后，余所由跻者，第二重也；云阳仙，第三重也；老君岩在其上，是为绝顶，所谓七十一峰之主也。云峰在南，余所登峰在北，两峰横列，脉从云阳仙之下度坳而起，峙为余所登第二重之顶，东走而下，由青莲庵而东，结为茶陵州治。余既登第二重绝顶，径路迷绝，西南望云峰绝顶，中隔一坞，而绝顶尚霾夙雾中。俯瞰过脊处，在峰下里许。其上隔山竹树一壑，两乳回环掩映，若天开洞府，即云阳仙无疑也。虽无路，亟直坠而下，度脊而上，共二里，逾一小坳，入云阳仙。其庵北向，登顶之路由左，上五里而至老君岩；下山之路由右，三里而至赤松坛。庵后有大石飞累，驾空透隙，竹树悬缀，极为倩叠。石间有止水一泓，澄碧迥异，名曰五雷池，雩祝甚灵。层岩上突，无可攀跻，其上则黑雾密翳矣。盖第二重之顶，当风无树[②]，故冰止随枝堆积。而庵中山环峰夹，竹树蒙茸，萦雾成冰，玲珑满树，如琼花瑶谷，朔风摇之，如步摇玉珮，声叶金石。偶振坠地，如玉山之颓，有积高二三尺者，途为之阻。闻其上登跻更难。时日过下午，闻赤松坛尚在下，而庵僧楚音，误为"石洞"。余意欲登顶右后，遂从顶北下山，恐失石洞之奇，且谓稍迟可冀晴朗也[③]。索饭于庵僧镜然，遂东下山。路侧涧流泻石间，僧指为"子房炼丹池"、"捣药槽"、"仙人指迹"诸胜，乃从赤松而附会留侯也[④]。直下三里抵赤松坛，始知赤松之非石洞也。遂宿庵中。殿颇古，中为赤松，左黄石而右子房[⑤]。殿前有古树，松一株，无他胜也。僧葛民亦近人。

【注释】

①安仁：明为县，隶衡州府，即今安仁县。

②当风无树：原作"無"，疑为"舞"，因形近而误。

③冀(jì)：希望。

④赤松：赤松子，我国古代神话中的仙人，相传为神农时雨师，后为道教所信奉。

⑤子房：即张良(？—前185)，字子房。韩国贵族，年轻时亡匿下邳，有老人授以兵书，此老人即传说中的黄石公。后为刘邦重要

谋士，汉朝建立后，被封为留侯。晚年，“愿弃人间事，欲从赤松子游”，学仙修道。

【译文】

十三日 早餐后寒冷极了，阴云密布还是老样子。辞别六空，仍然沿原路往西北行。三里到达欧江，向北进山，是昨天从茶陵州城来的路；往南沿着沙陂江的西岸去，是去茶陵州城的另一条路了。过了欧江，溪流才能承载小船，往西北越过两座小岭，仍然渡到茶陵州城的南关外，沿着城墙溯江流走，经过大西门，寻找紫云山、云阳山各处胜景。往西行三里，走过桥开陇，这才看见大江自东北方流来。于是翻越黄土坳，又行三里，走过新桥，云雾中才露出云阳山的半个面孔。又行三里，抵达紫云山的山麓，这里是沙江铺，大江流到此地直接逼到山下。由沙江铺往西行，是去攸县、安仁县的大路。向南登山，这里是紫云仙。上登一里，来到山的半中腰是真武殿，上面有座观音庵，都是面向东北俯瞰着流来的水流。观音庵的松岩，是个老和尚。我向他询问去云阳山的路，松岩说：“云阳山，在紫云山西面十里处。山顶是老君岩；云阳仙在紫云山东峰的侧旁，距离山顶有三里路；赤松坛又在云阳仙的山麓，距离云阳仙三里路。紫云山在云阳山的尽头处，而赤松坛在云阳山正东方的山麓。由紫云山的山下，顺着江流北岸往西行三里，是洪山庙，那是从北面上登山顶的路；由紫云山的山下，沿着山的南麓往西行四里，是赤松坛，那是从东面上登山顶的路；距离山顶各有十里路而且很近。两条路的中间有个罗汉洞，在紫云山的西面，就从观音庵侧边的小径横走过去一里，可以到达那里的寺庵。由寺庵登顶，也有便道可以到达，不必再下紫云山了。”我听从了他的话。于是由真武殿侧边，往西北越过两个小山坳，一条山涧从西北方流来，那就是紫云山与青莲庵就是罗汉仙。的后山相夹形成的山涧。涧水向北流入大江，紫云山被这条山涧隔断了。渡过山涧就是青莲庵，寺庵面向东凸出来，地方幽静而且庵中洁净。僧人法号叫六洞，也很和蔼近人，坚决挽留我吃饭。我急于登岭，便从庵后向西登山。此时浓雾还笼罩在半山腰，我全然不顾，一直向上攀登三里，越过两重峰脊，脚步上登之处，雾气也随即散开。又上登二里，就见峰脊上满树枝都是冰块，是寒气凝结成的，大的冰块像拳头，小的如鸡蛋，缀在树枝上凝结而成，遇到风就坠落下来，满地都堆积着。此时我所在的山峰雾气全部消失了，山的南、东两面，历历在目，但北、西两面，还有一半被雾霾遮蔽着。酃江自东南方流来，黄雩江自西北方流来，盘绕迂曲得非常远。这才知道云阳山的山峰，都是从西南走向东北的，排列重叠成几重：紫云山，是云阳山北面的第一重；青莲庵的后山，就是我由那里上登的山，是第二重；云阳仙，是第三重；老君岩在云阳仙的上面，那是山的绝顶，是所谓的七十一峰的主峰。云峰在南面，我所登的山峰在北面，两座山峰横向排列，山脉从云阳仙的下面延过山坳后耸起，耸峙为我所攀登的第二重山的山顶，往东延伸而下，经由青莲庵往东延伸，盘结为茶陵州的州城。我登上第二重山的绝顶后，道路迷失断绝了，远望西南方云峰的绝顶，中间隔着一个山坞，而云峰的绝顶还笼罩在晨雾之中。俯瞰山脊延伸而过之处，在山峰下方一里左右。山脊上面隔着一座山有一个满是竹丛树木的壑谷，两座山像双乳一样回环掩映，好像天然开辟的洞府，那就是云阳仙无疑了。虽然没有路，急忙笔直往下坠，越过山脊上走，共二里，越过一个小山坳，进入云阳仙。这座寺庵面向北，登顶的路从左边走，上登五里后到达老君岩；下山的路从右边走，三里后到达赤松坛。庵后有块大石头飞空累起，高架在空中透出缝隙，竹树悬缀着，极为优美。重叠的岩石间有一塘静止的深水，异常澄澈碧绿，名叫五雷池，天旱时祈祷求雨非常灵验。一层层岩石向上突起，无处可以攀登，岩石的上方则是黑黑的雾气浓密地遮蔽着。大概因为第二重的山顶上，树木迎风舞动，所以冰只是顺着树枝堆积。而寺庵在山峰环绕相夹之中，竹树茂密，雾气萦绕结成冰，玲珑剔透地满树都是，如琼花和白玉般的山谷，北风摇动着树枝，如妇女佩戴的步摇玉佩，声音悦耳如钟磬声。偶然振落在地上，如同玉做的山崩塌一样，有堆积高达二三尺厚的，路途都被阻塞了。听说寺庵上面攀登起来更艰难。此时时间过了下午，听说赤松坛还在下面，而庵中的僧人说的是楚地的方言，我错听成“石洞”。我的本意是想登上山顶的右后方，随后从山顶向北下山，又害怕错失了石洞的奇景，并且以为稍晚些可以希望天气晴朗起来。向庵中的僧人镜然要饭来吃了，便往东下山。路旁的山涧流淌在山石间，僧人指认为“子房炼丹池”、“捣药槽”、“仙人指迹”等胜景，这是把赤松子附会在留侯张良身上了。一直下走三里抵达赤松坛，才知道是“赤松”而不是“石洞”了。于是住宿在庵中。大殿相当古老，中间是赤松子，左边是黄石公而右边是张良。大殿前有古树，是一棵松树，没有其他优美的景色。僧人葛民也是平易近人。

十四日　晨起寒甚，而浓雾复合。先是，晚至赤松，即嘿祷黄石、子房神位，求假半日晴霁，为登顶之胜。至是望顶浓霾，零雨四洒，遂无复登顶之望。饭后，遂别葛民下山。循山麓北行，逾小涧二重，共四里，过紫云之麓，江从东北来，从此入峡，路亦随之。绕出云阳北麓，又二里，为洪山庙。风雨交至，遂停庙中，市薪炙衣，煨榾柮者竟日①。庙后有大道南登绝顶。时庙下江旁停舟数只，俱以石尤横甚②，不能顺流下，屡招予为明日行，余犹不能恝然于云阳之顶也③。

【注释】

①煨（wēi）：盆中烧火。榾柮（gǔ duò）：木块。

②石尤：又称石尤风，逆风。

③恝（jiá）然：淡忘不以为意。

【译文】

十四日　早晨起床冷极了，而浓雾又四面密布。这之前，晚上到达赤松坛，立即默默地向黄石公、张良的神位祈祷，请求借给我半天晴朗的天气，为的是登顶后能见到优美的景色。到这时望见山顶浓雾弥漫，零星小雨四处飘洒，便不再有登顶的愿望了。饭后，便辞别葛民下山。沿着山麓往北行，越过两条小山涧，共四里，经过紫云山的山麓，江水从东北方流来，从此处流入山峡，道路也随着山峡进去。出来绕到云阳山北麓，又行二里，是洪山庙。风雨交加，便停在庙中，买柴火来烤衣服，一整天坐在火盆旁烧木块烤火。庙后有条大道向南上登绝顶。这时候庙下方的江边停着几条船，都是因为逆风横吹得太厉害，不能顺流下行，船夫多次来招呼我明天乘船走，我还不能释然于去登云阳山的绝顶。

十五日　晨起，泊舟将放，招余速下舟；予见四山雾霁，遂饭而决策登山。路由庙后南向而登，三里，复有高峰北峙，道分两岐，一岐从峰南，一岐从峰西南。余初由东南行，疑为前上罗汉峡中旧道，乃向云阳仙，非径造老君岩者，乃复转从西南道。不一里，行高峰西峡，顾仆南望峡顶有石梁飞驾，余瞻眺不及。及西上岭侧，见大江已环其西，大路乃西北下，遂望岭头南跻而上。时岭头冰叶纷披，虽无径路，余意即使路讹，可得石梁胜，亦不以为恨。及至岭上遍觅，无有飞驾之石，第见是岭之脊，东南横属高顶，其为登顶之路无疑。遂东南度脊，仰首直上，又一里，再逾一脊，则下瞰脊南，云阳仙已在下方矣。盖是岭东西横亘，西为绝顶北尽处，东即属于前所登云阳东第二层之岭也。于是始得路，更南向登顶，其上冰雪层积，身若从玉树中行。又一里，连过两峰，始陟最高顶。是时虽旭日藏辉，而沉霾屏伏，远近诸峰尽露真形，惟西北远峰尚存雾痕一抹。乃从峰脊南下，又一里，复过两峰，有微路“十”字界峰坳间：南上复登山顶，东由半山直上，西由山半横下。然脊北之顶虽高，而纯土无石；脊南之峰较下，而东面石崖高穹，峰笋离立。乃与顾仆置行李坳中，从南岭之东，攀崖隙而踞石笋，下瞰坞中，有茅一龛，意即老君岩之静室，所云老主庵者。窃计直坠将及一里，下而复上，其路既遥，况既踞石崖之顶，仰瞩俯瞰，胜亦无殊；不若逾脊从西路下，便则为秦人洞之游，不便即北去江浒觅舟，顺流亦易。乃遂从西路行。山阴冰雪拥塞，茅棘交萦，举步渐艰。二里，路绝，四顾皆茅茨为冰冻所胶结，上不能举首，下无从投足，兼茅中自时有偃宕[1]，疑为虎穴，而山中浓雾四起，瞰眺莫见，计难再下。乃复望山巅而上，冰滑草拥，随跻随坠。念岭峻草被，可脱虎口，益鼓勇直上。二里，复得登顶，北望前西下之脊，又隔二峰矣。其处岭东茅棘尽焚，岭西茅棘蔽山，皆以岭头路痕为限，若有分界者。是时岭西黑雾沵漫，岭东日影宣朗，雾欲腾冲而东，风辄驱逐而西，亦若以岭为界者。又南一里，再下二峰，岭忽乱石森列，片片若攒刃交戟，雾西攫其尖，风东捣其膊，人从其中溜足直下，强攀崖踞坐，益觉自豪。念前有路而忽无，既雾而复雾[2]，欲下而转上，皆山灵未献此奇，故使浪游之踪，迂回其辙耳。既下石峰，坳中又得“十”字路，于是复西向下岭，俱从浓雾中行矣。始二里，冰霾而草中有路；又二里，路微而石树蒙翳；又二里，则石悬树密而路绝[3]。盖前路之逾岭而西，皆茶陵人自东而来，烧山为炭，至此辄返。过此，崖穷树益深,上者不能下,下者不复上。余念所下既遥,再下三四里当及山麓,岂能复从前还跻?遂与顾仆挂石投崖,悬藤倒柯,坠空者数层,渐闻水声遥遥,而终不知去人世远近。已而雾影忽闪,露出层峰峡谷,树色深沉。再一闪影,又见谷口两重外,有平坞可瞩。乃益揆丛历级[4],若邓艾之下阴平[5],坠壑滚崖,技无不殚,然皆赤手,无从裹毡也。既而忽下一悬崖,忽得枯涧,遂得践石而行。盖前之攀枝悬坠者藉树,而兜衣挂履亦树,得涧而树稍为开。既而涧复生草,草复翳涧,靡草之下,不辨其孰为石,孰为水,既难着足。或草尽石出,又棘刺勾芒,兜衣挂履如故。如是三里,下一瀑崖,微见路影在草间,然时隐时现。又一里,涧从崖间破峡而出,两崖轰峙,而北尤危峭,始见路从南崖逾岭出。又一里,得北来大道,始有村居,询其处,为窑里,盖云阳之西坞也。其地东北转洪山庙五里而遥,南至东岭十里而遥,东岭而南更五里,即秦人洞矣。时雾影渐开,遂南循山峡行。逾一小岭,五里,上枣核岭,岭俱云阳西向度而北转成峡者。下一里,渡涧,涧乃南自龙头岭下,出上清洞。傍西麓溯涧南上半里,为络丝潭,深碧无底,两崖多叠石。又半里,复度涧,傍东麓登山。是处东为云阳之南峰,西为大岭之东嶂。大岭高并云阳,龙头岭其过脊也,其东南尽西岭,东北抵麻叶洞,西北峙五凤楼,西南为古爽冲。一溪自大岭之东北来者,乃洪碧山之水;一溪自龙头岭北下者,乃大岭、云阳过脊处之水。二水合而北出把七。铺名。龙头岭水分南北,其南下之水,由东岭坞合秦人洞水出大罗埠。共二里,越岭得平畴，是为东岭坞。坞内水田平衍，村居稠密，东为云阳，西为大岭，北即龙头岭过脊，南为东岭回环。余始至以为平地，即下东岭，而后知犹众山之上也。循坞东又一里，宿于新庵。

【注释】

①偃宕（yǎn dàng）：仰卧的石头。

②既雾而复雾：第二个"雾"字疑为"霾"。

③则石悬树密而路绝："树"，原作"路"，据乾隆本、"四库"本改。

④揆（kuí）：度量。

⑤邓艾（197—264）：字士载，三国义阳棘阳（今河南新野东北）人，初为司马懿掾属，后为魏镇西将军，与蜀将姜维相拒。263年同钟会分军灭蜀，艾所经即阴平间道。阴平道自今甘肃文县穿越岷山山脉，经四川平武、江油等县，绕出剑阁之西，直达成都，路虽险阻，但甚捷直。

【译文】

十五日　早晨起床，停泊着的船即将开船，招呼我赶快上船；我看见四面山上的雾气逐渐散开，便吃过饭后决定登山。道路由庙后向南上登，三里，又有高峰耸峙在北边，道路分为两条岔道，一条岔道从山峰南面走，一条岔道从山峰西南方走。我最初由东南方的路走，怀疑是通往前天上登罗汉洞时峡谷中的那条老路，是通向云阳仙而不是直接到达老君岩的路，便又转回来从西南方的路走。不到一里路，前行在高峰西面的峡谷中，顾仆望见南面的峡谷顶上有座飞架的石桥，我来不及抬头眺望。等到往西登上山岭侧面时，看见大江已经绕到山岭的西面，大路却向西北方下走，便望着岭头向南上登。此时岭头上结冰的枝叶纷纷披拂着，虽然没有路，我心想，即使路走错了，可以见到石桥的美景，也不算遗憾。等来到岭上四处寻找，没有飞架的石桥，只看见这座山岭的山脊,横向东南方连接着高高的山顶,那是登顶的路无疑了。于是往东南越过山脊,抬着头一直上登,又行一里,再次越过一条山脊,往下俯瞰山脊南面,就见云阳仙已经在下方了。原来这座岭呈东西向横亘着,西面是绝顶北面的尽头处,东面就是连接着前天上登云阳山时东面第二层山的山岭了。到这里才找到路,再向南登顶,山上冰雪一层层堆积着,身子好像是从玉树丛中穿行。又行一里,一连越过两座山峰,才登上最高处的绝顶。这时虽然旭日隐藏着它的光辉,但黑沉沉的雾霾潜藏了起来,远近的群峰全部露出了真面目,唯有西北方远处的山峰还残存着一抹雾气。于是从峰脊上往南下走,又行一里,再次越过两座山峰,有条毛毛路呈"十"字形隔在山峰与山坳间:往南上走又是上登山顶的路,向东走的经由半山腰一直上走,向西走的经由半山腰横向下走。然而山脊北边的山顶虽然很高,却是清一色的泥土没有石头;山脊南面的山峰较低一些,可东面的石崖高大穹隆,山峰石笋分别矗立着。于是与顾仆把行李放在山坳中,从南面山岭的东面,攀着石崖上的缝隙上登,盘腿坐在石笋上,下瞰山坞中,有一间茅屋,心想那就是老君岩的静室,是所说的老主庵的地方。我私下估计,一直下坠将近一里路,下去又要上走,路程既遥远,何况已经坐在石崖的顶上,抬头远看俯身下瞰,景色也没有特殊之处;不如越过山脊从西边的路下山,方便就去游秦人洞,不方便就向北去江边找船,顺流下行也容易一些。于是便从西边的路走。山北面冰雪堵塞,茅草荆棘交缠,举步逐渐艰难起来。二里,路断了,四面环顾都是被冰像胶一样冻结起来的茅草蒺藜,上边不能抬头,下面无处下脚,加之茅草丛中本来就有一些倒卧的岩石,我怀疑是虎穴,而且山中浓雾四面升起,俯瞰眺望一无所见,估计难以再往下走。于是又望着山顶上登,冰滑草塞,随着上登的脚步随即陷下去。考虑到山岭高峻茅草覆盖,可以脱离虎口,益发鼓足勇气笔直上登。二里,又得以登上山顶,向北望去,前边往西下走的山脊,又隔着两座山峰了。此处山岭东面的茅草荆棘全被火烧光了,山岭西面的茅草荆棘遮蔽着山野，都是以岭头上道路的痕迹作为界限，像是有条分界线似的。此时岭西黑雾弥漫，岭东日光普照晴朗，浓雾想要翻腾冲向东边，风总是把雾气向西驱逐，也像是以岭头作为分界线的样子。又向南一里，再走下两座山峰，岭上忽然乱石像森林一样排列着，一片片的如攒聚在一起的刀刃和交叉的戟，雾气从西面攫取了山尖，风从东面冲击着山的胳膊，人从乱石丛中脚步一直往下滑行，勉强攀登到石崖上曲腿坐下，益发觉得自豪。心想先前有路却忽然间没有了路，雾散后又起雾，要下山却转而上走，这都是山中的神灵还没有呈献出此处奇景，故意让我漫游的脚步，迂回地多走些路罢了。走下石峰后，山坳中又见到“十”字路，从这里又向西下岭，都是在浓雾中前行了。开头的二里路，满是冰凌雾霾，但草丛中有路；又行二里，路变小而且被岩石树丛遮蔽了；又行二里，只见岩石高悬树丛浓密而且道路断绝了。大概是前边走的路是翻越山岭往西走的，都是茶陵州的人从东面过来，到山中烧木炭，来到此地就返回去了。过了此地，悬崖阻隔，树林更加幽深，上面的人不能下来，下面的人同样不能上去。我考虑，往下走的路程已经很远，再下走三四里路应当到达山麓了，怎么能再从前边的路返回去上登？于是与顾仆挂在石头上投身石崖之下，悬挂在藤蔓上，倒钩着树枝，从空中下坠了几层山，渐渐听到远远的水声，却始终不知道离人世是远还是近。随即雾影忽然闪开，露出层层峰峦峡谷，树林的颜色深沉。雾影再一闪，又看见峡谷口两重山峰外，有个平坦的山坞可以看见。于是更加估量着草丛的深浅逐级下走，就好像邓艾走下阴平间道时一样，坠入深壑中，滚下山崖，什么技法都用尽了，然而都是赤裸着双手，无从裹上毡子。继而忽然走下一座悬崖，忽然见到一条干枯的山涧，便得以踩着石头前行。前边攀着树枝悬空下坠是借助于树，然而钩住衣服挂住鞋子的也是树，走到山涧中树丛稍微稀疏了一些。继而山涧中又生长着草，草又遮蔽了山涧，倒伏的草丛下面，分辨不出哪里是石头，哪里是水，很难下脚。有时草完了石头露出来，又是荆棘刺丛和钩子样的芒草，钩住衣服挂住鞋子像先前一样。如此三里，下了一座瀑布悬挂的悬崖，隐约可见有路的影子在草丛间，然而时隐时现的。又走一里，山涧从山崖间冲破山峡流出来，两面的山崖高高耸峙，而北边的尤为高险陡峭，这才看见有条路从南面的山崖上越过山岭出来。又行一里，见到从北边过来的大道，开始有村庄居民，打听这是什么地方，是窑里，大概是云阳山西面的一个山坞了。此地向东北转到洪山庙有五里远，南面到东岭有十里远，从东岭往南再走五里，就是秦人洞了。这时雾气渐渐散开，便往南沿着山峡前行。越过一座小岭，五里，登上枣核岭，这两座山岭都是云阳山向西延伸后向北转形成峡谷的山岭。下走一里，渡过山涧，山涧是从南面的龙头岭下流来，流到上清洞。傍着枣核岭的西麓溯山涧往南上走半里，是络丝潭，渊深澄碧没有底，两旁的山崖多半是堆叠的岩石。又行半里，再次渡过山涧，傍着东麓登山。此处东面是云阳山南面的山峰，西面是大岭东面的高峰。大岭与云阳山一样高，龙头岭是大岭延伸过来的山脊，山脊往东南延伸到西岭是尽头，东北方抵达麻叶洞，西北方耸峙为五凤楼，西南方是古爽冲。一条溪水从大岭的东北面流来的，是源于洪碧山的水；一条溪水从龙头岭北面流下来的，是源于大岭、云阳山山脊延伸而过之处的水。两条溪水合流后往北来到把七。铺的名称。龙头岭的水分为南北两面，那南下的水，经由东岭坞汇合秦人洞的水后流到大罗埠。共二里，越过山岭后见到平旷的田野，这里是东岭坞。山坞内水田平整广阔，村庄居民稠密，东面是云阳山，西面是大岭，北面就是龙头岭的山脊延伸而过之处，南面是东岭环绕着。我最初来到时以为是平地，当走下东岭，然后才知道还在群山之上了。沿着山坞往东又走一里，住宿在新庵。

十六日　东岭坞内居人段姓，引南行一里，登东岭，即从岭上西行。岭头多漩窝成潭，如釜之仰，釜底俱有穴直下为井，或深或浅，或不见其底，是为九十九井。始知是山下皆石骨玲珑，上透一窍，辄水捣成井。窍之直者，故下坠无底；窍之曲者，故深浅随之。井虽枯而无水，然一山而随处皆是，亦一奇也。又西一里，望见西南谷中，四山环绕，漩成一大窝，亦如仰釜，釜之底有涧，涧之东西皆秦人洞也。由灌莽中直下二里，至其处。其涧由西洞出，由东洞入，涧横界窝之中，东西长半里，中流先捣入一穴，旋透穴中东出，即自石峡中行。其峡南北皆石崖壁立，夹成横槽；水由槽中抵东洞，南向捣入洞口。洞有两门，北向，水先分入小门，透峡下倾，人不能从，稍东而南入大门者，从众石中漫流，其势较平；第洞内水汇成潭，深浸洞之两崖，旁无余隙可入。循崖则路断，涉水则底深，惜无浮槎可觅支机片石[①]。惟小门之水，入峡后亦旁通大洞，其流可揭厉而入[②]。其窍宛转而披透，窍中如轩楞别启，返瞩捣入之势[③]，亦甚奇也。西洞洞门东穹，较东洞之高峻少杀；水由洞后东向出，水亦较浅可揭。入洞五六丈，上嵌围顶，四围飞石驾空，两重如庋悬阁，得二丈梯而度其上。其下再入，水亦成潭，深与东洞并，不能入矣。是日导者先至东洞，以水深难入而返，不知所谓西洞也。返五里，饭于导者家，日已午矣。其长询知洞水深，曰："误矣！此入水洞，非水所从出者。"复导予行，始抵西洞。余幸兼收之胜，岂惮往复之烦。既出西洞过东洞，共一里，逾岭东望，见东洞水所出处；复一里，南抵坞下，其水东向涌出山麓，亦如黄雩之出石下也。土人环石为陂，壅为巨潭以灌山塍。从其东，水南流出谷，路北上逾岭，共二里始达东岭之上，此由州入坞之大道也。登岭，循旧路一里，返宿导者家。

【注释】

①支机石：天河中织女垫支机的石头。《太平御览》卷八引刘义庆《集林》："昔有一人寻河源，见妇人浣纱，以问之，曰：'此天河也。'乃与一石而归。问严君平，云：'此支机石也。'"宋之问《明河篇》有"更将织女支机石，还访成都卖卜人。"

②揭(qì)：水浅处提起衣裤涉水。厉(lì)：水深处穿着衣服涉水。

③返瞩捣入之势：原作"捣返观倒入之势"，据乾隆本、"四库"本改。

【译文】

十六日　东岭山坞内一个姓段的居民，带领我往南行一里，登上东岭，立即从岭上往西行。岭头有很多漩涡状的落水坑，如同仰面放着的大锅，锅底都有洞穴笔直通下去成为井，有的深有的浅，有的看不见底，这是九十九井。这才知道这里的山下都是玲珑剔透的岩石，上面通有一个洞，就被水冲捣成深井。洞是直的，所以下坠没有底；洞是弯曲的，所以深浅随着地形而变化。井虽然干枯没有水，然而整座山随处都是，也是一处奇观。又向西一里，望见西南方的山谷中，四面群山环绕，旋绕成一个大山窝，也是像个仰面放着的大锅，锅底有条山涧，山涧东西两面都是秦人洞了。由灌木丛中一直下走二里，来到这个地方。这条山涧从西洞流出来，从东洞流进去，山涧横隔在山窝的中间，东西向长半里，流到中途先捣入一个洞穴中，旋即穿过洞穴中往东流出来，随即从石山峡谷中流走。这个峡谷南北都是石崖墙壁样矗立着，夹成横向的沟槽；水从沟槽中流到东洞，向南捣入洞口。山洞有两个洞口，面向北，水先分流流入小洞口，穿过峡谷下泻，人不能随着水流进去。稍往东处向南流进大洞口的水，是从众多岩石中流过的漫流，水势较平缓；只是洞内的水汇积成深潭，深得浸泡着洞内两面的崖壁，四旁没有空余的缝隙可以进去。沿着崖壁走则道路断了，涉水则是水底太深，可惜没有木筏可以进去寻到一块垫织机的石头。唯有小洞口的水，进入峡谷后也是向旁边通向大洞，那里的水流可以提起衣裤涉水进去。这个石窍中弯弯转转地穿透进去，石窍中像是另外开启的轩廊窗棂，回头观看水流捣入的姿态，也非常奇异。西洞的洞口面向东高高隆起，与东洞相比较高峻之处稍显不足；水从洞后面向东流出去，水也较浅可以提起衣裤涉水进去。进洞后五六丈，上面嵌着圆顶，四面飞石架在高空，两重飞石如悬空高架的楼阁，找到二丈长的梯子后得以攀越到那上面。飞石下面再进去，水也是积成深潭，深处与东洞一样，不能深入了。这一天导游的人先来到东洞，因为水深难以进去便返回去了，不知道有所谓的西洞了。往回走五里，在向导家中吃饭，日头已到中午了。他家的长者询问后得知洞中的水深，说："错了！这是进了水洞，不是水从里面流出来的洞。"又带领我走，这才来到西洞。我庆幸能兼收两个洞的美景，怎么会害怕路途往返的麻烦呢。走出西洞后经过东洞，共一里，越过山岭向东望去，看见东洞的水流出来的地方；再走一里，往南抵达山坞下面，那水流从山麓向东涌出来，也是像黄雩江从岩石下面涌出来一样。当地人用石块环绕砌成一个池塘，围堵成巨大的深水潭用来灌溉山间的田地。从池塘的东边，水向南流出山谷，道路向北上走翻越山岭，共行二里后才到达东岭之上，这是从茶陵州城进入山坞的大道了。登上岭头，沿着原路走一里，返回向导家中住宿。

十七日　晨餐后，仍由新庵北下龙头岭，共五里，由旧路至络丝潭下。先是，余按《志》有"秦人三洞，而上洞惟石门不可入"之文，余既以误导兼得两洞，无从觅所谓上洞者。土人曰："络丝潭北有上清潭，其门甚隘，水由中出，人不能入，入即有奇胜。此洞与麻叶洞俱神龙蛰处[①]，非惟难入，亦不敢入也。"余闻之，益喜甚。既过络丝潭，不渡涧，即傍西麓下。盖渡涧为东麓，云阳之西也，枣核故道；不渡涧为西麓，大岭、洪碧之东也，出把七道。北半里，遇樵者，引至上清潭。其洞即在路之下、涧之上，门东向，夹如合掌。水由洞出，有二派：自洞后者，汇而不流；由洞左者，乃洞南旁窦，其出甚急。既逾洞左急流，即当伏水而入。导者止供炬爇火，无肯为前驱者。余乃解衣伏水，蛇行以进。石隙既低而复隘，且水没其大半，必身伏水中，手擎火炬，平出水上，乃得入。西入二丈，隙始高裂丈余，南北横裂者亦三丈余，然俱无入处。惟直西一窦，阔尺五，高二尺，而水没其中者亦尺五，隙之余水面者，五寸而已。计匍匐水中，必口鼻俱濡水，且以炬探之，贴隙顶而入，犹半为水渍。时顾仆守衣外洞[②]，若泅水入，谁为递炬者？身可由水，炬岂能由水耶？况秦人洞水，余亦曾没膝浸服，俱温然不觉其寒[③]，而此洞水寒，与溪涧无异。而洞当风口，飕飗弥甚。风与水交逼，而火复为阻，遂舍之出。出洞，披衣犹觉周身起粟，乃爇火洞门。久之，复循西麓随水北行，已在枣核岭之西矣。

【注释】

①蛰(zhé)：虫类伏藏。

②时顾仆守衣外洞："外洞"，乾隆本、"四库"本作"洞外"。

③余亦曾没膝浸服，俱温然不觉其寒：乾隆本作"予虽没浸股膝，温然可近"。疑"服"为"股"之误。

【译文】

十七日　早餐后，仍然由新庵往北走下龙头岭，共五里，经由原路来到络丝潭下。这之前，我根据《一统志》上有"秦人洞分三个洞，而上洞只有石洞口不能深入"的记载，我既因为被误导兼得了两个洞，却无法找到所谓的上洞。当地人说："络丝潭北面有个上清潭，那里的洞口非常狭窄，水从洞中流出来，人不能进去，进去就有奇异的美景。这个洞与麻叶洞都是神龙蛰伏之处，不但难以进入，也不敢进去。”我听说这话，更加欣喜异常。走过络丝潭后，没有渡过山涧，立即傍着山的西麓下走。因为渡过山涧后是山的东麓，是云阳山的西面，是去枣核岭原来走过的路；不渡过山涧是山的西麓，是大岭、洪碧山的东面了，是通到把七的路。向北半里，遇见一个樵夫，带领我来到上清潭。这个洞就在道路的下方、山涧的上面，洞口向东，两面相夹如合起来的手掌。水从洞中流出来，有两条支流：来自洞后面的，积而不流；由洞左边流出来的，是山洞南边的旁洞中流出来的，水流出来非常急。越过洞左边的急流后，就将伏在水中进去。向导只提供了火把点燃火，不肯为我在前领路。我只好脱下衣服伏在水中，像蛇一样游动着前进。石缝既低矮又狭窄，而且水淹没了洞中的大半，必须身体趴伏在水中，手举着火把，平平地伸出水面上，才得以进去。往西进去二丈，缝隙才向高处裂开一丈多，南北横向裂开的地方也有三丈多，然而都没有可深入之处。唯有正西方有一个孔洞，宽一尺五，高二尺，然而水淹没孔洞中的地方也有一尺五，水面上剩余的缝隙，仅有五寸而已。我估计，匍匐在水中，必定鼻子和嘴都浸泡在水中，并且要拿着火把去探洞，贴在缝隙顶上进去，还有一半火把被水浸泡着。此时顾仆在外洞守着衣服，如果泅水进去，谁为我递火把？身子可以从水中走，火把难道能从水中走吗？何况秦人洞中的水，也曾经淹没过我的膝盖浸湿了衣服，都很温暖不觉得水寒冷，可这个洞中的水寒冷，与溪流涧水无异。而且洞对着风口，风嗖嗖地越刮越大。风与水交相逼迫，而火把又受阻，只得放弃了这个洞出来。出洞后，披上衣服还觉得周身起鸡皮疙瘩，便在洞口燃起火堆烘烤。很久之后，再沿着山的西麓顺着水流往北行，已经在枣核岭的西面了。

去上清三里，得麻叶洞。洞在麻叶湾，西为大岭，南为洪碧，东为云阳、枣核之支，北则枣核西垂。大岭东转，束涧下流，夹峙如门，而当门一峰，耸石屼突，为将军岭；涧捣其西，而枣核之支，西至此尽。涧西有石崖南向，环如展翅，东瞰涧中，而大岭之支，亦东至此尽。回崖之下，亦开一隙，浅不能入。崖前有小溪，自西而东，经崖前入于大涧。循小溪至崖之西胁乱石间，水穷于下，窍启于上，即麻叶洞也。洞口南向，大仅如斗，在石隙中转折数级而下。初觅炬倩导，亦俱以炬应，而无敢导者。曰："此中有神龙。"或曰："此中有精怪。非有法术者，不能摄服。"最后以重资觅一人，将脱衣入，问余乃儒者，非羽士，复惊而出曰："予以为大师，故欲随入；若读书人，余岂能以身殉耶[①]？"余乃过前村，寄行李于其家，与顾仆各持束炬入。时村民之随至洞口数十人，樵者腰镰，耕者荷锄，妇之炊者停爨，织者投杼，童子之牧者，行人之负载者，接踵而至，皆莫能从。余两人乃以足先入，历级转窦，递炬而下，数转至洞底。洞稍宽，可以侧身矫首，乃始以炬前向。其东西裂隙，俱无入处，直北有穴，低仅一尺，阔亦如之，然其下甚燥而平。乃先以炬入，后蛇伏以进，背磨腰贴，以身后耸，乃度此内洞之第一关。其内裂隙既高，东西亦横亘，然亦无入处。又度第二关，其隘与低与前一辙，进法亦如之。既入，内层亦横裂，其西南裂者不甚深。其东北裂者，上一石坳，忽又纵裂而起，上穹下狭，高不见顶，至此石幻异形，肤理顿换，片窍俱灵。其西北之峡，渐入渐束，内夹一缝，不能容炬。转从东南之峡，仍下一坳，其底砂石平铺，如涧底洁溜，第干燥无水，不特免揭厉，且免沾污也。峡之东南尽处，乱石轰驾，若楼台层叠，由其隙皆可攀跻而上。其上石窦一缕，直透洞顶，光由隙中下射，若明星钩月，可望而不可摘也。层石之下，涧底南通，覆石低压，高仅尺许；此必前通洞外，涧所从入者，第不知昔何以涌流，今何以枯涸也，不可解矣。由层石下北循涧底入，其隘甚低，与外二关相似。稍从其西攀上一石隙，北转而东，若度鞍历峤。两壁石质石色，光莹欲滴，垂柱倒莲，纹若镂雕，形欲飞舞。东下一级，复值涧底，已转入隘关之内矣。于是辟成一衖[2]，阔有二丈，高有丈五，覆石平如布幄，涧底坦若周行。北驰半里，下有一石，庋出如榻[3]，楞边匀整；其上则莲花下垂，连络成帏，结成宝盖，四围垂幔，大与榻并，中圆透盘空，上穹为顶；其后西壁，玉柱圆竖，或大或小，不一其形，而色皆莹白，纹皆刻镂：此衖中第一奇也。又直北半里，洞分上下两层，涧底由东北去，上洞由西北登。时余所赍火炬已去其七，恐归途莫辨，乃由前道数转而穿二隘关，抵透光处，炬恰尽矣。穿窍而出，恍若脱胎易世。洞外守视者，又增数十人，见余辈皆顶额称异[4]，以为大法术人。且云："前久候以为必堕异吻，故余辈欲入不敢，欲去不能。兹安然无恙，非神灵摄服，安能得此！"余各谢之，曰："吾守吾常，吾探吾胜耳，烦诸君久伫，何以致之！"然其洞但入处多隘，其中洁净干燥，余所见洞，俱莫能及，不知土人何以畏入乃尔！乃取行囊于前村，从将军岭出，随涧北行十余里，抵大道。其处东向把七尚七里，西向还麻止三里，余初欲从把七附舟西行，至是反溯流逆上，既非所欲，又恐把七一时无舟，天色已霁，遂从陆路西向还麻。时日已下舂，尚未饭，索酒市中。

又西十里，宿于黄石铺，去茶陵西已四十里矣。是晚碧天如洗，月白霜凄，亦旅中异境，竟以行倦而卧。

【注释】

①殉(xùn)：从葬。

②衖：同“弄”，即小巷。

③榻(tà)：床。

④顶额：以手加额，表示敬礼。

【译文】

离开上清潭三里后，找到麻叶洞。麻叶洞在麻叶湾，西面是大岭，南面是洪碧山，东面是云阳山、枣核岭的支脉，北面则是枣核岭的西垂。大岭向东转，紧束在山涧的下游，相夹对峙像门一样，而正对着门的一座山峰，石崖高耸突兀，是将军岭；山涧冲捣在将军岭的西面，而枣核岭的支脉，向西延伸到此地到了尽头。山涧西边有座石崖向南环绕，如展开的翅膀，面向东俯瞰着山涧中，而大岭的支脉，也是向东延伸到此地到了尽头。回绕的石崖之下，也裂开一条缝隙，浅得不能深入。石崖前有条小溪，自西往东流，流经石崖前后汇入到大山涧中。沿着小溪来到石崖西侧的乱石间，溪水在石崖下完了，一个石窍开启在石崖上，那就是麻叶洞了。洞口向南，大处仅像斗一样，在石缝中弯来折去地下去几层。最初找火把请向导时，也都是拿火把来应付我，却没有敢做向导的人。说：“这洞中有神龙。”有的说：“这个洞中有妖精鬼怪。除非是有法术的人，否则不能镇服。”最后用重金找到一个人，将要脱衣服进洞时，问知我是读书人，不是道士，又惊恐地出洞来，说：“我以为你是大法师，所以想跟随你进洞去；如果是读书人，我怎能以身殉葬呢？”我只好去到前面的村子，把行李寄放在他家，与顾仆各人拿着几束火把进洞。此时村民跟随来到洞口的有几十人，樵夫腰插镰刀，耕地的人扛着锄头，做饭的妇女停止做饭，织布的放下梭子，放牧的儿童，背负重物的行人，接踵而至，都没有人能跟随我。我们两个人于是先把脚伸进洞，在洞穴中逐级转进去，传递着火把往下走，转了几次来到洞底。洞稍稍变宽，可以侧身抬头，于是才将火把伸向前。洞中东西向的裂缝，都没有能深入之处，正北方有个洞穴，低矮得只有一尺，宽处也如此，然而洞穴的下面十分干燥又平滑。于是先将火把伸进去，然后像蛇一样趴伏着爬进去，腰背紧贴摩擦着洞壁，用下身在后面向前耸，这才渡过了此处内洞中的第一关。那里面的裂缝很高，也是东西向横亘，然而也没有能深入之处。又渡过第二关，第二个洞穴的狭窄与低矮与前边那个洞穴如出一辙，进去的方法也像前边一样。进去后，内层也是横向裂开，那西南方的裂缝不怎么深。那东北方的裂缝，上面有一处石头下凹处，忽然又纵向竖直裂开，上面穹隆而起下面狭窄，高得看不见顶，来到这里岩石的形态奇异变幻，纹理顿时变换，石片石窍都很灵异。那西北方的峡谷，逐渐深入渐渐束紧，里面夹成一条缝，不能容纳火把。转身从东南方峡谷走，仍然走下一处下凹处，洞底平铺着沙石，如山涧底一样洁净平滑，只是干燥没有水，不但免去了提起衣裤涉水的麻烦，并且避免了把身上弄湿弄脏了。峡谷东南方的尽头处，乱石高高堆架着，好像层层叠叠的楼阁，由乱石的缝隙中都可以攀登上去。乱石上面有一条缝隙，一直通到洞顶，光线从缝隙中射下来，好似明星和弯月，可以远望却不可以摘下来了。层层乱石之下，涧底通向南边，下覆的岩石低低地压在上面，高处仅有一尺左右；这必定是前方通到洞外，涧水从那里流进来的地方，只是不知道从前为什么流水奔涌，今天为什么变成干枯的洞穴，不可理解了。由层层叠累的岩石下面沿着涧底进去，那狭窄之处非常低矮，与外面的两个关口相似。稍微从它的西边一点攀上一条石缝，向北走后转向东，好像越过马鞍翻过又高又尖的山一样。两面石壁的石质和石头的颜色，光洁晶莹如水珠一样想要下滴，那下垂的石柱和倒悬的莲花，花纹像是雕刻的，形态想要飞舞起来。往东走下一层，又遇到涧底，已经转进狭窄关口之内了。在这里又辟成一个小巷，宽处有二丈，高处有一丈五，下覆的岩石平滑得如布做的帷幔，涧底平坦得如同大路。向北疾走半里，下面有一块岩石，平放出来像一张床，棱角四边匀称整齐；它的顶上则是下垂的莲花，连接成帷帐，盘结成缀满珠宝的伞盖，四周围垂挂着帷幔，大处与卧床相等，中间圆圆的通向空中，上面穹隆成为洞顶；它后面西边的洞壁处，竖立着白玉般的圆柱，有的大有的小，石柱的形态不一，可颜色全都晶莹洁白，纹理都像是雕刻出来的：这是小巷中的第一奇景。又向正北走半里，洞分为上下两层，涧底从东北方向去，上洞由西北方上登。这时我所带来的火把已经用掉了十分之七，担心归途中无法分辨道路，只好从前边来到路转了几个弯后穿过两个狭窄的关口，抵达透进亮光的地方，火把恰好燃尽了。穿过洞穴出来，恍惚像是投胎转世一般。洞外守候观看的人，又增加了几十人，看见我们俩全都举手加额，大称奇异，以为我们是有大法术的人。并且说："之前我们等候了很久，以为你们必定落入了怪物的口中，所以我们这些人想进洞去又不敢，想离开又不能。现在你们安然无恙，不是神灵被你们镇服，怎么能够这样！"我分别向大家致谢，说："这不过是我遵守我的行为准则做事，我探寻我喜爱的优美景色罢了。麻烦各位先生站着等候了很久，拿什么来向大家致谢呢！"然而这个洞只是入口处有很多狭窄的地方，洞中洁净干燥，我所见过的洞，都没有赶得上的，不知当地人为什么那样害怕进去！于是到前边的村庄中取来行李，从将军岭出来，顺着山涧往北行十多里，到达大路上。此处向东去把七还有七里路，向西到还麻只有三里，我起初想要从把七搭船往西行，到此时反而要溯流逆向上行，既不是我所希望的，又担心到了把七一时间没有船，天色已经转晴，于是从陆路向西去到还麻。此时太阳已经西下，还没有吃饭，在集市中找来酒喝下。又向西十里，住宿在黄石铺，距离茶陵州城西面已经四十里路了。这天晚上碧空如洗，月白霜冷，也是旅途中奇异的境遇，竟然因为走得太疲倦便睡下了。

黄石铺之南，即大岭北峙之峰，其石嶙峋插空，西南一峰尤甚，名五凤楼，去十里而近，即安仁道。余以早卧不及询，明日登途，知之已无及矣。

【译文】

黄石铺的南面，就是大岭北面耸起的山峰，山石嶙峋，高插空中，西南方的一座山峰尤其高峻，名叫五凤楼，距离此地十里不到，就是去安仁县的路。我因为早早就上床睡觉来不及询问，第二天上路后，知道这个情况时已经来不及了。

黄石西北三十里为高暑山，又有小暑山，俱在攸县东，疑即司空山也。二山之西，高峰渐伏。茶陵江北曲，经高暑南麓而西，攸水在山北。是山界茶、攸两江云。

【译文】

黄石铺西北三十里是高暑山，又有一座小暑山，都在攸县的东境内，我怀疑就是司空山了。两座山的西面，高峰渐渐低伏下去。茶陵江向北弯曲，流经高暑山南麓后往西流，攸水在高暑山的北面。这座山分隔了茶陵江、攸水两条江流。

十八日　晨餐后，自黄石铺西行，霜花满地，旭日澄空。十里为丫塘铺，又十里为珠玑铺，则攸县界矣。又西北十里，斑竹铺。又西北十里，长春铺。又十里，北度大江，即攸县之南关矣①。县城濒江北岸，东西两门与南门并列于江侧。茶陵之江北曲西回，攸水自安福封侯山西流南转，俱夹高暑山而下,合于县城东,由城南西去。是日一路霁甚,至长春铺,阴云复合。抵城才过午,候舟不得,遂宿学门前。亦南门。

【注释】

①攸县:隶长沙府,即今攸县。

【译文】

十八日　早餐后,自黄石铺往西行,霜花满地,旭日升起在澄碧的天空中。十里是丫塘铺,又行十里是珠玑铺,便是攸县的境内了。又向西北十里,到斑竹铺。又向西北十里,到长春铺。又行十里,向北渡过大江,就到攸县县城的南关了。县城濒临江流北岸,东、西两座城门与南门并列在江边。茶陵江的江流向北弯曲后往西回绕,攸水起自安福县的封侯山往西流后向南转,都是夹住高暑山往下流,在县城的东边合流,经由城南向西流去。这一天一路上天气都非常晴朗,到长春铺时,阴云又四面笼罩。抵达县城时才过中午,等船等不到,便住宿在学门前。也就是南门。

十九日　晨餐后,阴霾不散。由攸县西门转北,遂西北登陟陂陀。十里,水涧桥,有小水自北而南。越桥而西,连上二岭,其西岭名黄山。下岭共五里,为黄山桥[①],有水亦自北而南,其水较大于水涧,而平洋亦大开。西行平畴三里,上牛头山。又山上行二里,曰长冈冲,下岭为清江桥。桥东赤崖如回翅,涧从北来,大与黄山桥等。桥西开洋,大亦如黄山桥,但四围皆山,不若黄山洋南北一望无际也。洋中平畴,村落相望,名漠田[②]。又五里,西入山峡,已为衡山县界。界北诸山皆出煤,攸人用煤不用柴,乡人争输入市,不绝于路。入山,沿小溪西上,路分两岐:西北乃入山向衡小路,西南乃往太平等附舟路。于是遵西南，五里为荷叶塘。越盼儿岭，五里至龙王桥。桥下水北自小源岭来，南向而去，其居民萧姓，亦大族也。北望二十里外，小源岭之上，有高山屏列，名曰大岭山，乃北通湘潭道③。过桥，西南行三里，上长岭。又西下一坞，三里，上叶公坳。又四里，下太平寺岭，则大江在其下矣。隔江即为芒洲，其地自攸县东四十五里。是日上长岭，日少开，中夜雨声滴沥，达明而止。

【注释】

①黄山桥：今名“黄双桥”。在攸县西境。

②漠田：今作“睦田”。在攸县西境。

③湘潭：明为县，隶长沙府，即今湘潭市。

【译文】

十九日　早餐后，阴霾不散。由攸县的西门转向北走，随后往西北上登山坡。十里，到水涧桥，有条小溪自北往南流。过桥后往西行，一连登上两座山岭，那座西边的山岭名叫黄山。下岭共走了五里，是黄山桥，有溪水也是自北往南流，这条溪水比水涧桥下的那条溪水大，而且平旷的原野也十分开阔。往西行走在平旷的田野中三里，登上牛头山。又在山上前行二里，叫做长冈冲，下岭后是清江桥。桥东赤色的山崖如回绕的翅膀，山涧从北边流来，大处与黄山桥下的溪水相等。桥西开阔的旷野，大处也与黄山桥那里相同，但四围都是山，不像黄山桥那里的旷野南北一望无际了。旷野中是平旷的田野，村落相望，名叫漠田。又行五里，往西进入山峡，已是衡山县的边界了。边界北边的群山中都出产煤炭，攸县人用煤不用柴，乡村中的人争相运煤到市场上去卖，不绝于路。进山后，沿着小溪往西上走，路分为两条岔路：西北方的是进山通向衡山县城的小路，西南方的是通往太平寺等地搭乘船只的路。于是沿着西南方的那条路走，五里是荷叶塘。越过盼儿岭，五里后来到龙王桥。桥下的水自北面的小源岭流来，向南流去，这里的居民姓萧，也是一个大家族。远望北边二十里之外，小源岭之上，有高山屏风样排列着，名叫大岭山，是向北通往湘潭县的通道。过桥后，往西南行三里，登上长岭。又向西下到一个山坞中，三里，登上叶公坳。又行四里，下了太平寺岭，就见大江在脚下了。隔江处就是芒洲，此地从攸县东面过来有四十五里。这一天登上长岭时，太阳稍稍露了出来，半夜雨声滴答响，到天明才停止。

二十日　先晚候舟太平寺涯上①，即宿泊舟间。中夜见东西两山，火光荧荧，如悬灯百尺楼上，光焰映空，疑月之升、日之坠者。既而知为夜烧。既卧，闻雨声滴沥，达旦乃止。上午得舟，遂顺流西北向山峡行。二十五里，大鹅滩②。十五里，过下埠③，下回乡滩④，险甚。过此山始开，江乃西向。行二十五里，北下横道滩⑤，又十五里，暮宿于杨子坪之民舍⑥。

【注释】

①太平寺：聚落名，今名同，在衡东县东南境，霞客自此取洣水舟行出湘江。

②大鹅滩：当地称“大岳滩”。

③下埠：即今夏浦，在衡东县东境，洣水东岸。

④回乡滩：当地称“洄水滩”。

⑤横道滩：今名同。

⑥杨子坪：今作“杨梓坪”，在衡东县西境。

【译文】

二十日　头天晚上在太平寺的岸边等船，便住宿在停泊的船中。半夜看见东西两面的山上，火光荧荧，如悬挂在百尺高的楼上的灯火，光焰映照在空中，我怀疑是月亮升空、太阳坠落产生的景象。继而知道是夜里的山火。躺下后，听见雨声滴滴答答响，到天亮才停止。上午找到船，于是乘船顺流向西北在山峡间前行。二十五里，到大鹅滩。十五里，经过下埠，驶下回乡滩，危险极了。过了此地山势开始开阔起来，江流于是向西流去。行船二十五里，往北驶下横道滩，又行十五里，傍晚时住宿在杨子坪的村民家中。

二十一日　四鼓，月明，舟人即促下舟。二十里，至雷家埠[①]，出湘江，鸡始鸣。又东北顺流十五里，抵衡山县[②]，江流在县东城下。自南门入，过县前，出西门[③]。三里，越桐木岭，始有大松立路侧。又二里，石陂桥，始夹路有松。又五里，过九龙泉，有头巾石。又五里师姑桥，山陇始开，始见祝融北峙，然夹路之松[④]，至师姑桥而尽矣。桥下之水东南去。又五里入山，复得松。又五里，路北有"子抱母松"。大者二抱，小者分两岐。又二里，越佛子坳，又二里，上俯头岭，又一里则岳市矣[⑤]。过司马桥，入谒岳庙[⑥]，出饭于庙前。问水帘洞在山东北隅，非登山之道；时才下午，犹及登顶，密云无翳，恐明日阴晴未卜。踌躇久之，念既上岂能复迂道而转，遂东出岳市，即由路亭北依山转岐。初，路甚大，乃湘潭入岳之道也。东北三里，有小溪自岳东高峰来，遇樵者引入小径。三里，上山峡，望见水帘布石崖下。二里，造其处，乃瀑之泻于崖间者，可谓之"水帘"，不可谓之"洞"也。崖北石上大书"朱陵大沥洞天"[⑦]，并"水帘洞"、"高山流水"诸字，皆宋、元人所书[⑧]，不辨其款。引者又言，其东九真洞，亦山峡间出峡之瀑也。下山又东北二里，登山循峡，逾一隘，中峰回水绕，引者以为九真矣。有焚山者至，曰："此寿宁宫故址，乃九真下流。所云洞者,乃山环成坞,与此无异也,其地在紫盖峰之下。逾山而北尚有洞,亦山坞,渐近湘潭境。”予见日将暮,遂出山,十里,僧寮已近,还宿庙。

【注释】

①雷家埠:明置巡检司,今名“雷溪市”,隶衡东县。

②衡山县:隶衡州府,即今衡山县。

③西门:乾隆本、“四库”本作“望岳门”。

④夹路之松:“松”,原作“峰”,据乾隆本、“四库”本改。

⑤岳市:在岳庙前,即今南岳镇,为入衡山的门户。岳庙规模甚大,占地98,500平方米,共八进。

⑥岳庙:此“岳”指南岳衡山。南岳衡山为我国五岳名山之一,在今湖南省衡阳市南岳区,有七十二峰、十洞、十五岩、三十八泉、二十五溪、九池、九潭、九井。最大的为祝融、紫盖、芙蓉、石廪、天柱等五峰,祝融峰最高,海拔1290米。衡山胜景不少,有险奇的南天门,水帘洞的瀑布,幽深的方广寺、福严寺,元代修建的观日胜地望日台等。衡山亦多奇花异树,现有风景林树种达八百多种。有公路直通山上,颇便游览。

⑦朱陵大沥洞天:据《中华人民共和国地名词典·湖南省》及谭民政《与徐霞客同行》,应为“朱陵太虚洞天”,为宋人张孝祥所题。

⑧皆宋、元人所书:“宋”,原作“宏”。不从。

【译文】

二十一日　四更天,月光明亮,船夫就催促着上船。二十里,到达雷家埠,进入湘江,鸡才叫。又往东北顺流行船十五里,抵达衡山县城,江流在县城的东城下。从南门进城,路过县衙门前,从西门出城。三里,越过桐木岭,开始有高大的松树竖立在路旁。又行二里,到石陂桥,开始有松树夹在道路两边。又行五里,路过九龙泉,有块头巾石。又行五里到师姑桥，山陇开始开阔起来，这才看见祝融峰耸峙在北面，然而夹住道路的松树，到了师姑桥后便完了。桥下的水向东南方流去。又走五里进入山中，又见到松树。又行五里，道路北边有棵"子抱母松"。大的那棵有两抱粗，小的分为两杈。又行二里，越过佛子坳，又是二里，登上俯头岭，又走一里便到达岳市了。走过司马桥，进入岳庙拜谒，出来后在岳庙前吃饭。问知水帘洞在衡山的东北角，不是登山的路；此时才是下午，还来得及登顶，浓云没有完全遮蔽天空，担心明天阴晴未定。踌躇了很久，考虑到既然上山后怎能又绕道转过去，于是向东出到岳市，马上由路旁亭子的北边靠着山转到岔路上。最初，路非常大，是从湘潭县进衡山的路。向东北三里，有条小溪从衡山东面的高峰流来，遇见一个樵夫把我领上小径。三里，上到山峡中，望见水帘像布匹一样铺在石崖下。二里，到达那个地方，是瀑布在石崖上倾泻，可把它称为"水帘"，不能把它称为"洞"。石崖北面的石壁上大大地写着"朱陵大沥洞天"，以及"水帘洞"、"高山流水"等字，都是宋、元时期的人写的，分辨不出题字的落款。领路的人又说，这里东面的九真洞，也是在山峡间从峡谷中流出来的瀑布。下山后又往东北行二里，顺着峡谷登山，穿过一处隘口，中间的山峰水流回绕着，领路的人认为这就是九真洞了。有个烧山垦荒的人来到，说："这是寿宁宫的旧址，是九真洞的下游。所谓的洞的地方，是群山环绕成山坞，与此地没有两样，那个地方在紫盖峰的下面。翻过山往北走还有洞，也是个山坞，逐渐靠近湘潭县境内了。"我见天色将近傍晚，便出山来，十里，僧房已近在眼前，回来住在岳庙中。

二十二日　力疾登山①。由岳庙西度将军桥，岳庙东西皆涧。北入山一里，为紫云洞②，亦无洞，山前一冈当户环成耳。由此上岭一里，大石后度一脊，由络丝潭北下一岭，又循络丝上流之涧一里，为宝善堂③。其处涧从东西两壑来，堂前有大石如劈，西涧环石下④，出玉板桥，与东涧合而南。宝善界两涧中，去岳庙已五里。堂后复蹑磴一里，又循西涧岭东平行二里，为半云庵[5]。庵后渡涧西，蹑级直上二里，上一峰，为茶庵。又直上三里，逾一峰，得半山庵[6]，路甚峻。里许，路南有铁佛寺。寺后跻级一里，路两旁俱细竹蒙茸。上岭，得丹霞寺，复从寺侧北上[7]。由半山庵、丹霞侧北上，竹树交映，青翠滴衣，竹中闻泉声淙淙。自半云逾涧，全不与水遇，以为山高无水，至是闻之殊快。时欲登顶，过诸寺俱不入。由丹霞上三里，为湘南寺，又二里，南天门[8]。平行东向二里，分路。南一里，飞来船、讲经台。转至旧路，又东下半里，北度脊，西北上三里，上封寺。上封东有虎跑泉，西有卓锡泉。

【注释】

①疾：急速。

②紫云洞：在紫云峰下，今岳云中学校所在地。

③宝善堂：在玉板桥东南，已毁，现为农田。

④西涧环石下："西"，乾隆本作"两"，"四库"本、丁本、国学丛书本皆作"西"，据改。

⑤半云庵：1983年拆除，遗址尚存，在巴巴岭下。

⑥半山庵：应即今半山亭。

⑦里许，路南有铁佛寺。寺后跻级一里，路两旁俱细竹蒙茸。上岭，得丹霞寺，复从寺侧北上：以上一段季抄本脱载，乾隆本与"四库"本原在"大石后度一脊"句后，依地望及杨载田、刘惕之考证移此。铁佛寺初名铁佛庵，丹霞寺又名五岳殿，今存，依次在半山亭与湘南寺间。

⑧"南天门"以上：季抄本仅"十五里，半山庵，五里，南天门。"乾隆本、"四库"本较详，据补。南天门距南岳镇九公里，有石牌坊、祖

师殿、卧龙碑等。

【译文】

二十二日　竭力快速登山。由岳庙西边走过将军桥，岳庙东西两面都有山涧。往北进山一里，是紫云洞，也没有洞，不过是山前的一座山冈正对着山口环绕成山坞罢了。由此地上岭一里，从大石头后面越过一条山脊，由络丝潭北边走下一座岭，又顺着络丝潭上游的山涧前行一里，是宝善堂。此处的山涧从东西两面的壑谷中流来，宝善堂前有块大石头如刀斧劈开的一样，西面的山涧环流过石头下面，流出玉板桥，与东面的山涧合流后往南流去。宝善堂隔在两条山涧中间，离开岳庙已有五里地。从宝善堂后面再踏着石阶上走一里，又沿着西面这条山涧旁的山岭向东平缓行走二里，是半云庵。从庵后渡到山涧西边，踏着石阶一直上登二里，登上一座山峰，是茶庵。又一直上登三里，越过一座山峰，走到半山庵，道路非常陡峻。一里左右，道路南边有座铁佛寺。从寺后沿着石阶上登一里，道路两旁都是蒙茸茂密的细竹子。上岭后，见到丹霞寺，再从丹霞寺侧边往北上登。由半山庵、丹霞寺侧边往北上登，竹树交相映衬，青翠之色像要滴落在衣服上，竹林中听见泉水声淙淙流淌。自从在半云庵越过山涧，全然没有与水流相遇，以为是山高没有水，到此地听见水声特别愉快。这时我想登顶，路过几座寺庙都没有进去。由丹霞寺上登三里，是湘南寺，又上登二里，到南天门。平缓向东前行二里，道路分岔。向南一里，到飞来船、讲经台。转到原路上，又向东下行半里，往北越过山脊，向西北上走三里，到上封寺。上封寺东面有个虎跑泉，西面有个卓锡泉。

二十三日　上封①。

【注释】

①上封：《嘉庆重修一统志》衡州府寺观载："上封寺，在衡山县西北

祝融峰上，旧为光天观，隋大业中始易为寺。宋《张栻集》：'上封寺门外寒松，皆拳曲拥肿，樛枝下垂，冰雪凝缀，如苍龙白凤然。'《方舆胜览》：'寺在祝融峰绝顶，早秋已冰，夏亦夹衣，木之高大者，不过六七尺，谓之矮松。上有雷池，题咏甚多。'"现为全国汉传佛教重点寺院。寺后山顶即望日台。

【译文】

二十三日　在上封寺。

二十四日　上封。

【译文】

二十四日　在上封寺。

二十五日　上封。

【译文】

二十五日　在上封寺。

二十六日　晴。至观音崖，再上祝融会仙桥，由不语崖西下。八里，分路。南茅坪。北二里，九龙坪，仍转路口。南一里，茅坪。东南由山半行，四里渡乱涧，至大坪分路。东南上南天门。西南小路直上四里，为老龙池，有水一池在岭坳，不甚澄，其净室多在岭外。西南侧刀之西、雷祖之东分路。东二里，上侧刀峰。平行顶上二里，下山顶，度脊甚狭。行赤帝峰北一里，绕其东，分路。乃南由坳中东行，一里，转出天柱东，遂南下。五里，过狮子山与大路合，遂由岐路西入福严寺①，殿已倾，僧佛鼎谋新之。宿明道山房。

【注释】

①福严寺：今存，依山势而建，有岳神殿、大雄宝殿、藏经阁等，后有拜经台，旁有古银杏。

【译文】

二十六日　晴天。来到观音崖，再次登上祝融峰的会仙桥，经由不语崖往西下山。八里，道路分岔。南边通往茅坪。向北二里，到九龙坪，仍然转到路口。向南一里，到茅坪。往东南经由山的半中腰前行，四里渡过乱流的山涧，来到大坪道路分岔的地方。东南方上通南天门。从西南方的小路一直上登四里，是老龙池，有一池水在岭上的山坳间，不怎么清澈，僧人的静室大多在山岭外面。西南方侧刀峰的西面、雷祖峰的东面道路岔开。向东二里，登上侧刀峰。平缓行走在山顶上二里，走下山顶，越过山脊，非常狭窄。行走在赤帝峰北面一里，绕到赤帝峰东面，道路岔开。于是往南经由山坳中向东走，一里，转到天柱峰东面，便往南下走。五里，过了狮子山与大路会合，于是从岔路上向西进入福严寺，大殿已经倒塌，僧人佛鼎正谋划新建大殿。住在明道山房中。

二十七日　早闻雨，餐后行少止。由寺西循天柱南一里，又西上二里，越南分之脊，转而北，循天柱西一里，上西来之脊，遂由脊上西南行，于是循华盖之东矣。一里，转华盖南，西行三里，循华盖西而北下。风雨大至，自是持盖行。北过一小坪，复上岭①，共一里，转而西行岭脊上。连度三脊，或循岭北，或循岭南，共三里而复上岭。于是直上二里，是为观音峰矣。由峰北树中行三里，雨始止，而沉霾殊甚。又西南下一里，得观音庵，始知路不迷。又下一里，为罗汉台。有路自北坞至者，即南沟来道。于是复南上二里，连度二脊，丛木亦尽，峰皆茅矣。既逾高顶，南下一里，得丛木一丘，是为云雾堂。中有老僧，号东窗，年九十八，犹能与客同拜起。时雾稍开，又南下一里半，得东来大路，遂转西下，又一里半至涧，渡桥而西，即方广寺[②]。寺正殿崇祯初被灾，三佛俱雨中。盖大岭之南，石廪峰分支西下，为莲花诸峰；大岭之北，云雾顶分支西下，为泉室、天台诸峰。夹而成坞，寺在其中，寺始于梁天监中[③]。水口西去，环锁甚隘，亦胜地也。宋晦庵、南轩诸迹，俱没于火。寺西有洗衲池，补衣石在涧旁。渡水口桥，即北上山。西北登一里半，又平行一里半，得天台寺。寺有僧全撰，名僧也。适他出，其徒中立以芽茶馈。盖泉室峰又西起高顶，突为天台峰。西垂一支，环转而南，若大尾之掉，几东接其南下之支。南面水仅成峡，内环一坞如玦，在高原之上，与方广可称上下二奇。返宿方广庆禅、宁禅房[④]。

【注释】

①复上岭：季抄本作“复过上岭”，衍“过”字，据乾隆本、“四库”本删。

②方广寺：后已重修。右有纪念朱熹、张栻的二贤祠，前有“洗衲”等石刻。

③天监：南朝梁武帝年号，共十八年，时在502—519年。

④宁禅：原作“宁然”，据二十八日记改。

【译文】

二十七日　早上听见雨声，早餐后上路时雨逐渐停了。由寺西沿着天柱峰向南走一里，又往西上走二里，越过往南分支的山脊，转向北，沿着天柱峰向西一里，登上西面延伸来的山脊，便由山脊上往西南行，到这里沿着华盖峰的东面走了。一里，转到华盖峰南面，往西行三里，沿着华盖峰的西面往北下走。风雨猛烈来临，从这时起打着伞前行。向北走过一块小平地，又上岭，共一里，转向西行走在岭脊上。接连越过三条山脊，有时沿着岭北走，有时沿着岭南走，共走三里后又上岭。从这里一直上走二里，这就是观音峰了。由山峰北面的树丛中前行三里，雨才停了，可黑沉沉的阴霾四面弥漫。又向西南下走一里，见到观音庵，才知道没有迷路。又下走一里，是罗汉台。有条路从北边的山坞中来的，是从南沟来的路。从这里再往南上登二里，一连越过两条山脊，丛林也完了，山峰上全是茅草了。越过高高的山顶后，向南下走一里，见到一座长满丛林的土丘，这里是云雾堂。庙中有个老和尚，法号叫东窗，年纪有九十八岁，还能起身与客人一同拜见。此时雾气稍稍散开了一些，又往南下走一里半，遇到东面来的大路，于是转向西下走，又走一里半到达山涧，过桥后往西行，就是方广寺。方广寺的正殿在崇祯初年被火灾烧毁，三尊佛像都淋在雨中。大体上大岭的南面，石廪峰分支往西下延，成为莲花峰等山峰；大岭的北面，从云雾峰的峰顶分支向西下延，成为泉室峰、天台峰等山峰。夹成山坞，寺庙在两列山的中间，寺庙始建于南朝梁代的天监年间(502—519)。从水口往西去，环绕闭锁得十分狭窄，也算是一处胜地了。宋代朱晦庵、张南轩的各种遗迹，都被火灾毁灭了。寺西有个洗衲池，补衣石在山涧旁。渡过水口上的桥，立即向北上山。往西北上登一里半，又平缓行走一里半，见到天台寺。寺中有位叫全撰的僧人，是位著名的僧人。恰好因其他事外出，他的徒弟中立拿芽茶馈赠给我。原来泉室峰西面又耸起高高的山顶，突起成为天台峰。西垂的一条支脉，环绕着转向南，好像一条巨大的尾巴掉转过来，东面几乎接到天台峰往南下延的支脉。南面的水流仅仅形成一条峡谷，峡谷内环绕成的一个山坞如玉玦，位于高原之上，与方广寺所在的山坞可称为上下两处奇景。返回来住在方广寺庆禅、宁禅的僧房中。

先是，余欲由南沟趋罗汉台至方广；比登古龙池，乃东上侧刀峰，误出天柱东；及宿福严，适佛鼎师通道取木，遂复辟罗汉台路。余乃得循之西行，且自天柱、华盖、观音、云雾至大坳，皆衡山来脉之脊，得一览无遗，实意中之事也。由南沟趋罗（汉）台亦迂，不若径登天台，然后南岳之胜乃尽。

【译文】

这之前，我想经由南沟前去罗汉台后再到方广寺；到登上古龙池时，便往东登上侧刀峰，错走到天柱峰东面；到住在福严寺时，恰好佛鼎法师修路去取木材，便又开辟了到罗汉台的路。我于是得以沿着这条路往西行，而且从天柱峰、华盖峰、观音峰、云雾峰到大坳，都是衡山山脉延伸而来的山脊，得以一览无遗，实在是意料中的事了。经由南沟前去罗汉台也很绕路，不如径直上登天台峰，这样之后南岳衡山的美景才可以全部看完。

二十八日　早起，风雨不收。宁禅、庆禅二僧固留，余强别之。庆禅送至补衲台而别。遂沿涧西行，南北两界，山俱茅秃。五里，始有石树萦溪，崖影溪声，上下交映。又二里，隔溪前山，有峡自东南来，与方广水合流西去。北向登崖，崖下石树愈密，涧在深壑，其中有黑、白、黄三龙潭，两崖峭削，故路折而上，闻声而已，不能见也。已而平行山半，共三里，过鹅公嘴，得龙潭寺。寺在天台西峰之下，南为双髻峰。盖天台、双髻夹而西来，以成龙潭之流；潭北上即为寺，寺西为狮子峰，尖削特立，天台以西之峰，至此而尽；其南隔溪即双髻西峰，而莲花以西之峰，亦至此而尽。过九龙，犹平行山半，五里，自狮子峰南绕其西，下山又五里，为马迹桥[①]，而衡山西面之山始尽。桥东去龙潭十里，西去湘乡界四十里[②]，西北去白高三十里[③]，南至衡阳界孟公坳五里。自马迹桥南渡一涧，涧即方广九龙水去白高者。即东南行，四里至田心。又越一小桥，一里，上一低坳，不知其为界头也[④]。过坳又五里，有水自东北山间悬崖而下，其高数十仞，是为小响水塘，盖亦衡山之余波也。又二里，有水自北山悬崖而下，是为大响水塘。阔大过前崖，而水分两级，转下峡间，初见上级，后见下级，故觉其不及前崖飞流直下也。前即宁水桥[⑤]，问水从何处，始知其南由唐夫、沙河而下衡州草桥。盖自马迹南五里孟公坳分衡阳、衡山界处，其水北下者，即由白高下一殒江，南下者，即由沙河下草桥，是孟公坳不特两县分界，而实衡山西来过脉也。第其坳甚平，其西来山即不甚高，故不之觉耳。始悟衡山来脉非自南来，乃由此坳东峙双髻，又东为莲花峰后山，又东起为石廪峰，始分南北二支，南为岣嵝、白石诸峰，北为云雾、观音以峙天柱。使不由西路，必谓岣嵝、白石乃其来脉矣。

【注释】

①马迹桥：今作“马迹”，在衡山县西隅。

②湘乡：明为县，隶长沙府，即今湘乡市。

③白高：今作“白果”，在衡山县西北隅。

④界头：应即今界牌，在衡阳县东隅。

⑤宁水桥:即今银溪桥。在衡阳县东。

【译文】

二十八日　早晨起床,风雨不停。宁禅、庆禅二位僧人坚决挽留,我强行辞别了他们。庆禅把我送到补衲台后道别了。于是我沿着山涧往西行,南北两面,山全是光秃秃的,长满茅草。五里,开始有山石树丛萦绕着溪流,山崖的倒影,溪流的水声,上下交相辉映。又行二里,前方隔着溪流的山,有条峡谷从东南方过来,与方广寺流来的溪水合流后往西流去。向北上登山崖,山崖下面山石间的树丛更加茂密,山涧在幽深的壑谷中,壑谷中有黑、白、黄三个龙潭,两面的山崖峭拔陡削,所以道路曲折地往上走,只听见水声而已,不能看见龙潭。随后平缓前行在半山腰,共三里,过了鹅公嘴,走到龙潭寺。龙潭寺在天台峰的西峰下,南面是双髻峰。原来天台峰、双髻峰夹峙往西延伸而来,从而形成了龙潭那里的溪流;龙潭北边的山上就是龙潭寺,寺院西面是狮子峰,尖锐陡削,独自耸立,天台峰以西的山峰,到此地后结束;狮子峰的南面隔着溪流就是双髻峰的西峰,而莲花峰以西的山峰,也是到了此地后便完结了。过了九龙坪,还是平缓行走在半山腰,五里,从狮子峰南面绕到狮子峰西面,下山又走五里,是马迹桥,而衡山西面的山这才到了尽头。桥东距离龙潭有十里,西面距离湘乡县界有四十里,西北方距离白高有三十里,南面距离衡阳县界孟公坳有五里。从马迹桥往南渡过一条山涧,这条山涧就是从方广寺、九龙坪流到白高的水流。随即往东南行,四里来到田心。又越过一座小桥,一里,登上一处低洼的山坳,不知道这里就是界头了。过了山坳又走五里,有流水从东北方山间的悬崖上奔流而下,瀑布高达几十丈,这是小响水塘,大概也是衡山水流的余波了。又行二里,有流水从北山的悬崖上奔流而下,这是大响水塘。水面宽处大过前边那座悬崖,而且水分为两级,转下峡谷中,最初只看见上面一级,后来才见到下面的一级,所以觉得这里不如前边从悬崖上飞流直下壮观。前边就是宁水桥,打听水从何处流来,这才知道这条水流往南经由唐夫、沙河后下流到衡州府的草桥。大体上从马迹桥南面五里衡阳、衡山两县分界处的孟公坳起，这一带的水往北下流的，便经由白高下流到一殢江，往南下流的，就经由沙河下流到草桥，这样，孟公坳不但是两县的分界处，而且实际上是衡山山脉往西延伸而来经过的地方。只是这个山坳很平坦，衡山往西延伸来的山就不怎么高，所以没有觉察到罢了。这才明白衡山延伸过来的山脉不是从南面来的，而是从这个山坳往东延伸耸峙为双髻峰，又往东成为莲花峰的后山，又往东耸起成为石廪峰，这才分为南北两条支脉，南面的支脉是岣嵝峰、白石峰等山峰，北面的支脉是云雾峰、观音峰，进而耸峙为天柱峰。假使不从西面的路走，必定认为岣嵝峰、白石峰就是从衡山直接延伸过来的山脉了。

由宁水桥饭而南，五里，过国清亭①，逾一小岭，为穆家洞②。其洞回环圆整，水自东南绕至东北，乃石廪峰西南峡中水；山亦如之，而东附于衡山之西。径洞二里，复南逾一岭，一里，是为陶朱下洞，其洞甚狭，水直西去。路又南入峡，二里，复逾一岭，为陶朱中洞，其水亦西去。又南二里，上一岭，其坳甚隘，为陶朱三洞，其洞较宽于前二洞，而不及穆洞之回环也。二里，又逾一岭，为界江，其水由东南向西北去。界江之西为大海岭。溯水南行一里，上一坳，亦甚平，乃衡之脉又西度为大海岭者。其坳北之水，即西北下唐夫；其坳南之水，即东南下横口者也。逾坳共一里，为傍塘③，即随水东南行。五里，为黑山，又五里，水口，两山逼凑，水由其内破壁而入，路逾其上。一里，水始出峡，路亦就夷。又一里，是为横口。傍塘、黑山之水南下，岣嵝之水西南来，至此而合。其地北望岣嵝、白石诸峰甚近④，南去衡州尚五十里，遂止宿旅店。是日共行六十里。

【注释】

①国清亭：今为国清寺，又作“国庆”。

②穆家洞：今作“莫家洞”。以上皆在衡阳县东境。

③傍塘：今作“伴塘”，在衡阳县东隅。

④岣嵝(gǒu lǒu)：衡山诸峰之一，过去曾被认为衡山主峰，因此衡山又名岣嵝山。

【译文】

在宁水桥吃饭后往南行，五里，经过国清亭，越过一座小山岭，是穆家洞。这个洞曲折环绕，又圆又齐整，水从东南面绕到东北面，是石廪峰西南面峡谷中的水流；山也是如此，而后往东连接着衡山的西面。穿过洞中二里，再向南越过一座岭，一里，这里是陶朱下洞，这个洞非常狭窄，水一直往西流去。道路又往南进入山峡中，二里，再次越过一座岭，是陶朱中洞，洞中的水也是向西流去。又向南二里，登上一座山岭，岭上的山坳十分狭窄，是陶朱三洞，这个洞比前边的两个洞宽一些，却赶不上穆家洞那样曲折环绕。二里，又越过一座岭，是界江，江水由东南向西北流去。界江的西面是大海岭。溯江水往南行一里，登上一个山坳，也是非常平坦，是衡山的山脉又往西延伸形成大海岭的山坳。这个山坳北面的水，就是往西北下流到唐夫的水流；山坳南面的水，就是往东南下流到横口的水流。穿越山坳共走一里，是傍塘，随即顺着水流往东南行。五里，是黑山，又行五里，到水口，两面的山紧逼凑在一起，水流由两山之间破壁而入，道路翻越到山上。一里，水这才流出峡谷，道路也走上了平地。又行一里，这里是横口。傍塘、黑山的水往南下流，岣嵝峰的水从西南方流来，来到此地后合流。从此地向北望岣嵝峰、白石峰非常近，南面距离衡州府城还有五十里，便停下来住在旅店中。这一天共走了六十里路。

二十九日　早起，雨如注，乃踯躅泥途中。沿溪南行，逾一小岭，是为上梨坪。又逾一小岭，五里，是为下梨坪，复与溪遇。又循溪东南下，十里，为杨梅滩①，有石梁南北跨溪上，溪由梁下东去，路越梁东南行。五里入排冲，又行排中五里，南逾青山坳。排冲者，冈自谭碧岭东南至青山，分为两支，俱西北转，两冈排闼，夹成长坞，缭绕为田，路由之入，至青山而坞穷。乃逾坳而南，陂陀高下，滑泞几不留足，而衣絮沾透，亦疲而不觉其寒。十里，下望日坳②，为黄沙湾，则蒸江自西南沿山而来，路遂随江东南下，又五里为草桥，即衡州府矣③。觅静闻，暮得之绿竹庵天母殿瑞光师处。亟投之，就火炙衣，而衡山古太坪僧融止已在焉。先是，予过古太坪，上古龙池，于山半问路静室。而融止及其师兄应庵双瞽。苦留余。余急辞去，至是已先会静闻，知余踪迹。盖融止扶应庵将南返桂林七星岩，故道出于此，而复与之遇，亦一缘也。

【注释】

①杨梅滩：今作“杨梅桥”，在衡阳县东隅。

②望日坳：今作“望城坳”，在衡阳市北郊。

③衡州府：治衡阳，即今湖南衡阳市。

【译文】

二十九日　早晨起床，大雨如注，只好艰难地行进在泥泞的道路上。沿着溪流往南行，越过一座小岭，这里是上梨坪。又越过一座小岭，五里，这里是下梨坪，再次与溪流相遇。又沿着溪流往东南下走，十里，是杨梅滩，有座石桥南北向横跨在溪流上，溪水经由桥下向东流去，道路越过石桥往东南行。五里进入排冲，又行走在排冲中五里，向南越过青山坳。排冲这地方，山冈从谭碧岭往东南延伸到青山坳，分为两条支脉，都是向西北转，两面的山冈像门扉一样排列，夹成长长的山坞，缭绕成为田地，道路由山坞中进去，到青山坳后山坞到了头。于是穿过山坳往南走，山坡高低不平，湿滑泥泞几乎不能站住脚，而且衣服中的棉絮湿透了，也因为疲倦而不觉得湿衣服寒冷。十里，走下望日坳，是黄沙湾，就见蒸江自西南方沿着山流来，道路于是顺着江流往东南下走，又行五里是草桥，就是衡州府城了。去寻找静闻，傍晚时分在绿竹庵天母殿瑞光禅师处找到他。急忙赶到房中去，凑近火烘烤衣服，而衡山古太坪的僧人融止已经在屋中了。这之前，我路过古太坪，上登古龙池，在半山腰到融止的静室中去问路，而融止和他的师兄应庵双目失明。苦苦挽留我。我急着辞别后离开，到此时已经先见到静闻，知道我的行踪。原来融止扶着应庵即将南下返回桂林七星岩，所以途中经过此地，而我再次与他们相遇，也是一种缘分了。

绿竹庵在衡北门外华严、松萝诸庵之间。八庵连络，俱幽静明洁，呗诵之声相闻①，乃藩府焚修之地②。盖桂王以亲藩乐善，故孜孜于禅教云。

【注释】

①呗(bèi)诵：僧人诵唱经偈。呗，梵语"呗匿"的略称，意为佛教所唱的赞偈。

②焚修：焚香修道。

【译文】

绿竹庵在衡州府城北门外华严庵、松萝庵等寺庵之间。八个寺庵连在一起，都很幽雅安静，明亮清洁，诵经的声音互相听得见，是桂王府焚香修行的地方。大概桂王因为是宗亲藩王而乐于行善，所以孜孜不倦于信奉佛教。

三十日 游城外河街，泞甚。暮，返宿天母殿。

【译文】

三十日 游览城外的河街，泥泞极了。傍晚，返回天母殿住宿。

二月初一日 早饭于绿竹庵，以城市泥泞，不若山行。遂东南逾一小岭，至湘江之上。共一里，溯江至蒸水入湘处。隔江即石鼓合江亭。渡江登东岸，东南行，其地陂陀高下，四里，过把膝庵，又二里，逾把膝岭。岭南平畴扩然，望耒水自东南来，直抵湖东寺门，转而北去。湖东寺者，在把膝岭东南三里平畴中，门对耒水，万历末无怀禅师所建，后憨山亦来同栖，有静室在其间。余至，适桂府供斋，为二内官强斋而去。乃西行五里，过木子、石子二小岭，从丁家渡渡江①，已在衡城南门外。登崖上回雁峰②，峰不甚高，东临湘水，北瞰衡城③，俱在足下，雁峰寺笼罩峰上无余隙焉，然多就圮者。又饭于僧之千手观音殿。乃北下街衢，淖泥没胫，一里，入南门，经四牌坊，城中阛阓与城东河市并盛。又一里，经桂府王城东，又一里，至郡衙西，又一里，出北门，遂北登石鼓山④。山在临蒸驿之后，武侯庙之东，湘江在其南，蒸江在其北，山由其间度脉，东突成峰，前为禹碑亭，大禹《七十二字碑》在焉。其刻较前所摹望日亭碑差古，而漶漫殊甚⑤，字形与译文亦颇有异者。其后为崇业堂，再上，宣圣殿中峙焉。殿后高阁甚畅，下名回澜堂，上名大观楼。西瞰度脊，平临衡城，与回雁南北相对，蒸、湘夹其左右，近出窗槛之下，惟东面合流处则在其后，不能全括。然三面所凭擥[6]，近而万家烟市，三水帆樯，湘江自南，蒸江自西，耒江自东南。远而岳云岭树，披映层叠，虽书院之宏伟，不及吉安白鹭大观，地则名贤乐育之区，而兼滕王、黄鹤之胜[7]，韩文公、朱晦庵、张南轩讲学之所[8]。非白鹭之所得侔矣。楼后为七贤祠，祠后为生生阁。阁东向，下瞰二江蒸、湘。合流于前，耒水北入于二里外，与大观楼东西易向。盖大观踞山顶，收南北西三面之奇，而此则东尽二水同流之胜者也。又东为合江亭，其址较下而临流愈近。亭南崖侧，一隙高五尺，如合掌东向，侧肩入，中容二人，是为朱陵洞后门。求所谓"六尺鼓"不可得，亭下濒水有二石如竖碑，岂即遇乱辄鸣者耶？自登大观楼，正对落照，见黑云衔日，复有雨兆。下楼，践泥泞冒黑过青草桥，东北二里入绿竹庵。晚餐既毕，飓风怒号，达旦甫止，雨复潇潇下矣。

【注释】

①丁家渡：今名"丁家码头"。原作"下家渡"，据乾隆本、"四库"本改。

②回雁峰：在衡阳古城南门外，今雁峰广场旁，海拔95.4米。雁峰寺在抗日战争时期被日军焚毁。近年，重建了雁峰寺、望岳台、回雁亭等，辟为公园。

③北瞰衡城："北"，原作"南"，据乾隆本改。"四库"本作"北瞰郡城"。

④石鼓山：在衡阳古城北门外，湘江与蒸水汇合处，一山雄峙，伸入

江中,又名石鼓嘴,海拔68米。原有石鼓书院、大观楼、合江亭等建筑,抗日战争时期被日军焚毁。近年参考徐霞客的记录陆续修复。

⑤漶(huàn)漫:模糊不可辨识。

⑥掔:通“牵”。

⑦滕王、黄鹤之胜:即滕王阁、黄鹤楼。滕王阁,在江西南昌沿江路赣江东岸,后毁,近年重建。黄鹤楼,原在湖北武昌蛇山上,1884年毁于火,后另修了一座纯阳楼,规模远不如前,修建长江大桥时,此楼已拆。近年重建。

⑧韩文公、朱晦庵、张南轩:韩文公即韩愈(768—824),字退之,自谓郡望昌黎,世称韩昌黎。曾任监察御史、刑部侍郎、吏部侍郎,因上疏劝谏,被贬多次,出为阳山令、潮州刺史、袁州刺史。唐代著名文学家、思想家,为唐宋散文八大家之首。死后谥文,故称韩文公。朱晦庵即朱熹(1130—1200),字元晦、仲晦,号晦庵,别称紫阳,徽州婺源人(今属江西)。曾知南康军,恢复庐山白鹿书院。宋代著名理学家,他的理学对封建社会后期有很大的影响。死后谥“文”,追封信国公,后改徽国公。张南轩即张栻(1133—1180),字敬夫、乐斋,号南轩,汉州绵竹人,后迁于衡阳,丞相张浚之子。曾出知严州、袁州、静江府,官至右文殿修撰。南宋著名思想家,与朱熹、吕祖谦合称“东南三贤”,死后谥“宣”。

【译文】

二月初一日　在绿竹庵吃了早饭,因为城中集市上泥泞,不如从山中走。于是往东南越过一座小岭,来到湘江的岸上。共一里,溯江流来到蒸水汇入湘江的地方。隔着江流之处就是石鼓合江亭。渡过江流登上东岸,往东南行,这个地方山坡高高低低的,四里,路过把膝庵,又行二里,越过把膝岭。把膝岭南面平旷的田野非常开阔,望见耒水自东南方流来,直抵湖东寺寺门前,转向北流去。湖东寺这座寺院,在把膝岭东南三里平旷的原野中，寺门对着耒水，是万历末年无怀禅师创建的，后来憨山也前来一同居住，有静室在寺中。我来到时，恰好桂王府供应斋饭，被两个宦官强逼着吃了斋饭后离开。于是往西行五里，翻过木子岭、石子岭两座小岭，从丁家渡渡江，已经在衡州府城的南门外。登岸后上登回雁峰，山峰不怎么高，东边面临湘江，北面俯瞰着衡州府城，都在脚下，雁峰寺笼罩在山峰上没有空余的缝隙，然而多半是就要倒塌的殿宇。又在僧人住的千手观音殿吃饭。于是向北下到街道中，泥淖污泥淹没了小腿，一里，进入南门，经过四牌坊，城中的街市店铺与城东河边上的集市一样兴盛。又行一里，经过桂王府的王城东面，又行一里，来到府衙西边，又行一里，出了北门，于是向北上登石鼓山。石鼓山在临蒸驿的后面，武侯庙的东面，湘江在山的南面，蒸江在山的北面，山脉由其中延伸而过，东面突起成为山峰，前边是禹碑亭，大禹的《七十二字碑》在亭子中。这块碑刻较前边我临摹的望日亭中的石碑稍显古朴一些，但字迹磨损模糊不清，特别严重，字形与译文也很有些不同的地方。亭子后面是崇业堂，再上走，宣圣殿屹立在中央。宣圣殿后面高高的楼阁十分畅达，下面名叫回澜堂，上面名叫大观楼。西面俯瞰延伸而过的山脊，平平地面临着衡州府城，与回雁峰南北相对，蒸江、湘江夹在楼阁的左右，近在窗户门槛的下方流过，唯有东面两江合流处则是在楼阁的后面，不能全部囊括进来。然而三面所凭临延揽的景色，近处是万家烟火的集市，三条江水中的帆船，湘江自南面流来，蒸江自西面流来，耒江自东南方流来。远处是山岳、白云和山岭上的树林，层层叠叠，互相覆盖掩映，虽然书院的宏伟程度，赶不上吉安府白鹭书院那样壮观，但却是名士贤达乐意培育人才的一个地方，而且兼有滕王阁、黄鹤楼那样的优美景色，是韩文公、朱晦庵、张南轩讲学的场所。不是白鹭书院所能够比得上的了。楼后是七贤祠，祠堂后面是生生阁。生生阁面向东，下面俯瞰着两条江流蒸江、湘江。在前方合流，耒水在北边二里之外汇入湘江，与大观楼东西方向相反。大观楼盘踞在山顶，收揽了南、北、西三面的奇景，而这座生生阁则是在东面尽收两条江水同流之美景了。又往东是合江亭，亭子的基址较为低下而且濒临江流更近。亭子南面的石崖侧边，有一条高五尺的缝隙，像合起来的手掌，面向东方，侧着肩头进去，里面能容下两个人，这是朱陵洞后洞口。去找所谓的“六尺鼓”没能找到，亭子下方濒临江水处有两块岩石如竖立的石碑，难道这就是遇上战乱就会鸣叫的石头吗？自从登上大观楼，正对着落日晚照，看见黑云含着太阳，又有下雨的征兆。下楼来，踩着泥泞冒着黑夜走过青草桥，向东北二里进入绿竹庵。晚餐完毕后，飓风怒号，到天亮才停止，雨又潇潇地下起来了。

衡州城东面濒湘，通四门[①]，余北西南三面鼎峙，而北为蒸水所夹。其城甚狭，盖南舒而北削云。北城外，则青草桥跨蒸水上，此桥又谓之韩桥，谓昌黎公过而始建者。然文献无征，今人但有草桥之称而已。而石鼓山界其间焉。盖城之南，回雁当其上泻；城之北，石鼓砥其下流，而潇湘循其东面，自城南抵城北，于是一合蒸，始东转西南来，再合耒焉。

【注释】

①衡州城东面濒湘，通四门：衡州府古城共7座城门。东临湘江，从北往南顺序为潇湘门、宾日门（柴埠门）、阅江门（铁楼门）。西北为望湖门（小西门），西南为安西门（大西门）。南对回雁峰，称回雁门，又称南门。北对南岳衡山，称瞻岳门，又称北门。

【译文】

衡州城东面濒临湘江，通有四道城门，余下的北、西、南三面像鼎一样对峙着，而北面被蒸水夹着。这座城很狭小，大体上是南面舒展而北面尖尖的。北城之外，便是青草桥跨在蒸水上，这座桥又被称为韩桥，说是韩昌黎先生经过此地才开始建造的桥。然而文献中没有证据，今天的人只有青草桥的称呼而已。而石鼓山隔在两者之间。城的南面，回雁峰挡在江流的上游；城的北面，石鼓山像砥柱一样在江流的下游，而潇水、湘江沿着城的东面，自城南流到城北，在那里首先汇合蒸水，这才从东面转向西南流来，再次汇合耒水。

蒸水者①，由湘之西岸入，其发源于邵阳县耶姜山②，东北流经衡阳北界，会唐夫、衡西三洞诸水，又东流抵望日坳为黄沙湾，出青草桥而合于石鼓东。一名草江，以青草桥故。一名沙江，以黄沙湾故。谓之蒸者，以水气如蒸也。舟由青草桥入，百里而达水福，又八十里而抵长乐。

【注释】

①蒸水：原作"奏水"，据本日记上下文改。今仍称蒸水。

②邵阳县：为宝庆府附郭县，即今邵阳市。

【译文】

蒸水，由湘江的西岸汇入湘江，它发源于邵阳县的耶姜山，往东北流经衡阳县北境，汇合唐夫、衡山西面三个洞等地的水流，又向东流到望日坳形成黄沙湾，流出青草桥后在石鼓山东面合流。一个名字叫草江，因为青草桥的缘故。另一个名字叫沙江，因为黄沙湾的缘故。而把它称为蒸水的原因，是因为江面上的水汽像蒸汽一样的了。船只由青草桥进入江中，一百里后到达水福，又行八十里后抵达长乐。

耒水者，由湘之东岸入，其源发于郴州之耒山，西北流经永兴、耒阳界。又有郴江发源于郴之黄岑山，白豹水发源于永兴之白豹山，资兴水发源于钴鉧泉，俱与耒水会。又西抵湖东寺，至耒口而合于回雁塔之南。

舟向郴州、宜章者，俱由此入，过岭，下武水[1]，入广之浈江[2]。

【注释】

①武水：又称武溪，今仍称武水，在骑田岭以南，为广东北江源。

②浈（zhēn）江：北江明代称浈江。

【译文】

耒水，由湘江的东岸汇入湘江，它发源于郴州的耒山，往西北流经永兴县、耒阳县境内。又有郴江发源于郴州的黄岑山，白豹水发源于永兴县的白豹山，资兴水发源于钴铒泉，都与耒水汇合。又往西流抵湖东寺，流到耒口后在回雁塔的南面合流。通向郴州、宜章县的船只，都经由此处进入江中，越过南岭，下到武水中，进入广东省的浈江。

来雁塔者，衡州下流第二重水口山也。石鼓从州城东北特起垂江，为第一重；雁塔又峙于蒸水之东、耒水之北，为第二重。其来脉自岣嵝转大海岭，度青山坳，下望日坳，东南为桃花冲，即绿竹、华严诸庵所附丽高下者。又南濒江，即为雁塔，与石鼓夹峙蒸江之左右焉。

【译文】

来雁塔这地方，是衡州府城下游的第二重水口山。石鼓山从衡州府城东北方孤零零地耸起下垂到江边，成为第一重；雁塔山又耸峙在蒸水的东面、耒水的北面，成为第二重。那延伸而来的山脉起自岣嵝峰转到大海岭，延过青山坳，下延到望日坳，东南方形成桃花冲，就是绿竹庵、华严庵众多寺庵高低错落依附着的地方。又往南濒临江流，便成为雁塔山，与石鼓山夹峙在蒸江的左右两岸。

衡州之脉，南自回雁峰而北尽于石鼓，盖邵阳、常宁之间迤逦而来，东南界于湘，西北界于蒸，南岳岣嵝诸峰，乃其下流回环之脉，非同条共贯者。徐灵期谓南岳周回八百里，回雁为首，岳麓为足[①]，遂以回雁为七十二峰之一，是盖未经孟公坳，不知衡山之起于双髻也[②]。若岳麓诸峰磅礴处，其支委固远矣。

【注释】

①岳麓：又称灵麓峰，为衡山七十二峰之一，被认为衡山之足，故称岳麓。即今岳麓山，在长沙市郊，湘江西岸，海拔297米。山上名胜古迹甚多，风景如画，长沙全市及湘江可尽收眼底。岳麓书院在山东麓，倚山面水，现在湖南大学内，屋舍尚存。

②徐霞客对衡山的考察已超出一般游客赏玩的风景名胜区的范围，他多用了几天时间，从前山到后山，至马迹桥、孟公坳，以后又反复踏勘衡阳一带的山水形势，他考察了作为自然地理实体的衡山，从而否定了衡山七十二峰的陈说。

【译文】

衡州府的山脉，南面起自回雁峰而北边在石鼓山到了尽头，大概是从邵阳县、常宁县之间逶迤延伸而来，东南以湘江为界，西北以蒸江为界，南岳衡山岣嵝峰等山峰，是主脉下段回旋环绕的山脉，不是一条共同贯通的山脉。徐灵期认为南岳周围八百里，回雁峰是头，岳麓山是尾，便把回雁峰算为七十二峰之一，这大概是没有从孟公坳走过，不知道衡山是起源于双髻峰了。至于岳麓山等群峰磅礴蜿蜒之处，它的支脉逶迤延伸本来就很远了。

初二日　早起，欲入城，并游城南花药山。雨势不止，遂返天母庵。庵在修竹中，有乔松一株当户，其外层冈回绕，竹树森郁，俱在窗槛之下，前池浸绿，仰色垂痕，后坂帏红，桃花吐艳。原名桃花冲。风雨中春光忽逗，而泥屐未周，不能无开云之望。下午，滂沱弥甚，乃拥炉瀹茗，兀坐竟日。

【译文】

初二日　早早起床，打算进城去，并游览城南的花药山。雨势不停，便返回天母庵。天母庵在修长的竹丛中，有一棵高大的松树挡在门口，寺庵外面层层山冈回绕，竹丛树林茂密葱茏，都在窗户门槛之下，前方的池塘浸润着绿色的水波，仰望山色，倒映下痕迹，后面的山坡上红花像帷幔一样，是桃花吐艳。原名叫桃花冲。风雨中春光忽然来逗引人，可我满是污泥的脚步还没有游遍四周，不能没有云开雾散的指望。下午，大雨滂沱，雨势更大了，只能围着火炉煮茶喝，静坐了一整天。

初三日　寒甚，而地泞天阴，顾仆病作，仍拥炉庵中，作《上封寺募文》。中夜风声复作，达旦仍(未)止雨。

【译文】

初三日　寒冷极了，而且地上泥泞天又阴着，顾仆的病发作了，仍然在庵中围着火炉，写了《上封寺募文》。半夜风声又大作，到天明时雨仍然没有停下来。

初四日　雨，拥炉庵中，作完初上人《白石山精舍引》。

【译文】

初四日　下雨，围着火炉坐在庵中，为完初上人写了《白石山精舍引》一文。

初五日　峭寒，酿雨。令顾仆往河街城东濒湘之街，市肆所集。觅永州船，余拥炉书《上封疏》、《精舍引》，作《书怀诗》呈瑞光。

【译文】

初五日　严寒，酝酿着雨。命令顾仆前往河街城东濒临湘江的一条街道，集市店铺聚集的场所。去寻找到永州府的船，我围坐在火炉旁书写《上封疏》、《精舍引》，作了《书怀诗》呈送给瑞光禅师。

初六日　雨止，泞甚。入城拜乡人金祥甫，因出河街。抵暮返，雨复霏霏。金乃江城金斗垣子①，随桂府分封至此。其弟以荆溪壶开肆东华门府墙下②。

【注释】

①江城：霞客故乡江阴的别称。

②荆溪壶：江苏宜兴烧造的陶壶，为饮茶最好的茶具。宜兴的紫砂陶器，今仍著名。

【译文】

初六日　雨停了，非常泥泞。进城去拜见家乡人金祥甫，便出城来到河街。到傍晚时返回庵中，雨又霏霏地下起来。金祥甫是江阴城金斗垣的儿子，跟随桂王分封来到此地。他的弟弟在东华门王府围墙下开了一间出售荆溪壶的店铺。

初七日　上午开霁。静闻同顾仆复往河街更定永州舡。余先循庵东入桂花园。乃桂府新构庆桂堂地[①]，为赏桂之所。前列丹桂三株，皆耸干参天，接荫蔽日。其北宝珠茶五株，虽不及桂之高大，亦郁森殊匹。又东为桃花源。西自华严、天母二庵来，南北俱高冈夹峙，中层叠为池，池两旁依冈分坞，皆梵宫绀宇[②]，诸藩阉亭榭[③]，错出其间。桃花源之上即桃花冲，乃岭坳也。其南之最高处新结两亭，一曰停云，又曰望江，一曰望湖，在无忧庵后修竹间。时登眺已久，乃还饭绿竹庵。复与完初再上停云，从其北逾桃花冲坳，其东冈夹成池，越池而上，即来雁塔矣。塔前为双练堂，西对石鼓，返眺蒸、湘交会，亦甚胜也。塔之南，下临湘江，有巨楼可凭眺，惜已倾圮。楼之东即为耒江北入之口，时日光已晶朗，岳云江树，尽献真形。乃趣完初觅守塔僧[④]，开扃而登塔，历五层。四眺诸峰，北惟衡岳最高，其次则西之雨母山，又次则西北之大海岭，其余皆冈陇高下，无甚峥嵘，而东南二方，固豁然无际矣。湘水自回雁北注城东，至石鼓合蒸，遂东转，经塔下，东合耒水北去，三水曲折，不及长江一望无尽，而纡回殊足恋也。眺望久之，恐静闻觅舟已还，遂归询之，则舟之行尚在二日后也。是日颇见日影山光，入更复雨。

【注释】

①构：建造。

②梵（fàn）宫：即佛教寺庙。梵，为“梵摩”的省称，意即清净、寂静。原为婆罗门教用语，被佛教沿用来称呼与佛教有关的事物。绀（gàn）宇：佛寺的别称。绀，深青带红的颜色。

③藩(fān):封建王朝分封在各地的诸王。阉(yān):宦官。

④趣(cù):催促。

【译文】

初七日　上午晴开。静闻和顾仆又前往河街再次去预定去永州府的船。我先沿着天母庵往东进入桂花园。是在桂王府新近建造的庆桂堂的地面上,是赏桂花的场所。前面排列着三棵丹桂,都是枝干高耸参天,树荫连接在一起,遮蔽天日。这里的北边有五棵宝珠茶,虽然不如丹桂那样高大,也是郁郁葱葱,极少有能够匹敌的。又往东去是桃花源。西面从华严庵、天母庵两座寺庵过来,南北两面都是高高的山冈夹峙着,中间层层叠叠地形成水池,水池两旁紧靠山冈处分别是山坞,都是佛寺庙宇,以及藩王和宦官们的亭台楼榭,错杂地出现在山坞中。桃花源的上面就是桃花冲,是山岭上的一个山坳。山坳南边的最高处新建了两座亭子,一座叫停云亭,又叫望江亭,一座叫望湖亭,在无忧庵后面的修竹丛中。此时登高眺望已经过了很久,这才回到绿竹庵吃饭。又与完初再次登上停云亭,从亭子北边越过桃花冲的山坳,山坳东面的山冈夹成水池,越过水池往上走,就到来雁塔了。来雁塔前方是双练堂,西边面对着石鼓山,回头眺望蒸江、湘江交汇之处,也是极为优美的景色。来雁塔的南边,下临湘江,有座巨大的楼阁可以登高眺望,可惜已经倒塌。楼阁的东面就是耒江往北汇入湘江的水口,此时日光已经亮晶晶的很晴朗,山岳、白云、江流和树林,全都献出真实的形状来。于是催促完初去找守塔的僧人,打开门登上塔,共经过了五层。四面眺望群峰,唯有北面的衡山最高,其次便是西面的雨母山,再其次则是西北方的大海岭,其余都是高低不一的山冈和土陇,没有什么山势峥嵘的高山,因而东、南两个方向,自然就广阔无边了。湘江自回雁峰北面奔流到城东,流到石鼓山汇合蒸水,随后便向东转,流经塔下,往东汇合耒水后向北流去,三条江水曲曲折折的,不像长江那样一望无际,然而迂回曲折的景致非常值得留恋。眺望了很久,担心静闻去找船已经回来,便回来问他,原来船还要在两天后才出发。这一天很是看见了一些太阳的影子和山间的风光,进入庵中后又下起雨来。

按雨母山在府城西一百里,乃回雁与衡城来脉,兹望之若四五十里外者,岂非雨母,乃伊山耶?恐伊山又无此峻耳。《志》曰:"伊山在府西三十五里,乃桓伊读书处[1]。"而雨母则大舜巡狩所经,亦云云阜。余苦久雨,望之不胜曲水之想[2]。

【注释】

①桓伊:东晋谯国铚县人(今安徽宿县西南),字叔夏,小字子野,一作"野王"。前秦苻坚南下时,他与谢玄、谢琰大破秦军于淝水,稳定了东晋的偏安局面。后迁都督江州、荆州十郡、豫州四郡军事、江州刺史。

②曲水之想:古代风俗于中历三月上旬的巳日,就水滨宴饮,举行仪式,认为可除灾去邪。魏以后固定为三月三日。后人因引水环曲成渠,流觞取饮,相与为乐,称为"曲水"。

【译文】

据考察,雨母山在府城西面一百里处,是回雁峰与衡州府城的山脉延伸过来的地方,现在远望它像是在四五十里外的山,难道不是雨母山,而是伊山吗?恐怕伊山又没有这样高峻了。《一统志》上说:"伊山在府城西面三十五里处,是桓伊读书的地方。"而雨母山则是大舜巡视天下经过的地方,也叫云阜山。我苦于下了很长时间的雨,望着雨母山,不再有曲水流觞的向往。

初八日　晨起雨歇,抵午有日光,遂入城,经桂府前[1]。府在城之中,圆亘城半,朱垣碧瓦,新丽殊甚。前坊标曰"夹辅亲潢",正门曰"端礼"。前峙二狮,其色纯白,云来自耒河内百里。其地初无此石，建府时忽开得二石笋，俱高丈五，莹白如一，遂以为狮云。仍出南门，一里，由回雁之麓又西一里，入花药山。山不甚高，即回雁之西转回环而下府城者。诸峰如展翅舒翼，四拱成坞，寺当其中，若在围城之内，弘敞为一方之冠。盖城北之桃花冲，俱静室星联，而城南之花药山，则丛林独峙者也。寺名报恩光孝禅寺。寺后悬级直上，山顶为紫云宫，则道院也。其地高耸，可以四眺。还寺，遇锡僧觉空，兴道人。其来后余，而先至此。因少憩方丈，观宋徽宗弟表文。其弟法名琼俊，弃玉牒而游云水。时知府卢景魁之子移酌入寺，为琼俊所辱，卢收之狱中，潜书此表，令狱卒王祐入奏，徽宗为之斩景魁而官王祐。其表文与徽宗之御札如此，寺僧以为宗门一盛事。然表中称衡州为邢州，御札斩景魁，即改邢为衡，且以王祐为衡守。其说甚俚[2]，恐寺中捏造而成，非当时之实迹也。出寺，由城西过大西门、小西门，城外俱巨塘环绕，阛阓连络[3]。共七里，东北过草桥，又二里，入绿竹庵，已薄暮矣。是日雨已霁，迨中夜，雨声复作，潺潺达旦而不止。

【注释】

①桂：即桂端王朱常瀛。《游记》中亦称“桂藩”、“桂王”。为明神宗庶七子，1601年封王，1627年就藩衡州府。1643年，张献忠领导的农民起义军攻下衡州，朱常瀛由永州入广西，寄居苍梧，第二年死。

②俚(lǐ)：鄙俗。

③阛阓(huán huì)：指市区的街道和店铺。阛，市区的墙。阓，市区

的门。

【译文】

初八日　早晨起床雨停了，到中午有了阳光，于是进城，途经桂王府前。王府在城的中央，圆圆地横贯半座城，红墙绿瓦，崭新艳丽极了。前方的牌坊上标着“夹辅亲潢”，正门叫做“端礼门”。前边屹立着两只石狮子，狮子的颜色是纯白色，据说石料来自于百里外的耒河中。此地原来没有这种石头，建王府时忽然开挖到两根石笋，都是高一丈五尺，晶莹洁白完全一致，便把它们做成石狮等等。仍然走出南门，一里，经由回雁峰的山麓又向西一里，进入花药山。山不怎么高，就是回雁峰转向西回绕下延到府城的山。群峰如舒展开来的翅膀，四里拱卫形成一个山坞，寺院位于山坞中，就好像在围城之中，宏大宽敞，在这一带算是第一。原来城北的桃花冲，全是静室，像繁星一样连在一起，而城南的花药山，则是独自耸立着一座寺院。寺名叫报恩光孝禅寺。从寺后高悬的石阶一直上登，山顶是紫云宫，却是一座道院。这里地势高耸，可以四面眺望。返回寺中，遇见无锡县僧人觉空，是兴道人。他在我后来，却先到达此地。因而在方丈中稍事休息，观看宋徽宗弟弟的一个奏表。宋徽宗的弟弟法名叫琼俊，抛弃了皇族身份去云游山水。当时的知府卢景魁的儿子把酒宴搬到寺中来，被琼俊侮辱，卢景魁把他收捕到监狱中，他暗中写了这个奏表，让狱卒王祐进京上奏，宋徽宗为此斩了卢景魁而让王祐做了官。琼俊的表文与宋徽宗的御笔公文是如此写的，寺中的僧人认为是佛门中的一件盛事。然而奏表中把衡州称为邢州，宋徽宗批斩卢景魁的公文，就把“邢”改为“衡”，并且任用王祐为衡州的知府。这个说法十分鄙俗，恐怕是寺中的僧人捏造编成的，不是当时的实际事迹了。出寺来，由城西走过大西门、小西门，城外全是巨大的池塘环绕着，街市连接不断。共七里，往东北走过青草桥，又行二里，进入绿竹庵，已经临近黄昏了。这天雨已经停了，到半夜时，雨声又潺潺作响，到天明都没停。

初九日　雨势不止，促静闻与顾仆移行李舟中，而余坐待庵中。将午，雨中别瑞光，过草桥，循城东过瞻岳、潇湘、柴埠三门，入舟。候同舟者，因复入城，市鱼肉笋米诸物。大鱼每二三月水至衡山县放子，土人俱于城东江岸以布兜围其沫，养为雨苗，以大艑贩至各省[①]，皆其地所产也。过午出城，则舟以下客移他所矣。与顾仆携物匍匐雨中，循江而上，过铁楼及回雁峰下，泊舟已尽而竟不得舟。乃觅小舟，顺流复觅而下，得之于铁楼外。盖静闻先守视于舟，舟移既不为阻，舟泊复不为觇，听我辈之呼棹而过，杂众舟中竟不一应，遂致往返也。是日雨不止，舟亦泊不行。

【注释】

①艑(biàn)：扁舟，形扁而浅的船。

【译文】

初九日　雨势不停，催促静闻与顾仆把行李搬到船中，而我坐在庵中等待。将近中午时，在雨中告别了瑞光，走过青草桥，沿着城东经过瞻岳、潇湘、柴埠三座城门，进入船中。等候同船走的人，因而又进城来，买了鱼肉、竹笋、大米等物品。大鱼每年二三月份游水到衡山县产卵，当地人都在城东的江岸上用布兜围起水泡样的鱼卵，养成鱼苗，用大型扁舟贩卖到各省，都是此地所出产的了。过了中午出城来，却发现船因为要下乘客移到别的地方去了。与顾仆带着买来的物品爬行在雨中，沿着江流往上走，经过铁楼和回雁峰下，停泊在江中的船已经完了却竟然找不到我坐的船。于是找到一条小船，顺流再往下游去找，在铁楼外边找到船。原来是静闻事先在船上看守，船移动地方他既不阻止，船停下来又不看着点，听任我们俩在小船上呼喊而过，混杂在众多的船只中竟然不答应一声，导致我们俩往返寻找。这一天雨没停，船也停泊着不走。

初十日　夜雨达旦。初涉潇湘，遂得身历此景，亦不以为恶。上午，雨渐止。迨暮，客至，雨散始解维。五里，泊于水府庙之下。

【译文】

初十日　夜里下雨直到天明。初次进入潇湘地区，便得以亲身经历了这种场景，也不认为是坏事。上午，雨渐渐停了。到傍晚时，乘客来了，雨雾散开后才解开缆绳开船。五里，停泊在水府庙之下。

十一日　五更复闻雨声，天明渐霁。二十五里，南上钩栏滩，衡南首滩也，江深流缩，势不甚汹涌。转而西，又五里为东阳渡[1]，其北岸为琉璃厂，乃桂府烧造之窑也。又西二十里为车江[2]，或作汊江。其北数里外即云母山。乃折而东南行，十里为云集潭，有小山在东岸。已复南转，十里为新塘站[3]。旧有驿，今废。又六里，泊于新塘站上流之对涯。同舟者为衡郡艾行可、石瑶庭，艾为桂府礼生[4]，而石本苏人，居此已三代矣。其时日有余照，而其处止有谷舟二只，遂依之泊。已而，同上水者又五六舟，亦随泊焉。其涯上本无村落，余念石与前舱所搭徽人俱惯游江湖，而艾又本郡人，其行止余可无参与，乃听其泊。迨暮，月色颇明。余念入春以来尚未见月，及入舟前晚，则潇湘夜雨，此夕则湘浦月明，两夕之间，各擅一胜，为之跃然。已而忽闻岸上涯边有啼号声，若幼童，又若妇女，更余不止。众舟寂然，皆不敢问。余闻之不能寐，枕上方作诗怜之，有“箫管孤舟悲赤壁，琵琶两袖湿青衫”之句，又有“滩惊回雁天方一，月叫杜鹃更已三”

等句。然亦止虑有诈局，俟怜而纳之，即有尾其后以挟诈者，不虞其为盗也。迨二鼓，静闻心不能忍，因小解涉水登岸，静闻戒律甚严，一吐一解，必俟登涯，不入于水。呼而诘之，则童子也，年十四五，尚未受全发，诡言出王阉之门，年甫十二，王善酗酒，操大杖，故欲走避。静闻劝其归，且厚抚之，彼竟卧涯侧。比静闻登舟未久，则群盗喊杀入舟，火炬刀剑交丛而下。余时未寐，急从卧板下取匣中游资移之。越艾舱，欲从舟尾赴水，而舟尾贼方挥剑斫尾门，不得出。乃力掀篷隙，莽投之江中，复走卧处，觅衣披之。静闻、顾仆与艾、石主仆，或赤身，或拥被，俱逼聚一处。贼前从中舱，后破后门，前后刀戟乱戳，无不以赤体受之者。余念必为盗执，所持绸衣不便[⑤]，乃并弃之。各跪而请命，贼戳不已，遂一涌掀篷入水。入水余最后，足为竹纤所绊，竟同篷倒翻而下，首先及江底，耳鼻灌水一口，急踊而起。幸水浅止及腰，乃逆流行江中，得邻舟间避而至，遂跃入其中。时水浸寒甚，邻客以舟人被盖余，而卧其舟，溯流而上三四里，泊于香炉山，盖已隔江矣。还望所劫舟，火光赫然，群盗齐喊一声为号而去。已而同泊诸舟俱移泊而来，有言南京相公身被四创者，余闻之暗笑其言之妄。且幸乱刃交戟之下，赤身其间，独一创不及，此实天幸。惟静闻、顾奴不知其处，然亦以为一滚入水，得免虎口，资囊可无计矣。但张侯宗琏所著《南程续记》一帙[⑥]，乃其手笔，其家珍藏二百余年，而一入余手，遂罹此厄[⑦]，能不抚膺[⑧]！其时舟人父子亦俱被戳，哀号于邻舟。他舟又有石瑶庭及艾仆与顾仆，俱为盗戳，赤身而来，与余同被卧，始知所谓被四创者，乃余仆也。前舱五徽人俱木客，亦有二人在邻舟，其三人不知何处。而余舱尚不见静闻，后舱则艾行可与其友曾姓者，亦无问处。余时卧稠人中，顾仆呻吟甚，余念行囊虽焚劫无遗，而所投匣资或在江底可觅。但恐天明为见者取去，欲昧爽即行，而身无寸丝，何以就岸。是晚初月甚明，及盗至，已阴云四布，迨晓，雨复霏霏。

【注释】

①东阳渡：今名同，在衡阳市珠晖区，湘江东岸。

②车江：今名同，在衡南县中部，湘江西岸。

③新塘站：今名同，在衡南县中部、湘江东岸，属向阳镇。

④礼生：祭祀时赞礼司仪的执事。

⑤紬：同"绸"。紬为大丝抽缯，粗茧织成，而绸织得细密。

⑥帙(zhì)：用布帛制成的包书的套子，因称书一套为一帙。

⑦罹(lí)：遭遇不幸的事。

⑧抚膺(yīng)：气愤。膺，胸。

【译文】

十一日　五更天又听到雨声，天明时渐渐晴开。二十五里，向南上了钩栏滩，是衡州府城南面的第一个险滩，江水变深，江流变窄，水势不十分汹涌。转向西，又行船五里是东阳渡，渡口的北岸是琉璃厂，是桂王府烧制器物的瓷窑。又向西二十里是车江，或者叫做汉江。车江北面几里之外就是云母山。于是折向东南行船，十里是云集潭，有座小山在东岸。不久又转向南，十里是新塘站。旧时有驿站，今天废弃了。又行六里，停泊在新塘站上游的对面岸边。同船的人是衡州府的艾行可、石瑶庭，艾行可是桂王府祭祀司礼的先生，而石瑶庭本来是苏州人，移居此地已经三代人了。这时夕阳还有余晖,而此处只有两条运谷子的船,便紧靠着这两条船停泊。随后,同样是往上游走的又来了五六条船,也随同停泊在这里。这里的岸上本来没有村落,我心想石瑶庭与前舱搭乘的徽州府人都是惯常游走江湖的人,而且艾行可又是本府人,他们要走要停我可以不去参与,就听任他们停泊下来。到天黑时,月光十分明亮。我心想自从入春以来还没有见到过月亮,到前天晚上上船时,是潇湘夜雨,今夜却是湘江岸边月光明亮,两夜之间,各自有着一种美丽的景色,为此心情激动不已。不久忽然听见岸上江边有哭叫的声音,好像是幼童,又像是妇女,哭了一更多时间没有停止。众多的船上都静悄悄的,都不敢过问。我听着哭声不能安睡,在枕头上正作诗对此表示哀怜,有"箫管孤舟悲赤壁,琵琶两袖湿青衫"的诗句,又有"滩惊回雁天方一,月叫杜鹃更已三"等句子。然而也只是考虑有骗局,等到同情并接纳了他,马上就会有尾随在他后面来要挟敲诈的人,没有料想到这是强盗了。到二更天时,静闻心中不能忍受,因而涉水登上岸解小便,静闻遵守戒律非常严格,吐一口痰,解一次手,必定要等到上岸,不让污物进入水中。把这个人叫过来询问,原来是个童子,年纪有十四五岁,还没有留全发,欺骗说他出自王宦官的门下,年纪才有十二岁,王宦官常常酗酒,拿大棍子打他,所以想逃走躲避。静闻劝他回去,并且好好地抚慰了他,他竟然躺倒在岸边。等到静闻上船后不久,便有一群强盗喊叫着"杀"冲入船中,火把刀剑交相密集地落下来。我此时没有睡着,急忙从床板下取出匣子中的旅费转移到别的地方。穿过艾行可的船舱,想从船尾跳入水中,可船尾的强盗正在挥剑砍船尾的门,不能出去。于是用力掀起船篷露出缝隙,莽撞地把匣子扔入江中,再跑到睡觉的地方,找来衣服披在身上。静闻、顾仆和艾行可、石瑶庭主仆几人,有的光着身子,有的裹着被子,都被逼聚集在一处。前面的强盗从中舱过来,后面的强盗破开后门进来,前后刀戟乱戳,无不是靠着赤身裸体承受着这一切。我考虑必定要被强盗抓走,我拿着的绸子衣服不方便,便一并把它们丢弃了。大家都跪下请求饶命，强盗不停地乱戳，于是大家一涌而起掀开船篷跳入水中。我最后跳入水中，脚被竹篙纤绳绊住了，竟然连同船篷一起倒翻下去，头先触到江底，耳朵鼻子都灌了水，呛了一口，急忙跃起。幸好水浅只到腰部，于是逆流从江中走，见到邻船乘空躲避划过来，便跳入船中。这时候被水浸泡冷极了，邻船的乘客拿来船夫的被子盖住我，而后躺在这条船上，逆流上行了三四里，停泊在香炉山下，大概已在隔江之处了。回头远望被抢劫的船，火光熊熊，这群强盗齐声喊叫了一声作为信号便离开了。不久一同停泊的各条船都移到此地来停泊，有人说南京来的相公身上被刺伤四处，我听见这话暗笑这人的话太虚假。只是庆幸我在杂乱交错的刀口剑戟之下，光着身子暴露在其中，唯独没有一处创伤，这实在是天大的幸运！只是不知道静闻、顾仆在何处，但也认为他们一起滚入水中，得以逃脱了虎口，钱财行装可以不必计较了。但是张宗琏所著的一套《南程续记》，是张侯亲手写的，他家珍藏了二百多年，可一到我的手中，便遭此厄运，怎能不心痛！这时船夫父子也都被戳伤，在邻船哀号。别的船上又有石瑶庭以及艾行可的仆人和顾仆，都被强盗戳伤了，光着身子过来，与我躺在同一条被子下，这才知道所谓的被刺伤四处的人，是我的仆人了。前舱中的五个徽州府人都是做木活的乘客，也有两个人在邻船上，其他三个人不知在何处。而我舱中的人还不见静闻，后舱中则是艾行可与他姓曾的朋友，也没有打听的地方。我此时躺在拥挤的人群中，顾仆呻吟得很厉害，我心想行装虽然被焚烧抢劫得什么都没有剩下的了，然而扔进江中的匣子中的旅费或许在江底可以找到。只担心天明后被看见的人拿走，打算黎明就去找，可身上没有一寸丝，穿什么上岸。这天晚上起初月光很明亮，到强盗来到时，已经是阴云四面密布，到拂晓时，雨又霏霏下起来。

十二日　邻舟客戴姓者，甚怜余，从身分里衣、单裤各一以畀余。余周身无一物，摸髻中犹存银耳挖一事，余素不用髻簪，此行至吴门，念二十年前从闽返钱塘江浒[1]，腰缠已尽[2]，得髻中簪一枝，夹其半酬饭，以其半觅舆，乃达昭庆金心月房。此行因换耳挖一事，一以绾发，一以备不时之需。及此堕江，幸有此物，发得不散。艾行可披发而行，遂至不救。一物虽微，亦天也。遂以酬之，匆匆问其姓名而别。时顾仆赤身无蔽，余乃以所畀裤与之，而自著其里衣，然仅及腰而止。旁舟子又以衲一幅畀予，用蔽其前，乃登涯。涯犹在湘之北东岸，乃循岸北行。时同登者余及顾仆，石与艾仆并二徽客，共六人一行，俱若囚鬼。晓风砭骨，砂砾裂足，行不能前，止不能已。四里，天渐明，望所焚劫舟在隔江，上下诸舟，见诸人形状，俱不肯渡，哀号再三，无有信者。艾仆隔江呼其主，余隔江呼静闻，徽人亦呼其侣，各各相呼，无一能应。已而闻有呼予者，予知为静闻也。心窃喜曰："吾三人俱生矣。"亟欲与静闻遇。隔江土人以舟来渡余，及焚舟，望见静闻，益喜甚。于是入水而行，先觅所投竹匣。静闻望而问其故，遥谓余曰："匣在此，匣中之资已乌有矣。手摹《禹碑》及《衡州统志》犹未沾濡也。"及登岸，见静闻焚舟中衣被竹笈犹救数件，守之沙岸之侧，怜予寒，急脱身衣以衣予。复救得余一裤一袜，俱火伤水湿，乃益取焚余炽火以炙之。其时徽客五人俱在，艾氏四人，二友一仆虽伤亦在，独艾行可竟无踪迹。其友、仆乞土人分舟沿流捱觅，余辈炙衣沙上，以候其音。时饥甚，锅具焚没无余，静闻没水取得一铁铫[3]，复没水取湿米，先取干米数斗，俱为艾仆取去。煮粥遍食诸难者，而后自食。迨下午，不得艾消息，徽人先附舟返衡，余同石、曾、艾仆亦得土人舟同还衡州。余意犹妄意艾先归也。土舟颇大，而操者一人，虽顺流行，不能达二十余里，至汉江已薄暮。二十里至东阳渡，已深夜。时月色再明，乘月行三十里，抵铁楼门，已五鼓矣。艾使先返，问艾竟杳然也。

【注释】

①浒（hǔ）：水边。

②腰缠：随身携带的财物。

③铫（diào）：一种熬东西用的有柄有流的小锅。

【译文】

十二日　邻船一位姓戴的客人，非常同情我，从身上分出内衣、单层裤子各一件送给我。我周身没有一件东西，摸到发髻中还保存有一个银耳挖，我素来不用束发髻的簪子，此次出行来到苏州时，回想起二十年前从福建返回钱塘江边时，随身带着的钱财已经用完，从发髻中找到一支簪子，剪下其中的一半付了饭钱，用其中的一半找到轿子，这才到达昭庆寺金新月的房中。此次出行因此换了一支耳挖，一是用来绾发髻，一是以便防备不时之需。到此时坠入江中，幸好有这件东西，头发得以没有散开。艾行可披着头发逃跑，终至无法挽救。一件东西虽然很微小，也是天意呀！便用来酬谢他，匆匆问了他的姓名就告别了。此时顾仆光着身子没有遮拦，我便把姓戴的送我的裤子给了他，而自己穿着那件内衣，然而这件内衣仅到腰间为止。旁边的船夫又拿出一块补丁布送给我，用来遮在身体前边，这才登上岸边。此处江岸还在湘江的东北岸，于是沿着江岸往北行。此时一同登岸的人，有我和顾仆、石瑶庭和艾行可的仆人以及两位徽州府的客人，共有六个人一同行走，全都像囚犯恶鬼。拂晓的风刺骨冷，砂砾割破了脚，要走不能前行，想停不能停。四里，天渐渐亮了，望见被焚烧抢劫的船在江对面，上上下下的众多船只，看见众人的形状，都不肯摆渡，再三哀求呼叫，没有相信我们的人。艾行可的仆人隔着江流呼叫他的主人，我隔着江流呼叫静闻，徽州府人也呼叫他们的同伴，各自互相呼叫，没有一个人能答应。继而听见有人呼叫我，我知道这是静闻了。心中暗自高兴，说："我们三个人都还活着。"急着想与静闻相遇。隔江处的一个当地人用船来渡我，到了被焚烧的船边，望见静闻，更加高兴得不得了。于是进入水中摸着走，先去寻找扔进水中的竹匣子。静闻望着我询问其中的缘故，远远地对我说："匣子在此，匣子中的钱财已经没有啦。你亲手临摹的《大禹碑》以及《衡州一统志》还没有被沾湿。"到登上岸时，看见静闻从被焚烧的船中还救出几件衣被竹箱，守在沙岸的侧边，他怜惜我寒冷，急忙脱下身上的衣服给我穿上。还救出我的一条裤子一双袜子，都被火烧坏被水浸湿了，于是再取来一些烧剩下的炽热的余火用来烘烤衣被。此时徽州府的五个客人都在，艾家的四个人，两位朋友一个仆人虽然受伤也还在，唯独艾行可竟然没有踪迹。他的朋友、仆人乞求当地人分别乘船沿着江流一处处寻找，我们这些人在沙岸上烤衣服，以便等候他的音讯。这时候饿极了，铁锅和炊具被焚烧或沉入水中没有剩余的，静闻潜入水中取来一口小铁锅，再次潜水取来湿透了的米，先取来几斗干米，全被艾行可的仆人拿去了。煮好粥全都分给各位遇难的人吃，然后才自己吃。等到下午，没有得到艾行可的消息，徽州府的几个人先搭船返回衡州府城，我同石瑶庭、姓曾的、艾行可的仆人也找到当地人的船一同返回衡州府城。我心中还妄想艾行可先回去了。当地人的船相当大，可驾船的只有一个人，虽然是顺流行船，但不到二十多里路，来到汉江已经临近傍晚。二十里后到达东阳渡，已经是深夜。此时月光再次明亮起来，乘着月光行船三十里，抵达铁楼门，已经是五更天了。艾家派人先返回去，打听艾行可的行踪，竟然杳无音信。

先是，静闻见余辈赤身下水，彼念经笈在篷侧，遂留，舍命乞哀，贼为之置经。及破余竹撞，见撞中俱书，悉倾弃舟底。静闻复哀求拾取，仍置破撞中，盗亦不禁。撞中乃《一统志》诸书，及文湛持、黄石斋、钱牧斋与余诸手柬，并余自著日记诸游稿。

惟与刘愚公书稿失去。继开余皮厢[①]，见中有尺头，即阖置袋中携去。此厢中有眉公与丽江木公叙稿，及弘辨、安仁诸书，与苍梧道顾东曙辈家书共数十通，又有张公宗琏所著《南程续记》乃宣德初张侯特使广东时手书，其族人珍藏二百余年，予苦求得之。外以庄定山、陈白沙字裹之，亦置书中。静闻不及知，亦不暇乞，俱为携去，不知弃置何所，真可惜也。又取余皮挂厢，中有家藏《晴山帖》六本，铁针、锡瓶、陈用卿壶，俱重物，盗入手不开，亟取袋中。破予大笥[②]，取果饼俱投舡底，而曹能始《名胜志》三本、《云南志》四本及《游记》合刻十本，俱焚讫。其艾舱诸物，亦多焚弃。独石瑶庭一竹笈竟未开[③]。贼濒行，辄放火后舱。时静闻正留其侧，俟其去，即为扑灭，而余舱口亦火起，静闻复入江取水浇之。贼闻水声，以为有人也，及见静闻，戳两创而去，而火已不可救。时诸舟俱遥避，而两谷舟犹在，呼之，彼反移远。静闻乃入江取所堕篷作筏，亟携经笈并余烬余诸物，渡至谷舟；冒火再入取艾衣、被、书、米及石瑶庭竹笈，又置篷上，再渡谷舟；及第三次，则舟已沉矣。静闻从水底取得湿衣三四件，仍渡谷舟，而谷（舟）乘黑暗匿绌衣等物，止存布衣布被而已。静闻乃重移置沙上，谷舟亦开去。及守余辈渡江，石与艾仆见所救物，悉各认去。静闻因谓石曰："悉是君物乎?"石遂大诟静闻，谓："众人疑尔登涯引盗。谓讯哭童也。汝真不良，欲掩我之篋。"不知静闻为彼冒刃、冒寒、冒火、冒水，守护此篋，以待主者，彼不为德，而反诟之。盗犹怜僧，彼更胜盗哉矣，人之无良如此！

【注释】

①厢：同“箱”。

②笥(sì)：装饭食或衣物的竹器，方的称笥，圆的称箪。

③笈(jí)：书箱。

【译文】

这之前，静闻看见我们这些人光着身子下水，他想到佛经书籍在船篷侧边，便留下来，舍出性命哀求，强盗为了他放过了佛经。到破开我的竹箱时，看见竹箱中全是书，全部倾倒丢弃在船底。静闻又哀求着拾起来，仍然放在破竹箱中，强盗也不禁止。竹箱中是《一统志》等书籍，以及文湛持、黄石斋、钱牧斋给我的诸多亲笔信，连同我自己写的日记和众多游记的手稿。唯有写给刘愚公的书稿丢失了。接着打开我的皮箱，看见中间有块绸缎，便全部放进袋子中带走了。这个皮箱中有陈眉公与丽江府木公叙谈的信稿，以及写给弘辨、安仁等人的信，连同苍梧道顾东曙等人的家信共几十封，还有张宗琏公所著的《南程续记》，是宣德初年张侯负有特别使命出使广东时亲手写的，他的族人珍藏了二百多年，我苦苦乞求才得到的。外面用庄定山、陈白沙写的字幅裹着这本书，也是放在书信中间。静闻不知道，也来不及讨要回来，全被带走了，不知丢弃在什么地方，真可惜呀！又取来我的皮挂箱，箱子中有我家收藏的六本《晴山帖》、铁针、锡瓶、陈用卿制的壶，都是笨重的物品，强盗拿到手上打不开，急忙放进袋子中。破开我的大竹箱，取出果饼来全部扔到船底上，而曹能始的三本《名胜志》、四本《云南志》以及十本《游记》的合刻本，全被火烧光了。船上艾行可舱中的各种物品，也大多烧光丢弃了。唯独石瑶庭的一个竹子书箱竟然没有被打开。强盗临走之时，便从后舱放火。此时静闻正好留在船边，等强盗一离开，马上去把火扑灭，而我所在的舱口也起了火，静闻又跳进江中取水来浇火。强盗听见水声，以为还有人，等见到是静闻，戳了他两刀便离开了，可火势已经不可救了。这时各条船都远远地避开，但两条运谷子的船还在，向他们呼救，他们反而移到远处。

静闻只好跳进江中取来落入水中的船篷当做筏子，连忙带上佛经书籍以及我的被火烧剩下的各种物品，渡到运谷子的船上；再次冒着火进船去取出艾行可的衣服、被子、书籍、米和石瑶庭的竹书箱，又放在船篷上，再次渡到运谷子的船上；到第三次时，船却已经沉了。静闻从水底取到三四件湿衣服，仍然渡到运谷子的船上，可是运谷船上的人乘着黑暗偷藏了绸子衣服等物品，只留下些布衣服、布被子而已。静闻于是重新把这些东西移到沙滩上，运谷船也开走了。等守到我们这些人渡江过来时，石瑶庭和艾行可的仆人见到他抢救的物品，每件东西全部都被认领去了。静闻因而对石瑶庭说："全部都是您的东西吗？"姓石的便大骂静闻，说："众人都怀疑是你登上岸引来强盗。是指盘问哭啼的童子。你真不是好人，想要夺走我的箱子。"他不知道静闻为他冒着刀口、冒着寒冷、冒着火、冒着水，守护这个竹箱，以等待箱子的主人，他不感谢静闻的恩德，却反而辱骂静闻。强盗都还同情僧人，这个人更比强盗狠毒了，人没有良心竟然如此！

十三日　昧爽登涯，计无所之。思金祥甫为他乡故知，投之或可强留。候铁楼门开，乃入。急趋祥甫寓，告以遇盗始末，祥甫怆然。初欲假数十金于藩府，托祥甫担当，随托祥甫归家取还，而余辈仍了西方大愿。祥甫谓藩府无银可借，询余若归故乡，为别措以备衣装。余念遇难辄返，(缺)觅资重来，妻孥必无放行之理，不欲变余去志，仍求祥甫曲济。祥甫唯唯。

【译文】

十三日　黎明登上岸，考虑到无处可去。心想金祥甫是我在他乡遇见的老朋友，投靠他或许可以勉强收留我。等到铁楼门一开，就进城去。急忙赶到金祥甫的寓所，把遇上强盗的始末告诉他，金祥甫显出十分悲伤的样子。最初想要向桂王府借几十两银子，拜托金祥甫担保，随后拜托金祥甫回我家乡取来还给王府，而我们仍然去了却游历西部的宏大心愿。金祥甫说王府没有银子可借，询问我，如果是回家乡，他为我另外筹措资金用来置办衣服行装。我心想遇到灾难就回家，(有缺文)找到资金重新再来，妻子儿女必定没有放行的道理，不想改变我去西部的志向，仍然请求金祥甫曲意接济我们。金祥甫口中答应了。

十四、十五日　俱在金寓。

【译文】

十四日、十五日　都在金祥甫的寓所中。

十六日　金为投揭内司，约二十二始会众议助。初，祥甫谓己不能贷，欲遍求众内司共济，余颇难之。静闻谓彼久欲置四十八愿斋僧田于常住，今得众济，即贷余为西游资。俟余归，照所济之数为彼置田于寺，仍以所施诸人名立石，极为两便。余不得已，听之。

【译文】

十六日　金祥甫为我向内司投递了一份说明情况的揭帖，约定二十二日才会集众人商议如何救助。起初，金祥甫说自己不能借贷，想要四处去向内司的众人请求接济，我感到很为难。静闻说，他早就想为他常住的寺院购置四十八亩还愿的斋僧田，如今如果得到众人的接济，就借给我作为西游的资金。等我回家后，按照接济的数目为他购置田地交给寺中，仍然把各位施舍人的名字刻石立碑，双方都极为方便。我不得已，听从了他的建议。

十七、十八日　俱在金寓。时余自顶至踵，无非金物，而顾仆犹蓬首跣足，衣不蔽体，只得株守金寓。自返衡以来，亦无晴霁之日，或雨或阴，泥泞异常，不敢动移一步。

【译文】

十七日、十八日　都在金家寓所中。此时我从头到脚，没有不是金祥甫的东西，然而顾仆仍然蓬头赤脚，衣不蔽体，只得在金家寓所守株待兔。自从返回衡州府城以来，也没有晴朗的日子，有时下雨有时是阴天，异常泥泞，不敢移动一步。

十九日　往看刘明宇，坐其楼头竟日。刘为衡故尚书刘尧诲养子①，少有膂力②，慷慨好义，尚书翁故倚重，今年已五十六，奉斋而不禁酒，闻余被难，即叩金寓余，欲为余缉盗。余谢物已去矣，即得之，亦无可为西方资。所惜者唯张侯《南程》一纪，乃其家藏二百余年物，而眉公辈所寄丽江诸书，在彼无用，在我难再遘耳③。刘乃立矢神前④，曰："金不可复，必为公复此。"余不得已，亦姑听之。

【注释】

①尚书：明代中央行政机构六部的长官皆称尚书。

②膂(lǚ)力：体力。

③遘(gòu)：遇。

④矢：通"誓"。

【译文】

十九日　去看望刘明宇，坐在他的楼上一整天。刘明宇是衡州府原尚书刘尧诲的养子，少年时有体力，慷慨好义，尚书翁因此很器重他，如今年纪已经五十六岁，吃斋但不禁酒，听说我遭了难，就到金家寓所来拜访我，想要为我缉拿强盗。我谢过了他，说东西已经丢失了，即便重新得到了，也不能够作为去西部的资金。可惜的只是张侯的一套《南程续记》，是他家珍藏了二百多年的东西，而且陈眉公等人寄给丽江府等人的信，对他们没有用，对于我来说难以再遇到了。刘明宇于是在神明面前发誓，说："就算金银不能找回来，必定要为您找回这些东西。"我不得已，也只好姑且听从他。

二十日　晴霁，出步柴埠门外，由铁楼门入。途中见折宝珠茶①，花大瓣密，其红映日；又见折千叶绯桃②，含苞甚大，皆桃花冲物也，拟往观之。而前晚下午，忽七门早闭，盖因东安有大盗临城，祁阳亦有盗杀掠也。余恐闭于城外，遂复入城，订明日同静闻往游焉。

【注释】

①宝珠茶："珠"，原作"株"，据乾隆本、"四库"本改。

②又见折千叶绯桃："绯"，原作"徘"，据乾隆本、"四库"本改。

【译文】

二十日　天气转晴，徒步走出柴埠门外，经由铁楼门进城。途中见有被折下的宝珠茶，花大瓣密，红艳映日；又看见被折下的叶子众多的绯红色桃花，含苞欲放，花蕾非常大，都是桃花冲中的物产，打算前去观花，然而前天下午，忽然七座城门早早地关闭了，大概是因为东安县有大量盗匪兵临城下，祁阳县也有盗匪杀人抢劫。我担心被关在城外，便又进了城,约定明天同静闻前去游览。

二十一日　阴云复布,当午雨复霏霏,竟不能出游。是日南门获盗七人,招党及百,刘为余投揭捕厅。下午,刘以蕨芽为供饷余①,并前在天母殿所尝葵菜②,为素供二绝。余忆王摩诘"松下清斋折露葵",及东坡"蕨芽初长小儿拳",尝念此二物,可与蒪丝共成三绝③,而余乡俱无。及至衡,尝葵于天母殿,尝蕨于此,风味殊胜。盖葵松而脆,蕨滑而柔,各擅一胜也。是日午后,忽发风,寒甚,中夜风吼,雨不止。

【注释】

①蕨芽:西南山区甚多,通称蕨苔、蕨菜,即山间野生蕨类植物的嫩芽。

②葵菜:即冬葵,为我国古代重要蔬菜之一。现江西、湖南、四川等省仍有栽培。

③蒪(pò)丝:即苴蒪,又称蘘荷,多年生草本,叶如初生的甘蔗,根如姜芽,花为淡黄色,花穗和嫩芽可供食用。

【译文】

二十一日　阴云又四面密布,正午时分雨再次霏霏地下起来,竟然不能出游。这天在南门捕获七个强盗,招供出同党多到上百人,刘明宇为我向捕厅投递了一份说明情况的揭帖。下午,刘明宇用蕨菜嫩芽来款待我,连同之前在天母殿品尝过的葵菜,这是素菜中的两种极品。我回忆起王摩诘"松下清斋折露葵"以及苏东坡"蕨芽初长小儿拳"的诗句,曾经惦念过这两种东西,可与蒪丝共同成为三种素菜中的极品,而我家乡都没有。等来到衡州府时,在天母殿品尝了葵菜,在此地品尝了蕨菜,风味特别美。大体上,葵菜松软香脆,蕨菜又滑又柔嫩,各自拥有一种优点。这天午后，忽然刮起大风，非常寒冷，半夜狂风怒吼，雨下个不停。

二十二日　晨起，风止雨霁。上午，同静闻出瞻岳门，越草桥，过绿竹园。桃花历乱，柳色依然，不觉有去住之感。入看瑞光不值，与其徒入桂花园，则宝珠盛开，花大如盘，殷红密瓣，万朵浮团翠之上，真一大观。徜徉久之，不复知身在患难中也。望隔溪坞内，桃花竹色，相为映带，其中有阁临流，其巅有亭新构，阁乃前游所未入，亭乃昔时所未有缀。急循级而入，感花事之芳菲，叹沧桑之倏忽。登山踞巅亭，南瞰湘流，西瞻落日，为之怃然。乃返过草桥，再登石鼓，由合江亭东下，濒江观二竖石。乃二石柱，旁支以石，上镌对联，一曰："临流欲下任公钓。"一曰："观水长吟孺子歌。"非石鼓也。两过此地，皆当落日，风景不殊，人事多错，能不兴怀！

【译文】

二十二日　早晨起床，风雨停了，天气转晴。上午，同静闻走出瞻岳门，走过青草桥，经过绿竹园。桃花凌乱，柳色依依动人，不知不觉有了离开人世隐居的感想。进入绿竹庵看望瑞光没遇见，与他的徒弟一同进入桂花园，就见宝珠茶花盛开，花朵大如盘子，殷红色，花瓣浓密，万朵茶花杂乱地浮动在圆形翠绿的树冠之上，真是一种壮丽的景观。悠闲地漫游了很久，不再知道身在患难之中了。远望隔着溪流的山坞内，桃花和绿色的竹子，互相映衬，树丛中有座楼阁面临溪流，山顶上有座新建的亭子，楼阁是前次游览时没有进去的，亭子是前些时候还没有修建完的。急忙沿着台阶进去，感慨鲜花的芳菲，感叹沧桑的瞬息万变。登上山顶坐在亭子中，向南俯瞰湘江的江流，西面远观落日，为此心中怅然若失。于是返回来走过青草桥，再次登上石鼓山，由合江亭往东下走，濒临江边观看两块竖立的岩石。这是两根石柱，旁边用石头支撑着，上面刻有对联，一联为："临流欲下任公钓。"一联为："观水长吟孺子歌。"不是石鼓。两次路过此地，都正当日落之时，风景没有不同之处，人事多有更迭，怎能让我胸中不感慨！

二十三日　碧空晴朗，欲出南郊，先出铁楼门。过艾行可家，登堂见其母，则行可尸已觅得两日矣，盖在遇难之地下流十里之云集潭也。其母言："昨亲至其地，抚尸一呼，忽眼中血迸而溅我。"呜呼，死者犹若此，生何以堪！询其所伤，云"面有两枪"。盖实为阳侯助虐，所云支解为四，皆讹传也。时其棺停于城南洪君鉴山房之侧。洪乃其友，并其亲。毕君甫适挟青乌至，盖将营葬也，遂与偕行。循回雁西麓，南越冈坞，四里而至其地。其处乱冈缭绕，间有掩关习梵之室，亦如桃花冲然，不能如其连扉接趾，而阒寂过之。洪君之室，绿竹当前，危冈环后，内有三楹，中置佛像，左为读书之所，右为僧爨之处，而前后俱有轩可憩，庭中盆花纷列，亦幽栖净界也。艾棺停于岭侧，亟同静闻披荆拜之。余诵"同是天涯遇难人，一生何堪对一死"之句，洪、毕皆为拭泪。返抵回雁之南，有宫翼然于湘江之上，乃水府殿也。先是艾行可之弟为予言，始求兄尸不得，依其签而获之云集潭，闻之心动。至是乃入谒之，以从荆、从粤两道请决于神，而从粤大吉。时余欲从粤西入滇，被劫后，措资无所，或劝从荆州①，求资于奎之叔者。时奎之为荆州别驾，从此至荆州，亦须半月程，而时事不可知，故决之神。以两处贷金请决于神，而皆不能全。两处谓金与刘。余益钦服神鉴。盖此殿亦藩府新构,其神极灵也。乃觅道者,俱录其词以藏之。复北登回雁峰,饭于千手观音阁东寮,即从阁西小径下,复西入花药寺,再同觉空饭于方丈。薄暮,由南门入。是日风和日丽,为入春第一日云。

【注释】

①荆州:明置荆州府,治江陵,即今湖北荆州市的荆州区。

【译文】

二十三日 晴朗,碧空如洗,想要出城去南郊,先出了铁楼门。经过艾行可家,登上堂屋拜见了他的母亲,原来艾行可的尸体已经找到两天了,大概是在遇难之处下游十里的云集潭找到的。他母亲说:"昨天我亲自到了那个地方,抱着尸体一叫,他的眼中忽然迸出血来溅到我身上。"可悲,死人尚且如此,活着的人如何能忍受!询问他所受的伤,说是"脸上有两处枪伤"。原来实际上是水神助纣为虐,传说的他被肢解为四块,都是谣传了。此时艾行可的棺材停放在城南洪鉴先生山房的侧边。洪鉴是他的朋友,并且是他的亲戚。恰好毕君甫带来一个风水先生,大概即将准备下葬了,便与他们一同去。沿着回雁峰的西麓走,往南越过山冈和山坞,四里后就到了那个地方。这里缭绕着杂乱的山冈,间或有关着门念佛的静室,也像桃花冲一样,虽不能像桃花冲那样僧房静室相连接,但幽深寂静超过桃花冲。洪鉴先生的山房,翠绿的竹丛挡在前方,高险的山冈环绕在后面,里面有三间房,中间一间放着佛像,左边一间是读书的场所,右边一间是僧人烧火做饭的地方,而且前后都有轩廊可以歇息,庭院中一盆盆花草缤纷排列着,也是一处幽静洁净的隐居之地。艾行可的棺材停放在山岭的侧边,急忙同静闻一起分开荆棘去跪拜了他。我吟诵了"同是天涯遇难人,一生何堪对一死"的诗句，洪鉴、毕君甫都为此抹眼泪。返回到回雁峰的南麓，有座道观的飞檐像翅膀一样位于湘江之上，这是水府殿。这之前艾行可的弟弟对我说，起初找不到他哥哥的尸体，依照道观中的神签在云集潭找到尸体，听到这话我心有所动。到这时便进道观去叩拜神像，把从荆州府走和从广西走两条路请求神明来决定，而从广西走大吉。此时我想从广西进入云南，被抢劫后，没有地方筹措资金，有人劝我从荆州府走，向奎之叔父求助资金。这时奎之担任荆州府通判，从此地到荆州府，也必得走半个月的路程，然而世事变化不可预知，所以请神明来决断。把两处借贷资金的事请求神明来决断，然而都不可能圆满。两处是指金祥甫与刘明宇。我益发敬佩信服神明的裁决。原来这座水府殿也是王府新建的，殿中的神明极其灵验。于是找到一个道士，把神签上的词语抄录下来藏好。又往北登上回雁峰，在千手观音阁东边的僧房中吃饭，随即从千手观音阁西面的小径下山，再向西进入花药寺，再次同觉空在方丈吃饭。将近傍晚时，经由南门进城。这一天风和日丽，是入春以来第一个晴朗的日子。

二十四日　在金寓，觉空来顾。下午独出柴埠门，市蒸酥，由铁楼入。是夜二鼓，闻城上遥呐声，明晨知盗穴西城，几被逾入，得巡者喊救集众，始散去。

【译文】

二十四日　在金家寓所，觉空前来拜访。下午独自一人走出柴埠门，买了些蒸酥饼，由铁楼门进城。这天夜里二更时分，听见城墙上有远远的呐喊声，第二天早晨知道是强盗在西面城墙上挖洞，几乎被挖进来，遇到巡夜的人呼救聚集了人众，强盗这才散去。

二十五日　出小西门，观西城被穴处。盖衡城甚卑，而西尤敝甚，其东城则河街市房俱就城架柱，可攀而入，不待穴也。乃绕西华门，循王墙后门后宰门外肆，有白石三块欲售。其一三峰尖削如指，长二尺，洁白可爱；其一方竟尺，中有沟池田塍可畜水，但少假人工，次之；其一亦峰乳也，又次之。返金寓。

【译文】

二十五日　走出小西门，观看西面城墙上被挖洞的地方。衡州府的城墙十分低矮，而西面的城墙尤其破旧得厉害，那东城河街一带的店铺房屋则是靠着城墙架设柱子，可以攀登进城，不需要挖洞呀。于是绕到西华门，沿着王府围墙的后门后宰门外的一家店铺中，有三块白色的石头要出售。其中一块三座山峰尖削得如手指头，长二尺，洁白可爱；其中一块有一尺见方，石头上有沟渠池塘水田土埂，可以蓄水，但稍微借助了人工，次一点；其中一块也是乳房一样的山峰，更差一点。返回金家寓所。

是时衡郡有倡为神农之言者，谓神农、黄帝当出世，小民翕然信之，初犹以法轮寺为窟，后遂家传而户奉之。以是日下界，察民善恶，民皆市纸焚献，一时腾哄，市为之空。愚民之易惑如此。

【译文】

此时衡州府有人带头传播有关神农的流言，妄言神农、黄帝即将出现在人间，老百姓一股风地相信了他的话，最初还只是以法轮寺作为巢穴，后来便家家流传户户信奉他。传言神农、黄帝在这一天下凡，察看民间的善恶，百姓都买纸钱来焚烧祭祀，一时间闹腾起来乱哄哄的，市面上的纸张为此被买空。愚昧的民众容易被欺骗竟然如此！

二十六日　金祥甫初为予措资，展转不就。是日忽阄一会①，得百余金，予在寓知之，金难再辞，许假二十金，予以田租二十亩立券付之。

【注释】

①忽阄(jiū)一会：过去民间有一种互济的办法，每人每月出定额的钱，轮流归一人集中使用，称上会。以拈阄的形式决定得钱者的先后。

【译文】

二十六日　金祥甫起初为我筹措资金，翻来覆去不成。这天忽然在一个会上抓阄，抓到一百多两银子，我在寓所中知道了这件事，金祥甫难以再推辞，答应借给我二十两银子，我用二十亩田的田租作保立下借据交给他。

二十七、二十八、二十九日　俱在金寓候银，不出。

【译文】

二十七日、二十八日、二十九日　都是在金家寓所中等银两，没有出门。

三月初一日　桂王临朝，命承奉刘及王承奉之侄设斋桃花冲施僧。静闻往投斋，晤王承奉之侄，始知前投揭议助之意，内司不爽。盖此助非余本意，今既得金物，更少贷于刘，便可西去。静闻见王意如此，不能无望。余乃议先往道州，游九疑，留静闻候助于此，余仍还后与同去，庶彼得坐俟，余得行游，为两便云。

【译文】

三月初一日　桂王上朝，命令刘承奉和王承奉的侄子在桃花冲设斋饭施舍僧人。静闻前去赶斋饭，见到了王承奉的侄子，这才知道先前投递揭帖商议救助的建议，内司没有决定。这样的救助不是我的本意，如今我既然得到了金祥甫的银子，再向刘明宇稍微借一点，便可以向西去了。静闻见王承奉的意思如此，不能没有一点指望。我于是与静闻商议，我先前往道州，游览九疑山，静闻留在此地等候资助，我依然返回衡州府后与他一同离开，这样庶几他能够坐等救济金，我得以去游历，两人都方便。

初二日　乃促得金祥甫银，仍封置金寓，以少资随身。刘许为转借，期以今日，复不能得。予往别，且坐候之，遂不及下舟。

【译文】

初二日　这才催要到金祥甫的银子，仍然封好放在金家寓所，把少量的资金随身带着。刘明宇答应为我向他人转借，约好是在今天，又没能借到。我前往道别，并坐着等候他，便来不及下到船中。

初三日　早出柴埠门登舟。刘明宇先以钱二千并绢布付静闻，更以糕果追予于南关外。时余舟尚泊柴埠未解维[①]，刘沿流还觅，始与余遇，复订期而别。是日风雨复作，舟子迁延，晚移南门埠而泊。

【注释】

①解维：解开系船的缆绳，意即开船。

【译文】

初三日　早早出了柴埠门登上船。刘明宇先把两千文铜钱及一些绢布交给静闻，又拿着一些糕点水果追我追到南关外。此时我坐的船还停泊在柴埠门外没有开船，刘明宇沿着江流返回来找，才与我相遇，再次约定了见面的日期才告别。这一天风雨又下了起来，船夫有意拖延，晚上移到南门的码头停泊。

初四日　平明行，风暂止，夙雨霏霏。下午过汉江，抵云集潭，去予昔日被难处不远，而云集则艾行可沉汨之所也。风雨凄其，光景顿别，欲为《楚辞》招之，黯不成声。是晚泊于云集潭之西岸，共行六十余里。

【译文】

初四日　天明开船，风暂时停了，头天晚上的雨仍霏霏地下着。下午经过汉江，到达云集潭，离我前几天遇难的地方不远，而且云集潭便是艾行可沉入江中的地方了。风雨凄凉，风光景物顿时变了模样，想要为他吟诵《楚辞》为他招魂，心情沮丧说不出话来。这天晚上停泊在云集潭的西岸，一共行船六十多里路。

初五日　雷雨大至。平明发舟，而风颇利。十里，过前日畏途，沉舟犹在也。四里，过香炉山，其上有滩颇高。又二十五里，午过桂阳河口，桂阳河自南岸入湘。舂水出道州舂陵山，岿水出宁远九疑山，经桂阳西境，合流至此入湘，为常宁县界。由河口入，抵桂阳尚三百里[①]。又七里，北岸有聚落名松北[②]。又四里，泊于瓦洲夹。共行五十里。

【注释】

①桂阳：明置桂阳州，隶衡州府，即今桂阳县。桂阳河即舂陵水，今仍称舂陵水。舂水当指其北源，即发源自今新田县北部者；岿水当指其南源，即发源自今蓝山县南部者。

②松北：四月二十一日记作"松柏"，明时又称松柏市，设有巡检司。此地湘江两岸聚落隔江相望，皆称松柏。据《中华人民共和国地名词典·湖南省》，"相传此地湘江两岸原有一松一柏，故名。"1952年南岸常宁市置松柏镇；因与常宁松柏重名，1995年北岸衡南县置为松江镇。徐霞客所经的北岸为今衡南县的松江镇。

【译文】

初五日　雷雨猛烈降临。天明时开船，而风向很顺利。十里，经过前几天那处让人心生畏惧的地方，沉船还在那里。四里，经过香炉山，江岸上有个沙滩相当高。又行船二十五里，中午经过桂阳河的河口，桂阳河从南岸汇入湘江。舂水源出于道州的舂陵山，岿水源出于宁远县的九疑山，流经桂阳州西境，合流后流到此地汇入湘江，成为常宁县的边界。由河口进去，抵达桂阳州城还有三百里。又行七里，北岸有个聚落名叫松北。又行四里，停泊在瓦洲夹。共行船五十里。

初六日　昧爽行，雨止风息。二十里，过白坊驿①，聚落在江之西岸，至此已入常宁县界矣。又西南三十里，为常宁水口。其水从东岸入湘，亦如桂阳之口，而其水较小，盖常宁县治犹在江之东南也②。又西十五里，泊于粮船埠③，有数家在东岸，不成村落。是日共行六十五里。

【注释】

①白坊驿：今作"柏坊"，在常宁市北隅，湘江南岸。

②常宁县：隶衡州府，即今常宁市。

③粮船埠：应即今粮市，在祁东县东南隅，湘江北岸。

【译文】

初六日　黎明开船，雨停了，风也平息下来。二十里，经过白坊驿，聚落在江的西岸，到了此地已经进入常宁县的境内了。又往西南前行三十里，是常宁县河水的河口。这条河水从东岸汇入湘江，也如同桂阳河的河口一样，但这条河水势较小，大概常宁县的县治还在湘江的东南方了。又向西十五里，停泊在粮船埠，有几家人在东岸上，没有形成村落。这一天共行船六十五里。

初七日　西南行十五里，河洲驿①。日色影现，山冈开伏。盖自衡阳来，湘江两岸虽冈陀缭绕，而云母之外，尚无崇山杰嶂。至此地，湘之东岸为常宁界，湘江西岸为永之祁阳界，皆平陵扩然，冈阜远叠也。又三十里，过大铺②，于是两岸俱祁阳属矣。上九州滩，又三十里，泊归阳驿③。

【注释】

①河洲驿：明置河洲驿，清代名河洲市。此处湘江中原有沙洲，两岸聚落皆名河洲，设圩场，两岸河洲同日赶集。因与对岸河洲重名，常宁市北隅、湘江东南岸的河洲，1982年更名新洲，1987年置新河镇。祁东县东南隅、湘江弯曲处的河洲，1984年置河洲镇。

②大铺：今作“大堡”，在常宁市西北隅，湘江南岸。

③归阳驿：明时又称归阳市，今仍称归阳，在祁东县南隅，湘江北岸。

【译文】

初七日　往西南行船十五里，到河洲驿。日光显现出来，山冈开阔起伏。大体上自衡阳县过来，湘江两岸虽然山冈缭绕，而云母山之外，还没有高大险峻的山峰。来到此地，湘江的东岸是常宁县的地界，湘江的西岸是永州府祁阳县的地界，都是平缓广阔的大土山，山冈土阜远远地重叠着。又行三十里，经过大铺，到了这里两岸都是祁阳县的属地了。驶上九州滩，又是三十里，停泊在归阳驿。

初八日　饭后余骤疾，呻吟不已。六十里，至白水驿[1]。初拟登访戴宇完，谢其遇劫时解衣救冻之惠，至是竟不能登。是晚，舟人乘风顺，又暮行十五里，泊于石坝里，盖白水之上流也。是日共行七十五里。按《志》：白水山在祁阳东南二百余里，山下有泉如白练。（缺）去祁阳九十余里，又在东北。是耶，非耶？

【注释】

①白水驿：今仍称白水，在祁阳县南境，湘江南岸，白水与湘江汇流处的东侧。

【译文】

初八日　饭后我骤然间得了病，呻吟不已。六十里，到白水驿。起初打算登上岸去拜访戴宇完，感谢他在我被抢劫时脱下衣服免于被冻的恩惠，到此时竟然不能登岸。这天晚上，船夫乘着风顺，又趁夜色前行十五里，停泊在石坝里，大概是在白水驿的上游了。这一天共行船七十里。据《一统志》记载：白水山在祁阳县城东南二百多里处，山下有泉水如白色的丝绢。（有缺文）距离祁阳九十多里，又在东北。这说法对吗，还是不对？

初九日　昧爽，舟人放舟，余病犹甚。五十余里，下午抵祁阳[1]，遂泊焉，而余不能登。先隔晚将至白水驿，余力疾起望，西天横山如列屏；至是舟溯流而西，又转而北，已出是山之阳矣，盖即祁山也。山在湘江北，县在湘江西、祁水南[②]，相距十五里。其上流则湘自南来，循城东，抵山南转，县治实在山阳、水西。而县东临江之市颇盛，南北连峙，而西向入城尚一里。其城北则祁水西自邵阳来，东入于湘，遂同曲而东南去。

【注释】

①祁阳：明为县，隶永州府，即今祁阳县。

②县在湘江西、祁水南：原作"县在湘江南西祁水南"，"江"后衍"南"字，据乾隆本、"四库"本改。

【译文】

初九日　黎明，船夫开船，我仍病得很严重。五十多里，下午抵达祁阳县城，便停泊在这里，可我不能登岸。这之前的头天晚上即将到达白水驿时，我竭力带病起来眺望，西边天空下横亘着一座山如排列着的屏风；到此时船溯流往西行，又转向北，已经绕到那座山的南面了，大概这就是祁山了。祁山在湘江的北面，县城在湘江的西面、祁水的南面，相距十五里。这里的上游则是湘江自南边流来，沿着城东流去，流到祁山向南转，县城实际上在祁山的南面、江水的西面。而县城东边临江的集市很是兴盛，南北相连地矗立着，然而向西进入城中还有一里路。祁阳城北就是祁水自西面的邵阳县流来，往东汇入湘江，便一同弯曲后往东南流去。

初十日　余念浯溪之胜，不可不一登，病亦稍差[①]，而舟人以候客未发，乃力疾起。沿江市而南，五里，渡江而东，已在浯溪下矣。第所谓狮子袱者，在县南滨江二里，乃所经行地，而问之，已不可得。岂沙积流移，石亦不免沧桑耶？浯溪由东而西入于湘[2]，其流甚细。溪北三崖骈峙，西临湘江，而中崖最高，颜鲁公所书《中兴颂》高镌崖壁[3]，其侧则石镜嵌焉。石长二尺，阔尺五，一面光黑如漆，以水喷之，近而崖边亭石，远而隔江村树，历历俱照彻其间。不知从何处来，从何时置，此岂亦元次山所遗[4]，遂与颜书媲胜耶！宋陈衍云："元氏始命之意，因水以为浯溪，因山以为峿山，作室以为㾶亭[5]，三吾之称，我所自也。制字从水、从山、从广，我所命也。三者之目，皆自吾焉，我所擅而有也。"崖前有亭，下临湘水，崖巅石巉簇，如芙蓉丛萼。其北亦有亭焉，今置伏魔大帝像。崖之东麓为元颜祠，祠空而隘。前有室三楹，为驻游之所，而无守者。越浯溪而东，有寺北向，是为中宫寺，即漫宅旧址也，倾颓已甚，不胜吊古之感[6]。时余病怯行，卧崖边石上，待舟久之，恨磨崖碑拓架未彻而无拓者[7]，为之怅怅！既午舟至，又行二十里，过媳妇娘塘，江北岸有石娉婷立岩端，矫首作西望状。其下有鱼曰竹鱼，小而甚肥，八九月重一二斤，他处所无也。时余卧病舱中，与媳妇觌面而过。又十里，泊舟滴水崖而后知之，矫首东望，已隔江云几曲矣。滴水崖在江南岸，危岩亘空，江流寂然，荒村无几，不知舟人何以泊此？是日共行三十五里。

【注释】

①差（chài）：同"瘥"，病愈。

②浯（wú）溪：在祁阳县西南五里。元结《浯溪铭序》："溪在湘水之南，北汇于湘，爱其胜异，遂家溪畔，命曰浯溪。"

③颜鲁公：即颜真卿(709—785)，为我国古代著名书法家。《新唐书·颜真卿传》说他“善正、草书，笔力遒婉，世宝传之。”

④元次山：即元结(723—772)，字次山，河南鲁县人。唐代文学家，晚年为道州刺史，浯溪一带有元氏遗迹，其住屋人称漫郎宅。

⑤作室以为㾈亭：“㾈”，原作“唐”，据《元次山集·㾈亭铭》改。下文“制字从水、从山、从广”，“广”原作“唐”，亦讹，不从。

⑥“恨磨崖”以上数句：所述即浯溪碑及有关文物，在今祁阳县城西南郊。汇聚唐代以来的碑刻500多方，以元结撰、颜真卿所书的《大唐中兴颂》为代表，还有元结的《浯溪铭》等三铭，及以后的《大宋中兴颂》、《大明中兴颂》等，楷、行、草、隶、篆等字体皆备，诗文书法荟萃，为全国重点文物保护单位。

⑦彻：通“撤”，撤除。

【译文】

初十日　我考虑浯溪的美景，不可不登陆一游，病情也稍微好转了一些，而且船夫因为等候别的乘客没有开船，便尽力带病爬起来。沿着江边的集市往南行，五里，渡江后往东行，已经在浯溪下面了。只是所谓的狮子袱的地方，在县城南面滨江二里处，是我行走经过的地方，然而打听这个地方，已经不可能找到。难道是泥沙淤积流水迁移，石头也不免沧桑巨变了吗？浯溪由东往西汇入湘江，水流十分细小。溪北的三座石崖并排耸峙，西边面临湘江，而中间的一座石崖最高，颜鲁公书写的《中兴颂》高高地镌刻在崖壁上，它的侧边就是石镜镶嵌在那里。石镜长二尺，宽一尺五，有一面光滑漆黑像漆一样，用水喷上去，近处石崖边的亭子山石，远处隔江处的村庄树木，都清清楚楚地映照在石镜中。不知石镜是从何处来的，从什么时候放上去的，这难道也是元次山遗留下来，从而与颜鲁公的书法媲美的吗？宋代的陈衍说：“元氏最初命名的意思，是依据水命名为浯溪，依据山命名为峿山，建盖了房屋命名为唐亭，三‘吾’的名称，都是起自于我。造的字用‘水’、用‘山’、用‘广’做偏旁，是我发明的。三处景观的名称，都是起自于我，是我所独有的了。”石崖前有座亭子，下临湘江，石崖顶上岩石高峻簇拥，如芙蓉成丛的萼片。石崖的北边也有一座亭子，如今放置了伏魔大帝的雕像。石崖的东麓是元颜祠，祠堂内空空的而且很狭小。前边有三间房，是供人停留游览的场所，但没有守护的人。越过浯溪往东走，有座寺庙面向北，这是中宫寺，即是漫宅的旧址了，倒塌得已经非常严重，不禁让人有凭吊古人的感慨。此时我因为生病怕走路，躺在石崖边的石头上，等船等了很久，遗憾的是拓摩崖碑刻的架子还没有撤除却没有拓工，为此怅怅不乐！中午后船到了，又行二十里，经过媳妇娘塘，江北岸有块岩石姿态娉婷地站立在陡岩顶端，昂首作出向西眺望的样子。陡岩下面的水塘中有种鱼叫竹鱼，个小却很肥，八九月时重达一二斤，是其他地方所没有的了。这时候我因病躺在船舱中，与媳妇岩打了个照面就过去了。又行十里，船停泊在滴水崖后才知道这件事，举首向东望去，已经隔着几道江湾几重云雾了。滴水崖在江的南岸，高险的石岩横亘在空中，江流静悄悄的，荒僻村庄没有几处，不知船夫为何停泊在此地？这一天共前行了三十五里。

十一日　平明行，二十五里，过黄杨铺①，其地有巡司②。又四十里，泊于七里滩。是日共行六十五里。自入舟来，连日半雨半晴，曾未见皓日当空，与余病体同也。

【注释】

①黄杨铺：明置黄杨堡巡检司，今称黄阳司，在永州市冷水滩区东北隅，湘江北岸。

②巡司：即巡检司。明清时各州县均有巡检，以武人担任，多设于距城稍远的关隘要地或交通要道，以察民情。

【译文】

十一日　天明行船，二十五里，经过黄杨铺，此地有巡检司。又行四十里，停泊在七里滩。这一天共行船六十五里。自从上船以来，连日来半雨半晴，不曾看见明亮的太阳挂在空中，与我生病的身体相同了。

十二日　平明发舟。二十里，过冷水滩[①]。聚落在江西岸，舟循东岸行。是日天清日丽，前所未有。一舟人俱泊舟东岸，以渡舟过江之西岸，市鱼肉诸物。余是时体亦稍苏，起坐舟尾，望隔江聚落俱在石崖之上。盖濒江石骨嶙峋，直插水底，阛阓之址，以石不以土，人从崖级隙拾级以登，真山水中窟宅也。涯上人言二月间为流贼杀掠之惨，闻之骨竦。久之，市物者渡江还，舟人泊而待饭，已上午矣。忽南风大作，竟不能前，泊至下午，余病复作。薄暮风稍杀，舟乃行，五里而暮。又乘月五里，泊于区河。是晚再得大汗，寒热忽去，而心腹间终不快然。夜半忽转北风，吼震弥甚，已而挟雨益骄。是日共行三十里。

【注释】

①冷水滩：今设冷水滩区，为永州市驻地。在湘江西岸，为湘桂铁路线上的大站。闰四月初一、初二日记的冷水湾，应即冷水滩。

【译文】

十二日　天明开船。二十里，经过冷水滩。有个聚落在江的西岸，船沿着东岸前行。这一天天清日丽，前所未有。一船人都把船停在东岸，乘渡船过到江的西岸，买鱼肉等物品。我此时病体也稍稍苏缓了一些，起来坐在船尾，远望隔着江流的聚落都是在石崖之上。濒江处石骨嶙峋，直插到水底，街市房屋的基址，在岩石上不是在土上，人从石崖上缝隙间的台阶一级级登上去，真是一处山水之中的巢穴。岸上的人说，二月间被流寇杀掠得很惨，听到这话毛骨悚然。许久，买东西的人渡过江回来，船夫停着船等候吃饭，已经是上午了。忽然间南风大作，竟然不能前行，船停到下午，我的病又发作起来。傍晚风势渐渐减小，船才起航，五里后天黑下来。又乘着月色前行五里，停泊在区河。这天晚上再次出了身大汗，寒热忽然消失了，可心腹间始终觉得不畅快。半夜忽然转为北风，吼叫震动得更厉害，不久夹杂着大雨愈加猛烈。这天共行船三十里。

十三日　平明，风稍杀，乃行。四十里，为湘口关。人家在江东岸，湘江自西南，潇江自东南，合于其前而共北。余舟自潇入，又十里为永之西门浮桥[1]，适午耳，雨犹未全止。诸附舟者俱登涯去，余亦欲登陆遍览诸名胜，而病体不堪，遂停舟中。已而一舟从后来，遂移附其中，盖以明日向道州者。下午，舟过浮桥，泊于小西门。隔江望江西岸，石甚森幻，中有一溪自西来注，石梁跨其上，心异之。急索粥为餐，循城而北，乃西越浮桥，则浮桥西岸，异石嘘吸灵幻。执土人问愚溪桥，即浮桥南畔溪上跨石者是；钴鉧潭，则直西半里，路旁嵌溪者是。始知潭即愚溪之上流，潭路从西，桥路从南也。乃遵通衢直西去，路左人家隙中，时见山溪流石间。半里，过柳子祠，祠南向临溪。再西将抵茶庵，则溪自南来，抵石东转，转处其石势尤森特[2]，但亦溪湾一曲耳，无所谓潭也。石上刻“钴鉧潭”三大字，古甚，旁有诗，俱已泐不可读。从其上流求所谓小丘、小石潭，俱无能识者。按是水发源于永州南百里之鸦山[3]，有“冉”、“染”二名。一以姓，一以色。而柳子厚易之以“愚”④。按文求小丘，当即今之茶庵者是。在钴鉧西数十步丛丘之上，为僧元会所建，为此中鼎刹。求西山亦无知者。后读《芝山碑》，谓芝山即西山，亦非也，芝山在北远矣，当即柳子祠后圆峰高顶，今之护珠庵者是。又闻护珠、茶庵之间，有柳子崖，旧刻诗篇甚多，则是山之为西山无疑。余觅道其间，西北登山，而其崖已荒，竟不得道。乃西南绕茶庵前，复东转经钴鉧潭，至柳子祠前石步渡溪，而南越一冈，遂东转出愚溪桥上，两端架潇江之上，皆前所望异石也。因探窟踞萼，穿云肺而剖莲房，上瞰既奇，下穿尤幻，但行人至此以为溷围⑤，污秽灵异，莫此为甚，安得司世道者一厉禁之。桥内一庵曰圆通⑥，北向俯溪，有竹木胜。时舟在隔江城下，将仍从浮桥返，有僧圆面而长须，见余盘桓久，辄来相讯。余还问其号，曰：“顽石。”问其住山，曰：“衡之九龙。”且曰：“僧即寓愚溪南圆通庵。今已暮，何不暂止庵中。”余以舟人久待，谢而辞之，乃返。

【注释】

①永：明置永州府，治零陵，即今永州市零陵区。

②转处其石势尤森特：原作“转处甚石势尤森时”，“甚”系“其”之误，“时”系“特”之误，参考乾隆本、“四库”本改。

③百里：原误倒为“里百”，据乾隆本、“四库”本改。

④柳子厚：即唐代著名文学家柳宗元，曾被贬为永州员外司马，在永州度过了十年(805—815)，这一带有关柳宗元的遗迹和传说甚多。

⑤溷(hùn)围：厕所。

⑥圆通：乾隆本作“通圆”，据“四库”本及季抄本同日下文改。

【译文】

十三日　天明后，风势渐渐减弱，于是开船。四十里，是湘口关。人家在江流的东岸，湘江来自西南方，潇江来自东南方，在湘口关前合流后一同北去。我坐的船从潇江进去，又行船十里到永州府的西门浮桥下，正好才中午而已，雨还没有全停。许多搭船的人都登上岸离开了，我也想登上岸遍游众多的名胜，然而病体承受不了，便停留在船中。不久有一条船从后面来到，便换乘到这条船中，因为这是明天去往道州的船。下午，船经过浮桥，停泊在小西门。隔着江流远望江的西岸，岩石森然，十分奇幻，石丛中有一条溪水自西面流来注入潇江，有石桥跨在溪流上，心里对此感到很奇异。急忙要粥来当饭吃了，沿着城墙往北走，于是向西越过浮桥，就见浮桥的西岸，怪石呼吸着云气，灵妙奇幻。拉住当地人打听愚溪桥，原来就是浮桥南边跨在溪流上的石桥了；钴鉧潭，则是在正西半里处，路旁嵌在溪流中的深潭就是了。这才知道钴鉧潭便是愚溪的上游，去钴鉧潭的路从西边走，去愚溪桥的路从南边走。于是沿着大路一直向西去，路左边人家的缝隙间，不时看见有山间的溪流流淌在石丛中。半里，路过柳子祠，祠堂向南面临溪流。再往西走即将到达茶庵，就见溪流自南边流来，流到岩石处向东转，转折处那里的岩石姿态尤为繁密特异，但也不过是溪流的一个水湾而已，没有所谓的深潭了。岩石上刻着“钴鉧潭”三个大字，十分古老，旁边有诗，都已经磨蚀得不可辨读了。从这里的上游去找所谓的小丘、小石潭，都没有能够认识的人。据考察，这条溪水发源于永州南面百里处的鸦山，有“冉溪”、“染溪”两个名称。一个是以姓氏起名，一个是根据颜色起名。而柳子厚把它改为“愚溪”。根据文章所说寻找小丘，应当就是今天茶庵所在的地方了。在钴鉧潭西边几十步成丛的小丘之上，是僧人元会修建的，是这一带香火鼎盛的寺院。去找西山也没有知道的人。后来读了《芝山碑》，碑文说芝山就是西山，也是不对的，芝山在北面的远处，应当就是柳子祠后面圆形山峰高高的山顶，是今天的护珠庵所在的地方。又听说护珠庵、茶庵之间，有座柳子崖，旧时所刻诗篇非常多，那么这座山就是西山无疑了。我在山中寻找道路，向西北登山，然而这座山崖已经荒芜，竟然找不到路。于是往西南绕到茶庵前边，再向东转经过钴鉧潭，来到柳子祠前的石岸上徒步渡过溪流，而后往南越过一座山冈，于是向东转到愚溪桥上，桥的两头架在潇江之上，都是些先前所望见的怪异的岩石。于是我探寻洞窟，坐在花萼般的岩石上，穿过入云的肺叶状的岩石，剖开莲房，从上面俯瞰已经很奇异，在下面穿行尤为奇幻，但行人来到此地便把这里作为厕所，污秽之物污染灵异之地，没有比这里更厉害的，哪里能找到管理社会风气的人切实严厉禁止这种行为。桥里面的一座寺庵叫做圆通庵，面向北，俯瞰着溪流，有竹丛树木优美的景色。此时船在隔江处的城下，即将仍然从浮桥返回去，有位圆脸长胡须的僧人，看见我徘徊了许久，便过来询问。我反问他的法号，他回答说："顽石。"问他住在哪座山，说："衡山的九龙坪。"并且说："和尚我就寄住在愚溪南面的圆通庵中。现在天色已晚，为何不暂时停留在庵中。"我因为船夫等得太久，辞谢了他，于是返回来。

十四日　余早索晨餐，仍过浮桥西，见一长者，余叩此中最胜，曰："溯江而南二里，濒江为朝阳岩。随江而北，转入山冈二里，为芝山岩。无得而三也。"余从之，先北趋芝山。循江西岸半里，至刘侍御山房[①]。讳兴秀，为余郡司李者也。由其侧北入山，越一岭，西望有亭，舍之不上。由径道北逾山冈，登其上，即见山之西北，湘水在其北而稍远，又一小水从其西来，而逼近山之东南，潇水在其东，而远近从之。潇江东岸，又有塔临江，与此山夹潇而为永之水口者也。盖北即西山北走之脉[②]，更北尽于潇、湘合流处，至此其中已三起三伏，当即《志》所称万石山，而郡人作《记》或称为陶家冲，土名。或称为芝山，似形似名。或又镌崖历亭，《序》谓此山即柳子厚西山，后因产芝，故易名为芝，未必然也。越岭而北，从岭上东转，前望树色掩映，石崖巑岏，知有异境。亟下崖足，仰而望之，崖巅即山巅，崖足即山足半也。其下有庵倚之，见路绕其北而上，乃不入庵而先披路③。遥望巅崖耸透固奇，而两旁乱石攒绕，或上或下，或起或伏，如莲萼芝房，中空外簇，随地而是。小径由其间上至崖顶，穿一石关而入。有室南向，门闭不得入，绕其南至西，复穿石峡而入焉，盖其侧有东西二门云。室止一楹，在山顶众石间。仍从其西峡下至崖足，一路竹木扶疏，玉兰铺雪，满地余香犹在。入崖下庵中，有白衣大士甚庄严，北有一小阁可憩，南有一净侣结精庐依之。门在其左，初无从知，问而得之，犹无从进，僧忽从内启扉揖入④，从之。小庭侧窦，穿卧隙而上，则崖石穹然，有亭缀石端，四窗空明，花竹掩映，极其幽奥。僧号觉空，坚留瀹茗，余不能待而出。

【注释】

①山房：山中的房屋，常用来称书室或僧舍。

②盖北即西山北走之脉："北"，乾隆本、"四库"本作"此"。

③披：找，揭。

④扉(fēi)：门扇。

【译文】

十四日　我早早地要来早餐吃了，仍然过到浮桥西面，遇见一位长者，我向他询问这一带景色最优美的地方，他说："潮江流往南走二里，濒江处是朝阳岩。顺着江流往北去，转入山冈间走二里，是芝山岩。找不到第三处了。”我听从了他的话，先向北赶往芝山岩。沿着江的西岸走半里，来到刘侍御山房。刘侍御名叫刘兴秀，是我们常州府的司理。由山房侧边往北进山，越过一座岭，望见西边有座亭子，放弃亭子没有上去。经由小径向北翻越山冈，登到山冈上，立即看见山的西北方，湘水在山的北面而且稍远一些，又有一条小水流从山的西面流来，而后逼近山的东南麓，潇水在山的东面，由远而近顺着山流淌。潇江的东岸，又有一座塔面临江流，是与这座山夹住潇江成为永州府的水口的地方。原来北面就是西山往北延伸的山脉，再往北在潇江、湘江合流处到了尽头，来到此地，其间已经三起三伏，应当就是《一统志》所说的万石山，然而本府人作的游记，有的称为陶家冲，当地民间的名称。有的称为芝山，似乎是形状相似起的名。有的在历亭旁的石崖上刻写了题记，序文说这座山就是柳子厚所说的西山，后来因为出产灵芝，所以改名为芝山，未必是这样的了。越过山岭往北行，从岭上往东转，望见前方树丛山光掩映，石崖尖锐高耸，心知有景致奇异的地方。急忙下到石崖脚下，仰面远望石崖，石崖的顶就是山顶，石崖的根部就在山脚的半中腰。石崖下面有座寺庵紧靠着石崖，看见路绕到石崖的北面往上走，便不进寺庵而是先拨开草丛去找路。远远望去，山顶的石崖高耸透亮确实很奇特，而两旁的乱石攒聚环绕，有的上有的下，有的耸起有的低伏，如同莲花的花瓣、灵芝的菌盖，中间是空的，外面簇拥着，随处都是。小径经由乱石间上到石崖顶，穿过一处石头关口进去。有间屋子面向南，门关着不能进去，绕过屋子的南面来到西边，再穿过石峡后进入屋子中，原来是屋子的侧面有东西两道门。屋子只有一开间，在山顶众多的乱石间。仍然从屋子西面的石峡中下到石崖脚下，一路上竹木扶疏，玉兰的落花像雪一样铺在地上，满地的余香还在。进入石崖下的寺庵中，有座白衣观音大士像非常庄严，北边有一座小阁子可以休息，南边有一个和尚紧靠阁子建盖了僧房。门在僧房的左边，起初无从知道，询问后才找到门，仍然无法进去，僧人忽然从里面打开门拱手行礼请我进去，跟随他进去。从小小庭院侧边的洞穴，穿过横躺着的缝隙往上走，就见崖石穹然隆起，有座亭子点缀在石崖顶端，四面的窗户通明透亮，鲜花翠竹掩映，极其幽静隐秘。僧人法号叫觉空，坚决挽留我煮茶喝，我不能等便出来了。

仍从旧路，南至浮桥。闻直西四十里有寺曰石门山，最胜，以渴登朝阳岩，不及往。令顾奴从桥东溯潇放舟南上；余从桥西，仍过愚溪桥，溯潇西崖南行。一里，大道折而西南，道州道也。由岐径东南一里，则一山怒而竖石奔与江斗。逾其上，俯而东入石关，其内飞石浮空，下瞰潇水，即朝阳岩矣。其岩后通前豁，上覆重崖，下临绝壑，中可憩可倚，云帆远近，纵送其前。惜甫伫足而舟人已放舟其下，连声呼促，余不顾。崖北有石磴直下缘江，亟从之。磴西倚危崖，东逼澄江，尽处忽有洞岈然，高二丈，阔亦如之，亦东面临江，溪流自中喷玉而出，盖水洞也。洞口少入即转而南，平整轩洁，大江当其门，泉流界其内，亦可憩可濯，乃与上岩高下擅奇，水石共韵者也。入洞五六丈，即汇流满洞。洞亦西转而黑，计可揭而进，但无火炬，而舟人遥呼不已，乃出洞门。其北更有一岩，覆结奇云，下插渊黛，土人横杙架板如阁道①。然第略为施栏设几，即可以坐括水石，恐缀瓦备扁，便伤雅趣耳。徙倚久之，仍从石磴透出岩后，遂凌绝顶。其上有佛庐官阁，石间镌刻甚多，多宋、唐名迹，而急不暇读，以舟人促不已也。

【注释】

①杙（yì）：小木桩。

【译文】

仍然从原路走，往南来到浮桥。听说正西方四十里处有座寺庙叫做石门山，景色最为优美，因为渴望去登朝阳岩，来不及前往。命令顾仆从浮桥东边开船溯潇水往南上行；我从浮桥西边，仍然走过愚溪桥，溯潇水西岸的山崖往南行。一里，大道折向西南去，是去道州的大道了。由岔开的小径往东南走一里，就见一座山猛然耸起，竖直的山石奔向江中与江流争斗。翻越到山上，俯身往东进入一处石头关口，那里面飞石浮在空中，往下俯瞰着潇水，这就是朝阳岩了。这座石岩后面通着前面开阔，上面覆盖着重重石崖，下临极深的壑谷，中间可以歇息可以凭靠，远近的白云船帆，纵目全送到眼前。可惜我刚停下脚步船夫却已放舟来到山下，连声呼喊催促，我不理会。石崖北边有石阶一直下行沿着江边走，急忙从这条路走去。石阶西边紧靠着高险的石崖，东面逼近澄澈的江水，尽头处忽然有个深邃的洞穴，高二丈，宽处也如此，也是向东面临着江流，溪流从洞穴中像白玉一样喷涌而出，原来是个水洞。从洞口稍稍进去立即转向南，平整轩敞洁净，大江挡在洞口，泉水流淌在洞内，也可以歇息可以洗浴，这是与山上的朝阳岩高低各擅奇景，水石共具风韵的地方了。进洞去五六丈，水流马上积满洞中。山洞也是向西转后黑暗下来，估计可以卷起衣裤进去，只是没有火把，而且船夫远远地喊叫个不停，只好出到洞口。山洞北边还有一座石岩，覆盖盘结着奇异的云气，下面插进青黑色的深渊中，当地人横插了小木桩架设了木板如同栈道一样。然而只要略为加上栏杆放上一些小桌子，就可以坐下来尽览水石风光，恐怕点缀上瓦房挂上匾，便会损伤幽雅的情趣了。徘徊凭靠了很久，仍然从石阶钻出到石岩后面，终于登上绝顶。绝顶上有佛宇和官家的楼阁，岩石上镌刻的题记非常多，很多是宋、唐时期名人的墨迹，而我急得来不及读，是因为船夫催促不已。

下舟溯江，渐折而东，七里至香炉山。山小若髻，独峙于西岸，山江中[1]，乃石骨攒簇而成者。其上佳木扶摇，其下水窍透漏。最可异者，不在江之心，三面皆沙碛环之，均至山足则决而成潭，北西南俱若界沟，然沙逊于外，而水绕其内，其东则大江之奔流矣。盖下流之沙不能从水而上，而上流之沙何以不逐流而下，岂日夜有排剔之者耶？亦理之不可解也。下午过金牛滩，其上有金牛岭，一峰尖峭而分耸，三峰斜突而横骞[2]，江流直捣其胁。至是舟始转而南，得风帆之力矣。是晚宿于庙下，舟行共五十里，陆路止二十里也。

【注释】

①山江中："山"疑为"出"，因形近而误。

②一峰尖峭而分耸，三峰斜突而横骞：乾隆本、"四库"本作"岭北峰尖削，南则横突三峰"。

【译文】

下到船中溯江流前行，渐渐折向东，七里后到达香炉山。这座山小如发髻，独自耸峙在西岸，山突出到江中，是骨状的岩石攒聚簇拥而成的山。山上优美的树木扶疏摇曳，山脚下浸在水中的石窍玲珑剔透。最为可以称异的，不是在江中心，三面都是沙石浅滩环绕着山，都是到山脚下便被水冲决成深潭，北、西、南三面都像是分界的深沟，然而积沙退在外面，而水绕流在深沟里面，山的东面就是奔流的大江了。下游的沙不能从水里往上移，而上游的沙为何不顺流而下，难道是日夜都有排除疏挖积沙的人吗？这也是道理上不可理解的了。下午，经过金牛滩，金牛滩上面有座金牛岭，一座山峰尖耸峭拔，而分别耸起的三座山峰斜向突起横向飞起，江流直接冲捣着山峰的侧面。到了这里船开始转向南行，得到风帆的力量了，这天晚上住宿在庙下，船行共五十里，陆路只有二十里。

先是，余闻永州南二十五里有澹岩之胜，欲一游焉。不意舟行五十里而问之，犹在前也。计当明晨过其下，而舟人莽不肯待。余念陆近而水远，不若听其去，而从陆蹑之，舟人乃首肯。

【译文】

这之前，我听说永州城南门二十五里有处澹岩的胜景，想要去那里游览一番。没想到船行走了五十里后打听这个地方，却还在前方。估计明天早晨应当经过澹岩下面，可船夫鲁莽地不肯等我。我考虑陆路近而水路远，不如听任他离去，而我从陆路上去登澹岩，船夫这才点头同意了。

十五日　五更闻雨声泠泠，达旦雷雨大作。不为阻，亟炊饭。五里至岩北①，力疾登涯，与舟人期会于双牌。双牌者，永州南五十里之铺也。永州南二十五里为岩背，陆路至此与江会。陆路从此南入山，又二十五里而至双牌；水路从此东迂溯江，又六十里而至双牌。度舟行竟日，止可及此，余不难以病体追蹑也。岩背东北临江，从其南二里西向入山，山石忽怒涌作攫人状。已而望见两峰前突，中有云庐高敞，而西峰耸石尤异，知胜在是矣。及登之，而官舍半颓。先是望见西峰之阳，洞门高张，至是路从其侧而出，其上更见石崖攒舞，环玦东向，其下则中空成岩，容数百人，下平上穹，明奥幽爽，无逼仄昏暗之状病。其北洞底亦有垂石环转，覆楞分内外者，巨石磊砢界道[②]，石上多宋、元人题镌。黄山谷最爱此岩[③]，谓为此中第一，非以其幽而不闷，爽而不露耶？岩东穿腋窍而上，有门上透丛石之间，东瞰官舍后回谷，顿若仙凡分界。岩西南又辟一门，逾门而出其右，石壁穹然，有僧寮倚之，西眺山下平畴，另成一境，桑麻其中。有进贤江发源自西南龙洞，洞去永城西南七十里。江东来直逼山麓，而北入于潇。进贤江侧又有水洞，去此二里，秉炬可深入，昔人谓此洞水陆济胜，然不在一处也。按澹岩之名，昔为澹姓者所居。而旧经又云，有正实者，秦时人，遁世于此，始皇三召不赴，复尸解焉，则又何以不名周也。从僧寮循岩南东行，过前所望洞门高张处，其门虽峻，而中夹而不广，其内亦不能上通后岩也。仍冒雨东出临江，望潇江迢迢在数里外，自东而来。盖缘澹山之南，即多崇山排亘，有支分东走者，故江道东曲而避之。乃舍江南行，西遵西岭，七里至木排铺，市酒于肆，而雨渐停。又南逾一小岭，三里为阳江。其江不能胜舟，西南自大叶江、小叶江来，至此二十余里，东注于潇。其北则所谓西岭者横亘于右，其南则曹祖山、张家冲诸峰骈立于前。又南七里，直抵张家冲之东麓，是为陈皮铺。又南三里，逾一小岭，望西山层坠而下，时现石骨，逗奇标异；已而一区凑灵，万窍逆幻。亟西披之，则石片层层，尽若鸡距龙爪，下蹲于地，又如丝瓜之囊，筋缕外络，而中悉透空；但上为蔓草所缠，无可攀跻，下为棘箐所塞，无从披入。乃南随之，见旁有隙土新薙地者[④]，辄为扪入，然每至纯石，辄复不薙。路旁一人，见余披跻久，荷笠倚锄而坐待于下。余因下问其名，曰："是为和尚岭，皆石山也。其西大山，是为七十二雷。"因指余前有庵在路隅，其石更胜。从之，则大道直出石壁下，其石屏插而起，上多透明之窦，飞舞之形；其下则清泉一泓，透云根而出。有庵在其南，时僧问其名，曰："出水崖⑤。"问他胜，曰："更无矣。"然仰见崖后石势骈丛，崖侧有路若丝，皆其薙地境也。贾勇从之⑥，其上石皆如卧龙翥凤⑦，出水青莲，萼丛瓣裂。转至出水崖后，觉茹吐一区⑧，包裹丛沓，而窈窕无竟。盖其处西亘七十二雷大山，从岭南列，惟东北下临官道，又出水崖障其东，北复屏和尚岭，四面外同错绮，其中怪石层朋，采艳夺眺。予乃透数峡进，东北屏崖之巅，有石高碧，若天门上开，不可慰即。碧石西南，即出水崖内壑，一潭澄石隙中，三面削壁下嵌，不见其底，若爬梳沙蔓⑨，令石与水接，武陵渔当为移棹⑩。予历选山栖佳胜，此为第一，而九疑尤溪村口稍次云⑪。

【注释】

①岩北：此即下述"岩背"。乾隆本、"四库"本丁本作"岩北"，沪本统作"岩背"。

②磊砢(lěi kē)：很多石头杂乱堆放。

③黄山谷：即黄庭坚(1045—1105)，字鲁直，自号山谷道人，洪州分宁(今江西修水县)人。北宋著名诗人，晚年曾两次受到贬谪。

④见旁有隙土新薙(tì)地者："薙"，原作"雉"，据乾隆本改。下同。薙地，除去野草。

⑤时僧问其名，曰"出水崖"：乾隆本、"四库"本作"问之僧则出水崖

也”。疑“时”当作“待”。出水崖，今名同，在双牌县境，清泉寺废址尚存。

⑥贾（gǔ）勇：鼓足勇气。

⑦翥（zhù）：飞举。

⑧茹（rú）：相连的根。

⑨爬梳：爬搔梳整。

⑩武陵渔：此即陶渊明《桃花源记》里发现桃花源的武陵渔人。“武陵渔当为移棹”，用以比喻出水崖一带风景胜过桃花源。

⑪自“其上石皆如卧龙翥凤”至此数句：此段季抄本甚略，仅如下两句：“其上石皆怪异，不可名状。转至出水崖后，三面削壁下嵌，惟西南丛石之隙，下洼成潭，沙汜蔓覆，不见其底，当出水崖之内壑也。”

【译文】

十五日　五更天听见雨声滴滴答答，到天亮时雷雨大作。不为风雨所阻，急忙烧火做饭。五里后到达岩北，竭力带病登上岸，与船夫约定在双牌会合。双牌这地方，是永州城南面五十里处的驿铺。永州城南面二十五里处是岩背，陆路来到此地与江流会合。陆路从此地往南进山，又行二十五里后到双牌；水路从此地溯江流往东绕道走，又行六十里后到双牌。估计船航行一整天，只可以到达此地，我拖着病体也不难追赶上了。岩背东北方面临江流，从岩背南面二里处向西进山，山石忽然间狂怒地涌起作出要抓人的样子。继而望见两座山峰前突，山中云雾间有高敞的房屋，而西峰耸立的岩石尤其奇异，心知优美的景致在这里了。等登到山上，却见一所官家的馆舍倒塌了一半。这之前望见西峰的南面，有洞口高高地张开着，来到这里道路从馆舍的侧边出去，馆舍的上面更是见到石崖攒聚起舞，像玉玦一样环绕着，缺口面向东，石崖下边则是中空的，形成岩洞，可容纳几百人，下面平整上面隆起，明亮隐秘，幽静清爽，没有狭窄昏暗的病态。岩洞北边洞底也有下垂的石柱弯弯转转，下覆的石棱条把洞分为内外两部分，巨石杂乱堆积隔断了道路，巨石上有许多宋、元人镌刻的题记。黄山谷最爱这个岩洞，认为是这一带的第一，莫非是因为这里幽静却不闭塞，明亮却不外露吗？岩洞东边穿过侧旁的石窍往上走，有洞口往上通到成丛的岩石之间，东面俯瞰着官家馆舍后面回绕的山谷，顿时好像是仙境和尘世的分界线。岩洞的西南方又开有一个洞口，穿过洞口出到洞口右边，石壁穹然隆起，有僧人的小屋背靠石壁，面向西眺望着山下平旷的田野，另成一种境界，桑麻布满田野中。有条进贤江发源于西南方的龙洞，龙洞距离永州城西南方七十里。进贤江向东流来直逼山麓，而后往北汇入潇水。进贤江侧边又有个水洞，距离此地有二里路，举着火把可以深入，前人认为此洞水陆的景色可以互补，然而却不在同一个地方。据考察，澹岩的得名，是因为这里从前是姓澹的人居住的地方。然而旧典籍上又说，有个叫正实的人，是秦朝时候的人，避世隐居于此，秦始皇三次召见他都没去，后又仙逝于此，那为何又不把岩洞起名为周岩呢？从僧人的小屋沿着岩洞的南边往东行，经过前边望见的洞口高高张开的地方，这个洞口虽然高峻，可洞中狭窄不宽，洞内也不能向上通到后面的岩洞。仍然冒雨向东出来面临着江流，望见潇江远远地在几里之外，从东方流来。大概是因为沿着澹山的南面，就是很多高山成排横亘着，有分支往东延伸的山，所以潇江的河道向东弯曲来避开这些山。于是我离开江流往南行，西边沿西岭走，七里后来到木排铺，在店铺中买酒喝，而雨渐渐停了。又往南越过一座小岭，三里是阳江。这条江不能行船，从西南方的大叶江、小叶江流来，流到此地有二十多里，向东流入潇江。阳江的北面就是所谓的西岭的山脉横亘在右边，阳江的南面则是曹祖山、张家冲等山峰并排矗立在前方。又向南七里，直抵张家冲的东麓，这里是陈皮铺。又向南三里，越过一座小岭，望见西山一层层坠落而下，不时现出骨状的岩石，逗引标榜着奇异之姿；继而灵异的景致聚集在一片地方，千万个石窍迎着人变幻。急忙向西分开草丛走过去，就见石片一层层的，全都好像是鸡爪和龙爪，下面蹲坐在地上，又好像是丝瓜的囊，外面是一缕缕筋络，而中间完全是空心的；只是上面被蔓草缠绕着，无处可以攀登，下面被荆棘竹丛堵塞着，无法钻进去。于是向南顺着石头外面走，看见旁边有在石缝间的土地上除草的人，总是摸着石头进去，然而每到清一色的石头的地方，就不再除草。路旁的一个人，看见我分开草丛跋涉了很久，戴着斗笠靠着锄把坐在下面等我。我因而下去打听这里的名字，他说："这里是和尚岭，全是石山。这里西边的大山，那是七十二雷。"于是指点我，前边有座寺庵在路旁，那里的石头更美。按照他说的走过去，只见大道一直通到石壁下，那座石屏风插地而起，石壁上有很多透明的孔洞，现出飞舞的形态；石壁下面则是一池清泉，穿过云雾缭绕的石壁根部流出来。有座寺庵在石壁的南边，等到僧人来询问石崖的名字，回答说："出水崖。"问他有没有别的胜景，他说："再没有了。"然而我仰面看见出水崖后面岩石的样子成丛聚集，石崖侧面有条路像蚕丝一样，都是那些人除草所到的地方了。我鼓足勇气从这条路登上去，那上面的岩石全都像卧龙飞凤，出水的青莲，花萼丛集，一瓣瓣裂开。转到出水崖的后面，发觉如含在口中吐出来的一片地方，有成丛杂沓的岩石包裹着，而窈窕秀丽没有止境。此处西面横亘着七十二雷大山，成丛的山岭排列在南面，唯有东北方下临官修的大道，出水崖又阻隔它的东面，北面又横着屏风样的和尚岭，四面的外围如同交错的锦缎，这其中怪石层层群聚，光彩艳丽夺目。我于是穿过几条峡谷进去，东北方屏风样石崖的顶端，有块高高拱起的岩石，好像天门开在上面，不能走近抚慰胸怀。拱起的岩石西南方，就是出水崖里面的壑谷，石缝中有一池澄碧的深潭，三面陡削的石壁向下深嵌，看不见潭水的底，如果对积沙蔓草疏挖清理，让岩石与潭水连通，武陵桃花源中的渔夫将会为此把船移到这里。我逐一筛选山居景色优美的胜地，这里是第一，而九疑山的尤溪村口稍差一些。

搜剔久之，乃下。由庵侧南行二里，有溪自西南山凹来，大与阳溪似。过溪一里，东南转出山嘴，复与潇江遇。于是西南溯江三里，则双牌在焉[①]。适舟至，下舟，已下春矣。双牌聚落亦不甚大，其西南豁然，若可远达，而舟反向南山泷中入。盖潇水南自青口与沲水合，即入山峡中，是曰泷口。北行七十里，皆连山骈峡，亏蔽天日，且水倾泻直中下，一所云"泷"也[②]。泷中有麻潭驿，属零陵[③]。驿南四十里属道州，驿北三十里属零陵。按其地即丹霞翁宅也，《志》云：在府南百里零陵泷下，唐永泰中有泷水令唐节[④]，去官即家于此泷，自称为丹霞翁。元结自道州过之，为作宅刻铭。然则此泷北属零陵，故谓之零陵泷。而所谓泷水县者，其即此非耶？又按《志》：永州南六十里有雷石镇，当泷水口，唐置。则唐时泷水之为县，非此而谁耶？时风色甚利，薄暮，乘风驱舟上滩，卷浪如雷。五里入泷，又五里泊于横口，江之东岸也，官道在西岸，为雷石镇小墅耳。

【注释】

①双牌：今名同，在潇水东岸，1969年置双牌县。

②泷（lóng）：湍急的河流。南方地名常称"泷"，形象地概括了这些地方水流急险的特点。此泷今已建为双牌水库。

③零陵：原本误倒，据下文及《明史·地理志》改。

④永泰：唐代宗年号，时在765—766年。

【译文】

搜寻观赏了很久，这才下走。经由寺庵侧边往南行二里，有条溪水自西南方的山凹中流来，大处与阳溪相似。越过溪流后走一里，往东南转出山嘴，再度与潇江相遇。从这里往西南溯潇江前行三里，就见双牌在前方了。船恰好来到，下到船中，已经日落西山了。双牌的聚落也不是很大，它的西南方十分开阔，好像可以通到远处，然而船反而向南面山间的泷中进去。原来潇水从南面的青口与沲水合流后，就进入山峡中，那里叫做泷口。往北前行七十里，都是相连的群山夹峙的峡谷，遮天蔽日，而且江水一直在峡谷中倾泻而下，这是这一段江流之所以称为“泷”的原因。泷中有个麻潭驿，隶属于零陵县。麻潭驿南面四十里隶属于道州，麻潭驿北面三十里隶属于零陵县。据考察，这个地方就是丹霞翁的居住地了。《一统志》说：在永州府城南面一百里处的零陵泷下，唐代永泰年间有个泷水县令唐节，辞去官职后就在这条泷中安家，自称为丹霞翁。元结从道州路过此地，为他的宅第刻了碑铭。如果这样，此泷北段连接到零陵县，所以把它称之为零陵泷。然而所谓的泷水县的地方，它难道不就是此地吗？又根据《一统志》记载：永州府南面六十里有处雷石镇，位于泷水的河口，是唐代设置的。那么唐代设置的泷水县，不是此地那又是哪里呢？此时风势非常顺利，傍晚，乘风行船驶上浅滩，浪花翻卷响声如雷。五里后进入泷中，又行五里停泊在横口，在江的东岸，官修的大道在西岸，是雷石镇的一座小别墅。

自永州至双牌，陆五十里，水倍之。双牌至道州，水陆俱由泷中行，无他道。故泷中七十里，止有顺逆分，无水陆异。出泷至道州，又陆径水曲矣。

【译文】

从永州府城到双牌，陆路有五十里，水路是陆路的一倍。双牌到道州，水路陆路都要经由泷中走，没有别的路。所以泷中的七十里路，只有顺风逆风的区别，没有陆路水路远近的差别了。出泷后到道州的路，又是陆路直水路曲折了。

十六日　平明行，二十里，为麻潭驿，其地犹属零陵，而南即道州界矣。自入泷来，山势逼束，石滩悬亘，而北风利甚，卷翠激玉，宛转凌波，不觉其难，咏旧句"舡梭织峰翠，山轴卷溪绡"，《下宁洋溪中诗》。若为此地设也。其处山鹃盛开，皆在水涯岸侧，不作蔓山布谷之观，而映碧流丹，尤觉有异。二十里，吴垒铺，其西南山稍逊，舟反转而东。又五里，复南转，其东北岸有石，方形叠砌，围亘山腰，东下西起，若甃而成者，岂垒之遗者耶？又十里，山势愈逼束，是为泷口。又五里，泊于将军滩。滩有峰立泷之口，若当关者然。溯流出泷，划然若另辟区宇。是夜月明达旦，入春来所未有。

【译文】

十六日　天明开船，二十里，是麻潭驿，此地仍属于零陵县，可南面就是道州的地界了。自从进入泷中以来，山势紧逼束拢，石滩高悬横亘，然而北风十分顺利，江水翻卷激荡着碧玉般的波澜，船弯弯转转越过波涛，不觉得船行走得艰难，我吟诵旧时写的诗句："舡梭织峰翠，山轴卷溪绡。"《下宁洋溪中诗》中的诗句。这诗好像就是为此地而作的了。此处山上的杜鹃花盛开，都长在水边的岸上，没有呈现出布满山野谷地的景观，但映碧流丹的景象，格外觉得有些异样。二十里，到吴垒铺，这里的西南方山势稍微后退了一些，船反而转向东行。又行五里，又向南转，这里东北方的岸上有些石头，呈方形垒砌着，围绕绵亘在山腰，东边斜下去西边隆起，仿佛是人工砌成的，难道是壁垒的遗留物吗？又行十里，山势愈加紧逼束拢过来，这里便是泷口。又行五里，停泊在将军滩。滩边有座山峰矗立在泷的出口处，像是守卫关口的样子。溯流出了泷口，豁然好像是另外开辟了一个天地。这天夜里，月光明亮，直到天亮，这是入春以来所没有的。

十七日　平明行，水径迂曲，五里至青口。一水东自山峡中出者，宁远道也，此水最大，即潇水也；一水南自平旷中来者，道州道也，此水次之，即沲水也①，水小弱。乃舍潇而南溯沲。又五里为泥江口。按《志》有三江口，为潇、沲、营合处，问之舟人，皆不能知，岂即青口耶？但营水之合在上流耳。水西通营阳，舟上罗坪三日程，当即营水矣。又三十里，抵道州东门②，绕城南，泊于南门。下午入城，自南门入，过大寺，名报恩寺。由州前抵西门。登南城回眺，乃知道州城南临江水，东南西三门俱南濒于江，惟北门在内。盖沲水自江华，掩、遨二水自永明③，俱合于城西南十五里外，东北来，抵城西南隅，绕南门至东门，复东南去，若弯弓然，而城临其背。西门有濂溪水，西自月岩，翼云桥跨其上。东门亦水自北来注，流更微矣。迨暮，仍出南门，宿舟中。夜复雨。

【注释】

①沲(duò)水：今作“沱水”，又称东河。

②道州：隶永州府，即今道县。

③掩、遨二水自永明：“遨”，原作“邀”，据乾隆本、“四库”本改。掩水在西，遨水在南，合流后即今永明河。永明，明为县，隶永州府道州，即今江永县。

【译文】

十七日　天明开船，水路迂回曲折，五里到青口。一条江水自东面的山峡中流出来，是去宁远县的水路，这条江水最大，它就是潇水啦；一条江水自南面的平旷原野中流来，是去道州的路了，这条江水比潇水小，这就是沲水了，水势又小又弱。于是离开潇水往南溯沲水前行。又行五里是泥江口。根据《一统志》，有处三江口，是潇水、沲水、营水合流之处，向船上的人打听这个地方，都不知道，莫非就是青口吗？只是营水的合流处在上游罢了。这条水往西通到营阳，船上行到罗坪有三天的路程，这应该就是营水了。又行三十里，抵达道州城的东门，绕到城南，停泊在南门外。下午进城，从南门进去，路过一座大寺院，名叫报恩寺。经由州衙前抵达西门。登上南面的城墙回头眺望，才知道道州城南面濒临江水，东、南、西三座城门都面向南濒临江流，唯有北门在里面。沲水自江华县流来，掩水、遨水两条江水自永明县流来，都在城西南十五里之外汇合，向东北方流来，流到城的西南角，绕过南门流到东门，再往东南方流去，像一把弯弓的样子，而城面临着弓背。西门外有条濂溪水，源自西面的月岩，有座翼云桥跨在溪上。东门外也有条溪水自北边流来汇入江中，水流更小了。到傍晚时，仍然走出南门，住宿在船中。夜里又下雨。

道州附郭有四景：东有响石，即五如石。西有濂溪，北有九井，南有一木。南门外一大木卧江底。

【译文】

道州城附近有四景：东边有响石，即五如石。西边有濂溪，北边有九井，南边有一木。南门外有一棵大树横卧在江底。

十八日　天光莹彻，早饭登涯。由南门外循城半里，过东门，又东半里有小桥，即涍泉入江处也。桥侧江滨有石突立，状如永州愚溪桥，透漏耸削过之，分岐空腹，其隙可分瓣而入，其窦可穿瓠而透，所谓五如石也。中有一石，击之声韵幽亮，是为响石。按元次山《道州诗题》，石则有五如、窊樽[1]，泉则有潓、漫等七名，皆在州东，而泉经一涍而可概其余，石得五如而窊樽莫觅。屡询，一儒生云："在报恩大寺。"然元序云，在州东左湖中石山巅。石窊可樽，其上可亭，岂可移置寺中者，抑寺即昔之左湖耶？质之其人，曰："入寺自知。"乃入东门，经南门内，西过报恩寺，欲入问窊樽石，见日色丽甚，姑留为归途探质。亟出西门，南折过翼云桥，有二岐。从西二十五里为濂溪祠，又十里为月岩；从南为十里铺，又六十里为永明县；十里铺侧有华岩，由岩下间道可出濂溪祠。余欲兼收之，遂从南行。大道两傍俱分植乔松，如南岳道中，而此更绵密。有松自下分柯五六枝，丛挺竞秀，此中特见之，他所无也。自州至永明，松之夹道者七十里，栽者之功，亦不啻甘棠矣。州西南冈陀高下，置道因之。而四顾崇山开远，惟西北一山最高而较近，则月岩后所倚之大山也。至十里铺东，从小径北向半里，为华岩。洞门向北，有小水自洞下出。由洞入，止闻水声，而不见水。转东三丈余，复南下，则穹然深暗，不复辨光矣。时洞北有僧寮，行急不及入觅火炬，闻其内止一炬可尽，亦不必觅也。遂从寮右北向小径行。此处山小而峭，或孤峙，或两或三，连珠骈笋，皆石骨嶙峋，草木摇飏，升降宛转，如在乱云叠浪中，令人茫然，方向(莫)辨。然无大山表识，惟西北崇峰，时从山隙瞻其一面，以为依归焉。五里，横过山蹊四，五里，渡一小石桥，又逾岭，得大道西去。随之二里，又北入小径，沿石山之嘴，共四里而转出平畴，则道州西来大道也[②]，又一里而濂溪祠在焉。祠北向，左为龙山，右为象山[③]，皆后山，象形，从祠后小山分支而环突于前者也。其龙山即前转嘴而出者，象山则月岩之道所由渡濂溪者也。祠环于山间而不临水，其前扩然，可容万马，乃元公所生之地，今止一二后人守其间，而旁无人焉。无从索炊，乃西行。一里，过象山，沿其北，又一里，渡濂溪。溪自月岩来，至此为象山东障，乃北走，又东至州西入沲水。从溪北溯流西行，五里而抵达村，为洪氏聚族。乃卧而候饭，肆中无酒，转沽久之，下午始行。遂西南入山。路傍先有一峰圆锐若标，从此而乱峰渐多，若卓锥，若骈指，若列屏，俱环映于大山之东，分行逐队，牵引如蔓，皆石骨也。又五里，南转入乱山之腋。又三里，西越一岭，望见正西一山，若有白烟一脉抹横其腰者，即月岩上层所透之空明也。盖正西高山屏立，若齐天之不可阶，东下第三层而得此山，中空上窋，下辟重门，翠微中剜，光映前山，故遥睇若白云不动。又二里，直抵月岩山下，从其东麓拾级而上，先入下岩。其岩东向，中空上连，高窋若桥，从下望之，若虎之张吻，目光牙状，俨然可畏。复从岩上遍历诸异境，是晚宿于月岩。

【注释】

①窊（wā）：即凹。窊樽的含义，见元结《窊樽诗》："窊石堪为樽，状类不可名。"

②则道州西来大道也："道州"，原作"道中"，据乾隆本、"四库"

本改。

③象山：陈本、乾隆本、“四库”本作“豸（zhì）山”。豸，指长脊兽，如猫、虎之类，亦引申指体长无脚的虫。

【译文】

十八日　天光明亮清澈，早饭后登上岸。由南门外沿着城墙走半里，路过东门，又向东走半里有座小桥，即是涍泉汇入江中之处了。桥侧边江滨有突立的岩石，形状如同永州城外愚溪桥畔的岩石，玲珑剔透高耸陡削超过永州的，分出叉，腹中是空心的，可以分开花瓣样的岩石进入缝隙中，可以穿过瓠子状的洞穴钻进去，这就是所谓的五如石了。其中有一块石头，敲击它声音清幽洪亮，这是响石。据元次山的《道州诗题》，石头则有五如石、窊樽石，泉水则有漶泉、漫泉等七个泉名，都在州城东面，而泉水我经历过一个涍泉便可以大概知道其余泉水的情况，石头我找到了五如石可窊樽石无处寻觅。多次询问，一个儒生说：“在报恩大寺内。”然而元次山的诗序说，在州城东边左湖中的石山顶上。石窊可以当做酒樽，石窊上面可以建亭子，难道是可以移置到寺中的东西？抑或是寺院就是从前的左湖呢？向那个人质证，他说：“进寺后自然知道。”于是进入东门，途经南门内，往西路过报恩寺，想进寺去打听窊樽石，看见日光艳丽极了，姑且留待归途时再来探寻质询。急忙出了西门，折向南走过翼云桥，有两条岔路。从西面走二十五里是濂溪祠，再走十里是月岩；从南面去是十里铺，再走六十里是永明县；十里铺侧边有座华岩，经由华岩下面的便道可以出到濂溪祠。我想兼收两地的景色，便从南面走。大道两旁都分别种着高大的松树，如同前往南岳衡山的途中，而此地更加繁密，延绵不断。有的松树从下面树干分为五六枝，丛聚挺拔，争奇斗妍，是这一带所仅见的树种，其他地方没有。自州城到永明县，夹住道路的松树长达七十里，栽树的人的功劳，也无异于《诗经·甘棠》篇所赞美的地方官的德政了。州城西南，山冈山坡高高低低的，铺设的道路便顺着这种地势走。而四面环顾，高山在远处展开，唯有西北方的一座山最高而且较近些，那便是月岩后面紧靠着的大山了。到了十里铺的东边，从小径向北走半里，是华岩。洞口面向北，有小股水流从洞下方流出来。由洞口进去，只听见水声响，却看不见水。转向东前进三丈多，再往南下走，就见洞穹然隆起，幽深黑暗，不再看见亮光了。当时洞口北边有间僧人住的小房子，走得急来不及进去找火把，听说洞内只要一支火把便可以看完，也就不必再找火把了。于是从那间小屋右边向北的小径走。此处的山小而陡峭，有的孤峰耸峙，有的三三两两的，像连起来的串珠、并立生长的竹笋，全都石骨嶙峋，草木摇曳飘扬，在其中爬升下降，弯弯转转的，如同行走在纷乱的云朵和层层波浪之中，让人茫然，无法辨清方向。然而没有大山作为标记来辨识方向，唯有西北方的高峰，不时地从山间的缝隙中看到它的一面，以此作为辨别方向的依据了。五里，横着走过山间的小径四条，五里，越过一座小石桥，又翻越山岭，遇到往西去的大道。顺着大道前行二里，又往北走入小径，沿着石山的山嘴，共走四里后转出到平旷的田野中，便是道州城向西来的大道了，又行一里后濂溪祠在眼前了。祠堂面向北，左边是龙山，右边是象山，都是祠堂后面的山，形态像龙和象，从祠堂后面的小山分支后环绕突立在祠堂前方的山。那龙山就是前边我从山嘴转出来时的那座山，象山则是通往月岩的道路所经由渡过濂溪的那座山了。祠堂被环抱在山间却不临水，祠堂前方很开阔，可容纳上万马匹，是元公出生的地方，如今只有一两个后人守在祠堂中，而四旁没有人烟。无处可以找饭吃，只好往西行。一里，经过象山，沿着象山的北麓，又行一里，渡过濂溪。濂溪从月岩流来，流到此地被象山挡在东面，只得向北流，再往东流到州城西面汇入沲水。从濂溪北岸溯溪流往西行，五里后到了达村，是个洪姓的人聚族而居的村庄。于是躺下来等候吃饭，店铺中没有酒，辗转了很久才买到酒，下午才上路。于是向西南进山。路旁先有一座山峰又圆又尖像标杆一样，从此以后杂乱的山峰渐渐多起来，有的像直立的锥子，有的像并排的手指，有的像排列的屏风，全都环绕掩映在大山的东面，分成一行行、一队队追逐着，如藤蔓一样相牵引，全是骨状的岩石。又行五里，往南转入乱山侧旁。又行三里，向西越过一座岭，望见正西方有一座山，像是有一抹白烟似经脉一样横在山腰上，那就是月岩上层透出空中来的明亮之处了。正西方的高山屏风样屹立着，仿佛与天一般高，不可攀登，往东下延的第三层便是这座山，中间是空的，上面呈拱形，下面开有重重石门，翠微的山体中间被剜去一块，光线映照在前面的山上，所以远远看去如不动的白云。又行二里，直接抵达月岩所在的山下，从山的东麓沿台阶逐级而上，首先进入山下的石岩。这处石岩面向东，中间是空洞，上面连着，高高拱起来像桥一样，从下面望它，如猛虎张开的大口，目光以及牙齿的形状很像，令人可怕。我又从月岩上游遍了各处景色奇异的地方，这天晚上住宿在月岩中。

十九日　自月岩行二里，仍过所望岩如白烟处。分岐东南行，穿小石山之腋，宛转群队中。八里出山，渡大溪而东，是为洪家宅[①]，亦洪氏之聚族也。又东南入小土山，南向山脊行，三里而下。一里出山，有巨平岩横宕，而东一里，复南向行山坡。又二里，南上一岭。名银鸡岭。越岭而下，有村两三家。从其东又三里为武田，自月岩至武田二十里。其中聚落颇盛。再东半里，即永明之大道也。横大道而过，南沿一小平溪行一里，渡桥而东又半里，则大溪汤汤介于前矣。是为永明掩、遨二水，是为六渡。渡江复东南行，陂陀高下，三里为小暑洞。又东逾山冈，三里得板路甚大，乃南随板路，又十里而止于板寮，盖在上都之东北矣，问所谓杨子宅、南龙，俱过矣。

【注释】

①洪家宅：今名同，在道县西境。

【译文】

十九日　从月岩前行二里，仍然经过望见石岩如白烟之处。分出岔路，往东南行，穿过小石山的侧旁，弯弯转转走在成群结队的石山中。八里后出山，渡过大溪往东走，这里是洪家宅，也是洪姓聚族而居的村庄。又往东南进入小土山中，向南沿着山脊行，三里后下山。一里后出山，有块巨大平滑的岩石横亘着，往东行一里，又向南行走在山坡上。又行二里，往南上登一座岭。名叫银鸡岭。越过岭往下走，有个两三家人的村庄。从村东又走三里是武田，从月岩到武田有二十里。其中聚落颇为兴盛。再向东半里，就是去永明县的大道了。横跨大道而过，往南沿着一条平缓的小溪前行一里，过桥后往东又行半里，就见一条大溪浩浩荡荡横隔在眼前了。这是来自永明县的掩水、遨水两条溪水，这里是六渡。渡过江又往东南行，山坡高高低低的，三里是小暑洞。又往东翻越山冈，三里见到非常大的石板路，于是向南顺着石板路走，又行三里后停留在板寮，大概是在上都的东北面了，打听所谓的杨子宅、南龙，都已经走过了。

二十日　从寮中东南小径，一里，出江华大道，遂南遵大道行，已为火烧铺矣。铺在道州南三十里而遥，江华北四十里而近。又行五里为营上，则江华、道州之中，而设营兵以守者也。其后有小尖峰倚之。东数里外有高峰突屼，为杨柳塘，由此遂屏亘而南，九疑当在其东矣。西南数里外，有高峰圆耸，为斜溜。其南又起一峰，为大佛岭，则石浪以后云山也。自营上而南，两旁多小峰巑岏。又五里，为高桥铺。又三里，有溪自西而东，石骨嶙峋，横卧涧中，济流漱之，宛然包园石壑也。溪上有石梁跨之，当即所谓高桥矣。又南七里，为水塘铺。自高桥来，途中村妇多觅笋箐中，余以一钱买一束，携至水塘村家煮之，与顾奴各啜二碗，鲜味殊胜，以筒藏其半而去。水塘之西，直逼斜溜，又南，斜溜、大佛岭之间，有小峰东起，若纱帽然。又五里为加佑铺[①]，则去江华十里矣。由铺南直下，从径可通浪石寺。转而东南从岭上行，共六七里而抵江华城西[②]。盖自高桥铺南，名三十里，而实二十五里也。循城下抵南门，饭于肆。又东南一里，为麻拐岩。一名回龙庵。由回龙庵沿江岸南行半里，水分二道来：一自山谷中出者，其水较大，乃沲水也；一自南来者，亦通小舟，发源自上武堡。盖西界则大佛岭、班田、嚣云诸山迤逦而南去，东界则东岭、苦马云诸峰环转而南接，独西南一坞遥开，即所谓上武堡也，其西南即为广西富川、贺县界。大小二江合于麻拐岩之南。大江东源锦田所[③]，溯流二百余里，舟行三、四日可至；小江南自上武堡[④]，舟溯流仅到白马营[⑤]，可五十里。然入江之口，即积石为方堰，置中流，横遏江舟，不得上下，堰内另置小舟，外有桥，横板以渡。白马营东大山曰吴望山，有秦洞甚奇，惜未至；又南始至上武堡，堡东大山曰冬冷山。二山之水合出白马营，为小江上流云。乃沿南小江岸又西行三里，是为浪石寺。小江中石浪如涌，此寺之所由得名也。寺有蒋姓者成道，今肉身犹在，即所称“一刀屠”也。浪石有“一刀屠”肉身，其面肉如生。碑言姓蒋，即寺西村人。宋初，本屠者，卖肉，轻重俱一刀而就，不爽锱铢[⑥]。既而弃妻学道，入大佛岭洞中，坐玉柱下。久之，其母入洞寻得。拜之遂出洞，坐化于寺。后有盗欲劫江华库，过寺，以占取决，不吉。盗劫库还，遂剖其腹，取心脏而去。此亦“一刀屠”之报也。其身已髹[7]，而面尚肉，头戴香巾，身袭红褶，为儒者服，以子孙有青其衿者耳。是日止于浪石寺，但其山僧甚粗野。

【注释】

①加佑铺：乾隆本、“四库”本作“伽祐铺”。

②江华：明为县，隶永州府道州。明代江华县治有迁移。《嘉庆重修一统志》永州府古迹载：“明洪武二十八年，析宁远卫置右千户所于县，建城于今县治隔江之东，名镇守所城。天顺中，迁治西北五里，地名黄冈，合县所为一城，即今治也。”天顺六年(1462)以后，江华县治迁于宁远卫右千户所同城，则在今江华县西北部，沱水和萌渚水汇流处稍北的沱江镇。1955 年建江华瑶族自治县，县治设在水口镇。今仍治沱江镇。

③锦田所：在今码市，位于江华县东境。

④小江：今名西河，即萌渚水。

⑤白马营：明时已称白芒营，因白芒岭得名。今仍作“白芒营”，在江华县西隅，西河东岸。

⑥不爽錙铢(zī zhū)：不会差失一小点。爽，差失。錙、铢，都是古代很小的重量单位。

⑦髹(xiū)：用漆漆物。

【译文】

二十日　从板寮村中东南方的小径走，一里，出到通往江华县的大道上，于是向南沿着大道前行，已经是火烧铺了。火烧铺在道州城南面三十里之外，江华县城北面四十里不到的地方。又前行五里是营上，这是江华县、道州之间的中点，因而设置了兵营以便守卫的地方。兵营后面有座小尖峰紧靠着兵营。东面几里外有座突兀的高峰，那是杨柳塘，由此处起山脉便像屏风一样向南绵亘，九疑山应当就在这座高峰的东面了。西南方几里外，有座圆圆的高峰耸起，那是斜溜。斜溜的南面又耸起一座山峰，是大佛岭，那便是石浪后面云雾笼罩的山了。自营上往南走，两旁有很多高峻陡峭的小山峰。又行五里，是高桥铺。又行三里，有溪水自西往东流，石骨嶙峋的岩石，横卧在山涧中，急流冲刷着岩石，宛如包园中的石头壑谷。溪水上有座石桥跨过溪流，这应当就是所谓的高桥了。又向南七里，是水塘铺。从高桥过来，途中有很多乡村妇女在竹丛中采竹笋，我用一文钱买了一束，带到水塘铺村民家中煮了吃，与顾仆各自吃了两碗，味道鲜美异常，用竹筒收藏好其中的一半便离开了。水塘铺的西面，一直逼近斜溜，再向南，在斜溜、大佛岭之间，有座小山峰在东面耸起，好像纱帽的样子。又行五里是伽佑铺，距离江华县城只有十里了。由伽佑铺向南一直下走，从小径可以通往浪石寺。转向东南从岭上走，共走六七里后抵达江华县城的西边。原来从高桥铺往南走，名义上有三十里路，可实际上是二十五里。沿着城墙下面走到南门，在店铺中吃饭。又往东南行一里，是麻拐岩。又叫回龙庵。由回龙庵沿着江岸往南行半里，江水分为两条流来：一条从山谷中流出来的，江中的水势较大，是沲水了；一条从南面流来的，也能通小船，发源于上武堡。大体上西面一列山便是大佛岭、班田、罍云等山峰逶迤往南延伸而去，东面一列山则是东岭、苦马云等山峰环绕着转向南，与南面的山峰相接，唯独西南方一个山坞远远地展开，那就是所谓的上武堡了，它的西南方便是广西富川县、贺县的地界了。大小两条江在麻拐岩的南面合流。大江源自东面的锦田所，逆流二百多里，船行三四天可以到达；小江源自南面的上武堡，船逆流仅能到达白马营，大约五十里。然而进入江口的地方，就用石头堆积成方形的拦水坝，设置在水流中间，横挡住江上的船只，不能上下，堤坝内另外放置了小船，外边有桥，横铺着木板得以渡过去。白马营东面的大山叫做吴望山，有个秦洞十分奇异，可惜没有去到；又往南走才来到上武堡，上武堡东面的大山叫做冬冷山。两座大山中的水合流后流到白马营，是小江的上游。于是沿着南面小江的江岸又往西行三里，这里是浪石寺。小江中礁石上的波浪如潮涌，这座寺院就是由此得名了。寺中有个姓蒋的人修炼成佛，今天肉身还在，他就是所说的“一刀屠”了。浪石寺中有“一刀屠”的肉身，他脸上的肌肉像活人的一样。碑文说他姓蒋，就是寺西村子中的人。宋朝初年，本来是个屠夫，卖肉时，轻重都是一刀就成，不差一丝一毫。随后抛弃妻子去学道，进入大佛岭的山洞中，坐在玉柱下。很久之后，他母亲进入洞中找到他。他拜过母亲后便出洞来，在寺中坐化。后来有强盗想去抢劫江华县的府库，路过寺院，用占卜的方法来作出决定，不吉利。强盗抢劫了府库返回来，便剖开他的肚子，取出心脏来便离开了。这也算是“一刀屠”的报应了。他的身体已经上过漆，可面部还是肉身，头戴香巾，身披红色褶子衣，是儒生的服装，是因为他的子孙中有读书人罢了。这天停留在浪石寺，但寺中的山僧非常粗野。

二十一日　饭于浪石寺。欲往莲花洞，而僧方聚徒耕田，候行路者，久之得一人，遂由寺西遵大路行。南去山尽为上武堡，贺县界[①]。西逾大佛坳为富川道。坳去江华西十里。闻逾坳西二十里，为崇柏，即永明界；又西二十五里，过枇杷所[②]，在永明东南三十里，为广西富川界；更西南三十里，即富川县治云[③]。七里，直抵大佛岭下。先是，路左有一岩，若云楞嵌垂，余疑以为即是矣，而莲花岩尚在路右大岭之麓。乃从北岐小径入，不半里，至洞下。导者取枯竹一大捆，缚为六大炬分肩以出，由路左洞披转以入。还饭于浪石，已过午矣。乃循旧路，抵麻拐崖之西合江口，有板架江坝外为桥，乃渡而南。东南二里，至重元观，寺南一里，入狮子岩洞。出洞四里，渡小江桥，经麻拐岩，北登岭，直北行，已过东门外矣。又北逾一岭，六里，渡沲水而北，宿于江渡。

【注释】

①贺县：隶平乐府，治今广西贺州市区东南郊的贺街，在桂江与贺江汇口处。

②枇杷所：在今江永县东南隅的松柏附近。

③富川县：隶平乐府，即今广西富川县。

【译文】

二十一日　在浪石寺吃饭。想要前往莲花洞，可僧人正聚集了徒弟们在耕田，等候过路的人，很久后等到一个人，于是由寺西顺着大路走。往南去，山的尽头处是上武堡，贺县的境内。向西越过大佛岭的山坳是去富川县的路。山坳距离江华县城西面十里。听说越过山坳向西走二十里，是崇柏，是永明县的地界；再向西二十五里，经过枇杷所，在永明县城东南三十里，是广西富川县的地界；再往西南走三十里，就是富川县城了。七里，径直抵达大佛岭下。这之前，路左边有一座石岩，似入云的楞条一样深嵌下垂，我怀疑以为这里就是莲花岩了，然而莲花岩还在路右边大山岭的山麓。于是从北边岔开的小径进去，不到半里，来到洞下。领路的人取来一大捆枯竹子，捆扎成六个大火把分别扛在肩头上出来，由路左边的洞口分开草丛转进去。返回来在浪石寺吃饭，已经过了中午了。于是顺着原路，抵达麻拐崖西面的合江口，有木板架在江中堤坝外作为桥，于是渡过江往南行。向东南二里，来到重元观，由寺南走一里，进入狮子岩洞中。出洞后走四里，走过小江上的桥，途经麻拐岩，向北登岭，一直往北行，已经路过东门外了。又向北翻越一座岭，六里，渡过淹水往北走，住宿在江渡。

二十二日　昧爽，由江渡循东山东北行。十里为蜡树营。由此渐循山东转，五里，过鳌头源北麓。二里，至界牌①，又三里，过石源，又五里，过马冈源。自鳌头源突于西北，至东北马冈源，皆循山北东向行，其山南皆瑶人所居也。马冈之北，犹见淹水东曲而来，马冈之北，始见溪流自南而北[2]。又东七里，逾虎版石。自界牌而来，连过小岭，惟虎版最高。逾岭又三里，为分村，乃饭。村南大山，内有分岭。谓之“分”者，岂瑶与民分界耶？东三里，渡大溪，南自九彩源来者[3]。溪东又有山横列于南，与西来之山似。复循其北麓行七里，至四眼桥，有溪更大，自顾村来者，与分村之水皆发于瑶境也。渡木桥，颇长，于是东登岭。其先只南面崇山，北皆支冈条下；至是北亦有山横列，路遂东行两山之间。升陟冈坳十里，抵孟桥西之彭家村[4]，乃宿。是日共行五十里，而山路荒僻，或云六十里云。

【注释】

①界牌：今名同，在江永县东隅。

②马冈之北，始见溪流自南而北：“马冈之北”，疑当作“马冈之南”。

③九彩源：应即下文的“韭菜原”。

④孟桥：乾隆本、“四库”本作“孟坳桥”。

【译文】

二十二日　黎明，由江渡沿着东山往东北行。十里是蜡树营。由此地渐渐顺着山向东转，五里，经过鳌头源的北麓。二里，到界牌，又行三里，经过石源，又行五里，经过马冈源。自从突起在西北方的鳌头源，来到东北方的马冈源，都是沿着山的北麓向东行，这里山的南面都是瑶族人居住的地方。马冈源的北面，还能看见淹水从东面弯曲而来，马冈源的南面，这才看见溪流自南往北流。又向东七里，越过虎版石。自从界牌以来，接连越过小山岭，唯有虎版石最高。越过山岭又走三里，是分村，于是吃饭。村南的大山内有座分岭。称之为“分”的原因，莫非是瑶族人与汉民的分界吗？向东三里，渡过大溪，是自南面九彩源流来的溪流。溪流东面又有山横向排列在南边，与西面延伸来的山相似。再沿着这列山的北麓前行七里，来到四眼桥，有条溪流更大，是从顾村流来的溪流，与分村的溪水一样，都是发源于瑶族人居住的地区。走过木桥，相当长，从这里向东登岭。在这之前只有南面是高山，北面都是一条条分支的山冈往下延伸；来到这里北面也有山横向排列着，道路于是向东行走在两山之间。爬升跋涉在山冈山坳间十里，抵达孟桥西面的彭家村，于是住下。这一天共走了五十里路，而山路荒凉偏僻，有人说有六十里路了。

二十三日　五鼓，雨大作。自永州来，山田苦旱，适当播种之时，至此嗷嗷已甚，乃得甘霖，达旦不休。余僵卧待之，晨餐后始行，持盖草履，不以为苦也。东一里，望见孟桥，即由岐路南行。盖至是南列之山已尽，遂循之南转。五里，抵唐村坳[①]。坳北有小洞东向，外石嶙峋，俯而入，下有水潺潺，由南窦出，北流而去。乃停盖，坐久之。逾岭而南，有土横两山，中剖为门以适行，想为道州、宁远之分隘耶。于是连陟两三岭，俱不甚高，盖至是前南列之山转而西列，此皆其东行之支垅，而其东又有卓锥列戟之峰，攒列成队，亦自南而北，与西面之山若排闼者[②]。然第西界则崇山屏列，而东界则乱阜森罗，截然不紊耳。直南遥望两界尽处，中竖一峰，如当门之标，望之神动，惟恐路之不出其下也。过唐村坳，又五里而至大洋。道州来道亦出此。其处山势忽开，中多村落。又南二里，东渡一桥，小溪甚急。逾桥则大溪洋洋，南自九疑，北出青口，即潇水之上流矣。北望小溪入江之口，有众舟舣其侧。小舟上至鲁观[③]，去九疑四五里，潇江与母江合处。渡大溪，是为车头。又东南逾岭，共六里，为红洞。市米而饭，零雨犹未止。又东南行六里，直逼东界乱峰下，始过一小峰，巉石岩岩，东裂一窍，若云气氤氲。攀坐其间，久之雨止，遂南从小路行。四里，过一村，曰大盖。又南二里至掩口营，始与宁远南来之路合，北去宁远三十里。掩口之南，东之排岫，西之横嶂，至此凑合成门，向所望当门之标，已列为东岫之首，而西嶂东垂，亦竖一峰，北望如插屏，逼近如攒指，南转如亘垣，若与东岫分建旗鼓而出奇斗胜者。二里，出凑门之下，水亦从其中南出，其下平畴旷然，东西成壑。于是路从西峰之南，转西向行，又三里而至路亭。路亭者，王氏所建，名应丰亭，其处旧名周家峒，王氏之居在焉。王氏，世家也，因建亭憩行者，会发乡科④，故遂以“路亭”为名。是日止行三十五里，计时尚早，因雨湿衣透，遂止而向薪焉。

【注释】

①唐村坳：乾隆本、“四库”本作“塘村坳”。

②排闼(tà)：长排的门屏。闼，门屏。

③鲁观：明置巡检司，今作“鲁观圩”，又作“鲁光”，在宁远县南境，舜原峰西侧。

④会发乡科：参加乡试考中了。

【译文】

二十三日　五更天，雨猛烈来临。自永州府以来，山间的田地苦于干旱，恰好正当播种的时节，到此时嗷嗷叫苦之声已经很严重了，这才得到甘露，到天亮雨都没停。我僵卧在床上等雨停，早餐后才上路，打着伞穿着草鞋走路，我不以为苦。向东一里，望见孟桥，立即由岔路往南行。来到这里南面排列的山已经到了头，便沿着山向南转。五里，抵达唐村坳。山坳北边有个小山洞面向东，洞外的岩石石骨嶙峋，俯身进去,脚下有水潺潺流淌,经由南边的孔洞中流出来,向北流去。于是停下来收起伞,坐了很久。越过山岭往南走,有条土墙横在两山间,中间剖开作为门以适宜通行,猜想这是道州、宁远县分界的隘口。从这里接连翻越两三座岭,都不怎么高,大概是到了这里前边南面排列的山转向西排列,这都是往东延伸分支的土垅,而它的东面又有些像锥子样直立剑戟一样排列的山峰,成队攒聚排列,也是自南往北延伸,与西面的山如同门扉一样排列着。然而只是西面是高山像屏风一样排列,可东面则是杂乱的土阜森然罗列,截然不同,不相混杂。遥望正南方两列山的尽头处,中间竖立着一座山峰,如对着大门的标杆,望着它神魂为之一动,唯恐道路不从这座山下走过了。过了唐村坳,又行五里后到大洋。道州来的路也通到此地。此处山势忽然开阔起来,中间有很多村落。又向南二里,向东走过一座桥,小溪水流非常急。过桥后就见大溪浩浩荡荡的,来自南面的九疑山,往北从青口流出去,这就是潇水的上游了。望见北边小溪汇入大江的江口处,有众多船只停靠在江口的侧边。小船可上行到鲁观,距离九疑山四五里地,是潇江与母江的会合处。渡过大溪,这是车头。又往东南越岭,共六里,是红洞。买米来做饭吃,零星小雨仍然没有停。又往东南行六里,一直逼近东面一列杂乱的山峰下,最初经过的一座小山峰,巉岩高险,东边裂开一个石窍,好像有氤氲的云气。攀登上去坐在洞中,很久后雨停了,便向南从小路走。四里,路过一个村子,叫大盖。又向南二里到掩口营,这才与宁远县城南来的道路会合,北面距离宁远县城有三十里。掩口营的南边,东面排列的山峦,西面横亘着的高山,到了此地凑拢聚合成门,原先望见的挡在大门口的标杆,已经排列在东面的山峦中的前边,而西面高山的东垂,也竖立着一座山峰,从北边望去如高插的屏风,逼近后看如同攒在一起的手指,转到南面看如横亘的墙垣,好像是要与东面的峰峦分别建立旗鼓而争强斗胜的样子。二里,来到凑拢的门下,水也从门中往南流出去,门下面平旷的田野十分开阔空旷,东西向形成壑谷。在这里道路从西峰的南麓转向西行,又行三里后到达路亭。路亭，是王姓的人修建的，名叫应丰亭，此处旧时的名字叫周家峒，王姓的人家居住地就在这里。王家，是世家大族，因为建了这座亭子供走路的人休息，家人参加乡试考中举人，所以便用“路亭”作为亭子的名字。这一天只走了三十五里，算来时间还早，但因为雨水湿透了衣服，便停下来围着火炉烘烤衣服。

二十四日　雨止而云气蒙密。平明，由路亭西行，五里为太平营①，而九疑司亦在焉。由此西北入山，多乱峰环岫，盖掩口之东峰，如排衙列戟，而此处之诸岫，如攒队合围，俱石峰森罗。中环成洞，穿一隙入，如另辟城垣。山不甚高，而窈窕回合，真所谓别有天地也。途中宛转之洞，卓立之峰，玲珑之石，喷雪惊涛之初涨，滢烟沐雨之新绿，如是十里而至圣殿。圣殿者，即舜陵也。余初从路岐望之，见颓垣一二楹，而路复荒没，以为非是，遂从其东逾岭而北。二里，遇耕者而问之，已过圣殿而抵斜岩矣。遂西面登山，则穹岩东向高张，势甚宏敞。洞门有石峰中峙，界门为两，飞泉倾坠其上，若水帘然。岩之右，垂石纵横，岩底有泉悬空而下，有从垂石之端直注者，有从石窦斜喷者，众隙交乱，流亦纵横交射于一处，更一奇也。其下复开一岩，深下亦复宏峻，然不能远入也。岩后上层复开一岩，圆整高朗，若楼阁然，正对洞门中峙之峰，两瀑悬帘其前，为外岩最丽处。其下有池，潴水一方，不见所出之处，而水不盈。池之左复开一门，即岩后之下层也。由其内坠级而下，即深入之道矣。余既至外岩，即炊米为饭，为深入计。僧明宗也，曰：“此间胜迹，近则有书字岩、飞龙岩，远则有三分石。三分石不可到，二岩君当先了之，还以余晷入洞[②]，为秉烛游，不妨深夜也。”余颔之。而按《志》求所谓紫虚洞，则兹洞有碑称为紫霞，俗又称为斜岩，斜岩则唐薛伯高已名之，其即紫虚无疑矣。求所谓碧虚洞、玉琯岩、高士岩、天湖诸胜，俱云无之。乃随明宗为导，先探二岩。

【注释】

①太平营：今名同，在宁远县南境，宁远河上游舜水西岸。《明史·地理志》宁远县：“南有九疑、鲁观巡检司，在九疑、鲁观二峒口。”

②余晷(guǐ)：剩余的时间。

【译文】

二十四日　雨停了，可云气浓密，灰蒙蒙的。天明时，由路亭往西行，五里是太平营，而九疑司也在这里。由此地向西北进山，有很多杂乱的山峰和回绕的峰峦，大体上掩口营东面的山峰，如衙门前排列的剑戟，而此处众多的山峦，如聚集在一起的队伍合围过来，都是森然罗列的石峰。山中环绕成山洞，穿过一条缝隙进去，如同另外开辟出来一道城墙。山不怎么高，可幽深曲折闭合，真所谓是别有天地了。途中弯弯转转的洞，直立的山峰，玲珑剔透的岩石，惊涛喷雪般刚涨起来的溪水，萦绕着云烟、沐浴着雨露新长出来的嫩绿，如此走了十里后来到圣殿。圣殿这地方，就是舜陵了。最初我从岔路口望见这里，看见一两间墙壁倒塌的房屋，而且路又被荒草淹没了，以为不是这里，便从它的东边越岭往北走。二里，遇见耕田的人向他打听，已经走过了圣殿来到斜岩了。于是向西登山，就见穹隆的岩洞面向东高高地张开，气势非常宏伟宽敞。洞口有石峰耸峙在中间，把洞口隔为两半，飞流的泉水倾泻坠落在洞口的上面，好像水帘一样。岩洞的右边，下垂的岩石纵横交错，岩洞底下有泉水悬空而下，有的从下垂岩石的前端笔直下流，有的从石孔中斜着喷出来，众多的孔隙交错杂乱，水流也是纵横交错地射向一个地方，更是一种奇观了。这个岩洞下面又开有一个岩洞，深深地陷下去，也同样巨大高峻，然而不能深入。岩洞后方的上层又开有一个岩洞，圆整高大明亮，像楼阁一样，正对着洞口耸峙在中间的石峰，两条瀑布悬垂的水帘就在这里的前方，这是外岩最美丽的地方。这下面有个水池，积着一池水，不见有水流出去的地方，可水也不外溢。水池的左边又开有一个洞口，那就是岩洞后方的下层了。由那里面逐级下坠，就是深入进去的路了。我到外岩后，立即煮米做饭，为深入进去做准备。僧人明宗，说："这一带的名胜古迹，近处有书字岩、飞龙岩，远处则有三分石。三分石今天不可能去到，另外二岩先生应当先去了却游览的心愿，返回来用剩余的时间进洞去，打着火把游览，深夜也不妨事。"我点头同意他的建议。然而我根据《一统志》去找所谓的紫虚洞，却发现这个洞中有石碑，称为紫霞洞，民间又称为斜岩，斜岩则是唐代的薛伯高已经为它起过名，那么这个洞就是紫虚洞无疑了。寻找所谓的碧虚洞、玉琯岩、高士岩、天湖等处名胜，明宗都说没有这些地方。于是跟随着明宗，以他为向导，先去探寻书字岩、飞龙岩二岩。

出斜岩北行，下马蹄石，其阴两旁山巉石嵯峨，叠云耸翠[①]，其内乱峰复环回成峒。盖圣殿之后，即峙为箫韶峰，箫韶之西即起为斜岩。山有岭界其间。岭北之水，西北流经宁远城，而下入于潇江，即舜源水也。岭南之水，西北流经车头，下会舜源水而出青口，即潇水也。箫韶、斜岩之南北，俱乱峰环峒，独此二峰之间，则峡而不峒，盖有岭过脊于中，北为宁远县治之脉也。马蹄石南，其峒宽整，问其名，为九疑洞。余疑圣殿、舜陵俱在岭北，而峒在岭南，益疑之。已过永福寺故址，础石犹伟，已犁为田。又南过一溪，即潇水之上流也。转而西共三里，入书字岩[2]。岩不甚深，后有垂石夭矫，如龙翔凤翥。岩外镌“玉琯岩”三隶字，为宋人李挺祖笔。岩右镌“九疑山”三大字，为宋嘉定六年知道州军事莆田方信孺笔[3]。其侧又隶刻汉蔡中郎《九疑山铭》，为宋淳祐六年郡守潼川李袭之属郡人李挺祖书[4]。盖袭之既新其宫，因镌其铭于侧，以存古迹。后人以崖有巨书，遂以“书字”名，而竟失其实。始知书字岩之即为玉琯，而此为九疑山之中也[5]。始知在箫韶南者为舜陵，在玉琯岩之北者，为古舜祠。后人合祠于陵，亦如九疑司之退于太平营，沧桑之变如此。土人云，永福（寺）昔时甚盛，中有千余僧，常住田数千亩，是云永福即舜陵，称小陵云。义以玉琯、舜祠相迫，钦癸绎扰，疏请合祠于陵。今舜陵左碑，俱从永福移出。后玉琯古祠既废，意寺中得以专享，不久，寺竟芜没，可为废古之鉴。

【注释】

①叠云耸翠：原缺“翠”字，空一格，据乾隆本、“四库”本补。

②“书字岩”以上数句：斜岩在舜源峰下、舜庙西南。书字岩在舜源峰南麓熊家村。皆位于宁远县南境，今设九疑瑶族乡。乡政府九疑营，在舜源峰北麓、舜水源头。

③嘉定六年：为公元1213年。嘉定，南宋宁宗年号，时在1208—1224年，共十七年。莆田：宋代有莆田县，即今福建莆田市。

④淳祐六年：为公元1246年。淳祐，南宋理宗年号，时在1241—1252年，共十二年。潼川：南宋潼川府，治今四川三台县。明置潼川州。属：通“嘱”。

⑤九疑山：亦名苍梧山，有舜源、娥皇、女英、杞林、石城、石楼、朱明、箫韶、桂林等九峰，一般海拔700—800米间，舜源峰最高，达

1600米以上。九峰相似，行者疑惑，因名九疑。每峰各导一溪，共有九水出于山中。徐霞客通过考察，得出“峰岫不一，不止于九”的结论。

【译文】

出了斜岩后往北行，走下马蹄石，马蹄石的北面两旁的山都是嵯峨的巉石，翠色的石峰层层叠叠，高耸入云，巉石的里面又是杂乱的石峰环绕回合成峒。原来在圣殿的后面，便耸峙成为箫韶峰，箫韶峰的西面耸起便成为斜岩。山间有座岭隔在两者之间。岭北的水，向西北流经宁远城，而后下流汇入到潇江中，这就是舜源水了。岭南的水，往西北流经车头，下流汇合舜源水后流到青口，这就是潇水了。箫韶峰、斜岩的南北两面，全是杂乱的山峰环绕成峒，唯独这两座山峰之间，是峡谷而不是峒，大概是因为有山岭的山脊在中间延伸而过，往北延伸成为宁远县城所在的山脉。马蹄石的南面，那里的峒宽敞平整，询问那里的名字，是九疑洞。我怀疑圣殿、舜陵都在岭北，可峒在岭南，益加怀疑了。不久经过永福寺的旧址，柱子下面的础石仍然很雄伟，但寺基已被垦犁为田地了。又向南涉过一条溪水，这就是潇水的上游了。转向西共走三里，进入书字岩。岩洞不很深，后边有夭矫下垂的岩石，如龙翔凤舞。岩洞外面用隶书刻着“玉琯岩”三个字，是宋代人李挺祖的手笔。岩洞右边刻着“九疑山”三个大字，是宋代嘉定六年主持道州军事的莆田人方信孺的手笔。它的侧边又用隶书刻着汉代蔡中郎的《九疑山铭》，是宋代淳祐六年知州潼川人李袭之嘱托本州人李挺祖书写的。大概是李袭之翻新了蔡中郎的祠庙后，因而把他的这篇铭文刻在侧边，用以保存古迹。后人因为崖壁上有巨大的字，便用“书字”来起名，因而竟然失去了它的真实名字。这才知道书字岩就是玉琯岩，而且此地是九疑山的中心地带了。这才知道在箫韶峰南面的地方是舜陵，在玉琯岩北面的地方，是古舜祠。后人把舜祠合并到舜陵，也正如九疑巡检司退到太平营一样，沧桑的变迁如此之大。当地人说：永福寺从前十分兴盛，寺中有一千多僧人，寺院的田产有几千亩，这是说永福寺就是舜陵，被称为小陵，意思是说玉琯岩和舜陵相接近，皇帝派人考察后不断干扰，上疏请求把舜祠合并到舜陵。如今舜陵左边的碑刻，都是从永福寺迁出来的。后来玉琯岩的古舜祠荒废之后，原料想寺中能够专享奉祀，不久，寺院竟然荒芜没落了。这可以作为毁坏古迹的借鉴。

余坐玉琯中久之，因求土人导往三分石者。土人言："去此甚远，俱瑶窟中，须得瑶人为导。然中无宿处，须携火露宿乃可。"已而重购得一人，乃平地瑶刘姓者，期以明日晴爽乃行。不然，姑须之斜岩中。乃自玉琯还，过马蹄石之东，入飞龙岩。岩从山半陷下，内亦宽广，如斜岩外层之南岩，有石坡中悬，而无宛转之纹。岩外镌"飞龙岩"三字，岩内镌"仙楼岩"三字，俱宋人笔。

【译文】

我在玉琯岩中坐了很久，于是想找个当地人带领我前往三分石去。当地人说："三分石离此地非常远，全在瑶人聚居的地方，必须找到瑶人做向导。然而途中没有住宿的地方，必须带上火把露宿才行。"随后出重金雇到一个人，是个姓刘的平地瑶，约定在明天天气晴朗就出发。如果天气不好，就暂且在斜岩中等待。于是从玉琯岩往回走，经过马蹄石的东边，进入飞龙岩。飞龙岩从半山腰陷下来，里面也很宽广，如斜岩外层的南岩，有条石坡悬在中央，然而没有弯弯转转的石纹。岩洞外刻着"飞龙岩"三个字，岩洞内刻着"仙楼岩"三个字，都是宋代人的笔迹。

出洞，复逾马蹄石，复共三里而返斜岩。明宗乃出火炬七枚，与顾仆分携之，仍爇炬前导。始由岩左之下层捱隙历磴而下，水从岩左飞出，注与人争级，级尽路竟，水亦无有。东向而入，洞忽平广。既而石田鳞次，水满其中，遂塍上行，下遂坠成深壑。石田之右，上有石池，由池涉水，乃杨梅洞道也。舍之，仍东下洞底。既而涉一溪，其水自西而东，向洞内流。截流之后，循洞右行，路复平旷，洞愈宏阔。有大柱端立中央，直近洞顶，若人端拱者，名曰“石先生”。其东复有一小石竖立其侧，名曰“石学生”，是为教学堂。又东为吊空石，一柱自顶下垂，半空而止，其端反卷而大。又东有石莲花、擎天柱，皆不甚雄壮。于是过烂泥河，即前所涉之下流也。其处河底泥泞，深陷及膝，少缓，足陷不能拔。于是循洞左行，左壁崖片楞楞下垂，有上飞而为盖者，有下庋而为台者，有中凹而为床、为龛者，种种各有名称，然俚不足纪也。南眺中央有一方柱，自洞底屏立而上，若巨笏然①。其东有一柱，亦自洞底上穹，与之并起，更高而巨。其端有一石旁坐石莲上，是为观音座。由此西下，可北绕观音座后。前烂泥河水亦绕观音座下西来，至此南折而去。洞亦转而南，愈宏崇，游者至此辄止，以水深难渡也。余强明宗渡水，水深逾膝，然无烂泥河泞甚。既渡，南向行，水流于东，路循其西，四顾石柱参差高下，白如羊脂，是为雪洞，以其色名也。又前为风洞，以其洞转风多也。既而又当南下渡河，明宗以从来导游，每岁不下百次，曾无至此者。故前遇观音座，辄抽炬竹插路为志，以便归途。时余草履已坏，跣一足行，先令顾仆携一緉备坏者②，以渡河水深，竟私置大士座下，不能前而返。约所入已三里余矣。闻其水潜出广东连州[3]，恐亦臆论，大抵入潇之流，然所进周通，正无底也。还过教学堂，渡一重河，上石田，遂北入杨梅洞。先由石田涉石池，池两崖石峡如门，池水满浸其中，涉者水亦逾膝，然其下皆石底平整，四旁俱无寸土。入峡门，有大石横其隘。透隘入，复得平洞，宽平广博。其北有飞石平铺，若楼阁然，有隙下窥，则石薄如板，其下复穹然成洞，水从下层奔注而入，即前烂泥诸河之上流也。洞中产石，圆如弹丸，而凹面有猬纹，“杨梅”之名以此。然其色本黄白，说者谓自洞中水底视皆殷紫，此附会也。此洞所入水，即岩外四山洼注地中者。此坞东为箫韶峰，西即斜岩，南为圣殿西岭，北为马蹄石，皆廓高里降，有同釜底[4]，四面水俱潜注，第不见所入隙耳。出洞，已薄暮，烧枝炙衣，炊粥而食，遂卧岩中。终夜瀑声、雨声，杂不能辨，诘朝起视，则阴雨霏霏也。

【注释】

①笏(hù)：即朝笏，古代在朝廷上大臣朝见君王时手中所拿的狭长板子，用玉、象牙或竹片制成，以为指画及记事之用。

②緉(liǎng)：古代计算鞋子的量名，犹如现在的“双”。

③连州：隶广州府，即今广东连州市。

④釜(fǔ)：古代的炊器，敛口圜底，或有两耳，用以煮东西。

【译文】

出洞来，又越过马蹄石，又一共走了三里后返回斜岩。明宗于是拿出七个火把，与顾仆分别带上火把，他仍然点燃火把在前边领路。开始时由岩洞左边的下层紧挨着缝隙顺着台阶往下走，水从岩洞左边飞流出来，向下倾泻，与人争夺石阶，石阶完后路到了头，水也没有了。向东进去，洞忽然变得又平又宽。随即石田鳞次栉比，水贮满石田中，只能从田埂上前行，下面便下坠成深深的壑谷。石田的右边，上边有个石头水池，由水池中涉水过去，是去杨梅洞的路。放弃了这条路，仍然往东下到洞底。随后涉过一条溪水，这条溪水自西往东流，流向洞内。横渡溪流之后，沿着洞的右边走，路又变得又平又宽，洞愈加宏大空阔。有根大石柱正正地矗立在中央，一直接近洞顶，好像一个拱手端坐的人，名叫“石先生”。石柱的东边又有一块小石柱竖立在它的侧边，名叫“石学生”，这里就是教学堂。又往东是吊空石，一根石柱从洞顶垂下来，到半空中便停住了，石柱的末端反卷上去而且很大。又往东有石莲花、擎天柱，都不是很雄壮。从这里渡过烂泥河，这就是前边涉过的溪流的下游了。此处的河底全是泥泞，深陷到膝盖，走得稍微缓慢一点，脚便陷下去不能拔出来。从这里起沿着洞的左边走，左边的崖壁上石片一愣愣地垂下来，有的向上飞举成为伞盖，有的下面高架成为平台，有的中间下凹成为床、成为神龛，种种姿态，各有名称，但很粗俗，不值得记录。向南眺望，中央有一根方形石柱，从洞底像屏风一样向上矗立着，如巨大的朝笏一般。它的东边有一根石柱，也是从洞底向上隆起，与它并排耸起，更加高大。石柱的顶端有一块岩石斜坐在石莲花上，这便是观音座。由此处往西下走，可以向北绕到观音座后面。前边涉过的烂泥河河水也是绕到观音座下面从西边流来，流到此地折向南流去。洞也是折向南，愈加高大，游人到此地便止步了，是因为水深难以渡过去。我强迫明宗渡水，水深超过膝盖，但不像烂泥河那样泥泞。渡过来后，向南行，水在东边流，路沿着洞的西边走，四面环顾，石柱参差错落，高低不一，白如羊脂，这里是雪洞，是根据洞内的颜色起的名。又往前走是风洞，是因为这里洞内的旋风很多。随后又应当向南下走渡河，明宗由于从来导游，每年不下一百次，从来没有来到此处的人，所以前边遇见观音座后，他便抽出火把上的竹片插在路上作为标记，以便归途中容易认路。此时我的草鞋已经坏了,光着一只脚走路,事先我命令顾仆带上一双鞋以备穿坏了更换,因为渡河时水深,他竟然私下放在观音座下边,不能前进便返回去。大约已深入三里多路了。听说洞中的水暗中流到广东的连州府,恐怕也是主观推测的说法,大抵这是流入潇水的水流,然而进洞来四通八达,真正是没有底了。返回来经过教学堂,渡过一条河,上登到石田,于是向北进入杨梅洞。先经由石田涉过石头水池,水池两侧的石崖形成的石峡像门一样,池水浸满石峡中,涉水的人水也是超过膝盖,然而那下面都是平整的石头底,四旁全然没有一寸土。进入石峡的门中,有块大石头横在隘口。钻过隘口进去,又见到平直的山洞,宽广平整广大。洞的北边有块飞石平铺着,好像楼阁的样子,有缝隙可向下窥视,原来石板薄如木板,石板下面又高高隆起形成洞,水从下层奔流进去,这就是前边经过的烂泥河等暗河的上游了。洞中出产一种石头,圆圆的像弹丸,但凹面有刺猬一样的纹路,"杨梅"的名字就是因为这个得来的。然而石头的颜色本来是黄白色的,说的人认为从洞中的水底看,就全是暗紫色,这是附会的说法。这个洞中进来的水,就是岩洞外面四周山洼中流入地下的水。这个山坞东面是箫韶峰,西面就是斜岩,南面是圣殿西边的山岭,北面是马蹄石,都是外围高里面降低下来,就如同锅底,四面的水都潜流到地下,只是不见有水流进去的缝隙罢了。出洞时,已经是傍晚,烧树枝烘烤衣服,煮粥来吃下,便在岩洞中睡下。整夜瀑布声、雨声混杂,不能分辨,早晨起床来一看,原来是阴雨霏霏。

此岩之瀑,非若他处悬崖泻峡而下,俱从覆石之底悬,穿窦下注,若漏卮然①。其悬于北岩上洞之前者,二瀑皆然而最大;其悬于右岩洼洞之上者,一瀑而有数窍,较之左瀑虽小,内有出自悬石之端者一,出于石底之窦而斜喷者二，此又最奇也。

【注释】

①漏卮(zhī)：渗漏的酒器。

【译文】

这个岩洞中的瀑布，不是像其他地方那样从悬崖上向下倾泻到峡谷中，而都是从下覆的岩石底下悬空而下，穿过孔洞下流，像会渗漏的酒卮一样。那悬垂于北岩上洞前方的，两条瀑布都是这样而且最大；那悬垂于右岩洼洞之上的，一条瀑布却有几个孔洞，比起左边的瀑布虽然小些，其中有出自悬垂岩石的末端的一条，从岩石底下的孔洞中斜喷出来的有两条，这又是最奇特之处了。

二十五日　静坐岩中，寒甚。闲则观瀑，寒则煨枝，饥则炊粥，以是为竟日程。

【译文】

二十五日　静坐在岩洞中，寒冷极了。闲得无事就观赏瀑布，冷了就烧树枝烤火，饿了就煮粥吃，就这样度过了一整天。

二十六日　雨仍不止。下午，持盖往圣殿，仍由来路北逾岭，稍东，转出箫韶峰之北。盖箫韶自南而北，屏峙于斜岩之前，上分两岐，北尽即为舜陵矣①。陵前数峰环绕，正中者上岐而为三，稍左者顶有石独耸。庙中僧指上岐者娥皇峰，独耸者为女英峰，恐未必然。盖此中古祠今殿，峰岫不一，不止于九，而九峰之名，土人亦莫能辨之矣。陵有二大树夹道，若为双阙然，其大俱四人围，庙僧呼为“珠树”，而不识其字云。结子大如指，去壳可食，谓其既枯而复荣，未必然也。两旁杪木甚巨，中亦有大四围者，寻丈而上，即分岐高耸。由二珠树中入，有层三楹，再上一楹。上楹额云“舞干遗化”，有虞帝牌位。下三楹额云“虞帝寝殿”，列五六碑，俱世庙、神庙二朝之间者，无古迹也。二室俱敝而隘，殊为不称。问窆宫何在[②]？帝原与何侯飞升而去，向无其处也。因遍观其碑，乃诗与祝词，惟慈溪颜鲸[③]嘉靖间学道。一碑已断，言此地即古三苗地[④]，帝之南巡苍梧，此心即“舞干羽”之心。若谓地在四岳之外，帝以耄期之年，不当有此远游，是不知大圣至公无间之心者也。盖中国诸侯，悉就四岳朝见，而南蛮荒远，故不惮以身过化。其说似为可取。李中谿元阳引《山海经》，谓帝舜炼丹于紫霞洞，白日上升。《三洞录》谓帝舜禅位后，炼丹于此。后儒者不欲有其事，谓帝崩于苍梧之野；而道者谓其在九疑中峰。夫圣人之初，原无三教之名，圣而至于神，上天下地，乃其余事。及执儒者，三见而辨其事，不亦固哉。后其侄李恒颜宰宁远[⑤]，跋其后[⑥]，引《艺文志》载蔡邕谓舜在九疑解体而升。《书》曰：“陟方乃死。”韩愈曰：“陟，升也，谓升天也。”《零陵郡志》载道家书，谓帝厌治天下，修道九疑，后遂仙云。宁远野史《何侯记》载，负元君家九疑，修炼丹药功成，帝舜狩止其家。帝既升遐，负元君亦于七月七日升去。是兹地乃舜鼎湖，非陵寝也。且言苍梧在九疑南二百里，即崩苍梧，葬九疑亦无可疑者。唐元次山之说似未必然，其说种种姑存之。惟寝殿前除露立一碑甚钜，余意此必古碑，冒雨趋视之，乃此山昔为瑶人所据，当道剿而招抚之者。其右即为官廨，亦颓敝将倾，内有一碑已碎，而用木匡其四旁。亟读之，乃道州九疑山《永福禅寺记》，淳熙七年庚子道州司法参军长乐郑舜卿撰[⑦]，知湖、梧州军州事河内向子廓书。书乃八分体，遒逸殊甚。即圣殿古碑，从永福移出者，然与陵殿无与，不过好事者惜其字画之妙，而移存之耳。然此廨将圮，不几为永福之续耶？舜卿碑中有云："余去年秋从山间谒虞帝祠，求何侯之丹井、郑安期之铁臼，访成武丁于石楼，张正礼于娥皇，与萼绿华之妙想之故迹，乃了无所寄目，留永福寺齐云阁二日，桂林、万岁诸峰四顾如指，主僧意超方大兴工作，余命其堂曰彻堂。"廨后有室三楹，中置西方圣人，两头各一僧栖焉，亦荒落之甚。乃冒雨返斜岩，濯足炙衣，晚餐而卧。

【注释】

①舜陵：舜是中国古代传说中父系氏族公社后期部落联盟的首领，姓有虞氏，名重华，史称虞舜。他巡行四方，治理民事，挑选贤人，并选拔治水有功的禹为继承人。传说他死在南方的苍梧，葬于九疑山。九疑山上有关舜陵的记载很早，近年在长沙马王堆三号汉墓出土的地形图，就注有"帝舜"二字及显著的陵墓符号。《水经·湘水注》：九疑山"南山有舜庙，前有石碑，文字缺落，不可复识。"圣殿当即舜庙。

②窆(biǎn)官：落葬的地方。

③慈溪：明为县，隶宁波府，治所在今宁波市西北郊的慈城。

④三苗：我国古族名，古书载其地在江、淮、荆州，传说舜时被迁到三危，即今甘肃敦煌一带。

⑤宰(zǎi)：主宰，统治。

⑥跋(bá)：写在书籍或文章后面，多用以评介内容或说明写作经过的一种文体。

⑦淳熙七年庚子：即公元1180年。淳熙，南宋孝宗年号，时在1174—1189年，共十六年。

【译文】

二十六日　雨仍然不停。下午，打着伞前往圣殿，仍然经由来的路向北越岭，稍往东走，转出到箫韶峰的北面。箫韶峰自南往北延伸，屏风样耸峙在斜岩的前方，上面分为两岔，北边的尽头就是舜陵了。舜陵前有几座山峰环绕着，正中间的山峰上面分为三岔，稍左边的山峰顶上有块岩石独自耸立。庙中的僧人指点说，上面分岔的是娥皇峰，独自耸立的是女英峰，恐怕未必正确。大概这座山中古代的舜祠和今天的舜殿，所在山峰不是一处，山峰不止九座，而九峰的名称，是当地人也没人能分辨清楚了。舜陵前有两棵大树夹住道路，好像双阙的样子，树的大处都要四个人围抱，庙中的僧人称之为“珠树”，然而却不认识这两个字的写法。结出的果实大如手指，去掉壳可以吃，说是这两棵树枯死后又重新发芽开花，未必是这样的了。两旁的杪木树十分巨大，其中也有大处要四个人合围的，八尺到一丈以上，就分杈高耸。经由两棵珠树中间进去，有一层三开间的大殿，再上走又有一间。上面一间的匾额写着“舞干遗化”，有虞帝的牌位。下面三间的匾额写着“虞帝寝殿”，排列着五六块石碑，都是世宗、神宗两朝之间立的碑，没有古迹。两间屋子全都破旧狭窄，极不相称。询问虞帝下葬的地方在哪里，原来虞帝与何侯是成仙飞升而去的，向来没有下葬的地方。于是观遍了那些石碑，是一些诗和祭祀词语，唯有慈溪县人颜鲸嘉靖年间的学道。的一块碑已经断了，碑文说，此地就是古代三苗所居的地方，虞帝南巡来到苍梧，这样做的心意就是“舞干羽”平息战争的心意。如果说这个地方在四岳之外，虞帝在古稀之年，不应当有这样远距离的巡游，这是不知道伟大的圣人有至公无私之心的原因了。中原的诸侯，全都到四岳去朝见虞帝，而南方的蛮族地区荒凉偏远，所以虞帝不畏劳苦亲自前来巡视，感化这里的蛮人。这种说法似乎有可取之处。李中豁（李元阳）摘引《山海经》，说舜帝在紫霞洞炼丹，白日升天。《三洞录》说，舜帝禅让帝位以后，在此地炼丹。后来的儒生不希望有这样的事，说舜帝死在苍梧的野外；而道教中的人说舜帝在九疑山的中峰升天。圣人初始之时，原本没有儒释道三教的名称，至于圣人以后被尊奉为神，能上天下地，这是圣人死后的事了。至于坚持儒家见解的人，三次见面都在辩解舜帝去世的事，不也太固执了吗？后来他的侄子李恒颜主政宁远县，在他的文章后面写了跋，摘引《艺文志》的记载，说蔡邕认为舜帝在九疑山形神分离后升天去了。《尚书》说："陟方乃死。"韩愈解释说："陟，就是升，是说升天了。"《零陵郡志》记载道家的经书，说舜帝厌倦了治理天下，在九疑山修道，后来便成仙了。宁远县的野史《何侯记》记载：负元君的家在九疑山，修炼丹药成功，舜帝巡狩住在他家。舜帝升天之后，负元君也在七月七日升天离开了。这样，这个地方是舜鼎湖，不是舜帝的陵墓。并且说，苍梧在九疑山南面二百里处，即便舜帝死在苍梧，葬在九疑山也是无可怀疑的了。唐代元次山的说法似乎未必是这样。这种种说法姑且把它们保存下来。只有陵墓大殿前边的台阶旁露天竖立着一块石碑非常巨大，我料想这必定是块古碑，冒雨赶过去细看碑文，是说这座山从前被瑶人占据，当权者征剿招抚了他们。石碑右边就是官署，也是衰败破旧即将倒塌，里面有一块碑已经碎了，而用木框围在碑的四周。急忙读了碑文，是道州九疑山《永福禅寺记》，是南宋淳熙七年（庚子年）道州司法参军长乐县人郑舜卿撰文，知湖州、梧州军州事河内人向子廓书写的。书法是汉隶体，十分遒劲飘逸。这就是圣殿中的古碑，从永福寺迁出来的，然而与陵墓寝殿无关，不过是好事的人爱惜碑上美妙的字画，从而迁移保存在这里罢了。然而这座官署即将倒塌，不是几乎将要步永福寺的后尘了吗？郑舜卿撰写的碑文中有这样的话："我去年秋天从山中去拜谒虞帝祠，去找何侯的丹井、郑安期的铁臼，到石楼去寻访成武丁的遗迹，到娥皇峰去寻访张正礼的遗迹，以及萼绿华生发妙想的故迹，却了无所见，停留在永福寺齐云阁中两天，四面环顾，桂林峰、万岁峰等山峰如在眼前，住持僧人意超正在大兴土木，我把寺中的佛堂命名为彻堂。"官署后面有座三开间的房屋，中间放置如来佛像，两头各有一个僧人住在里面，也是荒凉冷落到了极点。于是冒雨返回斜岩，洗脚烤衣服，晚餐后便躺下睡了。

二十七日　雨色已止，而浓云稍开。亟饭，逾马蹄石岭，三里，抵玉琯岩之南，觅所期刘姓瑶人，欲为三分石之行。而其人以云雾未尽，未可远行，已往他所矣。复期以明日。其人虽不在，而同居一人于山中甚熟，惜患疮不能为导，为余言：玉琯乃何侯故居，古舜祠所在，其东南山上为炼丹观故址。《志》言在舜庙北箫韶、杞林之间[①]，中有石臼，松穿臼而生，枝柯拳曲如龙。余遍询莫知其处，想郑舜卿所云访郑安期之铁臼，岂即此耶？然宋时已不可征矣。《志》又引《太平广记》，鲁妙典为九疑女冠，麓林道士授《大洞黄庭经》，入山十年，白日升天，而山中亦无知者。九疑洞之西，地名有鲁观，亦无余迹。舜卿碑所云玉妙，想岂即其人耶？舜卿《永福碑》又云："访成武丁于石楼。"楼亦无征矣。飞龙洞又名仙楼岩，岂即石楼之谓耶？不然，何以又有此镌也？由此东行五十里，有三石参天，水分三处，俗呼为舜公石，即三分石也。路已湮。由此南行三十里，有孤崖如髻，盘突山顶，俗呼为舜婆石。有径可达。其下有蒲江，过岭为麻江，由麻江口搭筒橹舡可达锦田。其人以所摘新茗为献。乃仍返斜岩。中道过永福故址，见其南溪流甚急，虽西下潇江，而东北南三面皆予所经，未睹来处，乃溯流寻之。则故址之左，石崖倒悬，水由下出，崖不及水者三尺，而其下甚深，不能入也。过马蹄石，见岭北水北流，忆昨过圣殿西岭，见岭南水南流，疑其水俱会而东去，因东趋箫韶北麓，见其水又西注者，始知此坞四面之水俱无从出，而杨梅下洞之流为烂泥河者，即此众水之沁地而入者也。两岭之间，中有釜底，凹向，名山潭。有石穴在桑坞中，僚人耕者以大石塞其穴，水终不蓄。桑园叶树千株，蚕者各赴采，乃天生而无禁者。是日仍观瀑炙薪于岩中，而云气渐开，神为之爽。因念余于此洞有缘，一停数日，而此中所历诸洞，亦不可无殿最，因按列书之为永南洞目。

月岩第一，道州；紫霞洞第二，九疑；莲花洞第三，江华；狮岩第四，江华；朝阳岩第五，永州；澹岩第六，永州；大佛岭侧岩第七，江华；玉琯岩第八，九疑；华岩第九，道州；月岩南岭水洞第十，道州；飞龙岩第十一，九疑；麻拐岩第十二，江华。又闻道州长田有中朗洞胜，不及到。此外尚有经而不胜书，胜而不及到者，不罄附于此。

【注释】

①在舜庙北箫韶、杞林之间："杞林"原作"祀林"，《寰宇通志》、《明一统志》载九疑山九峰之一皆为"杞林"，据改。"之"原作"三"，不从。

【译文】

二十七日　雨已经停了，而且浓云稍稍散开了些。急忙吃了饭，越过马蹄岭，三里，抵达玉琯岩的南边，去找约好的姓刘的瑶人，想要去三分石。可那个人因为云雾没有散尽，认为不能远行，已经前往别的地方去了。又约定在明天去。那个人虽然不在，而与他同居的一个人对山中非常熟悉，可惜生了疮不能做向导，对我说："玉琯岩是何侯的故居，是古代舜祠的所在地，玉琯岩东南方的山上是炼丹观的旧址。"《一统志》说，炼丹观在舜庙北面箫韶峰、杞林峰之间，观中有个石臼，松树穿过石臼长出来，枝干拳曲像龙一样。我四处打听，无人知道这个地方，心想郑舜卿所说的他寻访郑安期的铁臼，难道就是此地吗？然而宋代的时候就已经不可考证了。《一统志》又摘引《太平广记》说，鲁妙典是个九疑山中的女道士，麓林道士给她传授《大洞黄庭经》，进山去十年，白日升天，可山中也没有知道这件事的人。九疑洞的西面，有个地名叫鲁观的地方，也没有别的遗迹。郑舜卿碑文中所说的玉妙，猜想莫非就是此人吗？郑舜卿的《永福寺碑》又说："到石楼去寻访成武丁的遗迹。"楼也无法考证了。飞龙洞又叫仙楼岩，莫非就是就是所说的石楼吗？不然，为何又有这块碑刻呢？由此地往东行五十里，有三座石崖耸入云天，水分流三处，俗称为舜公石，这就是三分石了。道路已经堙没。由此地往南行三十里，有座孤立的石崖如同发髻一样，盘结突立在山顶，俗称为舜婆石。有小径可以通到那里。舜婆石下面有条蒲江，越过山岭后是麻江，由麻江口搭乘筒橹船可以到达锦田所。那人把他采摘来的新茶献给我。于是仍然返回到斜岩。半路上路过永福寺旧址，看见寺址南面的溪流非常湍急，虽然这条溪流是向西下流进潇江，而且东、北、南三面都是我所经过的地方，却没有看到溪水流来的地方，于是溯流去寻源。就见永福寺旧址的左边，石崖倒悬，水从石崖下流出来，石崖不到水面之处有三尺，但石崖下面的水非常深，不能深入了。路过马蹄石，看见岭北的水往北流，回忆起昨天经过圣殿西面的山岭，看见岭南的水往南流，怀疑这些水流都是汇合后往东流去，因而向东赶到箫韶峰的北麓，看见那里的水又是向西流淌，这才知道这个山坞四面的水都没有出口，而杨梅洞下洞称为烂泥河的水流，就是这众多的水流渗入地下后流入洞中的水流了。两座岭之间，中间有个锅底，向下凹陷，名叫山潭。有个石洞在种满桑树的山坞中，耕田的僚人用大石头堵塞了这个洞穴，水始终不能蓄积起来。桑园中有上千棵桑树，养蚕的人各自到桑园中采摘，桑树是天然生长的，没有人禁止。这一天仍然在斜岩中观赏瀑布烧柴烤火，而云气渐渐散开，精神为之很爽快。因而想到，我与这个洞有缘，一停下来就是几天，而这一带我所游历过的众多的山洞，也不能没有个先后次序，于是按照次序把永州府南境山洞的目录写出来。月岩第一，在道州；紫霞洞第二，在九疑山；莲花洞第三，在江华县；狮岩第四，在江华县；朝阳岩第五，在永州府；澹岩第六，在永州府；大佛岭侧面岩洞第七，在江华县；玉琯岩第八，在九疑山；华岩第九，在道州；月岩南岭的水洞第十，在道州；飞龙岩第十一，在九疑山；麻拐岩第十二，在江华县。又听说道州的长田有处中朗洞的胜景，没来得及去。此外，还有一些经过了却不能完全写下来或者景色优美却来不及去到的地方，无法全部附在此处。

二十八日　五鼓，饭而候明。仍过玉琯南觅导者。其人始起炊饭，已乃肩火具前行。即从东上杨子岭，二里登岭，上即有石，人立而起，兽蹲而龙蝘[①]，其上皆盘突。从岭上东南行坳中，地名茅窝。三里，皆奇石也。下深窝，有石崖嵌削，青玉千丈，四面交流，捣入岩洞，坠巨石而下，深不可测，是名九龟进岩，以窝中九山如龟，其水皆向岩而趋也。其岩西向，疑永福旁透崖而出者，即此水也。又东南二里，越一岭，为蟠龙峒水口。峒进东尚深，内俱高山瑶[2]。又登岭一里，为清水潭。岭侧有潭，水甚澄澈。其东下岭，韭菜原道也。又东南二里，渡牛头江。江水东自紫金原来，江两崖路俱峭削，上下攀援甚艰。时以流贼出没，必假道于此，土人伐巨枝横截崖道，上下俱从树枝，或伏而穿其胯，或骑而逾其脊。渡江即东南上半边山，其东北高山为紫金原，山外即蓝山县治矣。其西南高山为空寮原[3]，再南为香炉山。空寮原山上有白石痕一幅，上自山巅，下至山麓，若悬帛然，土人谓之“白绵䌷”。香炉山在玉琯岩南三十里，三分石西北二十里，高亚于三分石，顶有澄潭，广二三亩，其中石笋两枝，亭亭出水面三丈余，疑即《志》所称天湖也。第《志》谓在九疑麓，而此在山顶为异，若山麓则无之。由半边山上行五里，稍下为狗矢窝。于是复上，屡度山脊，狭若板筑，屡踄山顶，下少上多，共东南五里而出鳌头山。先是积雾不开，即半边、鳌头诸山，近望不及，而身至辄现。至是南眺三分石，不知所在。顷之而浓云忽开，瞥然闪影于高峰之顶，与江山县江郎山相似。一为浙源，一为潇源，但江郎高矗山半，此悬万峰绝顶为异耳。半边、鳌头二山，其东北与紫金夹而为牛头江，西南与空寮、香炉夹而为潇源江，即三分石水。此乃两水中之脊也。二水合于玉琯东南，西下鲁观与蒲江合，始胜如叶之舟而出大洋焉。由鳌头东沿岭半行，二里始下。三里下至烂泥河，始得水而炊，已下午矣。由烂泥河东五里逾岭，岭侧小路为冷水坳，盗之内薮也。下岭三里为高梁原，乃蓝山西境，亦盗之内薮也。此岭乃蓝山、宁远分界，在三分石之东[4]，水亦随之。余往三分石，下烂泥河，于是与高梁原分道。折而西南行，又上一岭，山花红紫斗色，自鳌头山始见山鹃蓝花。至是又有紫花二种，一种大，花如山茶；一种小，花如山鹃，而艳色可爱。又枯树间蕈黄白色[5]，厚大如盘。余摘袖中，夜至三分石，以箐穿而烘之[6]，香正如香蕈。山木干霄。此中山木甚大，有独木最贵，而楠木次之。又有寿木，叶扁如侧柏，亦柏之类也。巨者围四五人，高数十丈。潇源水侧渡河处倒横一楠，大齐人眉，长三十步不止。闻二十年前，有采木之命，此岂其遗材耶！上下共五里而抵潇源水。其水东南从三分石来，至此西去，而经香炉山之东北以出鲁观者。乃绝流南渡，即上三分岭麓。其岭峻削不容足，细径伏深箐中，俯首穿箐而上，即两手挽之以移足。其时箐因夙雾淋漓，既不能矫首其上，又不能平行其下，惟资之为垂空之缟练[7]，则甚有功焉。如是八里，始渐平。又南行岭上二里。时夙雾仍翳，望顶莫辨，而晚色渐合，遂除箐依松，得地如掌。山高无水，有火难炊。命导者砍大木积而焚之，因箐为茵，因火为帏，为度宵计。既暝，吼风大作，卷火星飞舞空中，火焰游移，倏忽奔突数丈，始以为奇观。既而雾随风阵，忽仰明星，忽成零雨，拥伞不能，拥被渐湿[8]，幸火威猛烈，足以敌之。五鼓雨甚，亦不免淋漓焉。

【注释】

①蝘（yǎn）：此处同“偃”，即仰面倒下。

②高山瑶：与前面所叙的平地瑶，皆瑶族支系。

③原：我国西北通常称高而平的地面为原。这里诸“原”是指半山

腰的台地。

④在三分石之东："东"原作"唐"，据乾隆本、"四库"本改。

⑤蕈(xùn)：伞菌一类的植物，无毒的可食。

⑥箐(qìng)：细竹。

⑦繘(jú)练：汲水的竹绳。

⑧拥被渐湿："湿"，原作"温"，从沪本改。

【译文】

二十八日　五更天，吃饭后等候天明。仍然到玉琯岩南面去找向导。那人才起床做饭，随后他便扛着取火的用具在前引路。立即从东面上登杨子岭，二里登上岭头，上面随即有些岩石，像人一样站立而起，如猛兽一般蹲坐着或者似龙一样趴伏着，岭头上全是盘结突立的岩石。从岭上往东南行走到山坳中，地名叫茅窝。三里，一路上都是奇石。下到深陷的山窝中，有座石崖深嵌陡削，青玉般的瀑布千丈高，四面交相流淌，捣入岩洞中，从巨石上倾泻而下，深不可测，这里名叫九龟进岩，这是因为山窝中的九座石山很像乌龟，山上的水都流向岩洞中了。这个岩洞面向西，我怀疑永福寺旁边穿过山崖流出来的水，就是这些水了。又往东南行二里，越过一座岭，是蟠龙峒的水口。蟠龙峒向东进去还很深，里面全是高山瑶。又登岭一里，是清水潭。山岭侧旁有个深潭，水十分清澈。从这里往东下岭，是去韭菜原的路。又往东南行二里，渡过牛头江。江水自东面的紫金原流来，江两岸山崖上的路都很峭拔陡峻，上下攀援非常艰难。这时因为有流窜的盗贼出没，必须从这里借道走，当地人砍伐了一些大树枝横挡在山崖上的路中间，上下都得从树枝间经过，或者趴伏着从树枝下穿过，或者骑在树干背上翻过去。渡过江后立即向东南上登半边山，半边山东北方的高山是紫金原，山外就是蓝山县城了。半边山西南方的高山是空寮原，再往南是香炉山。空寮原的山上有一幅白色的石纹，上面起自山顶，下面抵达山麓，如悬挂着的布帛一样，当地人称之为"白绵紬"。香炉山在玉琯岩南面三十里，三分石西北二十里，高度低于三分石，顶上有个澄澈的水潭，宽二三亩,水中有两条石笋,亭亭玉立,露出水面三丈多,我怀疑这就是志书所说的天湖了。只不过《一统志》说是在九疑山的山麓,而这个水潭是在山顶,这一点不同。至于山麓,则没有水潭。由半边山上行五里,稍下走是狗矢窝。从这里又上走,屡次越过山脊,山脊狭窄得像用木板垒筑的土墙,屡次登上山顶,下少上多,共向东南走五里后来到鳌头山。这之前积聚的浓雾没有散开,即便是半边山、鳌头山等山峰,近处都望不见,而总是要人到了面前才显现出来。到了这里向南眺望三分石,不知在什么地方。顷刻间浓云忽然散开,在高峰的顶上瞥见三分石闪现的影子,与江山县的江郎山相似。一座是浙江的源头,一座是潇江的源头,但江郎山高高矗立在半山腰,这个三分石高悬在万峰的绝顶之上,就这一点不同罢了。半边山、鳌头山两座山,它们的东北方与紫金原相夹从而成为牛头江,西南方与空寮原、香炉山相夹从而成为潇源江,即发源于三分石的水。此地是两条江水中间的山脊了。两条江水在玉琯岩东南合流,向西下流到鲁观与蒲江合流,这才能够承载像树叶一样大的小船,而后流到大海中去了。由鳌头山的东面沿着山岭的半中腰前行,二里后开始下走。三里下到烂泥河,这才找到水喝,已是下午了。由烂泥河向东走五里越岭,岭侧的小路通往冷水坳,那是盗贼聚集在里面的地方。下岭后走三里是高梁原,是蓝山县西部辖境,也是盗贼聚集在里面的场所。这座岭是蓝山县、宁远县的分界处,在三分石的东面,水也顺着这座岭流淌。我前往三分石,下到烂泥河,在这里与去高梁原的路分道而去。折向西南行,又上登一座岭,红色和紫色的山花争奇斗艳,自从在鳌头山才看见开蓝花的杜鹃花。到了这里又有两种紫色的花,一种大,花像山茶;一种小,花如杜鹃,而且颜色鲜艳可爱。枯树丛中又有一种黄白色的蕈,又厚又大像盘子。我摘了一些放在袖子中,夜里到达三分石时,用细竹子穿起来烤熟吃,香味正如香蕈。山中树木耸入云霄。这地方山中的树非常大,有一种独木最贵重,而楠木次一点。又有一种寿木,树叶扁平像侧柏,也是柏树一类。大的树要四五个人围抱,高几十丈。潇源水侧旁渡河处横着一棵倒下的楠木,大处与人的眉毛齐平,长有三十步还不止。听说二十年前有过采伐木材的命令,这难道就是那时遗留下来的木材吗?上上下下共走了五里后抵达潇源水。这条水流从东南方的三分石流来,流到此地向西流去,而后流经香炉山的东北面才流到鲁观。于是向南横渡急流，立即上登三分岭的山麓。这座岭险峻陡削不容落脚，细细的小径隐伏在深深的竹丛中，低头穿过竹丛往上爬，就是用两只手拉住竹子得以移动脚步的。此时竹林中因为有晨雾湿淋淋的，既不能抬头往上走，又不能水平地行走在竹丛下，唯有借助于垂在空中的竹子作为绳索，如此便很有些功效。如此走了八里路，才逐渐平缓一些。又向南行走在岭上二里。此时晨雾仍然笼罩着，远望无法分辨出山顶，可夜色渐渐合拢，于是清除掉竹丛紧靠着松树，得到一块手掌大的地方。山高没有水，有火难以做饭。命令向导砍来些大树枝堆起来燃着，就着竹子作为褥子，利用火堆作为帷帐，为过夜做准备。天黑以后，狂风大吼，卷起火星在空中飞舞，火焰游移不定，倏忽间火焰奔突起来几丈高，开始时以为是一种奇观。随即雾气随着风势一阵阵涌来，忽然仰面可见到明星，忽然间又成零星小雨，撑着雨伞不能挡住风雨，裹着被子又渐渐湿透了，幸好火势猛烈，足以抵挡风雨。五更天雨更大了，也就免不了全身湿淋淋的了。

二十九日　天渐明，雨亦渐霁。仰见三分石，露影在指顾间，辄忍饥冲湿箐而南。又下山二里，始知尚隔一峰也。度坳中小脊，复南上三里，始有巨石盘崖；昨升降处皆峻土，无块石，为导者误。出其南，又一里，东眺矗顶，已可扪而摩之，但为雾霾，不见真形，道穷磴绝。忽山雨大注，顶踵无不沾濡，乃返。过巨石崖，见其侧有线路伏深箐中，雨巨不可上，上亦不得有所见。遂从故道下，至夜来依火处，拟从直北旧路下，就溪炊米。而火为雨灭，止存余星，急觅干烬引之，荷而下山。乃误从其西，竟不得路。久之得微涧，遂炊涧中，已当午矣。踯躅莽箐中，久之，乃得抵涧，则五涧纵横，交会一处，盖皆三分石西南北三面之水，而向所渡东来一溪在其最北。乃舍其一，渡其三，而留最北者未渡。循其南涯滩流而东，一里，至来时所渡处，始涉而北。从旧道至烂泥，至鳌头偶坐。闻兰香甚，觅之即在坐隅，乃携之行。至半边山，下至牛头河，瞑色已合，幸已过险，命导者从间道趋韭菜原。盖以此处有高山瑶居之，自此而南，绝无一寮[①]，直抵高梁原而后有瑶居也。初升犹土山，既入而东下，但闻水声潺潺在深壑中。暗扪危级而下，又一里，过两独木桥，则见火光荧荧。亟就之，见其伏畦旁，亦不敢问。已而有茅寮一二重，呼之，一人辄秉炬出，迎归托宿焉。问其畦间诸火，则取乖者，盖瑶人以蛙为乖也。问其姓为邓，其人年及二十，谈山中事甚熟。余感其深夜迎宿，始知瑶犹存古人之厚也。亟烧枝炙衣，炊粥就枕焉。

【注释】

①寮（liáo）：小屋。

【译文】

二十九日　天渐渐亮了，雨也逐渐停了。仰面看见三分石，在指手回头的一瞬间露出影子，便忍着饥饿朝着湿淋淋的竹林往南走。又下山二里，才知道还隔着一座山峰。越过山坳中的小山脊，再向南上登三里，才开始有巨石盘结的石崖；昨天爬上爬下的地方都是陡峻的土山，没有一块石头，是向导带错了路。出到石崖的南面，又行一里，向东眺望矗立的山顶，似乎已经可以摸得到它了，只是被雾气遮蔽着，看不见它的真实形状，路到尽头石阶断了。忽然山中大雨如注，从头到脚无处不湿透了，只好返回来。路过巨石盘结的石崖，看见石崖侧边有条线一样的小路隐伏在深深的竹丛中，雨大不能上去，上去也不能看见什么。于是从原路下来，来到夜里靠近火堆的地方，打算从正北方的原路下走，就着溪水煮米做饭。然而火被雨浇灭了，只残存着些许火星，急忙找来一些烧剩下的干柴引燃火种，扛着火种下山。竟然错误地从西面走去，始终找不到路。很久后找到一条细小的山涧，便在山涧中做饭，已经是正午了。徘徊在草莽竹丛中，很久之后，才得以到达山涧，就见五条山涧纵横流淌，交汇在一个地方，大概都是从三分石的西、南、北三面流来的水，而刚才我们渡过的一条东面流来的溪水在五条溪水的最北边。于是舍弃其中的一条，渡过其中的三条，而留下最北边的那条没有渡。沿着山涧南边流水中的浅滩往东走，一里，到了来的时候渡过溪流的地方，这才涉水到了北边。从原路来到烂泥河，到鳌头山时稍微坐了一下。闻到兰花香极了，就在坐下的地方的一个角落里找到它，于是带着这棵兰花上路。到了半边山，下到牛头河，暮色已经降临，幸好已经过了危险的地方，命令向导从便道直奔韭菜原。原来由于此处有高山瑶居住在此地，从此地往南走，绝无一间小屋，一直要到高梁原后才有瑶人居住。最初上爬时还是土山，进山以后往东下走，只听见幽深的壑谷中水声潺潺。在黑暗中摸着高险的石阶往下走，又行一里，走过两座独木桥，就见火光荧荧。急忙赶到火光处，只见火光隐伏在田畦旁边，也不敢多问。随后有一两间茅草小屋，大声叫门，一个人便举着火把出门来，迎接我们回去投宿在他家。询问那些田畦间众多举着火把的人是做什么，原来是些捕捉“乖”的人，大概是瑶人把“蛙”称为“乖”了。询问后得知这个人姓邓，年纪已到二十岁，谈起山中的事非常熟悉。我感谢他深夜迎接我们留宿，这才知道瑶人还保存着古人厚道的风尚。急忙烧树枝烤衣服，煮粥来吃下便躺下睡了。

三十日　以隔宿不寐，平明乃呼童起炊。晨餐后行，始见所谓韭菜原，在高山之底，亦若釜焉。第不知夜来所闻水声潺潺，果入洞，抑出峡也。洼中有澄潭一，甚深碧，为龙潭云。西越一山，共二里过清水潭，又一里半，过蟠龙溪口。

又一里半，逾一岭，过九龟进岩。遂上岭，过茅窝，下杨子岭，共五里，抵导者家。又三里，还饭于斜洞。乃少憩洞中，以所携兰花九头花，共七枝，但叶不长耸，不如建耳[①]。栽洞中当门小峰间石台上以供佛。下午始行，北过圣殿西岭，乃西出娥皇、女英二峰间，已转而东北行，共十里，过太平营。又北五里，宿于路亭。是夕始睹落照。

【注释】

①建：指建兰，亦称秋兰，夏秋间开花，花绿黄色，有红斑或褐斑。原产我国，品种很多。

【译文】

三十日　因为前一天夜里没有睡着，天明时才叫醒仆人起床做饭。早餐后出发，这才见到所谓的韭菜原，在高山的底下，也是像一口大锅一样。只是不知道夜里来的时候听见的潺潺水声，究竟是流入山洞中，还是从峡谷中流出去了。洼地中有一个澄澈的水潭，非常渊深碧绿，称为龙潭。向西越过一座山，共行二里路过清水潭，又行一里半，经过蟠龙溪口。又是一里半，越过一座岭，经过九龟进岩。于是上登山岭，路过茅窝，走下杨子岭，共五里，抵达向导家。又行三里，回到斜洞中吃饭，于是在洞中稍作休息，把带来的兰花有九头花，共有七个分枝，但是叶片不长不挺拔，不如建兰。栽在洞中对着洞口的小石峰之间的石台上，用来供佛。下午才上路，向北越过圣殿西面的山岭，于是向西从娥皇峰、女英峰两座山峰之间出来，随后转向东北行，共十里，路过太平营。又向北五里，住在路亭。这天傍晚才见到落日的光辉。

九疑洞东南为玉琯岩，乃重四围中起小石峰，岩在其下，西向。有卦山在其西，正当洞门。形如荚也，又似儒巾，亦群山中特起者。其中平央，南北通达，是为古祠基，所称何侯上升处也。由此南三十里为香炉山，东南五十余里为三分石，西三十里为舜母石，又西十里为界头分九，则江华之东界矣。

【译文】

九疑洞东南是玉琯岩，是重山四面包围中耸起的一座小石峰，岩洞在小石峰下面，面向西。有座卦山在玉琯岩的西面，正对着洞口。形状像茭白，又好似儒生戴的头巾，也是一座在群山中独自耸起的山峰。两者中间平坦宽阔，南北通达，这是古舜祠的基址，是所说的何侯升天之处了。由此地往南三十里是香炉山，东南五十多里是三分石，西面三十里是舜母石，再往西十里是界头分九，那是江华县东境了。

三分石①，俱称其下水一出广东，一出广西，一下九疑为潇水，出湖广。至其下，乃知为石分三岐耳。其下水东北者为潇源，合北、西诸水即五涧交会者。出大洋，为潇水之源。直东者自高梁原为白田江，东十五里经临江所②，又东二十里至蓝山县治，为岿水之源。东南者自高梁原东南十五里之大桥下锦田，西至江华县，为沲水之源。其不出两广者，以南有锦田水横流为楚、粤界也。锦田东有石鱼岭，为广东连州界，其水始东南流，入东粤耳。若广西，则上武堡之南为贺县界也。

【注释】

①三分石：在今宁远、蓝山两县间，又名三峰石。古名舜峰、舜公石。

为花岗岩体构成的高山，海拔1822米，相对高差在1100米以上。徐霞客查清了三分石乃“石分三岐”，所分三水均属湘江水系。

②临江所：今蓝山县所城。《明史·地理志》作宁溪千户所。

【译文】

三分石，都说三分石下的水一条流到广东，一条流到广西，一条流下九疑山成为潇水，流到湖广省。到了三分石下，才知道是石崖分为三岔罢了。三分石下面的水向东北方流的是潇源水，汇合北面、西面各条水流就是五条山涧交汇处的水流。后流到大海中，是潇水的源头。向正东流的从高梁原起称为白田江，往东流十五里流经临江所，又向东二十里流到蓝山县城，是岿水的源头。向东南流的从高梁原东南十五里处的大桥下流到锦田所，往西流到江华县，是沲水的源头。这里的水流不流到两广的原因，是因为南面有条锦田水横向流淌成为湖广省和两广的分界线。锦田所东面有座石鱼岭，是广东省连州的地界，那里的水才是往东南流，流入广东。至于广西，上武堡的南面便是贺县的地界了。

高梁原，为宁远南界、蓝山西界，而地属于蓝，亦高山瑶也，为盗贼渊薮。二月间，出永州杀东安县捕官，及杀掠冷水湾、博野桥诸处，皆此辈也。出入皆由牛头江，必假宿于韭菜原、蟠龙洞，而经九疑峒焉。其党约七八十人，有马二三十匹，创锐罗帜甚备，内有才蓄发者数人，僧两三人，即冷水坳岭上庙中僧。又有做木方客亦在焉。韭菜原中人人能言之，而余导者亦云然。

【译文】

高梁原，是宁远县的南部边界、蓝山县的西部边界，而地方隶属于蓝山县，也是高山瑶聚居的地方，是盗贼聚集的场所。二月间，盗贼窜到永州府杀了东安县负责缉捕的官员，以及屠杀洗劫了冷水湾、博野桥等地的，都是这帮盗匪。盗贼出入都要经由牛头江，必定要在韭菜原、蟠龙洞借宿，而后途经九疑峒。这伙人大约有七八十人，有二三十匹马，各种锋利的兵器收罗得十分齐备，里面有几个是才蓄发的人，僧人有两三人，就是冷水坳岭上庙中的僧人。还有些云游四方做木活的外地客人也在其中。韭菜原中的居民人人能言说他们的事，而且我的向导也是这样说的。

四月初一日　五鼓，雨大作，平明冒雨行。即从路亭岐而东北，随箫韶溪西岸行。三里，西望掩口东两山峡，已出其下平畴矣。于是东山渐豁，溪转而东，路亦随之。又五里，溪两旁石盘错如門[1]，水奔束其中，隘处如门，即架木其上以渡。既渡，循溪南岸行，又二里而抵下观[2]。巨室鳞次，大聚落也。大姓李氏居之。自路亭来，名五里，实十里而遥，雨深泥泞，俱行田畦小径间，乃市酒于肆而行。下观之西，有溪自南绕下观而东，有石梁锁其下流，水由桥下出，东与箫韶水合。其西一溪，又自应龙桥来会，三水合而胜舟，北可二十里至宁远[3]。过下观，始与箫韶水别，路转东南向。南望下观之后，千峰耸翠，亭亭若竹竿玉立，其中有最高而锐者，名吴尖山。山下有岩，窈窕如斜岩云，其内有尤村洞，其外有东角潭，皆此中绝胜处。盖峰尽干羽之遗，石俱率舞之兽，游九疑而不经此，几失其真形矣。恨未滞杖履其中，搜剔奇闷也。东南二里，有大溪南自尤村洞来，桥亭横跨其上，是为应龙桥，又名通济桥。过桥，遂南入乱峰中。即吴尖山东来余派也。二里上地宝坪坳，于是四旁皆奇峰宛转，穿瑶房而披锦幛，转一隙复攒一峒，透一窍更露一奇，至狮象龙蛇夹路而起，与人争道，恍惚梦中曾从三岛经行，非复人世所遘也。共六里，饭于山口峒。由山口南逾一岭，共三里，有两峰夹道，争奇竞怪。峰下有小溪南向，架桥亭于其上。贪奇久憩，遇一儒冠者，家尤村之内，欲挽余还其处，为吴尖主人，余期以异日，问其姓名，为曰王璇峰云。过峡而南，始有容土负块之山。又五里，逾一岭，为大吉墅，石峰复夹道起。路东一峰，嵌空玲珑，逆悬欹裂，蜃云不足喻其巧。余望之神往，亟披荆入，皆窦隙透漏，或盘空而上，或穿腋而转，莫可穷诘，惜不能诛茅引级，以极幽玄之妙也。其西峰悬削亦然。路出其间，透隘而南，始豁然天开地旷，是为露园下。于是石峰戢影[4]，西俱崇峦峻岭，东皆回冈盘坂。南二里，遂出大路，在藕塘、界头二铺之间。又南五里，宿于界头铺，是为宁远、蓝山之界。其西之大山曰满云山，当是紫金原之背，其支东北行，界遂因之。再南为天柱山，即《志》所称石柱岩洞之奇者[5]。余既幸身经山口一带奇峰，又近瞻吴尖、尤村众岫，而所慕石柱，又不出二里之外，神为跃然。但足为草履所蚀，即以鞋行犹艰，而是地向来多雨，畦水溢道，鞋复不便。自永州至此，无处不苦旱，即近而路亭、下观，亦复嗷嗷[6]；而山口以南，遂充畦浸壑，岂"满云"之验耶！

【注释】

①溪两旁石盘错如鬥："四库"本作"溪两旁石盘错竞敌"，其意可证。"鬥"不同"门"，为避免误读，此处亦不用简化的"斗"字。

②下观：今作“下灌”，在宁远县东南隅。

③宁远：明为县，隶道州，即今宁远县。

④戢(jí)影：匿迹。

⑤石柱：原作“石洞柱”，应即下称“石柱”，衍“洞”字。

⑥嗷嗷(áo)：哀号声。

【译文】

四月初一日　五更时，风雨大作，天明后冒雨前行。立即从路亭岔向东北，顺着箫韶溪的西岸走。三里，望见西面掩口营东面两山间的峡谷，已经走出到山下平旷的田野中了。在这里东面的山渐渐开阔起来，溪流转向东流去，路也顺着溪流走。又行五里，溪流两旁的岩石伸缩盘错如在互斗，水流被束拢奔流在其中，狭窄处像门一样，就架了木头在上面以便渡过去。渡过溪流后，沿着溪流的南岸走，又走二里后抵达下观。高大的房屋鳞次栉比，是个大聚落。大姓李氏居住在村中。自从路亭以来，名义上是五里路，实际上十里还要远一些，道路上水深泥泞，全是行走在田间的小径上，于是在店铺中买酒来喝了便上路。下观的西面，有条溪流从南面绕过下观往东流，有座石桥锁住溪流的下游，溪水从桥下流出去，流向东面与箫韶水合流。这条溪流的西面有一条溪流，又从应龙桥下流来汇流，三条溪水合流后才能承载船只，往北流大约二十里后到宁远县城。过了下观，开始与箫韶水分手，道路转向东南。向南方远望下观的后面，千峰耸翠，好像竹竿一样亭亭玉立，其中有座最高而且很尖的山峰，名叫吴尖山。山下有个岩洞，如斜岩一样幽深，岩洞内有个尤村洞，岩洞外面有个东角潭，都是这一带景色绝顶优美的地方。大体上山峰全都像上古遗留下来的手持盾牌羽毛扇的舞蹈，岩石都像是领队起舞的野兽，游览九疑山却不经过此地，几乎错失了认识九疑山真实面貌的机会了。遗憾的是，我的脚步没能滞留在其中，去搜寻奇异隐秘的景色。向东南二里，有条大溪自南面的尤村洞流来，有座亭桥横跨在溪流上，这是应龙桥，又叫通济桥。过桥后，便向南进入杂乱的山峰之中。这就是吴尖山往东延伸而来的余脉了。二里后上到地宝坪坳，从这里起四旁都是奇峰蜿蜿蜒蜒的，穿过瑶家的民房，分开锦绣般的幛子，转过一条夹缝，山峦又攒聚成一个峒，穿过一个石窍，又露出一处奇景，至于狮、象、龙、蛇夹住道路耸起，与人争路，恍惚像是在梦中曾经从东海三座仙岛上经过，不再是人世间所能遇到的了。共六里，在山口峒吃饭。有山口峒往南翻越一座岭，共有三里，有两座山峰夹住道路，争奇竞异。山峰下有条小溪向南流，架有亭桥在小溪上。我贪恋奇异的景色，休息了很久，遇见一个头戴儒生帽的人，家住在尤村洞内，想挽留我返回他家，他是吴尖山的主人，我与他约好改天再去，询问他的姓名，是叫王璇峰。穿过峡谷往南走，开始有容留负载着土块的山。又行五里，越过一座岭，是大吉墅，石峰又夹道耸起。道路东边的一座山峰，玲珑剔透，倒悬斜裂，海市蜃楼也不足以比喻它的巧妙。我望见这座山便心中向往，急忙分开荆棘进去，都是些透风漏光的孔洞缝隙，有时向上盘绕到空中，有时穿过侧旁转进去，无法穷究，可惜不能铲除茅草顺着石阶爬上去，以便能极尽幽深玄奥的妙趣。这里西面的山峰也是同样高悬陡削。道路从山峰间出去，穿过隘口往南行，这才豁然天开地广，这里是露园下。到了这里石峰匿迹，西面全是崇山峻岭，东面都是回绕的山冈盘绕的山坡。向南二里，便走到大路上，在藕塘铺、界头铺之间。又向南五里，住在界头铺，这里是宁远县、蓝山县的分界处。界头铺西面的大山叫做满云山，应当是位于紫金原的背面，紫金原的支脉往东北延伸，县界就依据山脉来划分。再往南是天柱山，就是《一统志》所说的有岩洞奇景的石柱山。我既庆幸亲身经历了山口峒一带的奇峰，又在近处瞻仰了吴尖山、尤村峒等众多的峰峦，而且我所仰慕的石柱山，又不出二里地之外，精神为之大振。但是脚被草鞋磨破了，即便换上布鞋走路仍然很艰难，而此地向来多雨，田畦中的水漫溢到路上，穿鞋子又不很方便。自从永州府来到此地，无处不苦于干旱，即使是附近的路亭、下观，百姓盼雨也是嗷嗷叫唤；然而山口峒以南，水竟然充满田畦浸泡着壑谷，这莫非是“满云”的验证吗？

初二日　余欲为石柱游。平明，雨复连绵，且足痛不胜履，遂少停逆旅。上午雨止，乃东南行。途中问所谓石柱山岩之胜，而所遇皆行道之人，莫知所在。已而雨止路滑，四顾土人不可得，乃徘徊其间，庶几一遇。久之，遇樵者，又遇耕者，问石柱、天柱，皆以“无有”对。共五里，过一岭，山势大豁，是为总管庙。亟投庙中问道者，终不能知。又东南行，遥望正东有耸尖卓立，不辨其为树为石。又五里，抵颜家桥，始辨其为石峰，而非树影也。颜家桥下小水东北流去。过桥，又东南逾一小岭，遂从间道折而东向临武道。蓝山大道南行十五里至城。共四里过宝林寺，读寺前《护龙桥碑》，始知宝林山脉由北柱来，乃悟向所望若树之峰正在寺北，亦在县北。寺去县十五里，此峰在寺后恰二十里，《志》所称石柱，即碑所称北柱无疑矣。又东过护龙桥，桥下水南流汹涌，即颜家桥之曲而至者。随溪东行，于是北瞻石柱，其峰倩削如碧玉簪，而旁有石崖，亦兀突露奇，然较之尤村、山口之峰，直得其一体，不啻微矣。又二里至下湾田，有大树踦路隅，上枝分耸，而其下盘曲堆突，大六七围，其旋窝错节之间，俱受水若洗头盆，亦树妖也。又东，路出卧石间，溪始折而南向蓝山路。乃东入冈陇二里，有路自西南横贯东北，想即蓝山趋桂阳之道矣。又东沿白帝岭行。盖界头铺山脉自满云山东北环转，踦而东起为白帝岭。故界头之南，其水俱南转蓝山，而山自界头西踦巨峰，即九疑东隅，屏立南绕，东起高岭即白帝，北列夹坞成坪，中环平央，西即蓝山县治①。而路循白帝山南行，屡截支岭，五里，路转南向，又五里为雷家岭，则白帝之东南尽处也。饭于雷家岭。日未下午，而前途路杳无人，行旅俱宿，遂偕止焉。既止行，乃大霁。是日止行三十里，以足裂而早雨，前无宿处也。

【注释】

①蓝山县：隶桂阳州，即今蓝山县。

【译文】

初二日　我想去游览石柱山。天明时，雨又连绵不断，并且脚痛得不能穿鞋，便在旅店中稍作停留。上午雨停了，这才往东南行。途中打听所谓的石柱山岩洞的胜景，可遇见的都是过路的人，无人知道在哪里。随后雨停了，道路湿滑，四面环顾，见不到当地人，只好徘徊在路上，也许能遇见一个人。很久之后，遇到一个樵夫，又遇见一个耕地的人，打听石柱山、天柱山，都用“没有”来回答。共走五里，翻过一座岭，山势变得十分开阔，这里是总管庙。赶忙投奔到庙中去问道士，终究不能得知。又往东南行，遥望正东方有高耸直立的尖状物，分辨不清那是树还是石头。又行五里，抵达颜家桥，才分辨出那是石峰，而不是树的影子。颜家桥下的细流往东北流去。过桥后，又向东南翻越一座小岭，于是从便道折向东走上通向临武县的路。从通往蓝山县的大道往南走十五里就能到县城。共四里路过宝林寺，读了寺前的《护龙桥碑》，才知道宝林寺所在的山脉由北柱山延伸而来，这才醒悟过来，先前望见的像树一样的山峰正好在寺北，也是在县城的北面。宝林寺距离县城有十五里，这座山峰在寺后恰好二十里，《一统志》所说的石柱山，就是碑文所说的北柱山无疑了。又向东走过护龙桥，桥下的水往南流，水势汹涌，这就是从颜家桥下曲折流到这里的水流。顺着溪流往东行，在这里向北瞻望石柱山，那座石峰秀丽峭拔像碧玉簪，而旁边有座石崖，也是突兀高耸，露出奇丽的美景，然而与尤村峒、山口峒的山峰相比较，仅得到其中的一部分，不仅仅是小一些。又行二里到达下湾田，有棵大树屹立在路旁，上部的枝干分别高耸，而树干的下部盘结卷曲，堆结成树瘤，大处要六七个人合围，那些盘根错节的旋涡状树瘤之间，都接着水像洗头盆一样，也是一棵树妖了。又向东走，道路通过倒卧的石头之间，溪流开始折向南朝着通往蓝山县城的路流去。于是往东进入山冈土陇间前行二里，有条路自西南方横贯到东北方，猜想这就是蓝山县通往桂阳州的路了。又向东沿着白帝岭前行。大概是界头铺的山脉从满云山往东北方环绕，在东面耸起成为白帝岭。所以界头铺的南面，那一片的水都是向南转到蓝山县，而山脉从界头铺西边耸起的巨大山峰，就是九疑山的东隅，屏风样矗立着往南绕，东面耸起的高高的山岭就是白帝岭，与北面排列的山夹成山坞形成平地，群山环绕的中间平坦宽阔，西面就是蓝山县城。而道路沿着白帝山往南行，多次横越分支的山岭，五里，路转向南，又行五里是雷家岭，这便是白帝岭的东南尽头处了。在雷家岭吃饭。时间还没到下午，但前方的路途上杳无人迹，行人都在这里投宿，便与他们一同停留在此地。停止前行以后，天气竟然大晴。这天只走了三十里路，是因为脚被磨破了而且早晨又下雨，前方没有住宿的地方。

初三日　中夜起，明星皎然，以为此后久晴可知。比晓，饭未毕，雨仍下矣[①]。蹚蹀泥淖中，大溪亦自蓝山曲而东至，遂循溪东行。已而溪折而南，路折而东。逾一岭，共五里，大溪复自南来，是为许家渡。渡溪东行一里，溪北向入峡，路南向入山。五里为杨梅原，一二家倚山椒，为盗焚破，零落可怜。至是雨止。又南十里，为田心铺。田心之南，径道开辟，有小溪北向去，盖自朱禾铺来者。自此路西大山，自蓝山之南南向排列，而澄溪带之；路东石峰耸秀，亦南向排列，而乔松荫之。取道于中，三里一亭，可卧可憩，不知行役之苦也。共二十里，饭于朱禾铺，是为蓝山、临武分界。更一里，过永济桥，其水东流，过东山之麓，折而北以入岿水者。又南四里为江山岭，则南大龙之脊，而水分楚、粤矣。岭西十五里曰水头，《志》谓武水出西山下鸬鹚石，当即其处。过脊即循水东南，四里为东村。水由峡中南去，路东南逾岭，直上一里而遥，始及岭头，盖江山岭平而为分水之脊，此岭高而无关过脉也。下岭，路益开整，路旁乔松合抱夹立。三里，始行坞中。其坞开洋成峒②，而四围山不甚高，东北惟东山最巍峻，西南则西山之分支南下，直抵苍梧，分粤之东西者也。三里，径坞出两石山之口，又复开洋成峒。又三里，复出两山口。又一里，乃达垫江铺而止宿焉。南去临武尚十里。是日行六十里，既止而余体小恙③。

【注释】

①雨仍下矣："下"，原作"止"，因形近而误，依文意改。

②峒：四围皆山，中间有平地，这种山间小盆地如凹下去的洞，在广西、湖南、贵州多称峒。峒多是人口聚居的地方，因此峒也成为苗族、壮族、侗族等地名的泛称，如苗峒、侬峒。

③恙(yàng)：疾病。

【译文】

初三日　半夜起床，星光明亮皎洁，以为此后会晴很久可以预知了。到拂晓时，饭还没吃完，雨仍旧下起来了。在泥泞中蹒跚前行，大溪也从蓝山县城弯向东流来，于是沿着溪流往东行。随后溪流折向南流去，道路折向东走。翻越一座岭，共五里，大溪又从南面流来，这里是许家渡。渡过溪流往东行一里，溪流向北进入峡谷中，道路向南进山。五里是杨梅原，有一两家人背靠山顶居住，房屋被强盗放火烧坏了，衰败得可怜。来到这里雨停了。又向南十里，是田心铺。田心铺的南面，道路开阔，有条小溪向北流去，大概是从朱禾铺流来的溪流。从此地起，道路西面的大山从蓝山县的南境向南排列，而澄澈的溪流像带子一样环流在山下；道路东面的石峰高耸秀丽，也是向南排列，而高大的松树遮蔽石峰。道路经由两列山的中间，三里便有一座亭子，可以躺下休息，不再知道有旅途上的辛苦了。一共二十里，在朱禾铺吃饭，这里是蓝山县、临武县的分界处。再走一里，走过永济桥，桥下的水向东流，流过东山的山麓，折向北汇入岿水。又向南四里是江山岭，这就是南方山脉主脉的山脊，而岭上的水分流到楚、粤两个地区了。岭西十五里处叫水头，《一统志》说武水出自西山下的鸬鹚石，应当就是那个地方。越过山脊立即沿着水流往东南行，四里是东村。水由山峡中往南流去，道路向东南越岭，一直上走一里还多一些，这才来到岭头，原来江山岭山势平缓却成为分水的山脊，此岭高峻却与延伸而过的山脊无关。下岭后，道路愈加开阔平整，路旁夹立着合抱粗的高大松树。三里，开始行走在山坞中。这个山坞极为开阔，形成一个峒，而且四周围的山不怎么高，东北方唯有东山最巍峨险峻，西南方则是西山的分支往南下延，一直到苍梧，是把粤地划分为广东、广西的山脉了。三里，一直从山坞中出到两座石山的山口，又再次形成十分开阔的峒。又行三里，再次走出两山间的山口。又是一里，于是到达垫江铺便停下来住在这里。南面距离临武县城还有十里路。这一天前行了六十里，停下后我的身体略感不舒服。

初四日　予以夜卧发热，平明乃起。问知由垫江而东北十里，有龙洞甚奇，余所慕而至者，而不意即在此也。乃寄行囊于旅店，遂由小径东北行。四里，出大道，则临武北向桂阳州路也。遵行一里，有溪自北而南，盖发于东山之下者。名斜江。渡桥，即上捱冈岭。越岭，路转纯北，复从小径西北入山，共五里而抵石门蒋氏。有山兀立，蒋氏居后洞，在山半翠微间[1]。洞门东南向，一入即见百柱千门，悬列其中，俯洼而下，则洞之外层也。从其左而上，穿列柱而入，众柱分列，复回环成洞，玲珑宛转，如曲房邃阁，列户分窗，无不透明聚隙，八窗掩映。从来所历诸洞，有此屈折者，无此明爽，有此宏丽者，无此玲珑，即此已足压倒众奇矣。时蒋氏导者还取火炬，余独探奇先至，意炬而入处，当在下洞外层之后，故不趋彼而先趋此。及炬至，导者从左洞之后穿隙而入。连入石门数重，已转在外洞之后，下层之上矣。乃北逾石限穿隘而入，即下石池中。其水澄澈不流，两崖俱穹壁列柱，而石脚汇水不漏，池中水深三四尺。中有石梗中卧水底，水浮其上仅尺许，践梗而行，褰裳可涉[2]。十步之外，卧梗又横若限，限外池益大，水益深，水底白石龙一条，首顶横脊而尾拖池之中，鳞甲宛然。挨崖侧又前两三步，有圆石大如斗，蓴插水中，不出水者亦尺许，是为宝珠，紧傍龙侧，真睡龙颔下物也。珠之旁，又有一圆石大倍于珠，而中凹如臼，面与水平，色与珠共，是为珠盘。然与珠并列，未尝盛珠也。由此而前，水深五六尺，无梗，不可涉矣。西望水洞宏广，若五亩之池，四旁石崖巑岏参错，而下不泄水，真异境也。其西北似有隙更深，恨无仙槎一叶航之耳！还从旧路出，经左洞下，至洞回望洼洞外层，氤氲窈窕[3]。乃令顾仆先随导者下山觅酒，而独下洞底，环洞四旁，转出列柱之后。其洞果不深邃，而芝田莲幄，琼窝宝柱，上下层列，崆峒杳渺，即无内二洞之奇，亦自成一天也。此洞品第，固当在月岩上。探索久之，下山，而仆竟无觅酒处。遂遵旧路十里，还至垫江，炊饭而行，日已下舂。五里，过五里排，已望见临武矣④。又五里，入北门，其城上四围俱列屋如楼。入门即循城西行，过西门，门外有溪自北来，即江山岭之流与水头合而下注者也。又循城南转而东过县前，又东入徐公生祠而宿。徐名开禧，昆山人。祠尚未完，守祠二上人曰大愿、善岩。是晚，予病寒未痊，乃减晚餐，市酒磨锭药饮之。

【注释】

①翠微：青翠隐约的山色。

②褰(qiān)裳：把衣服揭起来。

③氤氲(yīn yūn)：气或光色混合动荡的样子。

④临武：明为县，隶桂阳州，即今临武县。

【译文】

初四日　我因为夜里躺在床上发热，天明才起床。询问后了解到由垫江铺往东北走十里，有个龙洞非常奇异，这是我慕名而来的地方，却想不到它就在此地了。于是把行李寄放在旅店中，便由小径往东北行。四里，出到大道上，这是临武县城向北通往桂阳州的路。顺着大道前行一里，有条溪水自北往南流，大概是发源于东山之下的溪流。名叫斜江。过桥后，立即上登搪风岭。越过搪风岭，大路转向正北方，又从小径往西北进山，共走五里后抵达蒋家居住的石门。有座山兀立着，蒋家居住在山后的洞中，在山的半中腰青翠的山间。洞口面向东南方，一进去就看见成百上千的石柱和石门，悬空排列在洞中，俯身下到洼地中，这是洞的外层。从洼地的左边往上走，穿过排列的石柱进去，众多的石柱分别排列着，又回绕成洞，玲珑剔透，弯弯曲曲，如同密室深阁，门窗分别排列着，无处不是空隙透着亮光，八面窗户互相掩映。从来我所游历过的众多的山洞，有这样曲折的，没有如此的明朗，有这样宏大壮丽的，没有如此的玲珑剔透，就是这些已经足以压倒众多奇异的山洞了。当时蒋家的向导返回去取火把，我独自探寻奇景先来到此处，心想他取来火把进来之处，应当在下洞外层的后边，所以没有去那里却先赶到这里。等向导拿着火把来到，却是从左洞的后边穿过缝隙进来的。一连进入几重石门，已经转到外洞的后边、下层的上面了。于是向北越过石门槛穿过隘口进去，马上下到石头水池中。池中的水澄澈不流动，两面的石崖都是穹隆的石壁排列着石柱，而水汇积在石壁脚下不渗漏，池中的水有三四尺深。水中有条石埂横卧在中间的水底下，水浮在石埂上面仅有一尺左右，踩着石埂走，撩起衣服可以涉水过去。十步之外，横卧的石埂又像是横着的门槛，门槛外面的水池更大，水更深，水底有一条白色的石龙，头顶着横亘的石脊而尾巴拖在水池之中，鳞甲宛如真的一样。挨着石崖的侧面又向前走两三步，有块圆形的石头大如斗，萼片状的部分插在水中，没有露出水面的部分也是一尺左右，这是宝珠，紧靠在石龙侧边，真正是睡龙颔下的宝物了。宝珠的旁边，又有一块圆形的石头，大处是宝珠的一倍，而中间下凹如研臼，上面与水面平齐，颜色与宝珠一致，这是珠盘。然而盘子与宝珠排列，未尝盛着宝珠。由此处往前走，水深达五六尺，没有石埂，不可以涉水前进了。望见西边的水洞宏大宽广，好像有个五亩地大的水池，四旁的石崖陡峻尖削，参差交错，可下面不泄水，真是一个神异的地方。水洞的西北方似乎有条更深远的缝隙，遗憾没有一条仙人乘坐的小船航行过去！返回时从原路出来，经过左洞下走，来到洞口回头望洼洞的外层，云气氤氲，景色美好。于是命令顾仆先跟随向导下山去找酒，而我独自一人下到洞底，绕过洞的四旁，转到排列的石柱后面。这个洞果然不幽深隐秘，然而芝田莲帐，琼窝宝柱，上下一层层地排列着，空阔杳渺，即便没有里面两个洞的奇异景色，也自成一块天地了。要是评判这个洞的优劣次序，固然应当在月岩之上。探索了很久，下山，而仆人竟然没有找到买酒的地方。于是顺着原路前行十里，回到垫江铺，煮饭吃后上路，夕阳已经西下。五里，路过五里排，已经望得见临武县城了。又行五里，进入北门，这里的城墙上四周围都排列着房屋如城楼一样。进门后就沿着城墙往西行，经过西门，西门外有条溪流从北边流来，这就是江山岭的溪流与水头的水流合流后往下流到这里的溪流了。又沿着城墙向南转后往东路过县衙前，又向东进入徐公生祠便住下来。徐公名叫徐开禧，是昆山县人。祠堂还没有完工，守祠堂的两个和尚叫大愿、善岩。这天晚上，我的寒病没有痊愈，于是晚餐减少了一点，买酒来磨了些锭药饮下。

初五日　早，令顾仆炊姜汤一大碗，重被袭衣覆之[①]，汗大注，久之乃起，觉开爽矣。乃晨餐，出南门，渡石桥，桥下溪即从西门环至者。城外居民颇盛。南一里，过邝氏居，又南二里，过迎榜桥。桥下水自西山来，北与南门溪合，过桥即为挂榜山，余初过之不觉也。从其南东上岭，逶迤而上者二里，下过一亭，又五里过深井坪，始见人家。又南二里，从路右下，是为凤头岩，即宋王淮锡称秀岩者。洞门东北向，渡桥以入。出洞，下抵石溪，溪流自桥即伏石间，复透隙潆崖，破洞东入。此洞即王记所云“下渡溪水，其入无穷”处也。第王从上洞而下，此则水更由外崖入。余抵水洞口，深不能渡。闻随水入洞二丈，即见天光，五丈，即透壁出山之东。是山如天生桥，水达其下仅三五丈，往连州大道正度其上，但高广，度者不觉耳。予登巅东瞰，深壑下环，峡流东注。近俱峭石森立，灌莽翳之，不特不能下，亦不能窥，所云“其入无穷”，殆臆说耳。还十里，下挂榜山南岭，仰见岭侧，洞口岈然，问樵者，曰：“洞入可通隔山。”急披襟东上，洞门圆亘，高五尺，直透而入者五丈，无曲折黑暗之苦，其底南伏而下，则卑而下洼，不能入矣。仍出，渡迎榜桥。回瞻挂榜处，石壁一帏，其色黄白杂而成章，若剖峰而平列者，但不方整，不似榜文耳。此山一枝俱石，自东北横亘西南，两头各起一峰，东北为挂榜，西南为岭头，而洞门介其中，为临武南案。西山支流经其下，北与南门水合，而绕挂榜北麓，东向而去。返过南门，见肆有戌肉②，乃沽而餐焉。晚宿生祠。

【注释】

①袭（xí）衣：衣上加衣。

②戌（xū）：古人以十二种兽名与十二地支相配，称为十二肖属。戌属狗，戌肉即狗肉。

【译文】

初五日　早晨，命令顾仆烧了一大碗姜汤喝下，两条被子加上衣服盖在身上，大汗淋漓，很久后才起床，觉得开心爽快多了。于是吃了早餐，走出南门，跨过石桥，桥下的溪水就是从西门环流到这里的。城外的居民相当兴盛。向南一里，路过邝家的宅院，又向南二里，走过迎榜桥。桥下的水从西山流来，向北流与南门的溪流汇合，过桥后就是挂榜山，我最初过桥时没有觉察到。从桥南往东上岭，逶迤而上走了二里路，下走时路过一座亭子，又行五里经过深井坪，开始见到人家。又向南二里，从路右边下去，这是凤头岩，就是宋代王淮锡所说的秀岩的地方。洞口朝向东北方，过桥后进洞。出洞后，下到石溪边，溪流从桥下就潜流于石头之间，又透过缝隙萦绕着石崖，冲破山洞向东流入洞中。

这个洞就是王淮锡游记中所说的“下走渡过溪水，洞中深入进去没有尽头”的地方了。只是王淮锡是从上洞往下走，此处则是溪水反而由外面的石崖流进来。我来到水洞口，水太深不能渡水。听说顺着溪水进洞去二丈，就能见到天光，五丈后，就能穿过洞壁出到山的东面。这座山如同天生桥，溪水在山下面仅有三五丈长，通往连州的大道正好从山上越过，只是山又高又宽，走过的人不会觉察到罢了。我登上山顶向东俯瞰，深深的壑谷在下面环绕着，峡谷中的溪流往东流淌。近处全是峭拔的石峰森然矗立，灌木草丛覆盖着石峰，不仅不能下走，也不能窥视，所说的“洞中深入进去没有尽头”，恐怕只是想当然的说法而已。往回走十里，走下挂榜山南边的山岭，仰面看见山岭的侧面，有个洞口十分深邃，向樵夫打听，他说：“洞中进去可以通到对面的山。”急忙撩起衣襟向东上登，洞口圆圆地通进去，高五丈，直通进去之处有五丈，没有曲折黑暗的苦恼，洞底向南低伏下去，变得低矮下洼，不能深入了。仍然出洞来，走过迎榜桥。回头观看所谓挂榜的地方，是一块帷幔样的石壁，石头的颜色黄白混杂形成花纹，像是石峰被剖开平直地排列着的样子，但不方整，不像榜文。这座山一座山全是石头，自东北向西南横亘，两头各耸起一座山峰，东北方的是挂榜山，西南方的是岭头，而洞口介于两座山中间，是临武县城南面的案山。西山来的一条支流流经山下，向北流与南门外的水合流，而后绕过挂榜山的北麓，向东流去。回来时经过南门，看见店铺中有狗肉卖，便买来做饭吃了。晚上住在徐公生祠。

初六日　饭而行。出东门，五里，一山突于路北，武水亦北向至，路由山南。水北转山嘴，复东南去，路折而东北。一里，一路直北，乃桂阳间道；一岐东北，乃宜章道也。三里至阿皮洞，武溪复北折而来，经其东北去。水西有居民数家，从此渡桥东上牛庙岭，俱寂无村落矣。逾岭下四里，为川州水凉亭。又五里，升降山谷，为桐木郎桥。桥下去水，自南而北，其发源当自秀岩穿穴之水也。桥东有古碑，大书飞白，为广福桥。其书甚遒劲，为宋桂阳军知临武县事曾晞颜所书[①]。从此南而东上一岭，又东向循山半行五里，路忽四岐，乃不东而从北。下岭，又东从山坞行五里，为牛行。牛行人烟不多，散处山谷。盖大路从四岐直东，俱高岭无人，而此为小路，便于中火耳。由牛行又东，从小径登岭。逾而下，三里，为小源，亦有村民数家。从此又东北逾二岭而下，共五里，为水下。遇一人，言："水下至凤集铺止三里，而岭荒多盗，必得送者乃可行。"余乃饭于水下村家，其人为我觅送者不得，遂东南一里，复南上小径，连逾二岭，则铺在山头矣。其铺正在岭侧脊，是为临武、宜章东西界，而铺亭颓落，寂无一家。乃东下岭，转而东北行。二里，始有村落，在小溪西。渡溪桥，而东北循水下二里，至锁石，村落甚盛。北望有大山高穹，是为麻田大岭。由锁石北上岭，三里过社山，两峰圆削峙，一尖圆而一斜突，为锁石水口。由其东下岭二里，则武溪复自北而南，路与之遇。乃循溪南东行，溪复转而北，溪北环成一坪，是为孙车坪，涯际有小舟舶焉。即从溪南转入山峡，一里，南上一岭，曰车带岭。其岭嶕而荒[②]，行者俱为危言。余不顾，直上一里半，登其巅，东望隐隐有斑黄之色，不辨其为云为山，而麻田大岭已在其北矣。下岭里半，有溪流淙淙，其侧石穴中，有泉一池，自穴顶下注，清泠百倍溪中，乃掬而饮之，以溪水盥焉。更下而东，共七里，至梅田白沙巡司[③]。武溪复北自麻田南向而下[④]，经司东而去。是日午后大霁，共行六十里，止于司侧肆中。先是，途人屡以途有不测戒余速行，余见日色尚早，何至乃尔，抵逆旅，始知上午有盗，百四十人自上乡来，由司东至龙村，取径道向广东，谓土人无恐，尔不足扰也。

【注释】

①桂阳军：宋代桂阳军在今湖南桂阳县。

②嶕(jiāo)：高巅。

③梅田：今名同，在宜章县西境。

④武溪：今仍名武水。麻田：今名同，在宜章县西隅，武水东岸。

【译文】

初六日　饭后动身。出了东门，五里，一座山突立在道路的北边，武水也向北流来，道路由山的南边走。武水向北转过山嘴，再往东南流去，道路折向东北。一里，一条路一直向北去，是去桂阳州的便道；一条岔路通往东北方，是去宜章县城的路。三里后到阿皮洞，武水又折向北流来，流经阿皮洞的东北方流去。武水西岸有几家居民，从此处过桥往东上登牛庙岭，全是一片荒寂没有村落了。越过岭头下行四里，是川州水凉亭。又行五里，在山谷间爬升下降，是桐木郎桥。桥下流过去的水，自南往北流，它的源头应当是从秀岩穿过洞穴流出来的水。桥东有块古碑，飞白体的大字，这是广福桥。碑上的书法非常遒劲，是宋代桂阳军临武县知县曾晞颜书写的。从这座桥的南边往东上登一座岭，又向东沿着半山腰前行五里，道路忽然分为四条岔道，于是不向东走而是从北边走。下岭后，又往东从山坞中前行五里，是牛行。牛行的人烟不多，散住在山谷间。原来大路从四条岔路中的正东方走去，全是高大的山岭没有人烟，而我走的这条路是小路，便于途中起火做饭。由牛行又向东走，从小径登岭。越过岭头往下走，三里，是小源，也有几家村民。从此地又向东北翻越两座岭后下走，共五里，是水下。遇见一个人，他说："水下到凤集铺只有三里路，可山岭荒僻，强盗很多，一定要找到护送的人才可以走过去。"我于是在水下的村民家中吃了饭，那人替我去找护送的人却找不到，于是向东南走一里，再往南走上小径，接连越过两座岭，就见凤集铺在山头上了。这个驿铺正好在岭侧的山脊上，这是临武县东境、宜章县西境的交界处，然而铺亭倒塌零落，荒寂得没有一户人家。于是向东下岭，转向东北行。二里，开始有个村落，在小溪的西面。跨过小溪上的桥，而后往东北沿着溪水下走二里，来到锁石，村落十分繁盛。望见北边有座大山高高隆起，那是麻田大岭。由锁石向北登上岭头，三里后经过社山，两座山峰又圆又陡削地耸峙着，一座又尖又圆而另一座倾斜前突，成为锁石的水口。由社山的东面下岭二里，就见武水又自北往南流来，道路与武水相遇。于是沿着溪流的南岸往东行，溪流又转向北流，溪流北面环绕成一块平地，这里是孙车坪，岸边有小船停泊在那里。随即从溪流南岸转入山峡中，一里，向南上登一座岭，叫做车带岭。这座岭又高又荒凉，走路的人都在说些是如何如何危险的话。我不理会，一直上登一里半，登上山顶，向东远望，隐隐约约黄色的斑点，分辨不出那是云还是山，而麻田大岭已经在这里的北边了。下岭走了一里半，有条淙淙流淌的溪流，溪流侧边的石穴中，有一池泉水，从洞穴顶上往下流，清凉胜过溪中的水一百倍，于是用手捧些泉水喝下，用溪水洗脸洗手。再下走后往东行，共七里，到达梅田白沙巡检司。武水又从北面的麻田向南流下来，流经巡检司的东面流去。这天午后天气大晴，共走了六十里路，停在了巡检司侧边的旅店中。这之前，路上的人屡屡用途中有不测的危险来告诫我要走快一点，我看见天色还早，何至于如此，到了旅店中，才知道上午有帮一百四十人的强盗从上乡过来，经由巡检司的东面到达龙村，走小路去广东了，他们告诉当地人不要害怕，你们这些人不值得骚扰。

初七日　晨餐后乃行，以夜来体不安也。由司东渡武溪，遂东上渡头岭。东北行，直逼麻田大岭下，共三里，乃转东南，再上岭，二里而下，始就坞中行。又五里，有数十家散处山麓间，是为龙村。其北有石峰突兀路左。又东北二里，乃南向登岭，从岭上平行三里，始南下峡中，有细流自南而北，渡溪即东上岭，里半为高明铺。又下岭，又三里，为焦溪桥。焦溪在高明南，有数十(家)夹桥而居，其水自北而南。由此东南三里，逾一岭，为芹菜坪。其南有峰分突，下有层崖承之，其色斑赭杂黑，极似武彝之一体。此处四山俱青莳巉岏①，独此有异。又三里，逾岭，颇高。其先行岭北，可平瞻麻田、将军寨、黄岑岭诸峰；已行岭南，则南向旷然开拓，想武江直下之境矣。下岭，又北二里，有楼横路口，是为隘口。其东南山上，有塔五层，修而未竟。过隘口，循塔山之北垂，觅小径转入山坳，是为艮岩。寺向西南，岩向西北，岩口有池一方。僧凤岩为我煮金刚笋，以醋油炒之以供粥，遂卧寺中，得一觉。下午入宜章南镇关，至三星桥。过桥，则市肆夹道，行李杂遝，盖南下广东之大道云。桥即在城南，而南门在西，大道循城而东。已乃北过东门，又直北过演武场。其西莳石巉巉，横卧道侧。共北十里，过牛筋洞，居民将及百家，在青岑山下。盖大山西南，初峙为麻田大岭，犹临武地。其东北再峙为将军寨。已属宜章。此最高之顶，乃东北度为高云山，有寺焉。乃北转最深处，于是始东列为黄岑。其山南北横列，其南垂即为曲折岭，又东更列一层，则青岑也，牛筋洞在其东北麓。更北行一里，为野石铺。其北石峰嵌空，蹲踞路左，即为野石岩，而始不知。问其下居人，曰：

“由其北小径入即是。”乃随其北垂，转出山背，乃寺场，非岩洞也。亟出，欲投宿于岩下人家，有一人当门拒客，不入纳。余见其岩石奇，以为此必岩也[②]，苦恳之，屋侧一小户中容留焉。欲从其舍后上岩，而其家俱编篱绝，须自其中舍后门出，而拒客人犹不肯容入。乃从南畔乱石中攀崖逾石而入。先登一岩，其门岈然，而内有透顶之隙，而不甚深。仰视门左，有磴埋草间，亟披荆上。西南行石径间，复得石门如合掌，其内狭而稍深，右裂旁窍，其上亦透天光，而右壁之半，一圆窍透明如镜。出峡门，更西北随磴上，则穹崖削立，上有叠石耸霄，下若展幛内敛。时渐就晚，四向觅路不得，念此即野石岩无疑。《志》原云“临官道旁”，非山后可知，但恨无补叠为径以穷其胜者。乃下，就坐其庑下，而当门人已他去。已而闻中室牖内有呼客声，乃主人卧息在内也。谓：“客探岩曾见仙诗否？”余以所经对。曰：“未也。穹崖之右，峡门之上，尚有路可上，明日当再穷之。”时侧户主人意虽爱客，而室甚卑隘，猪圈客铺共在一处，见余意不便，叩室中妇借下余榻，而妇不应，余因就牖下求中室主人，主人许之，乃移卧具于中。中室主人起向客言：“客爱游名山，此间有高云山，乃众山之顶，路由黄岑岭而上，宜章八景有‘黄岑滴翠’、‘白水流虹’二胜在其下，不可失也。”余颔之。

【注释】

①巉岏（chán yuán）：山高而锐。

②以为此必岩也：疑为“以为必此岩也”。

【译文】

初七日　早餐后才上路，是因为夜里身体不舒服。由巡检司东边渡过武水，便向东上登渡头岭。往东北行，直逼到麻田大岭下，共三里，这才转向东南走，再次上岭，二里后往下走，开始走到山坞中前行。又行五里，有几十家人散在山麓间，这里是龙村。村子北边有座石峰突兀地矗立在道路左边。又往东北行二里，于是向南登岭，从岭上平缓前行三里，才往南下到峡谷中，有细小的溪流自南往北流，渡过溪流立即向东上岭，一里半是高明铺。又下岭，又行三里，是焦溪桥。焦溪桥在高明铺南边，有几十家人夹着桥居住，桥下的水自北往南流。由此地往东南前行三里，越过一座岭，是芹菜坪。芹菜坪南边有山峰分支前突，下面有层层石崖托举着山峰，石崖的颜色是赭红的斑纹夹杂着黑色，极像武彝山的一部分。此处四面的山全是莩片般高峻尖耸的青山，唯独这座山有些异样。又行三里，翻越山岭，相当高。最先行走在岭北，可以平视麻田大岭、将军寨、黄岑岭等山峰；随后行走在岭南，就见南面极为空旷开阔，猜想那就是武江一直向下流经的地方了。下岭后，又向北二里，有座楼横在路口，这里是隘口。隘口东南方的山上，有座五层高的塔，尚未修建完工。走过隘口，沿着塔山的北垂，找到小径转进山坳中，这里是艮岩。寺院面向西南，岩洞面向西北，岩洞口有一个水池。僧人凤岩为我煮了些金刚笋，用醋和油炒了拿来下着稀粥吃，便在寺中躺下，睡了一觉。下午进入南镇关，到达三星桥。过桥后，就见集市店铺夹住道路，行李众多杂乱，原来这里是南下广东的大道。桥就在临武县城的南面，但南门在西边，大道沿着城墙往东去。随后便向北经过东门，又一直向北经过演武场。演武场西面莩片般的巉石高险峭拔，横卧在道路侧边。共往北行十里，路过牛筋洞，居民将近有一百家，在青岑山下。大山的西南方，最初耸起的是麻田大岭，还是临武县的属地。麻田大岭的东北方再度耸起的是将军寨。已经属于宜章县。这座最高的山顶，往东北延伸成为高云山，有寺庙在山中。于是山脉向北转到最深处，在那里才往东排列成为黄岑山。这里的山南北横向排列，山的南垂便是曲折岭，再往东另外排列着一层山，那便是青岑山了，牛筋洞在青岑山的东北麓。再往北行一里，是野石铺。野石铺北边的石峰玲珑剔透，蹲坐在道路左边，这就是野石岩，可开始时我不知道。向石峰下居民打听，回答说："由山峰北边的小径进去就是了。"于是顺着山峰的北垂，转到山背后，是寺场，不是岩洞。急忙出来，想要投宿在石岩下的人家中，有一个人挡在门口拒绝了客人，不肯接纳。我看见这里的岩石很奇特，以为这里必定是岩洞了，苦苦恳求他，他屋子侧旁的一个小户人家容许我停留在他家。想从这家人的屋后上登石岩，但他家全编有篱笆阻断了路，必须从那家在中间的屋子的后门出去，可那个拒绝客人的人仍然不肯容许我进去，只好从南边的乱石中攀着石崖翻越岩石进去。先登上一个岩洞，洞口十分深邃，而洞内有直通到洞顶的裂隙，然而不怎么深。仰视洞口的左边，有石阶埋在草丛中，急忙分开荆棘上走。往西南行走在石头小径上，又见到一个石洞口如合起来的手掌，洞内很窄但稍深一些，右边裂开一个旁洞，洞顶上也露进天光来，而右边洞壁的半中腰，一个圆圆的石窍透进亮光来，像一面镜子。走出峡口，再向西北顺着石阶上走，就见穹隆的石崖如刀削一般直立着，上面有重重叠叠的岩石耸入云霄，下面像展开的帷帐向内收缩。此时渐渐临近傍晚，四面找不到路，心想这就是野石岩无疑了。《一统志》原来记载说"临近官修的大道旁"，由此可以知道不是在山后，只是遗憾没有人垒石补砌起小径以便我能穷尽这里优美的景色。于是下来，就坐在他家的廊庑下，而那个挡门的人已经到别的地方去了。继而听见中间一间屋子的窗内有呼唤客人的声音，原来是房主人躺在里面休息。对我说："客人去探寻岩洞曾经见到仙诗没有？"我把经过的地方对他说了一遍。他说："还未到。穹隆石崖的右边，峡口之上，还有路可以上走，明天应当再去到尽头。"此时侧边那家的主人虽然有好客的心意，但屋子太矮小，猪圈和客人的床铺共同挤在一起，看见我有不方便的意思，便询问屋中的主妇借给我一个住宿的地方，但主妇不答应，我因而走到窗下去恳求中间那屋的主人，主人答应了我，于是把卧具搬到他屋中。中间那屋的主人起床来对客人说："客人喜爱游览名山，此地有座高云山，是群山的最高顶，去那里的路由黄岑岭往上走，宜章县的八景中有'黄岑滴翠'、'白水流虹'两处胜景在黄岑岭下，不可错失了。"我点头同意他说的。

初八日　晨，觅导游高云者，其人欲余少待，上午乃得同行。余饭后复登岩上，由穹崖之东，丛郁之下，果又得路。上数步，乱石纵横，路复莫辨。乃攀逾石萼，上俱嵌空决裂，有大石高耸于外，夹成石坪，掩映愈胜，然终不得洞中诗也。徘徊久之，还至失路处，见一石穴，即在所逾石下。乃匍伏入，其内峆岈起裂，列穴旁通，宛转透石坪下，皆明朗可穿。盖前越其上，兹透其底，求所谓仙诗，竟无有也。下岩，导者未至，方拽囊就道，忽北路言，大盗二百余人自北来。主人俱奔，襁负奔避后山[①]，余与顾仆复携囊藏适所游穴中，以此处路幽莫觉，且有后穴可他走也。余伏穴中，令顾仆从穴旁窥之。初奔走纷纷，已而路寂无人。久之，复有自北而南者，乃下问之，曰："贼从章桥之上，过外岭西向黄茅矣。"乃下岩南行，则自北南来者甚众，而北去者犹踣踣不前也[②]。途人相告，即梅前司渡河百四十名之夥，南至天都石坪行劫。乃东从间道，北出章桥，转而西还，盖绕宜章之四郊[③]，而犹不敢竟度国门也。南从旧路一里半，抵牛筋洞北，遂从小径，西南循大山行。里半，出牛筋洞之后，乃西越山峡，共五里，出峡，乃循青岑南麓行。有路差大，乃西南向县者，而黄岑之道则若断若续，惟以意拟耳。共西三里，转一冈，始与南来大道合，遂北向曲折岭。二里，直跻岭坳，其西即“白水流虹”。章水之上源，自高云山南径黄岑峒，由此出峡，布流悬石而下者也。土人即称此岭曰黄岑，然黄岑山尚北峙，此其南下支。逾岭，西北半里，即溯涧行，黄岑山高峙东北④，其阳环成一峒，大溪横贯之。竟峒里半，有小径北去，云可通章桥。仍溯溪西行三里，为兵马堂路口。仍溯溪北转一里，乃舍溪登岭。北上一里，西下坞中，是为藏经楼。高山四绕，小涧瀠门⑤，寺甚整洁。昔为贮藏之所，近为贼劫，寺僧散去，经移高云，独一二僧闭户守焉。因炊粥其中，坐卧其中久之。下午，乃由寺左登岭，岧峣直上者二里，是为坪头岭。逾岭稍下，得坞甚幽，山帏翠叠，众壑争流，有修篁一丘，丛木交映中，静室出焉。其室修洁，而空寂无人，高山流水，窈然而已。半里，逾坞，复溯涧北上岭一里，岭穷而水不绝。此坪头而上第二岭也。水复自上坞透峡下，路透峡入，又平行坞中半里，渡涧，东北上岭。涧东自黄岑山后来，平流坞中，石坪殷红，清泉素润，色侔濯锦；出峡下泻，珠鸣玉韵，重木翳之，杳不可窥；于是绕静室西南下注，出藏经岭南，为大章之源也。岭不甚高，不过半里，渐盘出黄岑北。其处山鹃鲜丽，光彩射目，树虽不繁，而花色绝胜，非他处可比。此坪头上第三岭也。稍过坪，又东北上一里，逾岭脊。此坪头上第四岭矣。其西石峰突如踞狮，为将军山南来东转之脉，其东则南度为黄岑山者也。逾岭北下一里，折而西北下，行深树中又一里，得高云寺。寺虽稍倚翠微，犹踞万峰绝顶。寺肇于隆庆五年，今渐就敝，而山门方丈，犹未全备，洵峻极之构造非易也。寺向有五十僧，为流寇所扰，止存六七僧，以耕种为业，而晨昏之梵课不废，亦此中之仅见者。主僧宝幢，颇能安客。至寺，日犹未衔山，以惫极，急浴而卧。

【注释】

①襁(qiǎng)负：用布幅把人背负在背上。

②蹜蹜(sù)：形容举足促狭的样子。

③宜章：明为县，隶郴州，即今宜章县。

④黄岑山：即骑田岭。《明史·地理志》：郴州"南有黄岑山，与宜章县界，亦曰骑田岭，五岭之第二岭也。"

⑤小涧潆门："涧"，原作"洞"，据乾隆本、"四库"本改。

【译文】

初八日　清晨，找到一个带我去游览高云山的人，那人要我稍等一下，上午才得以一同前行。我吃饭后又登到野石岩上，由穹隆的石崖的东边，郁郁葱葱的树丛之下，果然又找到路。上走了几步，乱石纵横，路又无法分辨出来了。于是攀越萼片状的岩石，上面全是玲珑剔透断裂的岩石，有块大石头高耸在外面，夹成一块石头平地，掩映得愈加优美，然而始终找不到洞中的诗。徘徊了很久，回到路消失的地方，看见一个石穴，就在我翻越过的石头下面。于是趴伏着进去，石穴内十分幽深，直竖着裂开，众多的洞穴通向旁边，曲折地穿过石头平地下方，都很明朗可以穿过去。之前是从它的上面翻越过去，现在钻过它的底下，寻找所谓的仙诗，竟然没有。下了野石岩，向导还没到，正要拽着行囊上路，忽然北边的路上传言，有二百多个大盗从北面过来了。主人都逃走了，用襁褓背着幼儿逃到后山躲避，我与顾仆又带着行囊藏在刚才游览过的石穴中，因为此处道路僻静无人能觉察到，并且有后洞可以逃到别的地方。我隐藏在石穴中，命令顾仆从石穴旁边窥探外面的动静。起初人群乱纷纷地奔走，随即路上寂静无人。很久后，又有了自北往南走的人，于是下去向他们询问情况，回答说："强盗从章桥之上，经过外面的山岭向西到黄茅去了。"于是下了野石岩往南行，就见从北边往南来的人很多，但向北去的人还畏畏缩缩地不敢前进。路人互相转告，这就是从梅前巡检司渡河有一百四十人的那伙强盗，到南面的天都石坪抢劫。他们从东面的便道，向北出到章桥，转向西回来，差不多绕过了宜章县城的四郊，但仍然不敢公然通过城门走。向南从原路前行一里半，抵达牛筋洞北边，便从小径往西南沿着大山走。一里半，到了牛筋洞的后面，于是向西穿越山峡，共五里，走出峡谷，于是沿着青岑山的南麓前行。有条路稍大一些，是往西南方通向县城的路，而去黄岑山的路却时断时续，唯有凭主观猜测着走了。共向西行三里，转过一座山冈，这才与南边来的大道会合，于是往北走向曲折岭。二里，一直登到岭上的山坳中，山坳的西边就是"白水流虹"。章水的上游，自高云山往南流经黄岑洞，由此处流出山峡，是一处白布样的激流从石崖上悬空而下的景观。当地人就把这座岭称为黄岑岭，然而黄岑山还屹立在北边，这是黄岑山往南下延的支脉。越过岭头，向西北走半里，随即溯山涧前行，黄岑山高高地耸峙在东北方，山的南面环绕成一个峒，一条大溪横贯峒的中间。走完这个峒有一里半，有条小径向北去，据说可以通到章桥。仍然溯溪流往西行三里，是兵马堂路口。仍然溯溪流向北转一里，这才离开溪流登岭。往北上登一里，向西下到山坞中，这里是藏经楼。高山四面环绕，细小的山涧潆绕门前，寺院非常整洁。从前是贮藏佛经的场所，近来被强盗抢劫，寺中的僧人四散离开，佛经迁移到高云山，仅有一两个僧人闭门守在寺中。于是在寺中煮粥吃，在寺中坐卧了很久。下午，便从寺左登岭，在高峻的山岭上一直上登二里，这是坪头岭。越过岭头稍下走，见到一个山坞十分幽静，帷幔样的山峦林木青翠层叠，众多的壑谷溪水争流，有一座满是修长竹丛的土丘，林木交相掩映在山坞中，有间静室出现在其中。这间静室修饰得很整洁，却空寂无人，高山流水，一派幽远的样子而已。半里，穿过山坞，再溯山涧向北上岭一里，山岭完后水却不断流。这是从坪头岭往上走的第二座岭了。水又从上面的山坞中穿过山峡流下来，路穿过山峡进去，又平缓前行在山坞中半里，渡过山涧，往东北上岭。山涧从东面的黄岑山后面流来，平缓流淌在山坞中，石质的平地是殷红色的，清泉素雅润泽，色彩与水中洗过的锦缎相同；水出峡后下泻，发出珠玉鸣响般的声韵，重重林木遮蔽着水流，幽暗得不可窥视；流到这里绕过静室往西南下流，流到藏经岭的南面，成为大章水的源头。岭不怎么高，不超过半里路，渐渐绕到黄岑山的北面。此处的杜鹃花鲜艳绚丽，光彩夺目，树虽然不繁茂，但花的颜色绝顶优美，不是其他地方可以相比的。此地是从坪头岭上来的第三座岭了。稍稍走过一块平地，又往东北上走一里，越过岭脊。这是从坪头岭上来的第四座岭了。这里西面突立的石峰如蹲坐着的雄狮，这是将军山向南延伸过来再向东转的山脉，它的东面便是往南延伸成为黄岑山的山脉了。越过岭头往北下走一里，折向西北下走，行走在深树丛中又是一里，见到高云寺。寺院虽然稍微斜靠在葱翠林木之中，仍然还是雄踞在万峰的绝顶上。寺院创始于隆庆五年(1571)，今天已经接近破旧了，然而山门和方丈还没有完全齐备，实在是在这极为险峻之处建盖房屋不是容易的事。寺中从前有五十个僧人，被流寇骚扰，只留下六七个僧人，以耕种为生，然而早晚诵经的功课没有荒废，这也是这一带所仅见的了。住持僧人宝幢，很能安顿客人。到寺中时，夕阳还未落山，由于疲惫极了，急忙洗澡后便睡下了。

初九日　晨起，浓雾翳山，咫尺莫辨，问山亦无他奇，遂决策下山，东北向丛木中下。初，余意为萝棘所翳，即不能入，而身所过处，或瞻企不辜。及五里至山麓，村落数家散处坞中，问所谓坦山，皆云即此，而问所谓万华岩，皆云无之。徘徊四顾，竟无异处。但其水东下章桥，大路从之，甚迂；由此北逾虎头岭出良田，为间道，甚便。遂从村侧北上岭，岭东坳中，涧水泻大石崖而下，悬帘泄布，亦此中所仅见。一里，逾坳上，一里半，复溯流北行坞中，一里半，又逾岭而下，有溪自西而东，问之，犹东出章桥者也。渡溪，又有一溪自北来入。溯溪北行峡中，二里为大竹峒，居民数家，水自西来，想亦黄茅岭下之余波也。由大竹峒东逾大竹岭，岭为大竹山南下之脊，是为分水。东由吴溪出郴，西由章桥入宜。上少下多，东向直下二里，是为吴溪。居民数家，散处甚敞，前章桥流贼所从而西者也。村东一里，有桥跨溪上，度桥北，上小分岭，亦上少下多。二里，下至仙人场，有水颇大，北自山峒透峡而东，一峰当关扼之，水激石奋。水折而南，峰剖其西，若平削而下者，以为下必有洞壑可憩；及抵崖下，乃绝流而渡，则寂无人烟。乃北逾一冈，二里为歪里。先为廖氏，居人颇盛，有小水自北南去。乃从其村东上平岭，北行一里，其西坞中为王氏，室庐甚整。询之土人，昨流贼自章桥北小径，止于村西大山丛木中，经宿而去，想亦有所瞰而不敢动也。从此东北出山坳，石道修整，十二里而抵良田[①]。自歪里雨作，至此愈甚，乃炊饭索饮于肆中。良田居市甚众，乃中道一大聚落，二月间，流寇三四百人亦群而过焉。饭后，雨不尽，止北十里，宿于万岁桥。按《志》，郴南有灵寿山，山有灵寿木，昔名万岁，故山下水名千秋。今有小万岁、大万岁二溪，俱有桥架其上，水俱自西而东。余以灵寿山必有胜可寻，及遍询土人，俱无可征，惟二流之易“千秋”存“万岁”耳。

【注释】

①良田：今名同，在郴州市区南境。

【译文】

初九日　早晨起床，浓雾笼罩着山野，咫尺之间无法看清东西，打听到山中也没有其他奇异的景致，便决定下山，向东北方从丛林中下走。起初，我心想，因为被藤萝荆棘遮蔽着，即便不能深入，然而我身体所过之处，或许能看到一些不辜负我期盼的景致。到走了五里来到山麓时，有个几家人的村落散在山坞中，打听所谓的坦山，都说就是此地，而询问所谓的万华岩，都说没有这个地方。四处徘徊环顾，竟然没有奇特之处。但山坞中的水向东下流到章桥，大路顺着水流走，非常迂曲；由此地往北翻越虎头岭出到良田，是条便道，十分近便。于是从村子的侧边向北上岭，岭东的山坳中，涧水从大石崖上奔泻而下，像高悬下泄的布帘，也是这座山中所仅见的景观。一里，翻越到山坳上，一里半，再溯溪流往北行走在山坞中，一里半，又越过岭头往下走，有条溪水自西往东流，询问当地人，仍然是往东流到章桥的溪流。渡过溪水，又有一条溪水从北边流来汇入溪中。溯溪流往北前行在山峡中，二里是大竹峒，有几家居民，溪水自西面流来，推想也是黄茅岭下溪水的末流了。由大竹峒往东翻越大竹岭，大竹岭是大竹山往南下延的山脊，这是条分水岭。东面的水经由吴溪流到郴州，西面的水经由章桥流入宜章县。上少下多。向东一直下走二里，这里是吴溪。有几家居民，分散居住得很广，这就是前一天经过章桥的流寇从这里向西去的地方了。由村子向东走一里，有座桥跨在溪流上，过到桥北，上登小分岭，也是上少下多。二里，下到仙人场，有条水流相当大，从北面的山峒中穿过峡谷往东流，一座山峰挡在关口扼住了水流，水流激荡在岩石上飞溅而起。水折向南流，山峰的西面剖开来，好像平直地切削下来的样子，我以为下面必定有山洞壑谷可歇息；等来到石崖下边，便横渡水流，却是荒寂没有人烟。于是向北翻越一座山冈，二里后是歪里。原先是廖姓人家居住，居民非常众多，有条小溪自北往南流去。于是从这个村子的东边上登平缓的山岭，往北行一里，这里西面的山坞中是王姓的人家，房屋很整洁。向当地人询问情况，昨天流寇从章桥北面的小径过来，停留在村西大山的丛林中，过了一夜才离去，猜想也是观察到什么动静不敢行动吧。从此地往东北走出山坳，石头路修得很整齐，十二里后抵达良田。从歪里下起雨来，到此时越来越大，于是便在店铺中做饭，要酒来饮下。良田居民集市很多，是半路上的一个大聚落，二月间，三四百个流寇也曾成群地走过这里。饭后，雨不停，只向北走了十里路，住在万岁桥。根据《一统志》，郴州南面有座灵寿山，山中有种灵寿木，从前名叫万岁木，所以山下的水名叫千秋水。如今有小万岁、大万岁两条溪流，都有桥架在溪流上，溪水都是自西往东流。我以为灵寿山必定有胜景可以探寻，等到问遍了当地人，全都无可征询，唯有两条溪水的名字由“千秋”改为“万岁”保存下来而已。

初十日　雨虽止而泞甚。自万岁桥北行十里，为新桥铺，有路自东南来合，想桂阳县之支道也。又北十里为郴州之南关[①]。郴水东自山峡，曲至城东南隅，折而北径城之东关外，则苏仙桥横亘其上。九洞，甚宏整。至是雨复大作，余不暇入城，姑饭于溪上肆中，乃持盖为苏仙之游[②]。随郴溪西岸行，一里，度苏仙桥，随郴溪东岸行，东北二里，溪折西北去，乃由水经东上山。入山即有穹碑，书“天下第十八福地”。由此半里，即为乳仙宫。丛桂荫门，清流界道，有僧乘宗出迎客。余以足袜淋漓，恐污宫内，欲乘势先登山顶，与僧为明日期。僧以茶笋出饷，且曰：“白鹿洞即在宫后，可先一探。”余急从之。出宫左至宫后，则新室三楹，掩门未启，即排以入。石洞正当楹后，崖高数丈为楹掩，俱不可见，洞门高丈六，止从楹上透光入洞耳。洞东向，皆青石迸裂，二丈之内，即成峡而入，已转东向，渐洼伏黑隘，无容匍伏矣。成峡处其西石崖倒垂，不及地者尺五，有嵌裂透漏之状。正德五年，锡邑秦太保金[3]，时以巡抚征龚福全，勒石于上。又西有一隙，侧身而进，已转南下，穿穴匍伏出岩前，则明窦也。复从楹内进洞少憩，仍至前宫别乘宗，由宫内右登岭，冒雨北上一里，即为中观。观门甚雅，中有书室，花竹翛然，乃王氏者，亦以足污未入。由观右登岭，冒雨东北上一里半，遂造其顶。有大路由东向迓入者，乃前门正道；有小路北上沉香石、飞升亭，为殿后路。余从小径上，带湿谒苏仙，僧俗谒仙者数十人，喧处于中，余向火炙衣，自适其适，不暇他问也。郴州为九仙二佛之地，若成武丁之骡冈在西城外，刘瞻之刘仙岭在东城外，佛则无量，智俨廖师也，俱不及苏仙，故不暇及之。

【注释】

①郴州：即今郴州市。

②苏仙：即苏仙岭，在郴州市苏仙区，有苏仙观、飞升亭、升仙石、景星观、白鹿洞等及摩崖题刻，为风景胜地。

③秦太保金：秦金事绩，《嘉庆重修一统志》常州府人物载：“秦金，无锡人，弘治进士，授户部主事，累擢巡抚湖广。”“郴州桂阳傜龚福全称王，金先后破砦八十余，擒福全。”太保，明时多为勋戚、文武臣加官、赠官的虚衔，并无实职。

【译文】

初十日　雨虽然停了却非常泥泞。自万岁桥往北行十里，是新桥铺，有条路从东南方过来会合，猜想这是去桂阳县的岔道。又向北走十里是郴州城的南关。郴水从东面的山峡中，曲折地流到城的东南角，折向北流经城的东关外，便有座苏仙桥横亘在郴水上。九个桥洞，非常宏伟整齐。到了此时雨又大下起来，我来不及进城，姑且在溪岸上的店铺中吃了饭，便打着伞去游览苏仙殿。顺着郴溪的西岸前行，一里，走过苏仙桥，顺着郴溪的东岸走，向东北二里，溪流折向西北流去，于是我由水边经过东面上山。进山就有一块高大的石碑，写着“天下第十八福地”几个字。由此地前行半里，便是乳仙宫。成丛的桂树荫蔽着大门，清澈溪流毗邻在路边，有位僧人乘宗出来迎客。我因为脚下鞋袜湿淋淋的，担心弄脏了宫内，想乘势先去登山顶，与僧人约定明天见面。僧人拿出茶水和竹笋来款待我们，并且说：“白鹿洞就在宫后，可以先去探一探。”我急忙按他说的做。出到乳仙宫的左边来到乳仙宫的后面，就见有一所三开间的新房子，门关着没开启，立即推开门进去。石洞正好位于房子后面，石崖高达几丈，被房子挡住了，全都不能看见，洞口高一丈六尺，仅从柱子上方透进亮光射进洞中。洞面向东，全是青石迸裂开来，两丈之内，立即形成向下的峡谷，随即转向东，渐渐下伏低洼，又黑又窄，无法容身匍匐前行了。形成峡谷的地方，那里西面倒垂着的石崖，末端不到地面之处有一尺五，有着深嵌迸裂通透的形状。正德五年(1510)，无锡县人太保秦金，当时以巡抚的身份征剿龚福全，刻有碑文在石壁上。又向西走有一道裂隙，侧着身子进去，随后转向南下走，匍匐着穿过石穴出到岩洞前边，原来这是一个明洞。再从屋内进入洞中稍作休息，仍然来到前边的宫中与乘宗告别，由宫内右侧登岭，冒雨向北上登一里，便是中观。道观的大门十分雅致，观中有书房，花草翠竹悠然自得地长着，是个王姓人的书房，也因为脚脏没有进去。由中观右侧登岭，冒雨向东北方上登一里半，便到达了山顶。有条从东面迎面进山的大路，那是从前门进来的正路；有条小路往北上通到沉香石、飞升亭，那是苏仙殿后面的路。我从小径上走，带着周身湿淋淋的雨水拜谒了苏仙，和尚与普通人拜谒苏仙的有几十人，大声喧哗地会聚在大殿中，我烤火烘烤衣服，自得其乐，来不及过问其他事了。郴州是个有九仙二佛的地方，例如成武丁的骡冈在西城外，刘瞬的刘仙岭在东城外，佛便是无量寿佛、智俨廖禅师的遗迹了，都赶不上苏仙殿，所以来不及去这些地方了。

十一日　与众旅饭后，乃独游殿外虚堂。堂三楹，上有诗扁环列，中有额，名不雅驯，不暇记也。其堂址高，前列楼环之，正与之等。楼亦轩敞，但未施丹垩，已就欹裂。其外即为前门，殿后有寝宫玉皇阁，其下即飞升亭矣。是早微雨，至是微雨犹零，仍持盖下山。过中观，入谒仙，觅僧遍如，不在。入王氏书室，折蔷薇一枝，下至乳源宫，供仙案间。乘宗仍留茶点，且以仙桃石馈余，余无以酬，惟劝其为吴游，冀他日备云水一供耳。宫中有天启初邑人袁子训雷州二守[①]。碑，言苏仙事甚详。言仙之母便县人[②]，便即今永兴。有浣于溪，有苔成团绕足者再四，感而成孕，生仙于汉惠帝五年五月十五[③]。母弃之后洞中，即白鹿洞。明日往视，则白鹤覆之，白鹿乳之，异而收归。长就学，师欲命名而不知其姓，令出观所遇，遇担禾者以草贯鱼而过，遂以蘇为姓，而名之曰耽。尝同诸儿牧牛羊，不突不扰，因各群畀之，无乱群者，诸儿又称为牛师。事母至孝，母病思鱼脍，仙往觅脍，不宿而至。母食之喜，问所从得，曰："便。"便去所居远，非两日不能返，母以为欺。曰："市脍时舅氏在旁，且询知母恙，不日且至，可验。"舅至，母始异之。后白日奉上帝命，随仙官上升于文帝三年七月十五日④。母言："儿去，吾何以养？"乃留一柜，封识甚固，曰："凡所需，扣柜可得。第必不可开。"指庭间桔及井曰："此中将大疫，以桔叶及井水愈之。"后果大验。郡人益灵异之，欲开柜一视，母从之，有只鹤冲去，此后扣柜不灵矣。母逾百岁，既卒，乡人仿佛见仙在岭哀号不已。郡守张邈往送葬，求一见仙容，为示半面，光彩射人。又垂空出只手，绿毛巨掌，见者大异。自后灵异甚多，俱不暇览。第所谓"沉香石"者，一石突山头，予初疑其无谓，而镌字甚古，字外有履迹痕，则仙人上升遗迹也。所谓"仙桃石"者，石小如桃形，在浅土中，可锄而得之，峰顶及乳仙洞俱有，磨而服之，可已心疾，亦橘井之遗意也。《传》文甚长，略识一二，以征本末云。还过苏仙桥，从溪上觅便舟，舟过午始发，乃过南关，入州前，复西过行台前⑤，仍出南关。盖南关外有十字口，市肆颇盛，而城中甚寥寂。城不大，而墙亦不甚高。郴之水自东南北绕，其山则折岭横其南而不高，而高者皆非过龙之脊。

【注释】

①雷州：明置雷州府，治海康，即今广东雷州市。

②便县：西汉置便县。隶桂阳郡，治今永兴县。

③汉惠帝：即刘邦的儿子刘盈，在位七年，时为公元前195—前188年。惠帝五年为公元前190年。

④文帝：西汉皇帝刘恒，在位二十三年，时为公元前180—前157年。文帝三年为公元前177年。

⑤行台：即行御史台，分掌监察权。

【译文】

十一日　与众人一起吃饭后，我便独自一人去游览大殿外的虚堂。虚堂有三开间，上面有诗匾环绕排列着，中间有块匾额，名字不典雅，没工夫记下了。虚堂的基址很高，前方排列着的楼阁环绕着它，正好与它一样高。楼阁也很宽敞明亮，但没有粉刷彩绘，已经在倾斜开裂了。楼外就是前门，大殿后有寝宫玉皇阁，玉皇阁下面就是飞升亭了。这天早上下着毛毛雨，到此时小雨还零零星星地下着，仍然打着伞下山。路过中观，进去拜谒了仙人像，去找僧人遍如，不在。进入王氏的书房，折了一枝蔷薇，下到乳源宫，供在仙宫的案桌上。乘宗仍然留我吃了茶点，并且拿出仙桃石赠送给我，我没有什么东西来答谢他，唯有劝他去吴地游览，希望日后他云游山水时准备款待他一次而已。宫中有天启初年郴州人袁子训雷州府的同知。立的石碑，碑文叙述苏仙的事迹非常详细。碑文说，苏仙的母亲是便县人，便县就是今天的永兴县。有一天在溪水中浣洗东西，有成团的青苔绕在脚上三四圈，感应后怀了孕，在汉惠帝五年五月十五日生下苏仙。他母亲把他丢弃在乳仙宫后面的山洞中，即白鹿洞。第二天前去探视，就见有白鹤用翅膀覆盖着他，白鹿给他喂奶，心里很奇怪，便把他收养回家。长大后去上学，老师要给他起名但不知道他的姓，命令他出门来观看能遇见什么东西，他遇见一个挑着禾苗的人用草穿着一条鱼走过来，于是就用“苏”作为姓，从而给他起名叫“耽”。曾经同许多儿童一起放牧牛羊，他的牛羊不乱撞不会混杂，因而每个儿童都把他们的畜群交给他，没有乱群的情况，众儿童又把他称为“牛师”。侍奉母亲极为孝敬，母亲病了想吃生鱼片，苏仙去找生鱼片，不到一夜就返回来。母亲吃了鱼片很高兴，询问他从哪来得来的，他说：“便县城中。”便县城离他们居住地很远，没有两天的时间不能往返，母亲以为他骗人。他说：“买鱼片的时候舅舅在旁边，并且他问知母亲生病后，不几天就要来看望您，可以验证。”舅舅来到后，母亲才觉得他不同寻常。后来，白天奉上帝的命令，在汉文帝三年七月十五日跟随仙官一起升天。

他母亲说："儿子去了，我用什么来养活自己？"他于是留下一个柜子，封闭得非常牢固，说："凡是所需要的东西，敲敲柜子就可以得到。只是一定不要打开。"指着庭院中的橘树和水井说："这一带将有大瘟疫，用桔树叶和井水可以治愈这种病。"后来果然非常灵验。郡中的人益发觉得这事很灵异，想打开柜子看一下，他母亲依从了这些人，柜子中有一只仙鹤冲天而去，此后敲柜子就不灵了。他母亲活过了一百岁，死后，乡里人仿佛看见苏仙在岭上哀号不已。郡太守张邈前往送葬，乞求见一次苏仙的容貌，为此露出了半个脸，光彩照人。又垂在空中伸出一只手，是长满绿毛的巨大手掌，看见的人大为惊异。自从那以后碑文记载的灵异还非常多，都来不及浏览了。只是所说的"沉香石"，是一块突立在山头的岩石，我最初怀疑它没有意义，然而上面刻的字非常古拙，字的外边有鞋子的痕迹，原来是仙人升天时的遗迹。所谓的"仙桃石"，石头小得如桃子的形状，埋在浅浅的泥土中，可以用锄头挖而得到它，峰顶和乳仙洞都有，磨细后把石粉服下，可以治好心痛病，这也是橘树叶、水井一类遗迹的意思了。碑上的传文非常长，我略微记下了一两件事，以便弄清苏仙事迹的来龙去脉。返回来走过苏仙桥，到溪岸上去找顺便的船，船要过了中午才出发，于是经过南关，进城来到州衙前，再往西经过行台衙门前，仍然从南关出城。南关外有个十字路口，集市店铺相当繁盛，可城中却十分寂静冷清。城不大，而且城墙也不是很高。郴水从东南方向北绕过，这里的山便是折岭横在城南，但不高，然而高的山都不是大山主脉延伸而过的山脊。

午后，下小舟，东北由苏仙桥下，顺流西北去，六十里达郴口。时暮色已上，而雨复至，恐此北晚无便舟，而所附舟连夜往程口，遂随之行。郴口则郴江自东南，耒水自正东，二水合而势始大。耒水出桂阳县南五里耒山下[①]，西北至兴宁县,胜小舟;又三十里至东江市[2],胜大舟;又五十里乃至此。江口诸峰,俱石崖盘立,寸土无丽。《志》称有曹王寨,山极险峻,暮不及登,亦无路登也。舟人夜鼓棹,三十里,抵黄泥铺,雨至而泊。余从篷底窥之,外若桥门,心异,因起视,则一大石室下也。宽若数间屋,下汇为潭,外覆若环桥,四舟俱泊其内。岩外雨声潺潺[3],四鼓乃止。雨止而行,昧爽达程口矣。乃登涯。

【注释】

①桂阳县:隶郴州,在今湖南汝城县,与明代同属湖广布政司的桂阳州有别。

②东江市:此处原误倒为"江东市",应即十二日记的东江市。今仍称东江,在资兴市西境,东江东岸。

③岩外雨声潺潺:此句乾隆本作"岩外雨声山色,不意梦中睹此奇境"。

【译文】

午后,下到小船中,向东北经由苏仙桥下,顺流向西北去,六十里到达郴口。此时暮色已经降临,而且雨又下起来,担心此地往北去晚上没有顺便的船,而我搭乘的船连夜要赶往程口,便跟随这条船走。郴口这里是郴江从东南方流来,耒水从正东方流来,两条江水合流后水势开始变大。耒水出自桂阳县南边五里处的耒山下面,往西北流到兴宁县,能承载小船;又流三十里后到东江市,能承载大船;又流五十里才到此地。江口的众多山峰,全是盘绕矗立的石崖,没有一寸土附着在山上,《一统志》说,有处曹王寨,山势极为险峻,因天晚来不及去攀登,也无路可登了。船夫夜里摇桨行船,三十里,抵达黄泥铺,大雨来临便停泊下来。我从船篷的底下向外窥视,外边好像是桥洞,心里很奇怪,因而起床来查看，原来是在一个大石室下面。宽处像有几间屋子大，下面水汇积为深潭，外边下覆好像拱形的桥，四条船都停泊在石室内。岩洞外面雨声哗哗响，四更天雨才停。雨停后便开船，黎明时已到程口了。于是登上岸。

十二日　晨炊于程口肆中。程口者，《志》所称程乡水也，其地属兴宁，其水发源茶陵、酃县界[①]。舟溯流入，皆兴宁西境。十五里为郴江[②]，又进有中远山，又名钟源。为无量佛现生地，土人夸为名山。又进，则小舟尚可溯流三日程，逾高脚岭则茶陵道矣。若兴宁县治，则自东江市而上三十里乃至也。程乡水西入郴江，其处煤炭大舟鳞次，以水浅尚不能发。上午，得小煤船，遂附之行。程口西北，重岩若剖，夹立江之两涯，俱纯石盘亘，倏左倏右，色间赭黑，环转一如武夷。所附舟敝甚而无炊具，余揽山水之胜，过午不觉其馁。又二十里，过永兴县[③]。县在江北，南临江岸，以岸为城，舟过速不及停。已而得一小舟，遂易之，就炊其间。饭毕，已十五里，为观音岩。岩在江北岸，西南下瞰江中，有石崖腾空，上覆下裂，直滨江流。初倚其足，叠阁两层，阁前有洞临流，中容数人。由阁右悬梯直上，袅空挂蛛，上接崖顶，透隙而上，覆顶之下，中嵌一龛，观世音像在焉。岩下江心，又有石狮横卧中流，昂首向岩，种种绝异。下舟又五里，有大溪自南来注，是为森口[④]。乃桂阳州龙渡以东诸水，东合白豹水，至此入耒江。又北五里，泊于柳州滩，借邻舟拖楼以宿。是晚素魄独莹[⑤]，为三月所无，而江流山色，树影墟灯，远近映合，苏东坡承天寺夜景不是过也。永兴以北，山始无回崖突石之观，第夹江透迤耳。

【注释】

①酃(líng)县:隶衡州府,在今炎陵县。

②郴江:乾隆本、“四库”本作“耒江”。

③永兴县:隶郴州,即今永兴县。

④森口:约今塘市附近,在永兴县北隅。桂阳州龙渡以东诸水汇为桂水,今称西河,耒江今称东江,二水在此汇合。

⑤魄:原指月亮的光,又用魄指月。亦称“素魄”。

【译文】

十二日　清晨在程口的旅店中做饭吃。程口的水流,就是《一统志》所说的程乡水了,此地属于兴宁县,这里的水流发源于茶陵州和酃县的交界处。船逆流进去,都是兴宁县的西部辖境。十五里后是郴江,再进去有座中远山,又叫钟源山。是无量寿佛现身的地方,当地人把它夸耀成名山。再往前走,小船还能逆流前行三天的路程,越过高脚岭便是通往茶陵州的路了。至于兴宁县城,则是从东江市往上游行船三十里便能到了。程乡水向西汇入郴江,此处运煤炭的大船鳞次栉比,因为水浅还不能开船。上午,找到一条运煤的小船,便搭乘这条船前行。程口的西北方,重重石岩像剖开的,夹立在江流的两岸,全是清一色的石峰盘绕绵亘,倏地在左边,倏地在右边,颜色间或有黑红色的,环绕宛转的样子完全像武夷山一样。我搭乘的船破旧极了而且没有炊具,我只顾观览山水的美景,过了中午都没觉得腹中饥饿。又行二十里,经过永兴县城。县城在江北,南边面临江岸,把江岸作为城墙,船经过时太快来不及停船。随后找到另一条小船,便换乘这条船,到船上做饭吃。吃完饭,已经前行了十五里,到观音岩。观音岩在江流的北岸,朝向西南下瞰着江中,有座石崖腾空而起,上面下覆下面裂开,直接临近江流。最先是紧靠石岩的脚下,架起一座两层的楼阁,楼阁前边有个山洞面临江流,洞中可容纳几个人。由楼阁右边高悬的梯子笔直上登,如同炊烟缭绕在空中,似彩虹挂在高空,上面连接到石崖顶上,穿过缝隙往上爬,下覆的崖顶之下，中间嵌着一个石龛，观世音的像供在石龛中。石崖下的江中心，又有一个石狮横卧在激流中间，昂首对着石崖，种种景致极为奇异。下到船中又行船五里，有条大溪自南面流来汇入江中，这里是森口。这条大溪是桂阳州龙渡以东众多的水流往东流，汇合白豹水后形成的，流到此地汇入耒江。又向北五里，停泊在柳州滩，借用邻船拖着的楼船用来住宿。这天晚上月光唯独很明亮，是三个月中所没有的，而江流山色，树影与墟市上的灯光，远近掩映交融，苏东坡笔下承天寺的夜景也不过如此了。永兴县城以北，山开始没有了回崖突石的景象，只是夹住江流逶迤延伸而已。

十三日　平明过舟，行六十五里，过上堡市①。有山在江之南，岭上多翻砂转石，是为出锡之所。山下有市，煎炼成块，以发客焉。其地已属耒阳，盖永兴、耒阳两邑之中道也。已过江之北，登直钓岩。岩前有真武殿、观音阁，东向迎江。而洞门瞰江南向，当门石柱中垂，界为二门，若连环然。其内空阔平整。其右隅裂一窍，历磴而上，别为邃室。其左隅由大洞深入，石窍忽盘空而起，东迸一隙，斜透天光；其内又盘空而起，若万石之钟②，透顶直上，天光一围，圆若明镜，下堕其中，仰而望之，直是井底观天也。是日风水俱利，下午又九十里，抵耒阳县南关③。耒水经耒阳城东直北而去，群山至此尽开，绕江者惟残冈断陇而已。耒阳虽有城，而居市荒寂，衙廨颓陋。由南门入，经县前，至东门登城，落日荒城，无堪极目。下城，出小东门，循城外江流，南至南关入舟。是夜，月色尤皎，假火贾舡中舱宿焉。

【注释】

①上堡市：在耒阳市南境耒水南岸，1958年于此置黄市镇，但人们仍习称上堡街。

②钟：古代容器，用以装酒浆及粮食的圆形壶。

③耒(lěi)阳县：隶衡州府，即今耒阳市。

【译文】

十三日　天明过到我坐的船上，行船六十五里，经过上堡市。有座山在江的南面，岭上有很多翻挖出来的矿砂和石头，这是出产锡矿的场所。山下有个市镇，把矿砂炼成锡块，用来出售给客商。这个地方已经属于耒阳县，大约是在永兴、耒阳两个县城的半路上。随后过到江的北岸，去登直钓岩。岩洞前边有真武殿、观音阁，面向东迎着江流。而洞口俯瞰着江流，面向南，挡在洞口的石柱悬垂在中间，把洞口隔为两个，好像连环一样。洞内空阔平整。洞右边的角落裂开一个石窍，经过石阶往上走，另外形成一个深邃的密室。洞左边的角落，经由大洞深入进去，石窍忽然向空中旋绕而起，东面迸裂成一条裂隙，斜斜地射进天上的亮光来；那里面又向空中旋绕而起，好像能装万石粮食的大钟，直通到山顶上，一圈天上的亮光，圆得就像是明镜，下射到石窍中，仰面望上面，简直是在井底观天了。这天风向水流都很顺利，下午又行船九十里，抵达耒阳县城的南关。耒水流经耒阳城的东面一直向北流去，群山到了此地全部散开，盘绕在江边的只是些残缺的山冈和断开的土陇而已。耒阳虽然有城池，但居民集市荒凉冷落，衙门官署衰败简陋。我从南门进城，途经县衙前，到东门登上城楼，落日下是荒城一座，不堪放眼望去。下了城楼，走出小东门，沿着城墙外的江流，往南来到南关进入船中。这天夜里，月光尤为皎洁，借用有火炉的商船的中舱住在里面。

十四日　五鼓起，乘月过小舟，顺流而北，晨餐时已至排前，行六十里矣。小舟再前即止于新城市①，新城去衡州陆路尚百里，水路尚二百余里，适有煤舟从后至，遂移入其中而炊焉。又六十里，午至新城市，在江之北，阛堵甚盛，亦此中大市也，为耒阳、衡阳分界。时南风甚利，舟过新城不泊，余私喜冣日之力尚可兼程百五十里②。已而众舟俱止涯间，问之，则前湾风逆，恐有巨浪，欲候风止耳。时余蔬米俱尽，而囊无一文，每更一舟，辄欲速反迟，为之闷闷。以刘君所惠绌一方，就村妇易米四筒。日下春，舟始发。乘月随流六十里，泊于相公滩，已中夜矣，盖随流而不棹也③。按，耒阳县四十里有相公山，为诸葛武侯驻兵地。今已在县西北，入衡阳境矣，滩亦以相公名，其亦武侯之遗否耶？新城之西，江忽折而南流，十五六里而始西转，故水路迂曲再倍于陆云。

【注释】

①新城市：元末明初曾为新城县，后省，于此置江东巡检司，隶衡阳县。即今新市，在耒阳市北隅。

②冣(jù)：同“聚”，积累。

③棹(zhào)：本为摇船用的工具，此为动词，作划船解。

【译文】

十四日　五更起床，乘着月色回到小船上，顺流往北行，早餐时已经到了排前，前行了六十里了。小船再往前走就将停在新城市，新城市距离衡州府城陆路还有一百里，水路还有二百多里，恰好有条运煤的船从后面来到，便搬到这条船中做饭吃。又行六十里，中午到达新城市，在江流的北岸，街市非常繁荣，也是这一带的一个大市镇，是耒阳县、衡阳县的分界处。此时南风非常顺利，船经过新城市没停船，我私下高兴，这样还可以集中一天的力量兼程赶一百五十里路。随后众多的船只都停在了江边，询问情况，原来是前方的水湾中是逆风，害怕有巨浪，想等风停了再走。这时我的蔬菜和米都吃完了，可口袋中没有一文钱，每更换一次船，总是想快一点却反而延迟了，为此闷闷不乐。用刘明宇君惠赠给我的一块绸布，找到村中的一个妇女换了四筒米。太阳下山时，船才出发。乘着月光顺流行船六十里，停泊在相公滩，已经是半夜了，这是顺流行船船夫便没有划桨的原因。据文献记载，耒阳县城四十里处有座相公山，是武侯诸葛亮驻兵的地方。现在我已经在县城的西北方，进入衡阳县境内了，这个浅滩也是用“相公”起名，这是否也是武侯的遗迹呢？新城市的西面，江流忽然折向南流，十五六里后才向西转，所以水路迂回曲折，比陆路多走两倍路程。

十五日　昧爽行，西风转逆，云亦油然。上午甫六十里，雷雨大至，舟泊不行。既午，带雨行六十里，为前吉渡①，舟人之家在焉，复止不行。时雨止，见日影尚高，问陆路抵府止三十里，而水倍之，遂渡西岸登陆而行②。陂陀高下，沙土不泞。十里至陡林铺，则泥淖不能行矣，遂止宿。

【注释】

①前吉渡：陈本、乾隆本、“四库”本作“前溪渡”，清代称“泉溪市”，即今泉溪，在衡南县东境，耒水东岸。

②渡：原作“度”，据乾隆本、“四库”本改。

【译文】

十五日　黎明开船，转为逆向的西风，浓云也油然而起。上午刚前行了六十里路，雷雨猛烈来临，船停下不再前行。午后，冒雨航行六十里，到前吉渡，船夫的家在这里，又停下不走。此时雨停了，我见日头还很高，问知陆路到府城只有三十里路，水路反而要多一倍路，于是渡到西岸登上陆地前行。山坡山冈高高低低的，沙土地不泥泞。十里来到陡林铺，却全是泥淖不能走了，便停下来住宿。

郴东门外江滨有石攒耸，宋张舜民铭为窊樽。至窊樽之迹不见于道，而得之于此，聊以代渴。城东山下有泉，方圆十余里，其旁石壁峭立，泉深莫测，是为钴鉧泉。永州之钴鉧潭不称大观①，遂并此废食，然钴鉧实在于此，而柳州姑借名永州②；窊樽实在于道，而舜民姑拟象于此耳。全州亦有钴鉧潭，亦子厚所命。

【注释】

①不称大观：原作“不称不大观”，衍一“不”字，从乾隆本、“四库”本删。

②此段关于钴鉧（gǔ mǔ）潭的记载，乾隆本、“四库”本系于四月初十日记，且位置为“郴州东百余里”。《嘉庆重修一统志》郴州山川载：“钴鉧泉，在兴宁县东，源出八面山李家洞，为资兴水之源。《舆地纪胜》：‘山下有一泉，方广十余里，四旁石壁峭立，其泉深邃清澄。’”钴鉧原作钴𬭤，即熨斗。形如熨斗的水潭称钴鉧潭。郴州确有钴鉧泉，但不在“城东山下”，而在郴州所属兴宁县东面山下，距郴州城东百余里，为资兴水源。季抄本脱“百余里”。柳州，此系指柳宗元，柳宗元因被贬官至柳州，人又称“柳柳州”。

【译文】

郴州城东门外的江滨有攒聚高耸的岩石，宋代张舜民的碑铭称为窊樽。至于窊樽的遗迹，在道州没见到，却在此地见到，姑且以此作为替代来抚慰我渴望的心情。城东面的山下有泉水，方圆十多里，泉水旁边石壁峭立，泉水深不可测，这是钴鉧泉。永州府的钴鉧潭称不上壮观，于是连同此泉一同被人们废弃，然而钴鉧潭实际上是在此地，而柳宗元是暂且借用这个名字来给永州府的那个水潭起名；宻樽实际上是在道州，而张舜民是因为此地的岩石与道州的宻樽石形态相似姑且用宻樽来命名罢了。全州也有个钴鉧潭，也是柳子厚命名的。

永州三溪：浯溪为元次山所居，在祁阳。愚溪为柳子厚所谪①，在永。濂溪为周元公所生②，在道州。而浯溪最胜。鲁公之磨崖，千古不朽；石镜之悬照，一丝莫遁。有此二奇，谁能鼎足！

【注释】

①谪（zhé）：古代官吏因罪而被降职或流放。

②周元公：即周敦颐（1017—1073），字茂叔，道州人，因生于濂溪畔，故人称周濂溪。嘉定十三年（1220）赐谥为元公，宋代著名理学家。

【译文】

永州府有三条溪流：浯溪是元次山的居住地，在祁阳县。愚溪是柳子厚被贬谪的地方，在永州府。濂溪是周元公出生的地方，在道州。而浯溪景色最为优美。颜鲁公在崖壁上的题刻，千古不朽；石镜高悬，映照远近，一丝一毫无法隐藏。有这两处奇观，谁能与它们鼎足而立呢！

郴之兴宁有醽醁泉①、程乡水，皆以酒名，一邑而有此二水擅名千古。晋武帝荐醽酒于太庙②。《吴都赋》："飞轻觞而酌醽醁。"程水甘美出美酒，刘香云："程乡有千日酒，饮之至家而醉，昔尝置官酝于山下③，名曰程酒，同醽酒献焉。"今酒品殊劣，而二泉之水，亦莫尚焉。

【注释】

①兴宁：明为县，隶郴州，在今资兴市。醽醁（líng lù）：原为泉水名，用此水酿制的醽酒特好，后因以醽醁指美酒。

②晋武帝：西晋第一个皇帝司马炎，在位二十六年，时为265—290年。太庙：帝王的祖庙。

③酝（yùn）：酿酒。

【译文】

郴州的兴宁县有醽醁泉、程乡水，都是用酒来命名的，一县之中有这两条水便能千古享有美名。晋武帝在太庙中用醽醁酒敬献祖先。《吴都赋》中说："高举轻薄的酒杯而斟醽醁酒。"程乡水甘甜味美出产美酒，刘香说："程乡有一种千日酒，饮下后回到家才醉倒，从前曾经设置了官家的酒坊在山下酿酒，名叫程酒，同醽醁酒一起敬献给朝廷。"今天的酒品质很低劣，而两处泉中的水，也没有人推崇了。

浯溪之"吾"有三，愚溪之"愚"有八，濂溪之"濂"有二。有三与八者，皆本地之山川亭岛也。"濂"则一其所生在道州，一其所寓在九江①，相去二千里矣。

【注释】

①"一其所寓"句：周敦颐晚年求知南康军（治今江西星子县），家住庐山莲花峰下，前有溪，因取故乡道州所居濂溪以名。宋代江州和南康军以庐山分界，山南半属南康，不属九江。

【译文】

浯溪的"吾"字有三个地方使用它，愚溪的"愚"字有八个地方使用它，濂溪的"濂"字有两个地方使用它。有三处与八处的，都是本地的山峰、河川、亭子和岛屿。用"濂"字的，则是一处是他出生的地方，在道州；一处是他客居的地方，在九江府，相距二千里了。

元次山题《朝阳岩诗》:“朝阳岩下湘水深,朝阳洞口寒泉清。”其岩在永州南潇水上,其时尚未合于湘。次山身履其上,岂不知之,而一时趁笔,千古遂无正之者,不几令潇、湘易位耶?

【译文】

元次山题写在朝阳岩的诗说:“朝阳岩下湘水深,朝阳洞口寒泉清。”那座朝阳岩在永州府城南面潇水岸上,那时潇水尚未汇合到湘水中。元次山亲自到过那上面,怎能不知道这一点,而是一时间乘兴挥笔写下的诗句,千年以来竟然没有纠正这个错误的人,这不是几乎让潇水、湘水改变位置了吗?

十六日　见明而炊,既饭犹久候而后明,盖以月光为晓也。十里至路口铺,泥泞异常,过此路复平燥可行。十里,渡湘江,已在衡郡南关之外。入柴埠门,抵金寓,则主人已出,而静闻宿花药未归。乃濯足偃息,旁问静闻所候内府助金,并刘明宇物,俱一无可望,盖内府以病,而刘以静闻懈弛也。既暮,静闻乃归,欣欣以听经为得意,而竟忘留日之久。且知刘与俱在讲堂,暮且他往,与静闻期明午当至讲所,不遑归也①。乃怅怅卧。

【注释】

①不遑(huáng):没有闲暇。

【译文】

十六日　看见天上有亮光就做饭,饭后等了很久之后天才亮,大概是把月光当成拂晓时的天光了。十里到达路口铺，异常泥泞，走过这段路又变得平坦干燥可以走路了。十里，渡过湘江，已经在衡州府城的南关之外。进入柴埠门，抵达金祥甫的寓所，就见主人已经出门，而静闻住在花药寺中没有回来。于是洗过脚躺下休息，向旁人打听到，静闻等候的内府资助的资金，以及刘明宇代借的财物，全都无可指望，大概内府是用生病来推诿，而刘明宇处是因为静闻的懈怠。天黑以后，静闻这才归来，高高兴兴的，因为听人讲说经文自以为很得意，从而竟然忘记了滞留在这里的时日已经很久了。并且了解到刘明宇与静闻都在讲堂听经，傍晚就要到别的地方去，他与静闻约好明天中午将要到讲经的地方相见，来不及回来了。于是我闷闷不乐地躺下睡了。

十七日　托金祥甫再恳内司，为静闻请命而已。与静闻同出安西门[①]，欲候刘也。入委巷中[②]，南转二里，至千佛庵。庵在花药之后，倚冈临池，小而颇幽，有云南法师自如，升高座讲《法华》。时雨花缤纷，余随众听讲。遂饭于庵，而刘明宇竟复不至。因从庵后晤西域僧，并衡山毗卢洞大师普观，亦以听讲至者。下午返金寓，时余已定广右舟[③]，期十八行。是晚，祥甫兄弟与史休明、陆端甫饯余于西关肆中。入更返寓，以静闻久留而不亟于从事，不免征色发声焉[④]。

【注释】

①安西门：为衡州府城西面靠南的城门，又称大西门。原误倒作“西安门”，不从。

②委巷：偏僻小巷。

③广右：即广西。

④征色发声：现出怒色，高叫起来。

【译文】

十七日　拜托金祥甫再次去恳求内司，这不过是替静闻帮忙而已。与静闻一同走出安西门，想去等刘明宇。进入偏僻的小巷中，转向南二里，来到千佛庵。千佛庵在花药寺的后面，背靠山冈，前临池水，很小，但相当幽静，有位云南来的法师自如，坐在高高的座位上讲解《法华经》。此时雨花纷纷，我跟随众人听讲。于是在庵中吃饭，然而刘明宇竟然没有再来。因而从庵后去会见西域来的僧人以及衡山毗卢洞的大法师普观，他们也是因为听讲经来到这地方的。下午返回金家寓所，当时我已经讲定了一条去广西的船，约好十八日走。这天晚上，金祥甫兄弟与史休明、陆端甫在西关的饭店中为我饯行。初更时分返回寓所，因为静闻停留在这里很久却不急于办事，我不免对他翻下脸来高声叫嚷。

十八日　舟人以同伴未至，改期二十早发。余亦以未晤刘明宇，姑为迟迟。及晤刘，其意犹欲余再待如前也。迨下午，适祥甫僮驰至寓，呼余曰："王内府已括诸助，数共十二金，已期一顿应付，不烦零支也。"余直以故事视之①，姑令静闻明晨往促而已。

【注释】

①故事：旧事。

【译文】

十八日　船夫因为同伴没来，改期为二十日早晨出发。我也因为没见到刘明宇，姑且为此推迟了时间。等见到刘明宇时，他的意思还是要我再像之前一样等下去。到了下午，恰好金祥甫的仆人赶到寓所来，叫着对我说："王内府已经收集好众人赞助的银两，数目一共有十二两，已经说好一次性交付，不用再麻烦零散地支付了。”我只是把它当做以往那样的事来看待，姑且命令静闻明天早晨前去催促而已。

十九日 早过刘明宇，彼心虽急，而物仍莫措，惟以再待恳予，予不听也。急索所留借券，彼犹欲望下午焉。促静闻往候王，而静闻泄泄。王已出游海会、梅田等庵，因促静闻往就见之，而余与祥甫赴花药竺震上人之招。先是，竺震与静闻游，候余至，以香秫、程资馈[①]，余受秫而返资。竺震匍匐再三，期一往顾。初余以十八发，固辞之。至是改期，乃往。先过千佛庵听讲毕，随竺震至花药，饭于小阁，以待静闻，憩啖甚久，薄暮入城。竺震以相送至寓，以昨所返资果固掷而去。既昏，则静闻同祥甫赍王所助游资来，共十四金[②]。王承奉为内司之首，向以赍奉入都，而其侄王桐以仪卫典仗，代任叔事。虽施者二十四人，皆其门下，而物皆王代应以给。先是，余过索刘借券，彼以措物出，竟不归焉。

【注释】

①秫(shú)：粘高粱。

②金：白银作为货币的单位为两，亦称金。银一两称一金。

【译文】

十九日 早上去拜访刘明宇，他心里虽然急，但东西仍然没有筹措到，只是恳求我再等一等，我不愿听了。急忙要回我留下的借据，他还想指望我等到下午。催促静闻去等候王承奉，可静闻磨磨蹭蹭的。姓王的已经出门去海会、梅田等寺庵游玩，因而催促静闻前去那里见他，而我与金祥甫去赴花药寺竺震上人的邀请。这之前，竺震与静闻交游，等我回到衡州府时，他赠送我一些香秫和旅费，我接受了香秫却把钱退还了他。竺震趴在地上再三请求，希望我前去拜访他一次。当初我因为十八日这天要出发，坚决推辞了。到此时改了出发的日期，这才前去。先经过千佛庵听完讲经，跟随竺震来到花药寺，在小楼阁中吃饭，借以等待静闻，边休息边吃饭，过了很久，傍晚时进城。竺震陪同把我送到寓所，把昨天我返还的旅费果断坚决地扔下后离开了。黄昏后，只见静闻和金祥甫拿着王内府资助的旅费来了，一共十四两银子。王承奉是内司的头头，从前因为带着贡品进京，而他的侄子王桐以仪卫典仗的身份，代理叔父的政事。虽然施舍钱财的二十四个人，都是他的门下，但钱物都是王承奉代为接受才给的。这之前，我去拜访刘明宇讨要借据，他因为筹办物品出门了，竟然不回家。

二十日 黎明，舟人促下舟甚急。时静闻、祥甫往谢王并各施者，而余再往刘明宇处，刘竟未还。竺震仍入城来送，且以冻米馈余[①]，见余昨所嗜也。余乃冒雨登舟。久之，静闻同祥甫追至南关外，遂与祥甫挥手别，舟即解维。三十里，泊于东阳渡，犹下午也。是日阴雨霏霏，江涨浑浊，湘流又作一观。而夹岸鱼厢鳞次，盖上至白坊，下过衡山，其厢以数千计，皆承流取子，以鱼苗货四方者。每厢摧银一两[②]，为桂藩供用焉[③]。

【注释】

①冻米：糯米蒸熟后再晾干即称冻米，油炸即泡涨、香酥，为佐食上菜。

②摧：通“催”，又称催征、催科，即催收赋税。

③为桂藩供用焉:“藩”,原误作“济”,不从。

【译文】

二十日　黎明,船夫催促上船催得很急。此时静闻、金祥甫前去向王承奉以及各位施舍的人致谢,而我再次前往刘明宇家,刘明宇竟然还未回家。竺震仍然进城来送行,并且拿了些冻米赠送给我,是因为他昨天看见我喜欢吃这种东西。我于是冒雨登上船。很久之后,静闻与金祥甫追到南关外,便与金祥甫挥手告别,船夫马上解开缆绳出发了。三十里,停泊在东阳渡,才是下午。这一天阴雨霏霏,江水上涨,非常浑浊,湘江的水流又现出另一种景观。而两岸的鱼箱鳞次栉比,大概上游到白坊,下游过了衡山县,这种捕鱼的箱子数以千计,都是用来迎着水流捞取鱼子,用来养成鱼苗卖到四方去。每个鱼箱征收一两银子的税费,作为供养桂王府的费用。

二十一日　三十里,过新塘站。又二十里,将抵松柏,忽有人亟呼岸上,而咽不成声,则明宇所使追余者也。言明宇初肩舆来追,以身重舆迟,乃跣而驰,而令舆夫之捷足者前驱要余,刘即后至矣。欲听其匍匐来晤于松柏,心觉不安,乃与静闻登涯逆之,冀一握手别,便可仍至松柏登舟也。既登涯,追者言来时刘与期从江东岸行,乃渡而滨江行,十里至香炉山,天色已暮,而刘不至。已遇一人,知其已暂憩新塘站,而香炉山下虎声咆哮,未暮而去来屏迹,居者一两家,俱以木支扉矣。乃登山顶,宿于茅庵,卧无具,栉无梳,乃和衣而卧。

【译文】

二十一日　三十里,经过新塘站。又是二十里,即将抵达松柏,忽然有人在岸上急急忙忙地呼喊，而嗓音喑哑不成声，原来是刘明宇派来追我的人。此人说，刘明宇最初坐轿子来追我，因为身子太重轿子走得慢，便光着脚跑，而且命令轿夫中腿脚快的人跑在前面来拦截我，刘明宇随后就赶到了。本想听任他连滚带爬地到松柏见面，心中又觉得不安，便与静闻登上岸去迎接他，希望见一面握手告别，便可以仍然回到松柏上船了。登上岸后，追上来的人说他来的时候与刘明宇约好从江的东岸走，于是渡到江东岸顺着水边走，十里来到香炉山，天色已经晚了，但刘明宇没到。不久遇见一个人，得知他已经暂时在新塘站歇息了。而香炉山下虎声咆哮，天还没黑就已经不见来往行人的踪迹了，居住的人家有一两家，全都用木头把门顶上了。于是登到山顶，住在茅草庵中，睡觉没有铺盖，要梳头没有梳子，只好和衣躺下。

二十二日　夜半雨声大作，达旦不休，乃谋饭于庵妪而行[①]。始五里，由山陇中行，虽枝雨之沾衣，无泥泞之妨足。后五里，行田塍间，时方插秧，加岸壅水，泞滑殊甚。共十里至新塘站，烟雨满江来，问刘明宇，已渡江溯流去矣。遂亦问津西渡，始溯江岸行四里，至昔时遇难处，焚舟已不见，从涯上人家问刘踪迹，皆云无之。又西一里，出大路口，得居人一家，再三询之，仍无前过者。时刘无盖，而雨甚大，意刘必未能前。余与静闻乃暂憩其家，且谋饭于妪，而令人从大道，仍还觅于渡头。既而其妪以饭出，冷甚。时衣湿体寒，见其家有酒，冀得热飞大白以敌之[②]。及以酒至，仍不热，乃火酒也[③]。余为浮两瓯，俱留以待追者。久之，追者至，知刘既渡，即附舟上松柏，且拟更蹑予白坊驿，非速行不及。乃持盖匍匐，路俱滑塍，屡仆屡起，因令追者先趋松柏要留刘，而余同静闻更相跌，更相诟也。十五里过新桥，桥下乃湘江之支流，从松柏之北分流内地，至香炉对峰仍入于江者。过桥五里，西逾一岭，又五里，出山坞，则追者同随刘之夫携茶迎余，知刘已相待松柏肆中矣。既见，悲喜交并，亟治餐命酒。刘意犹欲挽予，候所贷物，予固辞之。时予所附广右舟今晨从此地开去，计穷日之力，当止于常宁河口，明日当止于归阳。从松柏至归阳，陆路止水路之半，竟日可达，而路泞难行；欲从白坊觅骑，非清晨不可得；乃遍觅渔舟，为夜抵白坊计。明宇转从肆中借钱百文，厚酬舟人，且欲同至白坊，而舟小不能容，及分手已昏黑矣。二鼓，雨止月出，已抵白坊，有驿。余念再夜行三十里可及舟，更许厚酬，令其即行，而舟人欲返守鱼厢，强之不前，余乃坚卧其中。舟人言："适有二舟泊下流，颇似昨所过松柏官舫。"其舟乃广右送李道尊至湘潭者，一为送官兴收典史徐姓者所乘[④]，一即余所附者。第予舟人不敢呼问，余令其刺舟往视之，曰："中夜何敢近官舫！"予心以为妄，姑漫呼顾行，三呼而得应声，始知犹待余于此也。乃刺舟过舫，而喜可知矣。

【注释】

①妪（yù）：老年妇人。

②大白：一种浅而小的酒杯。

③火酒：屈大均《广东新语》卷十四："暹罗酒，以烧酒复两烧之，以檀香烧烟，薰之如漆，乃投檀香其中，蜡封埋土三年，绝去火气，乃出而饮。此烧酒之尤烈者，是曰火酒，饮一二杯，可愈积病杀虫。然广中烧酒，皆火酒也，亦曰气酒。"霞客在腾越过端午，亦

得饮火酒。

④一为送官兴收典史徐姓者所乘:“兴收”二字疑有误。

【译文】

二十二日　半夜雨声大作,直到天亮仍未停,于是与茅草庵中的妇人商量了一顿饭,吃后上路。开始时的五里路,是经由山陇中前行,虽然树枝上的雨水沾湿了衣服,但没有泥泞妨碍脚下。后面的五里路,行走在田埂上,此时正在插秧,田埂都加高了用以堵水,特别泥泞湿滑。共行十里后到达新塘站,烟雨满江而来,打听刘明宇,他已经渡过江溯流离开了。于是我们也打听到渡口渡到西岸,这才溯流在江岸上前行四里,来到从前遇难的地方,被焚烧的船已经不见了,到岸上的人家去询问刘明宇的踪迹,都说没有见过这个人。又向西一里,出到大路口,看见一家居民,再三向他询问,仍是说没有在我们前边过去的人。此时刘明宇没有伞,而雨非常大,推想刘明宇必定不能走在前边。我与静闻于是暂时在这户人家休息,并向这家的主妇商量提供一顿饭,而且派人从大道仍然回到渡口去找他。继而那个妇人拿出饭来,冷极了。此时衣服湿透了身体寒冷,看见她家有酒,希望得到一小杯温酒借以抵御寒气。等到她把酒拿来时,仍然不是热的,是火酒。我为此多留了两杯,都留着等去追刘明宇的人回来喝。很久之后,追赶的人回来了,得知刘明宇渡江后,立即搭船上松柏去了,并且打算再追我追到白坊驿,不快走就赶不上他了。于是打着伞匍匐前行,路都是湿滑的田埂路,多次跌倒多次又站起来,因而命令追赶的人先赶到松柏去截留住刘明宇,而我同静闻交替着跌倒,互相辱骂。十五里后走过新桥,桥下是湘江的支流,从松柏的北面分流流向内地,流到香炉山对面的山峰下仍然汇入湘江中。过桥后走五里,向西越过一座岭,又行五里,走出山坞,就见去追赶的人与跟随刘明宇的轿夫带着茶水来迎接我,得知刘明宇已经在松柏的酒店中等候我们了。见面后,悲喜交加,急忙备了餐叫来酒。刘明宇的意思仍然想挽留我,等候借贷的物品，我坚决辞谢了他。当时我所搭乘的去广西的船今天早晨从此地开走了，估计穷尽一整天的力量，应当停泊在常宁县的河口，明天应当停泊在归阳。从松柏到归阳，陆路只有水路的一半路，一天可以走到，然而道路泥泞难走；想从白坊驿找马骑，不在清晨不可能找到马匹；于是四处寻找渔船，打算连夜赶到白坊驿。刘明宇从酒店中转借了一百文钱，重重酬谢了船夫，并且想随同我去白坊驿，但船太小不能容纳，到分手时天色已经昏黑了。二更时分，雨停了，月亮出来，已经抵达白坊驿，有驿站。我考虑再连夜走三十里路就可追上船，再答应船夫重重酬谢他，让他立即前行，可船夫想要返回去看守鱼箱，强逼他也不肯前行，我便坚决躺在船中不下船。船夫说："刚才有两条船停泊在下游，很像是昨天经过松柏的官船。"那两条官船是从广西送李道尊到湘潭县来的，一条是姓徐的送行官员兴收典史乘坐的，一条便是我搭乘的船。只是我这条渔船的船夫不敢呼叫询问，我命令他把船撑过去察看情况，他说："半夜怎敢靠近官船！"我心里认为这太荒诞，姑且胡乱地叫了顾行几声，叫了第三声便听到答应的声音，这才得知船还在此地等我。于是把小船撑过去，过到官船中，而喜悦之情可想而知了。

二十三日　昧爽，浓雾迷江，舟曲北行。二十里，过大鱼塘，见两舟之被劫者，哭声甚哀，舟中杀一人，伤一人垂死。于是，余同行两舫人反谢予曰："昨不候君而前，亦当至此。至此祸其能免耶！"始舟子以候予故，为众所诟，至是亦德色焉。上午雾收日丽，下午蒸汗如雨。行共六十里，泊于河洲驿。

【译文】

二十三日　拂晓，浓雾弥漫在江上，船曲折地往北航行。二十里，经过大鱼塘，看见两条被抢劫的船，哭声十分悲哀，船中被杀了一个人，受伤的一个人即将死去。于是，与我同行的两船人反而感谢我，说："昨天如果不等您往前走，应该也是来到此地。到了此地大祸怎能避免呢！"起初，船夫因为等候我的缘故，被众人辱骂，到这时脸上也现出有恩于大家的神色来。上午雾气散去，日光艳丽；下午闷热，汗流如雨。行船共六十里，停泊在河洲驿。

二十四日　昧爽行，已去衡入永矣。三十里过大铺，稍折而西行；又十里，折而北行；午热如炙，五里，复转西向焉。自大铺来，江左右复有山，如连冈接阜。江曲而左，直抵左山，而右为旋坡；江曲而右，直抵右山，而左为回陇，若更相交代者然。又二十五里，泊于归阳驿之下河口。是日共行六十里，竟日皓日如烁，亦不多见也。

【译文】

二十四日　黎明开船，已经离开衡州府进入永州府境内了。三十里经过大铺，渐渐折向西行；又行十里，折向北行；中午热得如火烤，五里，又转向西行了。自从大铺以来，江流左右又有山出现，山冈土阜连接。江流向左边弯曲，直抵左边的山，而右边成为旋绕的山坡；江流向右边弯曲，直抵右边的山，而左边就成为回绕的山陇，就好像是互相交替着一样。又行二十五里，停泊在归阳驿的下河口。这一天共行船六十里，一整天烈日烘烤得如火炉一般，这也是不多见的了。

二十五日　晓日莹然，放舟五里，雨忽至。又南三十五里，为河背塘[①]，又西十里，过两山隘口。又十里，是为白水，有巡司。复远峰四辟，一市中横，为一邑之大聚落云。是日共行六十里，晚而后霁，泊于小河口。小河南自山峒来，北入于湘江，小舟溯流入，可两日程，皆祁阳属也。山峒不一，所出靛、锡、杪木最广，白水市肆，俱倚此为命，不依湘江也。既泊，上觅戴明凡家[2]，谢其解衣救难之患，而明凡往永不值。

【注释】

①河背塘：今作"河埠塘"，在祁阳县东境，湘江南岸。

②戴明凡：三月初八日记作"戴宇完"。

【译文】

二十五日　拂晓的红日光洁艳丽，开船五里，雨忽然来临。又向南三十五里，是河背塘，又向西十里，经过两山间的隘口。又行十里，这里是白水，有巡检司。远处的山峰又向四面扩展开来，一个集市横在中间，是一县中的大聚落。这一天共行船六十里，天晚以后又转晴，停泊在小河口。小河从南面的山峒流来，往北汇入湘江中，小船溯流深入，大约有两天的路程，全是祁阳县的属地了。山峒不止一个，物产以蓝靛、锡矿、杪木最丰富，白水的集市店铺，全都靠此为生，不依靠湘江。停船以后，上岸找到戴明凡家，感谢他在我患难时脱下衣服相救的恩惠，但戴明凡前往永州府城没遇上。

二十六日　舟人登市神福[1]，晨餐后行。连过山隘，共三十里，上观音滩[2]。风雨大至，舟人泊而享馂[3]，遂止不行。深夜雨止风息，潇潇江上，殊可怀也。

【注释】

①神福：祀神祝福。

②观音滩：今名同，已成聚落，在祁阳县南境，湘江南岸。

③享馂（xiǎng jùn）：吃祀神剩下的食物。

【译文】

二十六日　船夫上岸到集市上去祭神祈福，早餐后才出发。一连经过几个山隘，共三十里路，上了观音滩。风雨猛烈来临，船夫停下船来享用祭神剩下来的食物，便停下来不走了。深夜雨停了，风也平息了，那风雨潇潇的江上景致，很是值得人怀恋了。

二十七日　平明行，舟多北向。二十里，抵祁阳东市，舟人复泊而市米，过午始行。不半里，江涨流横，众舟不前，遂泊于杨家坝，东市南尽处也。下午舟既泊，余乃同静闻渡杨家桥，共一里，入祁阳西门。北经四牌坊，东出东门外，又东北一里，为甘泉寺。泉一方，当寺前坡下，池方丈余，水溢其中，深仅尺许，味极淡洌，极似惠泉水①。城东山陇缭绕，自北而南，两层成峡，泉出其中。寺东向，倚城外第一冈。殿前楹有吾郡宋邹忠公②名浩，贬此地与蒋沛游。《甘泉铭碑》，张南轩名拭。从郡中蒋氏得之，跋而镌此。邹大书，而张小楷，笔势遒劲，可称二绝。其前山第二层之中，盘成一窝，则九莲庵也。旧为多宝寺，邑人陈尚书重建而复之，中有法雨堂、藏经阁、三教堂。而藏经阁中供高皇帝像，唐包巾，丹窄衣，眉如卧蚕而中不断，疏须开张而不志文，乃陈氏得之内府而供此者③。今尚书虽故，而子孙犹修饰未已，视为本家香火矣。寺前环堵左绕，其中已芜，而闭户之上，有砖镌“延陵道意”四字，岂亦邹忠公之遗迹耶？而土人已莫知之，那得此字之长为糖羊也。九莲庵之山，南垂即为学宫。学在城外而又倚山，倚山而又当其南尽处，前有大池，甘泉之流，南下东绕，而注于湘。其入湘处为潇湘桥。桥之北奇石灵幻，一峰突起，为城外第二层之山。一盘而为九莲，再峙而为学宫，又从学宫之东度脉突此，为学宫青龙之沙。其前湘江从南至此，东折而去；祁江从北至此，南向入湘；而甘泉活水，又绕学前，透出南胁，而东向入湘。乃三水交会之中，故桥曰潇湘桥，亭曰潇湘亭，今改建玄华阁，庙曰潇湘庙，谓似潇、湘之合流也。庙后萼裂瓣簇，石态多奇。庙祀大舜像，谓巡守由此，然隘陋不称。峰之东北，有石梁五拱跨祁水上，曰新桥，乃东向白水道，而衡州道则不由桥而北溯祁流矣。时余欲觅工往浯溪拓《中兴摩崖颂》，工以日暮不及往，故探历诸寺。大抵甘泉古朴，九莲新整，一以存旧，一以征今焉。日暮，由江市而南，经三吾驿，即次山吾水、吾山、吾亭境也，去“山”、去“水”而独以“吾”甚是。自新桥三里，南至杨家桥，下舟已昏黑矣。是两日共行五十里，先阻雨，后阻水也。是夜水声汹汹，其势愈急。

【注释】

①惠泉：很早就名扬全国，唐时即被誉为“天下第二泉”，在今江苏无锡市西隅的锡惠公园内，为风景胜地。

②邹忠公：即邹浩（1060—1111），字志完，常州晋陵（今江苏常州市）人。进士及第，调扬州、颍昌府教授。因上疏忤旨，被削官，羁管新州（今广东新兴）。徽宗时，官至兵、吏二部侍郎。后蔡京擅权，素忌浩，贬浩为衡州别驾。高宗时，赐谥忠，故称邹忠公。

③内府：内即皇宫，又称大内。内府原为掌库藏的官，亦通称皇宫

内为内府。

【译文】

二十七日　天明开船，船多半是向北走。二十里，抵达祁阳县城的东市，船夫又停船去买米，过了中午才开船。不到半里路，江水上涨，纵横流淌，众多的船只不再前行，于是停泊在杨家坝，是东市南边的尽头处了。下午船停泊后，我便同静闻走过杨家桥，共一里，进入祁阳县城的西门。往北经过四牌坊，向东出到东门外，又往东北行一里，是甘泉寺。一池泉水，位于寺院前方的山坡下，水池方方的有一丈多，水从池中溢出来，水深仅一尺左右，味道极淡而清冽，极像惠泉的水。城的东面山陇缭绕，自北往南延伸，两层山陇间形成山峡，泉水从山峡中流出去。寺院面向东，背靠城外的第一座山冈。大殿前的廊庑中有我家乡常州府人宋代邹忠公名叫邹浩，被贬到此地后与蒋沛交游。的《甘泉铭碑》，张南轩名叫张栻。从本府中姓蒋的人家得到这篇铭文，写了跋文后刻在这里。邹浩用大字书写，而张南轩用小楷写，笔势遒劲，可称得上双绝。寺前的第二层山中，盘绕成一个山窝，那里是九莲庵了。旧时是多宝寺，本县人陈尚书重建后恢复了原貌，庵中有法雨堂、藏经阁、三教堂。而藏经阁中供着高皇帝朱元璋的画像，头戴唐代的包头巾，身穿红色的窄袖衣，眉毛如卧蚕而且中间没有断开，稀疏的胡须张开而且不假修饰，是一个姓陈的从皇宫中得到这幅画像后供在此处的。如今尚书虽然死去了，但他的子孙仍然不断修整寺院，把它看做是自家的香火了。寺前的围墙向左边绕去，围墙中已经荒芜，而紧闭的大门之上，有砖头刻写的“延陵道意”四个字，这难道也是邹忠公的遗迹吗？然而当地人已经没有人知道邹忠公的事了，那么能保存这些字的时间就像糖做的羊一样了。九莲庵所在的山，南垂就是县学学堂。学堂在城外而且又背靠着山，背靠着山而又位于山南面的尽头处，前边有个大水池，甘泉的流水，往南下流后向东绕去，而后注入湘江。泉水汇入湘江的地方是潇湘桥。桥的北边奇石灵幻，一座山峰突起，成为城外的第二层山。一路盘绕成为九莲庵所在的山，再度耸起成为学堂背靠的山，山脉又从学堂的东面延伸而来，突立于此地，成为学堂左边的青龙沙。山前，湘江从南面流到此地，折向东流去；祁江从北面流到此地，向南汇入湘江；而甘泉的流水，又绕流到学堂前方，从山的南侧穿流出去，而后向东流入湘江。这里是三条水流交汇的中心，所以桥叫做潇湘桥，亭子叫做潇湘亭，如今亭子改建为玄华阁，寺庙叫做潇湘庙，这是说这里类似潇、湘两江的合流处。庙后的岩石似花萼般裂开，像花瓣一样成簇绽开，石头有很多奇异的形态。庙中祭祀大舜的神像，说是大舜巡狩时经过此地，然而庙中狭窄简陋极不相称。山峰的东北方，有座五个桥拱的石桥跨在祁水上，叫做新桥，是向东通往白水的路，而去衡州府的路则是不经由新桥而是往北溯祁江的水流走了。此时我想找工匠前往浯溪去拓《中兴摩崖颂》，工匠因为天晚来不及去，所以我便去探寻游遍了各寺院。大抵说来，甘泉寺古朴，九莲庵新整，一处用以保存旧事，一处可以考证今事。日落时，经由江边的集市往南行，途径三吾驿，这便是元次山"吾水"、"吾山"、"吾亭"的地方了，去掉"山"字旁、去掉"水"字旁，而只用"吾"，非常正确。自新桥走三里，向南来到杨家桥，下到船上天已经昏黑了。这两天共行船五十里，先是被雨所阻，后来是被江水所阻。这天夜里水声汹汹，水势更湍急了。

二十八日　水涨舟泊，竟不成行。亟枵腹趋甘泉，觅拓碑者，其人已出。又从大街趋东门，从门外朱紫衙觅范姓，八角坊觅陈姓裱工，皆言水大难渡，以浯溪、阳江也。为余遍觅拓本，俱不得。复趋甘泉，则王姓拓工已归，索余重价，终不敢行，止就甘泉摹铭二纸。余先返舟中，留静闻候拓焉。

【译文】

二十八日　江水上涨，船停泊着，竟然不能成行。我急忙空着肚子赶到甘泉寺，去找拓碑文的人，那个人已经出门。又从大街上赶到东门，在东门外朱紫衙找到姓范的裱工，在八角坊找到姓陈的裱工，他们都说水势太大难以渡江，指浯溪、阳江。替我四处寻找拓本，都没找到。我又赶到甘泉寺，就见姓王的拓工已经回家，向我索取重金，但始终不敢动身，只在甘泉寺临摹了两张纸的铭文。我先返回船中，留下静闻等候拓工完工。

祁阳东门外大街与濒江之市，阛阓连络，市肆充牣[①]，且多高门大第，可与衡郡比隆。第城中寥寂，若只就东城外观，可称岩邑。

【注释】

①牣(rèn)：满。

【译文】

祁阳县城东门外的大街与滨江的集市，街市纵横相连，市集店铺充满街道，并且有很多高门大户，其繁盛可与衡州府城相比。只是城中冷落寂静，如果只从东城外观看，可以称得上是座险要的城邑。

二十九日　昧爽放舟。晓色蒸霞，层岚开藻，既而火轮涌起，腾焰飞芒，直从舟尾射予枕隙，泰岳日观[①]，不谓得之卧游也。五里过浯溪，摩崖在西。东溯流从西，又二十里，过媳妇塘，娉婷傍北，沿洄自南，俱从隔江矫首。所称“媳妇石”者，江边一崖，从山半削出，下插江底，其上一石特立而起，昂首西瞻，岂其良人犹玉门未返耶[②]？又二十里，过二十四矶，矶数相次。又五里泊于黄杨铺。

【注释】

①泰岳：即东岳泰山，又称岱山、岱宗，在山东泰安城北。山峰峻拔，雄伟壮丽，登山总路程达九公里，要上石阶6293级，沿天梯攀登三个“十八盘”，经南天门，即可到玉皇顶。绝顶海拔1545米。山上名胜古迹甚多，泰山观日为一佳景。陈函辉《徐霞客墓志铭》载：“历齐、鲁、燕、冀间，上泰岱，拜孔林，谒孟庙三迁故里，峄山吊枯桐，皆在己酉。”霞客游泰山当在万历三十七年，1609年，时年24岁。

②良人：丈夫。玉门：古关名，汉武帝时置，因西域输入玉石取道于此而得名。故址在今甘肃敦煌西北小方盘城，和西南的阳关同为当时通往西域各地的交通门户，出玉门关为北道，出阳关为南道。明时已废圮。

【译文】

二十九日　黎明开船。晨光中朝霞蒸腾，山间的层层雾气五彩斑斓，继而一轮火样的红日腾涌而起，烈焰腾空，光芒飞射，一直从船尾射到我的枕头旁，泰山日出的景观，没想到躺在船上游览时能见到。五里经过浯溪，摩崖在西面。向东溯流从西面走，又行二十里，经过媳妇塘，媳妇石姿态娉婷地依傍在江北，沿着回旋的江流从南面走，都要从隔江处翘首观看。所称的“媳妇石”，是江边的一座石崖，从半山腰陡削突出来，下面插到江底，石崖上面一块岩石独立耸起，昂首远望西方，难道是她的丈夫还未从玉门关回家来吗？又行二十里，经过二十四矶，石矶一个个依次排列。又行五里停泊在黄杨铺。

黄杨铺已属零陵。其东即为祁阳界。其西遥望大山，名驷马山，此山已属东安[①]，则西去东安界约三十里。西北有大路通武冈州[②]，共二百四十里。黄杨有小水自西而来，石梁跨其上，名大桥。桥下通舟，入止三五里而已，不能上也。

【注释】

①东安：明为县，隶永州府，辖境即今东安县，但当时治所在今紫溪，今县治所则在白牙市镇。

②武冈州：隶宝庆府，即今武冈市。

【译文】

黄杨铺已经属于零陵县。它的东面就是祁阳县的县界。它西面远远望见的大山，名叫驷马山，此山已经属于东安县，那么西面距离东安县的边界约有三十里。西北方有条大路通往武冈州城，共有二百四十里路。黄杨铺有条小水自西面流来，有石桥跨在水流上，名叫大桥。桥下通船，深入进去只有三五里而已，不能再上走了。

闰四月初一日　昧爽，从黄杨铺放舟，至是始转南行。其先自祁阳来，多西向行。十五里大护滩，有涡成漩，诸流皆奔入漩中，其声如雷，盖漏卮也。又上为小护滩。又十五里为高栗市[①]，即方潋驿也。又二十里过青龙矶，矶石巉屼，横啮江流。又十里，昏黑而后抵冷水湾。下午，余病鱼腹，为减晚餐。泊西岸石涯下，水涨石没，不若前望中峥嵘也。

【注释】

①高栗市：明清时皆作“高溪市”，今仍称高溪市，在永州市冷水滩区中部，湘江北岸。

【译文】

闰四月初一日 拂晓，从黄杨铺开船，到这里后开始转向南行。这之前从祁阳县城以来，多数是向西行。十五里到大护滩，有江流形成的漩涡，众多的水流都奔入漩涡中，水声如雷，大概是像漏斗一样的地方。又上行是小护滩。又行十五里是高粟市，也就是方激驿了。又行二十里经过青龙矶，石矶高峻，横向啃噬着江流。又行十里，天昏黑以后抵达冷水湾。下午，我生病了，肚子发胀，为此晚餐减少了量。船停泊在西岸的石崖边下，江水上涨石崖被淹没了一些，不如前一次望见的矗立在江中那样峥嵘了。

初二日 舟人登涯市薪菜，晨餐时乃行。雷雨大作，距午乃晴。共四十里，泊于湘口关，日尚高舂也①。自冷水湾来，山开天旷，目界大豁，而江两岸，啖水之石时出时没，但有所遇，无不赏心悦目。盖入祁阳界，石质即奇，石色即润；过祁阳，突兀之势，以次渐露，至此而随地涌出矣；及入湘口，则耸突盘亘者，变为峭竖回翔矣。

【注释】

①高舂：日过午后，农村正忙于舂碓，此时称高舂。

【译文】

初二日 船夫登上江边去买柴火蔬菜，早餐时才出发。雷雨大作，到中午才转晴。共行四十里，停泊在湘口关，日头还很高。自从冷水湾以来，山势开阔，天空空旷，视野大大开阔，而江流的两岸，吞噬着水流的岩石不时出没，只要有遇见的，无不赏心悦目。大体上，进入祁阳县境内，石头的质地就很奇特，石头的颜色就很润泽；过了祁阳县，突兀的姿态，依次渐渐露了出来，到了此地便顺着地势涌出来了；到进了湘口关，就见那些高耸突兀盘绕绵亘的石崖，变为峭拔竖立回旋飞翔的样子了。

初三日 平明，放舟入湘口，于是去潇而专向湘矣。潇即余前入永之道，与湘交会于此。二水一东南，潇。一西南，湘。会同北去，为洞庭众流之主，界其中者即芝山之脉[1]，直走而北尽。尽处两流夹之，尖若龙尾下垂，因其脊无石中砥，故两流挫也必锐而后已。潇之东岸即湘口驿。有古潇湘祠，祀舜帝之二妃。由祠前截潇水而西，盘龙尾而入湘。湘口之中，有砂碛中悬，丛木如山，湘流分两派潆之，若龙口之含珠，上下之舟，俱从其西逼山崖而上。时因流涨，即从珠东夹港沿龙尾以进。一里，绕出珠后，即分口处也。于是西北溯全湘，若入咽喉然，其南有小水北向入湘，即芝山西麓之水，余向登岭所望而见之者也。是时潇水已清，湘水尚浊。入湘口时，有舟泊而待附，共五人焉，即前日鲤鱼塘被劫之人也。由湘口而上，多有西北之曲，滩声愈多，石崖愈奇。二十里，有斜突于右者，上层峭而下嵌空。又二十里，有平削于左者，黄斑白溜，相间成行；又有骈立于右者，与江左平剖之崖，夹江对峙，如五老比肩，愈见奇峭。转而西行五里，过军家埠。又转而南，又一山中剖卑平插江右，其下云根倒浸重波。询之，无知其名者。时落日正衔山外，舟过江东，忽峰间片穴通明，若钩月与日并悬，旋即隐蔽。由山下转而东，泊于军家埠、台盘子之间，去军家埠又五里矣。

【注释】

①芝山：原作“楚山”，据乾隆本、“四库”本改。

【译文】

初三日　天亮时，开船进入湘口关，从此处起船离开潇水而专一驶向湘江了。从潇水走就是我前次进入永州府城的路，与湘江在此地交汇。两条江水一条从东南流来，即潇水。一条从西南流来，即湘江。汇流后一同往北流去，成为洞庭湖众多水流的主流，隔在两条江流中间的山就是芝山的山脉，一直往北延伸到尽头。山脉尽头处两条江流夹着它，尖尖的好像下垂的龙尾，因为山脊上没有中流砥柱般的石头，所以两面的江流冲刷侵蚀，必定要把山体冲刷得尖尖的以后才会停止。潇水的东岸即湘口驿。有个古老的潇湘祠，祭祀舜帝的两个妃子。由祠堂前横截潇水往西航行，绕过龙尾进入湘江。湘江口的中央，有堆沙碛悬在中央，林木丛生像一座山，湘江的流水分为两条支流萦绕着它，好像龙嘴里含着宝珠，上下来往的船只，都是从它的西面逼近山崖航行。此时因为江流上涨，就从宝珠的东面夹住河港之处沿着龙尾进去。一里，绕到宝珠后面，就是分水口所在之处了。从这里起全是向西北溯湘江前行，就像进入咽喉中一样，湘江南面有条小水向北汇入湘江，那就是芝山西麓的水流，是我从前登岭时远远望见的水流了。这个时节潇水已经变清，湘水还很浑浊。进入湘江口时，有条船停泊着等待搭乘别的船，一共有五个人，这就是前几天在鲤鱼塘被抢劫的那帮人了。由湘江口往上行，有很多向西北弯曲的水湾，滩声更多，石崖更奇。二十里，有座斜突在江右的石崖，上层陡峭而下面玲珑剔透。又行二十里，有座平直陡削的石崖在江左，黄色的斑纹和光溜溜的白色石头表面，相间成行；又有并立在江右的石崖，与江左平直剖开的石崖，夹住江流对峙，如同庐山五老峰一样并肩而立，愈发显得奇丽峭拔。转向西行五里，经过军家埠。又转向南行，又有一座山从中间剖开，又矮又平地插在江右，它的下部吐着云气的山脚浸泡在重重水波之中。向旁人询问，没有知道它的名字的人。此时落日正衔在山外，船从江流的东侧经过，忽然山峰间有一片洞穴通明透亮，好像弯月与落日一同高悬，旋即就被遮蔽了。经由山下转向东行，停泊在军家埠、台盘子之间，距离军家埠又走了五里路了。

初四日　昧爽发舟，东过挂榜崖。崖平削江左，下至水面，嵌入成潭，其上石若磨崖，色间黄白，远逾临武，外方整而中界三分，北之前所见江左成行者[①]，无其高广。由挂榜下舟转南，行二十里，上西流滩。又十里，石溪驿[②]，已属东安矣。驿在江南岸，今已革。有东江自南而北，注于湘，市廛夹东江之两岸[③]，有大石梁跨其口，名曰复成桥。其水发源于零陵南界，舡由桥下南入，十五里为零陵界。又二十五里为东江桥[④]，其上有小河三支，通筏而已。按《志》："永水出永山，在永州西南九十里，北入湘。"即此水无疑也。石溪驿为零陵、东安分界。石溪，考本地碑文曰石期；东江，土人又谓之洪江，皆音相溷也。石期之左，有山突兀，崖下插江中，有隙北向，如重门悬峡。山之后顶为狮子洞，洞门东南向，不甚高敞。穿石窟而下一里，可透出临江门峡，惜时方水溢，其临江处既没浸中，而洞须秉炬入。先，余乘舟人泊饭市肉，一里攀山椒而上，徘徊洞门，恐舟人不余待，余亦不能待炬入洞，急返舟中。适顾仆亦市鱼鸭入舟，遂带雨行。又五里，泊于白沙洲。其对崖有石壁临江，黄白灿然满壁，崖北山巅又起一崖，西北向有庵倚之，正与余泊舟对，雨中望之神飞，恨隔江不能往也。是日共行四十里，天雨滩高，停泊不时耳。

【注释】

①北之前所见江左成行者："北"疑为"比"，因形近而误。

②石溪驿：即今石期市，在东安县南隅，湘江南岸。

③市廛（chán）：商肆集中的地方。廛，季抄本作“缠”，因音同而误。

④东江桥：今作“东湘桥”，在永州市零陵区西隅，东湘江东岸。东江，今称东湘江。

【译文】

初四日　黎明开船，往东经过挂榜崖。挂榜崖平直陡削地矗立在江左，下面直到水面，嵌入江中形成深潭，它上面的岩石好像摩崖，颜色黑白相间，远远超过临武县的那座挂榜崖，外形方整而中间被分隔成三部分，北面之前看见的在江左排成行的石崖，没有它高峻宽广。由挂榜崖下船转向南，前行二十里，驶上西流滩。又行十里，到石溪驿，已经属于东安县了。驿站在江南岸，如今已经革除了。有条东江自南往北流，注入湘江，市集夹在东江的两岸，有座大石桥跨在江口上，名叫复成桥。东江的水发源于零陵县南境，船由桥下往南进去，十五里为零陵县界。又行二十五里是东江桥，桥的上游有三条小河，仅能通竹筏而已。据《一统志》记载：“永水源出于永山，在永州府城西南九十里，向北流入湘江。”就是这条水流无疑了。石溪驿是零陵县、东安县的分界处。石溪，查考本地的碑刻和文献，称为石期；东江，当地人又把它称为洪江，都是读音相混淆造成的。石期的左边，有座突兀的山，石崖下插到江中，有条缝隙面向北，如重叠的石门和高悬的山峡。山后面的山顶上是狮子洞，洞口面向东南方，不怎么高大宽敞。穿过石窟往下走一里，可以钻出临江的门一样的峡谷，可惜这时正好江水满溢，那临江处已经淹没浸泡在水中，而且山洞必须打着火把进去。起先，我乘船夫停船吃饭买肉时，往上攀登一里到达山顶，徘徊在洞口，担心船夫不等我，我也不能等到火把进洞，急忙返回船中。恰巧顾仆也买了鱼鸭进入船中，于是船便冒雨前行。又行五里，停泊在白沙洲。白沙洲对面的山崖上有座石壁面临江流，满石壁灿烂的黄白色，石崖北面的山顶上又耸起一座石崖，面向西北，有寺庵背靠着石崖，正好与我们停泊着的船相对，雨中望着它神魂飞舞，遗憾隔着江流不能前往了。这一天共行船四十里，这是因为天上下着雨，石滩高悬，船不时停下来的缘故了。

初五日　雨彻夜达旦，晨餐乃行。十里，江南岸石崖飞突，北岸有水自北来注，曰右江口。或曰幼江。又五里，上磨盘滩、白滩埠，两岸山始峻而削。峭崖之突于右者，有飞瀑挂其腋间，虽雨壮其观，然亦不断之流也。又五里，崖之突于左，为兵书峡。崖裂成峃[①]，有石嵌缀其端，形方而色黄白，故效颦三峡之称[②]。其西坳亦有瀑如练，而对岸江滨有圆石如盒，为果盒塘。果盒、兵书，一方一圆，一上一下，皆对而拟之者也。又西五里，为沉香崖。崖斜叠成纹，崖端高迥处叠纹忽裂，中吐两枝，一曲一直，望之木形黝色[③]，名曰沉香，不知是木是石也。其上有大树一株，正当崖顶。更有上崖一重内峙，有庵嵌其间，望之层岚耸翠，下挈遥江，真异境也。土人言："有县令欲取沉香，以巨索悬崖端大树垂人下取，忽雷雨大作，迷不可见，令惧而止。"亦漫语也[④]。过崖，舟转而南，泊于罗埠头之东岸[⑤]。是日止行二十五里，滩高水涨，淋雨不止也。罗埠头在江西岸，倚山临流，聚落颇盛，其地西北走东安大道也。

【注释】

①峃(xué)：山多大石。

②三峡：即长江三峡，西起四川奉节白帝城，东到湖北宜昌南津关，即瞿塘峡、巫峡和西陵峡三段峡谷的总称。全长189公里，行船要一个白天。两岸崖壁陡峭，高出江面五百米以上，江面却宽二

三百米，有的地方宽仅百米。整个三峡包括若干滩、峡和林立的峰群，雄伟壮丽。瞿塘峡有夔门雄峙，以险峻著称。巫峡长40公里，幽深曲折，峭壁屏列，群峰竞秀，连绵不断，以圣泉、集仙、松峦、神女、朝云、登龙、聚鹤、翠屏、飞凤、净坛、起云、上升等巫山十二峰最著名。西陵峡包括兵书宝剑峡、牛肝马肺峡、崆岭峡、灯影峡等四个峡区，以滩多水急为特点。兵书峡在西陵峡西段，位于香溪以东长江北岸，又称兵书宝剑峡。在陡峭的岩壁上，有一块像书本的岩石，搁在一条很高的小石缝里，即“兵书”。在兵书侧面，有一块凸起的石头，像一把宝剑插入江中。

③黝(yǒu)色：微青黑色。

④漫语：随便说的话。

⑤罗埠头：今作“禄半头”，在东安县西南隅，湘江西岸。

【译文】

初五日　雨整夜下到天亮，早餐后才出发。十里，江流南岸石崖飞突，北岸有条水流从北面流来汇入江中，叫做右江口。或者叫幼江。又行五里，上了磨盘滩、白滩埠，两岸的山开始变得高峻陡削。峭拔的石崖突立在江右的，有条飞瀑挂在石崖的侧面，虽然雨水让瀑布的景象更为壮观，然而它本身也是不会断流的水流。又行五里，石崖突立在江左的，是兵书峡。石崖崩裂，形成大石堆成的山，有块岩石深嵌连缀在山的前端，形态方正而颜色是黄白色，因此便东施效颦般地使用了三峡中兵书峡的名称。它西面的山坳中也有一条瀑布像白绢一样，而对岸的江边有块圆圆的石头像盒子，是果盒塘。果盒石、兵书石，一方一圆，一上一下，都是对照、比拟果盒、兵书起的名。又向西五里，是沉香崖。石崖斜斜地堆叠成纹路，石崖顶端高远之处堆叠的纹路忽然裂开，中间吐出两条树枝状的东西，一条弯曲，一条是直的，望过去如树木的形状，颜色黝黑，名叫沉香，不知是树还是石头。它的上面有一棵大树，正位于崖顶。上面还有一重石崖耸峙在里面，有座寺庵嵌在山崖间，远望上去，山间的雾气一层层，翠色的石峰高耸，下面远远带领着江流，真是奇异之境。当地人说："有个县令想要取沉香，用大绳子悬挂在悬崖前端的大树上让人垂下去取，忽然间雷雨大作，一片迷茫，不能看见东西，县令害怕了便住了手。"这也是随便说的话了。过了石崖，船转向南行，停泊在罗埠头的东岸。这一天只前行了二十五里，是因为滩高水涨，大雨淋漓不停的原因。罗埠头在江的西岸，背靠山，面临江流，聚落十分兴盛，由此地往西北走是去东安县的大道。

初六日　夜雨虽止，而江涨有声，遂止不行。西望罗埠，一水盈盈，舟渡甚艰。舟中薪尽，东岸无市处，令顾仆拾坠枝以供朝夕焉。下午，流杀风顺，乃挂帆东南行。五里，东泊于石冲湾。是夕月明山旷，烟波渺然，有西湖、南浦之思①。前一夕，江涨六七尺；停一日，落痕亦如之。

【注释】

①南浦：在江西南昌，有亭，为停舟的地方，也是迎送客人、接待官员的馆驿。《明一统志》南昌府："南浦亭，在府城广润门外，下瞰南浦，今为南浦驿。"

【译文】

初六日　夜里雨虽然停了，可江水上涨，湍急有声，船便停下来不走了。远望西面的罗埠头，一条江水满满的，船渡江非常艰难。船中的柴火用完了，东岸没有买柴的地方，命令顾仆拾取坠落的树枝以便供早晚烧火用。下午，激流减退，风向也顺了，于是挂上帆向东南航行。五里，往东停泊在石冲湾。这天夜里，月光明亮，山野空旷，烟波浩渺的样子，让我有了对西湖、南浦的思念。前一天夜里，江水上涨了六七尺；雨停了一天，江水下落的痕迹也有六七尺。

初七日　昧爽行，西转四里为下厂。又西一里，江南山一支自南奔而北向；又西一里，江北山一支自北奔而南来。两山夹江凑而门立，遂分楚、粤之界。两山之东，属湖广永州府东安县；两山之西，属广西桂林府全州。全州旧属永，洪武二十八年改隶广西，其界始不从水而从山。又五里为上厂。于是转而南行，共十五里，迤逦而西，为柳浦驿[①]。又南十里，为金华滩。滩左有石崖当冲，轰流崭壁，高下两绝，险胜一时。西转八里，为夷襄河口，有水自北岸入湘。舟入二里，为夷襄[②]，大聚落也。又西二里，泊于庙头[③]。

【注释】

①柳浦驿：今作“柳铺”，在广西全州东北隅，湘江西岸。

②夷襄：即夷襄河，今作“宜湘河”，在全州北境，从西向东流入湘江。聚落夷襄，今亦称宜湘河，在宜湘河北岸。

③庙头：今名同，在全州东北隅，湘江西岸。

【译文】

初七日　黎明开船，向西转四里是下厂。又向西一里，江南有一条山脉从南面奔向北来；又向西一里，江北的一条山脉从北面奔向南来，两条山脉夹着江流凑聚在一起像门一样耸立着，便划分了湖广、广西两省的界限。两列山的东面，属于湖广省永州府东安县；两列山的西面，属于广西省桂林府全州。全州从前属于永州府，洪武二十八年(1395)改属广西省，两省的界限才不是顺着水流而是顺着山脉来划分。又行五里是上厂。在这里转向南行，共十五里，逶逶迤迤地往西行，是柳浦驿。又向南十里，是金华滩。金华滩左边有座石崖位于冲要处，轰鸣的激流和高峻的石壁，高低两处绝境，险要胜过一时。转向西行八里，是夷襄河口，有水流从北岸汇入湘江中。船进去二里，是夷襄，是个大聚落。又向西二里，停泊在庙头。